中华经典名著

全本全注全译丛书

陈曦　周旻　等◎注
陈曦　王珏　王晓东　周旻◎译
韩兆琦◎审阅

史　记　一

本纪

中華書局

图书在版编目(CIP)数据

史记/陈曦等注;陈曦等译. —北京:中华书局,2022.9
(2025.8重印)
(中华经典名著全本全注全译丛书)
ISBN 978-7-101-15868-7

Ⅰ.史… Ⅱ.陈… Ⅲ.①中国历史-古代史-纪传体②《史记》-注释③《史记》-译文 Ⅳ.K204.2

中国版本图书馆CIP数据核字(2022)第157815号

书　　名	史　记(全十册)
注　　者	陈　曦　周　旻　等
译　　者	陈　曦　王　珏　王晓东　周　旻
丛 书 名	中华经典名著全本全注全译丛书
责任编辑	刘树林　张彩梅　刘胜利　舒　琴 胡香玉　张　敏　肖帅帅　周梓翔
装帧设计	毛　淳
责任印制	管　斌
出版发行	中华书局 (北京市丰台区太平桥西里38号　100073) http://www.zhbc.com.cn E-mail:zhbc@zhbc.com.cn
印　　刷	北京盛通印刷股份有限公司
版　　次	2022年9月第1版 2025年8月第8次印刷
规　　格	开本/880×1230毫米　1/32 印张265⅝　字数5500千字
印　　数	78001-88000册
国际书号	ISBN 978-7-101-15868-7
定　　价	668.00元

目录

第一册

第二册

第三册

第四册

第五册

第六册

第七册

第八册

第九册

第十册

前　言

韩兆琦

一、司马迁的时代、家世与生平

司马迁的时代也就是汉武帝时代，一方面是非常辉煌，文治武功都取得了很大成就；但另一方面，这个时代的劳动人民也饱受苦难。由于汉武帝在位的五十多年间，有三十多年几乎是一直在打仗。老百姓要当兵、修城、服各种劳役，搞得大家很痛苦，也把国家搞得很穷。汉武帝时期辉煌的一面，与老百姓受苦的一面，在《史记》里都得到了充分的体现。

司马迁的祖辈出过天文学家、历史学家，出过军事家，出过管理经济的人才。为什么要提出这一点呢？这是因为《史记》的内容很丰富，不光是写了政治、军事、经济、文化，而且它是先秦文化的集大成，具有一种百科全书的性质。司马迁的这些知识、这些思想，与他的家世渊源是分不开的。他的祖辈里出现过一些卓越的军事家，最早的是战国时代的司马错，为秦国灭了巴蜀，把今天的四川与重庆一带收归了秦国的版图，这对于秦国的强大，对于秦国日后吞并东方六国都是非常重要的。稍晚的还有司马靳，他与秦国名将白起是搭档，在长平之战中打败了赵括，活埋了赵国的降兵四十多万。《史记》里有很精彩的经济思想，其代表性的经济著作有《平准书》《货殖列传》。《货殖列传》提出的工、农、商、虞四者并重的思想，表现出作者对于私人工商业的高度重视，其为杰出的工商业者树碑立传，以及总结了很多经商的窍门等，都是很先进的。其所以如此，与司马迁的祖先在秦朝和汉朝初期管理过经济、管理过市场有关。司马迁的曾祖当过"汉市长"，也就是管理汉代首都长安城集市贸易的官员。这样的家世、家庭，与司马迁从小参加过劳动、接触劳动人民的经历，都影响着司马迁的知识结构与其进步思想的形成。

司马迁写《史记》，前后共写了十一二年，在写到第六年的时候，因为李陵打败仗被匈奴所俘，司马迁为李陵说话，触怒汉武帝，受了宫刑。这件事对于司马迁是一种极大的痛苦，在肉体上、精神上都是极大的摧残；但它也使司马迁的思想得到了升华，让他的眼光更加敏锐地看清了统治集团的黑暗。如果司马迁没有这次经历，他只是继承他父亲的职业来做这个太史令，对统治者感恩戴德，一心只图报效"英明的皇帝"，如果司马迁一辈子都处于这样一种思想状态下，他这部《史记》将会写成什么样子呢？司马迁的这种特殊经历，使他的头脑更清醒，思想更进步，使他看历史的立场、角度更加接近下层人民。我们读《史记》的时候，经常感到其中对统治集团有一种深刻的批判性，在叙事写人的过程中常带有一种强烈的民主因素，带有一种浓烈的悲剧气氛，这些都跟司马迁的时代与生平有密切的关系。

二、《史记》的学术定位

《史记》是一部怎样的书，在学术上应该怎样给它定位？我们在研究别的历史著作时不存在这个问题，在《史记》上则存在。首先，《史记》是我国古代最杰出的历史著作。班固评《史记》："其文直，其事核，不虚美，不隐恶，故谓之实录。"一部历史书要是能够达到"不虚美，不隐恶"，能够达到实话实说是非常不容易的，尤其是司马迁写历史跟别人不一样，班固以后各代编写正史，都是一个王朝灭亡了，后代的人给这个朝代写历史。例如唐朝的历史是宋朝人写的，宋朝的历史是元朝人写的，元朝的历史是明朝人写的，如此等等。而司马迁不是，他是本朝人写本朝的历史。《史记》上起黄帝、尧、舜，共写了将近三千年，其中最重要、最精彩、最难得的无疑是秦末至汉代的部分，尤其是汉武帝在位的五十来年。司马迁作为汉武帝的一个臣子，他写汉武帝这个时代的历史，其麻烦之多是可想而知的。而《史记》居然能被班固称为“不虚美，不隐恶”，能被鲁迅先生称为“史家之绝唱”，仅此一端就足以让人想象司马迁是多么不容易、多么难能可贵了。

其次，《史记》不仅是我国古代最杰出的历史著作，同时也是我国古代最杰出的文学著作之一，是我国写人文学的先驱。两千年来，《史记》不仅被公认为古代散文的典范，而且在人物刻画方面具有一种超前的成熟，对后代小说、戏剧、传记文学的发展都有着重大的影响。有评论家在论及《史记》的文学成就时说：我国古代的写人艺术有两个高峰，一个是《史记》，一个是《红楼梦》。

第三，《史记》还具有中国古代百科全书的意义，若想研究中国古代的任何一门学问，探讨它的渊源，探讨它的历史，就要使用《史记》。司马迁是对先秦的各行各业、各门学问都进行了研究、进行了总结、进行了归纳的。比方说要想研究中国的军事史，《史记》里有一篇《律书》，把《律书》序与《史记》里的军事家列传综合整理，这就是中国上古至西汉的军事史的轮廓。至于要研究政治、经济、法律、天文、中医，也都离不开《史记》。《史记》集先秦与西汉前期文化之大成，是我们研究古代各种学术的门径，是一个台阶，对于我们做学问来讲，可以花的工夫少，得到的收获多，由此入手，事半功倍。

第四，《史记》是司马迁的一家之言。司马迁为什么要写《史记》，他自己归纳了三句话，这就是“究天人之际，通古今之变，成一家之言”。所谓“一家之言”就是一个思想家关于治国平天下的思想理论，如《孟子》《荀子》《韩非子》等先秦各家的思想学说，都叫“一家之言”。梁启超曾评论：司马迁写《史记》，与荀况写《荀子》、董仲舒写《春秋繁露》的性质相同，只不过司马迁的书是以历史的形式出现而已，故仅以近世史的观念读《史记》，非能知《史记》者也。也就是说，司马迁是通过历史这种载体来展现他的治国平天下的学说。《史记》里边处处流露着司马迁的立场、观点、思想、情感，处处表现着司马迁对美好事物的歌颂，与对丑恶现象的批判。从这个角度说，读《史记》就是读司马迁。

三、司马迁对于中国古代历史研究的贡献

司马迁对于中国古代历史研究的贡献，第一方面是他对先秦的历史资料广泛地进行了收集、汇总，并将其谱列成一个完整的体系，使中国第一次有了科学、系统、完整的古代历史书。司马迁依据《尚书》《逸周书》《国语》等史书整理了夏、商、周历史的轮廓；他依据《春秋左传》《战国策》等史书比较细致地整理了春秋、战国的历史，尽管这里有些局部的错误，但是主要的方面是很好的，尤其是有关春秋时期的篇章都比较清晰。《史记》写战国时期的历史错乱较多，这是由于战国时期东方六国的史书都被秦始皇烧了。秦始皇焚书最主要针对的就是东方六国的史书，因为东方六国的史书记载了秦国吞并东方的过程，充分地揭露了秦国的残暴，所以秦王朝必须把它们全部销毁。司马迁在没有更多材料的情况下，能够给我们梳理出这么一个线索，给后来人研究战国史提供了方便，对的让大家吸收，不对的让大家纠正、补充。总之，这是司马迁研究古代历史所做的第一方面的工作。在司马迁的《史记》出现以前，中国古代的历史是相对分散凌乱的，有口头的，有书面的，独立成章，互不统属，而司马迁头一个把古代史料汇总起来，谱列成一个周密的整体。自从司马迁做了这项工作，后来的人们再想读夏、商、周的历史，再想读春秋、战国的历史就非常方便、非常省劲了，这是值得我们注意的。

第二方面是司马迁整理、记载了秦朝统一以来，以及秦末农民起义、

楚汉战争，和刘邦建立汉朝以后的西汉王朝前期的历史。这一部分完全是出于司马迁的独创。司马迁整理先秦史，有《尚书》《春秋》《左传》《国语》和《战国策》做参考；从秦始皇统一六国后，可供司马迁做参考的现成的东西就非常稀少了。司马迁完全是靠着档案馆里的档案，与各处收集、调查的资料，以及各种口头的、书面的传说等，来进行加工和谱写，所以说从秦始皇统一到汉武帝征和年间，这一百四五十年间的历史的谱写，都是司马迁的功劳，是司马迁的独创。收集材料很麻烦，但只要下工夫还能解决；而有关现当代历史的很多事情写起来则很麻烦，而且不好解决。对于汉朝的历代皇帝，如果一个一个地都是歌功颂德那当然就没有问题了；或者是对于前边的皇帝有些批评，对于汉武帝只是歌功颂德，那也没有问题。但司马迁居然能够把秦朝统一、秦朝末年以来一直到汉武帝这一百多年的历史，写成了今天《史记》中的这种面貌，就像班固说的“其文直，其事核，不虚美，不隐恶”，司马迁把汉武帝的功劳写了，把他认为汉武帝该受批判的种种问题也都写了，这是多么不容易呀。唐朝的刘知幾曾说，作为一个好的历史家要有“史学”“史才”“史识”。但光有此三者，而没有历史家的良心和勇气，也还是白搭。到了清朝章学诚又提出一项“史德”。也就是说，作为一个杰出的历史家，要有杰出历史家的品格，也就是历史家的责任感，要能够实事求是，要坚持把真实的情况告诉后代。人们认为司马迁在这方面的确是表现得高标独树，中国历史上能够做到像司马迁这样的很少很少。

四、《史记》在今天的进步意义

我们今天读《史记》，有四方面特别引人注目的思想观点。

其一是进步的民族观，认为中国境内各民族都是黄帝的子孙，是兄弟。这种观点大体是起源于战国时期，是从司马迁的《史记》中全面表述出来的。这个说法已经被当今全世界的华人所普遍接受。这个说法本身科学不科学呢？当然不一定很科学。但是作为团结炎黄子孙的一种纽带，一种理论，一种思想，有其不可替代的价值。大家明明知道它不一定很科学，而两千多年来，它已经形成为一种心理定势，变成了一种伟大的精神力量。而且司马迁不仅是倡导这种认识，同时他坚定地站在各民族一家、维护各民族平等友好的立场，站在谴责汉武帝对外战争并同情兄弟民族及被压迫的汉族人民的立场上。这种思想、立场很为今天的全体华人所欢迎、所接受。

其二是进步的经济思想。司马迁的进步经济思想表现为以下几点：首先，司马迁认为追求财富，追求生活改善是人的本性，不论何人都是如此。他说：做官的是为了钱，当兵的是为了钱，做工的是为了钱，种田的是为了钱，当医生的是为了钱，唱歌跳舞的是为了钱，总之无论谁，无论做什么都是为了钱。过去中学课本上曾经选过司马迁的这段话，但是后来把它去掉了。其实司马迁揭示的是人类社会的本来面貌，人都追求生活得更好，总是不满足于已有的衣食条件、居住条件、交通条件等，正是由于不满足，才促使人们不断地发明创造，不断地改善生存条件。不满足正是推动社会前进的动力。其次，司马迁认为经济是一个国家强大的基础，秦国为什么能够统一六国？因为它兴修水利、发展农业；管仲为什么能使齐国壮大起来，使得齐桓公成为“春秋五霸”的第一霸？就是因为齐国能够发展工商业。决定一国强大的是经济，不是像儒家所说实行“仁义”就行了。再次，司马迁主张工、农、商、虞四者并重，反对片面地“重本抑末”。重本抑末就是重农抑商。从商鞅变法一直到后来的秦始皇、汉武帝，都实行重农抑商，把工商业者划成“二等罪犯”。工、农、商、虞的“虞”字当什么讲呢？“虞”就相当于现在开发山林湖海，开矿山、搞畜牧、海洋捕捞、海水晒盐等。现在有一些部门已经归了农业，有一些部门归了工业。司马迁认为工、农、商、虞四者都是很重要的，对于社会的发展缺一不可。他在《平准书》里对汉武帝所推行的旨在摧垮私人工商业的政策进行了猛烈的批判。其实，恩格斯对于商人的评价是很高的，他认为：商人自从来到了这个世界上，本身就带着一种革命的因素。司马迁的主张被压了两千多年，一直到改革开放以后人们再读《史记》，才发现司马迁的经济思想原来这么进步。司马迁在《货殖列传》里为杰出的工商业者树碑立传，表彰他们对社会做出的杰出贡献。其中特别写了孔子的学生子贡在经商方面的才能。他说无论子贡到了哪个国家，那个国家的诸侯都得恭恭敬敬地出来招待他。他说孔子当时周游到一些国家，之所以能受到这些国家诸侯的优礼相待，完全是由于有子贡，是子贡花钱打点的结果。这对于轻视商人的孔子来说，实在是一种莫大的讽刺。

其三是《史记》具有强烈的批判性，尤其是对于汉景帝、汉武帝的为人及其所推行的各种政策的批判。过去讲历史一讲到"文景之治"，人们便往往对于汉文帝、汉景帝产生一种恭敬仰慕之情。但读过《史记》的人就不会再这么盲从。对于汉文帝，司马迁的确有赞颂的一面；但对于汉景帝，则批判的成分就相当多了。汉景帝是司马迁笔下最狠毒、最阴暗的人物之一。汉景帝一生最光辉的事情恐怕就是平定吴楚七国之乱，但是司马迁写到这里，对汉景帝也没有一句赞美的话。对于汉武帝的尊儒与对外战争，对于汉武帝的经济政策与滥用酷吏，对于汉武帝的迷信鬼神与追求长生不死，对于汉武帝的专制独裁与其晚年悲剧，《史记》中都有非常具体而尖锐的揭露与批判。与此对比鲜明的是，司马迁对饱受统治者摧残的游侠、商贾以及其他各色的小人物大唱赞歌，为他们树了碑、立了传。

其四是《史记》里边歌颂、赞扬了一种积极而又奋发有为的生死观和价值观。《史记》所歌颂的英雄人物一般都有积极上进，勇于为国家、为社会做贡献，想要轰轰烈烈干一番事业的特点。这些人也可能是为了某种道德观念，或是为了个人的某种利益或扬名，对此我们不必过多追究，关键是看他们客观实践的效果。他们不光是司马迁喜欢的英雄，像管仲、晏婴、陈涉、项羽、李广、郭解是如此；即使是他比较讨厌的人，比如像李斯、主父偃也有这种抓紧机会干一番事业的特点。《史记》里歌颂了很多为正义、为崇高目标献身的人，如屈原、荆轲，等等，这些人都死得很有价值。过去我们讲蔺相如完璧归赵的故事，往往偏重于赞美他的顾全大局，以国家利益为重，不斤斤计较个人的得失，这当然是对的；但是司马迁赞扬蔺相如还不光是这个，他是赞赏蔺相如在秦王面前能够“威武不能屈”，“一奋其气，威信敌国”，气势压倒了整个秦国的宫廷。他说蔺相如是条好汉，他维护了赵国的国格，维护了他自己作为一个使者的人格，别说他经过巧妙斗争胜利地回来了，即使他那个时候死在秦国的宫廷也是重于泰山。这是赞美蔺相如的生死观，赞美他在关键时刻能够视死如归。司马迁一方面歌颂重于泰山的死，一方面又否定轻于鸿毛的死，他赞扬要留下生命忍辱奋斗地干一番事业。这在《史记》里面也是一个非常重要的主题，像伍子胥、越王句践、韩信等都是这种人。毛泽东同志当年曾跟他身边的人讲：中国古代有两部大书，一部叫《资治通鉴》，一部叫《史记》，都是两个在政治上倒了霉的人写的。他还说，看起来人倒霉、栽跟头也不见得都是坏事，它可以鼓起斗志，奋发精神，争取最后的胜利。司马迁的人生观、生死观是他留给后人的一笔重要财富，是对人们进行思想教育的一份好教材。

五、《史记》中有的篇章段落只能当文学故事读，不必非往历史上扯

前边讲的都是有关《史记》历史性方面的问题，所讲的各种思想也都是通过历史人物、历史故事透露出来的。《史记》中还有一些篇章，所写的人物、故事根本不是历史，根本不可信，我们只能把它当作寓言，当作小说读。比方说《伯夷列传》。伯夷、叔齐究竟是什么人？在先秦典籍里是不清楚的。《论语》里面孔子只说了一句“伯夷、叔齐不念旧恶，怨是用希”。由于他们不记别人对他们的旧仇，所以也就没有什么人怨恨他们了。说伯夷最多的是《庄子》，其中好几条。但《庄子》讲的是寓言，它说的人你能够信以为真吗？而且在同一部《庄子》里面，一会儿

说伯夷叔齐是孤竹国的“二士”，是两个略有文武技能的层次不高的士人，几乎是平民；一会儿又说伯夷叔齐是孤竹国君主的两个儿子，是大贵族。司马迁就取了《庄子》中的“贵族公子”这一说，然后就编成了这么一个“义不食周粟”而最后饿死于首阳山的故事。这个故事的思想寄托应该是不少的，诸如歌颂禅让，反对武力征伐，对汉王朝统治集团内部为争夺权位而彼此杀戮有强烈的对照意义，以及抒发作者个人的怀才不遇，恨没有一个权威人物给自己以荐拔提携等。这些意思都很好，都是客观存在；但伯夷、叔齐这两个人物本身不可信。再比如《滑稽列传》写了个滑稽人物叫做淳于髡，淳于髡最有名的故事就是劝说齐威王不要整天喝酒，不理国家政事。淳于髡说话的方式很巧妙，他对齐威王说：“国中有大鸟，止王之庭，三年不蜚又不鸣，王知此鸟何也？”齐威王说：“此鸟不飞则已，一飞冲天；不鸣则已，一鸣惊人。”于是他立刻砸了酒坛子，抓紧处理国家大事，把个齐国搞得很强大。你说这个故事的可信程度有多少？而且就在这同一部《史记》里，司马迁转身就把这个故事又安到别的人身上去了。他说大名鼎鼎的楚庄王，刚上台时荒淫无道，伍子胥的爷爷伍举就巧妙地编了这么一个寓言来劝说他，后来楚庄王成了著名的“春秋五霸”之一。再比如，司马迁说李广有一次出去打猎，看到草丛中有一只猛虎，李广一箭射去，射中了。走近一看，发现原来是一块大石头，李广的那支箭都已经射到石头里面去了。这个故事在《史记》之前有好几起，在《史记》以后也有好几起，如春秋时期的养由基、战国时期的熊渠子、五胡十六国时期的李万岁，都有过这样的事，而且都被一本正经地写进史书。你说可信么？事情尽管不可信，但却叫人感到这个人物身上有一种神话色彩、浪漫色彩，使得这个人物更加生动，更令人喜爱。

司马迁喜欢项羽，写了他在战场上的百战百胜，至于他被韩信一举消灭的垓下之战，司马迁没有写在《项羽本纪》，而是写在了《高祖本纪》里。在《项羽本纪》里，司马迁用全副笔力、全副精神描写了项羽在穷途末路的大显神通，以寄托他对这位悲剧英雄人物的无限遗憾与同情。首先他写了项羽被包围在垓下时的慷慨悲歌："力拔山兮气盖世，时不利兮骓不逝。骓不逝兮可奈何，虞兮虞兮奈若何！"感动得身边武士都伏地而泣不成声。宋代朱熹对此赞叹说："慷慨激烈，有千载不平之余愤。"（《楚辞集注》）清代李晚芳对此感叹说："'可奈何''奈若何'，若无意义，乃一腔怨愤，万种低徊，地厚天高，托身无所，写英雄失路之悲，至此极矣。"（《读史管见》）司马迁的文章确实是太好了，使读者们不由得跟着他的心路心甘情愿地被项羽感动了两千年。但如果静下心来总结一下写作方法，我们会发现这里的加工虚构是很多的。钱锺书的《管锥编》引周亮工说："垓下是何等时？虞姬死而子弟散，匹马逃亡，身迷大泽，亦何暇更作歌诗？即有作，亦谁闻之，而谁记之欤？吾谓此数语者，无论事之有无，应是太史公'笔补造化'，代为传神。"这"笔补造化，代为传神"八个字，可以说是准确地抓住了司马迁写《史记》的诀窍，也非常精明地把握了读书的方法。接着司马迁又写了项羽以二十八个人对汉军五千人的东城之战。二十八个人分成四组，冲入汉军五千人的军阵之中，把汉军杀得人仰马翻，死者不计其数。事后集合清点，项羽只损失了两个人，还剩有二十六个。如此精确的数字，司马迁是从何而来？也幸亏是二十八个，如果是二十九或二十七，这四个组就不好分。电视剧《亮剑》里李云龙的骑兵连与日寇骑兵大队进行悲壮决战时，最后只剩了连长一个人，也还是大呼着"骑兵连，冲锋！"只身向着日寇的骑兵大队冲去。我想项羽当年大概就是这样与刘邦的追兵进行最后一战的。这是作家对战死者的倾心歌颂，是无以复加的光辉礼赞。这些战死者，虽败犹胜，虽死犹生！

这些细节的夸张描写，对于整个的历史进程，对于整体历史的真实不会改变多少，但对于历史人物的塑造，以及对于后世读者的影响却有重大的作用。司马迁懂得这个，他喜欢项羽，他不能够让他喜欢的英雄稀里糊涂地就这么快地倒下去，他必须让这位英雄在最后关头好好地表现表现。说实在话，项羽所以能在后世读者心目中具有如此崇高的地位，关键就在于司马迁《史记》中的这种安置与如此全副感情的描写。如果没有《史记》，只有班固的《汉书》传世，那么项羽留给后人的印象就绝对不像今天这种样子了。这是司马迁文学天才的极大成功。

六、《史记》文章时常流露着司马迁的身世之感

司马迁写《史记》，有时让历史人物说出自己要说的话。比如《苏秦列传》说苏秦第一次出去游说诸侯，失败回来了，回到家里妻子瞧不起他，嫂子也瞧不起他。苏秦就关上门读书，发愤苦读了一年，学有所成。第二次再出去游说，成功了，身佩着六国相印，经过他的故乡洛阳。洛阳是周天子的京城，周天子组织人夹道三十里欢迎苏秦。苏秦发现他的嫂子跟他的妻子也在夹道欢迎的队伍里。等苏秦快要走到他嫂子旁边时，他嫂子就匍匐到了苏秦的跟前，把脸埋在土里不敢抬头。苏秦问嫂子："何前倨而后恭也？"他的嫂子说："见季子位高金多也。"苏秦一听就感慨地说："此一人之身，富贵则亲戚畏惧之，贫贱则轻易之，况众人乎！且使我有雒阳负郭田二顷，吾岂能佩六国相印乎？"这话是苏秦说的，实际上这恰是司马迁的心里话：我如果当初要是不受宫刑，我能像今天这样艰苦奋斗吗？我们查一下司马迁所用苏秦材料的来源《战国策》，看原文是怎么写的。苏秦的原话是说："嗟乎，贫穷则父母不子，富贵则亲戚畏惧。人生世上，势位富贵盖可忽乎哉？"

《史记》中还有一个人物叫韩安国，汉武帝时，韩安国做官做到御史大夫，御史大夫相当于国家副丞相。有一回，韩安国犯了罪，下了狱，有个叫田甲的狱卒欺负他。韩安国就说：死灰尚能复燃，何况我呢？田甲竟狠狠地说：死灰要能复燃，我就撒尿浇灭它。后来没多久，韩安国再次被起用。韩安国就把田甲叫来说：看看，我已经死灰复燃了，你可赶紧撒尿浇啊！这个故事是什么意思呢？这是司马迁写他自己当初下狱、受宫刑时所受的罪，所受的耻辱，整个京城没有一个人瞧得起他。所以司马迁写《史记》，凡是遇到一个优秀人物、一个有才干的人物，一旦倒霉下

狱时，司马迁总是要写别人怎么欺负这个人，而这个人又是如何坚定地回应，以及日后东山再起的故事。这都与司马迁的身世紧密相关。

《史记》写到报复、报仇的问题，往往也很动感情。比方说李广被罢官在家闲居的时候，有一次晚上在外头喝酒不看时间，街上已经宵禁了他才回家，结果让管治安的霸陵尉给拘留在霸陵亭下，一直关到天亮。这件事情本来是李广不对，可是李广偏偏记恨人家，等到李广后来又被起用为将军，他把这个霸陵尉调到他的部下，找个借口把人家给杀了。这本来是一件有损李广名声的事，但司马迁竟然把它当成一件得意的事情写在李广传里。这不是黑白颠倒、是非混淆吗？问题的关键就在司马迁同情落难的人还被人欺侮，内心深处总有一些不能释怀的东西。

还有韩信，韩信不是曾被一个流氓逼着从胯下钻过去吗？后来韩信灭了项羽，被刘邦封到老家淮阴一带去当楚王。韩信下令把那个流氓找来，把自己的部下都召集起来，当众说：当初他让我从他胯下钻过，难道我不能杀了他吗？我所以不杀他而从他胯下钻过去，就是为了今天。但他也是个好汉，敢于向我叫板，我今天要给他个官做。于是封他做了中尉。当时的中尉，在诸侯国里是掌管军事的最高长官，这个官是相当大的。于是有人就讲，韩信真是胸襟广阔啊，宰相肚里能撑船，不像李广那么小肚鸡肠。我说这只是说对了一半，韩信是比李广强，李广那个报复狭隘自私，简直是不择手段。韩信是不是就完全没有报复心了呢？也不是。如果他要是丝毫没有报复心，事情都已经过去好多年了，丢开不提不就完了吗？可韩信不是，他要把部下都召集起来，要当众把过去的事情讲上一遍。要说一通当初我不杀他就是为了今天，我今天不仅不为难他，还要给他来个官做。这么一折腾，韩信所得到的那份满足感简直是古往今来一切其他手段所无法得到的，压了多少年的一口气终于吐出来了，而且这件事还使得两千年来家喻户晓，人人称颂。你看韩信的这种报复该有多么高级？以上这些，我觉得都跟司马迁个人的身世、个人的情感有关系，从这个角度说，读《史记》，不就是读司马迁了吗？

《史记》对后世的影响是巨大而又深远的。在历史方面开纪传体之先河，使此后两千多年历史上的每个王朝，都必有一部与《史记》大致相当的被称做“正史”的史书，至今已经积累了二十多部。正如清代赵翼在《廿二史札记》中所说：“司马迁参酌古今，发凡起例，创为全史。本纪以序帝王，世家以记侯国，十表以系时事，八书以详制度，列传以志人物，然后一代君臣政事，贤否得失，总汇于一编之中。自此例一定，历代作史者遂不能出其范围，信史家之极则也。”《史记》是我国写人文学的先驱，对我国后代小说的发展影响重大。魏晋南北朝小说是随着《史记》《汉书》的带动而蓬勃兴起；唐人小说是《史记》文学成就的真正继承者，其篇章结构、语言韵味、写人叙事的方法都与八百年前的《史记》一脉相承；元代以后的短篇文言小说与长篇白话小说都明显地受着《史记》故事题材、情节结构、人物精神面貌、写人叙事方法等方面的明显影响。《史记》也是我国传记文学的开山之作。在我国古代文学的发展史上，除了有大量以“传记”命名的作品外，还有更多难以数计的诸如碑文、墓志铭等。中国的传记文学成熟最早，欧洲人称《希腊罗马名人传》的作者普鲁塔克是传记文学之父，但《史记》的作者司马迁比普鲁塔克要早生191年，《史记》比普鲁塔克的《希腊罗马名人传》早面世近两个世纪。

《史记》像一座大山，永远矗立在中华民族和世界的文化之林。

《史记》像一颗巨星，永远照耀在中国和世界历史的长河之上。

本　纪

“本纪”在《史记》五种体裁中排在第一位，共有十二篇。何谓“本纪”？司马迁在《太史公自序》里说：“略推三代，录秦汉，上记轩辕，下至于兹，著十二本纪，既科条之矣。”张守节《正义》曰：“本者，系其本系，故曰本；纪者，理也，统理众事，系之年月，名之曰纪。”从本质上来说，“本纪”就是记述帝王与王朝的“大事记”，它按时间先后排列事件，以反映历史的发展变化态势，作为全书纲领。《史记》的十二篇“本纪”大体以《秦始皇本纪》为界，前五篇是以帝王为纲的整个王朝的大事纲要，后七篇则是实际掌握着最高权力之人的事迹与当朝的大事纲要。

需要注意的是，“本纪”中的《秦本纪》《项羽本纪》《吕太后本纪》三篇，如果严格地以是否为帝王或王朝来衡量，它们都不够资格列入“本纪”，事实上司马迁的这种安排正体现了他不重表象而重实际的史家精神。《秦本纪》所记是作为诸侯国的秦国的历史，但秦国历史长，内容多，全部写入《秦始皇本纪》不仅篇幅太长，而且也模糊了秦作为一个王朝的性质，所以为秦始皇以前的内容单独作《秦本纪》，它本质上应该被视为《秦始皇本纪》的“前纪”。项羽并不是严格意义上的帝王，而且是汉高祖刘邦的死对头，但秦灭之后实际是项羽在号令天下，所以也把他写入“本纪”。吕太后时期汉朝一直是有皇帝的，有人认为至少应该把前期的惠帝独立出来立“本纪”，但无论是前期的惠帝还是后期的两个少帝，都没有实际权力，吕太后才是真正的当权者，所以从“政所自出”的角度，抹去惠帝，直接作《吕太后本纪》更符合历史事实。

史记卷一

五帝本纪第一

【释名】

《五帝本纪》是“本纪”部分的第一篇。它分别记述了黄帝、颛顼、帝喾、尧、舜这五位我国古史传说时代的帝王，他们都是古今世代传颂的圣王，在道德人伦、治国功业、造福人类等诸方面都堪称楷模，处处显现着作者理想政治的光芒。其中重要事件有：第一，黄帝对缔造华夏民族、发展中华文明做出的巨大贡献；第二，尧制定历法、协调人伦、任用贤臣，终致天下大治的圣德；第三，尧、舜、禹以天下民生为重的“禅让”故事。

黄帝者[①]，少典之子[②]，姓公孙[③]，名曰轩辕[④]。生而神灵[⑤]，弱而能言，幼而徇齐[⑥]，长而敦敏[⑦]，成而聪明[⑧]。

轩辕之时，神农氏世衰[⑨]。诸侯相侵伐，暴虐百姓，而神农氏弗能征。于是轩辕乃习用干戈[⑩]，以征不享[⑪]，诸侯咸来宾从。而蚩尤最为暴[⑫]，莫能伐。炎帝欲侵陵诸侯[⑬]，诸侯咸归轩辕。轩辕乃修德振兵[⑭]，治五气[⑮]，蓺五种[⑯]，抚万民，度四方[⑰]，教熊罴貔貅貙虎[⑱]，以与炎帝战于阪泉之野[⑲]。三战，然后得其志。蚩尤作乱，不用帝命。于是黄帝乃征师诸侯，与蚩尤战于涿鹿之野，遂禽杀蚩尤[⑳]。而诸侯咸尊轩辕为天子,代神农氏,是为黄帝。天下有不顺者,黄帝从而征之,平者去之[21],披山通道[22],未尝宁居。

【注释】

①黄帝:号有熊氏。

②少典之子:少典氏的后代。少典,传说中原始社会末期部落酋长。其部落活动于今陕西、河南一带,称少典氏。

③姓公孙:一般认为黄帝长于姬水,因为姬姓。而因其是少典国君之后,故称"公孙"。

④名曰轩辕:一般认为黄帝居轩辕之丘,故轩辕是黄帝的"号"。

⑤生而神灵:神灵,聪明神异。按,以下数句说黄帝自出生至成人都表现出不同于常人的神异。

⑥徇齐:疾速。引申指敏慧。徇,通"侚",疾速。

⑦敦敏:敦、敏,同义词连用,皆勤勉之意。

⑧聪明:明察事理。聪,善听。明,善视。

⑨神农氏:古史传说中的人物。姜姓,少典之子。史亦称"烈山氏""列山氏""连山氏"。或说即炎帝。相传他用木制作耒耜,教民种植五谷。又尝百草,作医书以疗民疾,还开始饲养家畜,从事原始制陶业,进行纺织,设立集市等。

⑩干:盾牌。戈:一种类似于戟的可钩可砍的长柄进攻武器。

⑪不享:此指不来朝见的诸侯。享,进见,来朝。

⑫蚩尤:传说中原始社会末期部落酋长。相传他以"金"(金属)作兵器,好兵喜乱,暴虐天下。一说姜姓,为东方九黎族首领。徐旭生《中国古史的传说时代》用四方面的理由论证了蚩尤属于东夷:一是蚩尤寓于少昊(《逸周书·尝麦解》),其地望应在鲁西南;二是蚩尤的事迹传说都在山东西部,祠在济水上,冢在今寿张,肩髀冢在今巨野;三是东汉学者都说蚩尤为九黎君长,九黎在

今鲁、冀、豫三省交界处；四是《盐铁论·结和》有所谓“轩辕战涿鹿，杀两暤、蚩尤而为帝”。两暤，就是两皞、两昊。蚩尤与太昊、少昊同属一个集团。蚩尤以好战著称，故古代又将其作为战神加以祭祀。袁珂《中国神话通论》说蚩尤是“继炎帝而起，举兵为炎帝复仇，屡仆屡起”的英雄。

⑬炎帝：传说中原始社会末期部落酋长，姜姓，与黄帝并立。两个部落都是由今陕西境内向东方迁徙，黄帝迁徙于今山西、河北；炎帝迁徙于今河南一带。两族相互通婚，相互依存，迭为部落联盟之主，是形成日后华夏民族的核心力量。

⑭振兵：整顿部队。

⑮五气：《集解》以为指金、木、水、火、土“五行”之气。也有观点以为这里是指仁、义、礼、智、信五种基本道德观念。

⑯蓺（yì）：种植。五种：五谷，稻、黍、麦、菽、稷。

⑰度四方：安抚四方。

⑱教熊罴（pí）貔（pí）貅（xiū）貙（chū）虎：驯服六种猛兽，用于作战。按，西汉末年王莽也曾使用群兽作战，事见《后汉书》。

⑲阪泉：在今河北涿鹿东南。

⑳与蚩尤战于涿鹿之野，遂禽杀蚩尤：刘恕《通鉴外纪》云：“蚩尤为大雾，军士昏迷，轩辕作指南车以示四方，遂禽蚩尤。”涿鹿，故城在今河北怀来的南侧、涿鹿的东南方，在今官厅水库的南侧。按，“涿鹿”与“阪泉”实为一地，一人（黄帝）与两人（炎帝、蚩尤）连续大战于同一地点，此事令人生疑。梁玉绳以为炎帝即神农氏，蚩尤反炎帝，炎帝无力征讨，黄帝乃助炎帝以败蚩尤，“阪泉之战”即“涿鹿之战”，黄帝只有与蚩尤作战，而并无与炎帝作战之事。徐旭生《中国古史的传说时代》也认为黄帝与炎帝同属于华夏集团，而蚩尤则属于东夷集团。黄帝正是由于在涿鹿之战打败了蚩尤，维护了华夏民族的生存与发展，从而奠定了黄帝在华

夏民族当中的“始祖”地位。袁珂则认为两场战争都是存在的:“黄、炎之战与黄帝和蚩尤之战完全是同一性质、同一营垒的战争……它既反映为神国两个系统的诸神的大斗争,又反映为两大部族之间的战争。这场战争波澜壮阔,此伏彼起,历时绵远,比起荷马史诗《伊利亚特》诸神在特罗亚城之战,并无逊色。”

㉑平者去之:凡表示归服者,即率兵离去。平,这里指归顺。

㉒披:开辟,开拓。

【译文】

黄帝是有熊少典氏的后代,姬姓,称公孙,号轩辕。轩辕刚生下来就显出聪明神异,几个月就会说话,幼年时思维就很敏捷,少年时期非常勤勉,成年后明察秋毫,洞悉世事。

轩辕还是诸侯的时候,居于领导地位的神农氏逐渐衰弱,诸侯互相侵伐,残酷对待百姓,而神农氏不能讨伐。于是轩辕就动用军事力量,讨伐那些不来朝拜神农氏的诸侯,诸侯都臣服、追随轩辕。诸侯中蚩尤最为凶暴,没有人能够制服他。炎帝好欺凌别的诸侯,因此诸侯都归附轩辕。轩辕于是修养仁德整顿部队,调合阴阳五行之气,种植五谷,安抚民众,考察四方,训练熊罴貔貅貙虎作战,后来与炎帝在阪泉之野交战。经过三次战斗,打败了炎帝。蚩尤作乱,不听神农氏的命令。于是轩辕征集了诸侯的军队,与蚩尤大战于涿鹿之野,擒获并杀掉了蚩尤。天下诸侯于是都尊轩辕为天子,代替神农氏,这就是黄帝。天下有不顺服的,黄帝就去征讨他,顺服后就率军离去,他到处开山拓路,从来没有清闲过。

东至于海,登丸山①,及岱宗。西至于空桐,登鸡头②。南至于江,登熊、湘③。北逐荤粥④,合符釜山⑤,而邑于涿鹿之阿⑥。迁徙往来无常处,以师兵为营卫⑦。官名皆以云命⑧,为云师⑨。置左右大监⑩,监于万国⑪。万国和,而鬼神山川封禅与为多焉[12]。获宝鼎，迎日推策[13]。举风后、力牧、常先、大鸿以治民[14]。顺天地之纪、幽明之占、死生之说、存亡之难[15]。时播百谷草木[16]，淳化鸟兽虫蛾[17]，旁罗日月星辰水波土石金玉[18]，劳勤心力耳目，节用水火材物[19]。有土德之瑞，故号黄帝[20]。黄帝二十五子，其得姓者十四人[21]。

【注释】

①丸山：在今山东临朐东北，昌乐西南，地处渤海之滨而不临海。

②西至于空桐，登鸡头：空桐、鸡头，都是山名，属于今六盘山脉。空桐山，也作“空同山”“崆峒山”，在今甘肃平凉西北。鸡头山，在今宁夏泾源北。

③熊、湘：熊耳山、湘山。湘山即今湖南洞庭湖中的君山，熊耳山也在今湖南，与湘山相距不远。《封禅书》之《索隐》：“《荆州记》耒阳、益阳二县东北有熊耳，东西各一峰，状如熊耳，因以为名。”

④荤粥（xūn yù）：古民族名。我国古代北方的游牧民族。后与猃狁等族融合成为匈奴族。或说荤粥、猃狁、匈奴本即一个民族之不同译法。

⑤合符：验证符信。釜山：在今河北怀来东。

⑥邑：都城，国都。此指修建都城。涿鹿之阿：涿鹿山下的平地。阿，山下平地。

⑦以师兵为营卫：将军队环绕在四周以自卫。

⑧官名皆以云命：史载黄帝时，春官为青云，夏官为缙云，秋官为白云，冬官为黑云，中官为黄云。

⑨为云师：谓组建军队也以“云”相称。按，《左传·昭公十七年》郯子曰：“昔者黄帝氏以云纪，故为云师而云名；炎帝氏以火纪，故为火师而火名。”为本文所本，然用字略异。

⑩大监（jiàn）：官名。

⑪万国：黄帝所领导的各诸侯国。

⑫鬼神山川封禅与为多焉：徐孚远曰："此皆武帝时方士附会，详在《封禅书》中，本纪略举其概。"鬼神山川封禅，指对天地山川各种神灵的祭祀。与为多焉，数他最多。

⑬获宝鼎，迎日推策：《索隐》："《封禅书》曰'黄帝得宝鼎神策'，下云'于是推策迎日'。"迎日推策，即制订历法。推策，用策推算。策，即蓍草。

⑭风后：《集解》引郑玄曰："风后，黄帝三公也。"力牧：《集解》引班固曰："力牧，黄帝相也。"常先：其人不详。大鸿：《封禅书》谓："鬼臾区号大鸿。死葬雍，故鸿冢是也。"他们都是黄帝的大臣。

⑮顺天地之纪：遵循天地的法则。顺，遵循。纪，法则。幽明之占：《大戴礼记·五帝德》《孔子家语·五帝德》作"幽明之故"。意谓阴阳转化的奥秘。幽明，指阴阳。死生之说：人生死存亡的道理。存亡之难：安危之理。难，也是"说"的意思。郭嵩焘曰："'顺天地之纪'四语，止是顺时布化而已。"

⑯时播百谷草木：《正义》曰："顺四时之所宜，而布种百谷草木也。"时，按时。也有人以为通"莳"，栽种。

⑰淳化鸟兽虫蛾：谓驯服、养殖鸟兽虫蛾以供人所用。淳化，这里实指驯服、养殖。

⑱旁罗日月星辰水波土石金玉：十二字难解。大意为对日月星辰运行规律进行了广泛研究，对土石金玉等资源进行了大力开发。

⑲节用水火材物：指黄帝教导百姓按照一定的时节采集收获湖泽山林中的物产以获利。节，时节。按，"顺天地之纪"以下至此，见《大戴礼记·五帝德》。

⑳有土德之瑞，故号黄帝：《吕氏春秋·应同》曰："黄帝之时，天先见大螾、大蝼，黄帝曰：'土气胜。'土气胜，故其色尚黄，其事则

土。”按，这里黄帝“有土德之瑞”云云，是“五德终始论”的说法。五德终始论用水、木、金、火、土五种物质德性相生相克和终而复始的循环变化比附推断王朝兴替，起于战国，而盛行于秦汉，所以司马迁在这里也就因循了这种说法。

㉑其得姓者十四人：有十四人别立有姓。意谓有十四个人曾受分封而有领地。据《国语·晋语》胥臣云：“凡黄帝之子二十五宗，其得姓者十四人，为十二姓：姬、酉、祁、己、滕、箴、任、荀、僖、姞、儇、依是也。唯青阳与苍林氏同于黄帝，故皆为姬姓。”

【译文】

黄帝向东到达海边，登上了丸山和泰山。向西到达空桐山，登上了鸡头山。向南到达长江，登上了熊耳山、湘山。在北方黄帝驱逐了荤粥，与诸侯在釜山聚会结盟，曾在涿鹿山下的平地建都。黄帝率领部众往来迁移而没有固定的定居地，停留在某地时就会安下营寨，让军队环卫在四周。黄帝的百官都用“云”命名，军官也以“云”相称。他设置了左右大监，监督治下各诸侯国。各诸侯国相处和睦，而黄帝对鬼神、山川、天地所进行的祭祀活动也最多。黄帝曾获得宝鼎，他观测太阳的运行规律，用蓍草推算，制定了历法。他任用风后、力牧、常先、大鸿四位大臣治理百姓。黄帝遵循天地运行的规律，遵循阴阳倚伏变化的法则，顺应万事万物生死存亡相互转化的过程。他顺应时节播种谷物草木，驯服、养殖鸟兽昆虫，他观测天文星象，利用水源以用土石金玉等地利物产，他教导人们做事要用心尽力，要依照节令捕捉采伐山林沼泽中的动植物，用之有度。黄帝在位时，出现“土德”之瑞，所以号为黄帝。黄帝有二十五个儿子，其中十四人受封别立有姓。

黄帝居轩辕之丘①，而娶于西陵之女，是为嫘祖②。嫘祖为黄帝正妃，生二子，其后皆有天下：其一曰玄嚣，是为青阳③，青阳降居江水④；其二曰昌意，降居若水⑤。昌意娶蜀山氏女，曰昌仆，生高阳[⑥]，高阳有圣德焉。黄帝崩，葬桥山[⑦]。其孙昌意之子高阳立，是为帝颛顼也。

【注释】

①轩辕之丘：一说在今河南新郑西北。一说在今甘肃天水东南的轩辕谷。

②娶西陵之女，是为嫘（léi）祖：西陵，西陵氏，古部族名，其活动地区应在黄帝部族之西，相距不远。泷川本正作“西陵氏”，乃据古钞本、枫山本、三条本及《御览》引《史记》补，今译文从之。

③其一曰玄嚣，是为青阳：梁玉绳曰：“玄嚣、青阳实是二人，史公合而一之。”

④降居江水：被分封到江水立国。《索隐》曰：“降，下也。言帝子为诸侯，降居江水。”江水，《正义》引《括地志》以为即古江国，在今河南息县。泷川曰：“《帝系篇》‘江水’作‘泜水’。”则此“江水”指今四川境内之岷江。《大戴礼记解诂·帝系》：“泜水即江水也。《说文》云：‘江水出蜀湔氐徼外岷山。’”

⑤若水：即今四川西部之雅砻江。《索隐》曰：“江水、若水皆在蜀，即所封国也。”按，黄帝几位妃子所生诸子史籍中说法不同。《索隐》曰：“皇甫谧云：‘元妃西陵氏女，曰累祖，生昌意。次妃方雷氏女，曰女节，生青阳。次妃彤鱼氏女，生夷鼓，一名苍林。次妃嫫母，班在三人之下。’按，《国语》夷鼓、苍林是二人。又按，《汉书·古今人表》彤鱼氏生夷鼓，嫫母生苍林，不得如谧所说。太史公乃据《大戴礼记》，以累祖生昌意及玄嚣，玄嚣即青阳也。皇甫谧以青阳为少昊，乃方雷氏所生，是其所见异也。”实则这些人物多为传说中人，本无需分辨。

⑥昌意娶蜀山氏女，曰昌仆，生高阳：《正义》引《华阳国志》及《十三州志》云：“黄帝为子昌意娶蜀山氏，后子孙因封焉。帝颛顼

高阳氏，黄帝之孙，昌意之子，母曰昌仆，亦谓之女枢。”蜀山氏，古代部落名，若如《索隐》所说昌意立国于若水，则此“蜀山”似应指今四川西部之大雪山。按，本段至此十四句，见《大戴礼记·帝系》。

⑦桥山：山名，在今陕西黄陵西北，因沮水穿其下而过，其状如桥，故名。其上有黄帝陵，墓前有碑亭，其中的石碑上刻有“桥陵龙驭”四字。桥山东麓有轩辕庙，大门正中悬“人文初祖”匾额。庙内有古柏数万株，其中一棵高近二十米，下围十米，是我国现存最大的古柏，相传为黄帝手植。另一棵称“挂甲柏”，相传汉武帝曾挂甲于此。

【译文】

黄帝居住在轩辕之丘时，娶了西陵氏之女，这就是嫘祖。嫘祖是黄帝的正妃，生了两个儿子，他们的后代都曾拥有天下：一个叫玄嚣，这就是青阳，青阳被封在江水为诸侯；一个叫昌意，被封在若水为诸侯。昌意娶了蜀山氏之女，名叫昌仆，生了高阳，高阳有神圣的德行。黄帝死后葬在桥山。他的孙子即昌意的儿子高阳立为天子，这就是帝颛顼。

帝颛顼高阳者①，黄帝之孙而昌意之子也。静渊以有谋②，疏通而知事③；养材以任地④，载时以象天⑤，依鬼神以制义⑥，治气以教化⑦，絜诚以祭祀⑧。北至于幽陵⑨，南至于交阯⑩，西至于流沙⑪，东至于蟠木⑫。动静之物⑬，大小之神⑭，日月所照，莫不砥属⑮。

【注释】

①帝颛顼高阳：《索隐》曰：“宋衷云：‘颛顼，名；高阳，有天下号也。’张晏云：‘高阳者，所兴地名也。’”《集解》引皇甫谧曰：“都帝丘。”

帝丘，在今河南濮阳西南。按，“颛顼”即“高阳”之说本《大戴礼记》之《五帝德》与《帝系》。

②静渊：深沉稳重。

③疏通：通达，开明。

④养材：使财物增长。材，通“财”。也有人以为指百谷草木，亦通。任地：因地制宜利用土地。

⑤载时：按四时季节行事。载，行，施行。象天：取象于天，根据天象运行规律。

⑥鬼：人神曰鬼，指祖先神。神：天神曰神，指天、地、山川诸神。制义：制宜，裁断适宜。义，宜也，谓道德规范。

⑦治气以教化：《索隐》曰：“谓理四时五行之气以教化万人也。”

⑧絜诚：祭品洁净，态度虔诚。郭嵩焘曰：“据史公所纪，则祭祀之礼实始于颛顼氏。”絜，同“洁”。

⑨幽陵：《正义》曰：“幽州也。”地区名，其中心即今北京一带。《史记地名考》说：“言其在北，未必确有其地。”

⑩交阯：也作“交趾”。汉交阯郡辖境相当于今广东、广西的大部和越南承天省以北的大部地区。或曰泛指今五岭以南地区。

⑪流沙：秦、汉时期指今内蒙古西部额济纳旗、阿拉善左旗、阿拉善右旗一带的大沙漠。或曰泛指我国西北沙漠地区。

⑫蟠木：古山名。相传在东海之中，山上生有蟠木。蟠木，《集解》以为即《山海经》中所说盘曲三千里的大桃树；钱大昕以为即扶桑神木。

⑬动静之物：指所有生物。《正义》曰：“动物谓鸟兽之类，静物谓草木之类。”

⑭大小之神：指所有山川水泽之神。《正义》曰：“大谓五岳、四渎，小谓丘陵坟衍。”

⑮砥属：平定归服。《集解》引王肃曰：“砥，平也。四远皆平而来服

属。”张家英以为“砥”同“祇(zhī)”,敬也。按,此处叙颛顼事甚简,而神话中有关颛顼的说法尚多。袁珂说他是宇宙的最高统治者,《国语·周语》有所谓“星与日辰之位,皆在北维,颛顼之所建也”,即安排日月星辰的位置;再有就是派重、黎二神“绝地天通”,将本来合在一起的天、地分了开来。此外还说他爱好音乐,掌管病疫等等。

【译文】

帝颛顼高阳,是黄帝的孙子,昌意的儿子。他沉稳而有谋略,开明而有智慧;能因地制宜发挥地力,根据天象运行确定四季,依据神灵旨意规定行为规范,调理阴阳五行教化人民,洁净祭品、态度虔诚地进行祭祀。他向北到了幽陵,向南到了交阯,向西到了流沙,向东到了蟠木。所有鸟兽草木,大大小小的山川神灵,但凡日月照到的地方,无不尊敬归附他。

帝颛顼生子曰穷蝉①。颛顼崩②,而玄嚣之孙高辛立,是为帝喾③。帝喾高辛者,黄帝之曾孙也。高辛父曰蟜极,蟜极父曰玄嚣,玄嚣父曰黄帝。自玄嚣与蟜极皆不得在位,至高辛即帝位。高辛于颛顼为族子④。

【注释】

①穷蝉:《世本》曰:“作‘穷系’。”

②颛顼崩:《集解》引《皇览》曰:“颛顼冢在东郡濮阳顿丘城门外广阳里中。顿丘者城门,名顿丘道。”按,汉时的濮阳在今河南濮阳西南,汉时的顿丘在今濮阳北。

③而玄嚣之孙高辛立,是为帝喾(kù):《集解》引张晏认为“高辛”为所兴之地名,“喾”为号;《索隐》引宋衷认为“高辛”是地名,为号,“喾”是名。今人多认为“高辛”为号。《集解》引皇甫谧曰:

"都亳,今河南偃师是。"按,今河南偃师城西有商代的"亳",高辛时的"亳"不知其具体方位。

④高辛于颛顼为族子:高辛为颛顼的族侄。族子,同族兄弟之子。

【译文】

帝颛顼生的儿子叫穷蝉。颛顼死后,玄嚣的孙子高辛立为天子,这就是帝喾。帝喾高辛,是黄帝的曾孙。高辛的父亲叫蟜极,蟜极的父亲是玄嚣,玄嚣的父亲是黄帝。玄嚣和蟜极都没能在位为天子,到了高辛才即位为天子。高辛是颛顼同族侄子。

高辛生而神灵,自言其名①。普施利物,不于其身②。聪以知远,明以察微。顺天之义③,知民之急。仁而威,惠而信,修身而天下服。取地之财而节用之,抚教万民而利诲之④,历日月而迎送之⑤,明鬼神而敬事之。其色郁郁⑥,其德嶷嶷⑦。其动也时⑧,其服也士⑨。帝喾溉执中而遍天下⑩,日月所照,风雨所至,莫不从服。帝喾娶陈锋氏女,生放勋⑪。娶娵訾氏女,生挚⑫。帝喾崩⑬,而挚代立。帝挚立,不善⑭,崩,而弟放勋立,是为帝尧。

【注释】

①生而神灵,自言其名:《正义》引《帝王世纪》云:"帝俈高辛,姬姓也。其母生见其神异,自言其名曰'岌',龆龀有圣德,年十五而佐颛顼,三十登位,都亳,以人事纪官也。"按,《山海经》"帝俊生后稷",与张说可以互证。

②普施利物,不于其身:犹今所谓"专门利人,不求利己"。物,与"我"相对的他物。指一切生灵。

③顺天之义:遵循自然规律。义,宜。

④利诲：因势利导。诲，教导。

⑤历日月而迎送之：《正义》曰："言作历弦、望、晦、朔，日月未至而迎之，过而送之，上'迎日推策'是也。"观测日月运行规律制定历法，按一定时间举行迎送日月的祭祀。历，相，观测，推算。

⑥其色郁郁：神色严肃庄重。郁郁，《索隐》曰："犹穆穆也。"

⑦嶷嶷（nì）：高耸的样子。这里指道德高尚。

⑧其动也时：举动切合时宜。动，举动。一说指"动众使民"。

⑨其服也士：《索隐》曰："衣服服士服，言其公且廉也。"谓身穿一般士人的服装，质朴清廉。泷川曰："服，行也。士，事也。言服事不懈也。"谓从事工作，勤劳不息。也有人以为"服，用也；士，有道德之称"，即任用有道德之人。

⑩溉执中而遍天下：《正义》曰："言帝佶治民，若水之溉灌，平等而执中正，遍于天下也。"一曰溉通"概"，意为平允。执中，即以不偏不倚、中正平和的中庸之道治理天下。意同《尚书·大禹谟》中的"允执厥中"。

⑪帝喾娶陈锋氏女，生放勋：陈锋，古代部族名。放勋，即尧，《正义》曰："言尧能放上代之功，故曰放勋，谥尧。"

⑫娶娵訾（jū zī）氏女，生挚：娵訾，古代部族名。《正义》引《帝王世纪》云："帝佶有四妃，卜其子皆有天下。元妃有邰氏女，曰姜嫄，生后稷。次妃有娀氏女，曰简狄，生契。次妃陈锋氏女，曰庆都，生放勋。次妃娵訾氏女，曰常仪，生帝挚。"

⑬帝喾崩：《集解》曰："《皇览》曰：'帝喾冢在东郡濮阳顿丘城南台阴野中。'"

⑭不善：《索隐》曰："谓微弱。"

【译文】

高辛出生时就很神奇灵异，自己说出了自己的名字。他广施恩泽遍及百姓而不顾自身。他聪明睿智能了解远方的事情，明察细微征兆。他顺从自然规律，了解人民疾苦。他仁德又有威仪，惠爱又讲信义，提高自身修养，天下都服从于他。他能够依不同节令从大地获取物资来使用，教导百姓如何更便利地生产生活，根据日月运行规律制定历法并按时举行对日月节气的祭祀之礼，辨明鬼神并虔诚地侍奉它们。他神情肃穆宽和，他德行极其高尚。他的举动适时，衣着朴素。帝喾治理天下公平中正，因而凡是有日月风雨的地方，没有不服从的。帝喾娶了陈锋氏之女，生了放勋。他又娶了娵訾氏之女，生了挚。帝喾去世后，挚代立为天子。帝挚在位时，其政衰微，死后，他的弟弟放勋继立为天子，这就是帝尧。

帝尧者，放勋①。其仁如天，其知如神。就之如日，望之如云②。富而不骄，贵而不舒③。黄收纯衣④，彤车乘白马⑤。能明驯德⑥，以亲九族⑦。九族既睦，便章百姓⑧。百姓昭明⑨，合和万国⑩。

【注释】

①帝尧者，放勋：《正义》曰："徐广云：'号陶唐。'《帝王纪》云：'尧都平阳，于《诗》为唐国。'"按，此说与近年来在山西襄汾东北所发现之"陶寺文化"大体相合。按，袁珂曰："尧和其他天帝一样，最初传说也是天帝，后来才历史化而为人间的帝王。"不过直接跟尧有关的神话保存不多，至其片段则《山海经》有所谓"洞庭之山……帝之二女居之"，等。

②望之如云：《索隐》曰："如云之覆渥，言德化广大而浸润生人，人咸仰望之，故曰如百谷之仰膏雨也。"

③舒：放纵，恣意而行。

④黄收：黄色礼帽。收，夏代称冠。蔡邕《独断》："冕冠，周曰爵弁，殷曰冔，夏曰收。"纯衣：黑色礼服。纯，读如"缁"。

⑤彤车乘白马：彤车，红色的车子。按，以上对尧德的描述，见《大戴礼记·五帝德》。

⑥能明驯德：能弘扬崇高的美德。驯，同“顺”。

⑦九族：泛指自己的宗族亲戚。具体所指诸说不一，有人以为指父之三族，己之三族，子之三族；也有人以为指父族四，母族三，妻族二。也有人以自己为本位，上推至四世之高祖，下推至四世之玄孙为九族，现代人多取此说。其他不录。

⑧便章百姓：使百官职分明确，各司其职。便章，也作“辨章”，辨别彰明。便，通“辨”。百姓，这里指百官。

⑨昭明：分明，显著。

⑩合和万国：意谓使治下各诸侯融洽和睦。按，以上数句与《诗·思齐》所谓“刑于寡妻，至于兄弟，以御于家邦”；《礼记·大学》所谓“古之欲明明德于天下者，先治其国；欲治其国者，先齐其家；欲齐其家者，先修其身”；《孟子·离娄》所谓“天下之本在国，国之本在家，家之本在身”云云意思相同，皆谓先从自己本人做起，逐步向外扩大，最后推及全国。

【译文】

帝尧，名叫放勋。他的仁德有如覆盖大地的苍天，他的智慧有如无所不晓的神明。人们像万物朝向太阳一样亲附他，像大旱之望云雨一样企盼他。他富有而不骄奢，尊贵而不放纵。他戴着黄色的礼帽，穿着黑色的礼服，坐着红色的车子，使用白色的马驾车。他有顺天应人的美德，先使自己的九族亲善。等到九族亲善后，便进一步治理朝廷百官。等到朝廷百官的职责明确且又各司其职时，便进一步使天下万国都变得融洽和睦。

乃命羲、和①，敬顺昊天②，数法日月星辰③，敬授民时④。分命羲仲⑤，居郁夷⑥，曰旸谷⑦。敬道日出⑧，便程东作⑨。

日中[10]，星鸟[11]，以殷中春[12]。其民析[13]，鸟兽字微[14]。申命羲叔[15]，居南交[16]。便程南为[17]，敬致[18]。日永[19]，星火[20]，以正中夏[21]。其民因[22]，鸟兽希革[23]。申命和仲，居西土[24]，曰昧谷[25]。敬道日入，便程西成[26]。夜中，星虚[27]，以正中秋[28]。其民夷易[29]，鸟兽毛毨[30]。申命和叔，居北方，曰幽都[31]。便在伏物[32]。日短，星昴[33]，以正中冬[34]。其民燠[35]，鸟兽氄毛[36]。岁三百六十六日，以闰月正四时[37]。信饬百官[38]，众功皆兴。

【注释】

①羲、和：羲氏与和氏的并称。尧命羲仲、羲叔、和仲、和叔分驻四方，观天象，制历法。

②昊天：苍天。昊，元气博大貌。

③数法：遵循，推算。

④敬授民时：郑重地告知百姓四时节令，依时耕作。民时，犹农时。

⑤分命：分派，命令。

⑥郁夷：今山东半岛一带。

⑦旸（yáng）谷：也作“汤谷”，相传为日出之处。

⑧道：同“导”，引导。

⑨便程：《尚书》作“平秩”，指辨别耕作的先后次序。便，通“辨”。程，章程，限额。东作：春天的农事活动。五行学说中以四季、五方配五行，东方与春季相配，属木。

⑩日中：白昼与黑夜一样长。

⑪星鸟：《集解》引孔安国曰：“春分之昏，鸟星毕见。”鸟，南方朱鸟七宿。

⑫以殷中春：确定这一天为春分。殷，正，定。

⑬其民析：《集解》引孔安国曰：“春事既起，丁壮就功，言其民老壮

分析也。”指丁壮与老弱分开,开始从事农耕。析,分散。按,近人胡厚宣以为“析”是东方的神名,“鸟兽字微”是东方风名的错写。

⑭鸟兽字微:各种动物交尾,繁殖。字,怀孕,生育。微,通“尾”,交尾。

⑮申命:命令。

⑯南交:南方的交阯。《索隐》曰:“古文略举一字名地,‘南交’则是‘交阯’不疑也。”按,《韩非子·十过》有所谓“尧有天下……其地南至交趾,北至幽都”,亦可为证。

⑰南为:夏天的农事活动。五行学说中南方与夏相配,属火。

⑱敬致:语见《尚书》。《书集传》:“敬致,《周礼》所谓‘冬夏致日’。盖以夏至之日中,祠日而识其景,如所谓‘日至之景,尺有五寸,谓之地中’者也。”王骏图曰:“‘致’者,致其所至也,即敬验夏至日晷之所至也。此盖欲候日月之出没,而以昏旦见南方之中星以定晷度之所至。”

⑲日永:白天的时间最长。

⑳星火:黄昏时心宿出现在正南方。火,也称“大火”,即心宿,是“二十八宿”中的东方苍龙七宿之一。

㉑中夏:此指夏至。

㉒因:就,指老弱到田中帮助丁壮务农。按,盖即《诗·七月》之所谓“同我妇子,馌彼南亩”。

㉓鸟兽希革:鸟兽换毛,毛量变少。希,稀少。革,改变。近人根据甲骨文,以为“因”是南方的神名,“鸟兽希革”是南方风名的错写。

㉔西土:西部边地。

㉕昧谷:神话中的日落之处。《集解》裴骃案:“孔安国曰:‘日入于谷而天下冥,故曰昧谷。’”

㉖西成:秋天的农事活动。五行学说中西方与秋相配,属金。

㉗星虚:黄昏时虚星出现在正南方。虚,虚星,北方玄武七宿之一。

㉘中秋：此指秋分。

㉙夷易：安定和悦。因秋收完成而安心喜悦。孙星衍曰："《谥法解》曰：'安心好静曰夷。'时无农功也。"

㉚鸟兽毛毨（xiǎn）：《集解》引孔安国曰："毨，理也。毛更生整理。"近人据甲骨文以为"夷易"是南方的神名，"鸟兽毛毨"为南方风名的错写。

㉛幽都：北方之地。《集解》引孔安国曰："北称幽都，谓所聚也。"

㉜便在：意同"便程"。孙星衍曰："在者，《释诂》云：'察也。'"伏物：收藏物品。伏，储藏。

㉝星昴：黄昏时昴宿出现在正南方。昴，昴宿，西方白虎七宿之一。

㉞中冬：此指冬至。

㉟其民燠（yù）：燠，暖。《正义》曰："冬时其民因鸟兽生氄毳细毛之时，当服精棉絮褚衣温之服，以御冬寒也。"《尚书》作"厥民隩"，孔安国曰："隩，室也。民改岁入此室处，以辟风寒。"燠，暖。

㊱氄（rǒng）毛：细毛。

㊲以闰月正四时：设置闰月，以维持春、夏、秋、冬四时不发生错乱。《索隐》曰："夫周天三百六十五度四分度之一，是天度数也。而日行迟，一岁一周天；月行疾，一月一周天。日一日行一度，月一日行十三度十九分度之七。至二十九日半强，月行天一匝，又逐及日而与会。一年十二会，是为十二月，每月二十九日过半。年分出小月六，是每岁余六日。又大岁三百六十六日，小岁三百五十五日，举全数云'六十六日'。其实一岁唯余十一日弱。未满三岁，已成一月，则置闰。若三年不置闰，则正月为二月。九年差三月，则以春为夏。十七年差六月，则四时皆反。以此四时不正，岁不成矣。故传曰'归余于终，事则不悖'是也。"

㊳信饬：即"申饬"。命令，整顿。信，通"申"，申诫，告诫。饬，约束，整顿。

【译文】

尧任命羲氏、和氏，遵循上天的法则，推算日月星辰的运行规律来制定历法，恭敬地向人们传达农耕时令。他让羲仲住在郁夷的旸谷。让他虔敬地迎接东方升起的太阳，并督促东方百姓准备春耕生产。当日夜时间等长，黄昏时鸟星出现在正南方，羲仲确定这一天为“春分”。这时丁壮离开家中老小到田野中耕作，各种鸟兽交尾繁殖。尧让羲叔住在南方的交阯。让他督管南方民众从事农耕。当白天时间最长，黄昏时心宿出现在正南方，羲叔确定这一天为“夏至”。这时老幼都到田里协助劳动，鸟兽换上夏天的轻薄羽毛。尧任命和仲住在西方边极的昧谷。让他在那里敬送太阳下山，主管西方百姓秋季收获。当日夜时间等长，黄昏时虚星出现在正南方，和仲确定这一天为“秋分”。这时候，人们平和愉悦，鸟兽即将换上厚毛。尧任命和叔住在北方阴气聚集的幽都。让他分派人们收藏。当白昼最短，黄昏时昴星出现在正南方，和叔确定这一天为“冬至”。这时人们穿上保暖的厚衣服，鸟兽也换上了厚厚的羽毛。尧确定三百六十六日为一年，用设置闰月的方法使四时不至于错位。尧申明纪律约束百官，于是各个方面都兴旺发达。

尧曰：“谁可顺此事[①]？”放齐曰[②]：“嗣子丹朱开明[③]。”尧曰：“吁[④]！顽凶[⑤]，不用。”尧又曰：“谁可者？”讙兜曰[⑥]：“共工旁聚布功[⑦]，可用。”尧曰：“共工善言[⑧]，其用僻[⑨]，似恭漫天[⑩]，不可。”尧又曰：“嗟！四岳[⑪]：汤汤洪水滔天[⑫]，浩浩怀山襄陵[⑬]，下民其忧，有能使治者[⑭]？”皆曰鲧可[⑮]。尧曰：“鲧负命毁族[⑯]，不可。”岳曰：“异哉[⑰]，试不可用而已[⑱]。”尧于是听岳用鲧。九岁，功用不成[⑲]。

【注释】

①顺:循。这里指继承。

②放齐:尧的大臣。

③丹朱:《正义》引《帝王世纪》云:"尧娶散宜氏女,曰女皇,生丹朱。"开明:通达,明智。《尚书》作"启明",此避景帝讳而改。

④吁:叹词。这里表示不同意的意思。

⑤顽凶:愚妄不顺。《正义》引《左传》曰:"心不则德义之经为顽。"凶,逆,不顺。

⑥谨兜:尧的大臣,为后文所称的"四凶"之一。

⑦共工:尧的大臣,水官,为后文所称的"四凶"之一,与《淮南子》所说的"怒而触不周之山,天柱折,地维绝"的共工非一人。旁聚:广泛聚集人力。旁,义同"溥""普"。布功:兴办事业。

⑧善言:说话好听。指花言巧语。

⑨其用僻:《正义》曰:"用意邪僻也。"僻,邪。

⑩似恭漫天:貌似恭敬,实则欺骗天地鬼神。漫,骗,瞒。

⑪四岳:四方诸侯之长。《正义》引孔安国曰:"四岳,即上羲和四子也。分掌四岳之诸侯,故称焉。"按,刘起釪认为"四"字原为"大"字,篆文形近而讹。在多数文献中为一人之名。

⑫汤汤(shāng):水大流急的样子。

⑬怀山襄陵:怀,包围。襄,《集解》引孔安国曰:"上也。"意即淹没。袁珂曰:"世界上许多国家和民族都有洪水神话,它反映了上古时代某个时期由于自然界的大变动,确曾有过一次几乎遍及于全世界的大洪水。"

⑭有能使治者:有能接受任务前往治水的人选么?

⑮鲧(gǔn):尧的大臣。禹的父亲。

⑯负命毁族:违抗命令,伤害同僚。负,背,违。族,类,同伙。《尚书》作"方命圮族",马融注:"方,放也。"置上命于不顾,与"负

命”义同。圮，毁。陈直曰：“屈子《离骚》云：‘鲧婞直以亡身兮，终然殀乎羽之野。’屈子对鲧的评价，与其他文献记载不同。”

⑰异哉：《正义》引孔安国曰：“异，已；已，退也。言余人尽已，唯鲧可试。”近人多释“异”为“不同”，意即“鲧和您说的不同”。王骏图引《集韵》释“异哉”为感叹词，意同“吁嗟”。

⑱试不可用而已：已，止，免。凌稚隆引王安石曰：“鲧之治水虽‘负命毁族’，而其才则群臣皆莫及，然则舍鲧而孰使哉？当此时禹盖尚少，而舜犹伏于下也。”

⑲功用不成：由于鲧的“负命毁族”，治水果然未能成功。用，因，由于。按，在古代神话中鲧是一个盗上帝的“息壤”以为人间治水的英雄，袁珂称其为“神国的叛逆者”，这个形象后来被人所歪曲，只有《楚辞·天问》中还留有早期神话英雄的一些痕迹。

【译文】

尧问群臣：“谁能继承我的事业呢？”放齐回答说：“您的长子丹朱通达明智，可以继承。”尧说：“哼！他既愚顽又叛逆，不可用。”尧又问：“还有谁呢？”讙兜说：“共工能广泛招集人力，兴办事业，他可用。”尧说：“共工好花言巧语，做事居心不正，貌似恭敬而实则欺谩，不可用。”尧又说：“喂！你们四方诸侯长：如今洪水滔天，包围着高山、淹没了丘陵，百姓都为此忧虑，谁能担此治水的重任？”四方诸侯长都说鲧可以任用。尧说：“鲧常违抗命令、伤害同僚，不可用。”四方诸侯长说：“他似乎和您说的不一样啊。先试用一下吧，不行再撤换。”尧于是听从他们的意见用鲧治水。治了九年，也没有成功。

尧曰：“嗟！四岳：朕在位七十载，汝能庸命，践朕位①？”岳应曰：“鄙德忝帝位②。”尧曰：“悉举贵戚及疏远隐匿者。”众皆言于尧曰：“有矜在民间③，曰虞舜。”尧曰：“然，朕闻之。其何如？”岳曰：“盲者子。父顽，母嚚[④]，弟傲[⑤]，能和以孝，烝烝治[⑥]，不至奸[⑦]。”

【注释】

①汝能庸命，践朕位：女，同“汝”。庸命，听从天命。庸，听从。《正义》引孔安国曰：“尧年十六，以唐侯升为天子，在位七十载，时八十六，老将求代。”

②鄙德：德薄。鄙，浅陋。忝（tiǎn）：辱，辱没。

③矜（guān）：通“鳏”，无妻之人。

④父顽，母嚚（yín）：《左传·僖公二十四年》云：“心不则德义之经为顽，口不道忠信之言为嚚。”

⑤弟傲：舜的弟弟名“象”，乖戾傲慢。

⑥烝烝治：用温和善良的品德感化他们，使其克制。烝烝，温厚善良。治，《尚书》作“乂”，意同。皆使其自治之意。《正义》释“烝”为“进”，“烝烝治”即“进之于善”。

⑦不至奸（gān）：旧注皆谓使其父母兄弟不至奸邪。然从前后文意看，这里应谓舜能忍让，不与父母兄弟发生冲突。奸，干，犯，冲突。

【译文】

尧说：“啊！四位诸侯长：我在位七十年了，你们谁能顺应天命，继承我的帝位呢？”四位诸侯长说：“我们德薄，不敢辱没帝位。”尧说：“在朝的亲贵或远方的隐士，你们都可以推荐。”大家都对尧说：“民间有个单身汉，名叫虞舜。”尧说：“对，我听说过。他怎么样？”诸侯长们说：“他是盲人的儿子。他的父亲愚顽无德义，他的母亲暴虐不慈爱，他的弟弟狂傲无礼，但他仍能孝顺父母、友爱兄弟，使家庭和睦，能温厚善良地感化他们，不和他们发生冲突。”

尧曰：“吾其试哉。”于是尧妻之二女[①]，观其德于二女[②]。舜饬下二女于妫汭[③]，如妇礼[④]。尧善之，乃使舜慎和五典[⑤]，五典能从。乃遍入百官，百官时序[⑥]。宾于四门[⑦]，四门穆穆[⑧]，诸侯远方宾客皆敬。尧使舜入山林川泽，暴风雷雨，舜行不迷。尧以为圣，召舜曰："女谋事至而言可绩[⑨]，三年矣。女登帝位。"舜让于德，不怿[⑩]。正月上日[⑪]，舜受终于文祖[⑫]。文祖者，尧大祖也[⑬]。

【注释】

①妻之二女：《正义》曰："娥皇、女英也。……舜升天子，娥皇为后，女英为妃。"杨慎曰："舜娶尧二女，据《史记》世次言，为曾祖姑，人伦之理必不若是。"按，杨氏谓史迁所列"世次"不足信可也，倘以"伦理"论政治则未免迂阔。统治者之间的联姻，向来是以儿女的亲事作政治筹码，此间无"伦理"，更无"人性"可言。

②观其德于二女：《正义》曰："视其为德行于二女，以理家而观国也。"按，《尚书》作"观厥刑于二女"，刑，通"型"，模范，典范。意即看舜如何为二女做榜样。《诗·思齐》之所谓"刑于寡妻，至于兄弟，以御于家邦"，即此意。

③舜饬下二女于妫汭（guī ruì）：意即舜让这两个女儿回老家侍奉公婆。饬，命令，告诫。妫汭，妫水入黄河的河口。舜的父母家人住在那里。《正义》引《括地志》以为在今山西永济境内。近人有以为在今河南虞城一带。

④如妇礼：意谓尧的两个女儿即便出身高贵，仍按舜的要求恪守妇道。按，以上有关尧之德的叙述，用鲧治水、嫁二女考查舜的记载，见《尚书·尧典》。袁珂引《山海经》所谓"洞庭之山……帝二女居之……是多怪神，状如人面而载蛇，左右手操蛇，多怪鸟"云云之后曰："无怪二女能以其神力助舜驯服野象，当神话演变为

家庭矛盾纠纷时，犹‘能以鸟工、龙裳救井廪之难’。”

⑤慎和五典：审慎地协调各种伦常关系。《集解》引郑玄曰：“五典，五教也。盖试以司徒之职。”五教，孔安国曰：“五常之教：父义、母慈、兄友、弟恭、子孝。”

⑥百官时序：百官因此秩序井然。时，是，因此。

⑦宾于四门：让舜在明堂接待四方来使。宾，迎宾，礼宾。四门，指明堂四方的门。

⑧穆穆：端庄恭敬。

⑨谋事至：谋事事至，即计划做的事都能做成。言可绩：所说的话都能取得成效。绩，功效，业绩。

⑩舜让于德，不怿：《索隐》曰：“谓辞让于德不堪，所以心意不悦怿也。”孙星衍曰：“言德不足以悦服人也。”

⑪正月上日：正月初一。张家英引《经义述闻》以为“上日，谓上旬吉日”。《正义》引郑玄曰：“帝王易代，莫不改正。尧正建丑，舜正建子，此时未改，故依尧正月上日也。”

⑫受终：本意应该是指“接受禅让”，但这里实际是指接受“摄政”之权。文祖：此指文祖之庙。

⑬大祖：即太祖。大，同“太”。

【译文】

尧说：“我要考验考验他。”于是尧把自己的两个女儿嫁给舜，通过观察舜能为这两个女儿做出什么表率来考察他的德行。舜命令尧的两个女儿回家乡侍奉公婆，她们都能按舜的要求恪守妇道。尧认为舜做得很好，就让舜审慎地协调父义、母慈、兄友、弟恭、子孝的人伦五典，百姓都能遵从。于是又让他治理百官，百官因而能各居其位，各司其职。让他在明堂接待四方来宾，舜又能让明堂内外庄严肃穆，各地的诸侯、使臣、宾客都恭敬有礼。尧让舜视察山林水泽，在暴风雷雨中，舜能不迷路。尧认为舜确实圣明，便把他召回说：“你办事可靠，言出必成，三年当中成效显著。你可以登天子之位了。”舜推辞说自己的德行不够，不能胜任。正月初一，舜最终在文祖庙接受了摄政之权。文祖，就是尧的太祖。

于是帝尧老，命舜摄行天子之政，以观天命[①]。舜乃在璇玑玉衡[②]，以齐七政[③]。遂类于上帝[④]，禋于六宗[⑤]，望于山川[⑥]，辩于群神[⑦]。揖五瑞[⑧]，择吉月日，见四岳诸牧[⑨]，班瑞[⑩]。岁二月[⑪]，东巡狩[⑫]，至于岱宗[⑬]，祡[⑭]，望秩于山川[⑮]。遂见东方君长，合时月正日[⑯]，同律度量衡[⑰]，修五礼[⑱]，五玉三帛二生一死为挚[⑲]，如五器，卒乃复[⑳]。五月，南巡狩；八月，西巡狩；十一月，北巡狩：皆如初[㉑]。归，至于祖祢庙[㉒]，用特牛礼[㉓]。五岁一巡狩，群后四朝[㉔]。遍告以言[㉕]，明试以功[㉖]，车服以庸[㉗]。肇十有二州[㉘]，决川[㉙]。象以典刑[㉚]，流宥五刑[㉛]，鞭作官刑[㉜]，扑作教刑[㉝]，金作赎刑[㉞]。眚烖过，赦[㉟]；怙终贼，刑[㊱]。钦哉[㊲]，钦哉，惟刑之静哉[㊳]！

【注释】

①“于是帝尧老”几句：按，据此则尧虽然已经退位，而舜仍只是“摄政”，还在“试用”之中。老，告老退位。实际上尧只是“退居二线”，不再亲自发号施令而已。摄行，代理执行。以观天命，以观察上天的反应。

②在：孔安国曰：“察也。”即今所谓观测。璇玑玉衡：指北斗七星。璇玑，北斗前四星。也叫魁。玉衡，北斗七星中的第五星。在斗柄。

③以齐七政：孔安国曰：“七政：日、月、五星。”五星，即金、木、水、火、土五颗行星。古人认为日、月、五星的运行与人间帝王的施政相关，可以通过观察其运行情况，评估现行政策是否“合乎天

意”。也就是孔安国所云“审己当天心与否”；而崔述则以为是“成天之政，所以补尧授时之未备”，也就是为了制订历法。

④类于上帝：即祭天。类，祭名。以特别事故祭告天神。《正义》引《五经异义》云：“非时祭天谓之类，言以事类告也。时舜告摄，非常祭也。”

⑤禋（yīn）于六宗：禋，祭名。升烟祭天以求福。六宗，诸说不一，《集解》引郑玄曰：“星、辰、司中、司命、风师、雨师也。”《正义》引孔安国曰：“四时寒暑也，日、月、星也，水旱也。”马融则以为指“天、地、春、夏、秋、冬”。其他不录。

⑥望于山川：《正义》曰：“遥望而祭山川也。山川，五岳、四渎也。”望，祭祀名。遥祭山川、日月、星辰。

⑦辩于群神：《尚书》作“遍于群神”，一作“班于群神”。即按尊卑次序祭祀丘陵冈峦诸神。辩、遍、班，古音皆近通用。也有人认为“辩”是祭祀名，泷川曰：“盖与‘类’‘禋’‘望’同，祭神也。”群神，《集解》裴骃案：“郑玄曰：‘若丘陵坟衍。’”

⑧揖五瑞：《集解》引马融曰：“揖，敛也。五瑞，公、侯、伯、子、男所执，以为瑞信也。尧将禅舜，使群牧敛之，使舜亲往班之。”揖，同“辑”，敛起。五瑞，也称“五玉”，古代诸侯作符信用的五种玉。

⑨诸牧：各地区长官。牧，治民的人。

⑩班瑞：颁还瑞玉。班，用同“颁”。李光缙引陈经曰：“辑瑞于摄位之初者，将以验其信否，而尽其询察之道；班瑞于既觐之后者，所以与之正始，而示夫更新之义。”

⑪岁二月：马融曰：“舜受终后五年之二月。”孙星衍曰：“知为‘受终后五年’者，据下经文‘五载一巡守’而言。”

⑫东巡狩：到东方诸地视察。巡狩，同“巡守”。天子出行，视察诸侯守土的情况。李光缙引朱熹曰：“巡狩亦非舜创立此制，盖亦循袭将来，故黄帝纪亦云‘披山通道，未尝宁居’。”

⑬岱宗：即泰山。

⑭柴（chái）：也作“柴”，祭名。烧柴祭天。孔安国注：“燔柴祭天告至。”孙星衍引《后汉书·张纯传》曰：“‘岁二月，东巡守，至于岱宗，柴’，则封禅之义也。”

⑮望秩于山川：按等级望祭山川诸神。秩，次序，等级。《正义》曰：“言秩者，五岳视三公，四渎视诸侯。”

⑯合时月正日：统一四时、月、日。即向各地诸侯颁布新历法。合、正，皆协调、统一之意。《正义》曰：“既见东方君长，乃合同四时气节，月之大小，日之甲乙，使齐一也。《周礼》：‘太史掌正岁年以序事，颁正朔于邦国。’则节气晦朔皆天子颁之。犹恐诸侯国异，或不齐同，因巡狩合正之。”

⑰同律度量衡：《正义》曰：“律之十二律，度之丈尺，量之斗斛，衡之斤两，皆使天下相同，无制度长短轻重异也。”

⑱五礼：《集解》引马融曰：“吉、凶、宾、军、嘉也。”《正义》曰：“《周礼》‘以吉礼事邦国之鬼神祇，以凶礼哀邦国之忧，以宾礼亲邦国，以军礼同邦国，以嘉礼亲万民’也。”

⑲五玉三帛二生一死为挚：不同等级贵族见面时应持的礼物。五玉，五等诸侯所执的珪玉。《集解》引郑玄曰：“即五瑞也。执之曰瑞，陈列曰玉。”按，近人有谓“五玉”指珪（用作信质）、璧（用作聘问）、琮（用作兴土功）、璜（用作征召）、璋（用作发兵）五种玉制礼器。三帛，三种不同颜色的丝织品。《正义》引孔安国曰：“诸侯世子执纁，公之孤执玄，附庸之君执黄也。”二生，两种活的动物。《正义》曰：“羔、雁也。郑玄注《周礼·大宗伯》：‘卿执羔，大夫执雁。’案：羔、雁性驯，可生为贽。”一死，一种死物。《正义》曰：“雉也。马融云：‘一死雉，士所执也。’……雉，取其守介死，不失节也。”挚，即“贽”，见面礼。《正义》引韦昭曰：“孤执皮帛，卿执羔，大夫执雁，士执雉，庶人执鹜，工商执鸡也。”

⑳如五器，卒乃复：《集解》引马融曰："五器，上五玉。五玉礼终则还之，三帛已下不还也。"

㉑皆如初：谓与东巡所为一致。李光缙引陈经曰："律度量衡，制度所自始；五礼名分，上下所由正，非天子不议礼，不制度，不考文，此所以大一统，而无国异政之患也。"

㉒祖祢（nǐ）庙：帝王家的宗庙。

㉓用特牛礼：孔颖达曰："用特牛之牲，设祭以告巡守归至也。"特牛礼，一头公牛的供品。

㉔群后：指各地诸侯。后，古代指列国诸侯。

㉕遍告以言：全面具体地对诸侯提出守土治民的要求。

㉖明试以功：公开地考核诸侯守土治民的实际成效。

㉗车服以庸：以不同等级的车马服饰来奖励守土治民的功勋。庸，效用，功绩。

㉘肇十有二州：大禹治水分中国冀、青、兖、徐、扬、豫、荆、雍、梁九州，从此乃增置为十二州。孔安国曰："舜分冀州为幽州、并州，分青州为营州，始置十二州。"肇，始。

㉙决川：疏通河道。孔安国曰："有流川，则深之使通利。"

㉚象以典刑：依法施用常刑。象，法。典刑，常刑。即"五刑"，指墨、劓、腓、宫、大辟。

㉛流宥五刑：用流放作为五刑的减刑。孔安国曰："宥，宽也。以流放之法宽五刑。"《正义》引郑玄云："三宥，一曰弗识，二曰过失，三曰遗忘也。"《集解》引马融语以为当宥者为"一曰幼少，二曰老耄，三曰蠢愚"。

㉜鞭作官刑：惩戒官吏刑罚是用鞭子抽。

㉝扑作教刑：用打板子作为学校的刑罚。扑，戒尺，鞭子。一说教刑指对轻微罪行的惩罚。

㉞金作赎刑：金钱可以用来赎罪。陈直曰："虞夏时是否已用金属及

已用金属为货币，尚属存疑。”

㉟眚裁（shěng zāi）过，赦：过失犯罪，应该宽赦。《尚书》作“眚裁肆赦”，无“过”字。眚裁，因过失而造成灾害，即过失犯罪。眚，过失。裁，同“灾”，伤害。“过”字意思重复。

㊱怙（hù）终贼，刑：对坚持作恶不改的要加重惩处。怙终贼，有所依恃坚持作恶。

㊲钦：谨慎。

㊳惟刑之静哉：执法行刑可一定要慎重呀。静，《尚书》作“恤”，谨慎。按，以上舜受命“摄政”，以及巡狩、治礼、慎刑等事，见《尚书·尧典》。

【译文】

于是帝尧退位，命舜代行天子政令，来观察天命所在。舜于是观察北斗七星，来调整对日、月、五星的测算。于是告祭上天，洁诚祭祀六宗、山川和丘陵冈峦所有神灵。他收回各级诸侯所持的五种瑞玉进行核验，再选择吉利的日子接见四方诸侯之长以及各地区长官，把瑞玉重新颁赐给他们。这一年的二月，舜到东方巡视，到了泰山，用柴祭之礼来祭祀天神，又对山川诸神按照不同等级进行望祭。于是接见东方各诸侯，向他们颁布新历法，统一音律度量衡，制定了吉、凶、军、宾、嘉五种礼仪，规定了以五种不同的瑞玉礼器、三种不同质地色彩的丝帛、羔与雁两种不同活物以及死雉作为不同等级官员见面的礼物，如果是五种瑞玉，礼仪结束后就归还。五月，舜到南方巡视；八月，到西方巡视；十一月，到北方巡视：所有活动都和巡视东方时一样。舜回到京城后，到文祖庙向祖宗汇报，用一头公牛作为祭品。舜五年进行一次巡视，中间的四年诸侯到京城来朝见。他明确地向各地诸侯官员宣布政令，公开考察他们的功绩，用不同的车马服饰来奖赏他们。舜将国土划分为十二州，疏通了各地河道。他以图画的形式公布了各种刑法，根据具体情况判处轻重不同的五种刑罚，应流放的流放，应宽恕的宽恕，官府中以鞭打作为刑罚，学校里以用板子或荆条抽打作为刑罚，有些罪过可以用金钱赎免。对无心的过失宽恕赦免，对坚决不改的凶顽之徒处以重刑。慎重啊，慎重啊，执行刑法一定要深思熟虑！

讙兜进言共工[①]，尧曰不可，而试之工师[②]，共工果淫辟[③]。四岳举鲧治鸿水，尧以为不可，岳强请试之，试之而无功，故百姓不便。三苗在江淮、荆州数为乱[④]。于是舜归而言于帝，请流共工于幽陵[⑤]，以变北狄[⑥]；放讙兜于崇山[⑦]，以变南蛮[⑧]；迁三苗于三危[⑨]，以变西戎；殛鲧于羽山[⑩]，以变东夷：四罪而天下咸服[⑪]。

【注释】

①讙兜进言共工：即前文讙兜推荐共工继承帝位事。

②工师：古官名。上受司空领导，下为百工之长。专掌营建工程和管教百工等事。

③淫辟：邪恶不正。

④三苗：古民族名。相传原先分布在江、淮、荆州（今河南南部至湖南洞庭、江西鄱阳一带）。江淮、荆州：即今湖南岳阳、江西九江之间的地带。

⑤流：迁，放逐。幽陵：《尚书》作“幽州”，即前文所谓“幽都”，北部边地的都城。即今之北京西南。

⑥以变北狄：教化北方的少数民族。实际是让他们抵御北方民族入侵。《左传·文公十八年》叙此事作“投诸四裔，以御魑魅”，正是抵御外族的意思。且“变”字一本作“燮”，燮，即治理之意。而近年有人竟译作“使共工变成北狄”，“使鲧变成东夷”，大失其旨。

⑦崇山：具体方位不详，孔安国注作“南裔”，孔颖达以为在“衡岭以

南”，仓修良以为应在交广之间。孙星衍据《太平御览》所引《荆州纪》以为崇山“在（湖南）醴阳县南七十五里”。

⑧南蛮：泛称南方的少数民族。

⑨三危：山名。在今甘肃敦煌。

⑩殛（jí）：诛，此指流放。孔安国曰：“殛、窜、放、流，皆诛也，异其文，述作之体。”羽山：山名。在今山东郯城东北。

⑪四罪而天下咸服：四罪，四个恶人受到惩罚。罪，被治罪。梁玉绳曰：“罪四凶，见于《尚书》，述于《孟子》，至《大戴礼·五帝德》始有变四夷之说。”

【译文】

谨兜推荐共工继位，尧说他不行，让他试任工师，共工果然放纵邪恶。四方诸侯长举荐鲧治理洪水，尧认为他不行，四方诸侯长坚持请求试用，试用的结果是治水不成，百姓仍深受其苦。三苗在江淮、荆州一带多次作乱。于是舜巡视归来向尧建议，请求把共工流放到幽陵，让他去同化抵御北狄；把谨兜放逐到崇山，让他去抵御南蛮；把三苗迁往三危，让他去抵御西戎；把鲧发配到羽山，让他去抵御东夷：惩办了这四个恶人，天下人都口服心服。

尧立七十年得舜，二十年而老①，令舜摄行天子之政，荐之于天②。尧辟位凡二十八年而崩③。百姓悲哀，如丧父母。三年，四方莫举乐，以思尧④。尧知子丹朱之不肖⑤，不足授天下，于是乃权授舜⑥。授舜，则天下得其利而丹朱病；授丹朱，则天下病而丹朱得其利⑦。尧曰“终不以天下之病而利一人”，而卒授舜以天下⑧。尧崩，三年之丧毕⑨，舜让辟丹朱于南河之南⑩。诸侯朝觐者不之丹朱而之舜⑪，狱讼者不之丹朱而之舜，讴歌者不讴歌丹朱而讴歌舜。舜曰：

"天也夫!"而后之中国践天子位焉⑫,是为帝舜⑬。

【注释】

①二十年而老:意谓舜为尧臣二十年,而尧始令舜"摄政",自己不再亲自执政。

②荐之于天:即前文之令舜摄政,"以观天命"云云。荐,进,推荐。

③辟位:让位。即让出执政权。凡二十八年而崩:据文意,即统舜为首辅与摄位两者合而言之。杨国勇曰:"陶寺墓地背后的塔儿山一名卧龙山,俗名大尖山。顾祖禹《读史方舆纪要》考订出塔儿山殆即古崇山。'崇山在(襄汾)县南四十里。'文献中有关尧葬崇山的记载,《山海经·大荒南经》说'帝尧、帝喾、帝舜葬于岳山',郭璞注:'即狄山也。'《帝王世纪》叙述更为接近,引《山海经》曰:'尧葬狄山之阳,一名崇山。'王充《论衡·书虚》云:'尧葬于冀州,或言葬于崇山。'郦道元《水经注》亦认为崇山是狄山的别名,亦称蛩山。"又曰:"陶寺墓地靠近崇山,历史文献又有唐尧葬崇山的资料。墓中大量出土的随葬品也符合唐尧部落首领的身份,陶寺文化遗存的时代与夏之前的尧、舜禅让相吻合,这样可以认为陶寺文化遗存是陶唐氏集团遗留的文化,陶寺墓地则是陶唐氏集团首领的贵族墓地。"今山西临汾西南四公里处有尧庙,为晋朝所建,规模雄伟,有五凤楼、尧井亭、广运殿、寝宫等;在今临汾东北三十五公里之郭村西侧有尧陵,与尧庙相隔四十公里。陵高五十米,底周八十米。陵前有祠,相传始建于唐代,保存完好。

④三年,四方莫举乐,以思尧:《尚书》作"三载,四海遏密八音",意思相同。几千年前的礼俗,有些竟一直延续到了今天。

⑤不肖:不成材。《索隐》曰:"皇甫谧云:'尧娶散宜氏之女,曰女皇,生丹朱。又有庶子九人,皆不肖也。'"

⑥权授舜：权，变通。《索隐》曰："父子继立，常道也。求贤而禅，权道也。权者，反常而合道。"按，此以封建社会的制度推测远古。

⑦"授舜"几句：按，《尚书》《孟子》《大戴礼记》皆无此数句，乃司马迁自增，明确表现了自己理想的帝王胸襟，即一切以人民利益为重。这也是他在《史记》中反复表达的主要思想之一。凌稚隆曰："利病六句，文法奇正迭出，此叙事中议论处。"郭嵩焘曰："著此数语以生趣，此亦史公好奇处，尧舜之代禅，正不必有此计较。"

⑧卒授舜以天下：然古史有与此说法不同者，《正义》引《竹书纪年》云："昔尧德衰，为舜所囚也。"又云："舜囚尧，复偃塞丹朱，使不与父相见也。"《史通·疑古》引《汲冢琐语》亦有所谓"舜放尧于平阳"之说。

⑨三年之丧毕：按古礼，新君要为前任君主守丧三年，之后始亲政事。

⑩南河之南：关于尧的都城，旧时曾有人说在今山西太原，现在仍有人坚持这种说法。但从近些年的考古发掘看，更多的历史学者认为应在今山西的襄汾、曲沃、翼城一带。袁珂引《山海经》《世本》《尚书逸篇》说丹朱也是一个神话人物，曾联合苗、蛮与尧作战，兵败被杀。并说："丹朱的神话传说，反映了从原始社会到阶级社会过渡期间，已经有了把天下当作私有财产的思想意识，以至为了争天下，虽亲如父子，也不得不在战场上鏖兵。"杨国勇曰："尧决定把帝位禅让给舜，这本来是个开明之举，也是大家的愿望，但舜还要让给尧的儿子丹朱，这并不是虚应故事，故作姿态，而是有其实际的难言之隐在里边，喧宾夺主，向来是会有不测之祸的。至于《竹书纪年》上说的'舜囚尧，复偃塞丹朱'或'禹囚舜'，也绝非不可能，所谓箭在弦上不得不发者也。"

⑪朝觐（jìn）：臣子朝见君主。朝，春季朝见。觐，秋季朝见。

⑫之中国：由"南河之南"进入京城。中国，京城。帝王所都为中。

⑬是为帝舜：王世贞曰："尧崩，舜避尧之子；舜崩，禹避舜之子；禹

崩，益避禹之子，而天下有与有不与也，是上下相狙以诈也，何异莽、丕哉？故孟氏曰‘得圣人之心而舛其迹者’也。”

【译文】

尧在位七十年得到了舜，二十年后退位，让舜代行天子政权，把舜推荐给上天。尧退位二十八年后去世。他去世时百姓悲哀得就像亲生父母去世一样。三年之内天下没人演奏音乐，以此悼念尧。尧知道儿子丹朱不成材，不能把天下交给他，因而变通地把天下交给了舜。交给舜，有利于天下人而只对丹朱一人不利；交给丹朱，则不利于天下人而只对丹朱一人有利。尧说："无论如何也不能让天下人受苦而让一个人得利。"于是毅然决然地将天下交给了舜。尧去世后，三年的守丧期结束，舜避让丹朱想把天下交给他而躲避到了黄河的南边。可是朝觐的诸侯都不去丹朱那里而到舜这里来，诉讼的都不去找丹朱而来找舜，唱颂歌的不歌颂丹朱而歌颂舜。舜说："这是天意啊！"于是回到京城即天子位，这就是帝舜。

虞舜者，名曰重华①。重华父曰瞽叟，瞽叟父曰桥牛，桥牛父曰句望，句望父曰敬康，敬康父曰穷蝉，穷蝉父曰帝颛顼，颛顼父曰昌意：以至舜七世矣②。自从穷蝉以至帝舜，皆微为庶人。舜父瞽叟盲③，而舜母死④，瞽叟更娶妻而生象⑤，象傲。瞽叟爱后妻子，常欲杀舜，舜避逃；及有小过，则受罪。顺事父及后母与弟，日以笃谨⑥，匪有解⑦。

【注释】

①虞舜者，名曰重华：阎若璩认为舜为名，重华为号，与此异。虞，古国名。在今山西平陆北。其地即晋献公"假虞灭虢"之"虞"。又，《正义》引《会稽旧记》云："舜上虞人，去虞三十里有姚丘，即

舜所生也。”重华，《正义》引孔安国曰：“华谓文德也，言其光文重合于尧。”《正义》曰：“目重瞳子，故曰重华。字都君。”按，袁珂曰：“帝俊、帝喾和舜本是同一个神，是‘三位一体’的，只不过后来帝喾和舜都从帝俊分化出来，历史化而做了人间的帝王。”“人化以后的舜，起初仍然是一个神性的英雄，他毕生最大的功业，就在于驯伏野象。”

②至舜七世：赵翼曰：“《左传·昭公八年》云：‘自幕至于瞽叟，无违命。’《国语·鲁语上》：‘幕能帅颛顼者，有虞氏报焉。’则舜之先有名幕者，而《史记·舜本纪》无之。”

③瞽叟盲：瞽，失明；又有昏昧、不明事理之意。《论语·季氏》：“未见颜色而言谓之瞽。”舜父称“瞽叟”，当是因其屡屡害舜，不知好歹，而非真为盲人。故孔安国谓“有目不能分别好恶，故时人谓之‘瞽’”。

④舜母：据《正义》，舜母名握登，“见大虹意感而生舜于姚墟，故姓姚”；又曰“瞽叟姓妫”。据《世本》，舜之先世本姓姚；后居于妫汭，遂以妫为氏。《史记·陈杞世家》与《世本》相同：“昔舜为庶人时，尧妻之二女，居于妫汭，其后因为氏姓，姓妫氏。”

⑤瞽叟更娶妻而生象：崔述认为《史记》此文采自《尚书》及《孟子》，但《尚书》《孟子》都未说过瞽叟续娶，舜有后母，《史记》可能是因舜屡受父母迫害做的猜测。

⑥笃谨：纯厚谨慎。

⑦匪有解：不怠慢。匪，同“非”。解，通“懈”。

【译文】

虞舜，名叫重华。重华的父亲是瞽叟，瞽叟的父亲是桥牛，桥牛的父亲是句望，句望的父亲是敬康，敬康的父亲是穷蝉，穷蝉的父亲是帝颛顼，帝颛顼的父亲是昌意：从昌意到舜共有七代。从穷蝉到舜，都是普通的平民百姓。舜的父亲瞽叟是个盲人，舜的母亲去世后，瞽叟又娶妻生下了儿子象，象傲慢无礼。瞽叟喜欢后妻的儿子象，常想杀舜，舜就躲避开去；如果责罚不重，舜就姑且接受。舜恭顺地侍奉父亲、后母和弟弟，每天都真诚谨慎，从不懈怠。

舜，冀州之人也①。舜耕历山②，渔雷泽③，陶河滨④，作什器于寿丘⑤，就时于负夏⑥。舜父瞽叟顽，母嚚，弟象傲，皆欲杀舜。舜顺适不失子道⑦，兄弟孝慈。欲杀，不可得；即求，尝在侧⑧。

【注释】

①冀州：古九州之一。指今陕西和山西间黄河以东，河南和山西间黄河以北，山东西北、河北东南部地区。《正义》曰："蒲州河东县本属冀州。《宋永初山川记》云：'蒲坂城中有舜庙，城外有舜宅及二妃坛。'"

②历山：谭其骧《历史地图集》标历山于今山东菏泽东北，雷首泽旁，与下句相合。

③雷泽：古泽名。一名雷夏泽。在今山东菏泽东北。

④陶河滨：在黄河边上制造陶器。《正义》引《括地志》谓："陶城在蒲州河东县北三十里，即舜所都也。南去历山不远。"

⑤什器：各种生产用具或生活器物。寿丘：在今山东曲阜东北。

⑥就时：《索隐》曰："就时犹逐时，若言乘时射利也。"此指把握时机做生意。负夏：又名负瑕。在今河南濮阳东南。也与菏泽不远。

⑦顺适：顺从迎合。

⑧即求，尝在侧：如果想找他办事，他又经常在身边。即，若。尝，通"常"。

【译文】

舜是冀州人。他曾在历山耕种，在雷泽打鱼，在黄河边制作陶器，在寿丘制造各种生产生活用具，还在负夏做过买卖。他的父亲瞽叟愚顽不讲道义，后母暴虐不讲慈爱，弟弟象傲慢无礼，他们都想杀死舜。而舜则顺从父母心意而不缺少为子礼数，对弟弟也很友爱。他们想杀他时，却找不到借口；想找他办事，他又经常就在身边。

舜年二十以孝闻，三十而帝尧问可用者[①]，四岳咸荐虞舜，曰可。于是尧乃以二女妻舜以观其内，使九男与处以观其外。舜居妫汭，内行弥谨，尧二女不敢以贵骄事舜亲戚[②]，甚有妇道，尧九男皆益笃。舜耕历山，历山之人皆让畔[③]；渔雷泽，雷泽上人皆让居[④]；陶河滨，河滨器皆不苦窳[⑤]。一年而所居成聚，二年成邑，三年成都[⑥]。尧乃赐舜絺衣与琴[⑦]，为筑仓廪，予牛羊[⑧]。瞽叟尚复欲杀之，使舜上涂廪[⑨]，瞽叟从下纵火焚廪。舜乃以两笠自扞而下[⑩]，去，得不死。后瞽叟又使舜穿井，舜穿井为匿空旁出。舜既入深，瞽叟与象共下土实井，舜从匿空出[⑪]，去。瞽叟、象喜，以舜为已死。象曰："本谋者象[⑫]。"象与其父母分，于是曰："舜妻尧二女与琴，象取之；牛羊仓廪，予父母。"象乃止舜宫居[⑬]，鼓其琴。舜往见之。象鄂不怿[⑭]，曰："我思舜正郁陶[⑮]！"舜曰："然，尔其庶矣[⑯]！"舜复事瞽叟，爱弟弥谨。于是尧乃试舜五典百官，皆治。

【注释】

①可用：即前文尧问四岳谁可"践朕位"为天子。

②亲戚：有广狭二义。狭义即指父母、公婆；广义指与自己有血缘或婚姻关系的人。这里用的是狭义。

③让畔：谦让田界。畔，田界。

④雷泽上人皆让居：《新序·杂事第一》叙此事作“渔于雷泽，雷泽之渔者分均”。

⑤苦窳（yǔ）：粗糙质劣。苦，通“盬”，不坚牢，粗劣。窳，疵病，粗劣。

⑥“一年而所居成聚”几句：极言归附者之多。聚，村落。邑，市镇。都，都城。郭嵩焘曰：“《舜纪》兼采周、秦诸子，遂叙耕历山、渔雷泽、陶河滨于娶二女之后。是时尧已举舜而用之矣，安得复使之耕且渔且陶也？史公于此所叙最为不伦。”梁玉绳曰：“耕稼、陶、渔，乃舜微时事，在尧妻舜前……疑当移‘舜耕历山’至‘苦窳’三十一字置上文‘舜冀州之人也’下，而衍上文‘舜耕历山，渔雷泽，陶河滨’十字；再移‘一年’至‘成都’十五字置上文‘就时于负夏’之下。盖《史》文之复出错见者也。”崔适以为“三年成都”以上皆四岳荐舜之辞，当移至上文“四岳咸荐虞舜，曰可”之下。

⑦绨（chī）衣：细葛布做的衣裳，盖在当时属难得贵重之物。

⑧为筑仓廪，予牛羊：仓廪，《荀子》杨倞注：“谷藏曰仓，米藏曰廪。”予，赐予。

⑨涂廪：用泥抹粮仓上的顶盖。

⑩笠：斗笠，状如伞。自扞（hàn）而下：意谓举着斗笠减缓从屋顶上跳下时的冲击力。扞，保护，保卫。

⑪匿空：暗穴，隧道。匿，隐藏不使人知。空，通“孔”。旁出：从旁边出去。

⑫本谋：主谋。

⑬止舜宫：住进舜的房子。止，居住。宫，古代对房屋、居室的通称。后世始专指帝王的屋舍。

⑭象鄂不怿（yì）：鄂，通“愕”，惊讶。不怿，不高兴，这里是尴尬的样子。按，《孟子·万章》叙此事为，象与其父母瓜分舜的遗产后，乃往舜宫，不料舜早已回家，正在家里悠闲地弹琴。象见此情

景，乃“忸怩”，较此更为生动。

⑮郁陶：忧思积聚的样子。

⑯庶：庶几，可以。按，以上瞽叟与象数次欲谋害舜之事，不见于《尚书》，最早见于《孟子·万章》。梁玉绳曰：“焚廪、掩井之事，有无未可知，疑战国人妄造也。即果有之，亦非在妻二女之后。《新序·杂事》第一篇以耕稼陶渔及井廪事未为天子时，《论衡·吉验篇》谓事在舜未逢尧时，盖近之矣。”又曰：“《史通》——《暗惑》《鉴识》两篇，讥史公此言鄙俚不雅，甚于褚生，直以舜为左慈、刘根，所讥良是。”按，袁珂曰：“舜服野象的神话，到后来就演变成‘舜服厥弟’了。……在这里舜和二女都成了孝子孝妇，逆来顺受，毫无反抗地遵命去上圈套。……在这里，神话性一点也没有了，二女的作用也看不见了，有的只是奴隶社会、封建社会统治者的道德楷模。……总之，舜服野象神话是最古的；然后才是‘舜服厥弟’神话：舜在尧二女的帮助下，和他那傲狠弟弟象作斗争，终于取得最后胜利——可说是次古的神话；最后才是儒家之徒篡改神话为历史的家庭伦理故事。”

【译文】

舜从二十岁以孝顺闻名，三十岁时尧问谁可以继承天子之位，四方诸侯长都推荐舜，说他可以。于是尧就把自己的两个女儿嫁给了舜，观察舜管理家族内部事务的能力，又让自己的九个儿子和他共同处理事务，观察他处理外部事务的能力。舜住在妫汭，在家族内的行为非常严谨，尧的两个女儿都不敢因出身高贵而轻慢舜的父母，很守妇道；尧的九个儿子也变得更加诚笃厚道。舜在历山务农时，历山的人都互相谦让田界；舜在雷泽打渔时，泽中的渔民常互相谦让住处；舜在河边制陶，河边的陶器都很精致结实不易坏。舜在哪里居住一年，那里就会形成村落；居住两年，那里就会形成市镇；居住三年，那里就会形成都邑。尧于是赐给舜细葛布衣服和琴，为他修建了粮仓，还送给他牛羊。可是瞽叟还是想杀死舜，他让舜爬上粮仓用泥抹仓顶，自己在下面放火烧粮仓。舜于是撑着两个斗笠护着自己从上面跳下来逃走了，得以不死。后来瞽叟又让舜去挖井，舜在井中挖了个通向外面的隐蔽通道。等舜挖井挖深了，瞽叟和象便一齐向下填土把井填实，舜却从隐蔽通道逃走了。瞽叟与象很高兴，以为舜已死。象说："这主意原本是我出的。"他与父母瓜分舜的财产，说："舜的妻子，就是尧的两个女儿，和琴，我要了；牛羊和粮仓给父母。"象于是住进舜的房子，弹着舜的琴。舜回来了去见他。象既惊愕又尴尬，说："我正伤心地思念你呢！"舜说："是啊，你的兄弟之情是挺不错的啊！"舜侍奉父亲瞽叟更加恭谨，对待弟弟更加友爱。于是尧就试着让舜制定人伦"五常"，治理百官，舜都做得很好。

昔高阳氏有才子八人，世得其利，谓之"八恺"①。高辛氏有才子八人，世谓之"八元"②。此十六族者③，世济其美④，不陨其名⑤。至于尧，尧未能举。舜举八恺，使主后土⑥，以揆百事⑦，莫不时序⑧。举八元，使布五教于四方⑨，父义、母慈、兄友、弟恭、子孝，内平外成⑩。

【注释】

①"高阳氏有才子八人"几句：《左传·文公十八年》史克曰："昔高阳氏有才子八人，苍舒、隤敳、梼戭、大临、尨降、庭坚、仲容、叔达，齐圣广渊，明允笃诚，天下之民谓之'八恺'。"才子，德才兼备的人。世得其利，意谓他们的善举使整个社会都能获利。梁玉绳曰："《左传》无'得利'语……以下文'世谓之八元'例观，疑'得其利'三字当衍。"恺，和顺。

②高辛氏有才子八人，世谓之"八元"：《左传·文公十八年》史克曰："高辛氏有才子八人，伯奋、仲堪、叔献、季仲、伯虎、仲熊、叔

豹、季狸,忠肃共懿,宣慈惠和,天下之民谓之'八元'。"按,杜预以为史克所说八恺"即垂、益、禹、皋陶之伦",八元即"稷、契、朱虎、熊罴之伦",但无从查考其对应关系,只可聊备一说,王若虚曾称其"妄相配合"。元,善,吉。

③十六族:范文澜《中国通史简编》用杜预说以为"八恺"即以禹为首的各族,"八元"指以契为首的各族,并说他们"应是同族的后裔,决不是同父兄弟"。杨伯峻曰:"不云'十六人'而云'十六族'者,本以其氏族言也,故下云'世济其美'。"

④世济其美:世代都能成就美德。济,达到,成就。

⑤陨:败坏。

⑥后土:田正。上古掌管有关土地事务的官。杜预注:"禹作司空,平水土,即主地之官。"

⑦揆(kuí):管理,掌管。

⑧莫不时序:意谓各种事务都条理井然。时序,《正义》曰:"以时得其次序。"王引之《经义述闻》:"时序,犹承叙也。承叙者,承顺也。"

⑨布五教于四方:在全国宣传实行五常教化。《索隐》曰:"契为司徒,司徒敷五教。"

⑩内平外成:杜预注:"内,诸夏;外,夷狄。"《正义》曰:"案:契作五常之教,诸夏太平,夷狄向化也。"按,"八恺""八元"是否即杜预所说的"垂、益、禹、皋陶"等及"稷、契、朱虎、熊罴"等两个八族,还在两可之间,而此处杜注又引禹之为司空以解"舜举八恺以主后土",引契为司徒以解"举八元以布教于四方",于是矛盾丛生,遂如王若虚所讥"是八恺同任禹之职,而八元并预契之政也,无乃戾乎?"

【译文】

当年高阳氏有八位德才兼备的子弟,为世人谋福利,世人称他们为"八恺"。高辛氏有八位德才兼备的子弟,世人称他们为"八元"。这十六个家族，世世代代都能保持他们的美德，不辱没他们先人的名声。到了尧的时代，尧没有起用他们。舜于是起用“八恺”，让他们主管水利、农作等土地事务，他们全都管理得井然有序。舜又任用“八元”，让他们主管天下的教化，结果整个社会变得为父者义、为母者慈、为兄者友、为弟者恭、为子者孝，于是国内太平，四周夷狄归化。

昔帝鸿氏有不才子①，掩义隐贼②，好行凶慝③，天下谓之浑沌④。少皞氏有不才子⑤，毁信恶忠，崇饰恶言，天下谓之穷奇⑥。颛顼氏有不才子，不可教训，不知话言⑦，天下谓之梼杌⑧。此三族世忧之。至于尧，尧未能去。缙云氏有不才子⑨，贪于饮食，冒于货贿⑩，天下谓之饕餮⑪。天下恶之，比之三凶⑫。舜宾于四门⑬，乃流四凶族，迁于四裔，以御螭魅⑭，于是四门辟⑮，言毋凶人也⑯。

【注释】

①帝鸿氏有不才子：《集解》引贾逵曰：“帝鸿，黄帝也。不才子，其苗裔讙兜也。”

②掩义隐贼：遮蔽仁义，包庇坏人。掩，遮，遮蔽。隐，隐藏，掩护。

③凶慝（tè）：凶残邪恶。慝，邪恶。

④浑沌：《正义》曰：“即讙兜也。……杜预云：‘浑沌，不开通之貌。’《神异经》云：‘昆仑西有兽焉，其状如犬，长毛，四足，似罴而无爪，有目而不见，行不开，有两耳而不闻，有人知性，有腹无五藏，有肠直而不旋，食径过。人有德行而往抵触之，有凶德则往依凭之。名浑沌。”又曰：“案：言讙兜性似，故号之也。”

⑤少皞氏：也作“少昊”。己姓，名挚，号金天氏，又号穷桑氏、青阳氏。

⑥穷奇：《集解》引服虔曰：“谓共工氏也，其行穷而好奇。”《正义》

曰:"《神异经》云:'西北有兽,其状似虎,有翼能飞,便剿食人,知人言语,闻人斗辄食直者,闻人忠信辄食其鼻,闻人恶逆不善辄杀兽往馈之,名曰穷奇。'案:言共工性似,故号之也。"

⑦不知话言:杨伯峻曰:"话言,谓善言。"张家英曰:"《史记》中的'话言'源于《诗经》,见《大雅》中的《板》《抑》二篇,毛传皆训为'善言'。"

⑧梼杌(táo wù):《集解》引贾逵曰:"顽凶无畴匹之貌,谓鲧也。"《正义》曰:"《神异经》云:'西方荒中有兽焉,其状如虎而大,毛长二尺,人面,虎足,猪口牙,尾长一丈八尺,搅乱荒中,名梼杌。一名傲很,一名难训。'案:言鲧性似,故号之也。"

⑨缙云氏:《左传·昭公十七年》郯子曰:"昔者黄帝氏以云纪,故为云师而云名。"服虔云:"黄帝以云名官,盖春官为青云氏,夏官为缙云氏,秋官为白云氏,冬官为黑云氏,中官为黄云氏。"故《集解》引贾逵曰:"姜姓也,炎帝之苗裔,当黄帝时任缙云之官也。"

⑩贪于饮食,冒于货贿:即贪婪好财。冒,贪。贾谊《新书·道术》:"厚人自薄谓之让,反让为冒。"

⑪饕餮(tāo tiè):《正义》曰:"谓三苗也。……《神异经》云:'西南有人焉,身多毛,头上戴豕,性很恶,好息,积财而不用,善夺人谷物。强者夺老弱者,畏群而击单,名饕餮。'言三苗性似,故号之。"按,谓浑沌即讙兜、穷奇即共工、梼杌即鲧、饕餮即三苗,乃后世注家之说,未必合史公原意。

⑫比之三凶:与上述浑沌、穷奇、梼杌三凶相似。因缙云氏不是黄帝的后代,故不与前"三凶"并称。

⑬宾于四门:谓迎宾于四门。《正义》引杜预注:"辟四门,达四聪,以宾礼众贤。"

⑭迁于四裔,以御螭魅(chī mèi):《集解》引服虔曰:"螭魅,人面兽身,四足,好惑人,山林异气所生,以为人害。"《正义》曰:"案:御

魑魅，恐更有邪谄之人，故流放四凶以御之也。”按，梁玉绳认为将共工、讙兜、三苗、鲧与穷奇、浑沌、饕餮、梼杌相比附，是后儒之谬误。曰：“尧之放四罪，共、驩、苗、鲧也，事出《尚书》。舜之流四凶族，不才子也，事出《左传》太史克语。事既各出，时亦相悬，史公分载尧、舜两纪，未尝谓四罪即四凶族，后儒罔察，见人数之同，遂并八憝为一案，岂非贾、服、杜、孔之谬哉？”

⑮四门辟：四门大开，言其太平无事之状。

⑯言毋凶人也：毋，通“无”。按，以上任“八恺”“八元”与流四凶族事，见《左传·文公十八年》。孙明复曰：“舜起微陋，世德弗耀，四岳十二牧未尽服其德，四海九州未尽蒙其泽，未可遽授以大位也，于是潜神隐耀，厥用弗彰，以观于舜，故‘八元’‘八恺’虽善而不举也，‘四凶’虽恶而不去也。若尧先去之，则舜有何功于天下耶？故尧不举，而俾舜举之；尧不去，而俾舜去之。俟其功著于天下，四岳十二牧莫不共臣之，四海九州莫不共戴之，而后授以大位，此帝尧微意也。”按，史公为突出舜，无形之中降低了尧，孙氏又巧为尧说解，可谓用心良苦。

【译文】

从前帝鸿氏有个不成材的子弟，他掩蔽仁义，袒护坏人，凶残邪恶，人们称他为浑沌。少皞氏有个不成材的子弟，他毁弃信义，厌恶忠贤，粉饰错误，诽谤他人，人们称他为穷奇。颛顼氏有个不成材的子弟，他无法教育，不识好话，人们称他为梼杌。这三个家族成为世人的祸患。到尧的时代，尧未能把他们除掉。缙云氏有个不成材的子弟，贪图饮食，贪污受贿，天下人称他为饕餮。人们都讨厌他，把他等同于前面的“三凶”。舜为了能敞开都邑四门以迎接四方贤者，就将这四个凶顽的家族流放到四方边远之地，去抵御妖魔鬼怪，从此都邑的四门大开，因为国内已经没有坏人了。

舜入于大麓，烈风雷雨不迷，尧乃知舜之足授天下。尧老，使舜摄行天子政，巡狩。舜得举，用事二十年[①]，而尧使摄政。摄政八年而尧崩[②]。三年丧毕，让丹朱，天下归舜。而禹、皋陶、契、后稷、伯夷、夔、龙、倕、益、彭祖自尧时而皆举用[③]，未有分职[④]。于是舜乃至于文祖，谋于四岳，辟四门[⑤]，明通四方耳目[⑥]，命十二牧论帝德[⑦]，行厚德，远佞人[⑧]，则蛮夷率服[⑨]。

【注释】

①用事：执政。

②摄政八年而尧崩：前文云："尧立七十年得舜，二十年而老，令舜摄行天子之政，荐之于天。尧辟位凡二十八年而崩。"所谓"得舜"，指舜被尧看中，任以为首辅；所谓尧"辟位凡二十八年"，即统舜为首辅与摄位两者合而言之也。

③皋陶（gāo yáo）：舜时执掌刑法的大臣。除本文外，《尚书》之《尧典》《皋陶谟》与《夏本纪》等篇中亦载其行事。契（xiè）：舜时掌管教化的大臣，商朝的祖先。除本文外，《尚书·尧典》与《殷本纪》亦载其行事。后稷：名弃，舜时掌管农事的大臣，周朝的祖先。事迹详见《周本纪》《诗·生民》与《尚书·尧典》。伯夷：舜时掌礼的大臣，相传为齐太公的先祖。与周初之饿死首阳山者同名但非一人。夔：舜时主管音乐的大臣。《尚书·皋陶谟》载其行事。龙：舜时的谏官。倕：又作"垂"。舜时主管各种技术工程的大臣。益：也称"伯益""伯翳""大业"。秦国的祖先，事迹见《尚书》之《尧典》《皋陶谟》与《秦本纪》。彭祖：不知任何官，《尚书》无其人。《索隐》曰："陆终氏之第三子，后为大彭，亦称彭祖。"梁玉绳曰："彭祖最寿，为神仙家所托，史略其事，盖不信之

也。”陈直引屈原《天问》以为彭祖长寿之说盖战国时已有之。

④未有分职：没能分清职守，各司其职。梁玉绳认为此记不实，曰：“若谓遇事共理，不分职守，岂尧朝如是之无纪律乎？”

⑤辟四门：指广迎四方的贤人。辟，敞开。

⑥明通四方耳目：即广泛听取各方面的意见。

⑦十二牧：十二州的州长。泷川曰：“‘牧’下当补‘曰’字。”按，《尚书》有“曰”字。论帝德：《正义》曰：“论帝尧之德。”论，阐发，光大。

⑧佞（nìng）人：善于花言巧语、阿谀奉承的人。

⑨率服：相率而服从。亦指顺服。

【译文】

舜进入深山，遇到狂风暴雨而不迷路，尧于是心知可以将天下授予舜。尧退位后，让舜代行天子之政，出外巡视。舜被举用做事二十年，尧让他摄政。摄政八年后尧去世。三年守丧结束后，舜将天子之位让给了丹朱，但天下人心都归向舜。当时禹、皋陶、契、后稷、伯夷、夔、龙、倕、益、彭祖等人，虽从尧时就被选拔任用，但没有明确的职守。于是舜到文祖庙与四方诸侯长商量，敞开都邑的四门广迎贤人，广泛听取各方意见。舜让十二州的长官阐发尧的德行，广施仁政，疏远奸佞小人，这样四方的蛮夷都相继归服。

舜谓四岳曰：“有能奋庸美尧之事者①，使居官相事②？”皆曰：“伯禹为司空③，可美帝功。”舜曰：“嗟，然！禹，汝平水土④，维是勉哉⑤。”禹拜稽首⑥，让于稷、契与皋陶。舜曰：“然，往矣⑦。”舜曰：“弃，黎民始饥，汝后稷⑧，播时百谷⑨。”舜曰：“契，百姓不亲，五品不驯⑩，汝为司徒⑪，而敬敷五教⑫，在宽⑬。”舜曰：“皋陶，蛮夷猾夏⑭，寇贼奸轨⑮，汝作士⑯，五刑有服⑰，五服三就⑱；五流有度⑲，五度三居⑳：维明能信。”舜曰：“谁能驯予工[21]？”皆曰垂可。于是以垂为共工[22]。舜曰：“谁能驯予上下草木鸟兽[23]？”皆曰益可。于是以益为朕虞[24]。益拜稽首，让于诸臣朱虎、熊罴[25]。舜曰：“往矣，汝谐。”遂以朱虎、熊罴为佐。舜曰：“嗟！四岳，有能典朕三礼[26]？”皆曰伯夷可。舜曰：“嗟！伯夷，以汝为秩宗[27]，夙夜维敬，直哉维静絜[28]。”伯夷让夔、龙。舜曰：“然。以夔为典乐，教稚子[29]，直而温，宽而栗，刚而毋虐，简而毋傲[30]；诗言意，歌长言，声依永，律和声[31]，八音能谐[32]，毋相夺伦[33]，神人以和。”夔曰：“於[34]！予击石拊石[35]，百兽率舞[36]。”舜曰：“龙，朕畏忌谗说殄伪[37]，振惊朕众，命汝为纳言[38]，夙夜出入朕命[39]，惟信[40]。”舜曰：“嗟！女二十有二人[41]，敬哉[42]，惟时相天事[43]。”三岁一考功[44]，三考绌陟[45]，远近众功咸兴[46]。分北三苗[47]。

【注释】

①奋庸美尧之事：努力光大尧的事业。奋庸，努力建立功业。美，使之更加美好，即发扬光大。《尚书》作“熙帝之载”，孔安国解为“广尧之事”，与此正同。

②使居官相事：使其位居首辅，辅佐我处理众事。相，辅助，佑助。《尚书》作“使宅百揆”，即位居百官之长。

③司空：官名。主管工程。这里实即推荐禹往治洪水。

④平水土：指治理洪水以及治水成功之后的划分疆界等问题。

⑤维是勉哉：对此可要努力呀。维，助词。是，此。勉，努力。

⑥稽（qǐ）首：古时一种跪拜礼，叩头至地，是最恭敬的一种。

⑦然，往矣：凌稚隆引邵经邦曰：“唐虞盛时，非特禅受出于至公，至于功过亦不相掩也。夫鲧，罪人也，罪人之裔，同朝且不可，矧代

父乎？禹，孝子也，痛父之子，委质且不可，况缵业乎？盖舜之殛鲧与鲧之被殛，出于天下之至公，施者不以为怨，受者不以为仇故耳。”

⑧汝后稷：你去主管农业。后，主管。陈直曰：“五谷中黍稷播种在先，西安半坡村、鱼化寨新石器时代遗址中，皆出有类似稷米之种子，与文献可以互相证明。”

⑨播时百谷：播种这五谷。时，通“是”，这些。《集解》引郑玄曰：“时，读曰莳。”取栽种之意，亦通。《正义》谓“顺四时而种百谷”，意思虽好，但原文不作“时播”，似与原文相差较远。

⑩五品不驯：伦常秩序混乱。驯，通“顺”。五品，即前文所谓“五典”，也即“五教”“五常”。其含意有二，一是指家庭内部的“父义、母慈、兄友、弟恭、子孝”；一是指社会范围的“父子有亲，君臣有义，夫妇有别，长幼有序，朋友有信”。

⑪司徒：官名。掌管人民教化。

⑫敬敷五教：严肃认真地推行伦常教育。敬，慎重。敷，布，实施。

⑬在宽：意谓在于逐步引导，不能操之过急。孔颖达曰：“五品不逊，直是礼教不行、风俗未淳耳，未有杀害之罪，故教之务在于宽。”

⑭猾夏：侵扰华夏。猾，侵扰。夏，华夏，指当时的中原本土。

⑮寇贼奸轨：指各种犯罪活动。孔安国曰：“群行攻劫曰寇，杀人曰贼，在外曰奸，在内曰宄。”轨，通“宄”，内乱。

⑯士：指掌管刑狱的官员。

⑰五刑有服：五种刑罚都要合理量刑。孔安国曰：“五刑，墨、劓、剕、宫、大辟。服，从也，言得轻重之中正。”

⑱五服三就：要在规定的场所对犯了五种罪的人施刑。孔安国曰：“大罪于原野，大夫于朝，士于市。”《集解》引马融曰：“谓大罪陈于原野，次罪于市朝，同族适甸师氏。”按，所谓“陈于原野”，指出兵以讨伐叛逆。所谓“同族适甸师氏”，谓帝王家族的人犯了罪，

要到“甸师”处听候处置。甸师，官名。为帝王掌藉田。

⑲五流有度：五刑在改为流放时，其远近也要按规定的里程。孔安国曰：“不忍加刑则流放之，五刑之流各有所居。”

⑳五度三居：五种不同程度的流放，要按规定安置在三种场所。孔安国曰：“大罪，四裔；次，九州之外；次，千里之外。”

㉑驯予工：管理工匠。即主管土木建筑及各种制作。驯，理顺，调顺。

㉒共工：官名。工官。本谓供百工之职，后为官名。马融以为“共工”即“司空”，徐孚远曰：“是时禹为‘司空，宅百揆’，垂何得亦为‘司空’？抑禹自宅揆，解司空之职以授垂邪？将‘共工’别为一官，与‘司空’分职，而马说误邪？”孙星衍曰：“冬官共百工之事，禹为之。既升宅百揆，此官又当求贤也。”

㉓驯予上下草木鸟兽：孔安国曰：“‘上’谓山，‘下’谓泽，‘顺’谓施其政教，取之有时，用之有节。”

㉔以益为朕虞：虞，掌管山林川泽之官。按，《尚书》原文作：“舜曰：‘俞，咨益，汝作朕虞。’”今改为史家叙述，不应仍称“朕虞”，疑用《尚书》之文而剪裁未尽，“朕”字应削。

㉕让于诸臣朱虎、熊罴：朱虎、熊罴，指“八元”中的伯虎、仲熊。按，泷川曰：“《尚书》无‘诸臣’二字，盖注文窜入。”

㉖有能典朕三礼：典，主管。三礼，古祭天、地、宗庙之礼。祭天称天礼，祭地称地礼，祭宗庙称人礼。按，“有能典朕三礼”，语气欠完整，其下应有“汝荐之”等字样，但这种句法其他篇中也常见，或者可将“有”字读为“孰”。

㉗秩宗：官名。掌管祭礼。祭祀在古代是头等大事，故秩宗地位重尊。《正义》引孔安国曰：“秩，序；宗，尊也。主郊庙之官也。”汉改称太常，为九卿之一。王莽复古改制，曾又改“太常”曰“秩宗”。

㉘直哉维静絜：《正义》曰：“静，清也。絜，明也。孔安国曰：‘职典

礼，施政教，使正直而清明。’”

㉙稚子：《尚书》作“胄子”，“稚”“胄”声相近，指帝王、公侯的长子，这里意同“国子”。《正义》引孔安国曰：“胄，长也。谓元子以下，至卿大夫子弟，以歌诗蹈之舞之，教长国子中和祗庸孝友。”“元子”即太子。

㉚“直而温”几句：直而温，《集解》引马融曰：“正直而色温和。”宽而栗，宽厚而又庄敬。栗，庄敬，严肃。刚而毋虐，简而毋傲，孔安国曰：“刚失之虐，简失之傲，教之以防其失也。”以上四句有人理解为舜告诫夔要有这种态度，而孔安国、孔颖达则以为此数句“皆使夔教胄子，令性行当然”。孔氏语解释《尚书》略好，而史公此处文意则仍以舜告诫夔应持此种态度为好。

㉛“诗言意”几句：诗言意，《尚书》作“诗言志”，邵晋涵曰：“以‘意’易‘志’，疑后汉人避桓帝讳改也。”歌长言，唱歌是拉长声音说话。《尚书》作“歌永言”，“永”即“长”。声依永，声调的高低起伏要根据歌辞长短的需要。律和声，歌曲使用何种调式、何种旋律，要与本诗、本声相和。《正义》引孔安国曰：“声，五声，宫、商、角、徵、羽也。律谓六律六吕。”朱熹曰：“心之所之谓之志，心有所之必形于言，故曰‘诗言志’。既形于言，则必有长短之节，故曰‘歌永言’。既有长短，则必有高下清浊之殊，故曰‘声依永’。……既有长短清浊，则又必以十二律和之，乃能成文而不乱。……所谓‘律和声’也。”

㉜八音：我国古代对乐器的统称，通常为金、石、丝、竹、匏、土、革、木八种不同质材所制。

㉝毋相夺伦：不相互抵触。夺伦，失其伦次。

㉞於（wū）：语气词。

㉟击石拊（fǔ）石：敲击石磬。击、拊，都是拍击、敲击的意思。乐器中只有磬是石质的，故石指石磬。

㊱百兽率舞:《正义》引孔安国曰:“乐感百兽,使相率而舞,则神人和可知也。”率,相继,相依。李光缙引焦竑曰:“百兽率舞,非专以‘百兽’言也。‘禽’亦可以名‘兽’。”

㊲谗说:谗言。殄伪:不讲道德信义的行为。钱大昕以为“伪”通“为”,《尚书》作“殄行”,正与“殄为”同义。殄,绝灭。

㊳纳言:官名。《正义》引孔安国曰:“喉舌之官也。听下言纳于上,受上言宣于下。”

㊴出入朕命:向外传达我的命令,对我报告外面的诉求。

㊵惟信:谨守信义。即上传下达时不得妄自改动。李光缙引王安石曰:“‘百揆’,百官之首,故先命禹;养民,治之先务,故次命稷;富然后教,故次命契;刑以弼教,故次命皋陶;工立成器,以为天下利,人治之末,故次命垂;如此治人略备矣。然后及草木鸟兽,故次命益;民物如此,则隆礼乐之时也,故次命夷、夔。”

㊶二十有二人:崔适曰:“自禹至彭祖共为十人,加以十二牧,乃为二十二人也。”

㊷敬哉:即今所谓“敬业”。

㊸时相天事:顺应天时天意行事。相,看,观察。按,以上舜分官委任“二十二人”事,见《尚书·尧典》。

㊹考功:按一定标准考核官吏的政绩。

㊺绌陟(zhì):官职之降升。绌,通“黜”,降职,免官。陟,提拔,升迁。

㊻众功:各方面、各部门的工程、工作。

㊼分北三苗:此四字亦见于《尚书》原文,然与上下文无关,有疑为衍文或错简,史公亦姑妄照抄之。《集解》引郑玄曰:“所窜三苗为西裔诸侯者犹为恶,乃复分析流之。”分北,分别,分开。北,通“背”,也是分的意思。孙星衍曰:“此三苗似非‘窜三危’者……尧时三苗已窜三危,此有苗不服,在楚荆州之地,是舜时三苗非尧时所窜也,故《吕氏春秋·召类篇》云:‘舜却有苗,更易其俗。’

《淮南·兵略训》云:'舜伐有苗。'《修务训》:'舜南征三苗,道死苍梧。'……分北者,即《吕氏春秋》所为'却'也。"

【译文】

舜对四方诸侯之长说:"谁能努力工作,发扬光大帝尧的事业,让他作为百官之长来辅政?"大家都说:"伯禹做司空,可以发扬光大帝尧的功业。"舜说:"啊,是的!禹,你去治理洪水划定疆界,要努力完成这件事情。"禹跪拜行叩头大礼,推让给后稷、契与皋陶。舜说:"你的意见也对,但还是你去办吧。"舜说:"弃,百姓正在忍饥挨饿,你去做后稷主管农事,负责按时令播种各种粮食。"舜说:"契,百姓不和睦,人伦五常得不到遵循,你去做司徒,认真推行人伦五常的教化,要以宽厚为主。"舜说:"皋陶,蛮夷侵扰中国,强盗犯法猖獗,你来做士主管司法,五刑量刑要适当,五刑分别在符合规定的市、朝、野三处施行;五刑如改为流放,远近里程要有规定,五种不同程度的流放要按规定安置在四裔、九州之外、千里之外三种场所:只有刑法严明才能取信于民。"舜说:"谁能管理好我的工匠?"大家都说垂可以。于是让垂做共工。舜说:"谁能管理好我的山泽草木鸟兽?"大家都说益可以。于是让益做虞官。益跪拜行叩头大礼,推让给朱虎、熊罴。舜说:"还是你去做吧,你最合适。"于是让朱虎、熊罴辅佐他。舜说:"啊!四方诸侯长,谁能帮我主管天、地、人三种礼仪之事?"大家都说伯夷可以。舜说:"啊!伯夷,你来做秩宗主管礼仪祭祀,日夜都要保持虔敬,要正直而清明。"伯夷推让给夔、龙。舜说:"你的意见不错。让夔做主管音乐的典乐,教育贵族子弟,让他们正直而温和,宽厚而谨慎,刚强而不苛刻,干练而不傲慢;诗是表达人的心意的,歌可以加长诗的音节,声调的高低起伏要配合歌曲,音律要与歌曲的五声和谐,各种乐器配合使用要浑然和谐,不相互抵触,神灵和世人都将安宁和睦。"夔说:"啊!我敲起石磬,能使各种野兽相率起舞。"舜说:"龙,我憎恶谗言和残暴行为,蛊惑惊扰我百姓的视听,命你做纳言,不论日夜上传下达,谨守信义。"舜说:"啊!你们这二十二人,要竭诚尽责做事,顺应天时来行事。”舜每三年考核一次政绩，考核三次后决定升迁或降黜，于是不论远近，各种事业都兴旺发达。把三苗部落分隔开来。

此二十二人咸成厥功：皋陶为大理，平[①]，民各伏得其实[②]；伯夷主礼，上下咸让；垂主工师[③]，百工致功；益主虞，山泽辟；弃主稷，百谷时茂；契主司徒，百姓亲和；龙主宾客[④]，远人至；十二牧行而九州莫敢辟违[⑤]；唯禹之功为大，披九山[⑥]，通九泽，决九河[⑦]，定九州[⑧]，各以其职来贡[⑨]，不失厥宜。方五千里，至于荒服[⑩]。南抚交阯、北发[⑪]，西戎、析枝、渠廋、氐、羌[⑫]，北山戎、发、息慎[⑬]，东长、鸟夷[⑭]，四海之内咸戴帝舜之功。于是禹乃兴《九招》之乐[⑮]，致异物，凤皇来翔[⑯]。天下明德皆自虞帝始[⑰]。

【注释】

①皋陶为大理，平：大理，官名，掌刑法，为全国最高的司法官。泷川曰：“‘大’当作‘士’，字之讹也。”依泷川说，此句应断作“皋陶作士，理平”。译文据改。理，审判案件，即《正义》所谓“皋陶作士，正平天下罪恶也”，可供参考。

②民各伏得其实：谓被定罪者皆因结论与事实相符而心服。伏，通“服”。

③工师：即前所谓“共工”，汉代称“将作大匠”，主管土木建筑与各种手工制作的官。

④龙主宾客：龙为“纳言”，来见舜的必须首先通过龙，故曰“龙主宾客”。

⑤十二牧行而九州莫敢辟违：华夏原称“九州”，其长官也只有“九牧”；后又增三州为“十二州”，故其长官也就成了“十二牧”。此

处“十二”与“九”错落使用。行，行使职权，开展工作。辟违，指做坏事、违抗命令。辟，邪恶。违，抗命。

⑥披：意思同“劈”。九山：极言为泄导洪水所凿开的山岭之多。

⑦决：疏通。九河：极言疏导河流之多。

⑧定九州：划定九州的疆界。

⑨各以其职来贡：各州都按照规定向朝廷进贡。职，责任，也就是按照本州地形与物产应向朝廷进献的贡品。详见《夏本纪》。郭嵩焘谓自“皋陶为大理，平”至此一段曰：“前叙命官皆《尚书》文，而此总结之则史公文也。昌黎叙事文，每先叙后束，章法多本此。”

⑩方五千里，至于荒服：此指当时整个华夏的疆域。据《尚书·禹贡》，自天子王畿向四周辐射，“五百里甸服，五百里侯服，五百里绥服，五百里要服，五百里荒服”。按直径计算，即五千里。

⑪南抚交阯、北发：意谓向南管辖到交阯、北发。北发，应作“北户”，即“北向户”，指今广东、广西的北回归线以南，窗户向北开的地方。《索隐》曰：“此言帝舜之德皆抚及四方夷人，故先以‘抚’字总之。”

⑫西戎、析枝、渠廋、氐、羌：按，“西”下承前省“抚”字。戎、析枝、渠廋、氐、羌，都是西方的少数民族，大约皆生活于今陕西西南部、四川西部与甘肃、青海一带。析枝，又作“析支”。原分布在今甘肃临洮以东。其后西迁，分布在临洮以西青海积石山一带。渠廋，一作“渠搜”，古国名。地望大致不出陕西、甘肃境，当在雍州疆界内。氐，古民族名。原先分布在今陕西西南部、四川北部和甘肃南部地区。羌，散居于甘肃、新疆南部，青海、西藏东北部和四川西部。

⑬北山戎、发、息慎：按，“北”下亦省“抚”字。山戎、发、息慎，都是当时东北地区的少数民族。山戎在今河北北部、辽宁西部。发，

也称“北发”，具体方位不详。息慎，也称“肃慎”，分布在今长白山以北至黑龙江中、下游一带，东濒大海。

⑭东长、鸟夷：意即东抚长夷、鸟夷。鸟夷也作“岛夷”。“长夷”“鸟夷”指当时东部大海中的岛国名。

⑮于是禹乃兴《九招》之乐：殿本《史记》引德龄曰：“‘禹’字疑当作‘夔’，叙禹于诸臣之后者，以禹功最大也。而太乐之作，所以告成功，故又叙夔于禹之后，其次序固秩然不紊也。《夏本纪》‘舜德大明，于是夔行乐’一段，尤可为‘夔’字明证。”《九招》，也作《九韶》，舜时乐曲名。《索隐》曰：“招音韶，即舜乐《箫韶》。九成，故曰《九招》。”

⑯致异物，凤皇来翔：意谓由于舜的德高政美，感动上天，致使祥瑞之物出现，凤凰来翔。按，《尚书》中无此等语，此等想法皆出自汉人。

⑰明德：光明之德。兼指崇高的道德与圣明的政治。

【译文】

这二十二人都在各自的事业上取得了成就：皋陶为法官，司法公平，实事求是，百姓信服；伯夷主管礼仪，朝廷上下都谦恭礼让；垂主管工程及手工业，各种工艺都很精致；益主管林牧，山林水泽得到了开发利用；弃主管农业，各种谷物都及时播种苗壮茂盛；契主管政教，百姓都互相亲爱和睦；龙主管接待宾客，远方的部族都来朝拜；十二州牧奉法行事，全国没人违法犯纪；其中禹的功劳最大，他开凿九州的大山以泄导洪水，疏浚了九州的湖泊，疏通了九州的江河，划定了九州的疆界，并规定了各州应纳的贡物，没有一处不妥当。王畿方圆五千里，直至四方的荒服之地。南至交阯、北发，西至西戎、析枝、渠廋、氐、羌，北至山戎、发、息慎，东至长夷、鸟夷，四海之内都感戴舜的功德。于是禹创作了《九招》之乐，各种祥瑞之物随乐而至，凤凰也在此栖止。天下的文明德政就从虞舜开始了。

舜年二十以孝闻，年三十尧举之，年五十摄行天子事，年五十八尧崩，年六十一代尧践帝位。践帝位三十九年，南巡狩，崩于苍梧之野[①]。葬于江南九疑，是为零陵[②]。舜之践帝位，载天子旗，往朝父瞽叟，夔夔唯谨[③]，如子道。封弟象为诸侯[④]。舜子商均亦不肖[⑤]，舜乃豫荐禹于天。十七年而崩。三年丧毕，禹亦让舜子[⑥]，如舜让尧子。诸侯归之，然后禹践天子位[⑦]。尧子丹朱，舜子商均，皆有疆土[⑧]，以奉先祀。服其服，礼乐如之。以客见天子，天子弗臣，示不敢专也。

【注释】

①南巡狩，崩于苍梧之野：也有说舜为征三苗，道死于苍梧。苍梧，汉郡名。郡治广信，即今广西梧州。

②葬于江南九疑，是为零陵：九疑，山名。在今湖南宁远南，因山有九峰皆相似，故称“九疑”。按，今湖南宁远东南六十里的舜源峰下有舜墓，墓前碑上书“帝舜有虞氏之陵”。司马光曰：“昔舜命禹曰：‘朕耄期，倦于勤，汝惟不怠，总朕师。’是以天子为勤，故老而使禹摄也。夫天子之职莫勤于巡狩，而舜犹亲之，卒死于外而葬焉，恶用使禹摄哉？是必不然。或曰：《虞书》称舜‘陟方乃死’，孔安国以为‘升道南方，巡狩而死’，《礼记》亦称‘舜葬于苍梧之野’，皆如太史公之言。子独以为不然，何如？曰：传记之言，固不可据以为实。借使有之，又安知无中国之苍梧，而必在江南邪？《虞书》‘陟方’云者，言舜在帝位，治天下五十载，升于至道然后死耳，非谓巡狩为‘陟方’也。呜乎！遂使后世愚悖之人，或疑舜、禹而非圣人，岂非孔安国与太史公之过也哉？”梁玉绳引《路史》曰：“《孟子》‘舜卒于鸣条’，今帝墓在安邑，而安邑有鸣

条陌，信矣。言帝葬苍梧，则自汉失之。苍梧非五服，在虞、夏乃无人之境，岂巡狩所至耶？舜已耄期倦剧，释负而傅禹，则巡狩之事禹为之矣，复躬巡狩于要、荒之外哉！然虞舜之坟，在在有之，盖古圣王久于其位，恩沾媟隅，泽及牛马，赴格之日，殊方异域坟土以致其哀敬。颛、喾、尧、汤之墓传皆数出，汉郡国皆起园庙，亦若是也。"按，苏炳琦以为《史记》所说的"苍梧"在今河南、湖北、陕西三省交界的丹水一带。零陵，汉郡名。治所在今广西全州西南。九疑山正处于当时苍梧郡与零陵郡的交界处，故此处"苍梧""九疑""零陵"并提。

③夔夔：戒惧敬慎的样子。

④封弟象为诸侯：《孟子·万章》曰封于"有庳"。《正义》引《帝王世纪》曰封于"有鼻"，读音相同，相传在今湖南道县境内，九疑山西北。按，舜朝父夔夔，与封象为诸侯事，见《孟子·万章》。王世贞曰："舜之诛'四凶'而封象也，果何居？曰：得罪于天下，虽弟无赦也；得罪于己，虽疏无诛也，况亲其弟乎？……谓圣人且修匹夫之隙于弟也。"按，袁珂曰："其实在先秦时代，人们对象的处置问题，还是众说纷纭的，《庄子·盗跖篇》说'舜流母弟'，《韩非子·忠孝篇》说'象为舜弟而（舜）杀之'。……推想舜服野象神话的本来面貌，对于野生象的处置，恐怕就是如万章所说的'放之'吧，……就以象的最大特征给这地方起了个名字，叫'有鼻'或'鼻墟'。"

⑤商均亦不肖：《集解》引皇甫谧曰："娥皇无子，女英生商均。"按，袁珂以为商均就是"义均""叔均"，也就是那个"大有创造发明的神性英雄'倕'"。

⑥禹亦让舜子：底本作"禹亦乃让舜子"。泷川曰："枫、三、南本……无'乃'字。"今据删。

⑦然后禹践天子位：以上舜荐禹、禹让而后即位事，见《孟子·万

章》。

⑧尧子丹朱，舜子商均，皆有疆土：《正义》引《括地志》云："定州唐县，尧后所封。宋州虞城县，舜后所封也。"按，定州唐县在今河北唐县东北，虞城县旧称"虞县"，在今河南虞城东北。

【译文】

舜从二十岁时即以孝顺而闻名，三十岁时被尧举用，五十岁时代行天子之权，五十八岁时尧去世，六十一岁时继承尧而登上天子之位。舜在帝位三十九年，到南方巡视，死在苍梧郡的乡间。葬在长江以南的九疑山，也就是后来的零陵郡。舜登上帝位后，乘坐着插着天子旗帜的车子，去拜见父亲瞽叟，虔敬恭谨，保持着做儿子的规矩。他封弟弟象为诸侯。舜的儿子商均也不成器，舜于是预先向上天推荐了禹。十七年后舜去世了。三年守丧结束，禹也让位给舜的儿子，就像舜让位给尧的儿子一样。诸侯都归附禹，此后禹登上了天子之位。尧的儿子丹朱，舜的儿子商均，都有封地，来祭祀他们的祖先。他们依然穿戴、使用他们父亲在位时的服饰和礼乐。他们以宾客的身份来朝见天子，天子不把他们作为臣子对待，表示不敢独自占有天下。

自黄帝至舜、禹，皆同姓而异其国号[①]，以章明德。故黄帝为有熊，帝颛顼为高阳，帝喾为高辛，帝尧为陶唐，帝舜为有虞[②]。帝禹为夏后而别氏，姓姒氏[③]。契为商，姓子氏。弃为周，姓姬氏。

【注释】

①自黄帝至舜、禹，皆同姓：司马迁将颛顼、帝喾、尧、舜、禹都说成是黄帝的后代，因此说他们"皆同姓"；然而又采《国语》而有所谓"黄帝二十五子，其得姓者十四人"之说，于是遂自相矛盾。崔述

曰："姓也者，生也，有姓者，所以辨其所由生也。苟同父而各姓其姓，则所由生者无可辨，有姓曷取焉？……自《国语》始有一人子孙分为数姓之说，而《大戴记》从而衍之，《史记》又从而采之，遂谓唐虞三代共出一祖，而帝王之族姓遂乱杂而失其真矣。然则是诬古圣而惑后儒者，皆《国语》为之滥觞也。"

②"故黄帝为有熊"几句：按，"唐""虞"皆地名，演为国号，而从未闻有以"高阳""高辛"为地名、为国号者，独史公于此排列言之。

③帝禹为夏后而别氏，姓姒氏：帝禹为夏后，帝禹的国号曰"夏后"。而别氏，姓姒氏，意谓他改了姓，姓姒。梁玉绳认为"姓"是不可改的，"氏"则三世即可改，但到司马迁时"谱学已紊，'姓''氏'遂混，有以'姓'为'氏'者，如夏之'姒'、商之'子'，'姓'也，非'氏'也，而连'氏'于其下，曰'姒氏''子氏'。有以'氏'为'姓'者，如秦之'赵'，汉之'刘'，'氏'也，非'姓'也，而加'姓'于其上，曰'姓赵''姓刘'。"

【译文】

从黄帝到舜、禹，都为同姓，只是国号不同，来彰显美德。所以黄帝国号有熊，帝颛顼国号高阳，帝喾国号高辛，帝尧国号陶唐，帝舜国号有虞。帝禹国号夏后，别为姒姓。契的国号为商，子姓。弃的国号为周，姬姓。

太史公曰[①]：学者多称五帝[②]，尚矣[③]。然《尚书》独载尧以来[④]；而百家言黄帝[⑤]，其文不雅驯[⑥]，荐绅先生难言之[⑦]。孔子所传《宰予问五帝德》及《帝系姓》[⑧]，儒者或不传[⑨]。余尝西至空桐，北过涿鹿，东渐于海，南浮江淮矣，至长老皆各往往称黄帝、尧、舜之处，风教固殊焉，总之不离古文者近是[⑩]。予观《春秋》《国语》[⑪]，其发明《五帝德》《帝系姓》章矣[⑫]，顾弟弗深考[⑬]，其所表见皆不虚。《书》缺有间矣，其轶乃时时见于他说⑭。非好学深思，心知其意，固难为浅见寡闻道也。余并论次⑮，择其言尤雅者，故著为本纪书首⑯。

【注释】

①太史公曰：此为司马迁对本篇正文所做的说明或议论，起源于《左传》《国语》的“君子曰”，后代史书仿此也有书之为“赞曰”。《正义》曰：“太史公，司马迁自谓也。”按，司马迁任职“太史令”，其所以称“太史公”者，崔适以为“迁称其父曰‘太史公’……迁自称亦作‘太史公’者，后人不达此为迁尊其父之称，从而改之尔，各篇赞语亦然”。梁玉绳以为是官名，太史令在当时即名曰“太史公”。泷川以为“太史令之称‘太史公’，犹太仓令之称‘太仓公’，自是当时官府通称，固非官名，亦非尊加”。相比之下，崔适说略好。

②称：讲说。

③尚：久远。

④《尚书》独载尧以来：《尚书》记载的最早的人物是尧，见《尧典》，没有比尧更早的帝王了。《尚书》也称《书经》，先被孔子用作教材，后遂成为儒家的“经典”之一。

⑤百家：原指战国时代的各派思想家及其著作，但这里实际指儒家以外的其他诸家。吕思勉曰：“‘百家’有二义，一是《汉书·艺文志》小说家有《百家》百二十九卷，此为小说家一家之学；一是太史公言百家言黄帝，其文不雅驯，《汉书》称孝武帝罢黜百家，此指儒家以外诸家言之也。”

⑥雅驯：典雅纯正，文雅不俗。

⑦荐绅：搢绅。古代高级官吏的装束。亦指有官职或做过官的人。荐，通“搢”，插。

⑧《宰予问五帝德》及《帝系姓》：都是记述黄帝、尧、舜等远古帝王

事迹的篇章,见于今本《大戴礼记》与《孔子家语》,但因今传《大戴礼记》成书于司马迁之后,所载是否即司马迁所说,不得而知。林伯桐曰:“古来制作,自黄帝而定,《礼记·祭法》曰:‘黄帝正命百物。’孔疏云:‘上虽有百物,而未有名,黄帝为物作名,正名其体也。’然则《史记》托始,自有深意。既以黄帝为始,固当援《大戴礼》‘五帝’之论为据,不容任意增损。”

⑨儒者或不传:《索隐》曰:“以二者皆非正经,故汉时儒者以为非圣人之言,故多不传学也。”

⑩古文:《索隐》曰:“即《帝德》《帝系》二书也,近是圣人之说。”沈涛曰:“是‘古文’即谓《尚书》。《太史公自序》‘年十岁则诵古文’,亦谓古文《尚书》。”陈直曰:“‘古文’盖谓战国时书写原本之竹简,仍保存于汉代者,或汉代儒生从竹简传抄,而非以隶古写定者,通谓之‘古文’,非专指《尚书》而言。”按,汉代所谓“古文”,即战国时期东方六国所使用的文字与用东方六国文字所写的书籍。

⑪《春秋》《国语》:《春秋》相传为孔子据鲁史修订而成的编年体史书。所记起于鲁隐公元年(前722),止于鲁哀公十四年(前481),凡二百四十二年。叙事极简,用字寓褒贬,类似“大事纲要”。《国语》是我国现存最早的国别史。全书二十一卷,按周、鲁、齐、晋、郑、楚、吴、越分国编辑,起自西周后期的周穆王,终于战国初期的鲁悼公,记载当时各国的政治、外交、军事等活动及贵族阶层的言论,是研究西周末以至春秋时代社会生活的重要史料,可与《左传》相表里,有人称其为“春秋外传”。按,司马迁此处所谓“予读《春秋》《国语》”,其实是指《左传》与《国语》,而不是指《春秋》。

⑫其发明《五帝德》《帝系姓》章矣:章,明显,明确。按,司马迁似乎认为《五帝德》《帝系姓》成书于《左传》《国语》之前,其实这

是不可能的。《五帝德》《帝系姓》只能成书于战国中后期，绝对在《左传》《国语》之后。

⑬顾弟弗深考：顾、弟，皆“但是，只是”之意。凌稚隆曰：“弟弗深考，言人自不深考耳，若古文所传，则章章不虚。”

⑭其轶（yì）乃时时见于他说：《尚书》中关于帝皇事迹的散佚篇章时时出现在其他书籍里。轶，散失。他说，即《五帝德》《帝系姓》一类书。

⑮论次：整理，编排。

⑯著为本纪书首：写成为“本纪”的第一篇，即《五帝本纪》。陈继儒曰：“此论本纪所以自首黄帝之意，盖《尚书》独载尧以来，而《史记》始黄帝。《史记》之所据者，《五帝德》《帝系姓》也，乃儒者或不传之书也。然迁以所涉历，验之风教而近是，参之《春秋》《国语》，而所表见为不虚，是以《尚书》虽缺，而其轶之见于他说，如《五帝德》《帝系姓》者，不可不言而传之也。要在学者博闻深思，精择而慎取之耳。故以黄帝著为本纪首，则颛顼、高辛在其中矣。”锺惺曰：“《五帝本纪》赞，不作一了语，其一段传疑不敢自信之意，往往于运笔虚活承转处见之。字字是若存若亡光景，其引证原委，又似历历有据，正其不敢自信处。盖多阅而后能阙疑，多见而后阙缺殆也。好学深思，心知其意是作史之本，择其言之尤雅者是作史之法。一部《史记》，要领尽此矣。”牛运震曰：“《史记》开端第一篇赞语，一部《史记》作法、要领略见于此。‘余尝西至空桐，北过涿鹿，东渐于海，南浮江淮’云云，此自述其历览之博也；‘顾弟弗深考，其所表见皆不虚。《书》缺有间矣，其轶乃时时见于他说’，此自述其考据典籍之详且慎也；‘好学深思，心知其意’，此自述其读书独得之奇，与其作史之本，并示后世学者以读《史记》之法也。‘余并论次，择其言尤雅者’，此又自评其帝记之妙，不外一‘雅’字，一部《史记》，皆当以此字领略之也。”

【译文】

太史公说：很多学者都讲述五帝，五帝的年代距今太久远了。《尚书》只记载了尧以后的事；各家讲述黄帝的事，内容则荒诞不经，有学问的人不相信也不愿说。孔子所传授的《宰予问五帝德》和《帝系姓》，有的儒家学者也不传习。我曾经向西到过空桐，向北经过涿鹿，向东到过大海之滨，向南渡过长江、淮河，所到之处，当地长老都常常讲述黄帝、尧、舜的事情，而各处风俗教化也确实各不相同，总体而言还是不悖于古代典籍的说法更接近事实。我读《春秋》《国语》，它们对《五帝德》《帝系姓》的阐发是清楚的，只是没有深入考察，其实这两部书里表述的观点都不虚妄。《尚书》残缺已有很长时间了，它散佚的内容经常能从其他著作中看到。如果不是好学深思，对古代传说和典籍有较深的理解，是很难给见识浅薄、孤陋寡闻的人讲明白的。于是我综合了各家说法，进行编排阐发，选择内容最为合理可信的，写成这篇本纪，作为本纪的第一篇。

【集评】

柯维骐曰："五帝之名，见于《孔子家语》及《大戴礼》，其说有二：其一，孔子答季康子，以伏牺配木，神农配火，黄帝配土，少昊配金，颛顼配水，此言数圣人革命改号，取法于五行之帝，非五帝之定名也。其二，则孔子答宰予五帝德，曰黄帝，曰颛顼，曰帝喾，曰尧，曰舜，太史公所述《五帝纪》是也。厥后，皇甫谧作《帝王世纪》，苏子由作《古史》，郑樵作《通志》，并祖孔安国，以伏牺、神农、黄帝为三皇，少昊、颛顼、帝喾、尧、舜为五帝。五峰双湖胡氏又主秦博士天皇、地皇、人皇之议，而以伏牺、神农、黄帝、尧、舜为五帝，道原刘氏遂以为定论。窃谓皆不如太史公之说为有征耳。"（《史记考要》）

李邺嗣曰："《黄帝本纪》实太史公之谏书也，当与《封禅书》并读，即可见矣。……其叙黄帝修政，一曰师兵，二曰疆理，三曰设官，四曰定历。复举其要曰治五气，艺五种；曰劳勤心力耳目，节用材物，俱治天下之大本大经为万世法，而鬼神山川封禅与焉，则仅一言及之，不复道。至后书黄帝崩，葬桥山，而世所传鼎湖上仙及诸荒怪不经，尽可不辨而见矣。……盖一以征信，一以斥诬，使人主开卷惕然，知黄帝忧劳，圣人之所以治天下如此。"（《杲堂文钞》）

杨峒曰："《史记》之书，详于秦汉，此篇与三代本纪杂取《尚书》《春秋》内外传、《世本》《战国策》为之，故其文不能雄深如始皇以后诸纪，然其去取之意，则亦非苟然者。篇内叙五帝之世，全用《五帝德》及《帝系》之文，二篇皆由孔氏，故子长谨而著之。其意盖以《尚书》为主，而高辛以上则颇采传记之可信者，粗其支派，以见三代之所自出而已。至于尧为帝喾之子，禹为颛顼之孙，上距黄帝才五世，而自黄帝至舜乃九世，此其中间必多旷隔，而子长一因旧文，所谓疑则传疑，盖其慎也。"（《书岩剩稿》）

蒋士学曰："《史记》不载三皇之事，岂其才学有所不能哉？盖子长之慨然怀古，而首称黄帝，正为汉武辨其怪诞荒唐之无足信也，如此则方士神仙之言绌矣。……方士托言黄帝，以为是天子而圣人者也。以圣人天子而终之铸鼎，以作神仙，此真汉武之所甘心矣。史迁盖曰：以臣所闻，古黄帝何尝若此？而朝廷方惑于其说，又不能执书策所当考信者而力争之，则《史记》之首称黄帝，故阙三皇也。"（《蛟川先正文存》）

李景星曰："孔子删《书》，断自二典，详政治也；太史公史，始于五帝，重种族也，盖五帝始于黄帝，为我国种族之所自出。……至于叙事，更详略得宜，变化尽致。"（《四史评议》）

【评论】

黄帝是《五帝本纪》中第一个出场的帝王，也是《史记》中第一个出场的人物。作者这样安排有着很深的用意。按照作者的说法，黄帝是我国古代有传说以来最早的帝王、领袖，自黄帝以后历朝历代的帝王，诸如颛顼、帝喾、尧、舜，以及夏朝、商朝、周朝的帝王，都是黄帝的后代；甚至当时处在华夏周边的其他部族如秦人、楚人、越人、吴人、匈奴的首领，也是黄帝的血脉。这样一来，黄帝就成了我国境内各民族的共同祖先。由于《史记》是我国第一部“正史”，它的影响是十分巨大的，“黄帝是中华民族的人文始祖”，这一观念被接受，并逐渐深入人心，生成深深的民族认同感，成为一种捍卫中华民族团结统一的精神力量，永远凝聚着、鼓舞着散布于世界各地的炎黄子孙。其意义无论怎样强调也不为过。

《五帝本纪》自黄帝始，也与汉代的社会现实有关。汉初奉行“黄老之学”，确实对社会经济的恢复与发展起了重要作用，但对于司马迁来说，其所处的武帝朝的特殊社会背景才是促使他塑造黄帝这一形象的主要原因。当时，黄帝一方面是传说中的远古帝王，一位卓越的政治军事领袖和各种制度的创始者与生产、生活技术的发明者，另一方面也被方士们渲染成了“且战且学仙”，最后乘龙上天的神仙。而汉武帝正是对后者异常向往，跃跃欲试地也想一边做皇帝，一边修成长生不老的神仙。司马迁对此深恶痛绝，所以他才要在《史记》的开篇写出一位带有鲜明的“人”性光辉、可作帝王楷模的黄帝，而《封禅书》中那个神神叨叨的黄帝和痴人说梦的汉武帝，在《五帝本纪》中黄帝的对照下，更显得有如小丑一般。正如顾颉刚在《古史辨》中所说：“他已在传说中知道有神农氏（《五帝本纪》）、伏羲氏（《自序》）、无怀氏和泰帝（《封禅书》），但他毅然以黄帝为断限，黄帝以前的一切付之不闻不问。这件事看似容易，其实甚难，我们只要看唐司马贞忍不住替他补作《三皇本纪》，就可知道他在方士和阴阳家极活跃的空气中排斥许多古帝王是怎样的有眼光与有勇气了。他虽然承认有黄帝，而好些黄帝的记载他都不信。”表现了司马迁高明的写史智慧。

不仅是黄帝，《五帝本纪》中的颛顼、帝喾、尧、舜几位帝王，也很少有“神”的成分，《史记》中有关于他们神性的描写，但主要还是记述赞美他们作为人类帝王的道德、才干和政绩，这就是《史记》的一条原则：摒弃“不雅驯”的虚妄之言，写人，而不写神。

《五帝本纪》中有关尧舜的禅让是非常感人的，也被后世儒家奉为圣王的最高标准。过去人们常常把尧舜时代与《礼记·天运》描写的“大道之行也，天下为公”的“大同”世界联系起来，将之视为完美盛世，这与《五帝本纪》的相关记述不无关系。确实，《史记》在写尧舜的事迹时带着明显的崇敬和鲜明的理想主义色彩。文中详细记叙了尧在准备将天下禅让给舜时的心理活动，以及尧的独白：“终不以天下之病而利一人。”这些是《史记》据以写成此篇的《尚书》《孟子》《大戴礼记》所没有的，是《史记》的增文发挥，塑造了一位大公无私、以天下苍生为重的圣君形象。《史记》正是通过这两位圣王的禅让，寄寓了他的政治理想，也体现了他对秦、汉以来的专制政治的反感。司马迁把尧舜的“禅让”放在“本纪”的第一篇，把吴太伯的“让”放在“世家”的第一篇，把伯夷的“让”放在“列传”的第一篇，这种安排不是偶然的。

但是这种“禅让”的真实情形真是这样吗？近年来的考古发掘，已经证实了尧、舜时代的存在。《山西上古史新探》中说：如果把夏朝的开始年代定在前2070年，则约当前2500—前1900年的陶寺文化早期当与唐尧、虞舜时代有关。在尧、舜的时代，晋南特别是襄汾陶寺一带是诸多大小“酋邦”以至“城邦”国家的共主所在之地，无论舜，还是禹、皋陶、伯益、冥等这些《尧典》上提到的大臣们，他们应该都是各邦国的首领人物，他们都有自己的国家作后盾，被尧甚至尧的先辈招纳在门下，在一个朝廷里共襄盛举。他们大概都属后世盟友的性质，合则留，不合则去。《中华古代文明的起源》中也说，尧舜时代的社会已不再是简单的部落或部落联盟阶段，而是已经进入较为发达的酋邦（部落联合体）阶段，酋邦与酋邦之间存在最高首领。当时大多数部落中实行父死子继、兄终弟及的酋长世袭制，但作为部落联合体的酋邦的最高首领则采取推举制，也就是“禅让”，所“让”的并不是实在利益，而只是“共主”的名义。可能这更接近于尧舜禅让的真实情形。

《五帝本纪》中关于舜的记载是最为详细的，有着较强的故事性，但也有着相当明显的漏洞。例如舜已经被尧选为接班人，他的父亲瞽叟和弟弟象还一再地想要谋杀他，象甚至还想霸占尧嫁给舜的两个女儿，这就完全不合情理。再有，文中的舜一方面是有着出色的行政能力，有着极大的亲和力、号召力的受人爱戴的领袖；另一方面又是一个在家里逆来顺受，还时刻有着性命之虞的“孝子”。这样矛盾分裂的记载，说明有关舜的记载很可能只是辑录了素材还没有完成最后的整合和熔铸加工。至于对舜之“孝道”的歌颂，明显是秦汉时期的儒家思想，舜这样一位伟大的帝王被写成了封建道德的奴隶，这是《史记》的历史局限，也真实反映了那个时代普遍的思想认知。

夏本纪第二

【释名】

《夏本纪》记大禹功德和有夏一代史事。司马迁主要依据了《五帝德》《帝系姓》《孟子》以及《尚书》中的《禹贡》《皋陶谟》《甘誓》等而撰成此篇。文中先是歌颂了夏朝开国君主大禹的功德；继而又排列了夏朝世系，勾勒了夏史的基本轮廓；最后在"太史公曰"中补充介绍了有关夏朝的传说。

夏禹，名曰文命[①]。禹之父曰鲧[②]，鲧之父曰帝颛顼[③]，颛顼之父曰昌意，昌意之父曰黄帝。禹者，黄帝之玄孙而帝颛顼之孙也[④]。禹之曾大父昌意及父鲧皆不得在帝位，为人臣[⑤]。

【注释】

①夏禹，名曰文命：《正义》曰："夏者，帝禹封国号也。"《集解》引《谥法》曰："受禅成功曰禹。"司马迁将"文命"作为禹的名字。《索隐》曰："《尚书》云'文命敷于四海'，孔安国云'外布文德教命'，不云是禹名。太史公皆以放勋、重华、文命为尧、舜、禹之名，未必为得。孔又云'虞氏，舜名'，则尧、舜、禹、汤皆名矣。盖古者帝王之号皆以名，后代因其行，追而为谥。其实禹是名。故

张晏云：‘少昊已前，天下之号象其德；颛顼已来，天下之号因其名。’又按：《系本》‘鲧取有辛氏女，谓之女志，是生高密’。宋衷云‘高密，禹所封国’。”《正义》曰：“《帝王纪》云：‘父鲧妻修己，见流星贯昴，梦接意感，有吞神珠薏苡，胸坼而生禹。名文命，字密，身九尺二寸长，本西夷人也。《大戴礼》云‘高阳之孙，鲧之子，曰文命’。”

②禹之父曰鲧：按，传说禹是在鲧死后孕育出生的。《天问》曰：“伯禹腹鲧，夫何以变化！”《山海经·海内经》云：“洪水滔天。鲧窃帝之息壤以堙洪水，不待帝命。帝令祝融杀鲧于羽郊。鲧复生禹。”

③鲧之父曰帝颛顼（zhuān xū）：《索隐》认为此说不确，鲧与舜皆为尧臣，舜是颛顼六代孙，鲧不可能是颛顼之子，《汉书·律历志》所言“颛顼五代而生鲧”更接近事实。又引《连山易》云：“鲧封于崇，故《国语》谓之‘崇伯鲧’。”引皇甫谧云鲧字熙。

④黄帝之玄孙而帝颛顼之孙也：按，此处说法与《五帝本纪》所记黄帝、颛顼、尧、舜世系皆不相合，前人多辨其误。远古世系本就渺茫，又多有神话成分，在其历史化过程中必多不合。刘起釪曰：“颛顼为东方某一部落之宗神，后被编入黄帝系统。”说近事实。

⑤为人臣：按，以上所述本于《大戴礼记·帝系》。

【译文】

夏禹，名叫文命。禹的父亲名叫鲧，鲧的父亲是帝颛顼，帝颛顼的父亲叫昌意，昌意的父亲叫黄帝。夏禹，是黄帝的玄孙、帝颛顼的孙子。夏禹的曾祖父昌意和父亲鲧都没称帝，都是天子的大臣。

当帝尧之时，鸿水滔天[①]，浩浩怀山襄陵[②]，下民其忧。尧求能治水者，群臣四岳皆曰鲧可[③]。尧曰：“鲧为人负命毁族[④]，不可。”四岳曰：“等之未有贤于鲧者，愿帝试之。”

于是尧听四岳，用鲧治水。九年而水不息，功用不成[⑤]。于是帝尧乃求人，更得舜。舜登用[⑥]，摄行天子之政[⑦]，巡狩[⑧]。行视鲧之治水无状[⑨]，乃殛鲧于羽山以死[⑩]。天下皆以舜之诛为是。于是舜举鲧子禹，而使续鲧之业。

【注释】

①鸿水：洪水，大水。鸿，大。

②怀山襄陵：包围山峰，淹没丘陵。怀，包围。襄，孔安国曰："上也。"意即淹没。

③四岳：四方诸侯之长，尧臣羲和之四子，分掌四方诸侯。按，刘起釪曰："'四'字原为'大'，篆文形近而讹。"在多数文献中仍为一人之名。

④负命毁族：违抗命令，伤害同僚。负，背，违。族，类，同伙。

⑤用：因。按，以上所述尧任用鲧治水而鲧未获成功事，采自《尚书·尧典》。

⑥登用：进用。登，进用，选拔。

⑦摄行：代理行使职权。

⑧巡狩：同"巡守"。天子出行，视察诸侯守土的情况。《孟子·梁惠王下》："天子适诸侯曰巡狩。巡狩者，巡所守也。"

⑨治水无状：治理洪水没有功绩。无状，没有功绩或没有良好的表现。泷川曰："巡狩行视鲧之治水无状，史公以意增。"

⑩乃殛（jí）鲧于羽山以死：殛，诛，这里是"流放"的意思。梁玉绳曰："殛鲧者尧也，非舜也，说在《五帝纪》中。"王叔岷曰："《五帝本纪》称'舜归而言于帝尧，请殛鲧于羽山。'是殛鲧之事，属之尧或属之舜，皆可。此犹《国语·晋语五》五称'舜之刑也殛鲧'（鲧与鲧同）。而《晋语八》又云'鲧违帝命，殛之于羽山（韦昭

注：帝，尧也）’也。”羽山，山名。在今山东郯城东北。

【译文】

帝尧统治时，洪水滔天，浩浩荡荡，围住了山冈，漫上了丘陵，人们为此愁闷不已。尧寻找能治水的大臣，群臣、四岳都说鲧可以胜任。尧说：“鲧为人不行，违抗命令，伤害同僚，不可以。”四岳说：“在与鲧同辈的人当中没有比他更贤能的了，希望天子不妨试着用他看看。”于是尧听从四岳的意见，起用鲧去治理洪水。鲧治理了九年，洪水不退，没有成功。这时尧便去寻求能够继承帝位的人，于是找到了舜。舜被任用，代理执行天子的职责，巡视各地诸侯所守的疆土。在巡视中发现鲧治理洪水没有功绩，就把他流放到羽山至死未归。天下人都认为舜惩罚鲧是对的。于是舜推举鲧的儿子禹，令他继续鲧未竟的事业。

尧崩，帝舜问四岳曰：“有能成美尧之事者使居官？”皆曰：“伯禹为司空①，可成美尧之功。”舜曰：“嗟，然！”命禹：“女平水土，维是勉之。”禹拜稽首②，让于契、后稷、皋陶③。舜曰：“女其往视尔事矣④。”禹为人敏给克勤⑤；其德不违，其仁可亲，其言可信；声为律，身为度，称以出⑥；亹亹穆穆⑦，为纲为纪⑧。

【注释】

①伯禹：即指禹，古称一方诸侯之长曰“伯”。司空：官名。相传少昊时所置，周为六卿之一，即冬官大司空，掌管工程。

②稽（qǐ）首：古时一种跪拜礼，叩头至地，是最恭敬的一种。

③皋陶（gāo yáo）：尧、舜时代的名臣。当时为尧、舜掌管刑法，后被禹选为禅让的对象。

④视：治理，办理。按，以上采自《尚书・尧典》。

⑤敏给（jǐ）：敏捷。给，说话办事来得快。克勤：犹言"耐劳"。

⑥声为律，身为度，称以出：泷川曰："律，律吕也。度，尺度也。称，适事之宜也。出犹为也，行也。言声之高下疾徐，合于律吕；身之进退屈伸，合于尺度；皆称其宜而行也。"声为律，《索隐》曰："言禹声音应钟律。"身为度，《索隐》曰："今巫犹称'禹步'。"称以出，《索隐》曰："上文声与身为律度，则权衡亦出于其身，故云'称以出'也。"意即以禹为标准制定权衡。

⑦亹亹（wěi）穆穆：勤勉恭敬的样子。亹亹，勤勉不倦的样子。穆穆，端庄恭敬的样子。

⑧纲：纲维，法度。纪：法度，准绳。按，以上采自《五帝德》。

【译文】

尧去世后，帝舜问四岳道："有谁能够发扬光大帝尧的事业，让他官居首辅？"他们都说："伯禹为司空，他可以发扬光大帝尧的事业。"舜说："啊，对！"命令禹说："你去平定水土，要努力完成这件事情。"禹跪拜叩头，推让给契、后稷、皋陶。舜说："还是你去办理这件事情吧。"禹为人敏捷勤劳；从不背离道德规范，仁爱可亲，言语诚实；禹的声音符合音律，行为举止成为法度，以他为标准制定出权衡；他勤勉恭敬，作为天下人的楷模。

禹乃遂与益、后稷奉帝命[①]，命诸侯百姓兴人徒以傅土[②]，行山表木[③]，定高山大川[④]。禹伤先人父鲧功之不成受诛，乃劳身焦思，居外十三年[⑤]，过家门不敢入。薄衣食，致孝于鬼神；卑宫室，致费于沟淢[⑥]。陆行乘车，水行乘船，泥行乘橇，山行乘檋[⑦]。左准绳，右规矩[⑧]，载四时[⑨]，以开九州，通九道，陂九泽，度九山[⑩]。令益予众庶稻[⑪]，可种卑湿。命后稷予众庶难得之食。食少，调有余相给，以均诸侯。禹乃行相地宜所有以贡，及山川之便利。

【注释】

①益：即伯益。一作“伯翳”，又称“大费”。舜时被任为虞，掌管草木鸟兽之事。相传助禹治理山泽有功，被禹选为继任人，他推让避居。一说因争夺君位被启所杀。

②人徒：即服徭役的人。傅土：意即安排、治理大地。《索隐》云：“傅即付也，谓付功属役之事。”

③行山：巡视山岳。表木：立木以为标志。

④定高山大川：意即确定高山大川的治理规划。按，自“傅土”至此，译录《尚书·禹贡》篇首三句。《禹贡》作“禹敷土，随山刊木，奠高山大川”。

⑤居外十三年：按，关于禹居外治水的年数，有多种说法。此及《河渠书》《汉书·沟洫志》皆言禹在外十三年，《孟子》言八年，《御览》八十二卷引《尸子》作“十年不窥其家”，《吴越春秋·越王无余外传》作“七年”，《路史·后纪》作“三十年”。王叔岷曰：“所谓‘十年’，盖举成数言之。《吴越春秋》言禹‘七年闻乐不听。过门不入’，‘七年’盖‘十年’之误。《河渠书》：‘《夏书》曰：‘禹抑洪水十三年，过家不入门。’《书·皋陶谟》孔疏引‘过’上有‘三’字，盖据《孟子》‘三过其门而不入’（《滕文公》上篇及《离娄》下篇）加之也。”

⑥“薄衣食”几句：致孝于鬼神，《集解》引马融曰：“祭祀丰絜。”意即供奉丰洁的祭品以孝敬祖先神明。致费于沟淢（xù），意谓花费资财以修筑沟渠。淢，同“洫”，田间水道。《集解》引包氏曰：“方里为井，井间有沟，沟广深四尺。十里为成，成间有淢，淢广深八尺。”泷川曰：“包说据周《考工记》，然可以概夏制。”泷川引中井曰：“此《论语》论其为天子之事也。《史》援引失次。”

⑦“陆行乘车”几句：橇（qiāo），在泥路上滑行的木制交通工具。《正义》曰：“橇形如船而短小，两头微起，人曲一脚，泥上擿进，用拾泥上之物。今杭州、温州海边有之也。”檋（jú），山行用具。《集解》：“徐广曰：‘檋，一作“桥”，音丘遥反。’”一说为山轿。王先谦曰：“韦训舆床……《书》疏引应劭云：‘梮或作樏，为人所牵引也。’《说文》及《集解》引《尸子》并云：‘上行乘樏。’……沈钦韩云：‘樏即蔂，盛土之器；越山者以此悬度，又为鹿卢以转，故亦谓之桥。’段玉裁云：‘檋、梮、桥三字以梮为正……樏与梮一物异名，梮自其盛载而言，樏自其挽引而言。’纍，大索也。樏从纍，此声义之相倚者也。应释樏、韦释梮兼两说而后全。”

⑧左准绳，右规矩：意即身边常带着准绳规矩。《集解》引王肃曰：“左右言常用也。”准，测量水平的仪器。绳，用以测定直线的墨线。规，画出或校正圆形的工具。矩，画出或校正方形的工具。张文虎曰：“‘准’所以求平，‘绳’所以求直，‘规矩’所以求高低远近。治水者宜测量地形、水势以施功，故一日不可离。”

⑨载四时：《集解》引王肃曰：“所以行不违四时之宜也。”泷川引姚鼐曰：“四时，四方之时也。盖指南之法，禹时已有。其时道路不通，非以候时日定方向不能行也。”张文虎曰：“四时，此谓测中星、候晷景漏刻定方向，‘四时’当时亦必有其器，故云‘载’。《周礼》：‘太史抱天时，与太师同车’，盖亦其器。”

⑩以开九州，通九道，陂九泽，度九山：意即区划九州土地，辟通各处水道，修筑湖泽堤坝，测量各大山系。九，除“九州”是实指外，其余皆极言其多。又，《正义》曰：“通达九州之道路也。”《释名》曰：“山者产也。按洪水已去，九州之山川所生物产，视地所宜，商而度之，以致贡赋也。”按，自“左准绳”至此，采自《大戴礼记·五帝德》。

⑪众庶：民众，百姓。稻：此指稻种。

【译文】

禹于是就和益、后稷尊奉帝舜之命，命令诸侯百官安排人员治理水土，巡视山岳，立木以为标志，确定高山大川的治理规划。禹遗憾于先父鲧没有完成治水事业而遭受惩罚，就劳碌奔波，殚精竭虑，在外面过了十三年，经过家门都不进去。禹自己穿衣吃饭一点儿也不讲究，而供奉丰洁的祭品敬献祖先神明；自己住着简陋的房屋，却不惜斥巨资修筑沟渠。他走陆路的时候乘车，走水路的时候乘船，走泥路的时候用橇，走山路的时候用檋。禹准绳规矩不离手，不违背四时节气，来区划九州土地，疏通各处水道，修筑湖泽堤坝，测量各大山系。命令益把稻种散发给民众，让他们种在低湿的田地上。命令后稷把稀缺的食品分发给民众。如果哪个地方的食物不足，就从食物充足的地方调剂过去，以均衡各诸侯辖区的物资。禹巡视各地的特产来确定其贡赋多少，并考察贡品运送途中的山川交通情况。

禹行自冀州始①。冀州：既载壶口②，治梁及岐③。既修太原④，至于岳阳⑤。覃怀致功⑥，至于衡漳⑦。其土白壤⑧。赋上上错⑨，田中中⑩。常、卫既从⑪，大陆既为⑫。鸟夷皮服⑬。夹右碣石，入于河⑭。

【注释】

①冀州：《禹贡》所区划的九州之一。指今陕西和山西间黄河以东，河南和山西间黄河以北，山东西北、河北东南部地区。

②载：事。这里指从事壶口的水利工程。壶口，山名。在今山西吉县西南黄河畔。王鸣盛《尚书学案》曰："壶口山上连孟门，下控龙门，当路束流，为河之扼要处，故禹首辟之。"

③梁：山名。在今陕西韩城西，壶口的南面。岐：山名。地处渭河上

游,在今陕西岐山县东北。崔述《唐虞传信录》岐山无考,但认为岐、梁当在壶口之下;顾颉刚《禹贡注释》认为崔说较为合理。

④太原:即今山西太原一带。处在汾河中游。

⑤岳阳:太岳山以南。岳,即太岳山,又称霍山、霍泰山。在今山西境内,北起平遥东南,东南至洪洞以北,主峰在霍州东南。阳,山的南面。

⑥覃怀致功:覃怀一带兴修水利已取得很大功效。覃怀,地名。顾颉刚《禹贡注释》说"覃怀"当太行山南,黄河北岸。约在今河南沁阳、温县、武陟一带。致功,获得功效。

⑦衡漳:指古时的漳水入黄河之处,在今河北曲周附近。曲周旧称"斥漳",古浊漳水在其城南流过。衡,通"横",横流。

⑧白壤:白色的柔土。《集解》引孔安国曰:"无块曰壤。"陈思风《中国土壤地理》认为指砂质盐渍之土。

⑨赋:赋税。上上错:第一等,混杂第二等。《集解》引孔安国曰:"上上,第一。错,杂也,杂出第二之赋。"上上,第一等。错,间杂,混杂。按,《禹贡》将赋税和耕地分成九等,即,第一等上上、第二等上中、第三等上下、第四等中上、第五等中中、第六等中下、第七等下上、第八等下中、第九等下下。刘起釪曰:"岁有丰凶,可以杂出次等赋。"

⑩田中中:耕地为第五等。刘起釪曰:"冀州田第五,何以赋为第一,旧皆不得其解。其实当由于此州除田亩生产外其他经济较发达,故赋敛特多。各州赋入的高低,即由各地总的经济繁荣程度所决定。"

⑪常、卫既从:意即恒水、卫水都已平顺地流入黄河。常,水名。《禹贡》作"恒",此为避汉文帝讳而改。恒水自恒山流来入滱水,再东流,经今河北定州、安国入当时北流之黄河。卫,水名。西自太行山流来,汇入滹沱河,经今河北灵寿、正定,东流汇入古黄河。

从，顺，指汇入黄河。

⑫大陆：古湖泽名。据近年地下水探测，今河北巨鹿、南宫、束鹿、宁晋、隆尧、任县间有古代的一大湖泽遗迹，即“大陆泽”。为：作，指开始动工。

⑬鸟夷：《禹贡》作“岛夷”，指分布在我国东北部沿海及海岛上的民族。皮服：指岛夷向中原王朝进贡的鸟兽皮毛。

⑭夹右碣石，入于河：指鸟夷族人从碣石山南侧经由黄河入海口溯流而上进入黄河。当时黄河上游、中游的河道与今天略似，自洛阳以东至今河南浚县北流，经今河北之魏县、巨鹿、献县东北流，至今天津南入渤海。夹右，苏轼曰：“夹，挟也，自海入河，逆流而西，右顾碣石，如在挟掖也。”碣石，山名。在今河北昌黎北。按，底本作“夹右碣石，入于海”，实为大谬。从以下各段所叙可知，都是在讲当时各地区向中原王朝进贡所走的路线，而不是讲黄河在什么地方入海。梁玉绳曰：“‘海’字误，徐广曰‘一作“河”’，是也。《禹贡》及《汉·地理志》是‘河’。”今据改。

【译文】

禹的行程从冀州开始。冀州：先治理好壶口，再去治理梁山和岐山。太原修治妥当，又治理到岳阳。覃怀一带兴修水利功效显著，便接着去治理横流的漳水流域。冀州的土壤为含盐的砂质土。赋税为第一等，根据收成有时混杂第二等，耕地列在第五等。恒水、卫水都已疏通，河水可流入大海，治理大陆泽的工程已经开工。鸟夷族进贡珍贵的鸟兽皮毛。鸟夷族进贡的路线是从碣石山南侧经由黄河入海口溯流而上进入黄河。

济、河维兖州①：九河既道②，雷夏既泽③，雍、沮会同④，桑土既蚕⑤，于是民得下丘居土。其土黑坟⑥，草繇木条⑦。田中下，赋贞⑧，作十有三年乃同⑨。其贡漆、丝，其篚织文[⑩]。浮于济、漯，通于河[⑪]。

【注释】

①济、河维兖州：《禹贡》兖州相当于今山东西北部、河南东北隅和河北东南部地区。济，水名。又称“泲水”，又作“溪水”“沇水”。古为“四渎”之一。包括黄河南、北两部分：河北部分今仍名济水，源出今河南济源西王屋山，惟其下游入黄河处历代屡有变迁；河南部分原系黄河所分支派，其分流处在今河南荥阳北，东流经原阳、封丘等县，至今山东菏泽定陶区西，折东北入钜野泽，又自泽北出经今梁山县东，折东北经今平阴、长清、齐河、历城、邹平、博兴等县区，而入于海，经历代屡次变迁，故道或堙，或为他河所夺。

②九河：近人多认为是古代黄河下游许多支流的总称。陆德明引《尔雅·释水》：“九河：徒骇一，太史二，马颊三，覆釜四，胡苏五，简六，絜七，钩盘八，鬲津九。”道：同“导”，疏通。

③雷夏：古湖泽名。又称“雷泽”。在今山东菏泽东北。旧说雷夏本洼地，洪水横流，遂以泛滥，禹疏九河，并瀹济水，使低洼处潴水成泽。泽在唐时尚见于记载。后湮废。

④雍：古水名。一作“灉”。据《元和郡县志》，唐时有雍水出雷泽县（今山东菏泽东北）西北，会同沮水后注入雷夏泽，或即此水之残留部分。宋代这一带河水屡决，雍水故道遂堙。一说为黄河支流，下游复入黄河。沮：古水名。据《元和郡县志》，沮水出雷泽县西北，会同灉水后注入雷夏泽，或即此水之残留部分。宋代这一带河水屡决，沮水故道遂堙。一说为济水岔流。

⑤桑土：宜于种桑的土地。

⑥黑坟：黑色肥沃的土壤。坟，土质肥沃。

⑦繇（yáo）：草木茂盛的样子。条：长。此指树木枝干修长。

⑧赋贞：孔颖达曰：“诸州赋无‘下下’，‘贞’即‘下下’，为第九也。”

金履祥曰:"'贞'字本'下下'字。古篆凡重字者,或于上字下添'='。兖州赋下下,篆从'下=',或误作'正',通为'贞'。"

⑨作十有三年乃同:朱熹曰:"兖当河下流之冲,水激而湍悍,地平而土疏,被害尤剧。今水患虽平,而卑湿沮洳未必尽去,土旷人稀,生理鲜少,必作治十有三载,然后赋法同于他州。"作,耕作。有,通"又"。

⑩其篚(fěi)织文:《集解》引孔安国曰:"织文,锦绮之属,盛之筐篚而贡焉。"篚,盛物的竹器。织文,染丝织成花纹的丝织品。

⑪浮于济、漯(tà),通于河:兖州的贡物可由济水、漯河上行入黄河。漯,水名。古黄河的支流。北魏时渐辍流,至北宋全涸。今山东范县以下至济南济阳区间的徒骇河和济阳区以下至利津间的黄河为漯水故道。

【译文】

济水、黄河之间是兖州:黄河下游的多条河流已经疏通,雷夏洼地已经汇成湖泽,雍、沮二水在此会合后一同注入雷夏泽,此地土壤已经能够种植桑树,饲养家蚕,于是人们得以搬下山丘,搬到平地居住。兖州的土是一种黑色肥沃的土壤,这里的草长势茂盛,树木枝干修长。耕地列在第六等,赋税为第九等,兖州经过十三年的耕作,进贡才赶上其他八州。该州的贡物是漆和丝,还有装在圆形竹器里的有美丽图纹的丝织品。贡物由船只经过济水、漯水直通黄河。

海、岱维青州①:堣夷既略②,潍、淄其道③。其土白坟,海滨广潟④,厥田斥卤⑤。田上下,赋中上。厥贡盐絺,海物维错⑥,岱畎丝、枲、铅、松、怪石⑦,莱夷为牧⑧,其篚酓丝⑨。浮于汶,通于济⑩。

【注释】

①海:即今之渤海、黄海。岱:即泰山。青州:大约当今泰山以东的山东半岛。

②堣(yú)夷:刘起釪说:"古代东方'九夷'总的称呼,大抵以诸族自己图腾遗习称鸟夷,以其居东方海堣称'堣夷',以其族属多称'九夷'。此处是指居住在山东的那一部分少数民族。"略:封略,即划定疆界。

③潍:水名。源出山东五莲西南箕屋山,东北流经诸城,折而北流至昌邑鱼儿铺入莱州湾。淄:水名。即今山东境内淄河。源出莱芜东北、淄博博山西原山,东北流经淄博临淄区,在广饶东北入小清河。

④潟(xì):盐碱地。

⑤厥田斥卤:斥卤,盐碱地。《说文解字》:"卤,碱地。……东方谓之'斥',西方谓之'卤'。"

⑥海物:海产品。错:繁多。

⑦岱畎(quǎn):泰山的山谷间。畎,山谷。枲(xǐ):大麻的雄株。只开雄花,不结子,纤维可织麻布。亦泛指麻。铅:青金。怪石:《集解》引孔安国曰:"怪异好石似玉者。"

⑧莱夷:古民族名。分布在今山东半岛东部地区。为牧:从事放牧。

⑨酓(yǎn)丝:柞蚕丝。酓,通"檿",山桑,即柞树。

⑩浮于汶,通于济:汶,水名。即今山东西部大汶河,源自蓬莱北,西南流,会牟汶、北汶、石汶、紫汶等支流,折而西流,经东平南,至梁山东南入济水。明初于东平境内筑戴村坝,遏汶水西南流注入南旺湖以济运河,汶水古道渐微。清末运河湮塞,汶水主流又西注东平湖并北入黄河。

【译文】

渤海到泰山一带是青州:为青州境内的堣夷划定疆界,潍水、淄水的河道都已疏通。青州的土是肥沃的白色土壤,海滨地带却是大片盐地,其田地是盐碱地。耕地列在第三等,赋税为第四等。该州的贡物是盐和细葛布,还有种类繁多的海产品,泰山山谷地区进贡丝、大麻、青金、松木、怪石,莱夷地区以放牧为业,进贡牧产品,还有装在圆形竹筐里的柞蚕丝。进贡的船只由汶水直达济水,再由济水驶入黄河。

海、岱及淮维徐州①:淮、沂其治②,蒙、羽其蓺③。大野既都④,东原底平⑤。其土赤埴坟⑥,草木渐包⑦。其田上中,赋中中。贡维土五色、羽畎夏狄、峄阳孤桐、泗滨浮磬⑧。淮夷蠙珠暨鱼⑨,其篚玄纤缟⑩。浮于淮、泗,通于河⑪。

【注释】

①海、岱及淮维徐州:海,今黄海。淮,即淮河,古时"四渎"之一。古淮水源出今河南桐柏山,东流经桐柏、信阳、息县、光山、固始,至三河尖入安徽境,又东流经颍上、淮南、怀远、凤阳、泗县入江苏境,又东流经盱眙,为洪泽湖所汇地,又东北流经洪泽、淮安、阜宁等,又东北入于海。徐州,州境约当今之江苏、安徽北部与山东的西南部。

②沂:水名。古沂水源出山东沂源鲁山,南流经临沂、郯城,至江苏邳州合泗水,又东南至淮阴入淮水。

③蒙:山名。在今山东蒙阴西南,接费县界。为东汶河、祊河分水岭。羽:山名。在今山东郯城东北。即鲧流放地。蓺:种植庄稼。

④大野:一名钜野泽。故址在今山东巨野北。古济水中流经此,向东又有水道与古泗水相接。唐时湖面南北约三百里,东西百余里。五代后南部涸为平地,北部成为梁山泊的一部分。都:水流汇聚,亦指水流汇聚之所。

⑤东原底平：东平一带的积水已经退去，地已平复。东原，古地区名。郑玄、张华云“今东平郡即东原”，说为今山东泰山以西济宁、汶上、东平地区。底平，致平。《正义》曰：“水去已致平复，言可耕种也。”蔡沈曰：“底平者，水患已去，而底于平也。”底，《禹贡》作“厎”，致，达到。

⑥赤埴坟：辛树帜曰：“徐为今之苏北及皖鲁边区，丘陵地每为发育于第四纪洪积红色黏土层之棕壤，或即所称赤埴坟。”埴，黏土。

⑦包：通“苞”，草木丛生。

⑧贡维土五色：向天子进贡五色土，供其修筑社稷坛使用。五色土，古代帝王铺填社坛用的五种不同颜色的土。分封诸侯时，王者按封地所在方位取坛上一色土授之，供在封国内立社之用。《正义》引《韩诗外传》云：“天子社广五丈，东方青，南方赤，西方白，北方黑，上冒以黄土。将封诸侯，各取方土，苴以白茅，以为社也。”羽畎：羽山的山谷。夏狄：羽毛五色的野鸡。孔安国曰：“夏狄，狄，雉名也。羽中旌旄，羽山之谷有之。”峄（yì）阳：山名。又名葛峄山、峄山。位于今江苏邳州南境。孤桐：独生的桐树。《集解》引孔安国曰：“峄山之阳特生桐，中琴瑟。”是制琴的优良材料。泗滨：泗水两岸。泗水在今山东中部，源出今山东泗水县东蒙山南麓，因四源并发，故名泗水。南流入淮河。浮磬：水边一种能制磬的石头。孔颖达曰：“石在水旁，水中见石，似若水中浮然，此石可以为磬，故谓之浮磬也。”

⑨蠙（pín）珠：即蚌珠，珍珠。蠙，蚌的别名。暨：与，及。

⑩玄：赤黑色缯帛。纤缟（gǎo）：细白绢。

⑪通于河：《禹贡》作“达于河”。金履祥曰：“达于河，《古文尚书》作‘达于菏’，《说文》引《书》亦作‘菏’，今俗本误作‘河’耳。菏泽与济水相通，徐州浮淮入泗，自泗达菏也。书达于菏，则达济可知。”

【译文】

东到大海、北到泰山、南到淮河的地域是徐州：淮水、沂水已经治理好了，蒙山、羽山的土地也已可以耕种了。钜野泽汇集四方流水，东平一带水患解除地已平复。徐州的土质是肥沃的红色黏土，草木繁茂丛生。耕地列在第二等，赋税为第五等。该州的贡物是五色土、羽山山谷中产的长尾野鸡、峄山以南产的优质斫琴良桐、泗水河畔的浮磬石。淮河下游的夷人进贡珍珠和鱼类，还有装在筐里的赤黑色缯帛和细白绢。进贡的船只从淮水、泗水进入与济水相通的菏泽，之后到达黄河。

淮、海维扬州①：彭蠡既都②，阳鸟所居③。三江既入④，震泽致定⑤。竹箭既布⑥。其草惟夭⑦，其木惟乔⑧。其土涂泥⑨。田下下，赋下上上杂。贡金三品⑩，瑶、琨、竹箭、齿、革、羽、旄⑪。岛夷卉服⑫，其篚织贝⑬，其包橘、柚锡贡⑭。均江海，通淮、泗⑮。

【注释】

①扬州：古扬州指淮河以南长江流域下游原越人的活动地区。

②彭蠡：古时的大片湖泊沼泽地区名，本指今湖北黄梅、安徽宿州以南、望江西境长江北岸尤感湖、大官湖、泊湖一带。

③阳鸟：指鸿雁等候鸟。《集解》引孔安国曰："随阳之鸟，鸿雁之属，冬月居此泽也。"孔颖达曰："此鸟南北与日进退，随阳之鸟，故称阳鸟。"

④三江既入：三江已经流入大海。三江，众多水道的总称。

⑤震泽：即今太湖，又名"具区""笠泽"。

⑥竹箭既布：《禹贡》作"篠簜既敷"。篠，即竹箭，细竹。簜，大竹。

⑦夭：草木茂盛的样子。

⑧乔：形容树木高耸。

⑨涂泥：辛树帜说："土湿如泥，斯指粘质湿土，考其所在，则荆、扬为今之湖南、湖北、江苏、浙江、皖南，乃我国主要湿土分布所在，正相符合。"

⑩贡金三品：《集解》曰："孔安国曰：'金、银、铜。'郑玄曰：'铜三色也。'"

⑪瑶、琨：都是美玉。齿：象牙。革：犀牛皮。可制甲。羽：鸟羽。旄：旄牛尾。

⑫卉服：用絺葛做的衣服。《集解》引孔安国曰："南海岛夷草服葛越。"孔颖达疏："舍人曰：'凡百草一名卉'，知卉服是草服，葛越也。葛越，南方布名，用葛为之。"

⑬织贝：旧注为织有贝壳花纹的锦。刘起釪认为也可能是一种饰品，如高山族有一种饰物，是将贝壳切至至薄，成小圆片，钻孔用线串成，《穆天子传》赐物亦有"贝带"。

⑭其包橘、柚锡贡：有时向朝廷进贡橘、柚。锡，赐。《集解》引孔安国曰："锡命乃贡，言不常也。"

⑮均江海，通淮、泗：沿长江到大海，转进淮河、泗水，而后进入黄河。《禹贡》作"沿江海"，意即循江海而行。《集解》引郑玄曰："均，读曰沿。沿，顺水行也。"

【译文】

北起淮河、东南到大海边的地域是扬州：彭蠡湖已汇聚许多条河流，作为每年追随太阳的候鸟途中休息地。众多水道已汇入大海，太湖水域已治理安定。大竹与小竹遍地生长。这里芳草盛美，乔木苍翠。这里的土是潮湿的泥土。耕地列在第九等，赋税是第七等。该州的贡物有金、银、铜、美玉、大竹、小竹、象牙、犀牛皮、羽毛、旄牛尾。东南海中大小岛屿上的少数民族穿着草编的衣服，用筐装着贝锦，包装好橘子和柚子才去进贡。进贡的船只沿着长江到大海直达淮河和泗水，而后进入黄河。

荆及衡阳维荆州[①]:江、汉朝宗于海[②]。九江甚中[③],沱、涔已道[④],云土、梦为治[⑤]。其土涂泥。田下中,赋上下。贡羽、旄、齿、革,金三品,杶、榦、栝、柏[⑥],砺、砥、砮、丹[⑦],维箘簬、楛[⑧]。三国致贡其名[⑨],包匦菁茅[⑩],其篚玄纁玑组[⑪]。九江入赐大龟[⑫]。浮于江、沱、涔、汉,逾于雒[⑬],至于南河[⑭]。

【注释】

①荆及衡阳维荆州:荆州是从荆山到衡山南的区域,大致指今湖北中部、南部,湖南北部、中部,四川和贵州的部分地区。荆,山名。在今湖北南漳西南武当山东南,即今沮水、漳水发源处。衡阳,衡山以南。衡,山名。即今南岳衡山,在湖南。

②江、汉朝宗于海:诸侯见天子,春见曰朝,夏见曰宗。这里是把海比作天子,长江、汉水比作诸侯,意即长江、汉水合流以后归于大海。汉,指汉水,今汉江。源出陕西宁强,在武汉汇入长江,为长江最大支流。

③九江:长江水系的九条河流。说法不一。今人多认可在汉寻阳县境内,即今湖北广济、黄梅和安徽宿松、望江一带。

④沱、涔:二水名。涔,《禹贡》作"潜"。旧注解释不一。顾颉刚认为:"《尔雅·释水》'汉为潜,江为沱',凡出于汉水的皆可名潜,出于江水的皆可名沱。江即嘉陵江,沱是指渠水、岩水、巴水等。"

⑤云土、梦为治:《尚书》作"云土梦作",意思相同,大意谓云梦泽一带地区已经治理好。云土、梦,有人解释为"二泽名,后来统称云梦泽"。按,此三字黄善夫本原作"云梦土",解释众说纷纭。依《尚书》各段字例,此句似亦应为四字。

⑥杶(chūn):即香椿树。榦(gàn):即柘木,木质坚劲,可作车辕。栝(kuò):即桧树。

⑦砺、砥：都是磨刀石。质地较粗的叫“砺”，质地较细的叫“砥”。砮（nǔ）：可做箭镞的石头。丹：即朱砂，可作颜料，也可入药。

⑧箘（jùn）簬：《禹贡》作“箘簵”，竹名。可以为箭。楛（hù）：木名。茎坚韧，可制箭杆及器物。

⑨三国：《禹贡》作“三邦”。指荆州境内诸地。名：名产。

⑩匦（guǐ）：匣子。菁（jīng）茅：香草名。茅的一种。古代祭祀时用以滤去酒渣。一说，菁茅为二物。孔安国曰：“菁以为菹，茅以缩酒。”陆德明释文引郑玄曰：“茅有毛刺曰菁茅。”

⑪玄纁（xūn）：黑色和浅红色的布帛。玑：不圆的珠。一说小珠。组：丝带。

⑫入赐大龟：《集解》引孔安国曰：“尺二寸曰大龟，出于九江水中。龟不常用，赐命而纳之。”

⑬逾于雒：由水登岸陆行叫“逾”。雒，即今河南洛河。黄河较大支流。源出陕西洛南木岔沟，故名。史称南洛河。东北流至偃师与伊河汇流。以下称伊洛河，东流经巩义东北入黄河。

⑭南河：此指今河南洛阳、巩义一带黄河。

【译文】

荆山到衡山南的区域是荆州：江、汉二水在此一起奔流向大海。九江已经得到治理，沱、涔二水已被疏通，云梦泽一带也治理好可以耕作了。这里的土是潮湿的泥土。耕地是第八等，赋税是第三等。该州贡物是羽毛、旄牛尾、象牙、犀牛皮，金、银、铜，椿树、柘木、桧木、柏树，精粗两种磨刀石、可做箭头的石头、朱砂，美竹和楛木。荆州境内诸地也献上当地名产，有放进匣子里、捆扎好供缩酒用的菁茅草，有放在筐里的黑色、浅红色的丝织品以及珍珠。九江一带进献的是祭祀用的大龟。进贡道路经过江水及其支流沱水、涔水和汉水，然后登上陆路运达洛水，再进入黄河。

荆、河惟豫州①：伊、雒、瀍、涧既入于河②，荥播既都③。

道荷泽[④]，被明都[⑤]。其土壤[⑥]，下土坟垆[⑦]。田中上，赋杂上中。贡漆、丝、絺、纻，其篚纤絮[⑧]，锡贡磬错[⑨]。浮于雒，达于河。

【注释】

①豫州：其地南界荆山（今湖北南漳西），北滨黄河。

②伊、雒、瀍（chán）、涧：四水名。伊水源出今河南栾川伏牛山北麓，东北流至偃师杨村附近入洛河。瀍水源出今河南孟津西谷城山，向南流经洛阳城东入洛水。涧水源出今河南渑池东北白石山，东流经新安，至洛阳西南入洛水。

③荥播：即古荥泽。在今河南郑州西北古荥镇北。本与古黄河及济水相通，汉平帝后渐淤为平地。都：《禹贡》作“猪”，通“潴”，储。

④荷泽：古泽薮名。荷一作“菏”。在今山东菏泽定陶区东北。为古济水所汇，菏水东出。

⑤被：覆盖。《集解》引孔安国曰：“水流泆覆被之。”明都：即孟诸泽。又名孟猪、盟诸、盟猪、望诸泽。在今河南商丘东北，虞城西北。唐中叶湖面周围尚有五十里，金、元后逐渐堙废。

⑥其土壤：壤，孔安国曰：“无块曰壤。”指土质细腻。辛树帜说：“豫为今之河南，平原多为石灰性冲积土，或即所称‘壤’。”

⑦下土坟垆：辛树帜说：“分布于豫州，与前述之坟皆为壤之下土即底层。许慎著《说文》释垆为黑刚土，土坚刚而色黑，或指分布于河南低地石灰性冲积土底层之深灰粘土与石灰结核；结核多者连接成层。今河南、山西、山东人民尚有称之为垆者，亦称砂姜；继为丘陵土与次生黄土所掩覆。无论就地区所在言，或就土层排列言，皆属符合。”坟垆，高起的黑色硬土。

⑧纤絮：丝绵。纤，细。

⑨磬错：磨磬用的石头。错，琢玉石的砺石，磨石。

【译文】

荆山到黄河之间是豫州：伊水、洛水、瀍水、涧水都已疏浚流入黄河，荥泽地域横溢之水已汇集成湖。疏浚了菏泽，将溢出的水向南泄入孟诸泽。豫州的土质疏松柔软，下层是肥沃的硬质黑土。耕地是第四等，赋税是第二等，混杂第一等。该州的贡物是漆、丝、细葛布、纻麻，还有装在筐子里的丝绵，另外还进贡可用来制作磬的石头。进贡的船只由洛水运至黄河。

华阳、黑水惟梁州[①]：汶、嶓既蓺[②]，沱、涔既道[③]，蔡、蒙旅平[④]，和夷厎绩[⑤]。其土青骊[⑥]。田下上，赋下中三错[⑦]。贡璆、铁、银、镂、砮、磬[⑧]，熊、罴、狐、狸、织皮[⑨]。西倾因桓是来[⑩]，浮于潜，逾于沔，入于渭，乱于河[⑪]。

【注释】

①华阳、黑水惟梁州：梁州实际疆域，东界华山，南至长江，北为雍州，西无可考。华阳，华山以南。华山，即今西岳华山。在今陕西华阴南。黑水，说法不一，有澜沧江、怒江、金沙江及张掖河、大通河、党河等说，顾颉刚又说为今陕西城固北之黑水。但据下文说雍州，似乎黑水应在今甘肃、青海一带。

②汶、嶓（bō）：二山名。汶，《禹贡》作“岷”，即岷山，在今四川北部，为长江、黄河分水岭，岷江、嘉陵江发源地。嶓，即嶓冢山。古人认为是汉水发源地。一说在今甘肃天水、礼县间，一说在今陕西宁强北。蓺（yì）：耕种。

③沱、涔（cén）：二水名。沱即今四川境内的沱江。涔，《禹贡》作“潜”，说法不一。郭璞、《括地志》等以四川广元的龙门水为潜水；《汉书·地理志》以今四川渠江及合川以下一段嘉陵江为潜

水。郑玄说即嘉陵江,《水经注》《禹贡锥指》从之。顾颉刚《禹贡注释》据《尔雅·释水》以为“水自江出为沱,自汉出为潜”,盖凡出于汉水者皆可名潜,并非专指一水。

④蔡、蒙旅平:王引之曰:“言二山之道已平治也。”蔡,山名。其地说法不一。叶梦得《尚书传》说是四川雅安南蔡家山,即《太平寰宇记》之周公山;胡渭《禹贡锥指》疑为今四川峨眉山;钱穆《史记地名考》认为应在今武当山脉中。蒙,蒙山。在今四川雅安、名山、芦山三县交界处。旅,途,道路。

⑤和夷:指西南夷。厎(dǐ)绩:致功,取得功绩。厎,致,获得。对西南夷的整治已见成绩。和,胡渭以为指涐水,即今四川的大渡河。

⑥青骊:《禹贡》作“青黎”。辛树帜说:“不言地质与地形,而惟记其色泽,是或以当时梁州即今之四川,开发未久,情况欠明之故。古所谓青黎皆指黑色。试就成都平原言,今仍为深灰色石灰性冲积土,适相符合;即就四川盆地丘陵言,今虽为紫色土,但当时情形,如《汉书·地理志》所称:‘巴、蜀广漠,土地肥美,有江水沃野,山林竹木蔬果之饶’,可证土壤中腐殖质必丰,色泽必黑,今则因密集耕作而腐殖质消失矣。”

⑦田下上,赋下中三错:耕地是第七等,赋税是第八等,又夹杂缴纳第七、第九共三等。顾颉刚认为,四川本为富庶之地,《禹贡》时代田居第七等,赋居七、八、九等间,可能是因为梁州开发较迟,也可能是《禹贡》作者没有详细调查过。

⑧璆(qiú):同“球”,美玉。可制磬。镂:一种坚硬金属,有人以为就是钢,或称精铁。

⑨罴(pí):熊的一种。又称“马熊”或“人熊”,也称棕熊。织皮:用兽毛织成的呢毡之属。

⑩西倾因桓是来:指进贡的路线可由西倾山沿着桓水前来。西倾,山名。在今青海东部和甘肃西南边境,藏名鲁察布拉山。属秦岭

山脉西端。桓，水名。又称“白水”，即今白龙江，源自西倾山的东南部，经舟曲、武都至广元南的昭化境入嘉陵江。

⑪“浮于潜”几句：金履祥曰：“潜、沔（miǎn）于渭无水道可通，必逾山而后入渭。《史》文当是‘入于沔，逾于渭’，如荆州‘逾于洛’之例，今本传写误也。”沔，汉水的上游。北源出自今陕西留坝西，一名沮水；西源出自今陕西宁强北。二源合流后通称汉水。乱，这里指汇入。

【译文】

华山南面到黑水之间是梁州：岷山、嶓冢山治理后可以耕种了，沱水、涔水已经疏浚，蔡山、蒙山间的道路已经打通，和水一带夷族已治理安定。梁州的土为黑色。耕地是第七等，赋税是第八等，还可在第七、第九等浮动。该州的贡物是美玉、铁、银、镂钢、砮石、磬石，以及熊、罴、狐、狸、兽毛织成的呢毡。进贡的路线可由西倾山沿着桓水前来，贡道经由潜水进入沔水，然后登岸由陆路运至渭水，最后直达黄河。

黑水、西河惟雍州①：弱水既西②，泾属渭汭③。漆、沮既从④，沣水所同⑤。荆、岐已旅⑥，终南、敦物至于鸟鼠⑦，原隰底绩⑧，至于都野⑨。三危既度⑩，三苗大序⑪。其土黄壤⑫。田上上，赋中下。贡璆、琳、琅玕⑬。浮于积石⑭，至于龙门、西河⑮，会于渭汭⑯。织皮昆仑、析支、渠搜⑰，西戎即序。

【注释】

①黑水、西河惟雍州：黑水与西河之间是雍州。西河，指黄河中游自今内蒙古托克托至陕西华阴间由北向南流的一段。雍州，孔颖达曰：“计雍州之境，被荒服之外，东不越河，而西逾黑水。王肃云‘西据黑水、东距西河’，所言得其实也。”约当今陕西华山以北、

甘肃及内蒙古额济纳旗一带。

②弱水既西：刘起釪说："这是《禹贡》中唯一西流之水，原亦《山海经》神话中出于昆仑之水。《说文》作溺水，则是实有而为《山海经》所取材的水，发源于今甘肃山丹县焉支山西麓、穷石之东，西北流至张掖，合来自祁连山西南之羌谷水后，亦称张掖河。继而西北流经今高台县，过合黎山西南，又称合黎水。经合黎峡口折而向北流，经酒泉东的金塔县东北，过巴丹吉林沙漠西部，即所谓'入于流沙'，最后东北入于居延海。"

③属：注入。渭汭：泾水与渭水汇合处。汭，两水会合的地方。

④漆、沮：二水名。漆水，说法不一。后人多取《太平寰宇记》之说，即源出今陕西铜川北，南流至铜川耀州区注入石川河之同官河。沮水，说法不一。《正义》引阚骃《十三州志》："万年县南有泾渭，北有小河，即沮水也。"程大昌、胡渭以石川河（今陕西境内石川河）为沮水。刘起釪说："大抵此一漆水当出今铜川东北境，南流至耀县，与出今黄陵县北而南经宜君、铜川来的沮水会合，乃称漆沮水，即今石川河，再南经富平东南、临潼东北以入渭水。在秦开郑国渠后，漆沮水入郑渠，主流随郑渠东行至白水县境入洛水，另分出一支随石川河入渭。至北宋时郑渠东段湮废，漆沮全水从石川河入渭。"

⑤沣水：又作"丰水""酆水"，源于今陕西西安鄠邑区南秦岭北麓，北流，经秦渡镇，至西安北入渭水。因历代建都渭南，凿引诸川为津渠，故沣水自秦渡镇以下古今河道颇有变迁。同：会合。

⑥荆、岐：二山名。荆山，《汉书·地理志》称"北条荆山"，在今陕西富平西南。旅：途，道路，这里指道路已经修好。

⑦终南：山名。在今陕西西安南。一称南山。古名太一山、中南山、周南山。秦岭主峰之一，亦为狭义之秦岭。东起陕西蓝田，西至眉县，长八百余里。敦物：山名。《禹贡》作"惇物"，即垂山。《汉

书·地理志》认为即今陕西眉县东南武功山，又名敖山。鸟鼠：山名。又名“鸟鼠同穴山”，《孔传》曰：“鸟鼠其为雄雌同穴处此山，遂名山曰鸟鼠。”在今甘肃渭源西南，秦岭西段山峰之一，为渭河所出。

⑧原隰（xí）：广平与低湿之地。这里指豳地，在今陕西旬邑西南。

⑨都野：古泽名。又名休屠泽、白亭海。《禹贡》作“猪野”。在今甘肃民勤东北红少梁、西渠、东镇一带，今已涸为民田。顾颉刚认为其非独指一泽，而为阿拉善左旗至民勤一带许多泽薮之泛称。

⑩三危：山名。说法不一，今人多认为指今甘肃敦煌南党河旁的三危山，属祁连山脉。三峰耸峙，其势欲坠，故名。西与大沙山间有著名的敦煌莫高窟。度：《禹贡》作“宅”，居住。

⑪三苗：古代民族名。原住在江淮荆楚间（约今湖南、江西境内），尧舜时“窜三苗于三危”，故被迁徙至西方。大序：《禹贡》作“丕叙”，意思相同，即安置妥当。

⑫黄壤：辛树帜曰：“雍为今之陕西，多为淡栗钙土，系发育于原生黄土，或即所称黄壤。”

⑬琳：美玉。青碧色的玉。琅玕：似珠玉的美石。

⑭浮于积石：从积石山入黄河而行水路。积石，山名。说法不一。一说在黄河第一个大拐弯处，即青海东南部，延伸至甘肃南部边境的阿尼玛卿山西段，黄河绕流东南侧。称大积石山；一说在今青海民和南，称小积石山。

⑮龙门：山名。在今陕西韩城北。

⑯渭汭：此指渭水与黄河的汇合处，在今陕西华阴东。

⑰织皮昆仑、析支、渠搜：意谓昆仑、析支、渠搜三处的夷民进献兽毛织成的呢毡。昆仑，刘起釪曰：“《山海经》神话中有昆仑丘，又称昆仑之虚，方八百里，高万仞，是上帝的下都，山中万物尽有，有几种神和兽守护，亦西王母所居；并有赤水、河水、洋水、黑水、弱

水、青水六条水分别出其四隅。这种神话被《禹贡》净化为一座实际的山，放在雍州，并有四戎中的一族居住，即以昆仑为其族名。其地当在今青海境内，具体地点不明。”析支，古民族名。西戎的一支。原分布在今甘肃临洮以东。其后西迁，分布在临洮以西青海积石山一带。渠搜，古国名。又作“渠廋”。地望大致不出陕西、甘肃境。

【译文】

黑水到西河之间是雍州：弱水疏通后向西流去，泾水流入渭水。漆水、沮水疏通后汇合为漆沮水，流入渭水，沣水北流，同样流入渭水。荆山、岐山一带平治完毕，终南山、敦物山，直到鸟鼠山，无论平地还是湿地的治理获得成效，直到都野泽一带。三危山已经可以安居乐业，三苗也已归服。雍州的土是黄色的。耕地是第一等，赋税是第六等。该州的贡物是美玉、美石、如珠玉的宝石。进贡的船只从积石山附近的黄河出发，到达龙门、西河，南边到达渭水入黄河处。昆仑、析支、渠搜几处进献兽毛织成的呢毡，西北的少数民族也归服了。

道九山①：汧及岐至于荆山②。逾于河，壶口、雷首至于太岳③。砥柱、析城至于王屋④。太行、常山至于碣石⑤，入于海。西倾、朱圉、鸟鼠至于太华⑥。熊耳、外方、桐柏至于负尾⑦。道嶓冢，至于荆山⑧。内方至于大别⑨。汶山之阳至衡山⑩，过九江，至于敷浅原⑪。

【注释】

①道九山：开通九条山脉的道路即循山治山，或循山治川。九山，《索隐》曰：“汧、壶口、砥柱、太行、西倾、熊耳、嶓冢、内方、岷是九山也。古分为三条，故《地理志》有北条之荆山。马融以汧为北

条，西倾为中条，嶓冢为南条。郑玄分四列，汧为阴列，西倾次阴列，嶓冢为阳列，岷山次阳列。”梁玉绳认为这里及下面“道九川”之文皆史公所增，本“九山刊旅，九川涤原”而立言，《索隐》之说难通，曰：“《左传》以四岳、三涂、阳城、太室、荆山、中南为九，《吕览·有始》及《淮南·地形》以会稽、太山、王屋、首山、太华、岷山、太行、羊肠、孟门为九，并与《禹贡》不合。”“惟九山莫定主名耳。”道，也有理解为“循行”义。《禹贡》正作“导”。

②汧（qiān）：山名。一名“吴山”。在今陕西陇县西南，为汧水（今称“千水”）所出。荆山：此指北条荆山。

③雷首：山名。在今山西永济东南。今山西中条山脉西南端，介于黄河、涑水间，主峰在芮城西北。其山绵延，随地异名，有中条山、首阳山、蒲山、历山、薄山等名。太岳：此指太岳山，主峰在今山西霍州东。

④砥（dǐ）柱：山名。《禹贡》作“底柱”，以山在水中若柱，故名。因其似两柱相对，各距岸而立，形似三门（人称南为鬼门，中为神门，北为人门），水分三道，又名三门山。因历来为黄河险恶处，不利行船，后来将其炸毁，在其地建成三门峡水电站。析城：山名。一作析津山。在今山西阳城西南。中条山诸峰之一。山峰四面如城，高大险峻，其上平坦，故名。王屋：山名。一名天坛山。西跨山西垣曲界，南跨河南济源，与阳城析城山连麓。山有三重，其状如屋，故名王屋。

⑤太行：山名。在山西高原与河北平原间。东北—西南走向。北起拒马河谷，延绵向南至山西、河南边境黄河沿岸。常山：本名恒山。为五岳中之北岳。汉避文帝刘恒名讳而改称常山。在今河北曲阳西北与山西接壤处。

⑥朱圉（yǔ）：山名。在今甘肃甘谷西南。自汉以来无异说。然与《禹贡》排列朱圉于西倾、鸟鼠之间方位不合。或《禹贡》记载有

误，或其所指乃鸟鼠之西另一山。太华：即今西岳华山。

⑦熊耳：山名。一作"熊山"。古熊耳山指今河南卢氏南山峰，为今熊耳山的一部分。外方：山名。即今中岳嵩山，古名嵩高、崇高。在今河南登封北。属于伏牛山脉。有太室、少室等山峰。一说外方非嵩山，而为嵩县东北之陆浑山。《新唐书·地理志》："陆浑山，一名方山。"或谓即古外方山。桐柏：山名。在今河南、湖北两省边境。主峰太白顶，在河南桐柏县境，为淮河所出。负尾：山名。《禹贡》作"陪尾"。今人多以为即今山东泗水东陪尾山，说本《唐书·地理志》"陪尾山，泗水出焉"。

⑧至于荆山：此荆山指《汉书·地理志》所谓南条荆山。在今湖北南漳西南武当山东南，即今沮水、漳水发源处。

⑨内方：山名。今称"章山"，又名"马良山"或"马仙山"，在今湖北钟祥西南，逾汉水与荆门接界。顾颉刚《禹贡注释》疑古内方山为今湖北武昌大洪山。大别：山名。即今河南、湖北、安徽三省交界处之大别山。

⑩汶山：即岷山。在今四川松潘西北。绵延于四川、甘肃两省边境。为长江、黄河分水岭，岷江、嘉陵江源地。

⑪敷浅原：说法不一：一般多从《汉书·地理志》《通典》说在今江西德安南；亦有说以为即江西庐山前平原，或说指安徽大别山脉尾间。敷，又作"傅"。

【译文】

开通九条山脉的道路：从汧山、岐山直到荆山。越过黄河，从壶口山，经雷首山直到太岳山。从砥柱山，经析城山直到王屋山。从太行山、恒山直到碣石山，由此直通大海。从西倾山，经朱圉山、鸟鼠山直到太华山。从熊耳山、外方山、桐柏山直到负尾山。开通嶓冢山，直到荆山。从内方山直到大别山。从汶山南面，直到衡山，接着过九江，到达庐山南麓的敷浅原。

道九川[①]：弱水至于合黎[②]，余波入于流沙[③]。道黑水，至于三危，入于南海[④]。道河积石，至于龙门，南至华阴，东至砥柱，又东至于盟津[⑤]，东过雒汭[⑥]，至于大邳[⑦]，北过降水[⑧]，至于大陆[⑨]，北播为九河[⑩]，同为逆河[⑪]，入于海[⑫]。嶓冢道瀁[⑬]，东流为汉，又东为苍浪之水[⑭]，过三澨[⑮]，入于大别，南入于江，东汇泽为彭蠡，东为北江，入于海[⑯]。汶山道江[⑰]，东别为沱[⑱]，又东至于醴[⑲]，过九江，至于东陵[⑳]，东迤北会于汇[㉑]，东为中江[㉒]，入于海。道沇水[㉓]，东为济，入于河，泆为荥[㉔]，东出陶丘北[㉕]，又东至于荷，又东北会于汶，又东北入于海。道淮自桐柏，东会于泗、沂，东入于海。道渭自鸟鼠同穴，东会于沣，又东北至于泾，东过漆、沮，入于河。道雒自熊耳，东北会于涧、瀍，又东会于伊，东北入于河。

【注释】

①道九川：疏浚各条河流。九川，《索隐》曰："弱、黑、河、瀁、江、沇、淮、渭、洛为九川。"崔述曰："导水凡九章，其次第有五：弱水、黑水在九州之上游，故先之；中原之水患，河为大，故次河；自河以南，水莫大于江汉，故次江汉；河以南，江汉以北，惟济、淮，皆独入于海，故次济、淮；雍水多归于渭，豫水半归于洛，然皆附河以入于海，故以渭、洛终之。先汉于江，先济于淮，先弱水于黑水，先北而后南也；先渭于洛，先上而后下也。"

②合黎：山名。在今甘肃山丹、张掖、高台、酒泉的北面，内蒙古西部边境，合龙首山总称北山，与称为南山的祁连山相对。

③余波：江河的末流。流沙：泛指我国西北沙漠地区。沙随风流，故称流沙。

④南海：说法不一。有青海（魏源）、印度洋（李元阳）、南海（胡

渭)、东海(张守节)等说。今人高敏说即居延海(《从居延汉简看内蒙(古)额济纳旗的古代社会经济状况》);顾颉刚则以为是《禹贡》作者假定之海,无可确指。按,也可能泛指中国东南的大海。

⑤盟津:古黄河津渡名。《禹贡》作“孟津”。在今河南孟津东北、孟州西南黄河上。

⑥雒汭:一作“洛汭”。雒水汇入古黄河处,在今河南巩义境。

⑦大邳(pī):山名。《禹贡》作“大伾”。汉晋南北朝人以成皋故城所在之山为大邳。《水经·河水注》:“河水又东迳成皋大伾山下。”山在今河南荥阳汜水镇西北黄河南岸,有大涧九曲,故又名九曲山,山之东即汜水入黄河处。唐以后人多以黎阳东山为大邳。《正义》引《括地志》云:“大邳山,今名黎阳东山,又名青坛山,在卫州黎阳南七里。”黎阳故治在今河南浚县东北。以前说为上。

⑧降水:《汉书·地理志》谓即绛水。绛水为浊漳水上游,源出今山西长治屯留区,东流入漳水,至今河北肥乡、曲周间注入古黄河。

⑨大陆:即大陆泽。在今河北巨鹿、南宫、束鹿、宁晋、隆尧、任县一带。

⑩播:分散。九河:古代黄河下游许多支流的总称。

⑪逆河:指黄河入海处的一段河流。以迎受海潮而得名。

⑫入于海:刘起釪说:“九河皆入于天津附近的渤海,最北者或为古黄河干流。”

⑬嶓冢道瀁(yàng),东流为汉:意即瀁水从嶓冢山流出,东流即为汉水。瀁水,也写作“漾水”。《汉书·地理志》以西汉水某一支流为养水,《水经》以西汉水上源为漾水。其说皆以西汉水为汉水之源(一说古代汉水系在今陕西宁强西北阳平关承受西汉水,因六朝时遭地震,西汉水始与汉水隔绝不通)。后人鉴于西汉水与汉水不相通流,故又以今陕西勉县西汉源为漾水。

⑭苍浪:《禹贡》作“沧浪”。指汉水自湖北均县沧浪洲至襄阳一段

水道。

⑮三澨(shì):旧注说法不一。今人认为当为地名。在淯水入汉处,一在襄城北,即大隄,一在樊城南,一在三洲口,皆襄城县地,在邔县(故治在今湖北宜城东北)之北。刘起釪说:"当为沧浪之水以南的汉水边上三大堤防处。"

⑯东为北江,入于海:指汉水又从长江中分出,因其在长江北面,故称"北江"。刘起釪说:"把汉水和江水说成平行入海的二水,这是《禹贡》作者不了解长江下游情况,凭远道风闻的说法写成的,因而大错。"

⑰汶山道江:《禹贡》的作者误以为此水即长江,实际乃今之岷江。

⑱沱:水名。说法不一。一说在今四川成都郫都区西南,即今郫江前身,自今郫都区西分岷江东出还入岷江。或说即今毗河,自今都江堰分岷江东出,至今四川金堂接今沱江。

⑲醴:水名。旧注说法不一。刘起釪说:"据'道江'所叙,醴是在今川东诸水以下,鄂东九江以上的长江河道所经过的一处水名,当指今鄂南湖沼地带某地。"

⑳东陵:地名。说法不一。据《水经·江水注》:"又东过下雉北,利水从东陵西南注之。利水出庐江郡东陵乡,江夏有西陵县,故是言'东'矣。《尚书》江水'过九江至于东陵'者也。"据此,则东陵应在湖北之东部,顾颉刚《禹贡注释》所说东陵应在湖北广济东北及黄梅县境近是。

㉑东迤(yǐ):向东方斜行。迤,斜行,水曲折而流。北会于汇:曾运乾说:"'汇(匯)'为'淮'之假借字,两大水相合曰会。江、淮势均力敌,故云'会'。古江、淮本通,孟子言'禹决汝汉、排淮泗而注之江',是也。"

㉒中江:指今之长江,因北有"汉水",南有"彭蠡",故称。

㉓沇(yǎn)水:《水经》济水"出王屋山为沇水,东至温县西北为济

水”。

㉔泆（yì）：通“溢”，水满而泛滥。《禹贡》作“溢”。荥：古荥泽。

㉕东出陶丘北：主语是济水。东出，向东经过。陶丘，地名。在今山东菏泽定陶区西南。

【译文】

疏导了多条河流：疏导弱水西流到合黎山下，它的下游没入沙漠。疏导黑水到三危山，最后流入南海。疏导黄河流经积石山，直达龙门，向南流到华山北面，东到砥柱山，又向东到达盟津，在东边经过洛水入黄河处，再往前流到大邳山，再向北经过降水，流进大陆泽，流出大陆泽后向北分散为多条河流，各河道下游入海口河段在涨潮时海水都会倒灌入河，最后注入渤海。漾水从嶓冢山流出，东流便称作汉水，又向东称作苍浪水，再往前流经过三澨，流入大别山区，再往南流入长江，又向东流汇为彭蠡泽，东出为北江，最后流入大海。开通汶山以疏导江水，向东分出条支流就是沱江，又向东流到醴水，流过九江，到达东陵后再往东流，又逶迤北流，与淮水交汇，向东流出称为中江，最后注入大海。疏导沇水，向东流称为济水，流进黄河，接着漫溢而出汇为荥泽，再东流经过陶丘北面，又向东会于菏水，继续向东北流与汶水汇合，又折向东北流入大海。开通桐柏山以疏导淮河，向东流会合泗水、沂水，又向东流入大海。开通鸟鼠山以疏导渭水，向东流会合沣水，又向东北流至泾水，向东流经漆水、沮水，然后注入黄河。开通熊耳山以疏导洛水，向东北流会合涧水、瀍水，又向东流会合伊水，向东北注入黄河。

于是九州攸同①，四奥既居②，九山刊旅③，九川涤原④，九泽既陂⑤，四海会同⑥。六府甚修⑦，众土交正⑧，致慎财赋，咸则三壤⑨，成赋中国⑩。赐土、姓⑪：“祇台德先，不距朕行⑫。”

【注释】

①九州攸同：九州的水土都已得到平治。攸同，相同。指得到相同的整治。攸，所，于是。

②四奥（yù）既居：四方都可以安居。奥，同“墺”，《禹贡》作“隩”，谓可以定居的地方。居，《禹贡》作“宅”。

③九山：指九州之山。下文“九川”“九泽”，指九州的山、泽。刊旅：谓砍伐树木修通道路。刊，砍斫，削除。旅，道路。

④涤原：疏通水源。原，同“源”。

⑤九泽：梁玉绳依《禹贡》采旧说以补之曰：“兖有雷夏，徐有大野，扬有彭蠡、震泽，荆有云梦，豫有荥播、菏泽、孟诸，雍有猪野，是谓九泽。”陂（bēi）：筑堤防。

⑥四海会同：刘起釪曰：“《禹贡》作者根据中国的地理实际，只提东面有海，西面则就其所知只说流沙，而不妄说‘西海’。……但此处出现了一处‘四海’，与《禹贡》全文科学精神不一致。这是由于此段文字是从《国语·周语下》叙禹治水功绩的一段话来的。……此句即《周语》‘合通四海’之意，亦即天下统一之意。”

⑦六府：古以水、火、金、木、土、谷为“六府”。孔颖达曰：“府者，藏财之处；六者，货财所聚，故称六府。”后又为六种税官之总称。《礼记·曲礼》称“天子之六府曰司土、司木、司水、司草、司器、司货”。修：治。

⑧众土交正：各地都可征收赋税。交，俱，皆。正，通“征”，赋税。

⑨咸则三壤：都按土地肥瘠把耕地划分为不同等级。咸，皆。则，划分等级。三壤，按土质肥瘠将耕地分为上、中、下三品，称为三壤。

⑩成赋中国：确定九州各地应交田赋。中国，《禹贡》作“中邦”，中原，指九州。成赋，定赋，确定赋税。

⑪赐土、姓：天子分封诸侯，赐之土以立国，赐之姓以立宗。

⑫祗（zhī）台（yí）德先，不距朕行：一定要首先敬修我的德业，不许

违背我的行事原则。《集解》引郑玄曰:“其敬悦天子之德既先,又不距违我天子政教所行。”祗,敬。台,我。距,违。朕,我。古时任何人皆可自称为“朕”,秦朝始定为帝王自称之词。

【译文】

九州疏导工程顺利完工,四方境内可以安居了,九州的山都已砍削树木修通了道路,九州的河流都已疏通,九州的湖泽都已修筑堤防,四海之内统一了。掌管收取赋税的六府治理得很好,各地都可征收赋税,谨慎有节地收取赋税,按土地肥瘠把耕地划分为上、中、下三种等级,确定各州的税额。然后封土赐姓,命令道:“一定要首先敬修我的德业,不许违背我的行事原则。”

令天子之国以外五百里甸服①:百里赋纳总②,二百里纳铚③,三百里纳秸服④,四百里粟,五百里米⑤。甸服外五百里侯服⑥:百里采⑦,二百里任国⑧,三百里诸侯⑨。侯服外五百里绥服⑩:三百里揆文教⑪,二百里奋武卫。绥服外五百里要服⑫:三百里夷⑬,二百里蔡⑭。要服外五百里荒服⑮:三百里蛮⑯,二百里流⑰。

【注释】

①天子之国以外五百里甸服:距天子的京城半径五百里范围内的区域。甸,王田,即天子的直辖领地。

②百里赋纳总:甸服内又按距京城远近分成五个纳税圈,距京城一百里的交纳捆成束的全禾。总,聚禾秆成束,此指连穗带秆一并捆成束。《集解》引孔安国曰:“禾稿曰总,入之,供饲国马。”

③二百里纳铚(zhì):距京城二百里的交纳禾穗。铚,古代一种短镰刀,此指用镰刀割下的禾穗。

④秸（jiē）服：剪去芒尖的禾穗。秸，去了芒的禾穗。"服"字疑衍。

⑤米：粟去皮曰米。

⑥甸服外五百里侯服：甸服外半径五百里的区域称作"侯服"，是各个诸侯国存在的区域。侯，诸侯。或说斥候，意即为天子防范盗贼。

⑦百里采：侯服内分三圈。距甸服一百里内的第一圈，替天子服各种差役。《集解》引马融曰："采，事也。各受王事者。"一说采，指卿大夫邑地。

⑧二百里任国：距甸服二百里的第二圈的职责是"任国"。《集解》引孔安国曰："任王事者。"按，《禹贡》作"男邦"。孙星衍曰："史公'男'作'任'者，《大戴礼·本命篇》云：'男者，任也，男子任天地之道。'案，男、任声相近，经典多通。"一说"男邦"指子男小国。

⑨三百里诸侯：皮锡瑞《今文尚书考证》云："三当作二。"诸侯，一说指侯国，为大国，在最外以御外侮。《集解》引孔安国曰："三百里同为王者斥候。"孔安国将"诸侯"解释为"斥候"，未必合理。

⑩侯服外五百里绥服：侯服外五百里的区域称"绥服"，是替天子做安抚之事。《集解》引孔安国曰："绥，安也。服王者政教。"

⑪三百里揆（kuí）文教：绥服的五百里内分两圈。里圈的任务是向周边民族发布文教。《集解》引孔安国曰："揆，度也。度王者文教而行之，三百里皆同。"

⑫绥服外五百里要服：绥服外五百里的区域称"要服"，接受天子的约束。要，约，约束。《集解》引孔安国曰："要束以文教也。"姚承朴《尚书谊略》引马其昶曰："'要''徼'通用，边塞曰'徼'，'要服'即'边服'。"

⑬三百里夷：要服的五百里内也分两圈，里圈的三百里称作"夷"。能正常接受天子政教，向天子朝贡即可。《集解》引孔安国曰："守平常之教，事王者而已。"

⑭二百里蔡（sà）：外圈的二百里称作"蔡"。指接受天子刑法就可

以了。《集解》引马融曰:“蔡,法也。受王者刑法而已。”

⑮要服外五百里荒服:要服外五百里的区域称作“荒服”。指王教不至的蛮夷边远之地。《集解》引马融曰:“政教荒忽,因其故俗而治之。”

⑯三百里蛮:荒服五百里也分两圈,里圈三百里称作“蛮”。《集解》引马融曰:“蛮,慢也。礼简怠慢,来不距,去不禁。”

⑰二百里流:“荒服”外圈二百里称作“流”。大致指游牧的各部族。《集解》引马融曰:“流行无城郭常居。”按,对于以上各“服”,刘起釪认为,“服”原意是为天子服务中有关的服事、职务、官位之类,本是在历史上真实存在过的,后逐渐离开实际,渐变为纸上文章。到写进《禹贡》中便机械地规定了各方五百里的甸、侯、绥、要、荒五服,成了完全不顾地理实际的非科学的东西。

【译文】

规定天子国都以外五百里的地域称甸服:其中距离都城一百里以内的要缴纳捆成束的连着秸穗的全禾,二百里以内的要缴纳禾穗,三百里以内的要缴纳去掉秸芒的禾穗,四百里以内的要缴纳谷粒,五百里以内的要缴纳去掉外皮的谷粒。甸服以外五百里的地域称侯服:其中一百里以内的为卿大夫采地,二百里以内的为男爵采地,三百里以内的封给诸侯。侯服以外五百里的地域称绥服:其中三百里以内的地域承担向周边民族传布文教事务的任务,靠外的二百里地域大力发展国防。绥服以外五百里的地域称要服:其中三百里以内的地域需要接受天子政教,向天子朝贡,靠外的二百里只要接受天子刑法就可以了。要服以外五百里的地域称荒服:其中三百里以内的地域安置定居的蛮族,靠外的二百里安置那些迁徙的部族。

东渐于海,西被于流沙,朔、南暨[①]:声教讫于四海。于是帝锡禹玄圭,以告成功于天下[②]。天下于是大平治。

皋陶作士以理民[③]。帝舜朝，禹、伯夷、皋陶相与语帝前[④]。皋陶述其谋曰："信其道德[⑤]，谋明辅和[⑥]。"禹曰："然，如何？"皋陶曰："於！慎其身修，思长[⑦]，敦序九族，众明高翼，近可远在已[⑧]。"禹拜美言，曰："然。"皋陶曰："於！在知人，在安民。"禹曰："吁！皆若是，惟帝其难之[⑨]。知人则智，能官人；能安民则惠，黎民怀之。能知能惠，何忧乎讙兜，何迁乎有苗[⑩]，何畏乎巧言善色佞人[⑪]？"皋陶曰："然。於！亦行有九德[⑫]，亦言其有德。"乃言曰："始事事[⑬]，宽而栗[⑭]，柔而立[⑮]，愿而共[⑯]，治而敬，扰而毅[⑰]，直而温，简而廉[⑱]，刚而实，强而义[⑲]，章其有常[⑳]，吉哉[㉑]。日宣三德[㉒]，蚤夜翊明有家[㉓]。日严振敬六德[㉔]，亮采有国[㉕]。翕受普施[㉖]，九德咸事，俊乂在官[㉗]，百吏肃谨。毋教邪淫奇谋。非其人居其官，是谓乱天事[㉘]。天讨有罪，五刑五用哉[㉙]。吾言底可行乎[㉚]？"禹曰："女言致可绩行[㉛]。"皋陶曰："余未有知，思赞道哉。"

【注释】

①朔、南暨：疑文字有脱讹，应作"北至朔方，南暨某某"。朔，北方。暨，及。

②于是帝锡禹玄圭，以告成功于天下：顾颉刚曰："这两句是总结上面所有治水、导山、导水、五服等而言，由于水土平治，人民能安居乐业，王化已达到四方荒远的地区，于是天下太平了，帝乃赐禹玄圭，庆告他的成功。"按，自"冀州：既载壶口"至此，录汉今文本《尚书·禹贡》全文，文字稍有出入。关于《禹贡》的著作年代，有成于西周时期、春秋时期、秦始皇统一之后，以及汉高祖统一之

后等多种说法。王世舜曰:“尽管学者们对于《禹贡》的创作年代没有一致的意见,但大多数学者都认为《禹贡》是一篇价值很高的著作。文中详细地记载了古代政治制度,九州的划分,山川的方位和脉络,物产分布,土壤性质等等,总结了古代劳动人民对于土壤的深刻认识以及水土治理的丰富经验,内容是十分丰富的。再加上体系之完整,结构之严密,诚为远古时代不可多得的地理名著。尤其可贵的是,《禹贡》在内容上基本抛弃了神话迷信的成分,其中记载大都凿凿有据,因而开创了地理实证学派的先河,对后世地理学的发展,有一定的影响,因此这篇文献数千年来一直受到人们的重视。”张照曰:“‘下’字当衍,应作‘以告成功于天’。”

③皋陶(yáo):也写作“咎繇”,舜的大臣,掌管刑法诉讼。士:古代指掌管刑狱的官员。

④伯夷:舜的大臣,任秩宗,典三礼。梁玉绳曰:“《绎史》曰:‘伯夷’当作‘伯益’。”

⑤信其道德:诚实地施行德政。道,施行,履行。

⑥辅和:群臣同心协力。辅,指辅佐之臣。

⑦思长:长远地考虑。

⑧“敦序九族”几句:《集解》引郑玄曰:“次序九族而亲之,以众贤明作羽翼之臣,此政由近可以及远也。”敦序,使九族亲厚而有序。敦,敦厚。明,指贤明的人。

⑨帝:指帝尧。

⑩有苗:也称“三苗”,原分布于江、淮、荆州,因反舜被迁至西方三危山。

⑪巧言善色佞人:花言巧语、察言观色的奸邪之人。佞,奸邪。《集解》引郑玄曰:“禹为父隐,故言不及鲧。”

⑫亦行有九德:人应该具备九种德行。亦,发语词。

⑬始事事:意谓说人有德,一定要听他的言论,看他的行事。

⑭栗：庄敬，严肃。

⑮立：指独立坚定。

⑯愿：质朴，恭谨。共：通“恭”，庄重。

⑰扰：和顺。毅：刚强坚韧。

⑱简而廉：平易近人而又刚正不阿。简，简易，平易。廉，禀性方正，刚直。

⑲强而义：坚强而又符合道义。

⑳章：明显。常：指持之以恒。

㉑吉：善。

㉒宣：显示，表现。三德：“九德”之中的三条。

㉓蚤夜：昼夜，早晚。蚤，通“早”。翊明：犹言“敬勉”。翊，通“翼”，恭敬。家：卿大夫的家族及封地、奴隶、军队等。

㉔严：敬。振敬：恭敬。振，通“祗”，也是“敬”的意思。

㉕亮采：辅佐政事。有国：指诸侯保有自己的国家。国，指诸侯的国家。

㉖翕（xī）受：广泛吸收采纳。翕，和合，聚合。

㉗俊乂（yì）：才德出众者。孔颖达曰：“马、王、郑皆云才德过千人为俊，百人为乂。”

㉘乱天事：破坏上帝的安排。

㉙五刑五用哉：《集解》引孔安国曰：“言用五刑必当。”五刑，五种轻重不等的刑法。不同时代有不同内容，秦之前指黥刑（在脸上刺字涂墨）、劓刑（割鼻）、刖刑（断小腿）、宫刑（割生殖器）、大辟（处死）。

㉚底可行：可以得到实行。底，致，达。

㉛女：同“汝”，你。绩行：犹实行。

【译文】

东方到达大海边，西方到达沙漠，北方和南方都到达了极远之地：华夏的声威、教化遍及四海之内。于是帝舜把一块黑色的圭玉赏赐给禹，向天下宣告治水成功。天下大治。

任命皋陶为掌管刑狱的长官以治理人民。帝舜上朝，禹、伯夷、皋陶在舜的面前一起讨论。皋陶说明他的谋略道："诚实地施行德政，这样就能使决策明智，群臣同心协力。"禹说："对，那应该怎么做呢？"皋陶说："啊！谨慎地修养自身，深谋远虑，宽厚地对待族人，使众贤人担任辅佐大臣，让德政由近及远逐步推行。"听了这些精彩言论，禹拜谢道："对。"皋陶说："啊！此外还要理解臣子，让民心安定。"禹说："啊！都这样去做，恐怕连帝尧也会感到不容易。理解臣子就会明智，才能善用人才；让民心安定就会恩惠百姓，就会受到百姓的爱戴。能做到明智和受人爱戴，又怎会担心讙兜，怎会流放三苗，怎会害怕巧言令色、谄媚奸邪的坏人呢？"皋陶说："是的。啊！人要有九种德行，那就来说说这些德行。"于是一一列举道："说一个人有德，要从他的行为来看。宽容而又严肃，温柔而又坚定自立，厚道而又恭敬，具有才干而又严肃慎重，和顺而又刚毅，正直而又温和，直率而又有操守，刚正而又充实，坚强而又合乎道义，显现他的九种德行，那就非常完美了。每天能表现九种德行的三种，早晚都恭敬地遵循道德规范，卿大夫就可以保有他的封地。每天能庄重地表现九种德行的六种，辅助天子处理政事，诸侯就可以保有他的国家。如果能将三德和六德结合起来普遍施行，使具有九德的人都可以担任官职，贤俊之才都能任职，所有官吏都恭敬谨饬。不让邪淫和搞阴谋的人得逞。如果让不称职的人占据官位，这就叫扰乱天下大事。上天要惩罚有罪的人，那就按五刑去分别实施惩罚。我的话可以施行吗？"禹说："你的话可以施行，并会获得功绩。"皋陶说："我并没有智慧，只是考虑着怎么有助于治国之道。"

帝舜谓禹曰："女亦昌言[1]。"禹拜曰："於，予何言！予思日孳孳[2]。"皋陶难禹曰："何谓孳孳？"禹曰："鸿水滔天，浩浩怀山襄陵，下民皆服于水[3]。予陆行乘车，水行乘舟，泥行乘橇，山行乘檋，行山刊木。与益予众庶稻鲜食[4]。以决九川致四海[5]，浚畎浍致之川[6]。与稷予众庶难得之食。食少，调有余补不足，徙居。众民乃定，万国为治。”皋陶曰："然，此而美也[7]。"

【注释】

①昌言：直言不讳。

②孳孳：《皋陶谟》作“孜孜”，即勤勉，不懈怠。

③服：通“伏”，陷落。

④鲜食：鲜活的食品。指鸟兽、鱼鳖之类。孙星衍又解为稻，曰：“《释诂》云：‘（鲜）善也。’《曲礼》云稻曰嘉蔬，嘉犹善也。”

⑤以：《皋陶谟》作“予”，我。

⑥畎浍（quǎn kuài）：田间水沟。泛指溪流、沟渠。

⑦此而美也：你这样是很好的。而，尔，汝。

【译文】

帝舜对禹说：“你也说说吧。”禹拜谢说：“啊，我有什么可说的！我只想每天努力工作罢了。”皋陶诘问禹说：“怎样才算是努力工作呢？”禹答道：“洪水滔天，浩浩荡荡地包围高山，漫过丘陵，黎民百姓被洪水淹没。我走旱路坐车，走水路坐船，走泥泞的路乘橇，走山路用檋，沿着山路砍削树木作为路标。同伯益一起给百姓稻谷和新鲜的食品。我疏通了九条河流，使它们流到大海，挖深疏通了田间的大水沟，使它们流进大河。和稷一起给老百姓难得的食物。食物短缺的地方，从有余粮的地方调拨些粮食以补充其不足，帮助人们搬迁到易于谋生的地方。百姓都过上了安定的生活，各个诸侯国也都得到了治理。”皋陶说：“好啊，这番话说得真好啊。”

禹曰："於，帝！慎乃在位，安尔止①。辅德，天下大应。清意以昭待上帝命②，天其重命用休③。"帝曰："吁，臣哉，臣哉！臣作朕股肱耳目。予欲左右有民④，女辅之。余欲观古人之象⑤，日月星辰，作文绣服色，女明之。予欲闻六律、五声、八音⑥，来始滑⑦，以出入五言⑧，女听。予即辟，女匡拂予⑨。女无面谀，退而谤予。敬四辅臣⑩。诸众谗嬖臣，君德诚施皆清矣。"禹曰："然。帝即不时⑪，布同善恶则毋功⑫。"

【注释】

①安尔止：指举措慎重，不可轻举妄动。《集解》引郑玄曰："安汝之所止，无妄动，动则扰民。"

②清意以昭待上帝命：以明白清晰的意志接受上帝的命令。昭，明白。

③重命：《皋陶谟》作"申命"，意即一再命令。休：美，嘉奖。

④左右：引导。有：抚，护持。

⑤余欲观古人之象：我打算观察古人服装的彩绘。象，这里指衣服上的图饰。

⑥六律：古代乐音标准名。相传黄帝时伶伦截竹为管，以管之长短分别声音的高低清浊，乐器的音调皆以此为准。乐律有十二，阴阳各六，阳为律，阴为吕。六律即黄钟、大蔟、姑洗、蕤宾、夷则、无射。五声：指宫、商、角、徵、羽五音。八音：我国古代对乐器的统称，通常为金、石、丝、竹、匏、土、革、木八种不同质材所制。

⑦来始滑：三字难以理解，各处的写法不同，各处的解释更加繁乱，多不胜录。刘起釪认为当作"七始咏"，曰："《尚书大传》云：'定以六律、五声、八音、七始。'郑玄《注》：'七始，黄钟、林钟、大簇、南吕、姑洗、应钟、蕤宾也。'皆有关乐律者，显然此处当作'七始咏'。"

⑧出入：上传下达。指对外宣布与对内禀报。五言：五方言语，意指各地群众的意见。又，《索隐》曰："五言谓仁、义、礼、智、信五德之言。"

⑨匡拂（bì）：纠正辅佐。匡，纠正。拂，通"弼"，辅佐。

⑩四辅臣：《集解》引《尚书大传》曰："古者天子必有四邻，前曰疑，后曰丞，左曰辅，右曰弼。"

⑪不时：不善。时，善。

⑫布同善恶：指不分善恶，同时进用好人与坏人。布同，混同。布，敷，普遍。

【译文】

禹说："啊，帝舜！身居上位，您可要谨慎呀，不可轻举妄动。用有德之人做您的辅佐，天下人就会响应。以虔敬认真的态度接受上帝的命令，上帝就会一再地嘉奖您。"帝舜说："唉，大臣们呀！大臣们呀！你们要做好我的手足耳目。我要领导帮助人们，你们要帮我完成这一重任。我准备观察古人服装上的彩绘，了解他们是怎样把日、月、星辰的图形绣在丝织品上，以制成各种颜色的服装，你们要把这些核考明确。我要听六种音律、五种声音、八类乐器的演奏、七始咏的乐律，听取各方面的意见，你们要听清楚。如果我有什么过失，你们就要匡正辅助我。你们不要当面讨好我，却在背地里诽谤我。我恭敬地对待身边的近臣。那些进谗言邀宠的臣子，只要我真正履行了为君之道，他们就都会被清除。"禹说："对。陛下您如果做得不对，不分善恶，同时进用好人与坏人，那就会劳而无功。"

帝曰："毋若丹朱傲，维慢游是好，毋水行舟，朋淫于家①，用绝其世②。予不能顺是③。"禹曰："予娶涂山，辛壬癸甲④；生启，予不子⑤，以故能成水土功。辅成五服⑥，至于五千里[7]，州十二师[8]，外薄四海[9]，咸建五长[10]，各道有功[11]。苗顽不即功[12]，帝其念哉。”帝曰：“道吾德，乃女功序之也[13]。”皋陶于是敬禹之德，令民皆则禹。不如言，刑从之。舜德大明。

【注释】

①朋淫于家：与众人在封地放纵享乐。朋，成群结伙。淫，放纵享乐。家，此指封地。

②用：因而。绝其世：他的世系断绝。

③顺：迁就。

④辛壬癸甲：这是用四个天干计日，指辛、壬、癸、甲四天。意谓结婚四天后即离家治水。

⑤子：抚育。

⑥辅成五服：《皋陶谟》作“弼成五服”。安置好五服。五服，指前文所说的甸服、侯服、绥服、要服、荒服五类地区。

⑦至于五千里：一服半径五百里，五服半径为二千五百里，直径则五千里。

⑧州十二师：意思不清。或曰天下九州，每州设十二师，以佐州牧行政；或曰每州有兵十二师，每师二千五百人；或曰“师”是地方行政单位，八家为邻，三邻为朋，三朋为里，五里为邑，十邑为都，十都为师，每州共有十二师。

⑨外薄四海：意即直到九州各方的尽头。薄，迫，挨近。

⑩咸建五长：《集解》引孔安国曰：“诸侯五国，立贤者一人为方伯，谓之五长，以相统治。”也有说即建立公、侯、伯、子、男五等诸侯。

⑪各道有功：各自领导其地区的百姓完成各种事业。道，同“导”，领导。

⑫苗：三苗。顽：愚顽不奉王命。不即功：不完成他们的任务。

⑬乃女功序之也：这些成绩都是靠你的努力取得的。

【译文】

帝舜说："不要像丹朱那样傲慢，只喜欢懒惰贪玩，无水也强要行船，在封地与众人淫乐，因而使他自己的世系断绝了。我们不能迁就他。"禹说："我在辛日娶了涂山氏的女儿，过了三天，到甲日就离开家去治水，后来儿子启出生，我却没有养育他，所以我才能完成平治水土的功业。辅助陛下划分了五种服役的地域，一直到五千里远的地方，每个州动用十二个师的人力，一直开辟到四方最为荒远的地方，每五个诸侯国都立一位贤者为长，他们都能引导民众建立事功。三苗愚顽不奉王命，不完成他们的任务，陛下要加以注意。"帝舜说："你把我的道德向天下宣布，这些都是靠你的努力取得的。"皋陶因此敬重禹的功德，命令民众都效法禹。不照命令行事，就用刑处罚。舜的德业大为昌明了。

于是夔行乐①，祖考至②，群后相让③，鸟兽翔舞，《箫韶》九成④，凤皇来仪⑤，百兽率舞，百官信谐⑥。帝用此作歌，曰："陟天之命⑦，维时维几⑧。"乃歌曰："股肱喜哉，元首起哉，百工熙哉⑨！"皋陶拜手稽首扬言曰⑩："念哉，率为兴事⑪，慎乃宪⑫，敬哉！"乃更为歌曰："元首明哉，股肱良哉，庶事康哉！"又歌曰："元首丛脞哉⑬，股肱惰哉，万事堕哉⑭！"帝拜曰："然，往钦哉⑮！"于是天下皆宗禹之明度数声乐⑯，为山川神主⑰。

【注释】

①于是：当时。夔：相传舜时乐官。行乐：奏乐。行，演奏。

②祖考至：意谓祭祀时演奏起夔制作的音乐，祖先的神灵都来歆享。祖考，祖先。

③群后相让：在夔制作的音乐陶冶下，各地诸侯都变得很能礼让。

群后，列国诸侯。让，揖让。

④《箫韶》：舜时乐曲名。九成：指乐曲的反复变奏。九，言其多。成，乐曲终止。

⑤凤皇来仪：凤凰来舞而有容仪，古人以为瑞应。

⑥信谐：忠信而相互和睦。

⑦陟天之命：敬奉上天的命令。陟，通“敕”，敬奉。

⑧维：助词无义。时：时势，时机。几：事物隐微的迹象、先兆。

⑨“股肱喜哉”几句：《集解》引孔安国曰：“股肱之臣喜乐尽忠，君之治功乃起，百官之业乃广。”股肱，比喻左右辅佐之臣。元首，天子。起，兴起。百工，百官。熙，广大兴盛的样子。

⑩拜手：古代男子跪拜礼的一种。跪后两手相拱，俯头至手。扬言：大声说。

⑪率：表率。

⑫乃：你的。宪：法度。

⑬丛脞（cuǒ）：繁碎，杂乱。

⑭堕：毁灭。

⑮往钦哉：大家都努力工作去吧。钦，敬。按，自“皋陶述其谋曰”至此，几乎是全文收录了《今文尚书·皋陶谟》。

⑯宗：推尊。明：昌明，阐明。

⑰为山川神主：为祭祀山川之神的主持人。只有天子才能主持祭祀山川之神，这里意谓拥护其为天子。刘起釪曰：“此句系从《尚书·吕刑篇》载上帝派三个天神下来‘恤功于民’中的‘禹平水土，主名山川’来的。是关于禹的较原始神话材料，司马迁录入了《史记》中。”

【译文】

于是夔演奏乐曲，祖先的神灵降临了，各诸侯国的国君相互礼让，鸟兽飞翔起舞，《箫韶》反复演奏，凤凰翩翩飞来，百兽跟着跳舞，百官忠信能够和谐相处。帝舜因此作歌，唱道："敬奉上天的命令，要顺应时势，注意事物的隐微迹象。"又唱道："大臣们欣喜啊，君王奋起啊，百官的事业兴旺发达啊！"皋陶跪拜叩头继续说："要牢记啊，君王处处作为臣民的表率，百业就振兴起来，谨慎地对待您立下的法度，对于法度可要恭敬啊！"于是接着歌唱道："君王圣明啊，大臣贤良啊，诸事安宁啊！"又唱道："君王如果只关注琐碎小事啊，大臣就会懈怠啊，各项事业就会荒废啊！"帝舜拜谢道："对呀，大家努力工作吧！"于是天下的人都崇仰禹能够昌明法度历数声音乐律，就尊奉他主持祭祀山川之神。

帝舜荐禹于天，为嗣。十七年而帝舜崩①。三年丧毕，禹辞辟舜之子商均于阳城②。天下诸侯皆去商均而朝禹。禹于是遂即天子位③，南面朝天下，国号曰夏后，姓姒氏④。帝禹立而举皋陶荐之⑤，且授政焉，而皋陶卒⑥。封皋陶之后于英、六⑦，或在许⑧。而后举益，任之政⑨。

【注释】

①十七年：禹被定为继承人以后的第十七年。

②辟辟：推辞，躲避。阳城：古城名。即今河南登封之告成镇。在这里出土的文物中有"阳城"字样。

③禹于是遂即天子位：按，自"帝舜荐禹于天"至此句，本于《孟子·万章上》。

④姓姒氏：《集解》引《礼纬》曰："祖以吞薏苡生。"

⑤举皋陶荐之：向上天推荐皋陶立为继承人。

⑥皋陶卒：《正义》引《括地志》云："咎繇墓在寿州安丰县南一百三十里故六城东，东都陂内大冢也。"咎陶即皋陶。《集解》引《皇览》曰："皋陶冢在庐江六县。"

⑦英:地名。在今安徽金寨东南。六:地名。在今安徽六安。

⑧许:古国名。在今河南许昌东。

⑨而后举益,任之政:梁玉绳曰:"《路史·发挥》谓益前禹死,无荐益避启事。"

【译文】

帝舜向上天推荐禹,让他当天子的继承人。十七年后帝舜去世。三年守丧结束,禹为了把帝位辞让给舜的儿子商均,躲避到阳城。天下诸侯都离开商均而去朝拜禹。禹于是即天子之位,坐北向南接受天下的朝拜,国号为夏后,姓姒氏。帝禹继位后推荐皋陶作为继承人,将要把处理国政的权力转给他,但是皋陶还没来得及即位就去世了。分封皋陶的后代在英、六等国,有的封在许国。然后举荐益,任用他来管理国政。

十年,帝禹东巡狩,至于会稽而崩[①],以天下授益。三年之丧毕,益让帝禹之子启,而辟居箕山之阳[②]。禹子启贤,天下属意焉。及禹崩,虽授益,益之佐禹日浅,天下未洽[③]。故诸侯皆去益而朝启,曰"吾君帝禹之子也"。于是启遂即天子之位[④],是为夏后帝启。夏后帝启,禹之子,其母涂山氏之女也。

【注释】

①十年,帝禹东巡狩,至于会稽而崩:《集解》引皇甫谧曰:"年百岁也。"关于禹在位年数,《孟子》作七年,《竹书纪年》及《吴越春秋·无馀外传》皆作八年,《通志》依《史》作十年,《外纪》作九年,《路史·后纪》作十五年,宋劭雍《皇极经世》作二十七年,梁玉绳认为据《孟子》,认为八年似得其实,其他俱非。又,禹是否巡狩至会稽并死在那里,历来有争议,梁玉绳引《论衡》《左传》、梁

任昉《述异记》等，认为禹会诸侯应是在当涂，即今安徽凤阳，其葬处当在安邑附近。详细论述见其《史记志疑》，文多不引。按，今浙江绍兴东南六公里有禹陵，陵背靠会稽山，面对亭山，前临禹池，有明人所书“大禹陵”三字。其右侧有禹庙，始建于南朝梁初，正殿有大禹立像，楹联曰：“江淮河汉思明德，精一危微见道心。”

②而辟居箕山之阳：按，“箕山之阳”应作“嵩山之阳”。《正义》曰：“《括地志》云：‘阳城县在箕山北十三里。’恐‘箕’字误，本是‘嵩’字，而字相似。其阳城县在嵩山南二十三里，则为嵩山之阳也。”又，尧、舜、禹之禅让，出于儒家之说，古本《竹书纪年》则曰“益干启位，启杀之”，无禅让之事。

③洽：合意，中意。

④于是启遂即天子之位：按，自“帝禹东巡狩”至此，本于《孟子·万章上》。

【译文】

帝禹即位后的第十年，前往东部巡察，到达会稽却去世了，把天下传授给益。三年守丧结束，益把帝位让给禹的儿子启，自己躲到嵩山的南边去居住。禹的儿子启贤良，天下人希望他当天子。等到禹去世，虽把帝位传给益，但是益辅佐禹的时间并不长，天下人还未能信任他。所以诸侯都离开益而去朝拜启，说“他是我们君王帝禹的儿子”。启于是就继承了天子之位，这就是夏后帝启。夏后帝启是禹的儿子，他的母亲是涂山氏的女儿。

有扈氏不服①，启伐之，大战于甘②。将战，作《甘誓》，乃召六卿申之③。启曰：“嗟！六事之人④，予誓告女：有扈氏威侮五行⑤，怠弃三正⑥，天用勦绝其命⑦。今予维共行天之罚⑧。左不攻于左⑨，右不攻于右，女不共命⑩。御非其马之政[11]，女不共命。用命[12]，赏于祖[13]；不用命，僇于社[14]，予则帑僇女[15]。”遂灭有扈氏。天下咸朝[16]。

【注释】

①有扈氏：梁玉绳曰：“扈为夏同姓之国。”扈，钱穆认为在今河南原武西北。王玉哲引顾颉刚、刘起釪研究认为在郑州北原阳一带。

②甘：古地名。旧说在今陕西西安鄠邑区西南。王玉哲曰：“在今洛阳市西南。”

③六卿：上古天子有六军，六军之主将称“六卿”。申：告诫。

④六事之人：指六军的全体将士。《集解》引孔安国曰：“各有军事，故曰六事。”泷川引郑玄曰：“变‘六卿’言‘六事之人’者，容军吏，下及士卒也。”

⑤威侮：陵虐侮慢。孔颖达曰：“无所畏忌，作威虐而侮慢之。”王引之《经义述闻》曰：“‘威’乃‘烕’之讹，‘烕’者‘蔑’之借。蔑，轻也。”五行：《集解》引郑玄曰：“五行，四时盛德所行之政也。”刘起釪曰：“（五行）指天上五星的运行，即以之代表天象。”

⑥怠弃：怠惰荒废。三正：一说指天、地、人之正道。刘起釪认为指主要大臣：“殷代甲骨文中有‘臣正’和‘正’，是指殷王朝的大臣。西周《大盂鼎铭》有‘殷正百辟’也是指殷大臣；又有‘文王命二三正’，则是指周王朝的大臣。‘二三正’意同‘三正’，指一些主要的大臣。”正，长，官长。

⑦剿绝：灭绝。

⑧共行：恭敬地执行。共，通“恭”。

⑨左不攻于左：车左若不努力攻击敌方车左。左，车左。古代一辆战车上有三个人，中间是驭手，主管驾车；右侧的武士称车右，主射箭；左侧的武士称车左，执戈矛杀敌。

⑩共命：敬从命令。

⑪御：驾车者。其马之政：驾驭车马之事。政，事。

⑫用命：执行命令，听从命令。

⑬赏于祖：在祖先灵前受奖赏。《集解》引孔安国曰："天子亲征，必载迁庙之祖主行。有功即赏祖主前，示不专也。"

⑭僇（lù）于社：在社主前处死。社，社主。社稷之神。军中亦立有社主。《集解》引孔安国曰："又载社主，谓之社事。奔北，则僇之社主前。"僇，有时指处死，有时指侮辱。

⑮帑僇女：《集解》引孔安国曰："非但止身，辱及女子，言耻累之。"颜师古曰："案'孥戮'者，或以为奴，或加刑戮，无有所赦耳。此非孥子之孥。"梁玉绳曰："'帑'与'孥'通用。然古之用刑，父子兄弟不相及，宁有三代盛时，罪及妻子之事乎？考《汉书·王莽传》引《甘誓》此语作'奴戮'，师古曰'戮之以为奴'。疑古'奴''孥'亦通借，此可证《经》《史》之异文，诸儒之误解。"军律重于常刑，旧说自通。按，自"大战于甘"至此句，采《尚书·甘誓》，《甘誓》是启在伐有扈之前的誓师词。

⑯天下咸朝：杨向奎说："夏禹的时候，选举酋长的制度废弃了，我们看到由儿子继承王位的父权制，不过这种制度的巩固还经过一个斗争的过程，在各个部落间乃至部落内部都不免对于王位的争夺，或者是对于这种制度的反对。当夏禹把王位传给他儿子夏启的时候，东夷的伯益曾经干涉，结果是夏启杀了伯益。同姓的有扈氏表示不服，也被夏启灭掉。这是一种新旧制度的斗争，是中国古代史上重要的事件。到夏启以后，某些部落的首领，还不能心悦诚服的接受这种传子制度，'家天下'的制度，仍然继续作争夺王位的斗争。传子制度虽然引起了许多麻烦和斗争，但它适应了社会发展的要求和需要。"

【译文】

有扈氏违抗命令不服，启前去讨伐，在甘这个地方发生大战。将要开战，启作了一篇誓词《甘誓》，召来六军将领申明誓词。启说：“喂！六军将士们，我以誓词告诫你们：有扈氏轻慢五行天象，怠惰荒废三正大臣，上天因此要中断它的国运。现在我奉行上天的这种惩罚。车左的兵士若不努力攻击左边的敌人，车右的兵士若不努力攻击右边的敌人，你们就是不奉行命令。驾车的兵士若不懂得驾驭战马的技术，你们就是不奉行命令。奉行命令，就在祖庙赏赐你们；不奉行命令，就在社坛惩罚你们，我或者把你们降为奴隶，或者杀掉你们。”就这样灭了有扈氏。天下都来朝拜庆贺。

夏后帝启崩①，子帝太康立。帝太康失国②，昆弟五人，须于洛汭③，作《五子之歌》④。太康崩，弟中康立⑤，是为帝中康。帝中康时，羲、和湎淫⑥，废时乱日⑦。胤往征之⑧，作《胤征》⑨。

【注释】

①夏后帝启崩：《集解》引徐广曰：“皇甫谧曰夏启元年甲辰，十年癸丑崩。”

②帝太康失国：《集解》引孔安国曰：“盘于游田，不恤民事，为羿所逐，不得反国。”王玉哲曰：“夏初游牧经济一定尚处于重要地位，这从后来殷代卜辞中卜猎之多可以想见在商以前的夏初，游牧、田猎在社会经济中的比重一定更大。所以田猎是当时正当的生产活动，不会构成失国的原因。”

③昆弟五人，须于洛汭：《索隐》曰：“皇甫谧云号五观也。”梁玉绳综考文献，得出以下几个结论：第一，所谓“五人”是太康之子，不是“昆弟”；第二《索隐》引皇甫谧以为此五人号“五观”是不对的，“五观”即《竹书纪年》所谓“武观”，乃启之子，太康弟，与此五子

无关。昆弟,兄弟。须,等待。

④《五子之歌》:《古文尚书》篇名。《集解》引孔安国曰:“太康五弟与其母待太康于洛水之北,怨其不反,故作歌。”梁玉绳曰:“此晚出伪古文,不足信也。无论太康出畋,不合其母亦从子盘游,而太康在位时,固已无复母存,阎氏《疏证》卷七答冯山公语辨之明矣。”原文已佚,后人伪造为夏启的五个儿子追述夏禹的训诫,以为臣子劝诫之辞。

⑤太康崩,弟中康立:中康,又作“仲康”。按,今河南太康王陵村西有太康陵,但1984年文物普查时,在陵区地表及陵冢封土内采集有汉代绳瓦、板瓦、筒瓦和几何图案墓砖,可知应是汉代墓葬。

⑥羲、和:原为神话中的人物,后演变为历史人物。《五帝本纪》记尧任用羲氏、和氏两族据天象以定二分二至,此两族遂世为掌天文历法之臣。湎淫:沉湎于酒。淫,过分,无节制。

⑦废时乱日:扰乱了四时节令。

⑧胤:中康的大臣。胤国国君,又称“胤侯”。一说名胤。中康时,任大司马,掌六师。

⑨《胤征》:《古文尚书》篇名。是胤出征讨伐羲、和前的誓师词。

【译文】

夏后帝启去世,他的儿子太康继位。帝太康因为沉迷游乐而失去国位,他的五个弟弟,在洛水北岸等他回国,怨其不返而作《五子之歌》。帝太康去世,他的弟弟中康继位,这就是帝中康。帝中康时,掌管天文历法的官员羲、和嗜酒如命,扰乱了四时节令。大臣胤前往征讨,作《胤征》。

中康崩,子帝相立。帝相崩,子帝少康立①。帝少康崩②,子帝予立③。帝予崩,子帝槐立④。帝槐崩,子帝芒立。帝芒崩,子帝泄立。帝泄崩,子帝不降立。帝不降崩,弟帝扃立⑤。帝扃崩,子帝廑立⑥。帝廑崩,立帝不降之子孔甲[⑦]，是为帝孔甲。帝孔甲立，好方鬼神[⑧]，事淫乱。夏后氏德衰，诸侯畔之。天降龙二[⑨]，有雌雄，孔甲不能食[⑩]，未得豢龙氏[⑪]。陶唐既衰[⑫]，其后有刘累[⑬]，学扰龙于豢龙氏[⑭]，以事孔甲。孔甲赐之姓曰御龙氏，受豕韦之后[⑮]。龙一雌死，以食夏后。夏后使求，惧而迁去。

【注释】

①帝相崩，子帝少康立：按，《左传·襄公四年》记魏庄子所讲夏朝之事：帝相被后羿篡杀，后羿又被寒浞篡杀，羿之臣靡奔有鬲氏，收聚被寒浞灭掉的斟灌、斟寻二国遗民，灭寒浞而立相之子少康，少康复国。则帝相被篡，历羿、浞二世共四十年，而此纪不说，亦司马迁有所疏略也。

②帝少康崩：按，今河南太康县城关镇王陵村西有少康陵。陵周遗物以汉几何形图案墓砖居多，当属汉墓。

③帝予："予"字又作"杼""纾""伫"。梁玉绳曰："《春秋》内外传及《竹书》《世表》皆作'杼'是也，而此作'予'字，当是省文。"

④子帝槐立：梁玉绳曰："《左传》昭二十九年《疏》引《世纪》作'芬'，《竹书》及《索隐》引《世本》同，而《史》则作'槐'，盖有二名……《人表》分槐、芬为二人固误，《竹书》注、《外纪》《路史》又谓或名芬发，名祖武，名魁，皆不可信。"

⑤帝不降崩，弟帝扃立：梁玉绳曰："《竹书》谓'三代之世，内禅惟不降，实有圣德，故不降五十九年逊位于扃，至扃十年始陟'。与《史》不同。"按，梁氏所说乃今本《竹书纪年》，古本《竹书纪年》无此记载。

⑥帝廑：即《竹书纪年》之"胤甲"。

⑦孔甲：崔述曰："禹之后嗣见于传记者，曰启、曰相、曰杼、曰皋，皆

其名也。上古质朴，故皆以名著，无可异者。惟太康、少康，则不似名而似号，不知二后何故独以号显？且太康失国，少康中兴，贤否不同，世代亦隔，又不知何以同称为康也？仲康见于《史记》，当亦不诬，何故亦沿康号而以仲别之？至孔甲，则又与商诸王之号相类，岂商之取号于甲乙已仿于此与？古书散失，不可考矣。”

⑧好方鬼神：喜好模仿鬼神。方，通“仿”，仿效。张家英以为此“方鬼神”应与下文“事淫乐”连读，即以模仿鬼神的方式从事淫乐。二说皆有理。

⑨天降龙二：梁玉绳曰：“史公取《左传》晋蔡墨所说豢龙事，其有无不可知，但《传》曰：‘有夏孔甲扰于有帝，帝赐之乘龙河、汉各二。’是龙降于天，德之所致也，何言淫乱德衰乎？杜注‘乘龙各二’云‘合为四’，此言‘二龙’亦错。所谓‘淫乱德衰’者，盖误解《左传》‘扰’字耳。”

⑩食（sì）：喂养。

⑪未得豢龙氏：找不到会饲养龙的人。豢龙氏，传说董父服事帝舜，善于养龙，舜赐董父“姓曰董、氏曰豢龙”。豢，饲养。

⑫陶唐：尧所生活的氏族。杨伯峻曰：“陶唐氏盖丹朱之后，以其所治地为氏。”

⑬其后有刘累：陶唐的后裔刘累被夏帝封为诸侯，被赐姓刘。泷川曰：“此史公记刘氏所自出耳。”《正义》引《括地志》曰：“刘累故城在洛州缑氏县南五十五里。”

⑭扰：驯养。

⑮受豕韦之后：取代豕韦之后。杜注：“受，代也，以刘累代彭姓之豕韦。”据《国语·郑语》豕韦为祝融八姓之一的彭姓之国。豕韦之地在今河南东北部滑县以东。

【译文】

帝中康去世，儿子相继位。帝相去世，儿子少康继位。帝少康去世，儿子予继位。帝予去世,儿子槐继位。帝槐去世,儿子芒继位。帝芒去世,儿子泄继位。帝泄去世,儿子不降继位。帝不降去世,弟弟扃继位。帝扃去世,儿子廑继位。帝廑去世,立了帝不降的儿子孔甲,这就是帝孔甲。帝孔甲继位,热衷于模仿鬼神,好色淫乱。夏后氏的统治衰落,诸侯纷纷背叛了他。上天降下两条龙,雌雄各一,帝孔甲不会饲养,又找不到豢龙氏的后代。当时陶唐氏已经衰落,他的后代有个叫刘累的,曾向豢龙氏学习驯龙术,前来事奉孔甲。孔甲给他赐姓御龙氏,让他接受豕韦氏后代的封地。一条雌龙死了,刘累烹熟后进献给夏后孔甲吃。夏后孔甲后来派人来取这两条龙,刘累很害怕,只好逃走了。

孔甲崩,子帝皋立。帝皋崩①,子帝发立。帝发崩,子帝履癸立,是为桀②。帝桀之时,自孔甲以来而诸侯多畔夏,桀不务德而武伤百姓③,百姓弗堪,乃召汤而囚之夏台④,已而释之。汤修德,诸侯皆归汤,汤遂率兵以伐夏桀。桀走鸣条⑤,遂放而死⑥。桀谓人曰:“吾悔不遂杀汤于夏台,使至此⑦。”汤乃践天子位,代夏朝天下。汤封夏之后,至周封于杞也⑧。

【注释】

①帝皋崩:《左传·僖公三十二年》蹇叔曾对其子说崤山的南陵是帝皋陵墓所在。

②子帝履癸立,是为桀:一说桀是帝皋之子,帝发之弟。《索隐》曰:“桀,名也。按:《系本》,帝皋生发及桀。此以发生桀,皇甫谧同也。”《集解》引《谥法》曰:“贼人多杀曰桀。”

③武伤:残暴地伤害。武,猛烈。

④乃召汤而囚之夏台:梁玉绳曰:“褚先生补《龟策传》云:‘桀有谀

臣，名曰赵梁，教为无道，系汤夏台’，此可补《史》缺。”泷川曰：“《书·汤誓》云：‘夏王率遏众力，率割夏邑，有众率怠弗协，曰：时日曷丧？予与汝皆亡。’《立政》云：‘桀德，惟乃弗作，往任是惟暴德。’《国语·晋语》史苏曰：‘昔夏桀伐有施，有施人以妹喜女焉。妹喜有宠，于是与伊尹比而亡夏。’《左传·昭公四年》椒举曰：‘夏桀为有仍之会，有缗叛之。’古书记桀事，可信者不过若是。”崔述曰：“《韩诗外传》云：‘桀为酒池，可以运舟，糟丘足以望十里，而牛饮者三千人。’《新序》云：‘桀作瑶台，罢民力，殚民财，为酒池糟堤，纵靡靡之乐。’按古者人情质朴，虽有荒淫之主，非有若后世秦始、隋炀之所为者。且桀岂患无酒，而使之可运舟、望十里，欲何为者？皆后世猜度附会之言，如子贡所云，‘纣之不善，不如是之甚者’。”夏台，一名钧台，在今河南禹州南。

⑤鸣条：古地名。在今河南封丘东。也有说在今山西运城安邑镇北。

⑥遂放而死：放，流放。《集解》曰：“徐广曰：‘从禹至桀十七君，十四世。’骃案：《汲冢纪年》曰：‘有王与无王，用岁四百七十一年矣。’”《正义》曰：“《括地志》云：‘庐州巢县有巢湖，即《尚书》‘成汤伐桀，放于南巢’者也。《淮南子》云：‘汤败桀于历山，与末喜同舟浮江，奔南巢之山而死。’”

⑦吾悔不遂杀汤于夏台，使至此：泷川曰：“吴王夫差曰：‘吾悔不用子胥之言，自令陷此。’梁惠王曰：‘寡人恨不用公叔座之言也。’韩信曰：‘吾悔不用蒯通之计，乃为儿女子所诈。’悔恨之言，如出一口。”

⑧汤封夏之后，至周封于杞也：杞，即今河南杞县。梁玉绳曰：“禹后封杞，即汤封之，武王特因其旧封重命之耳。”《正义》引《括地志》曰：“夏亭故城在汝州郏城县东北五十四里，盖夏后所封也。”郭沫若曰：“夏代的材料非常缺乏，除掉一些半神话式的传说，如夏禹治洪水、夏禹家天下之外，《史记·夏本纪》里面虽然列举出

了夏的世代，但非常简略，而且还没有得到任何地下发掘的物证。那究竟是不是真正夏代的世系，或者是夏民族的后人杞人之类所依托，或者只与殷代世系相平行而略有先后，不必便是相为承继的，在今天都还无法断定。《尚书》里面的所谓《夏书·禹贡》只是儒家托古改制的文字，大抵依托于战国初年，在今天已约略成为定论的。地下发掘物，可以断定其属于夏代或夏民族的物品，在今天严格的说来，还一件也没有。我们根据周初的记载'唯殷先人有册有典'（《周书·多士》），可以知道夏代先人无册无典。典册就是记录，夏代既无记录，则夏民族是否已经发明文字，还是一个问题。故在周初的记载里面，提到夏、殷两代的往事时大有详略的不同，夏代只空洞地说到一些史影，殷代便举出了不少具体的事实。根据这些情况看来，夏民族的统治是存在过的，但它的文明程度不会太高，当时的生产情形，顶多只能达到奴隶制的初期阶段。关于夏代的情形，我们今天还不能够多说，且等待日后从地底下能有丰富的资料出现。"

【译文】

帝孔甲去世，儿子皋继位。帝皋去世，儿子发继位。帝发去世，儿子履癸继位，这就是帝桀。帝桀时，从孔甲以来诸侯多背叛了夏，夏桀不懂尽力施行德政来挽回，却用武力伤害诸侯百官，百官都受不了他的残酷暴政。夏桀就把汤召来，在夏台把他囚禁起来，不久又释放了他。汤能尽力修行德业，诸侯都归附了汤，汤就率兵攻打夏桀。夏桀逃亡到鸣条避难，终于在逃亡中死去。桀跟人说："我真后悔没在夏台把汤给杀啰，以至于落得今天这个结局。"汤于是登上天子位，取得了夏朝的天下。汤给夏代后裔封地，到周朝时夏代后裔被封在杞国。

太史公曰：禹为姒姓，其后分封，用国为姓[①]，故有夏后氏、有扈氏、有男氏、斟寻氏、彤城氏、褒氏、费氏、杞氏、缯氏、辛氏、冥氏、斟戈氏②。孔子正夏时③，学者多传《夏小正》云④。自虞、夏时，贡赋备矣。或言禹会诸侯江南，计功而崩，因葬焉，命曰会稽⑤。会稽者，会计也。

【注释】

①用国为姓：梁玉绳曰："'姓'当作'氏'。"

②"故有夏后氏"句：按，周有彤伯，盖彤城氏之后。《索隐》引张敖《地理记》云："济南平寿县，其地即古斟寻国。"斟戈氏，《左传》《世本》皆作"斟灌氏"。

③孔子正夏时：意即孔子尊崇夏朝的历法。《论语·卫灵公》记孔子有所谓"行夏之时，乘殷之辂，服周之冕"。

④《夏小正》：《大戴礼记》篇名。是一篇按夏朝历法记载物候、气象、星象等事的文章。传说为夏代作品，实际可能为商代或商周之际人所作。

⑤因葬焉，命曰会稽：因禹会诸侯计功而死于此山，因称此山曰"会稽山"。会稽山在今浙江绍兴南，山上有禹陵、禹庙等古迹。

【译文】

太史公说：禹姓姒，他的后代分封，就以所分封的国为姓，所以有夏后氏、有扈氏、有男氏、斟寻氏、彤城氏、褒氏、费氏、杞氏、缯氏、辛氏、冥氏、斟戈氏等不同的氏。孔子尊尚夏代的历法，因此有很多学者都传授《夏小正》。从虞、夏时期开始，纳税的制度就已完备了。有人说禹在江南会集诸侯，考核诸侯功绩时去世，因此就在那里埋葬，该地也就命名为会稽。会稽，意思是会计，就是会集诸侯考核其功绩之义。

【夏王朝世系表】

禹——启——太康——仲康——相——少康——予——槐——芒——泄——不降——扃——廑——孔甲——皋——发——癸（桀）

被商汤所灭

【集评】

黄震曰："《夏纪》多概括《禹谟》《禹贡》之书。少康中兴，书所缺者亦缺。自仲康、帝相、少康，直以世次相承，若守文无事者。意者少康之事，迁时已无所考欤！若禹，后于舜者也，谓皆黄帝子孙，舜去帝七世，而禹反四世。又舜，帝族也，而侧微至此，皆事之不可晓者。"(《黄氏日钞》)

高夔曰："自古创业之功，莫高于大禹；而中兴之功，莫盛于少康。太史公述《夏本纪》，载禹治水一事独详，是也。自启以至中康，事皆从略。自中康以下凡十三帝，其中惟孔甲时载刘累豢龙一事，此外诸帝皆一事不载。夫事无可载而不载，固史裁应尔，不足为子长病。惟少康为古来间出之英君，亦有夏一代之肖子。当寒浞弑相，后缗方娠，逃归有仍，乃生少康，有田一成，有众一旅，艰苦万端，卒复旧绩。其践位也，夏统中绝已三十九年，而《史记》载笔，但曰'帝相崩，子帝少康立；帝少康崩，子帝予立(按即季杼)'，似不知有少康之事者何耶？至若帝孔甲时，天降雌雄二龙，孔甲不能食，诸说诞渺离奇，不足深信，而顾特载之，则又何耶？夫少康之事，例当载而不载；孔甲之事，不必载而载之，此子长之疏也。"(《吹万楼文集》)

王国维曰："《史记》所述商一代世系，以卜辞证之，虽不免小有舛驳，而大致不误，可知《史记》所据之《世本》全是实录。而由殷周世系之确实，因之推想夏后氏世系之确实，此又当然之事也。"(《古史新证》)

【评论】

大禹治水是有关夏朝的传说故事中最精彩、最动人的一个。司马迁饱含感情地既在《五帝本纪》中大篇幅地写到了大禹，又在《夏本纪》中特大篇幅地写到了他。大禹治水期间"劳身焦思，居外十三年，过家门不敢入”，作为一个大公无私、拯救人民于水火的英雄，他是非常感人的；作为一个尽心国事、直言进谏，与舜帝推心置腹、以义相扶的良臣楷模，他也是极其感人的。这是司马迁的道德理想在人伦关系上的具体表现，具有民主思想的萌芽。

大禹倡导积极疏导的治水原则，这与其他民族传说多讲消极避水形成了鲜明的对照。多数学者认为中国史前的洪水为患，指的就是黄河中下游的洪水泛滥，其主要地区即古河、济之间的兖州一带，也就是今山东西部、河北东部、河南东部、山东南部，以及江苏、安徽的淮北一带地区。大禹遵循河水下游自然散漫的客观形势加以疏导，使它不致壅塞，这种治水理念至今仍具有重要的借鉴意义。

关于大禹所生活的真实年代，牛鸿恩指出《太平御览》卷七引《孝经钩命诀》有所谓“禹时五珠累累如贯珠，炳炳若连璧”，这是我国历史文献对于上古大禹时代的金、木、水、火、土“五星聚会”的天文景象的记录。对于这次罕见的“五星聚”，近年来中外天文学者如美国太空署天文学家彭赓钧、中国天文学家张培瑜等，都先后进行了反复的、准确的推算，大家一致认为这次“五星聚”应该是发生在公元前1953年2月中旬至3月初。据《竹书纪年》记载，大禹在位共四十五年，即前1994年至前1950年。而“五星聚”发生在前1953年，即大禹在位的第42年，也就是他在位的晚期了。过去人们总把西周“周召共和”的元年，也就是前841年作为我国古代历史有准确纪年的开始。如今能准确地推断“五星聚”是在大禹在位的第42年，也就是前1953年，这就比过去司马迁所定的准确纪年的前841年早了1100多年，提前到了夏朝的建国之初。

大禹是中原地区的一个帝王，为什么会在会稽有大禹陵呢？这个问题与舜是中原帝王而传说死在湖南南部的苍梧一样离奇。牛鸿恩以为“禹会诸侯江南”的地点不是在会稽，而是在涂山。《左传》哀公七年曰：“禹合诸侯于涂山，执玉帛者万国。”又据《尚书·皋陶谟》曰：“（禹）娶于涂山，辛壬癸甲。”（辛日娶妻，至于甲日，复往治水。）2014年7月社科院考古所发布涂山禹会村遗址发掘公告,安徽蚌埠西郊涂山南麓淮河东岸禹会村遗址就是"禹会诸侯"的涂山,"经Rb/Sr分析显示,禹会村地区在距今4000年前后的环境,正是史载的'大禹治水"时期。……禹会遗址由传说变为信史,得到了考古资料和自然科学测试、论证的支撑"。"遗址特征表明该地点曾举行过大型集会和祭祀活动"。涂山地望其说不一,专家以为,重庆说太偏西,绍兴说太偏南,蚌埠说最合理。

司马迁在本篇引人注目地采录了《禹贡》的大段文字。郭沫若在《中国通史简编》中说:"《禹贡》篇是战国时人所作,叙述黄河、长江两大流域的山脉、河流、薮泽、物产、田等、贡赋、交通、落后种族居住地,文字简要,系统分明,总结了上古至秦,华族势力已入四川、未越五岭的地理知识,确是极可贵的古地理志。《禹贡》托名禹平治水土的记录,选入《尚书》,被尊为经典,造成中国政治自来是统一、疆域自来是广大的信念,意义极为重大。"司马迁对《禹贡》的采录,在极大拓展《禹贡》思想传播的同时,也彰显了他崇尚大一统的文化价值理念。

"少康中兴"是有夏一朝的大事。帝相在位时,中途被其部下后羿所篡,逃到斟灌;后羿又被其部下寒浞所杀,寒浞又杀帝相,夏亡三十余年。在此期间,帝相妻逃到有仍,生少康;少康逃至有虞,有田一成,有众一旅,收合余烬,灭寒浞部而复夏旧物,人称"少康中兴"。司马迁在本篇仅以"帝相崩,子帝少康立"八字带过,显得过于简略。《正义》引《帝王纪》曰:"羿学射于吉甫,其臂长,故以善射闻。及夏之衰,因夏民以代夏政。帝相徙于商丘,依同姓诸侯斟寻。羿恃其善射,不修民事,淫于田兽,弃其良臣武罗、伯姻、熊髡、龙圉而信寒浞。寒浞杀羿于桃梧,遂代夏,立为帝。寒浞因羿之室,生奡及豷。奡多力,能陆地行舟。使奡帅师灭斟灌、斟寻,杀夏帝相,封奡于过,封豷于戈。初,奡之杀帝相也,妃有仍氏女曰后缗,归有仍,生少康。初,夏之遗臣曰靡,事羿,羿死,逃于有鬲氏,收斟寻二国余烬,杀寒浞,立少康,灭奡于过,后杼灭豷于戈,有穷遂亡也。"梁玉绳曰:"《左传》《楚辞》《竹书》,夏自太康失河北国都,为羿所据，仲康虽克自立，而越在河南，未能除羿。帝相更孱，迁于商丘，先经羿篡，继被浞弑，夏统中绝。其后少康灭浞中兴，乱几百年而始定，故魏高贵乡公推尊少康优于汉高祖，见宋裴松之《三国志·魏纪注》。则历代中兴之主，当以少康为冠，乃《纪》《表》全逸不言，直叙世次，若守成无事者然，深所未晓。《索引》《正义》及《左传》疏皆讥史公疏略，信矣。而宋黄震《黄氏日钞》谓'少康之事迁时已无可考'，殊非，岂未检《吴世家》乎？不载《纪》《表》而别出于《世家》，亦失作《史记》之体。"

本篇中"常、卫既从，大陆既为。鸟夷皮服。夹右碣石，入于河"一段，其文字、标点值得讨论。"河"底本作"海"。这段话讲的是当时住在今辽东湾一带海岛上的少数民族给夏朝中央进贡的路线，他们从碣石山的南侧经由古黄河的入海口溯流而上，进入黄河。而不是讲古黄河在什么地方入海。梁玉绳曰："'海'字误，徐广曰'一作河'，是也。《禹贡》及《汉书·地理志》是'河'。"旧本的错误是肯定的，而新修订的中华书局《史记》点校本仍未动原文，似乎不当。今重新标点数句作："常、卫既从，大陆既为。鸟夷皮服。夹右碣石，入于河"。

史记卷三

殷本纪第三

【释名】

《殷本纪》是研究殷商史不可或缺的重要史料。本篇先是叙述了有关殷朝始祖契的种种传说；继而叙述了由契至汤的先公世系，以及商汤灭夏与其治理商国的情形；又谱列了汤至纣的商朝世系，并重点写了如下史事，即：太甲在伊尹教育下提高君德；太戊时君臣团结，不信妖祥，中兴商朝；盘庚迁都，推行德政，使商朝再次中兴；武丁在傅说、祖乙辅佐下复兴商朝；帝甲淫乱，武乙荒唐，使商朝更加衰败；殷纣王荒淫残暴，被周武王所灭。最后在“太史公曰”中说明了写作本文的依据，以及商代后世的情形。

殷契[①]，母曰简狄，有娀氏之女，为帝喾次妃[②]。三人行浴，见玄鸟堕其卵，简狄取吞之，因孕生契[③]。契长而佐禹治水有功[④]。帝舜乃命契曰：“百姓不亲[⑤]，五品不训[⑥]，汝为司徒而敬敷五教[⑦]，五教在宽[⑧]。”封于商[⑨]，赐姓子氏[⑩]。契兴于唐、虞、大禹之际[⑪]，功业著于百姓，百姓以平。

【注释】

①殷契（xiè）：舜的大臣，商朝的始祖，其事迹参见《五帝本纪》。

《索隐》曰："契始封商，其后裔盘庚迁殷，殷在邺南，遂为天下号。契是殷家始祖，故言殷契。"殷，地名。即今所谓"殷墟"，在今河南安阳西北小屯村一带。严一萍《殷商史记》："契又称玄王，《荀子·成相》曰：'契玄王，生昭明。'"

②"母曰简狄"几句：《正义》引《帝王世纪》云："帝喾有四妃，卜其子，皆有天下。……次妃有娀氏女，曰简狄，生契。"《索隐》引谯周曰："契生尧代，舜始举之，必非喾子。以其父微，故不著名。其母娀氏女，与宗妇三人浴于川，玄鸟遗卵，简狄吞之，则简狄非帝喾次妃明也。"有娀（sōng）氏，古国名。《正义》曰：按，《记》云："'桀败于有娀之墟'，有娀当在蒲州也。"按，蒲州在今山西永济西。帝喾（kù），高辛氏，黄帝的曾孙，参见《五帝本纪》。王国维《古史新证》曰："喾为契父，为商人所出之帝，故商人禘之。卜辞称'高祖夒'，乃与'王亥''太乙'同称，疑非'喾'不足以当之矣。"

③"见玄鸟堕其卵"几句：王玉哲曰："商族在远古时代曾以鸟为图腾，不但见于文献传说，在殷墟出土的甲骨文中也可以找到直接可靠的证据。"按，《诗·商颂·玄鸟》："天命玄鸟，降而生商。""玄鸟"即燕子。古代初民往往将其祖先的产生归于某种灵异，中国境内各族如此，其他国家的古代历史亦是如此。至于秦、汉以后的史书写某朝的开国祖先仍假托妖祥，则令人生厌矣。范文澜曰："卵生的神话，在东方诸族中分布甚广，如秦祖先女脩吞燕卵生子大业；高丽国祖先朱蒙从大卵里生出来；清祖先布库里雍顺，说是天女佛伦吞神鹊的红果所生。"

④佐禹治水有功：按，据《夏本纪》，和禹一同治水的是益与后稷；契在舜时为司徒掌管教化，佐禹治水不见记载。

⑤百姓：百官。

⑥五品：也称"五常"。孔颖达曰："品谓品秩，一家之内尊卑之差，

即父、母、兄、弟、子是也,教之义、慈、友、恭、孝,此事可常行,乃为‘五常’耳。”不训:不顺,关系混乱。训,通“顺”。

⑦司徒:官名。掌管人民教化。五教:“五常”之教。

⑧在宽:以宽和为本。意谓在于逐步引导,不能操之过急。按,以上舜命契语见《尚书·尧典》。

⑨封于商:《集解》《正义》皆以为即今之陕西商洛商州区,现代考古学家多以为在今河南商丘城南。

⑩赐姓子氏:即赐姓“子”。《集解》引《礼纬》曰:“祖以玄鸟生子也。”按,“姓”“氏”本来是两个概念,史公在《史记》中混而为一,说见《五帝本纪》。

⑪唐、虞:唐尧、虞舜。《夏商周年表》将夏朝的开始定在前2070年,如果大禹果然是受禅于舜,舜是受禅于尧,则尧、舜的活动应在前2100年略前。

【译文】

殷始祖契的母亲叫简狄,是有娀氏的女儿,帝喾的次妃。她结伴三人去水边洗澡,见到玄鸟下的蛋,简狄就取来吞吃,因而怀孕生了契。契长大后,辅佐大禹治水有功。帝舜于是对他说:“现在百官之间不相亲睦,家庭五伦也不和顺,你去担任司徒,恭谨布行父义、母慈、兄友、弟恭、子孝等五教,布行五教要以宽厚为本。”并把契册封在商地,赐姓为子。契兴起于尧、舜、禹时代,他的功业在百官中最为显著,受其影响,百官得以和平相处。

契卒,子昭明立①。昭明卒,子相土立②。相土卒,子昌若立③。昌若卒,子曹圉立。曹圉卒,子冥立④。冥卒,子振立⑤。振卒,子微立⑥。微卒,子报丁立。报丁卒,子报乙立。报乙卒,子报丙立⑦。报丙卒,子主壬立。主壬卒,子主癸立⑧。主癸卒,子天乙立,是为成汤⑨。

【注释】

①昭明:《荀子·成相》云:“契玄王,生昭明,居于砥石迁于商。”王国维曰:“然则‘商’之名起于昭明。”“宋之国都确为昭明、相土故地。”

②相土:夏朝大臣。《诗·商颂·长发》:“相土烈烈,海外有截。”朱熹注:“相土,契之孙也。截,整齐也。至是而商益大,四方诸侯归之,截然整齐也。”《左传·襄公九年》:“陶唐氏之火正阏伯居商丘,祀大火,而火纪时焉。相土因之,故商主大火。”

③昌若:按,卜辞中尚未发现“昌若”之名,王国维认为卜辞中的“卜若”即昌若,严一萍认为不确。

④冥:夏朝大臣。《国语·鲁语上》“冥勤其官而水死”,韦昭注:“冥,契后六世孙,根圉之子也。为夏水官,勤于其职而死于水也。”王国维曰:“‘季’亦殷之先公,即‘冥’是也。”

⑤振:《索隐》曰:“《世本》作‘核’。”王国维《古史新证》以为《史记》所谓“振”者即卜辞之“王亥”,谓:“‘亥’乃其正字,《世本》作‘核’,《古今人表》作‘垓’,皆其通假字。《史记》作‘振’,则因与‘核’或‘垓’二字形近而误。”按,《山海经》《楚辞·天问》中都有关于“亥”的记载。张京华曰:“在参照卜辞重订的《史记·殷本纪》所记商代王室的世系中,王亥是先商自契以后的第七位先公先王。在商代王室世系中,最重要的有契、王亥、上甲微、成汤数人,王亥是其中之一。”

⑥微:《索隐》曰:“皇甫谧曰:‘微字上甲,其母以甲日生故也。’商家生子,以日为名,盖自微始。谯周以为死称庙主曰‘甲’也。”凌稚隆曰:“《白虎通》云:‘殷道尚质,故直以生日名子。’”梁玉绳曰:“(商人)以日为名之外又未尝无名,如上甲名微,天乙名履,帝辛名受。疑诸君俱有二名……名以日者殷之质,生之与死皆以是,臣民之所称亦以是。别立名者殷之文,非有大典礼不用,

故成汤告天始名曰‘予小子履’。”李学勤曰：“日名有些像谥法，是在死后选定的，和生日死日无关。祭祀日依日名而定，并不是日名依祭祀日而定。”王国维以为《殷本纪》之所谓“微”即卜辞之“上甲”。按，今卜辞专家以为“上甲”是庙号，“微”是名。上甲借河伯之师灭有易。张京华在《箕子朝鲜时期的北方环境》中说：“上甲微也是一位重要的先公先王，《国语·鲁语》说：‘上甲微，能帅契者也，商人报焉。’即商人用禘、郊、祖、宗、报五种祀典中的报祭祭祀他。卜辞中凡是合祭先公先王的，也都从上甲微开始。”

⑦微卒，子报丁立。报丁卒，子报乙立。报乙卒，子报丙立：王国维曰：“‘上甲’以后诸先公之次当为‘报乙’‘报丙’‘报丁’‘主壬’‘主癸’。”严一萍曰：“《殷本纪》序其世次……核诸卜辞，先后错乱，殆《世本》所误记。王国维先生《先公先王考》曰：‘自上甲至汤，《史记·殷本纪》《三代世表》《汉书·古今人表》有报丁、报丙、报乙、主壬、主癸五世，盖皆出于《世本》。’”

⑧报丙卒，子主壬立。主壬卒，子主癸立：主壬、主癸，也作“示壬”“示癸”。严一萍《殷商史记》：“主壬者，报丁之子。主癸者，主壬之子。……《史记》作‘报丙’误，契文作‘报丁’是。”梁玉绳曰：“商以生日名子，故不嫌于复，独此三世名‘报’，两世名‘主’，何也？”

⑨子天乙立，是为成汤：《索隐》引谯周曰：“夏、殷之礼，生称王，死称庙主，皆以帝名配之。天亦帝也，殷人尊汤，故曰天乙。从契至汤凡十四代，故《国语》曰：‘玄王勤商，十四代而兴。’玄王，契也。”梁玉绳曰：“‘汤’非名也，以地为号，故称‘成汤’‘武汤’。《路史·发挥》注云：‘汤特商国中一邑名，今相之汤阴。成汤者，犹成周然。其名有二：曰天乙者，商例以生日名子，质也；曰履者，别制嘉名，文也。’”严一萍《殷商史记》引《竹书纪年》曰：“汤有

七名而九征，一曰唐，二曰成，三曰天乙，四曰成唐，五曰履，六曰武王、武汤，七曰帝乙。”

【译文】

契去世后，儿子昭明继位。昭明去世后，儿子相土继位。相土去世后，儿子昌若继位。昌若去世后，儿子曹圉继位。曹圉去世后，儿子冥继位。冥去世后，儿子振继位。振去世后，儿子微继位。微去世后，儿子报丁继位。报丁去世后，儿子报乙继位。报乙去世后，儿子报丙继位。报丙去世后，儿子主壬继位。主壬去世后，儿子主癸继位。主癸去世后，儿子天乙继位，这就是成汤。

成汤①，自契至汤八迁②。汤始居亳，从先王居③，作《帝诰》④。汤征诸侯⑤。葛伯不祀⑥，汤始伐之。汤曰：“予有言，人视水见形，视民知治不⑦。”伊尹曰：“明哉！言能听，道乃进。君国子民⑧，为善者皆在王官⑨。勉哉，勉哉⑩！”汤曰：“汝不能敬命⑪，予大罚殛之⑫，无有攸赦。”作《汤征》⑬。

【注释】

①成汤：二字表示另起一段，用以领起下述大段成汤事迹。《赵世家》中叙“赵夙”“赵朔”事，亦先用二字提起，即此类也。

②自契至汤八迁：《集解》引孔安国曰：“十四世凡八徙国都。”王国维总结为：契本居亳，迁于蕃是一迁；昭明由蕃迁于砥石是二迁（《世本》）；由砥石迁商是三迁（《荀子·成相》）；相土由商迁于泰山下，是四迁；复归商，是五迁；帝芬迁于殷，是六迁（《竹书纪年》）；孔甲再迁于商，是七迁；成汤又迁回亳，是八迁。

③汤始居亳，从先王居：亳，也作“薄”。其地望众说不一。主要有南亳说，在今河南商丘西南；北亳说，在今山东曹县东南；西亳

说，在今河南偃师西，《汉书·地理志》河南郡偃师县“尸”条班固自注云：“尸乡，成汤所都”；郑亳说，邹衡以河南郑州商城为汤都。《正义》曰：“汤即位，都南亳，后徙西亳也。”阎若璩、梁玉绳等皆谓汤居“南亳”，即所谓“先王居”，无自南亳迁西亳事，迁西亳者，乃后日之盘庚。按，1955年与1983年先后在郑州与偃师西郊发现了商代城垣遗址，据《夏商周断代工程阶段性成果报告》：“有学者认为偃师商城就是董仲舒《春秋繁露·三代改制质文》所记的商汤在‘下洛之阳’所建的宫邑，即《汉书·地理志》所载殷汤在‘尸乡’所建之都，也即西晋皇甫谧《帝王世纪》所称的‘西亳’。”“郑州商城和偃师商城基本同时或略有先后，是商代最早的两处具有都邑规模的遗址，推断其分别为汤所居之亳，和汤灭夏后在下洛之阳所建之‘西亳’。”杨育彬曰：“八十年代初，在偃师县城西一公里处的尸乡沟一带找到了一座商代早期城址，四面城墙尚基本完整，城墙外侧还有城壕，城南有宫城和府库基址。1997年夏，在偃师商城的中部和南部新发现了一座时代更早一点的小城，其南城、西墙南段和东墙南段均与偃师商城（可称为大城）城墙重合，大城城墙是在小城城墙基础上扩建而成的。不少学者认为这是夏商时代文化分界的界标，也很可能是汤都‘西亳’。这大大开阔了夏商考古的视野，为我国古代文明和城市发展史的研究提供了非常重要的实物资料。”

④《帝诰》：《尚书》篇名。原文已佚。《索隐》曰：“孔安国以为作诰告先王，言己来居亳也。”

⑤汤征诸侯：《集解》引孔安国曰：“为夏方伯，得专征诸侯。”意即汤为夏朝的一方诸侯之长，受命可专征伐。按，四字亦段首提点语，领起下述之事。

⑥葛伯：葛国国君。葛，其地众说不一：一说在今河南宁陵北；一说在今河南漯河郾城区北；一说在今河南修武。不祀：不祭祀祖先，

实即不守礼法。

⑦治不（fǒu）：国家是否得到治理。不，同“否”。

⑧君国子民：治理国家，管理黎民。君、子，皆用如动词。

⑨王官：王朝的官吏。

⑩勉：尽力，努力。

⑪敬命：遵奉命令。

⑫罚殛（jí）：惩罚，杀戮。殛，惩罚。

⑬《汤征》：《尚书》篇名。原文已佚。崔述曰：“按《孟子》文，汤以仇饷征葛，非以‘不祀’征葛也。……孔壁古文所多十六篇中无《汤征》，岂别有所本与？”按，以上“汤征诸侯，葛伯不祀，汤始征之，作《汤征》”四句，见《古文尚书·胤征》。

【译文】

成汤，从殷契到成汤，先后迁都八次。成汤方始定都亳邑，这是为了追思帝喾，重回先王旧都的缘故，为此成汤作《帝诰》。成汤受命征讨诸侯。葛伯不守祭祀之礼，成汤首先对他进行征讨。成汤说：“我曾经说过，人从水中可以看见自己的形貌，观察黎民可以得知治理的成败。”伊尹说：“英明啊！能够听取他人的善言，治国的水平才能精进。要君临天下，子视万民，就得让为善的人都各在其位。努力吧，努力吧！”成汤说：“如果你们不能遵从我的命令，我就要狠狠地惩罚你们，决不宽恕。”于是作《汤征》。

伊尹名阿衡[①]。阿衡欲奸汤而无由[②]，乃为有莘氏媵臣[③]，负鼎俎，以滋味说汤[④]，致于王道。或曰，伊尹处士，汤使人聘迎之[⑤]，五反，然后肯往从汤，言素王及九主之事[⑥]。汤举任以国政。伊尹去汤适夏[⑦]。既丑有夏，复归于亳[⑧]。入自北门，遇女鸠、女房[⑨]，作《女鸠》《女房》[⑩]。

【注释】

①伊尹名阿衡：伊尹名挚。阿衡不是人名，是官名。《诗·商颂·长发》："实维阿衡，实左右商王。"郑玄笺："阿，倚。衡，平也。伊尹，汤所倚而取平。"《索隐》曰："《孙子兵书》：'伊尹名挚。'孔安国亦曰'伊挚'。……《书》曰"惟嗣王弗惠于阿衡"，亦曰保衡，皆伊尹之官号，非名也。"按，伊，是姓。

②奸（gān）汤：求见汤。奸，干求，求见。

③有莘（shēn）氏：古国名。汤妃的母家。其地在今山东曹县西北。媵（yìng）臣：随嫁的臣仆。

④以滋味说汤：用做菜的道理比喻治理国家的学问来说服汤。

⑤伊尹处士，汤使人聘迎之：雷学淇《竹书义证》曰："《孟子》曰：'伊尹耕于有莘之野，汤三使往聘之。'《墨子·贵义》曰：'昔者汤将往见伊尹，彭氏之子御，问曰："将何之？"汤曰："将见伊尹。"彭氏之子曰："伊尹，天下之贱人也，若君欲见，亦令召问，彼受赐矣。"汤曰："非汝所知也，今夫子之我国也，譬之良医善药，而子不欲我见伊尹，是子不欲君善也。"因下彭氏之子，不使御。'据此，尹之出处较能明白。"处士，有才德而隐居不仕的人。

⑥素王：上古帝王。《索隐》曰："按：太素上皇，其道质素，故称素王。"马持盈《史记今注》曰："古代君王以朴素治天下，故曰'素王'。"九主：《索隐》曰："三皇、五帝及夏禹也。"梁玉绳曰："伊尹之事，《孟子》已详言之，乃史公犹信剖烹为真，而反疑聘迎非实，复取世俗诬百里奚是媵臣之说嫁附伊尹……殆《史通》所谓'多杂旧闻，时采异论，或违经传，与理不符'者也。"

⑦去汤适夏：离开商汤到夏都去。当时夏朝的帝王是夏桀，国都在今河南登封东南。严一萍曰："《竹书纪年》曰：'帝癸十七年，商使伊尹来朝。'《竹书义证》曰：'使伊来朝者，诸侯贡士于天子也。'《书序》曰：'伊尹去亳适夏。'《正义》曰：'汤欲以诚辅桀，

欲其用贤以治，故责伊尹以辅之。'"

⑧既丑有夏，复归于亳：梁玉绳曰："《孟子》言'伊尹五就汤，五就桀'。《尚书大传》言'伊尹仕桀闻日亡吾亦亡之言，遂去夏适汤'。……是伊尹有适夏之事也。然汤既任尹以国政，何为复适夏都？或者汤初得尹，荐之于桀，在未任国政时矣。而伊尹之所以适夏，其心必以为从汤伐桀以济世，不若事桀以止乱，故五就五去，不惮其烦，及不可复辅，乃舍而归耳。"

⑨女（rǔ）鸠、女房：汤的二位贤臣。孔颖达曰："伊尹与之言，知是贤臣也。"女，读"汝"。

⑩《女鸠》《女房》：《尚书》篇名。原文已佚。按，以上四句史文见《尚书·胤征》。

【译文】

伊尹名叫阿衡。他早年间想求见成汤，却没有门路，于是就做了汤妻有莘氏的陪嫁奴仆，背着鼎和俎，用烹调美味的道理来说服成汤，让成汤致力于王道政治。也有人说，伊尹原本是个隐士，成汤派人去聘请他，往返五次，他才肯前来追随成汤，并向成汤陈述了远古素王与近世九位君主的事迹。成汤选用伊尹，委以国政。伊尹曾一度离开成汤，去了夏都。他憎恶夏朝的腐败，又回到了亳都。他从亳都的北门入城，遇到女鸠、女房两位贤臣，于是作《女鸠》《女房》。

汤出，见野张网四面，祝曰："自天下四方皆入吾网。"汤曰："嘻[1]，尽之矣！"乃去其三面，祝曰："欲左，左；欲右，右。不用命，乃入吾网。"诸侯闻之，曰："汤德至矣，及禽兽[2]。"

【注释】

①嘻：叹词。表示遗憾感叹。

②汤德至矣，及禽兽：按，故事见《吕氏春秋·异用》及《贾子新书》

之《礼》《谕诫》。至，达到极点。

【译文】

成汤外出，看到野外有人四面张网，祷告说："愿天下四方的禽兽都落入我的罗网。"成汤说："噫，这不就一网打尽了！"于是他让撤去三面的罗网，祷告说："想从左走的，向左；想从右走的，向右。不愿听命的，就进入我的罗网。"诸侯听闻后，说："汤的仁德真是无以复加了，连禽兽都能蒙受他的恩泽。"

当是时，夏桀为虐政淫荒，而诸侯昆吾氏为乱①。汤乃兴师率诸侯，伊尹从汤。汤自把钺以伐昆吾，遂伐桀②。汤曰："格女众庶，来③，女悉听朕言。匪台小子敢行举乱④，有夏多罪⑤。予维闻女众言⑥，夏氏有罪，予畏上帝，不敢不正⑦。今夏多罪，天命殛之⑧。今女有众，女曰：'我君不恤我众，舍我啬事而割政⑨。'女其曰：'有罪，其奈何？'夏王率止众力，率夺夏国⑩。有众率怠不和，曰：'是日何时丧？予与女皆亡⑪！'夏德若兹，今朕必往。尔尚及予一人致天之罚⑫，予其大理女⑬。女毋不信，朕不食言。女不从誓言⑭，予则帑僇女⑮，无有攸赦。"以告令师⑯，作《汤誓》⑰。于是汤曰"吾甚武"，号曰武王⑱。

【注释】

①昆吾氏：当时的诸侯国名。其地约在今河南许昌东。此外还有其他说法，此不录。

②汤自把钺以伐昆吾，遂伐桀：从《诗·商颂·长发》"韦顾既伐，昆吾夏桀"来看，汤是先伐韦国、顾国，再伐昆吾，最后乃伐夏。把钺，持钺。这是最高军事领袖的威仪，后来武王伐纣时也是"左杖黄

钺,右秉白旄”。钺,古兵器。圆刃,形似斧而较大。多用于礼仪。

③格女众庶,来:格,来。女,同“汝”。李笠曰:“疑史文原只作‘汝众庶来’,以‘来’代‘格’,后人涉《尚书》文妄增‘格’字。”

④匪:同“非”,不是。台(yí)小子:对自己的谦称。台,我。小子,对自己的谦称。

⑤有夏:即夏朝。有,助词。常用作朝代或民族称呼的词头。

⑥维:助词,无义。也可以解释作“为”“由于”。

⑦予畏上帝,不敢不正:正,通“征”。《集解》引孔安国曰:“不敢不正桀之罪而诛之。”亦可。

⑧殛:诛杀。

⑨我君不恤我众,舍我啬事而割政:谓商民不理解汤的行为,嫌出兵伐夏是劳民伤财,有碍生产。我君,指成汤。恤,关心,体恤。啬事,农事。啬,通“穑”,耕种。割政,张家英曰:“割,害也。‘割政’即‘害正’,亦即妨害正事(指农事)之意。”

⑩夏王率止众力,率夺夏国:意谓夏桀君臣共同剥削压榨民力,使夏的百姓民不聊生。率,相率,共同。王引之《经传释词》以为这里两个“率”字均是语助词,没有意义。止众力,《尚书》作“遏众力”,“遏”字或作“竭”,“竭众力”即竭尽民众之力。

⑪是日何时丧?予与女皆亡:诅咒语。是日,这个太阳,以喻夏桀。皆,偕,一同。俞樾曰:“此两句是韵语,疑是夏民歌谣之辞。”按,《尚书大传》云:“伊尹入告于桀曰:‘大命之亡有日矣。’桀僩然叹,哑然笑曰:‘天之有日,犹吾之有民也。日有亡哉?日亡吾乃亡矣。’”伏生之解与司马迁不同。

⑫尔尚及予一人致天之罚:希望你们能和我一道按着天意去讨伐夏桀。尚,表示希望、祈请。予一人,帝王自称。意同“孤”“寡人”。

⑬理女:赏赐你。理,通“赉(lài)”,赏赐。《尚书》即作“赉”。

⑭誓言：指这篇文告。

⑮帑僇：谓刑戮连及子女。帑，通“孥”，儿女的通称。僇，通“戮”，杀戮。

⑯以告令师：用这篇文告命令全军。

⑰作《汤誓》：自“汤曰‘格女众庶’”以下，见《尚书·汤誓》，文字有所改动删节。

⑱“吾甚武”，号曰武王：郭嵩焘曰：“此因《长发》诗‘武王载旆’之文而为之词，诗人之意但以表明成汤之武功，当时实未有此王号也。《史》文此等自具一种逸趣，与《尧本纪》尧曰：‘终不以天下之病而利一人。’同一叙法也。”王国维曾称“周代谥法皆生前之称，非死后之追加”，陈直谓“商代汤自号武王，亦其显例”。

【译文】

那时候，夏桀为政暴虐，荒淫无道，诸侯中的昆吾氏也为非作歹。成汤于是兴兵，率领诸侯前去讨伐，伊尹随成汤出征。成汤手持着斧钺击败昆吾氏后，就接着攻打夏桀。成汤说：“你们众位过来，都听我说。不是小子我敢于兴兵作乱，是因为夏桀罪恶累累。我是听你们大家都说夏王有罪，我惧怕上天的威严，才不敢不起来征讨。现在夏王罪恶多端，上天命我来诛灭他。现在你们有很多人会说：‘我们的君王不怜悯我们众人，荒废我们的农事生产，去征讨夏国。’你们还会说：‘夏王有罪，但他的罪行究竟怎么样呢？’如今夏王耗尽了民力，掠空了财富。民众对夏王怠慢不恭，离心离德，他们说：‘这个太阳什么时候消失呀？我们情愿同你一起死掉！’夏王的德行已经坏到如此地步，我一定要去征讨他。希望你们能和我一道，实施上天对夏的惩罚，我将大大地赏赐你们。你们别不相信，我决不食言。如果你们不遵从誓言，我就会把你们连你们的子女一同杀掉，绝不宽恕。”成汤把这番话告谕全军，这就是《汤誓》。当时成汤曾说“我很勇武”，因此号称武王。

桀败于有娀之虚，桀奔于鸣条，夏师败绩[①]。汤遂伐三朡，俘厥宝玉[②]，义伯、仲伯作《典宝》[③]。汤既胜夏，欲迁其社，不可[④]，作《夏社》[⑤]。伊尹报[⑥]，于是诸侯毕服，汤乃践天子位，平定海内[⑦]。

【注释】

①桀奔于鸣条，夏师败绩：夏朝遂从此灭亡。据《夏商周年表》，此时为前1600年，夏朝先后共历时约四百七十年。鸣条，古地名。在今河南封丘东。也有说在今山西运城安邑镇北。败绩，指军队溃败。

②汤遂伐三朡（zōng），俘厥宝玉：孔安国、孔颖达皆以为桀战败后，载其珍宝往逃三朡，汤追之，遂伐三朡，而获取其珍宝。三朡，一作"三朡"，古国名。其地约当今之山东菏泽定陶区东北。俘，获取。

③义伯、仲伯：汤之二臣名。《典宝》：《尚书》篇名。原文已佚。按，以上汤伐三朡，二臣作《典宝》数句，见《尚书·汤誓》。

④汤既胜夏，欲迁其社，不可：事见《尚书·汤誓》。据孔颖达疏，夏朝祭祀的土神是共工之子句龙，因此人曾治水有功，故受后人祭祀。商汤即位后，想换一位古人作为土神祭祀，但找不出更合适的人选，于是只好仍祭祀句龙。社，即后代王朝的所谓"社稷"。

⑤《夏社》：《尚书》篇名。原文已佚。

⑥伊尹报：《集解》引徐广曰："一云'伊尹报政'。"即向汤报告各方面的情况。

⑦汤乃践天子位，平定海内：钱穆曰："商民族亦在东方，初似服属于夏人势力之下，继则起而革命，遂代夏为当时之王朝而称商代。若以虞夏时代为中国上古史之第一期，则殷商可为中国上古史之第二期。"范文澜说："商经济发展比较快，力量比夏强，在一定条件下，发生所谓商汤革命。这个革命是私有制度进一步完成，与

夏朝的发展方向并没有什么根本不同，因而历史没有留下像商、周间那样剧烈斗争的遗迹。”又说：“自契至汤凡十四代，迁居八次。汤祖先有的用天象作名号，如昭明、昌若、冥、恒；有的用日干作名号，如上甲、报乙、报丁。夏帝胤甲等用日干为名号在商君上甲以后，想见商人的历法比夏人进步，也就是农业知识比夏人较高。”

【译文】

夏桀在有娀氏的旧地被打败后，逃到了鸣条，夏朝的军队彻底溃败。成汤乘胜讨伐忠于夏朝的三嵏，缴获了他们的宝器珠玉，义伯、仲伯二臣为此作《典宝》。成汤战胜夏桀后，想改换夏朝的社神，但是改换不了，为此作《夏社》。伊尹向各地诸侯发出通告，各地诸侯都表示归附商朝，于是成汤登上天子之位，天下得以平定。

汤归至于泰卷陶[①]，中䴡作诰[②]。既绌夏命[③]，还亳，作《汤诰》[④]：“维三月，王自至于东郊[⑤]，告诸侯群后：‘毋不有功于民，勤力乃事。予乃大罚殛女[⑥]，毋予怨。’曰：‘古禹、皋陶久劳于外[⑦]，其有功乎民，民乃有安。东为江，北为济，西为河，南为淮[⑧]，四渎已修[⑨]，万民乃有居。后稷降播[⑩]，农殖百谷[⑪]。三公咸有功于民，故后有立[⑫]。昔蚩尤与其大夫作乱百姓，帝乃弗予[⑬]，有状[⑭]。先王言不可不勉[⑮]。’曰：‘不道，毋之在国[⑯]，女毋我怨。’”以令诸侯[⑰]。伊尹作《咸有一德》[⑱]，咎单作《明居》[⑲]。汤乃改正朔[⑳]，易服色[㉑]，上白[㉒]，朝会以昼[㉓]。

【注释】

①汤归至于泰卷陶：《集解》引徐广曰：“一无此‘陶’字。”按，《尚

书》作“汤归,自夏至于大垧”,亦无“陶”字。“泰卷”即“大垧”,具体方位不详,孔颖达以为应距定陶不远。

②中䨓(huǐ)作诰:即今《古文尚书》中的《仲虺之诰》。中䨓,也写作“仲虺”。夏代诸侯奚仲后裔,汤的左相。

③既绌夏命:断绝夏的天命。即结束了夏王朝的统治。命,天命。古以君权为神授,统治者自称受命于天,谓之天命。

④《汤诰》:《尚书》篇名。今《古文尚书》中有此篇目。

⑤王自至于东郊:即由东郊至于亳。张文虎曰:“此句疑有衍字,《册府元龟》引作‘王至自东郊’。”

⑥予乃大罚殛女:泷川曰:“‘予乃’上疑有脱字。”按,应脱“不者”字样。

⑦皋陶(gāo yáo):舜时掌管刑法的官,事迹见《五帝本纪》。久劳于外:指禹治水而言。梁玉绳曰:“兼皋陶言之者,犹《论语》‘禹稷躬稼’,《孟子》‘禹稷三过其门’云耳。”

⑧“东为江”几句:陈仁锡曰:“当言‘东为淮,南为江’,传写之误。”

⑨四渎:济水、淮水、黄河、长江。

⑩降播:谓教民播种。

⑪农殖百谷:努力种植各种谷物。农,勤勉。

⑫后有立:后代得以分封立国。按,禹得以受禅为帝王;皋陶封于英、六;后稷封于有邰。

⑬帝:天帝。予:肯定,赞许。

⑭有状:有根据,有凭据。按,“有状”一语又见于《酷吏列传》《朝鲜列传》。

⑮不可不勉:指从禹、皋陶、后稷与蚩尤的正反两面中吸取教训。

⑯毋之在国:不能让他君临国家。毋之,不让。《索隐》曰:“汝为不道,我则无令汝之在国。”

⑰以令诸侯:按,《古文尚书》中有《汤诰》文,与史公所引完全不

同，史公此段文字不知采自何处。梁玉绳曰："以上文《汤征》例观，知史公曾见孔壁真古文，决非无据。今之《汤诰》伪作也，故阎氏《疏证》卷二曰：'迁亲从安国问古文，所见必孔壁中物，其为真古文《汤诰》无疑。'然则此《汤诰》可与《汤征》补伏生今文《书》。"

⑱《咸有一德》：《尚书》篇名，《古文尚书》中有此篇。孔安国曰："言君臣皆有纯一之德，以戒太甲。"孔颖达作《尚书正义》亦申孔安国之说；而史公则系此文于商汤时，两处解释不同。阎若璩、梁玉绳等皆以为史公见孔壁真古文，以《史记》所云为是，以今本《尚书》所云为非。

⑲咎（gāo）单：陈仁锡曰："'咎'与'皋'同，皋陶之后。"商朝大臣。商汤时任司空。后历仕帝外丙、中壬、太甲诸朝。帝沃丁时，伊尹死，他作《沃丁》，述伊尹之事迹以训戒沃丁。《明居》：《尚书》篇名。原文已佚。

⑳改正（zhēng）朔：即改用新历法。古代帝王易姓受命，必改正朔；故夏、殷、周、秦及汉初的正朔各不相同。正朔，一年中第一个月的第一天。夏朝是以阴历正月（建寅月）为岁首，商朝是以阴历十二月（建丑月）为岁首，周朝是以阴历十一月（建子月）为岁首，秦朝是以阴历十月（建亥月）为岁首。

㉑易服色：确认新的被整个国家视为高贵、庄严的颜色，如夏尚黑，商尚白，周尚赤等，而这种尊贵的颜色就体现在帝王的冠服、车马、仪仗以及祭祀所用牲畜的皮毛上。服色，车马和祭牲的颜色。孙希旦曰："服，如服牛乘马之服，谓戎事所乘；若夏乘骊，殷乘翰，周乘骠是也。色，谓祭牲所用之牲色，若夏玄牡，殷白牡，周骍犅是也。"

㉒上白：泷川曰："'上白'二字，后人旁注，误入正文。'上白'见篇末。"

㉓朝会以昼：朝会的时间在白天。《正义》曰："殷家尚白，昼，日色白也。"

【译文】

成汤从三嵕班师，途经泰卷时，大臣仲虺作《仲虺之诰》。成汤既已废除夏的政令，回到亳都，于是作《汤诰》说："三月，大王亲自来到都城东郊，告谕万方诸侯：'你们要为民众谋立功业，要勉力做好你们的事情。不然，我将大大地惩罚你们，到时可别怨恨我。'又说：'古时的大禹、皋陶，常年奔劳在外，他们为民众立下大功，民众才得以安宁。他们东面疏导大江，北面疏导济水，西面疏导黄河，南面疏导淮水，治好了这四条大河，民众才安居下来。后稷教民播种，努力种植百谷。他们三位都有功于民众，所以后代得以分封立国。过去蚩尤和他的大夫们祸乱百姓，上天就不保佑他，这是有据可考的。先王的教诲，你们不能不努力照办呀。'最后又警告说：'谁行事无道，就不让他临国治民，到时你们可别怨恨我。'"成汤以此明白地告诫诸侯。伊尹为此作《咸有一德》，咎单为此作《明居》。成汤于是修改历法，变换服色，崇尚白色，在白天举行朝会。

汤崩[①]，太子太丁未立而卒[②]，于是乃立太丁之弟外丙，是为帝外丙。帝外丙即位三年，崩，立外丙之弟中壬[③]，是为帝中壬。帝中壬即位四年，崩，伊尹乃立太丁之子太甲[④]。太甲，成汤適长孙也[⑤]，是为帝太甲。帝太甲元年，伊尹作《伊训》，作《肆命》，作《徂后》[⑥]。

【注释】

①汤崩：汤冢，有言在济阴亳北东郭，有言在河南偃师东六里，与桐宫相近。

②太丁：严一萍《殷商史记》："太丁者，成汤长子也，未立而卒。"王

叔岷《史记校证》:“案古本‘太丁’并作‘大丁’。”按,卜辞皆作“大丁”。

③立外丙之弟中壬:外丙、中壬,《正义》曰:“《尚书》孔子序云:‘成汤既没,太甲元年’,不言有外丙、仲壬。而太史公采《世本》,有外丙、仲壬,二书不同,当是信则传信,疑则传疑。”按,孔颖达等皆谓此“外丙”“中壬”两代帝王不存在,以为商汤后即直接其孙“太甲”;梁玉绳引《孟子》《竹书纪年》力证《史记》所说不误,详见《史记志疑》。王国维曰:“卜辞有‘卜丙’‘卜壬’,无‘外丙’‘中壬’;罗参事以为‘卜丙’‘卜壬’即‘外丙’‘中壬’。”董作宾曰:“卜辞中不见‘中壬’,疑‘南壬’即是‘中壬’。《纪年》:‘仲壬即位,居亳。’亳在殷南,称曰‘南壬’,或以此也。”按,今《夏商周年表》中有太丁、外丙、中壬,排列顺序与《史记》同。

④太甲:《竹书纪年》云名“至”。

⑤適:通“嫡”。

⑥“伊尹作《伊训》”几句:《伊训》《肆命》《徂后》皆《尚书》篇名。原文均已佚失,唯《伊训》今伪《古文尚书》尚有其文。《伊训》,孔安国曰:“作训以教导太甲。”《肆命》,孔安国曰:“陈天命以戒太甲亡。”《徂后》,孔安国曰:“陈往古明君以戒己。”

【译文】

成汤去世后,长子太丁还没继位就死了,于是让太丁的弟弟外丙继位,这就是帝外丙。帝外丙即位三年后去世,由外丙之弟中壬继位,这就是帝中壬。帝中壬即位四年后去世,伊尹就让太丁的儿子太甲继位。太甲是成汤的嫡长孙,这就是帝太甲。帝太甲元年,伊尹作《伊训》,作《肆命》,作《徂后》。

帝太甲既立三年,不明,暴虐,不遵汤法,乱德,于是伊尹放之于桐宫①。伊尹摄行政当国②,以朝诸侯③。帝太甲居桐宫三年，悔过自责，反善，于是伊尹乃迎帝太甲而授之政。帝太甲修德，诸侯咸归殷，百姓以宁。伊尹嘉之，乃作《太甲训》三篇④，褒帝太甲，称太宗⑤。

【注释】

①放之桐宫：放，放逐。桐宫，其地说法不一，有说在今河南虞城东北，有说在偃师附近者。据偃师商城之考古研究，《夏商周断代工程阶段性成果报告》说："以郑州商城为成汤所居之亳的学者，认为（偃师商城）是商初的陪都、太甲的桐宫，或商灭夏后在此所建立的一座军事重镇。"

②伊尹摄行政当国：底本在此前有"三年"二字，应系衍文。盖太甲被"放之于桐宫三年"，即下文之"帝太甲居桐宫三年"，此处二字词费。梁玉绳不以此二字为衍，乃以为上文"帝太甲既立三年"之"三年"二字为误衍，实不合情理。国君始立，未经一段时间考验，岂能遽行放逐乎？今削"伊尹摄行政当国"句前之"三年"二字。摄行政，代帝王行使权力。当国，当政，执掌国家大权。

③朝诸侯：接受诸侯的朝见。梁玉绳曰："'摄政当国'是也，'朝诸侯'则妄矣，此必仍战国好事者之言。至《纪年》谓'伊尹放太甲自立，七年，太甲潜出桐，杀之'，尤为妄诞。"

④《太甲训》：《尚书》篇名。今伪《古文尚书》有上、中、下三篇。孔颖达曰："上篇是放桐宫之事，中、下二篇是归亳之事。"泷川引《孟子·尽心》："公孙丑曰：'其君不贤，则固可放与？'孟子曰：'有伊尹之志则可，无伊尹之志则篡矣。'"

⑤褒帝太甲，称太宗：《孔子家语》有所谓"祖有功而宗有德"。功，即开创之功，故古代开国帝王之庙号可称为"高祖"或"太祖"；德，指守成之德，故其继世帝王有圣德著于世者可称为"太宗"。

【译文】

帝太甲继位三年，昏庸不明，为政暴虐，不遵守成汤的法度，乱德败行，伊尹于是把他放逐到桐宫。期间伊尹代替太甲处理政务，主持国事，接受诸侯朝见。太甲在桐宫住了三年，悔过自省，改恶从善，伊尹便将他接回来，把政权交还给他。太甲修德厉行，诸侯都归服殷朝，百姓因此得以安宁。伊尹对太甲很是赞赏，为此作《太甲训》三篇，褒扬太甲，称他为太宗。

太宗崩，子沃丁立①。帝沃丁之时，伊尹卒。既葬伊尹于亳②，咎单遂训伊尹事③，作《沃丁》④。沃丁崩，弟太庚立⑤，是为帝太庚。帝太庚崩，子帝小甲立⑥。帝小甲崩，弟雍己立⑦，是为帝雍己。殷道衰，诸侯或不至。

【注释】

①沃丁：《竹书纪年》云名“絢”。

②葬伊尹于亳：《正义》引《括地志》曰：“伊尹墓在洛州偃师县西北八里。”李光缙《增订史记评林》曰：“伊尹墓在空桑北一里，相传墓旁生棘皆直如矢。”按，今河南虞城西南二十二公里之魏堌堆村北亦有伊尹墓，祠墓共占地一万平方米。

③训：解说，阐发。

④《沃丁》：《尚书》篇名。原文已佚。

⑤太庚：严一萍曰：“《御览》八十三《皇王部》引古本《纪年》曰：‘小庚辨。’又小注曰：‘即太庚也。’”

⑥子帝小甲：《集解》引徐广曰：“《世表》云帝小甲，太庚弟也。”《竹书纪年》云名“高”。

⑦雍己：严一萍《殷商史记》：“《御览》八十三《皇王部》引古本《纪

年》曰:'雍己伷即位。'今本'伷'误'佃'。"

【译文】

太宗去世后,儿子沃丁继位。沃丁为帝时,伊尹去世。人们把伊尹葬在亳都,大臣咎单为阐明伊尹的生平功德,作《沃丁》。沃丁去世后,其弟太庚继位,这就是帝太庚。帝太庚去世后,太庚的儿子小甲继位。帝小甲去世后,其弟雍己继位,这就是帝雍己。这时,商朝的国力渐弱,诸侯有的不来朝拜。

帝雍己崩,弟太戊立[①],是为帝太戊。帝太戊立伊陟为相[②]。亳有祥[③],桑穀共生于朝[④],一暮大拱[⑤]。帝太戊惧,问伊陟。伊陟曰:"臣闻妖不胜德,帝之政其有阙与?帝其修德。"太戊从之,而祥桑枯死而去[⑥]。伊陟赞言于巫咸[⑦]。巫咸治王家有成,作《咸艾》,作《太戊》[⑧]。帝太戊赞伊陟于庙[⑨],言弗臣,伊陟让,作《原命》[⑩]。殷复兴,诸侯归之,故称中宗[⑪]。

【注释】

①太戊:据今本《竹书纪年》太戊名"密"。

②伊陟(zhì):《集解》引孔安国曰:"伊尹之子。"茅坤曰:"伊尹与成汤同起伐夏,本纪所载汤至太戊且七世矣,而尹之子陟乃为相,岂得年寿悬绝若此?可见史迁所述帝系世本有不足凭者。"

③祥:妖异。反常怪异的现象。

④穀(gǔ):也称作楮(chǔ)树。落叶乔木,可以造纸。

⑤一暮大拱:一夜之间就长得有两手相围那么粗了。《索隐》曰:"此云'一暮大拱',《尚书大传》作'七日大拱',与此不同。"拱,指两手或两臂合围的径围。

⑥太戊从之，而祥桑枯死而去：崔适曰："'而去'二字语冗，疑衍。"按，伊陟劝太戊修德以胜妖祥的故事，又见于《尚书·咸有一德》《汉书·艺文志》《孔子家语·五仪篇》《吕氏春秋》《韩诗外传》等，各处的说法互有差异，有说为"太戊"时者，有说为"武丁"时者，还有说为商汤时者。盖小说家言，无须深究。

⑦伊陟赞言于巫咸：马持盈曰："伊陟归功于巫咸，称赞巫咸之贤能，而不自居其功。巫咸，太戊时代的贤臣。"赞言，称道。巫咸，巫者名咸，太戊时的大臣，此人又见于屈原的《离骚》。

⑧作《咸艾（yì）》，作《太戊》：主语皆伊陟。《咸艾》，《尚书》篇名。原文已佚。艾，同"乂"，治理。《太戊》，《尚书》篇名。原文已佚。按，以上有关太戊的文字，见于伪《古文尚书》之《咸有一德》。

⑨赞伊陟于庙：祭祀宗庙时将伊陟的功德报告给先王。马持盈曰："帝大戊在祖宗之庙，对先祖称赞伊陟的功勋。读此一故事，可见国家之兴，必须君臣之间，臣僚之间，有功则互让，有过则归己，然后能和合无间，精诚无疑，集众力以成大事。否则争功诿过，疑忌丛生，力量毁于对消，祸患起于萧墙，未有不破国败家者。"

⑩言弗臣，伊陟让，作《原命》：《原命》，《尚书》篇名。原文已佚。《正义》曰："原，再也。言太戊赞于汤庙，言伊陟尊高，不可使如臣佐。伊陟让，乃再为书命之。"按，以上太戊赞伊陟于庙，并言弗臣事，今本《尚书》无。

⑪称中宗：使国家中兴之君，庙号可称"中宗"。泷川曰："《尚书·无逸篇》：'中宗之享国，七十有五年。'"

【译文】

帝雍己去世后，其弟太戊继位，这就是帝太戊。太戊任用伊陟为相。当时亳都出现了妖异，桑树和楮树共生在朝堂之上，一夜之间就长得有一搂粗。太戊很是恐惧，询问伊陟。伊陟说："我听说，妖异怪相战胜不了有德之人，大王的施政会不会有什么缺失呢？还请您进一步修养德行。”太戊接受了伊陟的劝告，果然那棵连生的怪树很快就枯死了。伊陟把这些话告诉巫咸，巫咸治理朝政井井有条，为之作《咸艾》和《太戊》。太戊在太庙中赞扬伊陟，说不敢把他当作臣子相待，伊陟推让不从，为此作《原命》。殷朝再度兴盛，诸侯都来归顺，因此称太戊为中宗。

中宗崩，子帝中丁立。帝中丁迁于隞①，河亶甲居相②，祖乙迁于邢③。帝中丁崩，弟外壬立，是为帝外壬。《仲丁》书阙不具④。帝外壬崩，弟河亶甲立，是为帝河亶甲。河亶甲时，殷复衰。河亶甲崩，子帝祖乙立⑤。帝祖乙立，殷复兴。巫贤任职。祖乙崩，子帝祖辛立⑥。帝祖辛崩，弟沃甲立，是为帝沃甲⑦。帝沃甲崩，立沃甲兄祖辛之子祖丁⑧，是为帝祖丁。帝祖丁崩，立弟沃甲之子南庚⑨，是为帝南庚。帝南庚崩，立帝祖丁之子阳甲⑩，是为帝阳甲。帝阳甲之时，殷衰。自中丁以来，废適而更立诸弟，弟、子或争相代立⑪，比九世乱⑫，于是诸侯莫朝。

【注释】

①中丁迁于隞（áo）：中丁，《竹书纪年》云名“庄”。隞，也作“嚣”“敖”，旧说在今河南荥阳东北，即《集解》引皇甫谧与《正义》引《括地志》所说的“敖地”“敖仓”；近年来经考古发掘研究，许多学者认为即今郑州之商城遗址。杨育彬曰：“商代遗址遍布整个郑州市区，面积达二十五平方公里。在西城墙外地面下近六米深处，出土了两件大型铜方鼎；在东南城角外侧出土了十三件商代青铜器，其中包括两件铜方鼎和一件大型铜圆鼎，造型浑厚，纹饰华美，气势磅礴……在西城墙中段外侧出土了十二件商代青铜器，其中包括四件大型铜方鼎。郑州商城很可能是‘帝中丁迁于

隞’的隞都。按，郑州商城究竟是商汤所都之亳，还是中丁所都之隞，学术界看法不一。有些主张郑州商城是汤都亳的学者认为小双桥遗址才是中丁所都之隞。小双桥遗址在郑州西北约二十公里石佛镇小双桥村的南部，遗址面积约一百二十万平方米。在出土的陶器上发现了朱砂书写的文字，这是目前发现的最早的商朝文字。”

②河亶（dǎn）甲：中丁之弟。《竹书纪年》云名“整”。相：在今河南内黄东南。丁山《商周史料考证》和陈梦家《殷虚卜辞综述》说在沛郡相县（今安徽濉溪县西北）。

③祖乙迁于邢：此意应叙于后文“帝祖乙立”之下。梁玉绳曰：“先叙迁居之事，而后叙崩立，亦是一体。”祖乙，《竹书纪年》云名“滕”。邢，即今河北邢台。今邢台西南约三公里东先贤村一带有商城遗址，《夏商周断代工程报告》以为属商代前期之城邑。

④《仲丁》书阙不具：仲丁，即中丁。梁玉绳曰：“《逸书》有《仲丁篇》，故云。然此句当在前文‘帝中丁崩’之上，不应置‘外壬’时也。”

⑤河亶甲崩，子帝祖乙立：梁玉绳曰：“《人表》谓是弟，不知孰是。”按，依卜辞，祖乙是中丁之子，卜辞称祖乙为“中宗”。王国维曰：“此辞称祖乙为‘中宗’，全与古来说《尚书》之家违异，唯《太平御览》引《竹书纪年》曰‘祖乙滕即位，是为中宗，居庇’。今本《竹书纪年》注云：‘祖乙之世，商道复兴，号为中宗。’今由此断片知《纪年》是，而古今《尚书》家非也。《史记·殷本纪》以太甲为‘太宗’，大戊为‘中宗’，武丁为‘高宗’，此本《尚书》今文家说；今征之卜辞，由太甲、祖乙往往并祭，而大戊不与焉。”

⑥祖辛：《竹书纪年》云名“旦”。

⑦是为帝沃甲：《索隐》曰：“《系本》作‘开甲’也。”按，《竹书纪年》亦作“开甲”，名“踰”。

⑧祖丁:《竹书纪年》云名“新”。

⑨立弟沃甲之子南庚:泷川引中井曰:“‘弟’字当衍。”据《竹书纪年》南庚名“更”。

⑩阳甲:卜辞作“羊甲”。《竹书纪年》云名“和”。郭璞注《大荒北经》引作“和甲”。

⑪废適而更立诸弟,弟、子或争相代立:底本作“废適而更立诸弟子,弟子或争相代立”。上“弟子”应作“弟”,“子”字涉下文而衍。盖谓由于传位于“弟”,而引起“弟”与“子”之相争。今据削“子”字。

⑫比:连续。

【译文】

中宗去世后,其子中丁继位。殷帝中丁将国都迁往隞邑,后来河亶甲将都城迁到相邑,祖乙又将都城迁到邢邑。帝中丁死后,其弟外壬继位,这就是帝外壬。相关事迹,《仲丁》一书曾有记载,但现已残佚不存。帝外壬死后,其弟河亶甲继位,这就是帝河亶甲。帝河亶甲在位时,殷朝再次衰败。帝河亶甲死后,子祖乙继位。帝祖乙继位后,殷朝重又复兴,当时有巫贤居官任职。帝祖乙死后,子祖辛继位。帝祖辛死后,其弟沃甲继位,这就是帝沃甲。帝沃甲死后,立其兄祖辛的儿子祖丁为帝,这就是帝祖丁。帝祖丁死后,立沃甲的儿子南庚为帝,这就是帝南庚。帝南庚死后,祖丁的儿子阳甲继位,这就是帝阳甲。帝阳甲在位期间,殷朝衰败。自帝中丁以来,常废嫡子而改立弟弟,弟弟和儿子有时为了取得王位而互相争斗,造成了连续九代的混乱,于是诸侯无人再来朝觐。

帝阳甲崩,弟盘庚立①,是为帝盘庚。帝盘庚之时,殷已都河北,盘庚渡河南,复居成汤之故居②。乃五迁,无定处③。殷民咨胥皆怨④,不欲徙。盘庚乃告谕诸侯大臣曰:“昔高后成汤与尔之先祖俱定天下⑤,法则可修⑥。舍而弗勉，何以成德！”乃遂涉河南，治亳⑦，行汤之政。然后百姓由宁，殷道复兴⑧，诸侯来朝，以其遵成汤之德也。

【注释】

①盘庚：《竹书纪年》云名“旬”。

②成汤之故居：即汤之亳都，今河南偃师商城或郑州商城。

③乃五迁，无定处：指自汤至盘庚共迁都五次。梁玉绳以为此五迁为“仲丁元年迁嚣，河亶甲元年迁相，祖乙元年迁耿，二年圮于耿迁庇，南庚三年迁奄”。现代历史家亦同此说。

④咨胥皆怨：皆叹息、埋怨。咨，叹息，哀叹。胥，皆。

⑤高后：伟大的先王。

⑥修：循，遵循。

⑦乃遂涉河南，治亳：治亳，以亳为都城。按，史公谓盘庚此迁，乃自河北迁往河南，并居于亳；而据《竹书纪年》，乃谓盘庚是由黄河东南的奄（今山东曲阜）迁往黄河以北的殷墟（今河南安阳西北小屯村）。现代历史家多从后说。

⑧殷道复兴：《夏商周断代工程阶段性成果报告》系盘庚迁殷于前1300年，并说：“商后期从盘庚迁殷到帝辛（纣），共八世十二王，据古本《竹书纪年》均都于殷，即今河南安阳殷墟。”今之“殷墟”首先以清朝末年出土大批甲骨文而闻名世界，随后自1928年以来先后对之进行了多次发掘，取得了许多重大成果。杨育彬说：“安阳殷墟最重要的发现莫过于甲骨文了，这些刻在龟甲兽骨上的比较成熟的文字，记载了殷代社会各方面的情况。1971年在殷墟发掘出三组二十一片作占卜用的完整的牛胛骨，其中十片有刻辞，最多的一片达六十个字，是关于殷代王室祭祀的记载；1973年在小屯村南又发掘出四千八百多片甲骨，内容相当广泛，包括祭祀、天象、田猎、旬夕、农业、征伐、王事等，为研究当时的

社会情况提供了新的重要资料。1991年9月在殷墟花园庄东一百米处发掘了一个甲骨坑，已经清理出甲骨八百五十六片，其中完整卜甲有三百多版，刻有卜辞的整甲有九十多版，上刻一至二字或数十字或二百余字，内容涉及祭祀和田猎等，对研究甲骨文分期及殷墟历史都有重大价值。”《夏商周断代工程阶段性成果报告》曰：“殷墟于十九世纪末发现甲骨文，闻名世界，1928年开始发掘，是中国考古工作延续最久的遗址。根据以殷墟为基点的商后期文化的分期研究，以及甲骨文天象记录和商代历法的研究结合科技测年，可以基本确立商后期各王的年代表。”

【译文】

帝阳甲死后，他的弟弟盘庚即位，这就是帝盘庚。盘庚即位时，殷朝建都在黄河以北，盘庚渡到黄河以南，又迁回到成汤的故居亳都。从成汤到盘庚，五次迁都，一直没有安定下来。所以殷朝的民众都怨声载道，不愿迁徙。盘庚于是告谕诸侯大臣说：“从前伟大的成汤和你们的先祖一起平定天下，他们制定的法则应该继续遵循。如果舍弃这些而不努力，那怎能成就德业呢！”这样，才渡过黄河，南迁到亳，修缮成汤的故居，遵行成汤的政令。此后，百姓渐渐安定，殷朝的国运重又昌盛，诸侯都来朝贡，这是因为盘庚遵循了成汤德政的缘故。

帝盘庚崩，弟小辛立①，是为帝小辛。帝小辛立，殷复衰。百姓思盘庚，乃作《盘庚》三篇②。帝小辛崩，弟小乙立③，是为帝小乙。

【注释】

①小辛：《竹书纪年》云名“颂”。

②百姓思盘庚，乃作《盘庚》三篇：孔颖达曰：“盘庚将欲迁居，而治于亳之殷治，民皆恋其故居，不欲移徙，咨嗟忧愁，相与怨上，盘庚

以言辞诰之。史叙其事，作《盘庚》三篇。”按，《盘庚》三篇本为告谕不欲迁都的臣民而作，前文已略言大旨，此不当又云在殷衰后思盘庚而作。

③小乙：《竹书纪年》云名“敛”。据《夏商周年表》，帝小辛、帝小乙的在位时间在前1300至前1251年之间。

【译文】

帝盘庚死后，其弟小辛继位，这就是帝小辛。帝小辛在位期间，殷朝又渐渐衰落，人们思念盘庚，于是作《盘庚》三篇。帝小辛死后，其弟小乙继位，这就是帝小乙。

帝小乙崩，子帝武丁立①。帝武丁即位，思复兴殷，而未得其佐。三年不言，政事决定于冢宰，以观国风②。武丁夜梦得圣人，名曰说③。以梦所见视群臣百吏，皆非也。于是乃使百工营求之野④，得说于傅险中⑤。是时说为胥靡，筑于傅险⑥。见于武丁⑦，武丁曰是也。得而与之语，果圣人，举以为相，殷国大治。故遂以傅险姓之，号曰傅说⑧。

【注释】

①武丁：《竹书纪年》云名“昭”。《夏商周年表》系武丁在位的年代为前1250—前1192年。

②三年不言，政事决定于冢宰，以观国风：以下采自《尚书·无逸》《论语·雍也》。冢宰，太宰，即后来的宰相。以观国风，亲自考察国家的风气、民情。

③名曰说（yuè）：名字叫“说”。

④百工：即“百官”。营求之野：营求，即寻求。孔安国、孔颖达释“营”为“经”“经营”。《正义佚存》曰：“营，谓刻画所梦之形象，

于野外求之。”意思生动，但训诂依据不足。

⑤傅险：地名。在今山西平陆东。

⑥是时说为胥靡，筑于傅险：孔安国曰：“傅氏之岩在虞虢之界，通道所经，有涧水坏道，常使胥靡刑人筑护此道。说贤而隐，代胥靡筑之以供食。”据史文，傅说即“胥靡”也，与晏子所赎之越石父同。孔安国为维护傅说之清白形象，故增辞巧为之说。《吕氏春秋·求人》、屈原《离骚》、贾谊《鸟赋》，均谓傅说是刑徒。胥靡，泷川引中井曰：“‘靡’‘縻’通，刑人以索相连，累累相属也。”即后世之苦役犯。筑，修路。

⑦见于武丁：谓寻得傅说之“百工”将傅说见之于武丁。

⑧故遂以傅险姓之，号曰傅说：郭嵩焘曰：“此史公取《国语·楚语》《孟子·告子》申明《尚书》之文，便曲尽一种逸趣。”杨慎曰：“武丁尝居民间，已知说之贤矣，一旦欲举而加之臣民之上，人未必帖然以听也，故征之于梦焉。盖商俗质而信鬼，因民之所信而导之，是圣人所以成务之几也。”

【译文】

帝小乙死后，其子武丁继位。帝武丁即位后，想再度振兴殷朝，但没有找到得力的辅佐。于是武丁三年不发表政见，政务全由冢宰决定，自己则四处考察国风民情。武丁夜里做梦，梦到一位圣人，名叫“说”。他按照梦中所见的样貌，对照群臣百官，全都不是。于是就派百官到民间寻找，结果在傅险找到了说。当时说正服劳役，在傅险修路。百官带他去见武丁，武丁说就是他。找到说后，武丁和他交谈，发现他果真是位贤圣之人，就举用他担任宰相，殷朝得到了绝好的治理。因此武丁就把傅险的“傅”作为他的姓氏，称他为傅说。

帝武丁祭成汤，明日，有飞雉登鼎耳而呴，武丁惧①。祖己曰②：“王勿忧，先修政事。”祖己乃训王曰：“唯天监下，典厥义[3]，降年有永有不永[4]，非天夭民，中绝其命[5]。民有不若德，不听罪[6]，天既附命正厥德[7]，乃曰‘其奈何’[8]。呜呼！王嗣敬民[9]，罔非天继[10]，常祀毋礼于弃道[11]。”武丁修政行德，天下咸欢，殷道复兴。

【注释】

①有飞雉登鼎耳而呴（gòu），武丁惧：因事出非常，疑有大变，故惧。按，此与前文“祥桑榖生于朝”事雷同。雉，野鸡。呴，野鸡鸣。

②祖己：当时的贤臣。

③唯天监下，典厥义：《集解》引孔安国曰：“言天视下民，以义为常也。”梁玉绳曰：“‘民’谓高宗，盖对天而言，天子亦‘民’也。”典厥义，监督帝王的言行是否合乎道义。典，掌管，此指监督。

④降年：上天赋予帝王的寿命。

⑤非天夭民，中绝其命：意谓并不是上天故意缩短了最初赋予的某一帝王的寿命，让他中途丧命。夭，摧折。这里指缩短其寿命。按，《尚书》原文作“非天夭民，民中绝命”，不是上天让他短命，而是他自己作孽断送了性命，即“自作孽，不可活”之意。史文不及原文。

⑥民有不若德，不听罪：有的帝王没有好的品德，且不改过、不服罪。不若，不顺。不听，不服。《集解》引孔安国曰：“不顺德，言无义也。不服罪，不改修也。”

⑦附命正厥德：根据帝王的实际品德决定对他的惩罚。附命，授予天命。此指决定其赏罚。《书集传》曰：“以妖孽为符信而谴告之也。”刘沅《书经恒解》曰：“以义行其赏罚，是天信其命也。”附，通“付”。《尚书》作“孚命”。孙星衍疏：“孚，汉《熹平石经》作‘付’，与《史记》合，是今古文皆作‘付’也。《汉书·孔光传》引

《经》亦作‘付’。”

⑧乃曰“其奈何”：旧注以为此是祖己对武丁语，与后文相连，乃自问自答，意谓“那我们该怎么办呢”？近人则有将此句与上文相连，谓有些帝王当遭到上天惩罚时，才说“那怎么办呢”。

⑨王嗣敬民：王的职责就是认真对待百姓的事。《书集传》曰：“王之职，主于敬民而已。”嗣，《尚书》作“司”，主持，掌管。敬，认真对待。

⑩罔非天继：《尚书》作“罔非天胤”。意谓做到这些的人就是上天的后代。罔非，无非，没有一个不是。

⑪常祀毋礼于弃道：在经常祭祀的时候，不要失礼，不要背道。《尚书》作“典祀无丰于昵”，即不要对与自己亲近的神灵祭祀分外丰厚。按，以上祖己借雉鸣鼎耳以教导武丁事，采自《尚书·高宗肜日》。其序云：“高宗祭成汤，有飞雉升鼎耳而呴，祖己训诸王，作《高宗肜日》《高宗之训》。”按，裘锡圭曰：“依甲骨卜辞，只有后人肜祭高宗才能名‘高宗肜日’。‘惧’者是祭祀人祖庚。祖己所训之王是祖庚，而非武丁。”后文蒋善国说可与此参证。

【译文】

武丁到太庙祭祀成汤的第二天，有只野鸡飞到鼎耳上鸣叫，武丁为此惊惧不安。祖己说：“大王不必担忧，您只管先办好政事。”祖己进而训导武丁说：“上天监督帝王的言行是否合乎道义，赐予帝王们的寿命有长有短，并非上天成心使他们夭折，中途断送他们的性命。有的帝王没有美好的品德，还不改过、不服罪，上天既已根据他们的实际品德决定对其惩罚，这时他们才说‘我该怎么办呢’，那就为时已晚了。唉！大王的职责就是认真对待百姓的事，做到这一点的无不是上天的后代，在祭祀的时候，不要违背礼节，不要背弃道义，那就不会有什么灾难降临。”武丁从此修明政治，施行仁德，天下臣民无不欣悦，殷朝的国运重新昌盛起来。

帝武丁崩①，子帝祖庚立②。祖己嘉武丁之以祥雉为德，立其庙为高宗，遂作《高宗肜日》及《训》[③]。帝祖庚崩，弟祖甲立[④]，是为帝甲。帝甲淫乱，殷复衰[⑤]。帝甲崩，子帝廪辛立。帝廪辛崩[⑥]，弟庚丁立[⑦]，是为帝庚丁。帝庚丁崩，子帝武乙立[⑧]。殷复去亳，徙河北[⑨]。

【注释】

①帝武丁崩：《尚书·无逸》："高宗之享国五十有九年。"今《夏商周年表》系武丁在位的时间为前1250—前1192年。又，1976年在殷墟发现了"妇好墓"，"妇好"是商王武丁的配偶，"妇好墓"是目前为止唯一未遭盗掘的商代王室墓葬，从中出土各种随葬品一千九百多件，是殷墟古墓中出土文物最多的一座。据卜辞记载，"妇好"当年曾率领一万三千人讨伐羌方，是我国古代最早、最杰出的巾帼英雄。但也有人说"妇好"是当时一个部族的名称。

②祖庚：严一萍曰："影宋本《御览》八十三《皇王部》引古本《纪年》曰：'祖庚名跃'。"

③遂作《高宗肜日》及《训》：所谓"训"者即《高宗之训》，原文已佚。王若虚曰："此篇（《高宗肜日》）即祖己训王之词，其曰'高宗'者，史臣追称耳，诸篇之体皆然。而云'武丁既没，祖己嘉之'而作，谬矣。"马持盈《史记今注》曰："祭之明日又祭，殷曰'肜'，周曰'绎'。肜，音融，祭名。祖庚祭高宗之日，故曰《高宗肜日》。前一段文字，即《高宗肜日》之文，而司马迁以为是高宗祭成汤之文字。这一段文字又以为是祖庚祭高宗之文字，前后两段文字显然矛盾。前一段是祖己对高宗生前之语，这一段是祖己对高宗死后之辞，显系错乱。"蒋善国《尚书综述》对此解释说："金履祥、邹季友、刘三吾等都说《高宗肜日》是祖庚祭祀高宗，祖己训祖庚而作。""可能祖己在高宗肜日追说他在武丁祭成汤时有

雉在鼎耳上叫唤，曾劝武丁修德，因而中兴，作训来训祖庚。”

④祖甲：《竹书纪年》云名“载”。徐中舒曰：“《无逸》之‘祖甲’当即‘太甲’。后人见《殷本纪》祖甲为武丁子，故移于高宗下。不知殷人祀典，凡祖以上皆可称‘祖’，其‘大’‘中’‘小’皆后人分别之词，非固有之称，故‘大甲’亦称‘祖甲’。”

⑤帝甲淫乱，殷复衰：《国语·鲁语》中有所谓“帝甲乱之，七世而殒”，此史公之所本也；然《尚书·无逸》云：“其在祖甲，不义惟王，旧为小人。作其即位，爰知小人之依，能保惠于庶民，不敢侮鳏寡，肆祖甲之享国三十有三年。”完全是歌颂祖甲。梁玉绳曰：“周公以祖甲与中宗、高宗、文王并称迪哲，安得以为淫乱衰殷？《纪》及《世表》同误。”

⑥廪辛：《索隐》引《汉书·古今人表》与《帝王世纪》作“冯辛”；梁玉绳校以《竹书记年》亦作“冯辛”，以为此与《三代世表》作“廪辛”皆误。按，卜辞作“祖辛”。

⑦庚丁：《竹书纪年》云名“嚣”。王国维以为“庚丁”应作“康丁”。今《夏商周年表》亦改作“康丁”。并系祖庚、祖甲、廪辛、康丁四人的在位时间在前1191—前1148年之间。

⑧武乙：《竹书纪年》云名“瞿”，今《夏商周年表》系其在位时间为前1147—前1113年。

⑨殷复去亳，徙河北：《正义》引《竹书纪年》谓“自盘庚徙殷，至纣之灭，七百七十三年，更不徙都”。按，曰“七百七十三年”固误，然谓自盘庚迁殷（今河南安阳西北小屯村）后，商朝更未迁都，则现代考古学者多从之。《史记》前云盘庚迁亳，现又云武乙“去亳，徙河北”，皆误。

【译文】

帝武丁死后，其子祖庚继位。祖己称许武丁因野鸡之鸣而注重修养品德，于是为武丁建庙，称之为高宗，并作《高宗肜日》及《高宗之训》。

帝祖庚死后，其弟祖甲继位，这就是帝甲。帝甲荒淫乱法，殷朝于是又衰败了。帝甲死后，其子廪辛继位。帝廪辛死后，其弟庚丁继位，这就是帝庚丁。帝庚丁死后，其子武乙继位。殷朝又离开亳邑，迁往黄河以北。

帝武乙无道，为偶人[①]，谓之天神。与之博[②]，令人为行，天神不胜，乃僇辱之[③]。为革囊，盛血，卬而射之[④]，命曰“射天”。武乙猎于河渭之间，暴雷，武乙震死[⑤]。子帝太丁立[⑥]。帝太丁崩，子帝乙立。帝乙立，殷益衰[⑦]。

帝乙长子曰微子启[⑧]，启母贱，不得嗣[⑨]。少子辛，辛母正后，辛为嗣。帝乙崩，子辛立，是为帝辛，天下谓之纣[⑩]。

【注释】

①偶人：即木偶、土偶之类。

②博：指博戏，又叫局戏，为古代的一种游戏，六箸十二棋。

③僇辱：侮辱。

④卬而射之：向上仰射。卬，通“仰”。

⑤武乙猎于河渭之间，暴雷，武乙震死：钱穆认为武乙可能是被河渭间人谋杀，曰：“或武乙之暴雷震死于河渭之间，殆如周昭王之南征而不复也。”河渭之间，应在今陕西大荔一带黄河与渭水的夹角地区。

⑥子帝太丁立：雷学淇《义证》曰：“太丁，乃太甲之父，虽未得立，庙祀存焉。商不宜有二‘太丁’，‘太’‘文’字形似，故误。”按，《三代世表》亦误。据《竹书纪年》，文丁名“托”。今《夏商周年表》改“太丁”作“文丁”，系其在位时间为前1112—前1102年。

⑦帝乙立，殷益衰：梁玉绳曰：“《书·酒诰》曰：‘自成汤咸至于帝乙，成王畏相’。《多士》曰：‘自成汤至于帝乙，罔不明德恤祀。’《易》亦屡称称帝乙，是固殷之贤君也，奈何以为殷由之益衰乎？

此《纪》与《世表》同误。”按,《尚书·无逸》中亦有“自时(祖甲)厥后,立王生则逸。生则逸,不知稼穑之艰难,不闻小人之劳,惟耽乐之从”之语,盖各篇中的说法固有不同。商末金文和周原甲骨文称“文武帝乙”,帝乙,《竹书纪年》云名“羡”。《夏商周年表》系帝乙在位的时间为前1101—前1076年。

⑧微子启:《索隐》曰:“微,国号。爵为子。启,名也。”事迹参见《宋微子世家》。《宋微子世家》作“微子开”,乃为避景帝讳而改。

⑨启母贱,不得嗣:《索隐》曰:“此以启与纣异母,而郑玄称为同母,依《吕氏春秋》,言母当生启时犹未正立,及生纣时始正为妃,故启大而庶,纣小而嫡。”梁玉绳认为《吕氏春秋》不合情理,不足据。

⑩天下谓之纣:《集解》引《谥法》曰:“残义损善曰纣。”梁玉绳曰:“纣有二名,曰辛者,殷以生日名子也;曰受者,别立嘉名也。……史不书名受,偶不及也。”而认为“纣”为号,而非谥。按,今《历史大辞典》称之曰:“名‘纣’,或作‘受’,‘帝辛’是庙号。”据《夏商周年表》,纣继位为帝之年为前1075年。

【译文】

帝武乙荒唐无道,曾制作了个偶人,说它是天神。武乙和这个天神的偶人博戏,他让人替天神偶人下棋,天神输了,武乙就侮辱它。武乙又制作了一个皮囊,里面盛满血,仰天射囊,说这是“射天”。武乙到河渭之间打猎,遇着打雷,被雷击死。其子太丁继位。帝太丁死后,其子乙继位。帝乙在位期间,殷朝越发衰败了。

帝乙的长子叫微子启,启的母亲出身低贱,因此启不可以继位。少子叫辛,辛的母亲是正王后,所以辛是帝乙的继承人。帝乙死后,其子辛继位,这就是帝辛,天下都叫他“纣”。

帝纣资辨捷疾①,闻见甚敏②;材力过人③,手格猛兽④;知足以距谏,言足以饰非⑤;矜人臣以能,高天下以声,以为皆出己之下。好酒淫乐，嬖于妇人，爱妲己，妲己之言是从[6]。于是使师涓作新淫声[7]，北里之舞，靡靡之乐[8]。厚赋税以实鹿台之钱[9]，而盈钜桥之粟[10]。益收狗马奇物，充仞宫室。益广沙丘苑台[11]，多取野兽蜚鸟置其中。慢于鬼神。大冣乐戏于沙丘[12]，以酒为池，县肉为林[13]，使男女倮相逐其间[14]，为长夜之饮[15]。

【注释】

①资：天资，素质。辨：视觉敏锐，灵敏。此泛指灵敏、聪明。捷疾：指反应快。

②闻见甚敏：接受、理解能力强。

③材力：力气，勇力。

④手格猛兽：《正义》引《帝王世纪》云："纣倒曳九牛，抚梁易柱也。"凌稚隆曰："《论衡》云：'纣力能索铁伸钩，抚梁易柱'，言其多力也。"李光缙曰："《墨子》云：'纣生捕兕虎，指画杀人；费仲恶来，足走千里，手制兕虎。'皆一时巧相会，故能同恶相济。"

⑤知足以距谏，言足以饰非：此套语，史公又用于张汤，见《酷吏列传》；又用于胶西王端，见《五宗世家》。知，同"智"，智慧。距，通"拒"，抗拒。

⑥妲（dá）己之言是从：按，句首应增"惟"字读，《尚书·牧誓》"今商王受，惟妇言是用"，正有"惟"字。妲己，《索隐》引《国语》曰："有苏氏女，妲字己姓也。"按，《国语·晋语》云："殷辛伐有苏，有苏氏以妲己女焉……与胶鬲比而亡殷。"

⑦师涓：梁玉绳曰："《韩非子·十过》《释名》《水经注》八、《拾遗记》皆作'师延'，是也。"师涓，春秋时卫灵公（前534—前493年在位）的乐师。

⑧北里之舞，靡靡之乐：泷川曰："《淮南子·原道训》：'耳听朝歌、北鄙靡靡之乐。'北鄙即北里。"靡靡之乐，柔弱、颓靡的音乐。

⑨鹿台：台名。《集解》引如淳曰："《新序》云鹿台，其大三里，高千尺。"按，鹿台遗址在今河南淇县朝歌镇南，面积十三万平方米，文化层厚一米多。

⑩钜桥：古仓名。在今河北平乡东南古衡漳水东岸。因仓侧水上有桥而得名。钱穆以为在今河南浚县西。

⑪沙丘：离宫名。在今河北平乡东北，战国时属赵，赵武灵王饿死于此，后秦始皇东巡又死于此。

⑫大冣（jù）：大量聚集。冣，同"聚"。乐戏：犹乐妓。指歌舞艺人。

⑬以酒为池，县肉为林：王叔岷说："案《御览》六七八引《尸子》云：'桀纣纵饮长乐，以苦百姓。六马登糟丘，方舟泛酒池。'……《论衡·语增篇》：'《传》语曰：纣沉湎于酒，以糟为丘，以酒为池。牛饮者三千人。'又云：'《传》又言：纣悬肉以为林。'"县，同"悬"。

⑭倮（luǒ）：同"裸"。

⑮为长夜之饮：柯维骐《史记考要》曰："纣为淫乐，以百二十日为一夜，谓之长夜饮。车行酒，骑行炙，纣醉而忘其日辰甲子。"钱穆曰："自盘庚至帝辛七世十二帝，此一期大率当过二百年，故至商纣时商邑日大。南距朝歌，北据邯郸及沙丘，皆为离宫别馆。左饮淇水竭，右饮洹水不流，其盛况可想。"

【译文】

帝纣天资明辨敏捷，耳目甚为灵敏；勇力超常出众，能徒手与猛兽格斗；他的才智足以拒阻任何劝谏，口才足以帮他文过饰非；他喜欢以才能骄矜群臣，用名声压倒天下，认为所有人都不如自己。他喜欢饮酒作乐，贪恋女色，尤其宠爱妲己，只听妲己的话。他让师涓谱写放荡的新曲，用北里的猥亵之舞配合这种靡靡之乐。他横征暴敛，以求填满鹿台的钱库和钜桥的粮仓。他搜求各种各样的狗马奇物，塞满宫室。他扩建沙丘的亭台园圃，捕获大量的野兽飞鸟，投放其中。他怠慢鬼神，从不敬畏。他在沙丘大搞舞乐杂技等表演，用酒灌成池沼，把肉悬挂成林，让男男女女裸身追逐嬉戏，欢饮取乐，彻夜不息。

百姓怨望而诸侯有畔者[①]，于是纣乃重刑辟[②]，有炮格之法[③]。以西伯昌、九侯、鄂侯为三公[④]。九侯有好女，入之纣。九侯女不憙淫[⑤]，纣怒，杀之，而醢九侯[⑥]。鄂侯争之强，辨之疾，并脯鄂侯[⑦]。西伯昌闻之，窃叹。崇侯虎知之[⑧]，以告纣，纣囚西伯羑里[⑨]。西伯之臣闳夭之徒[⑩]，求美女、奇物、善马以献纣，纣乃赦西伯。西伯出而献洛西之地，以请除炮格之刑[⑪]。纣乃许之，赐弓矢斧钺[⑫]，使得征伐，为西伯。而用费中为政[⑬]。费中善谀，好利，殷人弗亲。纣又用恶来[⑭]。恶来善毁谗，诸侯以此益疏。

【注释】

①怨望：怨恨。望，怨恨，责怪。畔：通“叛”。

②刑辟：刑法。辟，法。

③炮格：刑具名。《索隐》引邹诞生曰：“为铜格，炊炭其下，使罪人步其上。”《集解》：“《列女传》曰：‘膏铜柱，下加之炭，令有罪者行焉，辄坠炭中，妲己笑，名曰炮格之刑。”按，也有本作“炮烙”者，王念孙、张文虎等皆辨其非。

④西伯昌：姬昌，即日后的周文王，纣时为西方诸侯的首领。伯，方伯，一方诸侯之长。九侯：纣时的诸侯。也写作“鬼侯”，读音相近。鄂侯：纣时的诸侯。三公：朝廷里的三个最高长官，周时称司徒、司马、司空。

⑤憙（xǐ）：同“喜”。

⑥醢（hǎi）：古代酷刑。将人剁成肉酱。

⑦脯：肉干。这里指做成肉干。

⑧崇侯虎：崇国的诸侯名虎。崇，在今河南嵩县北，故鲧之封地。

⑨羑（yǒu）里：又作"牖里"。地名。在今河南汤阴西北。《正义》引《帝王世纪》云："囚文王，文王之长子曰伯邑考质于殷，为纣御，纣烹为羹，赐文王，曰：'圣人当不食其子羹。'文王食之。纣曰：'谁谓西伯圣者？食其子羹尚不知也。'"

⑩闳夭之徒：据《齐太公世家》，指闳夭、散宜生、姜尚。闳夭，周文王的重要辅臣。事迹参见《周本纪》。《淮南子·道应训》："散宜生乃以千金求天下之珍怪，得驺虞、鸡斯之乘，玄玉百工，大贝百朋，玄豹、黄罴、青豻、白虎文皮千合，以献于纣，因费仲而通，纣见而说之，乃免其身。"

⑪西伯出而献洛西之地，以请除炮格之刑：《韩非子》曰："请入洛西之地、赤壤之国，方千里，以解炮格之刑，天下皆说。仲尼闻之曰：'仁哉文王！轻千里之国而请解炮格之刑。智哉文王！出千里之地而得天下之心。'"洛西，洛水之西，即今陕西白水、铜川等旧时周国土地。

⑫弓矢斧钺：诸侯拥有征伐之权的象征。

⑬费中：也作"费仲"。《正义》曰："费，姓；仲，名也。"

⑭恶来：蜚廉之子。"恶来有力，蜚廉善走，父子俱以材力事殷纣"，事见《秦本纪》。

【译文】

对此，百姓怨恨有加，诸侯也有反叛的，于是帝纣就加重刑罚，用一种名为"炮格"的残酷刑罚，来吓阻民众。他任命西伯昌、九侯、鄂侯为三公。九侯有个漂亮女儿，献给了帝纣。九侯的女儿不喜欢淫荡，帝纣就发怒把她杀了，还把九侯剁成了肉酱。鄂侯为此事跟帝纣争辩，言词激烈，帝纣杀了鄂侯，还把他制成肉干。西伯昌听说后，暗自叹息。崇侯虎向帝纣告密，帝纣便把西伯昌囚禁在羑里。西伯昌的臣子闳夭等人投帝纣所好，搜求美女、珍宝、良马，进献给帝纣，帝纣这才赦免了西伯昌。西伯昌出狱后，把洛水以西的地盘献给帝纣，请求废除炮格之刑。帝纣答应了，并赐给他弓矢斧钺，授予他征伐之权，让他充当西方的诸侯之长。帝纣任用费中主持国政。费中善于奉承，好谋私利，殷人都不肯亲近他。帝纣又任用恶来。恶来好进谗言，诋毁他人，诸侯因此与帝纣越发疏远。

西伯归，乃阴修德行善①，诸侯多叛纣而往归西伯。西伯滋大，纣由是稍失权重。王子比干谏②，弗听。商容贤者③，百姓爱之，纣废之。及西伯伐饥国④，灭之，纣之臣祖伊闻之而咎周⑤，恐，奔告纣曰："天既讫我殷命，假人元龟，无敢知吉⑥。非先王不相我后人⑦，维王淫虐用自绝，故天弃我，不有安食⑧。不虞知天性⑨，不迪率典⑩。今我民罔不欲丧，曰：'天曷不降威，大命胡不至⑪？'今王其奈何？"纣曰："我生不有命在天乎⑫！"祖伊反⑬，曰："纣不可谏矣⑭。"西伯既卒，周武王之东伐，至盟津⑮，诸侯叛殷会周者八百。诸侯皆曰："纣可伐矣。"武王曰："尔未知天命。"乃复归⑯。

【注释】

①西伯归，乃阴修德行善：《齐太公世家》云："周西伯昌之脱羑里归，与吕尚阴谋修德以倾商政，其事多兵权与奇计。"梁玉绳曰："殷、周两纪及《齐世家》皆言西伯、吕尚阴谋修德，行善以倾商。夫德非倾人之事，亦非阴谋所能为，若果如是，又何以为文王、太公？"按，史公之称文王、太公等"阴谋修德"，正以见其深知政治斗争内幕，而不似后世书生之迂腐而迷信"圣人"。

②王子比干:《宋微子世家》云王子比干为纣之亲戚。又有云比干为商王太丁之子,商纣王之叔。亦有云为纣王之弟兄。

③商容:纣王时曾任典礼乐之官,知礼达义,为百姓敬爱。后被纣王免职。

④饥国:古国名。《周本纪》作"耆",《宋微子世家》作"几",实即一国。在今山西长治西南。按,《周本纪》记西伯归周后,有"伐犬戎""伐密须""败耆国"等一系列活动。有曰"耆"即"黎",梁玉绳力辨其非,以为"耆""黎"为两国,故《竹书纪年》载纣三十四年,"周师取耆";四十一年,"西伯昌薨";四十四年,"西伯发伐黎",灼然两事。"黎者,商畿内诸侯也","武王戡黎者,或者以警纣,而终莫之悛,所以有孟津之师与?"

⑤祖伊:纣王的贤臣。《集解》引孔安国说为祖乙后代。咎周:责怪周征讨他国。

⑥假人元龟,无敢知吉:孔安国曰:"至人以人事观殷,大龟以神灵考之,皆无知吉者。"假人,至人,贤人。《尚书》作"格人",孔颖达疏为"有所识解者",指有见识、能认清客观形势的人。元龟,用以占卜的大龟。此处指用龟甲占卜。无敢知吉,主语即"假人"和"元龟"。

⑦相:助,保佑。

⑧不有安食:即商朝的宗庙不能再平安地享受祭祀。

⑨虞:忧虑,忧患。知:体会,体察。天性:天命。

⑩不迪率典:行事不遵循先王的常道。迪,蹈,行。率,遵循。典,常道,准则。

⑪大命:指上天让商王死的命令。孔安国认为指新的得天命的王者,亦通。胡:何。

⑫我生不有命在天乎:孔安国曰:"我生有寿命在天,民之所言岂能害我?"

⑬反：同“返”。指祖伊从纣王处出来。

⑭纣不可谏矣：按，以上祖伊谏纣事，见《尚书·西伯戡黎》。梁玉绳因认为“黎”“耆”为两国，故以为此史公“误以《西伯戡黎》之篇载于伐耆下”。

⑮盟津：一作“孟津”。古黄河渡口名。在今河南孟津东北、孟州西南黄河上。

⑯乃复归：梁玉绳曰：“殷、周两纪、《月表》《齐世家》《汉律历志》《竹书》俱称武王观兵孟津而归，居二年乃伐纣……盖本于汉初伪《泰誓》也。……然《中庸》称‘一戎衣而有天下’，即《史》载刘敬说高帝亦云‘武王伐纣，不期而会孟津之上八百诸侯，皆曰“纣可伐矣”，遂灭殷’。故宋儒均言武王无还师再举之事。”

【译文】

西伯昌回国后，就暗中修德行善，诸侯中有不少背叛帝纣的人都来归附西伯昌。西伯昌的势力逐渐强大起来，帝纣的权威则从此渐渐减弱。王子比干进谏，帝纣不从。商容是当世的贤者，深受百姓拥戴，但帝纣却废弃不用商容。等到西伯昌讨伐饥国，消灭饥国后，帝纣的大臣祖伊听闻之下，斥责周国肆意征伐，无法控制，心中惶恐，就赶忙跑去向帝纣报告说：“上天已经终止了我们殷朝的国运，能看清形势的人和所有的占卜结果都认为我们没什么吉祥可言。不是先祖不庇佑我们，而是因为大王您荒淫暴虐自绝于天，所以上天抛弃了我们，让商朝的宗庙不能再安享祭祀。您至今还不体察上天的意旨，还不遵循先王的纲常旧典。如今百姓没有一个不盼望商朝灭亡的，他们说：‘上天为什么不显示威灵，商王的死期为什么还不到来？’大王您打算怎么应对呢？”帝纣说：“我生下来不是有命在天的吗！”祖伊回去后，说：“纣王已经听不进劝谏了。”西伯昌死后，周武王率师东伐，到了孟津，诸侯背叛殷朝前来与周武王汇合的足有八百个。诸侯都说：“可以讨伐殷纣了。”周武王说：“你们还不完全清楚天命。”于是就返回了周地。

纣愈淫乱不止。微子数谏不听，乃与大师、少师谋[①]，遂去。比干曰："为人臣者，不得不以死争。"乃强谏纣。纣怒曰："吾闻圣人心有七窍。"剖比干，观其心[②]。箕子惧[③]，乃详狂为奴，纣又囚之。殷之大师、少师乃持其祭乐器奔周[④]。周武王于是遂率诸侯伐纣，纣亦发兵距之牧野[⑤]。甲子日[⑥]，纣兵败。纣走入登鹿台[⑦]，衣其宝玉衣，赴火而死[⑧]。周武王遂斩纣头，县之大白旗[⑨]，杀妲己。释箕子之囚，封比干之墓[⑩]，表商容之间[⑪]。封纣子武庚禄父，以续殷祀，令修行盘庚之政[⑫]。殷民大说。于是周武王为天子。其后世贬帝号，号为王[⑬]。而封殷后为诸侯，属周[⑭]。

周武王崩[⑮]，武庚与管叔、蔡叔作乱[⑯]，成王命周公诛之[⑰]，而立微子于宋，以续殷后焉[⑱]。

【注释】

①大师、少师：大师，即太师。商朝乐官之长。少师为太师之副。据《周本纪》，大师名"疵"，少师名"彊"。

②剖比干，观其心：《正义》引《括地志》云："比干见微子去，箕子狂，乃叹曰：'主过不谏，非忠也。畏死不言，非勇也。过则谏，不用则死，忠之至也。'进谏不去者三日。纣问：'何以自持？'比干曰：'修善行仁，以义自持。'纣怒，曰：'吾闻圣人心有七窍，信诸？'遂杀比干，刳视其心也。"

③箕（jī）子：纣王之叔，有说其名为胥余。封地在箕（今山西太谷东北）。

④祭乐器：梁玉绳、崔适皆以"祭"字为衍文，《周本纪》亦曰"太师疵、少师彊抱其乐器而奔周"。王若虚曰："按《尚书·微子》篇，所谓太师、少师，即箕子、比干也。今乃言奔周，与《书》所记异

矣。而《周纪》又云:‘纣杀王子比干,囚箕子。太师疵、少师彊抱其乐器而奔周’,则迁所谓太师、少师者,其乐工邪?若《殷纪》所称亦止于乐工,则微子何至与此辈谋决去就,而此辈之奔,亦何为并持祭器乎?至《宋世家》则曰:武王克殷,微子持其祭器造于军门。前后参差,殆不可晓。”

⑤牧野:地名。在当时纣都朝歌(今河南淇县)西南。

⑥甲子日:《周本纪》作“二月甲子昧爽”,武王十一年周历二月的甲子日拂晓。《集解》引徐广曰:“(二月)一作‘正’。此建丑之月,殷之正月,周之二月也。”按,1976年陕西西安临潼区曾出土西周铜器,名曰“利簋”,高28厘米,其内底铸有铭文三十二字,其词为:“武征商,唯甲子朝,岁鼎,克昏,夙有商。辛未,王在阑次,赐右史利金,用作檀公宝尊彝。”大意为:周武王征伐殷纣,甲子那天的早上,夺得了鼎,打败了商纣,得到了商王朝。灭商后的第八天,武王在阑这个地方把青铜赐给了右史利,于是利就铸造了这件祭祀檀父的礼器。以前武王灭商这一重大事件只见于《周书》《尚书》《韩非子》等历史文献,利簋这篇铭文出自参加武王灭商的当事人之手,因此这一事件得到确凿的见证,铭文内容与历史文献的记载完全吻合。

⑦纣走入登鹿台:走、入、登三动词共带一个宾语“鹿台”,此种句式《史记》多有,可参看《高祖本纪》《匈奴列传》诸篇。

⑧衣其宝玉衣,赴火而死:《正义》引《周书》曰:“纣取天智玉琰五,环身以自焚。”据《夏商周年表》,牧野之战,武王灭商在前1046年。按,以上武王破纣灭殷事,可参见《墨子·明鬼》《荀子·正论》《尸子》《尚书·牧誓》《逸周书》之《世俘》《克殷》与《周本纪》。关于纣的死,各处说法不一。有说自焚,有说被武王所杀,且有说被擒者。据《中国文物地图集》之《河南分册》称:纣王墓在今河南淇县河口村东北之淇河西岸,面积约六百平方米,冢

高十二米。《集解》引谯周曰:“殷凡三十一世,六百余年。”严可均引宣公三年《左传》云:“桀有昏德,鼎迁于商,载祀六百。”《汉书·律历志》云:“夏四百三十二岁,殷六百二十九岁。”

⑨县之大白旗:县,同“悬”。按,纣王兵败后逃上鹿台,身缠宝玉自焚而死,及武王斩其头悬于大白旗事,见《逸周书·克殷解》。

⑩封比干之墓:封,堆土,培土。此指整修坟墓。按,今河南卫辉比干庙村有比干庙与比干墓;汲县城北亦有比干墓。

⑪表商容之闾(lǘ):在商容所住的里巷大门口立木桩或挂横匾以示表彰。表,树立标志以示表彰。闾,里巷的大门。

⑫令修行盘庚之政:梁玉绳曰:“武庚之封,何以不告其遵成汤之法、三宗之道,而云盘庚之政乎?《吕子·慎大篇》:‘武王命周公旦进殷之遗老,问众之所说,民之所欲。殷遗老曰:“欲复盘庚之政。”武王于是复盘庚之政。’史盖本此。”

⑬后世贬帝号,号为王:《索隐》曰:“夏、殷天子亦皆称帝,代以德薄不及五帝,始贬帝号,号之为王。故本纪皆帝,而后总曰‘三王’也。”按:古之“帝”“王”,原无区分,所谓德不及先,故降而称“王”之说,宜起自春秋后期,史公写卫鞅说秦孝公,更形象地区分了“帝道”与“王道”之别。儒家标榜尧、舜,故大倡一代不如一代,孟子其极也。

⑭封殷后为诸侯,属周:即封武庚禄父于朝歌,令其管理殷民以属周朝,并令武王弟管叔、蔡叔、霍叔驻其周围,以监视之。钱穆曰:“武王灭纣以后,并不能将殷人势力彻底铲除,因此仍封纣子禄父于殷,同时则设立‘三监’以监督武庚之近旁。”

⑮周武王崩:《夏商周年表》系此事于前1043年。

⑯武庚与管叔、蔡叔作乱:武王死后,成王年幼,周公摄政当国,管叔与蔡叔散布流言,声称周公图谋篡位,遂与武庚禄父共同发动叛乱。管叔,名鲜;蔡叔,名度,皆武王之弟。管、蔡是他们的封

国名。钱穆曰:“当时整个东方一时俱起,计有三监、殷、奄、熊盈族、淮夷、徐戎。”

⑰周公诛之:周公用了三年时间始平息叛乱,杀了武庚禄父与管叔,流放了蔡叔。过程详见《周本纪》与《管蔡世家》,据说《诗·豳风·东山》所写即此周公东征事。

⑱立微子于宋,以续殷后:周公平定武庚叛乱后,将原来商都周围地区及殷民七族分封给武王之弟康叔封,建立卫国,都朝歌(今河南淇县);封微子于宋,命他代武庚统治殷遗民,国都商丘(在今河南商丘东南)。过程详见《宋微子世家》。梁玉绳引《吕氏春秋》《韩诗外传》《荀子》诸书,以为武王灭商后,即已封微子于宋;至成王时灭武庚,乃命微子“代殷后为上公”,非谓至成王时始封微子于宋也。梁氏以为本文叙此事与《宋微子世家》同误。钱穆《国史大纲》曰:“周公亲自东征,杀管叔,定乱,乃重定封国。此可谓周人的第二次封建,鲁、齐诸国皆伸展东移,镐京与鲁曲阜譬如一椭圆之两极端,洛邑与宋则是其两中心,周人从东北、东南张其两长臂,抱殷宋于肘腋之间。这是西周的一个立国形势,而封建大业即于此完成。”

【译文】

帝纣越发荒淫无道。微子多次劝谏,帝纣都不听,于是微子就和太师、少师商量后,离开了殷国。比干不肯离去,他说:“作为臣子,不能不以死力谏。”就极力劝谏帝纣。帝纣大怒道:“我听说圣人的心有七窍。”于是剖开比干的胸膛,挖出他的心来看。箕子很害怕,假装发疯去当奴隶,帝纣知道后还是把他囚禁起来。殷朝的太师、少师看到这种情况,就带着祭祀时用的乐器逃到了周国。周武王便率领诸侯去讨伐帝纣,帝纣也派兵在牧野迎击。甲子那天,帝纣的军队大败。帝纣逃入城中,登上鹿台,穿上他的玉衣,投入火中自焚而死。周武王斩下帝纣的头,挂在大白旗上,并杀死了妲己。周武王释放了被囚的箕子,修缮了比干的坟墓,旌表了商容的里巷。周武王封帝纣的儿子武庚禄父为君，继续奉祀殷的先人，责令他要实行盘庚时的德政。殷朝百姓十分高兴。于是周武王即天子之位。其后世不再称“帝”，而改称“王”。周朝封殷朝的后代为诸侯，从属于周。

周武王死后，武庚伙同管叔、蔡叔发动叛乱，成王让周公诛灭了他们，改封微子于宋国，以接续殷朝的祭祀。

太史公曰：余以《颂》次契之事，自成汤以来，采于《书》《诗》①。契为子姓，其后分封，以国为姓②，有殷氏、来氏、宋氏、空桐氏、稚氏、北殷氏、目夷氏。孔子曰，殷路车为善③，而色尚白④。

【注释】

①“余以《颂》次契之事”几句：以《颂》次契之事，有关商朝始祖契的事是根据《诗·商颂》中的《玄鸟》《长发》写成的。次，列，编排。

②以国为姓：梁玉绳曰：“‘姓’字误，当作‘氏’。”按，梁氏说是，然在《史记》中已“姓”“氏”不分。安金槐说：“根据文献记载和前人考证……商王朝的都城遗址及其统治中心，不出黄河中下游的现今河南中北部和山东西南部。关于商王朝的活动区域和统治范围，以及商代文化的影响区域，根据考古调查与发掘的材料获知，除黄河中下游地区的河南、山西、陕西和山东西南部与河北南部商代文化遗址分布较多外，在长江流域的湖北、湖南、江西、安徽、江苏、河北北部、山东半岛、北京和辽宁等地，也都发现有商代或相当于商代时期的文化遗址与遗物。”

③殷路车为善：《论语·卫灵公》：“颜渊问为邦，子曰：‘行夏之时，乘殷之路，服周之冕。’”路车，辂车。古代天子或诸侯贵族所乘的车。

④色尚白:《礼记》曰:"殷人尚白。"即以白色为贵。《索隐》曰:"太史公为赞,不取成文,遂作此语,亦疏略也。"泷川曰:"《高祖纪赞》云:'朝以十月,车服黄屋左纛。'与此同一结法。"

【译文】

太史公说:我根据《商颂》编次契的事迹,采用《尚书》《诗经》记录成汤以来的事迹。契为子姓,他的后代获得分封,就以封地为姓,有殷氏、来氏、宋氏、空桐氏、稚氏、北殷氏、目夷氏。孔子说,殷朝的车驾是很不错的,崇尚白色。

【商王朝世系表】

盘庚迁殷前(前1600—前1300)

汤——太丁——外丙——中壬——太甲——沃丁——太庚——小甲——雍己——太戊——中丁——外壬——河亶甲——祖乙——祖辛——沃甲——祖丁——南庚——阳甲——盘庚

盘庚迁殷后(前1300—前1046)

盘庚——小辛——小乙——武丁——祖庚——祖甲——廪辛——康丁——武乙——文丁——帝乙——帝辛(纣)被周武王所灭

【集评】

黄震曰:"《殷纪》亦依仿《书》为之,具载兴衰相乘者数四,未尝不本于贤者之用舍,而载纣取亡之事尤详,真可为万世戒。"(《黄氏日钞》)

吴见思曰:"以'兴''衰'二字作眼目,中以五兴五衰一起一伏,经纬通篇。中则简质明晰,收束净尽,无瑕可指,亦是一篇好文字。"(《史记论文》)

王国维曰:"《史记》所述商一代世系,以卜辞证之,虽不免小有舛驳,而大致不误,可知《史记》所据之《世本》全是实录。而由殷、周世系之确实,因推想夏后氏世系之确实,此又当然之事也。又虽悠谬缘饰之书如《山海经》《楚辞·天问》,成于后世之书如《晏子春秋》《墨子》《吕氏春秋》,晚世之书如《竹书纪年》,其所言古事亦有一部分之确实性。然则经典所记上古之事,今日虽有未得二重证明者,固未可以完全抹杀也。”(《古史新证》)

【评论】

本篇大体准确地谱列了商代世系。王国维在《古史新证》中说:“《史记》所述商一代世系,以卜辞证之,虽不免小有舛驳,而大致不误,可知《史记》所据之《世本》全是实录。而由殷、周世系之确实,因推想夏后氏世系之确实,此又当然之事也。”殷墟出土的甲骨卜辞证明了《殷本纪》所载商朝历代世系基本不误,愈加说明了《史记》对于研究夏史、殷商史所具有的重大史料价值。又据2000年发表的《夏商周年表》,商朝自成汤至殷纣共三十一王,与《殷本纪》所谱列的顺序基本相同,只是在汤之后,增加了太丁一代。太丁是汤的太子,未即位就死去了。商朝的统治年限为前1600年至前1046年,共历时五百五十四年。

司马迁在叙述“武丁中兴”的故事时,表现了武丁的孜孜以求贤才,勉力修德以战胜妖祥,这与其叙述太戊时有桑谷共生于朝,太戊修德致桑乃枯死云云相似,都表现了司马迁重视德治的理想。郭嵩焘曰:“此史公取《国语·楚语》《孟子·告子》,申明《尚书》之文,便曲尽一种逸趣。”杨慎曰:“武丁尝居民间,已知说之贤矣,一旦欲举而加之臣民之上,人未必帖然以听也,故征之于梦焉。盖商俗质而信鬼,因民之所信而导之,是圣人所以成务之机也。”

关于商代帝王的传承,究竟是遵循“兄终弟及”,还是遵循传子制,人们对此看法不同。当年王国维写《殷周制度考》,他提出:“商之继统法,以‘弟及’为主,而以‘子继’辅之,无弟而后传子。”这种认为商朝是“兄终弟及”的看法,很为许多学者所接受。但就商代帝王传承的次序而言,的确又有许多问题令人想不通。一,商代帝王经学者们研究所共同承认的共十七代,三十一个。在这三十一个里面,可以认定是“兄终弟及”的有十四个。直接“由父传子”的有十个。还有一个奇特的现象是,在那些“兄终弟及”,兄弟相传的帝王中,有早期的外丙、中壬两传,而后将帝位返传给了他们长兄太丁的儿子太甲;有中丁、外壬、河亶甲兄弟三传后,帝位又返还了长兄中丁之子祖乙;有祖辛、沃甲兄弟两传后,帝位又返传给了祖辛之子祖丁;有祖丁、南庚堂兄弟间的两传后,帝位又返还给了堂兄祖丁之子阳甲。这其中是一种什么制度在起作用?看来即使在商代前期,一个帝王诸多儿子中的长幼次序,也是起着重要作用的。这种作用到后期的帝小乙开始,他的帝位是从其长兄阳甲、次兄盘庚、三兄小辛手中辗转接来,然而到他为止,他再也不把帝位返传给他长兄阳甲之子,而是断然地传给自己的儿子武丁了。以后的祖甲、康丁都依此办理,都是从兄长手中接过帝位,但都是将帝位传给自己的儿子,而且从此开始彻底地变成了传子制。因此,倘若还笼统地说商王朝是“兄终弟及”制是否合适呢?

王国维又说:“商人兄弟相及,凡一帝之子无嫡庶长幼,皆为未来之储贰。”这种说法更可疑。古代的每个帝王都有众多的后妃,儿子的数量通常都不会太少。如果每个儿子“皆为未来之储贰”,那么可供选择的数量就会很多,怎么会出现祖乙、武丁、武乙、文丁、帝乙等这么多独生子女呢?我们从商代“兄终弟及”的传承情况看,最多的一例是“阳甲、盘庚、小辛、小乙”的四兄弟,其次有两例是“小甲、太戊、雍己”与“中丁、外壬、河亶甲”的三兄弟,还有五例只是在两个兄弟之间进行。如果像王国维所说“凡一帝之子无嫡庶长幼,皆为未来之储贰”,那只能说是商代帝王的生育能力太差了,但这恐怕不合逻辑。如果说当时这种“兄终弟及”只在王后所生的嫡子之间进行,这样才显得较为合理。韩江苏、江林昌合著的《殷本纪订补》,认为商王朝是实行的嫡长子制,对商汤的长孙太甲即位与其一度被废,后又复辟为帝的过程进行了详细的考辨,并对其后出现的几次“兄终弟及”的现象进行了分析与解释。结论为“兄终弟及”不是正常合法的现象，商代中期的所谓“比九世乱”正是由于“嫡长子制”遭到破坏导致的后果。商代中期之所以屡屡迁都，正是由于新夺得帝位者暂时的势力不够强大，因而迁都以躲避旧王朝的贵族势力。这些说法有一定道理，但毕竟令人感到不是十分有力。也就是说，完全否定商朝的这种“兄终弟及”，似乎也不一定合适。

本篇有如下两段文字有重要改动。

其一：

帝太甲既立三年，不明，暴虐，不遵汤法，乱德，于是伊尹放之于桐宫，三年，伊尹摄行政当国，以朝诸侯。帝太甲居桐宫三年，悔过自责，反善，于是伊尹乃迎帝太甲而授之政。

上文连续三个“三年”，繁复词费。盖太甲被“伊尹放之于桐宫，三年”，即下文之“帝太甲居桐宫三年”，前句中的“三年”二字误衍，应削。此数句当作：“帝太甲既立三年，不明，暴虐，不遵汤法，乱德，于是伊尹放之于桐宫，伊尹摄行政当国，以朝诸侯。帝太甲居桐宫三年，悔过自责，反善，于是伊尹乃迎帝太甲而授之政。”

太甲为帝三年，因不遵汤法被伊尹所废，放之桐宫，伊尹代之执掌国政。三年后太甲改恶向善，伊尹将太甲迎回，还其帝权，复其帝位。此儒家之传统说法，见《古文尚书》之《太甲篇》。《史记》叙太甲事，即依《古文尚书》之《太甲篇》。而《竹年纪年》的说法与此不同，谓太甲被伊尹流放桐宫七年后，太甲由桐宫潜回，袭杀伊尹，夺回了政权。

其二：

自中丁以来，废適而更立诸弟、子，弟、子或争相代立，比九世乱，于是诸侯莫朝。

上文“废適而更立诸弟、子”中的“子”字无理，乃涉下文而衍，盖谓由于传位于“弟”，而引起“弟”与“子”之相争。“废適而更立诸弟、子”句中之“子”字应削。此数句当作：“自中丁以来，废適而更立诸弟，弟、子或争相代立，比九世乱，于是诸侯莫朝。”

史记卷四

周本纪第四

【释名】

《周本纪》是以周朝五十二位帝王为纲领的整个周民族与周王朝的编年史,起于尧舜,迄于周亡,上下近两千年,是《史记》纪事时间跨度最长的一篇。周的历史可以分为三个大阶段,即始祖后稷到周文王的"先周"时期,周武王到周幽王的"西周"时期,周平王到周赧王的"东周"时期。

先周时期的主要事件有:周祖弃因擅长农业生产被封于邰,得姓姬姓,号为后稷;公刘迁豳、古公亶父迁至岐山下,周民族作为传统农耕部落,经过与戎狄游牧部落的几次冲突,逐渐与之分离,终于在岐山下定居;古公亶父(后号太王)长子太伯、次子仲雍为了让父亲能够顺利传位给季历之子姬昌而奔吴让位,姬昌不负众望,继位后恭行仁义,招纳贤才,逃脱商纣王的迫害,受命称王,为武王伐纣灭商奠定了基础。

西周时期的主要事件有:武王伐纣灭商,分封诸侯;成王、康王继承武王事业,出现了成康之治的盛世景象;到昭王、穆王时期,王道衰落,至厉王时更是"弭谤"暴虐,引发了国人暴动,厉王逃到彘,赖召穆公、周定公稳定了局势,经过共和行政,周宣王继位,周王朝得以延续;宣王时期有短暂的中兴气象,但其晚年多有失政,而继位的周幽王不思改过,反而为宠爱褒姒而废申后与太子,申侯怒而联合犬戎攻入镐京,杀幽王,西周灭亡。

幽王之子平王东迁，东周开始，周天子只是名义上的天下共主了。春秋初期周桓王率军伐郑，被郑大夫射伤，从此周天子威望一落千丈，春秋五霸相继登场；而周王朝内部还发生了王子克、王子穨、王子带、王子朝等几场争夺王位的动乱，到了战国时期，周天子就只剩下几个县的地盘，为自保而周旋于大国之间。在这种情形下，周国还分裂出东周、西周两个小封国。最终秦灭掉东、西周，周朝灭亡。

周后稷①，名弃。其母有邰氏女②，曰姜原③。姜原为帝喾元妃④。姜原出野，见巨人迹，心忻然说⑤，欲践之，践之而身动如孕者。居期而生子⑥，以为不祥，弃之隘巷，马牛过者皆辟不践⑦；徙置之林中，适会山林多人，迁之；而弃渠中冰上，飞鸟以其翼覆荐之⑧。姜原以为神，遂收养长之。初欲弃之，因名曰弃。

【注释】

①后稷：弃在尧、舜时主管农业，故“后稷”也用作官名，见《五帝本纪》。

②有邰（tái）氏：古氏族名。相传为炎帝之后，姜姓。邰，古邑名。又作“斄”。在今陕西武功西南。

③姜原：又作“姜嫄”。《集解》曰：“《韩诗章句》曰：‘姜，姓。原，字。’或曰‘姜原’，谥号也。”

④姜原为帝喾（kù）元妃：帝喾，传说中上古帝王。详见《五帝本纪》。元妃，嫡妻，正妻。按，此处对姜原的介绍采自《世本·帝系》篇。

⑤忻（xīn）：心喜。说：同“悦”。

⑥居期：到期。指足月。

⑦辟：退避，躲避。

⑧飞鸟以其翼覆荐之：覆，盖。荐，垫。按，上述后稷出生时的神奇事迹，取自《诗·大雅·生民》，原文为："履帝武敏歆，攸介攸止。载震载夙，载生载育，时维后稷。……诞置之隘巷，牛羊腓字之。诞置之平林，会伐平林。诞置之寒冰，鸟覆翼之。鸟乃去矣，后稷呱矣。实覃实訏，厥声载路。"

【译文】

周后稷的名字叫弃。他的母亲是有邰氏的女儿，叫姜原。姜原是帝喾的正妃。姜原来到野外，看见地上有巨人的足迹，内心油然而生喜悦之情，忍不住想去踩它，踩了以后腹内蠕动，像怀了孕一样。足月后产下一个男孩，姜原认为不吉利，就把男孩丢弃在狭巷里，路过的马牛都避开男孩不去踩他；姜原又把男孩转移丢弃在山林，恰好遇到山林里有很多人，就又换个地方；把男孩丢弃在结了冰的沟渠上，飞鸟用它们的翅膀覆盖着他、为他铺垫。姜原觉得很神奇，就留下男孩，抚养他长大成人。因为一开始想要丢弃他，所以给他起名叫弃。

弃为儿时，屹如巨人之志[①]。其游戏，好种树麻、菽[②]，麻、菽美。及为成人，遂好耕农，相地之宜[③]，宜谷者稼穑焉[④]，民皆法则之。帝尧闻之，举弃为农师[⑤]，天下得其利，有功。帝舜曰："弃，黎民始饥[⑥]，尔后稷播时百谷[⑦]。"封弃于邰[⑧]，号曰后稷[⑨]，别姓姬氏[⑩]。后稷之兴，在陶唐、虞、夏之际，皆有令德[⑪]。

【注释】

①屹：高大。巨人：伟人。谓德才高超的人。

②种树：种植，栽种。菽（shū）：大豆。

③相（xiàng）地之宜：观察土地适宜种植何种作物。相，观察。

④稼穑：耕种和收获，泛指农业生产。

⑤农师：官名。掌管农事之官。

⑥黎民始饥：《今文尚书》作“祖饥”。《集解》引徐广曰：“祖，始也。”按，《古文尚书》作“阻饥”，意即为饥饿所困。

⑦后稷：《今文尚书》作“居稷”，即做农官。后，主持，主管。稷，官名。主管农事。时：是，此。又，泷川曰：“‘时’读为‘莳’。”意即“栽植”。按，帝舜表彰后稷语见《尚书·尧典》。

⑧封弃于邰：梁玉绳曰：“弃之封国赐姓与禹、契同时，皆出于尧，非舜也。……尧封稷于邰，《刘敬传》明载之，何史公自相牴牾耶？”

⑨号曰后稷：泷川曰：“周人，盖称祖官耳，‘后稷’非别号。”孙作云说：“周人极端夸大后稷的种植功劳。……以至于用‘稷’（谷子）这种谷物的名字来做这位始祖的名字。又《生民》诗第六章用全章的篇幅，来描写后稷种‘谷子’（古名“稷”），可见后稷所种的，主要的是‘稷’（谷子），所以后人才叫他‘后稷’。……在抗战以前，北平研究院在陕西省凤翔县斗鸡台，发掘新石器时代的遗址，在一个瓦鬲中发现有谷子（稷）粒。解放以后，中国科学院考古研究所在陕西西安半坡村新石器时代遗迹中，也发现有已经炭化了的一小罐谷子；又在一个墓葬的陶钵里，也发现了同样的谷子。”“可以证明为什么周人的先祖称为‘后稷’，这就是因为‘稷’在当时是主要的食粮。这种考古所得与《生民》诗所言者完全相合。”

⑩别姓姬氏：意谓周族自后稷起另以“姬”为姓。

⑪令德：美德。

【译文】

弃在儿时，就非常健壮，像大人物一样志向高远。他把喜欢种植麻、大豆当成游戏，麻、大豆都种植得很不错。等到他长大成人，便喜好耕种，观察土地适合什么作物种植，如果适合种谷类的就进行耕种，百姓都跟从模仿他。帝尧听闻了，就选拔弃充当农师掌管农业生产，天下人都因此受益，弃也因此立下了功劳。帝舜说："弃，百姓以前为饥饿所困，你当农官，种植了这些谷物，使百姓不再打饥荒。"把弃分封在邰地，称号为后稷，另外得姓为姬。后稷的兴起，是在陶唐、虞、夏时期，在尧、舜、禹三朝都有美好的德行。

后稷卒，子不窋立[①]。不窋末年，夏后氏政衰[②]，去稷不务[③]，不窋以失其官而奔戎狄之间[④]。不窋卒，子鞠立[⑤]。鞠卒，子公刘立。公刘虽在戎狄之间，复修后稷之业，务耕种，行地宜[⑥]，自漆、沮度渭，取材用[⑦]，行者有资，居者有畜积[⑧]，民赖其庆[⑨]。百姓怀之，多徙而保归焉[⑩]。周道之兴自此始，故诗人歌乐思其德[⑪]。公刘卒，子庆节立，国于豳[⑫]。

【注释】

①后稷卒，子不窋（zhú）立：按，后稷是尧、舜时人，不窋为夏朝末年人，年代相差久远，不可能是父子。《国语》载祭公谋父云"昔我先王世后稷，以服事虞、夏，及夏之衰也，弃稷弗务，我先王不窋用失其官"，可知不窋只是后稷的后人。

②夏后氏：夏朝。

③去稷不务：谓废去主农之官，不再劝民务农。稷，这里指主农之官。

④戎狄：古民族名。西方曰戎，北方曰狄。按，今甘肃庆阳东有不窋城，相传即其在戎狄所居。

⑤子鞠立：梁玉绳据《国语》韦注、《酒诰》释文及《路史》引《世本》皆作"鞠陶"，《豳诗谱》疏引《周本纪》亦作"鞠陶"，疑今本《周

本纪》脱“陶”字。

⑥行:巡视。地宜:指地理环境或条件。

⑦自漆、沮度渭,取材用:《正义》曰:“从漆县漆水南渡渭水,至南山取材木为用也。”据原文及《正义》,此“沮漆”二字应为地名,似不当为水名。至于漆水有三种说法:一说即今陕西彬州泾河支流水帘河(《汉书·地理志》);一说源出今陕西麟游西,为雍水支流之一,东入渭水;近人史念海以为即今横水河。沮,古水名。源于今陕西宝鸡凤翔区北老爷岭(称雍水),东流经岐山(称后河)、扶风,至旧武功(称小北河)城南注入漆水河。度,通“渡”。

⑧行者有资,居者有畜积:《孟子》于此作“居者有积仓,行者有裹囊”。资,财物,盘缠。

⑨民赖其庆:百姓得到他的恩惠。庆,恩泽。

⑩保归:归附。保,附,依附。

⑪故诗人歌乐思其德:指作诗以歌颂公刘事,见《诗·大雅·公刘》。《孟子·梁惠王下》亦叙其事,盖即本于《公刘》也。郭嵩焘曰:“较夏、殷《本纪》采《诗》《书》所载以叙一代时事者,为有陶炼之功。”中井曰:“漏公刘徙豳,何也?”又曰:“‘度渭取材用’是徙豳以后之事,《大雅》可证。”

⑫子庆节立,国于豳(bīn):洪亮吉曰:“按《诗》‘笃公刘,于豳斯馆’,则公刘时已迁豳,不至庆节也。”豳,一作“邠”。古邑名。在今陕西旬邑西南。

【译文】

后稷去世之后,他的儿子不窋继位。不窋晚年时,夏后氏政治败落,废弃农官,轻视农业生产,不窋因此丢了农师的官职,逃到戎狄生活的地区。不窋去世后,儿子鞠继位。鞠去世后,儿子公刘继位。公刘虽然生活在戎狄生活的地方,却能继续后稷的事业,致力耕种,考察领地看它适合什么谷物种植,从漆、沮渡过渭水,砍伐木材供百姓使用,使人们出门有盘缠，居守在家有积蓄，百姓都得到他的恩惠。百姓念他的好，很多人从别处搬迁过来，归附于他。周族的兴起开始于此时，所以诗人颂歌作乐纪念他的德行。公刘去世后，儿子庆节继位，在豳邑建立国都。

庆节卒，子皇仆立。皇仆卒，子差弗立。差弗卒，子毁隃立。毁隃卒，子公非立①。公非卒，子高圉立。高圉卒，子亚圉立②。亚圉卒，子公叔祖类立③。公叔祖类卒，子古公亶父立④。古公亶父复修后稷、公刘之业，积德行义，国人皆戴之⑤。薰育戎狄攻之⑥，欲得财物，予之。已复攻，欲得地与民。民皆怒，欲战。古公曰："有民立君，将以利之。今戎狄所为攻战，以吾地与民。民之在我，与其在彼，何异？民欲以我故战，杀人父子而君之，予不忍为。"乃与私属遂去豳，度漆、沮，逾梁山⑦，止于岐下⑧。豳人举国扶老携弱，尽复归古公于岐下。及他旁国闻古公仁，亦多归之⑨。于是古公乃贬戎狄之俗⑩，而营筑城郭室屋，而邑别居之。作五官有司⑪。民皆歌乐之，颂其德⑫。

【注释】

①毁隃卒，子公非立：《索隐》曰："《系本》云：'公非辟方。'皇甫谧云：'公非字辟方也。'"梁玉绳据《汉书·古今人表》公非之后为辟方，认为公非与辟方为两人。

②高圉（yǔ）卒，子亚圉立：《索隐》曰："《系本》云：'高圉侯侔。'"梁玉绳曰："《人表》公非后有辟方，高圉后有夷竢。"并疑"亚圉"是"高圉"之弟。泷川曰："《国语·鲁语》：'高圉、亚圉、太王，帅稷者也，周人报焉。'"

③亚圉卒，子公叔祖类立：《集解》曰："《世本》云：'亚圉云都。'皇

甫谧云：'云都，亚圉字。'"《索隐》曰："《汉书·古今表》曰：'云都，亚圉弟。'按，如此说，则'辟方''侯侔'亦皆二人之名。"梁玉绳认为，对于后稷至文王之间周王世系，司马迁根据《国语·周语》"自后稷之始基靖民，十五王而文始平之"，强行凑出十五人，所以认为不窋为后稷之子，又缩略了辟方、夷竢、云都三世不书。公叔祖类，《索隐》引皇甫谧曰："公祖一名组绀诸盩，字叔类，号曰太公。"《三代世表》称叔类。

④古公亶父：周文王的祖父，后被周武王追尊为"太王"。太王将周族由豳迁至岐山下，使周族逐渐兴盛强大。崔述曰："《史记·周本纪》称太王曰'古公'，朱子《诗传》因之，曰'古公，号也'。按，周自公季以前未有号为某'公'者。《书》曰'古我先王'，'古'犹'昔'也。'古公亶父'者，犹言'昔公亶父'也。'公亶父'相连成文，而冠之以'古'，犹所谓'公刘''公非''公叔类'者也。"

⑤国人：张家英曰："'国人'在春秋及其以前指在国都中居住的人，但它不包括君主贵族、公卿大夫等统治阶层，主要指受统治的士人、工人、商人以至近郊的农人。从西周后期起，以'士人'为代表的'国人'逐渐发挥重要作用。"戴：拥戴。

⑥薰育：又作"獯鬻""荤粥"，古代北方游牧民族。后与猃狁等族融合成为匈奴族。或以为匈奴即猃狁、薰育之后。

⑦梁山：在今陕西乾县西北。

⑧岐下：岐山脚下。指岐山以南的周原，其地在今陕西岐山县、扶风的北部。张之恒、周裕兴《夏商周考古》曰："周文王祖父古公亶父约于商末之时，率周人由邠迁至此地，在这里营建城郭，成为都邑。周文王迁都于丰后至西周末年犬戎入侵，这里仍然是周人的重要政治中心。相传自西汉到清末以来，这里就不断有西周铜器出土，如著名的大丰簋、大盂鼎、毛公鼎等青铜重器即出自于此。周原遗址的主要考古发现有：岐山凤雏和扶风召陈两处大型

建筑基址的发掘，是目前考古发现的西周时期建筑遗存中规模最大的实例；在岐山凤雏和扶风齐家两处发现有字甲骨290片，共600多字，大大丰富了西周甲骨的内容，为研究西周历史提供了新的史料；建国以来，在岐山董家和扶风齐家、庄白、召陈、强家、务子等处发现青铜器窖藏十多起，出土了包括裘卫四器和微氏器群在内的大约200多件西周重要铜器；历年来在岐山贺家、扶风刘家、庄白、云塘、齐家等处发掘了相当数量的中小型墓葬，年代最早可到商代的'姜戎墓葬'，还有先周文化以及西周早、中、晚期的墓葬；在周原遗址发现多处铸铜、制陶、制骨、制玉石等手工业作坊遗迹，其中扶风云塘西周中期制骨作坊遗址规模最大、遗物较多。"

⑨及他旁国闻古公仁，亦多归之：按，此述古公亶父从豳迁岐，旁国之人多归附之事，本于《孟子·梁惠王下》，用语大体相同。谭戒甫曰："相传古公亶父迁岐是由于避狄人的侵略。我以为古时部落间为生存起见，敌对冲突是很多的。到了古公，复被狄族所压迫，遂又南下而依附于姜族了。姜族给他配一个女子，住在胥地，似乎姜族较为进化，当时已建立了氏族公社，而对偶婚也形成。后来周人对此事已模糊了，竟渲染出古公让狄的故事，孟子即根据这个印象，复用儒家思想装饰起来，遂觉冠冕堂皇了，不知野蛮时代决没有也用不着这种谦虚道德的。"

⑩贬：减少。此指废除，改掉。

⑪作五官有司：《礼记·曲礼下》："天子之五官，曰司徒、司马、司空、司士、司寇，典司五众。"《集解》引郑玄曰："此殷时制。"按，以上太王在岐兴建制度事见《诗·大雅·绵》，其中有所谓"曰止曰时，筑室于兹""乃疆乃理，乃宣乃亩"，以及"乃召司空，乃召司徒，俾立室家"云云。泷川曰："《绵》篇云'乃召司空，乃召司徒'，未尝云'五官有司'，盖史公以意增。"

⑫民皆歌乐之，颂其德：按，太王事迹见于《诗经》的有《周颂·天

作》《鲁颂·閟宫》及《大雅·绵》。

【译文】

庆节去世，儿子皇仆继位。皇仆去世，儿子差弗继位。差弗去世，儿子毁隃继位。毁隃去世，儿子公非继位。公非去世，儿子高圉继位。高圉去世，儿子亚圉继位。亚圉去世，儿子公叔祖类继位。公叔祖类去世，儿子古公亶父继位。古公亶父恢复了后稷、公刘的事业，做了大量积德行义的事，国中的人都拥戴他。薰育戎狄部族来攻打他，想得到财物，他就把财物给他们。不久薰育又来进攻，还想得到土地和人民。人民都很愤怒，想去迎战。古公亶父说："人民拥立君长，是要让对人民有利。现在戎狄之所以来攻打我们，就是想得到我的土地与人民。人民在我治下，和在他们治下，有什么不同呢？人民为了我的缘故和他们打仗，我为了做人家的君长而牺牲别人的大人孩子，我不忍心这样做。"于是就带着他的左右亲近离开豳邑，渡过漆、沮，翻过梁山，在岐山脚下定居下来。豳地的人民扶老携弱，全都跟着来到岐山脚下重新归附古公亶父。其他地区的人民听说古公亶父仁慈厚道，也多来归投奔。从此古公亶父才摈弃了戎狄的习俗，建造城郭房屋，划分出邑落给大家分别居住。设立了司徒、司马、司空、司士、司寇五种官职。人民都颂歌制乐，赞扬他的恩德。

古公有长子曰太伯，次曰虞仲①。太姜生少子季历，季历娶太任，皆贤妇人②。生昌，有圣瑞③。古公曰："我世当有兴者，其在昌乎？"长子太伯、次子虞仲知古公欲立季历以传昌，乃二人亡如荆蛮④，文身断发⑤，以让季历⑥。

【注释】

①古公有长子曰太伯，次曰虞仲：太伯、虞仲二人事迹详见《吴太伯世家》。

②"太姜生少子季历"几句：太姜，古公亶父之妃。有邰氏之女。生

太伯、仲雍、季历。太任，季历之妃。挚任氏之仲女。生周文王。《正义》引《国语注》曰："仲虺之后，太任之家。"仲虺即《殷本纪》中的"中鸓"，商汤的左相，曾作《仲虺之诰》。《列女传·母仪》篇："太姜者，王季之母，有吕氏之女。太王娶以为妃。生太伯、仲雍、王季。贞顺率导，靡有过失。太王谋事迁徙，必与太姜。君子谓太姜广于德教。太任者，文王之母，挚任氏中女也。王季娶为妃。太任之性，端一诚庄，惟德之行。及其有娠，目不视恶色，耳不听淫声，口不出敖言，能以胎教。"《诗·大雅·思齐》："思齐大任，文王之母。思媚周姜，京室之妇。大姒嗣徽音，则百斯男。"

③生昌，有圣瑞：《帝王世纪》云："季秋之月甲子，赤雀衔丹书入酆，止于文王之户，言天命归周之意。先是，文王梦日月之光著身。"昌，即周文王。商纣时为西伯，又称西伯昌，武王灭商后谥文王。

④亡如：逃向，逃到。荆蛮：古代中原地区对江南楚地民族的泛称。荆，楚地。早在周初即称"楚"为"荆"，《诗经》"荆舒是惩"是也。盖楚国地属荆州，故亦以"荆"为称。《正义》云："太伯奔吴，所居城在苏州北五十里常州无锡县界梅里村，其城及冢见存。"

⑤文身断发：古代吴越一带的一种风俗。传说这样可以避免水中蛟龙为害。《集解》引应劭曰："常在水中，故断其发，文其身，以象龙子，故不见伤害。"文身，在身体上刺画有色的花纹或图案。断发，剪短头发。

⑥以让季历：太伯、虞仲让出继承权，让季历成为继承人，以实现古公通过季历传位给姬昌的愿望。详细过程可参看《吴太伯世家》。

【译文】

古公亶父有长子叫太伯，次子叫虞仲。太姜生的小儿子季历，季历娶太任为妻，太姜、太任都是贤惠的妻子。太任生了昌，昌有圣明的征象。古公亶父说:“我们家族后代有能成就大事的人,大概就是昌吧?”长子太伯和次子虞仲明白了古公想立季历,以便将来传位给昌,两个人便逃亡到荆蛮,按当地风俗身刺花纹,剪短头发,以此让位给季历。

古公卒,季历立,是为公季①。公季修古公遗道,笃于行义②,诸侯顺之。公季卒③,子昌立,是为西伯④。西伯曰文王⑤,遵后稷、公刘之业,则古公、公季之法,笃仁,敬老,慈少。礼下贤者,日中不暇食以待士⑥,士以此多归之。伯夷、叔齐在孤竹⑦,闻西伯善养老⑧,盍往归之⑨。太颠、闳夭、散宜生、鬻子、辛甲大夫之徒皆往归之⑩。

【注释】

①公季:周族后代对季历的尊称,即如其他先人为“公刘”“公亶父”。武王灭殷后尊之曰“王季”。

②笃于行义:笃,厚,诚。《诗·大雅·皇矣》对王季有所谓“维此王季,因心则友,则友其兄,则笃其庆”。

③公季卒:季历修古公遗教,积极扩展势力。又主动朝商,与商贵族任氏通婚,注意吸收商文化。连年对周围戎狄部落发动战争,曾俘鬼戎二十翟王。商王太丁封他为“牧师”,掌西方诸侯。后因势力强盛遭忌,为太丁所杀。一说为帝乙所杀。

④是为西伯:伯,一方诸侯之长。按,姬昌于殷末时为“三公”,并被殷纣封为“西伯”事,见《殷本纪》。梁玉绳曰:“文王之为西伯,因于王季,《竹书》可证,非文王始为之也。《史》不书季之为伯,失之。”

⑤西伯曰文王:“西伯”就是后来所说的“周文王”。陈直曰:“1976年岐山出土墙盘,叙文、武、成、康、昭、穆世系甚详。长由盉亦云

穆王在下減居。确如王国维氏所说,西周各王皆生前之自号。又‘文’‘武’二字,盂鼎作‘玟王’,蓝田近出之利鼎亦作‘珷王’,盖西周初人所创之新字。”

⑥日中:古代计时术语,指正午。

⑦伯夷、叔齐:商末孤竹君之二子。孤竹:古国名。约在今之河北卢龙。

⑧善养老:意即好招纳贤人。

⑨盍往归之:梁玉绳曰:“‘盍’字当衍。”王叔岷曰:“‘盍’犹‘试’也,‘盍往归之’,犹云‘试往归之’。”张家英说:“《尔雅·释诂》:‘盍,合也。’‘盍往归之’,即伯夷、叔齐一同往归西伯。”按,以上伯夷、叔齐归周事参见《伯夷列传》。

⑩太颠、闳夭、散宜生:均为周文王大臣。太,一作“泰”。鬻子:鬻熊。商末楚国始祖。芈姓,名熊,号鬻子,一作“粥子”。祝融氏后裔。纣王时封在楚。闻周文王招贤,往投之,尝为文王之师。其曾孙熊绎(一说为其子)始建楚国。《楚世家》中有“鬻熊子事文王”之语。辛甲大夫:西周初大夫。据《集解》引刘向《别录》,辛甲原为商纣王之臣,曾向纣王七十五谏而纣不听,乃去商至周。召公奭与之语,大悦,向周文王推荐。文王亲自迎接,任为太史,封于长子(今山西长子西)。尝命百官各献箴言,以纠察王之过失。《左传·襄公四年》魏绛言其曾作《虞人之箴》。《汉书·艺文志》道家有《辛甲》二十九篇,今有辑本。

【译文】

古公亶父去世,季历继位,这就是公季。公季继续遵循古公亶父遗留下的治国原则,笃行仁义,诸侯因此都归顺了他。公季去世,儿子昌继位,这就是西伯。西伯被后人尊为文王,他遵循后稷、公刘的事业,仿效古公、公季的法则,恭行仁义,尊敬老者,慈爱幼小者。他折节礼遇贤能的人,为了接待士人,每天忙到正午还顾不上吃饭,因此士人纷纷投奔他。伯夷、叔齐在孤竹国,听说西伯喜欢招纳贤人,就一起投奔他。太颠、闳夭、散宜生、鬻子、辛甲大夫这些人也都去投奔了他。

崇侯虎谮西伯于殷纣曰①："西伯积善累德，诸侯皆向之②，将不利于帝。"帝纣乃囚西伯于羑里③。闳夭之徒患之，乃求有莘氏美女④，骊戎之文马⑤，有熊九驷⑥，他奇怪物，因殷嬖臣费仲而献之纣⑦。纣大说，曰："此一物足以释西伯⑧，况其多乎！"乃赦西伯，赐之弓矢斧钺，使西伯得征伐。曰："谮西伯者，崇侯虎也。"西伯乃献洛西之地⑨，以请纣去炮格之刑。纣许之⑩。

【注释】

①崇侯虎：商朝诸侯，封国在崇，名虎。古崇国在今河南嵩县北，故鲧之封地。谮（zèn）：谗毁，诬陷。

②向：仰慕，归向。

③羑（yǒu）里：又作"牖里"。地名。在今河南汤阴西北。其地今存高出地面五米、面积大约一万平方米的土台，为殷朝的监狱遗址。余见后注。

④有莘（shēn）氏：古国名。在今山东曹县西北。

⑤骊戎：古部族名。戎人的一支。在今陕西西安临潼区一带。因居地有骊山而得名。其国君姬姓。文马：毛色有文采的马。

⑥有熊：即有熊氏，古国名。在今河南新郑。九驷：马三十六匹。古称四匹马为一驷。

⑦嬖（bì）臣：受宠幸的近臣。男宠。费仲：《正义》曰："费，姓；仲，名也。"即《殷本纪》中的费中。

⑧此一物足以释西伯：《索隐》曰："一物，谓婯氏之美女也。"泷川曰："《淮南子·道应训》：'散宜生乃以千金求天下之珍怪，以献

于纣。因费仲而通，纣见而悦之，乃免其身。’《毛诗疏》引《尚书大传》云：‘散宜生、南宫括、闳夭三子相与学讼于太公，遂与三子见文王于羑里，献宝以免文王。’”按，方孝孺、梁玉绳等皆于此力辨史公之误，谓太公、闳夭等“欲脱君于难必有道矣，何至藉美女等物如句践之豢吴邪？”这是对“圣人”迷信过分了。锺惺曰：“处昏暴之君不得不如此，是亦臣子至情，所谓‘巽以济蹇’也。”

⑨乃献洛西之地，以请纣去炮格之刑：锺惺曰：“西伯少不得此一番举动。”

⑩纣许之：按，纣囚西伯、释西伯一段与《殷本纪》所述基本相同，唯《殷本纪》西伯献洛西之地请去炮格之刑后，纣乃赐之弓矢斧钺，使得征伐，为西伯；此纪乃先得征伐后才献地请去炮格之刑。

【译文】

崇侯虎对纣王讲西伯的坏话道：“西伯积德行善，诸侯都仰慕他，这将不利于天子您。”帝纣因此把西伯囚禁在羑里。闳夭等人很为西伯担心，就搜求到有莘氏的美女、骊戎的彩纹骏马、有熊氏的好马三十六匹，以及其他种种珍奇宝物，通过帝纣的宠臣费仲将它们进献给帝纣。帝纣非常高兴，说：“这些礼物中的任何一种都足以让我释放西伯，更何况这么多种类呢！”因此赦免了西伯，赐给他弓箭斧钺，让西伯拥有征伐的权力。帝纣并且说：“说西伯坏话的，是崇侯虎。”西伯就将洛水以西的地方献给帝纣，以此请求帝纣废除炮格之刑。帝纣答应了他。

西伯阴行善①，诸侯皆来决平②。于是虞、芮之人有狱不能决③，乃如周。入界，耕者皆让畔，民俗皆让长。虞、芮之人未见西伯，皆惭，相谓曰：“吾所争，周人所耻，何往为？只取辱耳。”遂还，俱让而去④。诸侯闻之，曰“西伯盖受命之君”。

【注释】

①阴行善：按，梁玉绳等力辩圣君贤臣绝不会做此等事，多迂腐之论，按，史公之称文王、太公等“阴谋修德”，反可见史公不迷信古书，深谙政治斗争之实的史识。

②诸侯皆来决平：决平，裁决争端。杨宽《西周史》曰：“说文王势力到达‘三分天下有其二’不免是夸大之辞；但是到文王晚年，周的力量确实已较强大，还是服事殷而等待时机，确是事实。”

③虞、芮（ruì）：皆古国名。虞国在今山西平陆北。芮国在今山西芮城西。狱：讼案，官司。

④俱让而去：关于虞、芮二国因田界纠纷而求正于西伯事，《诗·大雅·绵》有“虞芮质厥成，文王蹶厥生”之语。毛《传》：“虞、芮之君相与争田，久而不平，乃相谓曰：‘西伯，仁人也，盍往质焉？’乃相与朝周。入其竟，则耕者让畔，行者让路；入其邑，男女异路，斑白不提挈；入其朝，士让为大夫，大夫让为卿。二国之君感而相谓曰：‘我等小人，不可以履君子之庭。’乃相让，以其所争田为闲田而退。”

【译文】

西伯暗地里行善，诸侯都请他裁决是非曲直。当时虞、芮两国的人有了讼事不能裁决，就来到周国。他们进入周国的领地，发现耕地的人都相互推让地界，人民都以谦让年长者为美德。虞、芮两国的人还没有见到西伯，就已经感到惭愧了，相互说道：“我们争执的，正是周国人感到耻辱的，还去找西伯干什么？那不过自取羞辱罢了。”于是都返回，相互谦让着离去。诸侯听闻此事，说“西伯是当受上天之命的君主”。

明年，伐犬戎[①]。明年，伐密须[②]。明年，败耆国[③]。殷之祖伊闻之[④]，惧，以告帝纣。纣曰：“不有天命乎？是何能为[⑤]！”明年，伐邘[⑥]。明年，伐崇侯虎[⑦]。而作丰邑[⑧]，自岐下而徙都丰。明年,西伯崩[⑨],太子发立,是为武王[⑩]。

【注释】

①犬戎:古民族名。古戎人的一支。即畎戎,亦称"畎夷""昆夷""绲夷"。殷周时游牧于泾渭流域即今陕西彬州、岐山一带,为殷周西边之劲敌。梁玉绳曰:"文王伐国先后之次本不可考,故《大传》《竹书》及《古史》《大纪》诸书并与《史》异,未详孰是。"

②伐密须:密须,古国名。又称"密",姞姓,在今甘肃灵台西。又,今河南密县大隗村也有密国故城,现残存南城墙约六十米,高约四米,俗称擂鼓台。按,《尚书大传》有"文王受命三年,伐密须"之语;《诗·大雅·皇矣》有所谓"密人不恭,敢距大邦,侵阮徂共。王赫斯怒,爰整其旅,以按徂旅"云云;《吕氏春秋·用民》有所谓"密须之民,自缚其主而与文王",亦各说不一。

③明年,败耆国:《尚书·西伯戡黎》即写此文王败耆事。按,《殷本纪》所记伐耆时间与本篇稍有出入。根据《殷本纪》记载推算,在文王四年;而据本篇推算,在文王五年。宋人林之奇、吴棫认为伐耆当是武王时事,西伯亦当是武王。耆,古国名。即《殷本纪》之"饥国"。在今山西长治西南。有曰"耆"即"黎",梁玉绳力辩其非。

④祖伊:殷纣王的贤臣。

⑤不有天命乎,是何能为:按,以上祖伊与纣的相互问答见《尚书·西伯戡黎》。

⑥邘(yú):古国名。今河南沁阳有邘国故城遗址,分东、西二城,始建于西周,战国又有增筑。泷川曰:"《尚书大传》:'文王二年,伐于。'崔述曰:'《尚书大传》及《史记》有文王伐邘事。按崇、密、昆夷之伐,皆见于经传,而邘未有及者,不敢信其必实。且《大传》在伐密前一年,《史记》在伐密后二年,其时亦不同。'"李学

勤《殷代地理简论》曰："周文王伐邘一事是周、商势力对比转换的标志，因为邘即沁阳的盂，文王伐此地，实际上已经直叩商的门户，武王伐商，中途已无任何阻碍，可以直驱而至商郊。"

⑦伐崇侯虎：《尚书大传》曰："文王六年伐崇。"按，伐崇之事《诗·大雅·皇矣》有比较细致的描写，其言曰："临冲闲闲，崇墉言言。执讯连连，攸馘安安。是类是祃，是致是附，四方以无侮。临冲茀茀，崇墉仡仡。是伐是肆，是绝是忽，四方以无拂。"崔述曰："文王伐国多矣，而《皇矣》独称崇、密，则是崇、密为大国也。然于密，但言'侵自阮疆'耳，于崇，则记其战胜攻取之略，而言'崇墉仡仡''崇墉言言'，则是崇尤强也。"

⑧丰邑：文王时的周都，在今陕西西安西南之丰水西侧。崔述曰："丰者，崇之境也，故诗云：'既伐于崇，作邑于丰。'……则是汉唐建都之地，崇实据之。当文王在岐时，地偏国狭，介居戎狄，而崇以大国塞其冲，文王安能越崇而化行于东南之诸侯乎？诸侯既慕文王之德，安能不畏崇之侵陵遮击而远从于周乎？自灭崇后，周始盛强，通于河洛淮汉之间，然后关东诸侯得被其化而归之耳。故《诗》于灭崇之后曰'四方勿拂'，于作丰之后曰'四方攸同'也。"

⑨西伯崩：《集解》引徐广曰："文王九十七乃崩。"杨宽以为肯定不合事实，因为"文王受命惟中身"（《尚书·无逸》）。《本纪》明说"盖受命之年称王而断虞、芮之讼，后七年而崩"，受命即称王，在位五十年，称王仅七年而崩。《正义》引《括地志》云："周文王墓在雍州万年县西南二十八里原上也。"按，文王墓确在何地现并无定论。今陕西咸阳渭城区周陵镇有周文王陵，陵前有清乾隆年间陕西巡抚毕沅手书"周文王陵"石碑一块，但经考古工作者长期勘察，那里根本不是周文王的陵墓。近年来，一些学者认为应在宝鸡市扶风、岐山一带的周原遗址或西安鄠邑区附近。

⑩太子发立，是为武王：发，为周文王次子，西周王朝的第一代国王。

《谥法》:"克定祸乱曰武。"据《夏商周断代工程1996—2000年阶段性成果报告·简本》,武王前1046—前1043年在位,共在位四年。

【译文】

第二年,西伯攻伐犬戎。下一年,攻伐密须。再下一年,打败耆国。殷朝的祖伊听说之后,感到害怕,把情况报告给帝纣。帝纣说:"不是有天命在保佑我们吗?西伯又能把我们怎么样呢!"第二年,西伯攻伐邘。下一年,西伯攻伐崇侯虎。并开始营建丰邑,把都城从岐山脚下迁到丰邑。下一年,西伯去世,太子发继位,这就是武王。

西伯盖即位五十年①。其囚羑里,盖益《易》之八卦为六十四卦②。诗人道西伯,盖受命之年称王而断虞、芮之讼③。后七年而崩④,谥为文王⑤。改法度,制正朔矣⑥。追尊古公为太王,公季为王季:盖王瑞自太王兴⑦。

【注释】

①西伯盖即位五十年:此语本于《尚书·无逸》:"文王受命惟中身,厥享国五十年。"

②囚羑里,盖益《易》之八卦为六十四卦:盖,大概,疑似之辞。此段前后连用四"盖"字,皆疑以传疑,并非确论之意。《易》,《周易》的简称。分经文、传文两部分,经为《易经》,传称《易传》。这里的《易》指《易经》。《易经》为六十四卦三百八十四爻的符号及解说文辞,用阴阳概念描述事物的变化原理,约形成于殷周之际,是一部古老的占卜算卦的书。八卦,《周易》中的八种具有象征意义的基本图形,每个图形用三个分别代表阳的"—"(阳爻)和代表阴的"- -"(阴爻)组成。名称是:乾、坤、震、巽、坎、离、艮、兑。分别象征天、地、雷、风、水、火、山、泽。这八种物质相互作

用，产生世界万物。六十四卦，《周易》中的八卦，两两重叠，组成六十四卦，用来象征自然现象和社会现象的发展变化。《系辞传》曰："《易》之兴也，其于中古乎？作《易》者其有忧患乎？"又曰："《易》之兴也，其当殷之末世、周之盛德耶？当文王与纣之事耶？"崔述曰："《易传》但言其作于文王时，不言文王所自作也；但言其有忧患，不言忧患为何事也。且曰'其当'，曰'其有'，曰'耶'，曰'乎'，皆为疑辞而不敢决，则是作《传》者但就其文推度之，尚不敢决言其时世，况能决知其为何人之书乎？至司马氏作《史记》，因传此文，遂附会之以为文王拘羑里所演，是以《周本纪》云'文王之囚羑里，盖益《易》之八卦为六十四卦'，《自序》亦云'西伯拘羑里演《周易》'，自是遂以《易卦》为文王所重。"李学勤曰："周人甲骨上，发现有与《易》卦有关的数字。由此看来文王演卦之说也许有所根据。"按，羑里遗址土台上今存正门"演易坊"、六十四卦石碑。

③诗人道西伯，盖受命之年称王而断虞、芮之讼：司马迁的意思是：《诗经》的作者称颂西伯，说他是从断虞、芮之讼的那一年起"受命称王"。《史记评林》引《考要》曰："诗曰'虞芮质厥成'，又曰'文王受命'，并未尝言称王也。若其改元之事，在列国亦有然者，非自谓受命辄更王号也。"梁玉绳曰："娄敬当汉初，其告高帝已有'质成受命'之说，盖其说起于战国好事之口，史公亦仍而载之。但'受命'二字，实本于《诗》《书》。《诗》曰'文王受命，有此武功'；《书》曰'文王受命惟中身'。'受命'云者，一受殷天子之命而得专征，一受天西眷之命而兴周室。凡《经》言'文王'，并后世追述之，曷尝有改元称王之说哉？自有此说，而改元称王之论纷如聚讼，独不思改元始于秦、魏两惠王，称王始于徐偃，皆衰周叛乱之事。"

④后七年而崩："七年"底本作"十年"，今据殿本改，与《尚书·泰

誓上》"惟十有一年，武王伐殷"孔颖达疏引《史记》合。《尚书·西伯戡黎》"作西伯戡黎"孔颖达疏："伏生《书传》云：'文王受命，一年断虞、芮之质，二年伐邘，三年伐密须，四年伐犬夷，五年伐耆，六年伐崇，七年而崩。'"梁玉绳也认为"后十年"乃"后七年"之讹，说："文王赐专征之年数元不能确定，《史》从《大传》作'七年'。"《正义》以为"十"当作"九"，盖依《逸周书》，与史公原文不合。

⑤谥为文王：按，童书业曰："西周中叶以后，谥法实兴，渐取生号之制而代之。"今之工具书亦皆谓"谥法始于西周中叶，周文王、武王至懿王，王号皆自称"。

⑥制正朔：制定周朝的历法。正朔，古历法术语，指一年中第一个月的第一天。古代帝王易姓受命，建立新王朝，必改正朔，故夏、殷、周、秦及汉初的正朔各不相同。夏朝是以阴历正月（建寅月）为岁首，商朝是以阴历十二月（建丑月）为岁首，周朝是以阴历十一月（建子月）为岁首，秦朝与汉初皆以阴历十月（建亥月）为岁首。按，此所谓"改法度，制正朔"与下句"追尊古公为太王，公季为王季"，皆武王灭商以后事，而非文王始崩、武王初即位时事。史文于此稍欠分明。至《易纬》有所谓"文王受命，改正朔，布王号于天下"，乃后人之编造，荒诞无稽。《正义》引《礼记大传》云："牧之野，武王成大事而退，追王太王亶父、王季历、文王昌"，并谓"文乃是追王为王，何得文王自称王、改正朔也"？

⑦盖王瑞自太王兴：王瑞，帝王的神圣预兆。泷川云："古钞、枫、三、南本'瑞'作'端'，义长。"王端，周族强大、灭商称王的开端。按，"王瑞""王端"的实际意思相同，唯前者略带宿命色彩而已。古人称周之"王瑞""王端"所以"自太王兴"者，其一是太王迁岐后，归之者多，周族始大；其二是太王预定姬昌为接班人，此对周国之兴亦关系重大。《正义》云："自'西伯盖即位五十年'以下

至‘太王兴’，在西伯崩后重述其事，为经传不同，不可全弃，乃略而书之，引次其下，事必可疑，故数言‘盖’也。”杨慎《史记题评》曰：“太史公书契至汤十三世，后稷至文王十四世，夫稷、契同时，而其子孙传世之长短可疑也。契至汤四百余年，而传世十三是也；稷至文王一千一百年，而传世止十四，有是理乎？”

【译文】

西伯大概在位有五十年。约莫当他被囚禁在羑里期间，他把《易》的八卦推演增益为六十四卦。从《诗经》作者对西伯的称颂来看，他似乎是从断虞、芮之讼的那一年起受命称王的。七年后西伯去世，谥号为文王。他修改了殷朝的法令制度，制定了周朝的历法。又追称古公为太王，公季为王季：原因大概因为称王的吉兆是从太王时期开始的。

武王即位，太公望为师①，周公旦为辅②，召公、毕公之徒左右王师③，修文王绪业④。九年⑤，武王上祭于毕⑥。东观兵⑦，至于盟津。为文王木主，载以车中军⑧。武王自称太子发，言奉文王以伐⑨，不敢自专。乃告司马、司徒、司空、诸节⑩：“齐栗⑪，信哉！予无知，以先祖有德，臣小子受先功⑫，毕立赏罚⑬，以定其功⑭。”遂兴师。师尚父号曰⑮：“总尔众庶⑯，与尔舟楫，后至者斩。”武王渡河，中流，白鱼跃入王舟中⑰，武王俯取以祭。既渡，有火自上复于下⑱，至于王屋⑲，流为乌⑳，其色赤，其声魄云㉑。是时，诸侯不期而会盟津者八百诸侯㉒。诸侯皆曰：“纣可伐矣。”武王曰：“女未知天命，未可也。”乃还师归㉓。

【注释】

①太公望：即吕尚，又称姜太公。事迹详见《齐太公世家》。师，古官

名。太师的简称。孔安国曰："师，天子所师法。"为辅弼国君之官。

②周公旦：武王之弟，周文王的第四子，名旦，一称叔旦。食采于周（今陕西岐山县东北），故称周公。周公先辅佐武王伐商；武王死，又辅佐年幼的成王，是儒家心目中的圣人。事迹详见《鲁周公世家》。

③召（shào）公：名奭，周文王的庶子。食邑于召（今陕西岐山县西南）。故称召公。毕公：名高，周文王的庶子，因食邑于毕（在今陕西咸阳西北），故称毕公。左右：帮助，辅佐。

④修：遵循。绪业：事业，遗业。

⑤九年：通文王受命为王之七年，实即武王继其父位为周王的第二年。

⑥武王上祭于毕：指祭文王墓。毕，亦称毕原、毕陌。在今陕西咸阳西北。《集解》引马融曰："毕，文王墓地名也。"按，《索隐》又出新解曰："毕，天星之名。毕星主兵，故师出而祭毕星也。"此说虽亦可通，但与下文"载主"相接，似仍解以地名为好。古之力主解为星名者有所谓"古不祭墓"之说，其实未必。中井积德曰："'上'以地形而言，犹汉时'上雍'之'上'。"

⑦观兵：显示兵力。类似于今之"军事演习"。

⑧为文王木主，载以车中军：木主，木制的神位。上书死者姓名以供祭祀。又称神主。俗称牌位。《伯夷列传》亦有"武王载木主，号为文王，东伐纣"之语。《礼记·曾子问》曰："昔者齐桓公亟举兵，作伪主以行。及反，藏诸祖庙。"梁玉绳曰："师行载主，亦古之制。"泷川曰："《桃源抄》引师说云：'车，当作居。车、居，声同而讹。'皇甫谧《帝王世纪》曰：'作文王木主，以居中军。'"按，"载以车中军"，语颇不顺，泷川说更明畅。

⑨武王自称太子发，言奉文王以伐：崔述曰："武王即位久矣，孔子曰'名不正则言不顺'，武王安得变而称'太子发'也哉？果称'太子'，《牧誓》篇中何以又称为'王曰'也？"

⑩司马：官名。掌军政。司徒：官名。掌管国家的土地和人民的教化。司空：官名。掌工程营建。诸节：指接受任命的各种官员。《集解》引马融曰："诸受符节有司也。"节，符节。古代朝廷用以传达命令、调兵遣将的信物。

⑪齐栗：庄重，谨慎。

⑫小子受先功：《集解》引徐广曰："一云'予小子，受先公功'。"小子，自称谦辞。《尚书》君王每自称小子。

⑬毕立赏罚：各种赏罚制度已设立齐备。毕，全部，齐备，完成。

⑭以定其功：确保功业的建立。定，完成。

⑮师尚父：武王对吕尚的敬称，亦犹后世齐桓公之称管仲为"仲父"也。参见《齐太公世家》。号：令，这里用如动词，即下令。《集解》引郑玄曰："号令之军法重者。"

⑯总：聚合，汇集。

⑰白鱼跃入王舟中：《索隐》曰："此以下至火复王屋为乌，皆见《周书》及今文《泰誓》。"

⑱复：通"覆"，覆盖。

⑲王屋：指武王住的帐幕。屋，帐幕。

⑳流为乌：变为乌鸦。《索隐》曰："今文《泰誓》'流为雕'。雕，鸷鸟也。马融云'明武王能伐纣'，郑玄云'乌是孝鸟，言武王能终父业'，亦各随文而解也。"

㉑其声魄云：意即"叭的一声"。魄，象声词。见崔述曰："白鱼赤乌，其事荒诞不经，君子之所不道。"梁玉绳曰："白鱼赤乌之说，乃汉初民间所得伪《泰誓》文，详见《书序》及《诗·思文》两《疏》中，西京诸儒信以为真，董仲舒为汉儒宗，其贤良策对犹言之，况史公之爱奇者乎？"

㉒诸侯不期而会盟津者八百诸侯：按，句子不顺，前后两"诸侯"应削其一。若此例，《史记》多有。

㉓乃还师归：按，以上武王会诸侯于盟津后“乃还师归”云云，见《今文尚书·泰誓》。古人说法不一，梁玉绳有说，详见本书《殷本纪》之注释。

【译文】

武王即位后，任命太公望做他的太师，周公旦做宰辅，召公、毕公一班人辅佐武王左右，遵循文王的遗业。即位后第二年，武王到毕祭祀文王。又到东方举行阅兵，到达盟津。设置文王的灵位，载在车上，供在军中。武王自称太子发，表示是奉行文王的旨意征伐，不敢独断专行。于是向司马、司徒、司空和其他各种官员昭告：“大家都要小心谨慎，努力奋发！我是无知之人，全靠先祖的德行护佑，继承先祖的功业，各种赏罚制度已设立齐备，以确保这次功业的成功。”于是发兵。太师太公望发布号令道：“集合起你们的民众，整理好你们的船只，迟到者斩。”武王渡黄河，船行进到河流中间，一条白鱼跳进武王船中，武王弯腰捡起用以祭祀。渡过黄河之后，有一个火团从天而降，落在武王的帐顶上，凝固成乌鸦的形状，它的颜色是红的，降落时发出一声巨响。这时，未经约定就到达盟津参会的有八百位诸侯。诸侯都说：“是时候讨伐纣王了。”武王说：“你们不知天命，还不到讨伐的时候。”于是班师回去了。

居二年，闻纣昏乱暴虐滋甚，杀王子比干，囚箕子[①]。太师疵、少师彊抱其乐器而奔周[②]。于是武王遍告诸侯曰：“殷有重罪，不可以不毕伐[③]。”乃遵文王[④]，遂率戎车三百乘，虎贲三千人[⑤]，甲士四万五千人[⑥]，以东伐纣。十一年十二月戊午[⑦]，师毕渡盟津，诸侯咸会。曰：“孳孳无怠[⑧]！”武王乃作《太誓》，告于众庶[⑨]：“今殷王纣乃用其妇人之言，自绝于天，毁坏其三正[⑩]，离逷其王父母弟[⑪]，乃断弃其先祖之乐，乃为淫声，用变乱正声[⑫]，怡说妇人。故今予发维共行天罚[13]。勉哉夫子[14],不可再,不可三!”

【注释】

①杀王子比干,囚箕子:纣杀比干、囚箕子事,见《殷本纪》。

②太师疵、少师彊抱其乐器而奔周:按,此句似有脱误。泷川曰:“枫、三本‘其’下有‘祭’字,与《殷纪》合。”王叔岷曰:“《艺文类聚》十二引‘彊’下有‘微子’二字,‘乐’作‘祭’。据《殷本纪》:‘殷之太师、少师乃持其乐器奔周。’《宋世家》:‘微子乃持其祭器造于军门。’参以枫、三本及《艺文类聚》所引,此文盖本作‘太师疵、少师彊、微子抱其祭、乐器而奔周。’抱乐器者太师疵、少师彊也。抱祭器者,微子也。”太师、少师,皆官名。太师为乐工之长,少师为太师之副。

③毕伐:彻底讨伐。毕,尽,彻底。张家英引《淮南子·览冥训》“体便轻毕”高诱注“毕,疾也”,认为此“毕”字应解为“迅速、快捷”。可供参考。

④乃遵文王:意谓遵照文王遗命,与前文之“言奉文王以伐,不敢自专”意同。

⑤虎贲(bēn):勇士之称。贲,通“奔”。《集解》引孔安国曰:“若虎贲兽,言其猛也。”一说虎贲即周王的禁卫兵。

⑥甲士四万五千人:按,古书无说四万五千人者。《尚书》云:“予有臣三千,惟一心。”《淮南子·兵略训》亦云:“武王之卒三千人,皆专而一。”

⑦十一年十二月戊午:通文王受命称王之七年,实即武王继父位为周王的第四年。依《竹书纪年》推算为前1023年,《夏商周年表》定为前1046年。周历是以十一月为岁首,故叙十二月在前,叙二月在后。

⑧孳孳:同“孜孜”,勤勉,努力不懈。

⑨武王乃作《太誓》，告于众庶：《太誓》，即《泰誓》，周武王伐纣前大会诸侯的誓师词。伪《古文尚书》有《泰誓》上、中、下三篇。按，司马迁以下所录武王誓词，本于汉代流传的今文《泰誓》。

⑩三正：旧注说法纷纭，或指建子、建丑、建寅三种历法，或指天、地、人之正道。刘起釪认为指一些主要的大臣。正，长，官长。

⑪离逷（tì）：又作"离逖"，疏远。逷，远。王父母弟：指出自同一祖父母的兄弟。王父母，祖父祖母。

⑫为淫声，用变乱正声：古代以雅乐为正声，以俗乐为淫声。用，以。《殷本纪》称记"使师涓作新淫声，北里之舞，靡靡之乐"。

⑬维：发语辞。共行：恭敬地执行。共，通"恭"。

⑭夫子：古代对男子的敬称。男子汉，壮士。

【译文】

过了两年，听说帝纣昏乱暴虐得更甚于前，杀了王子比干，囚禁了箕子。太师疵、少师彊抱着他们的乐器去投奔周国。武王这时才向所有诸侯宣告说："殷朝犯下大罪，我们不可不合力讨伐。"于是遵照文王遗志，率领了三百辆战车，三千名勇士，以及带甲武士四万五千人，向东挺进去讨伐纣王。武王四年十二月的戊午日，军队全部渡过盟津，诸侯都来参加。武王说："勤勤恳恳，不要懈怠！"武王于是作《太誓》，向众人宣告："如今殷王纣居然听信妻妾之言，自绝于上天，残害主要的大臣，疏远自己的同祖兄弟，竟然废弃先祖的音乐，采用淫乱的音调，来扰乱雅声，讨妇人的欢心。所以现在我姬发要恭敬地实行上天的惩罚。努力呀，壮士们，不会有第二次，更不会有第三次了！"

二月甲子昧爽[①]，武王朝至于商郊牧野[②]，乃誓。武王左杖黄钺，右秉白旄[③]，以麾[④]，曰："远矣，西土之人[⑤]！"武王曰："嗟！我有国冢君[⑥]，司徒、司马、司空，亚旅、师氏[⑦]，千夫长、百夫长[⑧]，及庸、蜀、羌、髳、微、纑、彭、濮人[⑨]，称尔戈[10]，比尔干[11]，立尔矛，予其誓[12]。”王曰：“古人有言：‘牝鸡无晨。牝鸡之晨，惟家之索[13]。’今殷王纣维妇人言是用，自弃其先祖肆祀不答[14]，昏弃其家国[15]，遗其王父母弟不用，乃维四方之多罪逋逃是崇是长，是信是使[16]，俾暴虐于百姓[17]，以奸轨于商国[18]。今予发维共行天之罚。今日之事，不过六步七步，乃止齐焉[19]，夫子勉哉！不过于四伐五伐六伐七伐，乃止齐焉[20]，勉哉夫子！尚桓桓[21]，如虎如罴[22]，如豺如离[23]，于商郊，不御克奔[24]，以役西土，勉哉夫子！尔所不勉，其于尔身有戮[25]。”誓已，诸侯兵会者车四千乘[26]，陈师牧野。

【注释】

①二月甲子昧爽：武王十一年（前1046）周历二月的甲子日拂晓。《集解》引徐广曰：“一作‘正’。此建丑之月，殷之正月，周之二月也。”昧爽，黎明，拂晓。

②牧野：地名。在殷都朝歌（在今河南淇县）南。按，1976年陕西西安临潼区曾出土西周铜器利簋，其内底铸有铭文三十二字，其辞为：“武征商，唯甲子朝，岁鼎，克昏，夙有商。辛未，王在阑次，赐右史利金，用作檀公宝尊彝。”大意为：周武王征伐殷纣，甲子那天的早上，夺得了鼎，打败了商纣，得到了商王朝。灭商后的第八天，武王在阑这个地方把青铜赐给了右史利，于是利就铸造了这件祭祀檀公的礼器。以前武王灭商这一重大事件只见于《周书》《尚书》《韩非子》等历史文献，利簋这篇铭文出自参加武王灭商的当事人之手，因此这一事件得到确凿的见证，铭文内容与历史文献的记载完全吻合。

③武王左杖黄钺，右秉白旄：《集解》引孔安国曰：“钺，以黄金饰斧。左手杖钺，示无事于诛；右手把旄，示有事于教令。”杖，持。秉，

握。旄，装饰以旄牛尾的旗。

④麾：挥动。

⑤远矣，西土之人：此为慰劳众将士之语。西土之人，指从西方来的各部族首领与士兵。

⑥有国冢君：《尚书·牧誓》作“我友邦冢君”。有，通“友”。国，应作“邦”，汉人为避刘邦讳而改。冢君，大君，对列国君主的敬称。此指下述庸、蜀等八个西方古代部落的首领。

⑦亚旅、师氏：皆为高级军官。《集解》引孔安国曰：“亚，次。旅，众大夫也，其位为卿。师氏，大夫官，以兵守门。”

⑧千夫长、百夫长：皆为中下级军官。孔安国曰：“师帅、卒帅。”孔颖达疏：“《周礼》二千五百人为师，师帅皆中大夫。”“百人为卒，卒长皆上士。”

⑨庸、蜀、羌、髳、微、纑、彭、濮人：皆为当时的西方部族。庸，约在今湖北竹山县西南。蜀，约在今四川成都一带。羌，约在今甘肃庆阳西北。髳，说法不一，古注多认为在西南的巴蜀、云南一带，钱穆认为在今湖北、江西的荆山汉水之间，郭沫若以为在今重庆一带，而谭其骧则以为在今山西平陆一带。微，说法不一，古注多以为在今巴蜀、云南，钱穆认为在湖北汉江流域，谭其骧则以为在今陕西眉县附近。纑，约在今湖北襄阳南部南漳、宜城一带。彭，约在今湖北房县、谷城之间。濮，约在今湖北房县西南。李光缙引陈经曰：“文王化行江汉，自北而南，故八国皆来助，举其远则近者可知。”

⑩称：举。

⑪比：排列。干：盾牌。

⑫予其誓：意即你们听我宣誓。其，将。

⑬牝鸡之晨，惟家之索：过去迷信的说法，如果哪家的母鸡在黎明时啼叫，那么这个人家就要灭绝了。索，尽，空。《集解》引孔安国

曰:“索,尽也。喻妇人知外事,雌代雄鸣,则家尽也。”

⑭肆祀:谓以全牛全羊祭祀祖先。此泛指祭祀。答:报,报谢社稷、祖先的祭祀。《集解》引郑玄曰:“肆,祭名。答,问也。”张文虎曰:“《集解》‘问’字疑误。《册府元龟》引作‘报’。”

⑮昏弃:抛弃不顾。王引之曰:“昏,蔑也,读曰‘泯’。‘昏弃’即‘泯弃’也。……‘泯’‘蔑’声之转耳。”

⑯乃维四方之多罪逋(bū)逃是崇是长,是信是使:《集解》引孔安国曰:“言纣弃其贤臣,而尊长逃亡罪人,信用之也。”逋逃,逃亡。长,尊敬。使,任用。

⑰俾:使,让他们。

⑱奸轨:同“奸宄”。孔颖达曰:“奸宄,谓劫夺。”段玉裁曰:“凡盗,起外曰奸,中出为宄。”这里泛指违法作恶。

⑲不过六步七步,乃止齐焉:意谓今日战场出击不要超过六步、七步就停下来,把队伍整顿一下再继续推进。《集解》引孔安国曰:“今日战事,不过六步七步,乃止相齐,言当旅进一心也。”止齐,暂止而取齐。

⑳不过于四伐五伐六伐七伐,乃止齐焉:《集解》引孔安国曰:“伐,谓击刺也,少则四五,多则六七,以为例也。”李光缙引王炎曰:“‘六步七步’,足法也;‘六伐七伐’,手法也。使‘止齐’者,使三军之手足如一人。然上‘止齐’,戒其轻进,下‘止齐’,戒其贪杀。”

㉑尚桓桓:意即希望大家都勇往直前。尚,希望。桓桓,勇武、威武的样子。

㉒罴(pí):熊的一种,也叫马熊。

㉓离(chī):通“螭”,传说中的一种无角蛟龙。一说指猛兽。

㉔不御克奔:不要迎击那些前来投降的殷国士兵。《尚书·牧誓》作“弗迓克奔”,孔安国注:“商众能来奔降者,不迎击之。”一说指不

要斩杀败降的敌人。孙星衍疏引郑玄曰："克，杀也。不得暴虐杀纣师之奔走者。"御，抵御，此指迎击。

㉕其于尔身有戮：意即你就会被处死。戮，诛杀。按，以上见《尚书·牧誓》，是周武王在牧野与纣军决战前的誓师词。凌稚隆引董鼎曰："此临战誓师之辞，先杖钺秉旄，肃己之容；称戈比干立矛，肃人之容；然后发命。自'古人有言'至'恭行天罚'，所以声罪致讨而激士卒之义；自'今日'至'止齐焉'，所以明审法令而示行阵之礼；自'勉哉'以下，又勉之临阵之勇、抚众之仁，盖谨畏戒惧如此。"蔡沈曰："此篇严肃而温厚，与《汤誓》《诰》相表里。……《泰誓》《武成》一篇之中似非尽出于一人之口，岂独此篇为全书乎？"

㉖诸侯兵会者车四千乘：梁玉绳曰："四千乘并诸侯兵言之。武王止三百乘而已。"

【译文】

周历二月的甲子日凌晨，武王一早来到商都郊外的牧野，举行誓师。武王左手持以黄铜制作的斧头，右手握着装饰以旄牛尾的旗子，用来指挥，说："一路辛苦啦，来自西方的人们！"武王又说："啊！我友好邻邦的君主，司徒、司马、司空，亚旅、师氏，千夫长、百夫长，以及庸、蜀、羌、髳、微、纑、彭、濮各国的人们，举起你们的戈，排好你们的盾，竖起你们的矛，我来宣誓了！"武王说："古人说：'母鸡是不打鸣的。如果哪家的母鸡打鸣，那么这个人家必定要灭亡。'现在殷王纣一切都听女人的，自动放弃对祖先的祭祀，也不举行答谢神灵的祭祀，抛弃国家不管，放着同祖兄弟不用，反而对于那些从四方各国逃亡来的罪人，那么看重他们、敬重他们、信任他们、任用他们，任由他们对百姓横征暴敛，让他们在商国胡作非为。如今我姬发恭敬地执行上天的惩罚。今日在战场出击不超过六步、七步就要停下来整顿整顿再前进，大家努力啊！每次刺击，不超出四五下六七下，就要停下来整顿整顿再前进，大家努力啊！希望大家都勇往直前，有如老虎、熊罴、豺狼、螭蛟，我们在商都郊外战斗，不要迎击投降的人，要让他们给我们西方之人役使服务，大家努力啊！你们谁要不努力，我就处死他。”誓师结束，诸侯派兵参加会盟的，共有四千辆战车，列阵于牧野。

帝纣闻武王来，亦发兵七十万人距武王①。武王使师尚父与百夫致师②，以大卒驰帝纣师③。纣师虽众，皆无战之心，心欲武王亟入。纣师皆倒兵以战，以开武王。武王驰之，纣兵皆崩畔纣。纣走，反，入登于鹿台之上④，蒙衣其殊玉，自燔于火而死。武王持大白旗以麾诸侯，诸侯毕拜武王，武王乃揖诸侯，诸侯毕从。武王至商国⑤，商国百姓咸待于郊⑥。于是武王使群臣告语商百姓曰：“上天降休⑦！”商人皆再拜稽首⑧，武王亦答拜⑨。遂入，至纣死所。武王自射之，三发而后下车，以轻剑击之⑩，以黄钺斩纣头，县大白之旗⑪。已而至纣之嬖妾二女⑫，二女皆经自杀。武王又射三发，击以剑，斩以玄钺⑬，县其头小白之旗⑭。武王已乃出复军⑮。

【注释】

①亦发兵七十万人距武王：陈子龙曰：“纣止发畿内之兵，疑无七十万之众也。且三代用兵亦无近百万者。”陈直曰：“殷墟甲骨文记载商代用兵，至多一万余人，本文之殷纣发兵七十万人，与实际不符合，只可疑以传疑。”距，通“拒”，抵御。

②致师：挑战。《集解》引郑玄曰：“致师者，致其必战之志也。古者将战，先使勇力之士犯敌焉。”

③大卒：王之士卒。《正义》曰：“谓戎车三百五十乘，士卒二万六千二百五十人，有虎贲三千人。”张家英曰：“主要指虎贲而言。”意

即指武王的嫡系部队。驰：车马疾行。此指令战车冲击。

④鹿台：按，鹿台遗址在今河南淇县坡里村西南，面积约十三万平方米。

⑤商国：商朝的国都。此指朝歌。

⑥商国百姓：此指商朝之百官与贵族。

⑦降休：降下福祥。休，喜庆，美善，福禄。

⑧稽首：古时一种跪拜礼，叩头至地，是最恭敬的一种。

⑨武王亦答拜：《索隐》曰："武王虽以臣伐君，颇有惭德，不应答商人之拜，太史公失辞耳。寻上文，诸侯毕拜贺武王，武王尚且报揖，无容遂下拜商人。"张文虎曰："《逸周书·克殷解》：'群宾佥进曰："上天降休。"再拜稽首。武王答拜，稽首。'孔晁注：'诸侯贺武王也。'是武王答拜诸侯，非答商人。史文残缺错乱，遂来小司马之疑。"

⑩以轻剑击之：《正义》曰："《周书》作'轻吕击之'。轻吕，剑名也。"

⑪大白之旗：纯白的旗。大白，纯白。

⑫嬖妾：宠妃，指妲己等。

⑬玄钺：铁制大钺，呈黑色。《集解》引宋均曰："玄钺用铁，不磨砺。"钺，古兵器。圆刃，似斧而较大。多用于礼仪。

⑭小白之旗：用杂帛做成的旗。朱右曾曰："小白者，杂帛为物。"

⑮已乃出复军：按，以上武王破纣过程及斩纣与妲己头事，见《逸周书·克殷解》。崔述曰："观武王之封武庚，圣人之心可以见矣，必无悬纣头于旗以示僇者。若武王之仇纣如是，则必尽杀其子若孙，即不然，亦必囚之放之，乌有反封之者哉？……此本战国时人所撰，其中舛谬良多不可为实，《史记》误采之耳。"牛鸿恩《逸周书注》曰："本文所写周武王对殷纣的戮尸，战国时代曾广泛引录，大家都承认和接受这一事实。但在后代却引起激烈争论，都斥为

'害义伤教',是对武王的诬陷。其实这都是不明殷商时代的真实历史,又上了孟子'以至仁伐至不仁'主观推断的当。"

【译文】

帝纣听说武王打过来,也发兵七十万抵御武王。武王派太师太公望和一百名勇士挑战,武王的嫡系部队以战车冲击帝纣的军队。帝纣的军队虽然人数众多,却无心作战,希望武王赶快攻进殷国。帝纣的军队都调转武器攻击自己一方,为武王做内应。武王冲向帝纣的军队,帝纣的军队溃不成军,背叛帝纣。帝纣逃跑,退入城中,登上鹿台,把镶嵌有宝玉的衣服穿好,自焚而死。武王手持大白旗指挥诸侯,诸侯都向武王拜手致敬,武王也拱手回礼,诸侯都听从他。武王进入商都,商国的百官、贵族都到郊外迎接。于是武王派群臣告诉商国的百官、贵族说:"上天将赐福给大家!"商人都拜了两拜叩头至地,武王也以礼答谢回拜。接着进了城,到达帝纣自焚而死的地方。武王亲自向帝纣的尸体射箭,射了三发后下车,又用轻剑刺他,然后用以黄铜制作的斧头砍下帝纣的头颅,挂在大白旗的旗杆上。然后又来到帝纣两个宠妾那里,那两个女子都已经上吊自杀。武王又向她们射了三箭,用剑刺她们,用铁制的黑斧砍下她们的头颅,将头颅挂在小白旗的旗杆上。武王做完这一切,回到军中。

其明日,除道①,修社及商纣宫②。及期,百夫荷罕旗以先驱③。武王弟叔振铎奉陈常车④,周公旦把大钺,毕公把小钺⑤,以夹武王⑥。散宜生、太颠、闳夭皆执剑以卫武王。既入,立于社南大卒之左,左右毕从⑦。毛叔郑奉明水⑧,卫康叔封布兹⑨,召公奭赞采⑩,师尚父牵牲。尹佚策祝曰⑪:"殷之末孙季纣⑫,殄废先王明德⑬,侮蔑神祇不祀⑭,昏暴商邑百姓,其章显闻于天皇上帝⑮。"于是武王再拜稽首,曰:"膺受大命,革殷,受天明命。"⑯武王又再拜稽首,乃出。

【注释】

①除道:清扫道路。

②修社及商纣宫:盖即拆除商朝之旧社,重立周朝之新社。古者帝王有社,以祭祀国家的土神,各乡邑亦有社,以祭祀区域性的土神。修社,即修缮祭祀土神的坛庙。

③荷罕旗以先驱:肩扛云罕旗为武王在前开道。荷,肩负,扛。罕旗,即云罕旗。《索隐》云:“蔡邕《独断》曰:‘前驱有九旒云罕。’《东京赋》曰:‘云罕九旒。’薛综曰:‘旒,旗名。’”先驱,前行开路。

④叔振铎奉陈常车:意即叔振铎为武王驾车。叔振铎,文王之子,武王之弟,为曹国之始封君,事见《管蔡世家》。常车,仪仗车。以车上插有画着日月图象的大常旗,故名。张家英曰:“常车……是象征着王的地位及其威严的。”

⑤毕公把小钺:梁玉绳据《逸周书·克殷解》与《鲁周公世家》皆作“召公把小钺”,认为此“毕公”乃“召公”之误。

⑥夹:此指左右陪侍,兼有护卫之意。

⑦立于社南大卒之左,左右毕从:底本作“立于社南,大卒之左右毕从”,语意不明。梁玉绳曰:“《周书》云‘王入,即位于社大卒之左,群臣毕从’,此误增‘右’字,脱‘群臣’字。或云,但‘之’字下脱一‘左’字耳。”今据后说改。社南大卒,战场破纣军之武王嫡系部队,列于社南,一为仪仗,一为护卫。

⑧毛叔郑:文王之子,武王之弟,名郑,以佐武王灭商功封之在毛(在今河南宜阳),故又称“毛公”。奉:恭敬地捧着。明水:古代祭祀所用的净水。又叫玄酒。《周礼·秋官》有所谓以阳燧取火于日曰“明火”,以阴镜取水于月叫“明水”。

⑨卫康叔:名封,文王之子,武王之弟,始封于康(在王畿内),又封于卫(在今河南淇县),详见《卫康叔世家》。布兹:铺草席于地。布,铺。兹,蓐,草席。《集解》引徐广曰:“兹者,籍席之名。诸侯

病曰‘负兹’。”《索隐》曰:“兹,一作‘苙’,公明草也。言‘兹’,举成器;言‘苙’,见洁草也。”

⑩赞采:帮助武王献上供品。《正义》曰:“赞,佐也。采,币也。”币,缯帛。古代常用作祭祀或馈赠的礼品。泛指祭品。李笠则曰:“《尔雅·释诂》:‘采,事也。’”“此‘赞采’者亦谓‘赞事’也。”意即为武王赞礼。

⑪尹佚策祝:尹佚读策书祝文祝告鬼神。尹佚,又称“尹逸”“史佚”,《史记·天官书》《正义》注曰“周武王时太史”。《汉书·艺文志》墨家有《尹佚》二篇,今有辑本。

⑫殷之末孙季纣:末、季,皆最后之义。按,“季”字似应削。

⑬殄(tiǎn)废:废弃。

⑭侮蔑:轻慢。神祇(qí):泛指神灵。天神曰神,地神曰祇。

⑮章显:明显,显著,盖谓其罪行显著也。

⑯曰:“膺更大命,革殷,受天明命”:按,此“曰”字的主语是“史佚”,不是“武王”。姚鼐曰:“‘曰’字是尹佚继续读策也,此处叙事与《霍光传》读奏于皇太后前,中夹以太后语相类。”膺更大命,意即禀承天命。膺更,意即承受。“更”乃“受”之讹。今《逸周书·克殷解》佚文直作“膺受大命”。大命,天命。革殷,上天改变了对殷朝的眷顾。有人解为革除殷朝政权。按,这是周武王姬发改称“天子”的第一年(前1046)。

【译文】

第二天,清除道路,整修祭祀土神的社庙和商纣的宫室。到时候,一百名士兵扛着云罕旗走在前面。武王的弟弟振铎赶着车子,周公旦拿着大斧,毕公拿着小斧,夹立在武王两边。散宜生、太颠、闳夭都持剑保卫着武王。进了社庙,武王站在庙南面大卒的左边,左右的人都跟着他。毛叔郑端着明水,卫康叔封铺草席,召公奭帮助拿着彩帛等祭品,太师太公望牵着祭祀用的牲畜。尹佚朗读竹简的祭文,说:“殷朝的末代子孙纣，废弃先王的美德，蔑视神明不去祭祀，对商城中的百姓残暴，他罪大恶极，这些皇天上帝都已深知。”于是武王拜了两拜，叩头至地，尹佚接着说：“承受天命，革除殷朝所受之命，接受上天圣明之令。”武王又拜了两拜，叩头至地，然后出城。

封商纣子禄父殷之余民①。武王为殷初定未集②，乃使其弟管叔鲜、蔡叔度相禄父治殷③。已而命召公释箕子之囚。命毕公释百姓之囚，表商容之闾④。命南宫括散鹿台之财⑤，发钜桥之粟⑥，以振贫弱萌隶⑦。命南宫括、史佚展九鼎保玉⑧。命闳夭封比干之墓。命宗祝享祠于军⑨。乃罢兵西归⑩。行狩⑪，记政事，作《武成》⑫。封诸侯，班赐宗彝，作《分殷之器物》⑬。武王追思先圣王，乃褒封神农之后于焦⑭，黄帝之后于祝⑮，帝尧之后于蓟⑯，帝舜之后于陈⑰，大禹之后于杞⑱。于是封功臣谋士，而师尚父为首封。封尚父于营丘，曰齐⑲。封弟周公旦于曲阜，曰鲁⑳。封召公奭于燕㉑，封弟叔鲜于管，弟叔度于蔡。余各以次受封。

【注释】

①禄父：名武庚，字禄父，纣王之子。

②未集：尚未安定。集，安定，和睦。

③乃使其弟管叔鲜、蔡叔度相禄父治殷：《正义》曰：“《地理志》云：‘河内，殷之旧都。周既灭殷，分其畿内为三国，《诗》邶、鄘、卫是。邶以封纣子武庚；鄘，管叔尹之；卫，蔡叔尹之：以监殷民，谓之三监。’《帝王世纪》云：‘自殷都以东为卫，管叔监之；殷都以西为鄘，蔡叔监之；殷都以北为邶，霍叔监之：是为三监。’按，二说各异，未详也。”陈启源曰：“殷既三分，三叔当分治。《汉志》既言

管、蔡、卫、鄘，则霍叔监邶，不言可知。又与武庚同国，故略而弗著，非谓武庚亦一监也。盖二叔监之于外，以戢其羽翼，霍叔监之于内，以定其腹心。当日制殷方略，想当如此。”管叔鲜，武王之弟，名鲜，克商后封于管（在今河南郑州）。蔡叔度，武王之弟，名度，克商后封于蔡（在今河南上蔡西南）。霍叔处，武王之弟，名处。克殷后被封于霍（今山西霍州），详见《管蔡世家》。相，辅助，帮助。徐孚远曰：“管、蔡俱有分地而作殷监，盖虽已受封而未就国，以监殷民为重任，犹周公封鲁而身相周也。”霍叔为“三监”之一，情况与管叔、蔡叔同。

④商容：纣王时曾任典礼乐之官，知礼达义，为百姓敬爱。后被纣王免职。

⑤南宫括：周初大臣。《逸周书》作“南宫忽”“南宫百达”或“南宫伯达”。

⑥钜桥：古仓名。在今河北平乡东南古衡漳水东岸。因仓侧水上有桥而得名。

⑦振：救济。萌隶：犹百姓。萌，通“氓”，百姓，黎民。

⑧展九鼎保玉：九鼎，传说为大禹用九州所贡的铜铸成九只大鼎，上记该州的地形物产等，象征九州，夏、商、周三代奉为象征国家政权的传国之宝。保玉，《集解》引徐广曰：“保，一作‘宝’。”按，《逸周书·克殷解》作“迁九鼎三巫”，唐兰以为应作“迁九鼎宝玉”，盖谓将其由殷迁至周。

⑨命宗祝享祠于军：《周书·克殷解》作“乃命宗祝崇宾飨，祷之于军”。孔安国曰：“飨祭前所祷之神。”意谓命主祭官员在军中祭祀战神，以答谢其在灭商战争中给予的护佑。宗祝，宗伯和太祝。主祭祀之官。

⑩乃罢兵西归：以上武王祭社与在殷分派诸事，见《逸周书·克殷解》。

⑪行狩:出行巡视。狩,通“守”,指天子出巡。

⑫《武成》:《古文尚书》篇名。记叙了周武王灭商后的重要政事。《集解》引孔安国曰:“武功成也。”泷川曰:“以上采《尚书·武成序》。”按,有的学者认为《逸周书·世俘》即《尚书》之《武成》。

⑬班赐宗彝,作《分殷之器物》:《集解》引郑玄曰:“宗彝,宗庙樽也。作《分器》,著王之命及受物。”班赐宗彝,把商朝宗庙里的祭祀用器分发给各受封的诸侯。《分殷之器物》,《尚书序》作《分器》,已亡佚。泷川曰:“以上采《尚书·分器序》。‘殷之物’三字,疑注文窜入,当作‘作《分器》’。‘分器’事见《左传·定公四年》。”

⑭神农:据《五帝本纪》,是先于黄帝的远古帝王,非指炎帝。焦:古国名。在今河南三门峡陕州区西。一说在今安徽亳州。

⑮祝:祝其,一名夹谷,在今山东莱芜东南。

⑯蓟(jì):古国名。在今北京城西南隅。

⑰陈:古国名。国都即今河南周口淮阳区。

⑱杞:古国名。国都开始在今河南杞县,后迁至今山东安丘东北。武王封舜、禹之后详见《陈杞世家》。按,以上武王封古帝王之后见《礼记·乐记》,说法略有异。

⑲封尚父于营丘,曰齐:有关太公受封事详见《齐太公世家》。营丘,古邑名。在今山东淄博临淄区北。

⑳封弟周公旦于曲阜,曰鲁:周公受封于鲁,其子伯禽赴鲁上任事见《鲁周公世家》。曲阜,古邑名。即今山东曲阜。

㉑封召公奭于燕:国都原在今北京西南之琉璃河。据《夏商周断代工程阶段性成果报告》,今北京琉璃河西周墓的墓主名“克”,为召公之子,即第一代燕国诸侯。《正义》曰:“封帝尧之后于蓟,封召公奭于燕,观其文稍似重也。《水经注》云蓟城内西北隅有蓟丘,因取名焉。《括地志》云:‘燕山在幽州渔阳县东南六十里,徐才《宗国都城记》云周武王封召公奭于燕,地在燕山之野,故国取

名焉。'按,周封以五等之爵,蓟、燕二国俱武王立,因燕山、蓟丘为名,其地足自立国。蓟微燕盛,乃并蓟居之,蓟名遂绝焉。今幽州蓟县,古燕国也。"按,钱穆以为武王时之首次分封齐、鲁、燕,其地皆在成周之南(齐即是"吕",燕即是"郾",鲁即"鲁山"),后来成王时灭淮夷、奄,始将太公、周公、召公之地远扩至今山东、河北境。其说可信,参看后文可知。

【译文】

武王把殷国的遗民封给纣王的儿子禄父。因为新的殷国才建立,还没有安定,就派自己的弟弟管叔鲜、蔡叔度帮助禄父治理殷国。然后武王命令召公放箕子出狱。又命令毕公放百官贵族出狱,在商容住过的里巷设立标志以表彰他。命令南宫括散发聚敛在鹿台的钱财和钜桥粮仓的粮食,用来赈济贫民百姓。命令南宫括、史佚展示九鼎、宝玉。命令闳夭为比干的坟墓培土为冢。命令主祭官员在军中祭祀战神,答谢其在灭商战争中给予的护佑。于是撤兵回到西方。出行巡视,记录武王政事,写了《武成》。分封诸侯,把商朝宗庙里的祭器分赐给各路诸侯,写了《分殷之器物》。武王追怀古代圣王,于是嘉封神农氏的后代于焦,封黄帝的后代于祝,封帝尧的后代于蓟,封帝舜的后代于陈,封大禹的后代于杞。接着又封功臣谋士,太公望是受封的第一个。武王把他封在营丘,国号齐。把弟弟周公旦封在曲阜,国号鲁。把召公奭封在燕,把弟弟叔鲜封在管,把弟弟叔度封在蔡。其他人也都依次受封。

武王征九牧之君[①],登豳之阜[②],以望商邑。武王至于周[③],自夜不寐。周公旦即王所,曰:"曷为不寐?"王曰:"告女:维天不飨殷[④],自发未生于今六十年[⑤],麋鹿在牧,蜚鸿满野[⑥]。天不享殷,乃今有成。维天建殷,其登名民三百六十夫,不显亦不宾灭,以至今[⑦]。我未定天保[⑧],何暇寐!"王曰："定天保，依天室[⑨]，悉求夫恶，贬从殷王受[⑩]。日夜劳来定我西土[⑪]，我维显服，及德方明[⑫]。自洛汭延于伊汭[⑬]，居易毋固[⑭]，其有夏之居[⑮]。我南望三涂[⑯]，北望岳鄙[⑰]，顾詹有河[⑱]，粤詹雒、伊[⑲]，毋远天室[⑳]。"营周居于雒邑而后去[㉑]。纵马于华山之阳，放牛于桃林之虚[㉒]；偃干戈[㉓]，振兵释旅[㉔]：示天下不复用也[㉕]。

【注释】

①征：召集。九牧之君：九州之长。

②登豳之阜：陈仁锡曰："'豳'原作'汾'，汾在河北，因汾与邠相近，遂误为豳。"梁玉绳曰："汾近朝歌，即《郡国志》颍川襄城县之汾丘，若在栒邑之豳，何从登其阜以望商邑乎？"汾丘，即汾陉，在今河南襄城东北。按，襄城距朝歌五百多里，亦未必合适。今其地不明。阜，土山。

③周：指周都镐京。故址在今陕西西安西南沣水东岸，文王都城丰邑之东北。周武王灭商后迁都于此，谓之宗周，又称西都。

④天不飨殷：上天不享用殷的祭祀。意即抛弃了殷。

⑤自发未生于今六十年：顾颉刚认为周武王享年五十多岁，此言"六十"，是举其成数。

⑥麋鹿在牧，蜚鸿满野：《逸周书·度邑解》作："夷羊在牧，飞鸿满野。"夷羊，是一种怪物，《淮南子》高诱注以为是土神，见殷将亡，乃出现于商郊牧野。梁玉绳曰："余谓'麋鹿'乃'夷羊'之误，'蜚鸿'乃'飞蝗'之误。"牧，远郊。蜚，通"飞"。按，此二句既言天灾，又喻人祸。

⑦"维天建殷"几句：意谓当初上天建立殷朝，任用了三百六十名贤人，他们固然没能显扬殷的功业，但也没有使殷朝被上天摈弃而

灭亡，而是维持殷的统治至今。登，进，任用。名民，贤人。显，显扬。宾，通“摈”，排斥，摈弃。又，姚鼐曰：“言殷有名贤三百六十，既不显用，亦不宾礼。‘灭’字属下读，蔑弃之意，言弃以至今。”

⑧未定天保：未能确定得到上天的保佑。天保，盖谓上天的保佑。又，张家英引陆宗达说，以为“天保”指天之中枢，亦即北极星。“周代把政治中枢比作北极星，又把雒邑看作政治中枢。”故而这里的“未定天保”，亦即尚未将国都雒邑建设好。

⑨依天室：意即归顺周王朝。天室，上天所眷顾之宗庙。一说指天上星宿的布列位置。古代定国都、建宫室皆依之，故称。“依天室”即按上天意愿建造都城和宫室。

⑩悉求夫恶，贬从殷王受：《索隐》曰：“言今悉求取夫恶人不知天命不顺周家者，咸贬责之，与纣同罪，故曰‘贬从殷王受’。”恶，指恶人。殷王受，商纣王，名“受”，又作“纣”，庙号“帝辛”。

⑪劳来：劳徕。以恩德招之使来。谓修德以慰劳百姓，招纳贤士。来，同“徕”。

⑫我维显服，及德方明：意谓我只有光明正大地做事，才能使德教大显于世。显，明，光明正大。服，做，办事。

⑬洛汭（ruì）：洛水入黄河处，在今河南巩义境内。伊汭：伊河入洛水处。伊，即今伊河，源出河南栾川伏牛山北麓，东北流经嵩县、伊川，在偃师南入洛河。

⑭居易毋固：意即居于平坦之地，没有险固的屏障。易，平，平坦。又，张文虎曰：“‘易’字，《度邑解》作‘阳’。据《集解》《正义》，疑所见本亦作‘阳’。”泷川曰：“居阳，犹言居上流。‘固’‘故’通，‘毋固’，无事也。”

⑮其有夏之居：这就是当年夏朝居住的地方。相传禹曾都于阳城（今河南登封东南之告成镇），太康都于斟鄩，都与伊、洛邻近。

⑯三涂：山名。在今河南嵩县西南，伊水之北。

⑰岳鄙：太行山下的边鄙城邑。岳，此指太行山。《正义》曰："《括地志》云：'太行、恒山连延，东北接碣石，西北接岳山。'言北望太行、恒山之边鄙都邑也。又'晋州霍山一名太岳'。"《索隐》引杜预云："岳，盖河北太行山。"

⑱顾詹：回首眺望。詹，通"瞻"。有河：即黄河。

⑲粤：语助词。雒：指洛河。"雒"字是古写，曹魏时改写为"洛"。

⑳天室：此指雒邑一带。

㉑营周居于雒邑：在雒邑兴建了周朝的都城，即通常所说的"成周"，在今河南洛阳东北。按，以上武王与周公所言欲建都于伊、洛之间事，采《逸周书·度邑解》。崔述曰："此本《逸周书》之文，其意浅而晦，其词烦而涩，与《尚书》大不类。且周公之宅洛，以殷民之迁也，是时不惟未迁，兼亦未畔，宅洛，何所取焉？将以为朝洛道里均，则又无一言及之。盖后世之人，闻周公之宅洛而不得其故，揣度之，而以为武王之所命耳。"

㉒纵马于华山之阳，放牛于桃林之虚：桃林之虚，约当今之河南灵宝以西、陕西潼关以东地区。桃林，又名"桃林塞""桃原"。虚，同"墟"，废墟，荒野。李光缙引王世贞曰："'纵马''放牛'云者，盖官不复录为兵车用，置之民间，听其耕牧而已。"

㉓偃干戈：放下武器。偃，放倒，收起。

㉔振兵释旅：意即将得胜回来的军队解散。振兵，整顿部队。释旅，解除军事行动。《集解》引《春秋公羊传》："入曰振旅。"

㉕示天下不复用也：按，自"纵马于华山之阳"至此一段文字见于先秦多种文献，王叔岷引《焦氏易林》谓盖非《史记》旧文。

【译文】

武王召集九州之长，登上豳邑的高地，遥望商城。武王到达镐京，彻夜难眠。周公旦来到武王的住所，问他："为什么睡不着？"武王回答："我告诉你：因为上天不受殷的祭祀，从我姬发还没生下来到现在近六十年，麋鹿在郊外游荡，飞鸿遍布山野。正是由于上天不受殷的祭祀，我们现在才能成功。上天最初建立殷国，殷国任用的贤人有三百六十名，他们虽然没能显扬殷的功业，但也没有使殷朝被上天摈弃而灭亡，维持统治直到现在。我还没有确定得到上天的保佑，哪有工夫睡觉呢！”武王说：“要想确定得到上天的保佑，就按上天意愿建造都城和宫室，将作恶的人全部找出来贬黜掉，让他们与殷王受同罪。我要日夜慰劳人民，安定我们西方领土，我只有光明正大地做事，才能使德教大显于世。从洛水拐弯处到伊水拐弯处，都是平坦之地，没有险固的屏障，那是过去夏朝人的居住地。我向南可见三涂，向北可见太行山下的边鄙城邑，回首眺望黄河，还有洛水、伊水，决定就在洛邑一带建立都城。”武王在洛邑确定了兴建了周都城的计划，然后才离开。放马于华山南麓，放牛于桃林荒野；放下武器，解散军队：以此向天下表示不再兴兵打仗了。

武王已克殷，后二年①，问箕子殷所以亡。箕子不忍言殷恶，以存亡国宜告②。武王亦丑③，故问以天道④。

武王病。天下未集，群公惧，穆卜⑤，周公乃祓斋⑥，自为质，欲代武王⑦，武王有瘳⑧。后而崩⑨，太子诵代立，是为成王⑩。

【注释】

①武王已克殷，后二年：即武王姬发为“天子”的第三年（前1044）。

②以存亡国宜告：将如何保存已亡的殷国所当做的事告诉武王。存亡国，使亡国复存。梁玉绳曰：“窃意‘存亡国’即兴灭继绝之意，宜者义也，以义所当行者告武王。”张家英曰：“《说文·子部》：‘存，恤问也。’……宜即对‘三监’举动表示不满，希望武王能改变措施，以表示对亡国者后代的体恤。”

③亦丑：也对自己这种“以臣伐君”取天下的方式感到不好意思，也就是所谓“有惭德”。《尚书·仲虺之诰》称“成汤放桀于南巢，惟有惭德”，《论语·八佾》孔子谓《武》“尽美矣，未尽善也”，都是指以征伐取天下而言。武王本人未必真的感到“丑”，是孔、孟之流以为如此，因而他们把商汤、周武王写成了这种样子。

④故问以天道：问敬天保民之道。按，《尚书》中有《洪范九畴》，相传即箕子为回答武王此问而作，详见《宋微子世家》。

⑤穆卜：恭敬地占卜。《集解》引孔安国曰：“穆，敬也。”唐兰以为此“穆”字乃“昭穆”之“穆”，“穆卜”即为武王占卜接班人。供参考。

⑥祓（fú）斋：洁身斋戒。祓，古代为除灾去邪而举行的祭礼。斋，古人在祭祀或举行其他典礼前清心寡欲，净身洁食，以示庄敬。

⑦自为质，欲代武王：自愿做替身代替武王去死，换得武王活着继续管理周朝。故事详见《尚书·金縢》与《鲁周公世家》。质，抵押。

⑧瘳（chōu）：病愈。

⑨后而崩：梁玉绳曰：“‘后’字下有阙。”泷川曰：“古钞本‘后’下有‘二年’二字。”《集解》引徐广曰：“《封禅书》曰：‘武王克殷二年，天下未宁而崩。’皇甫谧曰：‘武王定位元年岁在乙酉，六年庚寅崩。’”梁玉绳曰：“武王在位之年，无经典明文可据。此作二年，《汉书·律历志》作八年，并为西伯十一年。……而《诗·豳风谱》疏谓郑氏以武王疾瘳后二年崩，是在位四年。”《夏商周断代工程阶段性成果报告》取武王为天子四年说，即前1046—前1043年。《集解》引《皇览》曰：“文王、武王、周公冢皆在京兆长安镐聚东社中也。”

⑩太子诵代立，是为成王：据《夏商周年表》，成王前1042—前1021年在位。

【译文】

武王已战胜殷朝，过了两年，向箕子询问殷朝灭亡的原因。箕子不忍心讲殷朝的坏话，便将如何保存已亡的殷国所当做的事告诉武王。武王也对自己这种“以臣伐君”取天下的方式感到不好意思，所以只是向他询问敬天保民之道。

武王病重。天下还未安定，大臣们感到恐惧，恭敬地占卜，周公就洁身斋戒为武王求福免灾，自愿做替身代替武王去死，换得武王活着继续管理周朝，武王的病情有好转。后来武王去世，太子诵继位，这就是成王。

成王少①，周初定天下，周公恐诸侯畔周，公乃摄行政当国②。管叔、蔡叔群弟疑周公，与武庚作乱，畔周。周公奉成王命，伐诛武庚、管叔③，放蔡叔。以微子开代殷后，国于宋。颇收殷余民④，以封武王少弟封为卫康叔⑤。晋唐叔得嘉谷⑥，献之成王，成王以归周公于兵所⑦。周公受禾东土，鲁天子之命⑧。初，管、蔡畔周，周公讨之，三年而毕定，故初作《大诰》⑨，次作《微子之命》⑩，次《归禾》⑪，次《嘉禾》⑫，次《康诰》《酒诰》《梓材》⑬，其事在《周公》之篇。周公行政七年，成王长，周公反政成王⑭，北面就群臣之位。

【注释】

①成王少：泷川曰：“贾谊曰：‘成王年六岁，即位享国。’郑玄曰：‘武王崩，时成王年十岁。’王肃曰：‘武王崩，成王年十三。’《公羊传正义》引古《尚书》说云‘武王崩，时成王年十三’。诸说不一。愚按：《书·金縢》云：‘周公居东二年，秋，王与大夫尽弁以启金縢之书。’则成王是时已冠矣。曰武王崩时年十三者近是。”

②摄行政：按，武王去世后，周公一度摄政称王，后又还政成王。童书业《春秋左传研究》曰：“周公摄政称王，犹多尔衮之为摄政王专政也。春秋时人所以罕言周公摄政而但称‘相王室’者，则宗

法礼制思想作祟。至战国末年,古‘宗法’制已解体,《荀子》等书即明言周公摄政践阼矣。”

③伐诛武庚、管叔:泷川曰:“古钞、枫、三、南本‘管叔’上有‘杀’字,与《御览》《类聚》所引合。《周书·作洛解》云:‘管叔经而卒。’”按,周公讨杀武庚、管叔事,可参看《鲁周公世家》《管蔡世家》。

④颇收殷余民:颇,犹言“略”。中井积德曰:“‘颇’云者,其余犹在邶、鄘,其顽者固徙成周。”

⑤以封武王少弟封为卫康叔:封康叔为卫侯,以原殷都为卫都。按,周公平武庚、管、蔡,以卫封康叔事,本《尚书·康诰序》,可参看《卫康叔世家》。

⑥晋唐叔:名虞,字子于,一说字叔,武王之子,成王之弟。成王时封于唐(都翼,在今山西翼城),故称“唐叔”,又称“大叔”,是晋国的始祖。嘉谷:生长奇异的禾,古人以之为吉祥的征兆。亦泛指生长茁壮的禾稻。孔安国曰:“禾各生一垄而合为一穗。”又曰:“异亩同颖,天下和同之象,周公之德所致。”孔颖达疏:“后世同颖之禾遂名为‘嘉禾’。”

⑦归(kuì):通“馈”,赠送。兵所:驻兵之处。周公当时东征管、蔡未归。

⑧鲁天子之命:《集解》引徐广曰:“《尚书序》云‘旅天子之命’。”段玉裁曰:“古文以‘旅’为‘鲁’。”鲁,同“旅”,陈述。

⑨三年而毕定,故初作《大诰》:《大诰》见于《今文尚书》。从内容看,应作于周公东征之初。文章所记是周公对东征的讲话,指出平定叛乱的重要意义和除恶务尽的重要性。但今史公曰“周公讨之,三年而毕定,故初作《大诰》”云云,是作于管、蔡叛乱平定之后,与《书》说略异。

⑩《微子之命》:周成王分封微子的命令,见于伪《古文尚书》。事

情参见《宋微子世家》。

⑪《归禾》：亦作《馈禾》。《古文尚书》篇名。早已亡佚。

⑫《嘉禾》：《古文尚书》篇名。早已亡佚。

⑬《康诰》：见于《今文尚书》。是周公对康叔所作训诫之词，要他施行德政，慎用刑罚，小心谨慎地治理好国家。事情参见《卫康叔世家》。《酒诰》：见于《今文尚书》。康叔初封时，年龄尚幼，周公怕他尽情饮酒作乐，特作《酒诰》以相告诫。参见《卫康叔世家》。《梓材》：见于《今文尚书》。周公对康叔的诰词，提供了治理殷商故地的政策。汉人孔安国以为本篇取名为《梓材》，意在"告康叔以为政之道，亦如梓人之治材也"。参见《卫康叔世家》。

⑭"周公行政七年"几句：反政，归还政权。《尚书·洛诰》云："惟周公诞保文武受命，惟七年。"《尚书大传》云："周公摄政，一年救乱，二年克殷，三年践奄，四年建侯卫，五年营成周，六年制礼乐，七年致政于成王。"

【译文】

成王年幼，周朝刚刚平定天下，周公担心诸侯背叛周朝，就代替周成王主持国家大事。管叔、蔡叔等兄弟怀疑周公篡国，就勾结武庚作乱，背叛周朝。周公奉成王的命令，讨伐诛杀武庚、管叔，流放了蔡叔。用微子开代替武庚为殷朝的后代，都于宋。收聚了不少殷朝的遗民，用来封给武王的小弟弟封，封他为卫康叔。晋唐叔获得一种吉祥奇特的谷穗，献给成王，成王把它送到周公驻兵的地方。周公在东方受此吉祥的谷穗，陈述了天子的命令。当初，管叔、蔡叔背叛周室，周公征讨他们，三年才完全平定，所以先作《大诰》，其次作《微子之命》，再次作《归禾》，继而又作《嘉禾》，又其次作《康诰》《酒诰》《梓材》，事情都记载于《鲁周公世家》。周公主持国政七年，成王长大了，周公还政于成王，重新北面称臣。

成王在丰，使召公复营雒邑，如武王之意。周公复卜申视，卒营筑，居九鼎焉①。曰："此天下之中，四方入贡道里均。"作《召诰》《洛诰》②。成王既迁殷遗民，周公以王命告，作《多士》《无佚》③。召公为保，周公为师④，东伐淮夷，残奄⑤，迁其君薄姑⑥。成王自奄归，在宗周，作《多方》⑦。既绌殷命，袭淮夷，归在丰，作《周官》⑧。兴正礼乐⑨，度制于是改⑩，而民和睦，颂声兴⑪。成王既伐东夷，息慎来贺，王赐荣伯，作《贿息慎之命》⑫。

【注释】

①居九鼎焉：意即将九鼎安放在成周。按，前文武王时已有"展九鼎保玉"，而未云"展"于何处，今始正式居之于成周。

②作《召诰》《洛诰》：按，《尚书·召诰序》云："成王在丰，欲宅洛邑，使召公先相宅，作《召诰》。"《召诰》存于《今文尚书》，是召公告诫成王施行德政的诰词。《洛诰序》云："召公既相宅，周公往营成周，使来告卜，作《洛诰》。"《洛诰》存于《今文尚书》，记录了成王与周公讨论周公是否留守洛邑的问题。崔述曰："《左传·宣公三年》云：'成王定鼎于郏鄏，卜世三十，卜年七百。'则迁鼎于洛者成王也。而桓二年《传》云：'武王克商，迁九鼎于洛邑。'与此异者，盖古人之文多大略言之。迁鼎由于克商，克商，武王之事，不可云成王克商；迁九鼎于洛邑，故统之于武王耳。"

③周公以王命告，作《多士》《无佚》：《无佚》，即《无逸》。按，关于《多士》《无逸》，司马迁的叙述自相抵牾。王若虚曰："《鲁世家》云：'周公恐成王有所淫逸，乃作《多士》《无逸》。'自今考之，《多士》为殷民而作者也；《无逸》为成王而作者也。在《本纪》则并《无逸》为告殷民，在《世家》则并《多士》为戒成王，混淆差互，一至于此。"按，《多士》存于《今文尚书》中，是周公向殷民宣布

迁徙的诰令;《无逸》亦存于《今文尚书》中,是周公告诫成王不可逸乐的诰词。

④召公为保,周公为师:泷川曰:“采《书·君奭序》。”保,即太保。三公之一,位次太傅。周时太保为辅弼国君之官。孔安国曰:“保,保安天子于德义者。”师,即太师。三公之最尊者。孔安国曰:“师,天子所师法。”周时太师亦为辅弼国君之官。

⑤东伐淮夷,残奄:淮夷,古部族名。分布在淮河下流一带。残奄,泷川引《尚书大传》云:“周公以成王之命杀禄父,遂践奄。‘践’之云者,谓杀其身,执其家,潴其宫。”张家英曰:“此‘残’字为‘摧毁、消灭’之义。”奄,古国名。嬴姓,在今山东曲阜东。按,这以后鲁国始都于曲阜。

⑥薄姑:古国名。一作“蒲姑”“亳姑”。在今山东博兴东南。本商朝方国。周成王时随同武庚反抗周朝而国灭。按,此后齐国始都于临淄。

⑦“成王自奄归”几句:按,此三句采自《尚书·多方序》。宗周,即镐京。《多方》,存于《今文尚书》。周公代表成王发布的诰令。告诫殷人及追随殷人发动叛乱的“徐戎”“淮夷”等部落,要以夏、商兴亡的历史为鉴,老实服从周的统治,否则必将受到上帝的惩罚。

⑧“既绌殷命”几句:按,此四句采自《尚书·周官序》。绌,通“黜”,废除。殷命,殷朝的国运。《周官》,见于伪《古文尚书》。成王即位后宣布官制的诰令。《集解》引孔安国曰:“言周家设官分职用人之法。”

⑨兴正:兴作,矫正。

⑩度制:即“制度”。

⑪颂声兴:《集解》引何休曰:“颂声者,太平歌颂之声,帝王之高致也。”按,即指今《诗经》中歌颂文王、武王、成王与周公、召公的

诗篇。

⑫“成王既伐东夷”几句：按，此三句采自《尚书·贿息慎之命序》。东夷，泛指东方的各部族，如淮夷、奄等。息慎，即肃慎，我国东北地区的古老民族。商周时即分布在今长白山以北至黑龙江中、下游一带，东滨大海。从事狩猎。与秦汉以后的挹娄、勿吉、靺鞨、女真等有渊源关系。赐，原作“俾”，使，使荣伯作《贿息慎之命》也。荣伯，《集解》引马融曰：“周同姓，畿内诸侯，为卿大夫也。”《贿息慎之命》，《古文尚书》篇名。早已亡佚。贿，赐。

【译文】

成王在丰邑，派召公再次营建洛邑，以完成武王的遗愿。周公再次占卜、勘察，终于完成营建，将九鼎安放在成周。周公说：“洛邑处在天下的正中央，四方给天子进贡的路程远近相似。”因而作《召诰》《洛诰》。成王将殷朝遗民迁走之后，周公以王命相告诫，作《多士》《无佚》。召公任太保，周公任太师，到东方征讨淮夷，灭了奄国，将他们的国君迁到薄姑。成王从奄国回来，住在镐京，作《多方》。革除了殷朝的天命之后，又袭击淮夷，回到丰邑，作《周官》。创制、订正了礼乐，制度也从此改变，百姓和睦，颂歌纷起。成王征讨东夷以后，息慎前来祝贺，成王赏赐荣伯，命他作《贿息慎之命》。

成王将崩，惧太子钊之不任，乃命召公、毕公率诸侯以相太子而立之。成王既崩，二公率诸侯，以太子钊见于先王庙，申告以文王、武王之所以为王业之不易，务在节俭，毋多欲，以笃信临之①，作《顾命》②。太子钊遂立，是为康王③。康王即位，遍告诸侯，宣告以文武之业以申之，作《康诰》④。故成康之际，天下安宁，刑错四十余年不用⑤。康王命作策毕公分居里，成周郊⑥，作《毕命》⑦。

【注释】

①笃信：淳厚守信。

②《顾命》：存于《今文尚书》中。除记载成王临终嘱托召公等辅导康王外，还较详细地叙述了康王受命时的一些具体仪法。据当代学者研究，本篇当作于东周时期，属后人之追记。顾命，临终遗命。临终回望以叮嘱子弟群臣。顾，回望。按，“成王将崩”以下采《尚书・顾命》及序。

③康王：据《夏商周年表》，康王于前1020—前996年在位。

④作《康诰》：《康诰》，当作《康王之诰》，存于《今文尚书》中，接于《顾命》之后，不再单独成篇。是康王即位后第一篇诏告诸侯群臣的文辞。王若虚曰：“此乃《康王之诰》，若《康诰》，则命康叔者也，《书》岂有两《康诰》耶？”按，“康王即位”至此数句采《尚书・康王之诰序》。

⑤刑错：亦作“刑措”。置刑法而不用。《集解》引应劭曰：“错，置也。民不犯法，无所置刑。”错，通“措”，舍弃，置而不用。

⑥康王命作策毕公分居里，成周郊：《尚书・毕命序》作“康王命作册毕，分居里，成周郊”，孔安国曰：“命为册书以命毕公。”“分别民之居里，异其善恶，成定东周郊境，使有保护。”大意谓康王命人作册书以告毕公，让毕公根据殷民之善恶以划分他们的居住区域，使成周郊区安定下来。策，成编的竹简。成，安定。周郊，成周的郊区。

⑦《毕命》：见于《古文尚书》，记录了毕公受康王册命治理成周的事情。

【译文】

成王临终前，害怕太子钊不能胜任君位，便命召公、毕公率诸侯共同辅佐太子，使之即位。成王去世后，召公、毕公率诸侯，带太子钊去祖庙谒见，向他反复申明文王、武王成就王业的不容易，告诫他一定要注意节俭，不要放纵欲望，要以敦厚守信来治理天下，作《顾命》。太子钊因此继位，这就是康王。康王即位，遍告诸侯，反复宣扬文王、武王的功业，作《康王之诰》。所以在成王、康王时，天下安宁，刑罚弃置四十多年用不着。康王命人作册书告毕公，由毕公根据殷民的善恶划分他们的居住区域，安定了成周的郊区，因此作《毕命》。

康王卒，子昭王瑕立①。昭王之时，王道微缺②。昭王南巡狩不返，卒于江上③。其卒不赴告，讳之也④。立昭王子满，是为穆王⑤。穆王即位，春秋已五十矣。王道衰微，穆王闵文武之道缺，乃命伯臩申诫太仆国之政⑥，作《臩命》⑦。复宁⑧。

【注释】

①昭王：名瑕，据《夏商周年表》，前995—前977年在位。

②微缺：衰败残缺。

③昭王南巡狩不返，卒于江上：《正义》引《帝王世纪》曰："昭王德衰，南征，济于汉，船人恶之，以胶船进王，王御船至中流，胶液船解，王及祭公俱没于水中而崩。其右辛游靡长臂且多力，游振得王，周王讳之。"所谓"游振得王"者，得王尸也。按，《左传·僖公四年》齐桓公伐楚时，曾向楚人提出此事，杜预注即为此而出。又，2003年1月，在陕西眉县出土了一批青铜器，在十二件青铜鼎上均刻有完整的天干地支；在一个铜盘的铭文中刻有昭王"朴伐楚荆"的事情，与《帝王世纪》《竹书纪年》所载相同。所谓"南巡狩"云者只是一种饰词，实际是一次战争。

④其卒不赴告，讳之也：昭王之死，没向各诸侯国报丧，是为昭王避讳。因此事有失身份，极不光彩。赴告，即讣告，报丧。

⑤立昭王子满，是为穆王：陈直曰："1954年长安县斗门镇普渡村发现铜器，当为西周墓葬，最著者为长由盉，铭文有云：'隹三月初吉丁亥，穆王在下淢居，穆王乡丰，即邢伯太祝射，穆王蔑长由以来。'足证穆王为生前之称，非死后之谥，与禹鼎之称'武公'同例。"穆王，据《夏商周年表》，前976—前922年在位。

⑥乃命伯臩（jiǒng）申诫太仆国之政：按，语略生涩。大意谓穆王命伯臩为太仆正，并申诫其应尽心王事。伯臩，也作"伯冏"，穆王时任太仆正。太仆正，官名。即后世之"太仆"，掌王车及众仆。伪《古文尚书·冏命序》作："穆王命伯冏为周太仆正。"《集解》引应劭曰："太仆，周穆王所置。盖太御众仆之长，中大夫也。"

⑦《臩命》：又作《冏命》，是周穆王命伯臩担任太仆正的册书。《古文尚书》有此篇，早已亡佚。现存者是伪作。2018年11月17日，清华简出新成果，八篇失传的简文发布，其中的《摄命》应是《冏命》的真正古文原本。

⑧复宁：谓国家得以重新安定。梁玉绳曰："八骏远游之时，伯冏必已去位，穆王殆忘申诫太仆之心欤？"

【译文】

康王去世，儿子昭王瑕继位。昭王在位期间，王道衰损。昭王到南方巡狩，没能回来，死在长江边上。昭王死后，没向各诸侯国报丧，这是为昭王避讳。立昭王的儿子满即位，就是穆王。穆王即位时，已经五十岁了。王道衰败，穆王为文王、武王的治国之道缺失感到痛心，就命伯臩为太仆正，并申诫其应尽心王事，作《臩命》。国家重获安宁。

穆王将征犬戎，祭公谋父谏曰①："不可。先王耀德不观兵②。夫兵戢而时动③，动则威，观则玩④，玩则无震⑤。是故周文公之颂曰⑥：'载戢干戈，载櫜弓矢，我求懿德，肆于时夏，允王保之⑦。'先王之于民也，茂正其德而厚其性⑧，阜其财求而利其器用[9]，明利害之乡[10]，以文修之[11]，使之务利而辟害，怀德而畏威，故能保世以滋大[12]。昔我先王世后稷以服事虞、夏[13]。及夏之衰也[14]，弃稷不务[15]，我先王不窋用失其官，而自窜于戎狄之间[16]。不敢怠业，时序其德[17]，遵修其绪[18]，修其训典[19]，朝夕恪勤[20]，守以敦笃，奉以忠信。奕世载德[21]，不忝前人[22]。至于文王、武王，昭前之光明而加之以慈和，事神保民，无不欣喜。商王帝辛大恶于民，庶民不忍，䜣载武王[23]，以致戎于商牧。是故先王非务武也，勤恤民隐而除其害也[24]。夫先王之制：邦内甸服[25]，邦外侯服[26]，侯卫宾服[27]，夷蛮要服[28]，戎翟荒服[29]。甸服者祭[30]，侯服者祀[31]，宾服者享[32]，要服者贡[33]，荒服者王[34]。日祭[35]，月祀[36]，时享[37]，岁贡[38]，终王[39]。先王之顺祀也[40]，有不祭则修意[41]，有不祀则修言[42]，有不享则修文[43]，有不贡则修名[44]，有不王则修德[45]，序成而有不至则修刑[46]。于是有刑不祭，伐不祀，征不享，让不贡，告不王[47]。于是有刑罚之辟[48]，有攻伐之兵[49]，有征讨之备[50]，有威让之命[51]，有文告之辞[52]。布令陈辞而有不至，则增修于德，无勤民于远[53]。是以近无不听，远无不服。今自大毕、伯士之终也，犬戎氏以其职来王[54]，天子曰'予必以不享征之，且观之兵'，无乃废先王之训，而王几顿乎[55]？吾闻犬戎树敦，率旧德而守终纯固[56]，其有以御我矣。"王遂征之，得四白狼、四白鹿以归[57]。自是荒服者不至[58]。

【注释】

①祭（zhài）公谋父：周穆王的卿士。周公旦后裔。其父祭公曾任周

昭王卿士，从昭王南征时淹死。他继为周王卿士。穆王欲周游天下，相传他曾作《祈招》之诗以讽劝。封于祭（西周时在王畿之内，东迁后在今河南郑州东北）。

②观兵：显示兵力。观，显示。

③戢（jí）：收藏。时动：以时出兵。古代春夏秋三季务农，冬季讲武。务农之时兵藏不出，只有在讲武季节才出兵。

④玩：黩武。

⑤震：威严。

⑥周文公之颂：即《诗·周颂·时迈》，讲述武王克商后封建诸侯，威震四方，安抚百神，偃武修文，从而发扬光大周朝祖先功业诸事。《毛诗序》："《时迈》，巡守告祭柴望也。"是武王巡守祭山川时所唱的乐歌。周文公，即周公姬旦。

⑦"载戢干戈"几句：讲述武王克商后偃武修文。载，则。干，楯。戈，戟。櫜（tuó），弓韬。懿，美。肆，陈布。时，是，这个。夏，华夏。允，信，确实。王，周武王。保之，保有华夏。

⑧茂正：勉之使正。茂，通"懋"，勉。厚其性：使其性情纯厚。

⑨阜：丰，增殖。求：通"赇"，财物。器：兵器。用：耒耜等农具。泷川曰："《左传·文公十七年》，晋郤缺解《夏书》云：'正德、利用、厚生，谓之三事。'与此相合。'性'即'生'也。"

⑩明利害之乡：给老百姓指明利害方向。乡，方向。

⑪以文修之：用礼法文德来教化人民。文，礼法。修，修养，培养。

⑫保世：保有世传王业。滋：益，更加。

⑬世后稷：世代主管农业。世，世袭。后，主管。《集解》引韦昭曰："谓弃与不窋也。"中井曰："世，犹世世也。弃之后，不窋之前，又有数世也。"服事虞、夏：周人先祖先后为虞舜和夏朝后稷。

⑭及夏之衰也：《正义》曰："谓太康也。"泷川曰："盖孔甲以后。"

⑮弃稷不务：废弃后稷农官，不再重视务农。

⑯自窜于戎狄之间：尧封周人始祖弃于邰，邰在陕西武功，旧为戎、狄杂居之地。不窋失去后稷官职之后，奔窜回邰，故云自窜戎、狄之间。又，戴震曰："《史记》称孔甲淫乱，夏后氏德衰，诸侯叛之。殆后稷之官及有邰之封，乃相因而失。诸侯侵夺，天子不正之，是以远窜。"窜，窜匿。

⑰时序其德：意即遵循先王的美德。时，时时，经常。序，通"叙"，顺，遵循。

⑱遵修其绪：泷川曰："古钞、枫、三、南本'修'作'循'。愚按，'修'字与下文复，作'循'为长。"遵，《国语·周语》作"纂"，意为继承。绪，传统。

⑲修：谨遵，奉行。训典：指记载先王教训的经典。

⑳朝夕恪（kè）勤：意即一天到晚都恭敬勤劳。恪，恭敬，谨慎。

㉑奕世：累世。谓不窋以下的历代先人。载德：同"戴德"，亦即奉行道德。

㉒不忝（tiǎn）：不辱没。前人：指后稷。

㉓䜣载：《国语》作"欣戴"。爱戴，拥戴。䜣，同"欣"。载，此处通"戴"。

㉔勤恤：尽心体恤。民隐：人民的痛苦。隐，痛苦。

㉕邦内甸服：邦畿之内五百里是甸服。甸服，指在天子的领土上服各种劳役。甸，王田，即天子的直辖区。《夏本纪》曰："五百里甸服。"

㉖邦外侯服：甸服以外五百里的区域是侯服。侯，通"候"，斥候，指为天子警卫。

㉗侯卫宾服：侯服以外五百里的区域叫"侯卫"，"侯卫"是宾服。《夏本纪》称"绥服"。宾服，以宾客的身份服事天子。一说宾为"朝见"之意，指在侯服、卫服区域的要定期朝见天子。按，以上"侯服""宾服"两类是周朝封建的诸侯国。

㉘夷蛮要服:宾服外五百里的区域是要服。夷蛮是古代对周边境少数民族的泛称,这里是指相对靠近周的少数民族。《夏本纪》记要服内靠里的三百里称为“夷”。要服,指接受天子的约束。

㉙戎翟荒服:要服外五百里的区域是荒服。戎翟也是古代对四周少数民族的泛称,这里指与周王朝相距遥远的少数民族。荒服,指戎翟人政教荒忽,只按其旧有风俗服事天子。以上“要服”“荒服”是指归化于周王朝的附属国。按,有关“五服”的解释众说纷纭,此用《夏本纪》说,余不录。

㉚甸服者祭:甸服者助天子日祭。

㉛侯服者祀:侯服者助天子月祀。

㉜宾服者享:宾服者每个季节到王城奉献祭品。

㉝要服者贡:要服者每年到京师进贡祭品。或曰要服六年一见。

㉞荒服者王:指下文“终王”,意即“荒服”区域里的戎狄之族要在周朝旧君死新君继位才到王城行“终王”之礼。或曰荒服者三十年到王城一次,以当地宝物为进见礼,尊天子为王。

㉟日祭:天子祭祀祖考。

㊱月祀:天子每月祭祀曾祖和高祖。

㊲时享:天子每季祭祀远祖宗庙。

㊳岁贡:天子每年献享于坛。

㊴终王:天子去世,新天子即位后接受远方部族尊长的进见,由其行“终王”之礼。终,指世终。

㊵先王之顺祀也:顺祀,合情合理的祭祀规定。按,《国语》于此作“先王之训也”,较此明畅。梁玉绳曰:“当依《国语》作‘先王之训’,盖此句与下文‘废先王之训’相对也。”如此则“祀”字衍文,应削。

㊶修意:修治志意以示自责。《集解》引韦昭曰:“先修志意以自责也。畿内近,知王意也。”

㊷修言:检查自己的号令与言论。

㊸修文:整顿政令教化。

㊹修名:修治尊卑名号。指端正名分。

㊺修德:修治自己的道德修养。《集解》引韦昭曰:"远人不服,则修文德以来之。"

㊻序成:上述五者次序已成。修刑:修治刑罚。

㊼"刑不祭"几句:刑,处以刑罚。伐,讨伐。征,征讨。让,谴责。告,警告。

㊽刑罚之辟:指刑不祭。辟,法令,条例。

㊾攻伐之兵:指伐不祀。

㊿征讨之备:指征不享。

51威让之命:严厉谴责的命令。指让不贡。

52文告之辞:陈明利害的告谕文辞。指告不王。

53勤:劳动,动用。远:远征他方。

54今自大毕、伯士之终也,犬戎氏以其职来王:言其未有过错也。大毕、伯士,犬戎的两个君主。终,去世。王,行"终王"之礼。

55王几顿乎:您将会疲惫不堪的吧。俞樾曰:"几,语词,其也。王几顿乎,王其顿乎。顿者,疲劳之意。"

56吾闻犬戎树敦,率旧德而守终纯固:按,盖谓犬戎之首领树敦既能循其先人之旧德,自己又有纯固之性。树敦,犬戎君主名。徐元诰《国语集解》引《旧音》曰:"鄯州界外羌中见有树惇,盖是犬戎主名。"汪远孙据《北史·史宁传》《新唐书·王难得传》有"树惇城",谓为"吐谷浑旧都,盖周时犬戎树惇所居,因以为名,在今甘肃西宁府西曼头山北"。泷川引龟井昱曰:"率旧德,率大毕、伯士之旧业也。"守纯固,《正义佚文》曰:"守终极纯一坚固之德。"

57四白狼、四白鹿:为犬戎贡品。徐喜辰曰:"四白狼四白鹿可能是犬戎的八个部落名称。"

㊽自是荒服者不至：为周穆王不守旧制，伐人不以义也。按，以上祭公谋父谏穆王征犬戎事，采自《国语·周语上》。

【译文】

穆王将要征伐犬戎，祭公谋父劝谏说："不可以。先王显示给人的是德行却不显示兵力。平时积蓄兵力，只在必要时刻才动用，一经动用就有威力，平时炫耀多了就是穷兵黩武，穷兵黩武就会没有威力。因此周公的颂诗说：'收起干戈，把弓箭收藏在囊里，搜求美德之士，安放在华夏大地，明王将稳保天下。'先王对待百姓，勉励匡正他们，使他们性情淳厚；增加他们的财物，改良他们的器具；给他们申明利害；用礼法文德来教化他们；教他们趋利避害；感念君王恩德而畏惧惩罚，所以能保有王业世代相传，一代代更加强大。从前我们的先王世代主管农业，供职于虞舜及夏两代。到夏朝衰亡时，废弃农官，不再重视农务，我们先王不窋因而失去官职，自己逃到戎狄活动的地方。他不敢懈怠祖业，遵循先王的美德，继承先王的传统，奉行先王的训典，一天到晚都恭敬勤勉，以敦厚笃实自守，以忠诚可信自奉。不窋以下的历代先人感恩戴德，不给祖先丢脸。到了文王、武王，进一步发扬光大先人的业绩，再加上仁慈和睦，敬事神明，保护人民，神民皆大欢喜。商王帝辛作恶于民太多，人民忍无可忍，于是拥戴武王，在商郊牧野列阵讨伐帝纣。因此先王并不是刻意要动武，而是体恤人民的疾苦，才为民除害的啊。按照先王的制度：邦畿之内五百里是甸服；甸服以外五百里是侯服；侯服以外五百里叫侯卫，侯卫是宾服；夷蛮之地是要服；戎狄之地是荒服。甸服者要助天子日祭，侯服者要助天子月祀，宾服者每个季节要到王城奉献祭品，要服者要每年到王城进贡祭品，荒服者要在周朝旧君死新君继位时才到王城行"终王"之礼。天子要每天祭祀祖考，每月祭祀曾祖和高祖，每个季度祭祀远祖宗庙，每年献享于坛，天子去世，新天子即位后接受远方部族尊长的进见。按照先王的遗训，近畿王族有不参加日祭的，天子就修治志意以示自责；如有诸侯不参加月祀的，天子就检查自己的号令与言论；如有诸侯不参加时享的，天子就整顿政令教化；如有蛮夷不按年进贡的，天子就进一步端正名分；如有夷狄不来参加周王丧礼的，新天子就要修治自己的道德修养；以上这些都做到了，仍然有不来的才会使用刑罚。因而才有对不参加日祭者的刑罚，对不参加月祀者的讨伐，对不参加时享者的征讨，对不按年进贡者的谴责，对不来参加葬礼者的警告。因而也才有刑罚的各种规定，才有讨伐的军队，才有征讨的各种武器，才有严厉谴责的命令，才有陈明利害的告谕文辞。如果发布了谴责的命令、告谕的文辞他们还是不来述职，天子就要进一步端正道德，不要劳民远征。因此才能使邻近的无不听从，远处的无不归顺。现在自从犬戎二君大毕、伯士去世，犬戎氏都守职参加葬礼，您却说'我一定要因为它没有守职而讨伐它，而且要向他们炫耀武力'，这是抛弃先王的遗训，您将会疲惫不堪的吧？我听说犬戎首领树敦既能遵循先人旧德，自己又品性敦厚，他们有能力抵抗我们。"穆王仍然执意征讨犬戎，结果只获取了四匹白狼、四头白鹿回来。此后属于荒服的部族再也不来朝见了。

诸侯有不睦者，甫侯言于王[①]，作修刑辟[②]。王曰："吁，来！有国有土[③]，告汝祥刑[④]。在今尔安百姓，何择非其人[⑤]，何敬非其刑，何居非其宜与[⑥]？两造具备[⑦]，师听五辞[⑧]。五辞简信，正于五刑[⑨]。五刑不简，正于五罚[⑩]。五罚不服，正于五过[⑪]。五过之疵，官狱内狱[⑫]，阅实其罪[⑬]，惟钧其过[⑭]。五刑之疑有赦[⑮]，五罚之疑有赦，其审克之[⑯]。简信有众，惟讯有稽[⑰]。无简不疑[⑱]，共严天威[⑲]。黥辟疑赦，其罚百率[⑳]，阅实其罪。劓辟疑赦[㉑]，其罚倍洒[㉒]，阅实其罪。膑辟疑赦[㉓]，其罚倍差[㉔]，阅实其罪。宫辟疑赦[㉕]，其罚五百率[㉖]，阅实其罪。大辟疑赦[㉗]，其罚千率，阅实其罪。墨罚之属千[㉘]，劓罚之属千，膑罚之属五百，宫罚之属三百，大辟之罚其属二百：五刑之属三千[29]。”命曰《甫刑》。

【注释】

①甫侯：又作“吕侯”，周穆王的大臣。建议周穆王制定刑律，名为《甫刑》，又称《吕刑》，存于《今文尚书》中。

②作修：意即制订。刑辟：刑法。

③有国：指诸侯。有土：指王畿内有采地的封君、大臣。

④告汝祥刑：同“详刑”，谓善用刑罚。祥，通“详”，审慎。

⑤在今尔安百姓，何择非其人：意谓如今你们安顿百姓，难道不是要选择能胜任的人吗？《集解》引王肃曰：“训以安百姓之道，当何所选择乎？非当选择贤人乎？”

⑥何居非其宜与：要考虑的难道不是量刑适度吗？《集解》引孔安国曰：“当何所居，非唯及世轻重所宜乎？”居，存，存心，考虑。

⑦两造：指诉讼的双方，原告和被告。泷川曰：“《周礼》‘以两造听民讼’注：造，至也，使讼者两至。”钱大昕引徐广云：“造，一作遭，两遭犹两曹。《说文》：曹，狱之两曹也。”

⑧师：士师，古代执掌禁令刑狱的官名。《周礼·秋官·士师》：“士师之职，掌国之五禁之法，以左右刑罚：一曰宫禁，二曰官禁，三曰国禁，四曰野禁，五曰军禁。”五辞：犹言五听。从五个方面观察被审问者的表现。《正义》曰：“《汉书·刑法志》云：‘五听，一曰辞听，二曰色听，三曰气听，四曰耳听，五曰目听。’《周礼》云‘辞不直则言繁，目不直则视眊，耳不直则对答惑，色不直则貌赧，气不直则数喘’也。”一说谓诉讼时原告、被告双方的述词。孔颖达曰：“凡断狱者，必令囚之与证，两皆来至，囚证具备，取其言语……乃据辞定罪，与众狱官共听其辞，观其犯状，斟酌入罪，或入墨、劓，或入宫、剕。”

⑨五辞简信，正于五刑：《集解》引孔安国曰：“五辞简核，信有罪验，

则正之于五刑矣。”简，检查核对。信，果真，确实。正，治。

⑩五刑不简，正于五罚：意谓凡不够上述“五刑”者则处以五等不同的罚金。不简，经简核而不够处以“五刑”。《集解》引孔安国曰：“谓不应五刑，当正五罚，出金赎罪也。”泷川曰：“沈家本曰：旧说五罚即赎刑，然以《吕刑》之文考之，罚与赎为二事，言五罚是罚有五等，五罚次于五刑，则五刑当各有罚。此五罚常刑也，非疑而赦者也。五罚有疑则赦从免矣。”

⑪五罚不服，正于五过：意即凡不够判为“五罚”的，则断以为五种过失。《集解》引孔安国曰：“不服，不应罚也。正于五过，从赦免之。”

⑫五过之疵，官狱内狱：按，词语生涩，《尚书·吕刑》作：“五过之疵：惟官，惟反，惟内，惟货，惟来。”大意谓处置“五过”容易产生的弊病是，有的畏惧官势，有的图报恩怨，有的有家属说情，有的收受贿赂，有的接受请托。这里的所谓“官狱”“内狱”大体指有官方干预、有外戚或太监参与的案件。孙星衍曰：“官，谓挟威势。……内，谓从中制。”又曰：“史公作‘官狱’‘内狱’者，举其重也。官狱，谓贵族之狱；内狱，谓中贵之狱。”可供参考。

⑬阅实其罪：对犯人的罪行要核查清楚。李光缙引夏撰曰：“每条必言‘阅实其罪’，恐听者或不详其意，止阅实其一而忽其他，故不嫌其费辞也。”

⑭惟钧其过：意谓法官若犯了上述过错，经过查实，与犯人同罪。《集解》引马融曰：“以此五过出入人罪，与犯法者等。”

⑮五刑之疑有赦：按照“五刑”定罪觉得有疑问的，则从轻按“五罚”处置。赦，此指从轻处罚。

⑯其审克之：克，通“核”。《汉书·刑法志》作“核”，核实。《集解》引孔安国曰：“刑疑赦从罚，罚疑赦从免，其当清察，能得其理也。”

⑰惟讯有稽：《尚书·吕刑》作"惟貌有稽"，意谓讯问审理时要有共同办案的人。讯，审问口供。稽，共同。

⑱不疑：梁玉绳以为"不疑"应作"不听"，今本《吕刑》作"不听"，谓不听任其定案。

⑲共严天威：大意谓要严敬天威，不要轻易判决。《集解》引孔安国曰："当严敬天威，无轻用刑。"

⑳黥辟疑赦，其罚百率（lüè）：如果觉得判以黥刑有疑问，就处罚金六百两。黥辟，墨刑，以刀刺面，染黑为记。率，《集解》引徐广曰："率，即锾（huán）也。"按，"锾"的意思同"锊"，古代重量单位，一锊有六两，又有二十两为三锊之说。

㉑劓辟：劓刑。割掉鼻子。

㉒其罚倍洒（xǐ）：《吕刑》作"其罪惟倍"。洒，通"蓰"，五倍。蓰与倍连用，仅表示加倍。劓刑的罚金为二百锾，即一千二百两。

㉓膑辟：即膑刑，挖去膝盖骨。《吕刑》作"剕辟"。

㉔倍差：劓刑罚金的一倍半多，不到两倍，即四百锾以下。《正义》引马融以为约当三百三十三锾二两。《集解》引马融以为"五百多"，也有人解"倍差"为"两倍半"，亦即五百锾。

㉕宫辟：宫刑。

㉖五百率：徐广曰："'五'一作'六'。"按，应作"六"，《吕刑》正作"六百锾"。

㉗大辟：死刑。

㉘墨罚之属千：有关墨刑之类的条款有一千条。属，类。

㉙五刑之属三千：五种刑罚的条文共三千条。按，以上叙穆王宣布刑法事见今文《尚书·吕刑》。吕祖谦曰："世衰则情伪繁，人老则经历熟。穆王之时，文、武、成、康之泽浸微，奸宄日胜，其作书于既耄，阅世故而察物情者亦熟矣。故古今犴狱言之略尽，用刑者所宜尽心焉。……是书哀矜明练，固夫子存以示后世而微见其

志者，亦不可不察也。”

【译文】

诸侯各国有些关系不太和睦，甫侯因此向穆王建议，制定了刑法。穆王说：“喂，到我这里来！有封国与采邑的人们，我来告诉你们怎样慎用刑法。如今你们要安顿百姓，难道不是要选择能胜任的人吗？应该尊重的难道不是刑法本身吗？要考虑难道不是判案公正适宜吗？原告和被告都到齐了，士师就要观察言辞、表情、呼吸、听觉反应、目光等五方面。五方面的检查经过核验确实，就用墨、劓、膑、宫、大辟五刑来定罪。不够五刑的，就用五等罚金来处罚。不够五等罚金的，就断为五种过失。处置五过容易产生的弊病是，有的畏惧官势，有的图报恩怨，有的有家属说情，有的收受贿赂，有的接受请托；对犯人的罪行要核查清楚；法官如果犯了这些过错，一经查实，与犯人同罪。按照五刑定罪觉得不确定的，就从轻按五罚处置；按照五罚处置觉得不确定的，就从轻按五过处理；认真查验以使判案公正。取证要充分，讯问审理要有一同办案的人。没核实取证就不要定案，要敬天威，不要轻易裁决。如果觉得判黥刑拿不准，那就罚六百两；定要核实罪行，然后再收取罚金。如果觉得判劓刑拿不准，那就罚一千二百两；定要核实罪行，然后再收取罚金。如果觉得判膑刑拿不准，就判他缴纳劓刑罚金的一倍半多；定要核实罪行，然后再收取罚金。如果觉得判宫刑拿不准，就罚他三千六百两；定要核实罪行，然后再收取罚金。如果觉得判死刑有疑问，就罚他六千两；定要核实罪行，然后再收取罚金。有关墨刑的条文有一千条，有关劓刑的条文有一千条，有关膑刑的条文有五百条，有关宫刑的条文有三百条，有关死刑之类的条文有二百条：五种刑罚的条文共有三千条。”这种刑律称之为《甫刑》。

穆王立五十五年，崩[①]，子共王繄扈立[②]。共王游于泾上[③]，密康公从[④]，有三女奔之。其母曰：“必致之王。夫兽三为群，人三为众，女三为粲[⑤]。王田不取群，公行不下众[⑥]，王御不参一族[⑦]。夫粲，美之物也。众以美物归女，而何德以堪之？王犹不堪，况尔之小丑乎[⑧]！小丑备物[⑨]，终必亡。”康公不献，一年，共王灭密[⑩]。共王崩，子懿王囏立[⑪]。懿王之时，王室遂衰，诗人作刺[⑫]。懿王崩，共王弟辟方立，是为孝王[⑬]。孝王崩，诸侯复立懿王太子燮，是为夷王[⑭]。

【注释】

①穆王立五十五年，崩：泷川曰：“《左传·昭公十二年》云：‘穆王欲肆其心，周行天下，将皆必有车辙马迹焉。祭公谋父作《祈招》之诗，以止王心，王是以获没于祇宫。’穆王巡游事见《秦本纪》《穆天子传》及《列子·穆王篇》。又按《吕刑》云：‘穆王享国百年。’此云立五十五年崩，何也？”按，梁玉绳以为“享国百年”乃通其即位前、即位后总而言之，比较勉强。范文澜曰：“穆王是个大游历家，相传曾到过昆仑山西王母国。一个天子不会冒险远游，当是西方早有通商的道路。”

②共王：也作“恭王”。繄扈：《世本》作“伊扈”。据《夏商周断代工程阶段性成果报告》，共王前922—前900年在位。

③泾：泾水，源出宁夏六盘山东麓，东南流经甘肃，至陕西西安高陵区入渭河。

④密康公：密国国君，姬姓。密，一作“密须”，古国名。在今甘肃灵台西南。原为商朝方国，后为文王所灭，改封同姓。一说在今陕西泾川南。

⑤女三为粲：《正义》引曹大家曰：“群、众、粲，皆多之名也。”韦昭注：“粲，美貌也。”盖谓美女众多之意。

⑥公行不下众：“不”字衍文，梁玉绳、张文虎说同。《国语》作“公行下众”。韦昭曰：“下众，不敢诬众也。礼，国君下卿位，遇众则

式，礼也。”《正义》引曹大家曰：“公，诸侯也。公之所行，与众人共议也。”按，三句话连用三“不”字，乃排比句，似不宜将其中一句削去“不”字。“不下众”，不使众人下车以礼诸侯一人。

⑦王御不参一族：天子娶嫔妃，不能娶同一族姓的三个女子。御，嫔妃。参，三个。

⑧小丑：小人之类。丑，类。

⑨小丑备物：谓德薄而物备。

⑩共王灭密：按，以上密康公不献三女而致亡国事，采自《国语·周语上》。柳宗元《非国语》曰：“康公之母诚贤耶？则宜以淫荒失度命其子，焉用惧之以数？且以德大而后堪，则纳三女之奔者德果何如？……教子而媚王以女，非正也。左氏以灭密征之，无足取者。”按，司马迁取此事书之亦甚无谓。

⑪懿王囏：《索隐》曰：“《系本》作‘坚’。”梁玉绳曰：“作‘坚’是也，各处皆作‘坚’。”据《夏商周断代工程阶段性成果报告》，懿王于前899—前892年在位。

⑫懿王之时，王室遂衰，诗人作刺：《索隐》引宋忠曰：“懿王自镐徙都犬丘，一曰废丘，今槐里是也。时王室衰，始作诗也。”按，《汉书·匈奴传》云：“懿王时王室遂衰，戎狄交侵，暴虐中国。中国被其苦，诗人始作，疾而歌之曰：‘靡室靡家，猃允之故。’”作刺，写诗进行讽刺。

⑬共王弟辟方立，是为孝王：张文虎曰：“辟方，《世表》无‘辟’字。《诗·王风》谱引此纪与今本同。”据《夏商周断代工程阶段性成果报告》，孝王于前891—前886年在位。

⑭复立懿王太子燮，是为夷王：《正义》曰：“《纪年》云：‘三年，致诸侯，烹齐哀公于鼎。’《帝王世纪》云‘十六年崩’也。”崔述曰：“懿王之崩，子若弟不得立，而立孝王；孝王之崩，子又不立，而仍立懿王子，此必皆有其故，史失之耳。”据《夏商周断代工程阶段性成

果报告》，夷王于前885—前878年在位。

【译文】

穆王在位五十五年，去世，儿子共王繄扈继位。共王在泾水上游玩，密康公在旁服侍，有三个女子来投奔密康公。密康公的母亲说："你一定要把她们送给周王。三只野兽在一起就成群，三个人在一起就是众，三个女子在一起就是粲。天子打猎从不猎取三只以上的兽，诸侯不会让众人下车礼事自己一个，天子不能娶同家族的三个女子作为嫔妃。粲是姿色动人的尤物。大家把这么美的三个女子送给你，你有什么德行配去享用呢？天子尚且不敢享用，何况你这样的小人物呢！小人德行不够却享用过多，终将灭亡。"康公不肯献出美女，过了一年，共王灭密。共王死后，儿子懿王囏继位。懿王在位期间，周室衰败，诗人作诗加以讽刺。懿王去世，共王的弟弟辟方继位，就是孝王。孝王去世，诸侯重新立懿王的太子燮即位，就是夷王。

夷王崩[①]，子厉王胡立[②]。厉王即位三十年，好利，近荣夷公[③]。大夫芮良夫谏厉王曰[④]："王室其将卑乎？夫荣公好专利而不知大难[⑤]。夫利，百物之所生也，天地之所载也[⑥]，而有专之，其害多矣。天地百物皆将取焉，何可专也？所怒甚多，而不备大难。以是教王，王其能久乎？夫王人者，将导利而布之上下者也[⑦]。使神、人、百物无不得极，犹日怵惕惧怨之来也[⑧]。故《颂》曰'思文后稷，克配彼天，立我蒸民，莫匪尔极'[⑨]。《大雅》曰'陈锡载周'[⑩]。是不布利而惧难乎，故能载周以至于今。今王学专利，其可乎？匹夫专利，犹谓之盗，王而行之，其归鲜矣。荣公若用，周必败也[⑪]。"厉王不听，卒以荣公为卿士，用事[⑫]。

【注释】

①夷王崩:《左传・昭公二十六年》王子朝云:“至于夷王,王愆于厥身,诸侯莫不并走其望,以祈王身。”杨伯峻注:“此谓夷王身患恶疾,诸侯皆遍祭其国之名山大川,为王祈祷。”

②子厉王胡立:据史公意,厉王盖于前879年即位,其元年为前878年。据《夏商周断代工程阶段性成果报告》,厉王于前877—前841年在位。

③厉王即位三十年,好利,近荣夷公:荣夷公,周厉王时的卿士,事迹不详,《国语》只说“厉王说荣夷公”。“荣”应是封地名,“夷”应是谥。厉王即位三十年,即前848年。

④芮良夫:也称“芮伯”,“良夫”应是名,“伯”是爵名,周室大臣,其他事迹不详。梁玉绳曰:“芮良夫谏用荣夷公与召公谏监谤二事,俱《国语》文,《国语》无年,但云监谤之后三年王流于彘而已。史公以良夫之谏系于三十年,以召公之谏系于三十四年,未知何据。”

⑤夫荣公好专利而不知大难:专利,独享山林川泽之利。许倬云说:“在分封制度下,山林薮泽之利,由各级封君共享。即使以赏赐或贡纳方式,利源仍可上下分治。厉王专利,相对的也就使诸侯不享。”“外有国防需要,内有领主的割据。周王室可以措手的财源,大约日渐减少。费用多而资源少,专利云乎,也许只是悉索敝赋的另一面。这是时势造成的情况,厉王君臣未必应独任其咎。然而,这种情势也意指封建领主间,那座宝塔式的层级分配制度,已濒临崩解了。”黄中业《三代纪事本末》曰:“厉王暴虐的主要表现,一是专利,二是监谤。”“他在位期间对周边民族的战争,无疑加重了国人的负担,应是‘国人作乱’的原因之一。”

⑥天地之所载也:意谓利是天地自然生成的。载,生,成。

⑦导利:通利。意即开发货利。布之上下:将惠利同时施予天神和

百姓。布，施予。上，指天神。下，指百姓。

⑧使神、人、百物无不得极，犹日怵惕惧怨之来也：《正义佚文》曰："极，至也。夫王人者，将导引其利而遍布之，命上下共同也，故神、人、百物皆得至其利，而犹日怵惕恐惧，怨之来责也。"极，《集解》引韦昭曰："极，中也。"中，适中，合宜。怵惕，戒惧。

⑨《颂》：此指《诗·周颂·思文》。该诗歌颂周人始祖为民造福，是郊祀时以后稷配天的乐歌。"思文后稷"几句：朱熹传："言后稷之德真可配天，盖使我烝民得以粒食者，莫非其德之至也。"思，思念。文，经纬天地曰文。立，通"粒"，吃谷物叫粒食。蒸，众。极，德高至极。

⑩《大雅》：此指《诗·大雅·文王》。是追述周文王德业告诫殷商旧臣的诗。陈锡载周：意谓布施散利以成我周邦。《集解》引唐固曰："言文王布锡施利，以载成周道也。"陈，布，布利。锡，赐，施恩。载周，成就周人事业。载，通"栽"，树立。

⑪荣公若用，周必败也：用，被任用。凌稚隆引黄省曾曰："百官，视天子者也；胥吏，视百官者也。苟天子采英秀、亲骨鲠、放逋荡、黜饕诐，则百官砥节，胥吏肃矣。芮良夫以荣公专利而卜王之败，何洞明治乱之源也！"

⑫卒以荣公为卿士，用事：卿士，这里指卿，国家的执政大臣。用事，掌权。按，以上芮良夫谏厉王勿用荣公事，见《国语·周语上》。

【译文】

夷王去世，儿子厉王胡即位。厉王在位三十年，贪图财利，亲近荣夷公。大夫芮良夫劝谏厉王说："周王室恐怕要衰落了吧？那个荣夷公喜欢独享财利却不知道会导致大难。利，是由各种物品产生的，本由天地自然生成，如果有人独享它，祸害无穷无尽。天地间万物供所有人取用，怎么能独自享用呢？独自享用将触怒众人，却不防备大祸难。用这些来教大王，大王能统治长久吗？做天下人的王，本来应该引导生产，开发货利，同时把惠利分享给天神和百姓。神、人、百物各得其所，还要天天提心吊胆，唯恐招来不满。所以《颂》诗说‘追念有文德的后稷，德配上天，教导万民种植谷物，谁都没你的功德高’。《大雅》也说‘布施散利以成我周邦’。这是让人人获利而害怕灾难降临，所以先王能够创建并延续周朝一直到现在。现在大王却去学独享财利，难道这样做可以吗？一个普通人垄断财利，还被称作强盗，作为王也这样做的话，愿意归附的人就会很少了。荣夷公如果得到重用，周朝一定会衰败。”厉王听不进去，到底还是任命荣公为卿士，让他主持国家大事。

王行暴虐侈傲，国人谤王[①]。召公谏曰[②]：“民不堪命矣。”王怒，得卫巫[③]，使监谤者，以告，则杀之。其谤鲜矣，诸侯不朝。三十四年[④]，王益严，国人莫敢言，道路以目[⑤]。厉王喜，告召公曰：“吾能弭谤矣[⑥]，乃不敢言。”召公曰：“是障之也[⑦]。防民之口，甚于防水。水壅而溃[⑧]，伤人必多，民亦如之。是故为水者决之使导，为民者宣之使言[⑨]。故天子听政[⑩]，使公卿至于列士献诗[⑪]，瞽献曲[⑫]，史献书[⑬]，师箴[⑭]，瞍赋[⑮]，矇诵[⑯]，百工谏[⑰]，庶人传语[⑱]，近臣尽规[⑲]，亲戚补察[⑳]，瞽史教诲[㉑]，耆艾修之[㉒]，而后王斟酌焉，是以事行而不悖。民之有口也，犹土之有山川也，财用于是乎出；犹其有原隰衍沃也[㉓]，衣食于是乎生。口之宣言也，善败于是乎兴。行善而备败，所以产财用衣食者也。夫民虑之于心而宣之于口，成而行之[㉔]。若壅其口，其与能几何[㉕]？”王不听。于是国莫敢出言，三年[㉖]，乃相与畔，袭厉王[㉗]。厉王出奔于彘[㉘]。

【注释】

①谤：指责，批评。

②召公：即召穆公，名虎，厉王、宣王时的大臣，召公奭的后代。召公奭于周朝初年被封于燕，其子孙世代居燕为诸侯；但召公奭于周初时又在周辅佐成王，故其后世又有世代居周为王卿士，以称"召公"者。此例与周公姬旦之后世相同。

③卫巫：卫国的巫师，据说卫巫具有神通，能知晓谁在诽谤厉王。

④三十四年：前844年。

⑤道路以目：人们在路上相遇，不敢交谈，只能互相使眼色。有井范平曰："'道路'一句形容至极，与'目逆而送之'句同一手法。"按，"目逆而送之"句见《左传·桓公元年》，而《陈涉世家》有"卒中往往语，皆指目陈胜"句，与此更近。

⑥弭谤：制止怨言。弭，止息。

⑦障：阻塞。

⑧壅：堵塞。溃：溃决。

⑨宣：开导。

⑩听政：治理政事。听，听取，治理。

⑪公卿：指朝廷上的高级官吏。列士：上士、中士、下士。古代官吏阶层中的最低级者。献诗：到民间采诗或自己作诗献给天子以反映对朝政的意见。《论语·阳货》："子曰：'小子何莫学夫诗？诗可以兴，可以观，可以群，可以怨。'"

⑫瞽：无目曰瞽。此指乐官，古代乐官多以盲人充任。献曲：通过演唱乐曲以表达自己对政事的意见。

⑬史：外史。掌三皇五帝之书。此指《周礼》。

⑭师箴（zhēn）：《正义》曰："师，乐太师也，上箴戒之文。"师，管理音乐的官员。箴，一种寓有劝诫意义的韵文。

⑮瞍（sǒu）赋：韦昭注："无眸子曰瞍，赋公卿列士所献诗也。"赋，

不歌而诵谓之赋，是有一定音节腔调的诵读。

⑯矇诵：矇诵读箴谏之语。《集解》引韦昭曰："有眸子而无见曰矇。《周礼》矇主弦歌，讽诵箴谏之语也。"诵，诵读。

⑰百工谏：各类工匠以与其执掌技艺相关的事进谏，如《左传》载匠师庆谏鲁庄公为桓公庙丹楹刻角之类。郭沫若曰："殷周的百工就是百官，《考工记》三十六工也都是官，是一些国家官吏管辖着各项生产工艺品的奴隶以从事生产。"

⑱庶人：平民。传语：《正义》曰："庶人卑贱，见时得失，不得上言，乃在街巷相传语。"

⑲近臣：《集解》引韦昭曰："近臣，骖仆之属。"帝王身边的侍从官员。尽规：进陈规谏。尽，通"荩"，进。

⑳亲戚补察：《左传·襄公十四年》："自王以下各有父子兄弟以补察其政。"亲戚，指与国王同宗的大臣。《正义》曰："言亲戚补王过失，及察是非也。"补察，补救王的过失，监督王的行政。

㉑瞽史：韦昭注："瞽，乐大师。史，太史也。掌阴阳、天时、礼法之书，以相教诲者。"按，前文已分说过瞽、史，此处又说，当与前不同。或曰此瞽史乃西周初年的一种史官，其源头当为乐师瞽，因瞽能听风协律而观季，以知天时，并能诵远古歌谣史事，西周初年即设立瞽史，掌天道、记事。

㉒耆（qí）艾：元老，即师、傅之类的老臣。六十岁的人叫耆，五十岁的人叫艾。修之：归纳、总结前述诸人的意见。

㉓原：宽阔平坦的土地。隰（xí）：低下而潮湿的土地。衍：低下而平坦的土地。沃：有河流灌溉的土地。

㉔成而行之：考虑成熟后采纳推行。梁玉绳认为《国语》此句下有"胡可壅也"四字，似当补入，否则语意未了。

㉕其与能几何：韦昭注："与，辞也。能几何，言不久也。"意即不可能再维持多久。或谓，与，义为助，能有几个人相助，盖谓将彻底

成为“独夫”，亦将难以为继。

㉖三年：前841年。

㉗乃相与畔，袭厉王：畔，通“叛”。范文澜认为这是“历史上国人第一次大起义，西周社会因这次起义的推动而前进了一步”。

㉘彘：古邑名。在今山西霍州东北。按，以上厉王拒召公之谏致使国人暴动，厉王被逐事，见《国语·周语上》。

【译文】

厉王行暴政，奢侈傲慢，住在国都的人批评他。召公劝谏说：“人民受不了您的政令啦。”厉王大怒，找到卫国的一名巫师，派他监视那些非议自己的人，凡是巫师报告上来的人，厉王就把他们杀掉。这样一来非议的人少了，诸侯也不再来朝见了。厉王在位的第三十四年，控制更加严格，国都没人敢发表异议，路上遇到也只能用目光示意。厉王很开心，告诉召公说：“我能消除非议，人们不敢说什么了。”召公说：“这是因为你堵住了百姓的嘴。堵百姓嘴的危害比筑堤堵塞河流还要严重。河流堵塞以后的决堤泛滥，伤人一定很多，堵百姓的嘴后果亦是如此。因此治理河流的人打开缺口使它畅通，治理百姓的人引导百姓让他们畅所欲言。所以天子治理政事，要让上自公卿下至列士献上诗篇进行讽谏，让乐官演唱乐曲表达政见，让太史上书表达政见，让乐官进献箴文进行劝诫，让瞍者朗诵讽谏的诗篇来讽谏，让矇者诵读寓有劝谏意义的文辞，让各类工匠进谏，让平民传达自己对国事的意见，让天子的近臣努力规谏，与天子同宗的大臣补察天子的过失，监督天子的行政，让乐师和史官对天子进行教诲，让天子的师傅和元老总结前面这些意见，然后由天子斟酌取舍，这样政事才会得以施行而不致违背常理。老百姓有嘴，就好像大地有山有河，财物从这里出产；就好像大地有高低平湿等不同的地形一样，人类的衣食由此而来。能让人们畅所欲言，国家政事才能办好。做好事防备坏事，这才是财物衣食来源充足的保证。百姓怎么想就怎么说，考虑成熟后采纳推行。要是堵住百姓的嘴不让他们说话，这样做怎么能长治久安呢?”厉王不听。因此国都没人敢说话,三年之后,国都的人就一起叛乱,袭击厉王。厉王逃亡到彘地。

厉王太子静匿召公之家,国人闻之,乃围之。召公曰:“昔吾骤谏王[①],王不从,以及此难也。今杀王太子,王其以我为仇而怼怒乎[②]? 夫事君者,险而不仇怼[③],怨而不怒,况事王乎!”乃以其子代王太子,太子竟得脱[④]。

【注释】

①骤谏:多次进谏。骤,屡次。

②怼(duì)怒:怨怒。怼,怨恨。

③险而不仇怼:按,《国语》作“险而不怼”。险,《集解》引韦昭曰:“在危险之中。”俞樾曰:“‘险’与‘慊’通,恨也,与下句‘怨而不怒’一律。”

④太子竟得脱:按,以上召公以其子代王太子死事,见《国语·周语上》。

【译文】

厉王的太子静躲在召公家里,国都的人知道后,就把召公家包围起来。召公说:“以前我多次进谏君王,君王不听,因此才有这个灾难。现在如果太子被杀死了,君王大概会认为我是记仇而泄愤吧? 凡是服事君长的人,即使身处危难也不记仇,即使心有怨气也不发泄,何况是服事天子呢!”于是就用自己的儿子冒充厉王太子,太子终于幸免于难。

召公、周公二相行政,号曰“共和”[①]。共和十四年,厉王死于彘[②]。太子静长于召公家,二相乃共立之为王,是为宣王[③]。宣王即位,二相辅之,修政,法文、武、成、康之遗风，诸侯复宗周[④]。十二年，鲁武公来朝[⑤]。

【注释】

①召公、周公二相行政，号曰“共和”：周公，周定公，名字不详。周公旦次子君陈的后裔，在朝辅佐天子，世代称“周公”。共和，《史记》的意思是指周公与召公共同执政。《国语》韦昭注、崔述亦取此义，崔述曰：“人君在外，大臣代之出政，常也。襄公之执，子鱼摄宋；昭公之奔，季孙摄鲁；厉王既出，周、召共摄周政，事固当然，不足异也。”而《索隐》则引《竹书纪年》谓“共伯和干王位”。又引《鲁连子》云：“共伯名和，好行仁义，诸侯贤之。周厉王无道，国人作难，王奔于彘，诸侯奉和以行天子事，号曰‘共和’元年。十四年，厉王死于彘，共伯使诸侯奉王子靖为宣王，而共伯复归国于卫也。”范文澜辩曰：“贵族共和在当时正是适合情势的一种政治制度，周公是宗周第一贵族，召公是第二贵族，并且曾谏阻厉王专利，周、召二公得到起义者的拥护是很自然的。前827年厉王死，宣王靖继承王位，足见起义者并无推倒文、武以来王统的意图。《竹书纪年》采战国游士的寓言，讹称‘共和’是共伯和干王位，一个侯国的世子，一跃而登周天子大位，在嫡长继承制极端严格的周朝，可断言必无其事。”而郭沫若、徐喜辰、杨树达等则仍主“共和”为“共伯和”说，杨树达更为具体地说：“彝铭屡见‘王若曰’之文，非王而称‘若曰’者，仅此器之白龢父。若非白龢父有与王相等之身份，安能有此？……《礼记·曲礼篇》‘天子未除丧曰予小子’。知古天子有自称小子之事。《君奭篇》曰‘在今予小子旦非克有正’；又曰‘今在予小子旦若游大川’。说者以周公摄政故称‘予小子’。今此铭记白龢父自称‘小子’，与《君奭篇》周公自称相类，则白龢父又非以共伯和释之不可。可见‘共和’为‘共伯和’实无问题。”据《夏商周断代工程阶段性成

果报告》，共和始于前841年，终于前828年，共14年。

②共和十四年，厉王死于彘：徐喜辰曰："这次暴动首先是在京城暴发，后来扩展到了整个关中地区，沉重地打击了周王朝的政治体系，王室继续衰微，以至连王位也难维持下去。"共和十四年，前828年。

③是为宣王：宣王名静，又作"靖"。据《夏商周断代工程阶段性成果报告》，宣王于前827—前782年在位，共在位46年。

④诸侯复宗周：崔述引《诗·小雅》之《六月》《出车》，谓"此咏宣王征西北之事也"；引《大雅》之《崧高》《烝民》《韩奕》，谓"此咏宣王经略中原之事也"；引《小雅》之《采芑》，《大雅》之《江汉》《常武》，谓"此咏宣王经略东南之事也"。并谓"《诗》所咏宣王之事，其先后虽未敢尽以篇次为据，然以其言考之，西戎逼近郊甸，在切肤，所当先务；封申城齐皆关东事，似可稍缓；若淮汉荆徐，则距畿较远，近者未安，不能远图，理之常也"。张文虎曰："《史》叙宣王中兴止此十八字，凡《诗》所称北逐猃狁，南征荆蛮，及吉甫、方叔之伦，概不书。盖宣王不终，《史》只依《国语》作纪，故多缺略。"

⑤十二年，鲁武公来朝：按，《史记》着意书"鲁武公来朝"，是因为周宣王因个人喜好而使武公废长立幼，造成日后鲁国政权的反复动荡。详见《鲁周公世家》。十二年，前816年。鲁武公，名敖。鲁国国君。前825—前816年在位。

【译文】

召公、周公两位辅相代替天子共同执政，称为共和。共和十四年，厉王死于彘地。太子静在召公家长大，召公、周公就共同拥立他为王，这就是宣王。宣王即位，召公、周公辅佐他，修明政治，效法文、武、成、康的优良传统，诸侯重又尊周王室为宗主。宣王十二年，鲁武公前来朝见。

宣王不修籍于千亩[①],虢文公谏曰不可[②],王弗听。三十九年[③],战于千亩,王师败绩于姜氏之戎[④]。宣王既亡南国之师[⑤],乃料民于太原[⑥]。仲山甫谏曰:“民不可料也[⑦]。”宣王不听,卒料民。

【注释】

①宣王不修籍于千亩:《正义》云:“应劭曰:‘古者天子耕籍田千亩,为天下先。’瓒曰:‘籍,蹈籍也。’”相传天子籍田千亩、诸侯百亩。帝王于春耕前亲耕籍田,以示对农业的重视。范文澜曰:“这无非是实行力役地租的一种装饰品,使农夫们以为天子尚且耕种祭田,自己当然应该耕公田。共和以后,公田制已经难以维持,天子亲耕籍田也失去装饰的作用,不借民力耕千亩,实际上就是不再维持公田制度。改力役地租为物品地租,是有进步意义的。”杨宽《古史新探》说:“‘籍礼’原是村社中每逢某种农业劳动开始前,由首脑带头举行的集体耕作仪式,具有鼓励集体耕作的作用。等到‘籍田’被侵占,其生产物被作为剥削收入,‘籍’成为一种剥削办法,‘籍礼’就被加以改造,变成剥削者监督庶人从事无偿劳动的仪式和制度了。……仍然虚伪地宣称其目的在于鼓励耕作,并虚伪地宣称其生产物仍然用于祭祀、救济、尝新等。”修,循,继续奉行。籍,指上古籍田礼制。孟春正月,天子举行亲自耕田典礼,以此表示重视农耕。千亩,原是周天子的籍田,后来遂演化为地名,旧说在今山西介休。杨宽认为千亩有二,此作为藉田之千亩应离镐京不远,另一千亩则在当时的晋国,即今山西境内。

②虢文公谏曰不可:虢文公,文王异母弟虢仲后裔。周王之卿士。虢国(在今陕西宝鸡)国君。按,《国语》中虢公谏宣王有大段说教,史公皆略而未录。

③三十九年：前789年。

④战于千亩，王师败绩于姜氏之戎：宣王败于千亩事，见《国语·周语上》，认为此败乃是宣王不籍千亩的后果。《史记》照录，似以此谴责宣王之不守旧礼。败绩，溃败。《左传·庄公十一年》有所谓“大崩曰败绩”，其实未必皆然。参看杨伯峻注。姜氏之戎，古民族名。即姜戎。戎人的一支。原在瓜州（今甘肃敦煌西），后东迁而渐与周人接境。

⑤南国之师：《国语》韦昭注：“败于姜戎时所亡也。南国，江汉之间。”

⑥料民于太原：徐喜辰曰：“宣王‘料民’虽然是由于南国之师损失以后为补充军队采取的措施，但也反映了西周末年由于公社内部有了一些变化，必须将公社内部的户口、土地数字写成清册上缴于国王或国君，以便作为对公社农民征税和力役的根据。”料民，清查人口。料，数。太原，古地区名。指今山西的西南部地区，兼有汾、洮流域。按，顾炎武、徐元诰以为此“太原”与山西无涉，乃指今之甘肃固原。

⑦仲山甫谏曰：“民不可料也”：仲山甫反对料民的议论，详见于《国语·周语上》。许倬云《西周史》以为大约当时实际人口已少于官府纪录，宣王方不得不“料民”；很可能仲山甫也预见“料民”的后果是人口太少，于是遂有“何必示人以弱”的议论。由这段史料可以估计宣王时周王室直接控制下的户口减少，国力已有削弱。杨宽《西周史》则认为此次“料民”是因“亡南国之师”，不得不在广大平原地区登记人口，统计人民总数，以为补充。仲山甫，西周宣王卿士。封邑在樊，亦称“樊穆仲”“樊仲山父”。除此谏宣王“料民”外，还曾谏宣王使鲁武公废长立幼。谥“穆仲”。

【译文】

宣王放弃了周天子亲耕千亩籍田的籍礼，虢文公劝谏说这样不行，宣王不听。宣王三十九年，在千亩与敌交战，宣王的军队被姜氏之戎打得大败。宣王丧失了从江汉之间征调的军队之后，又在太原统计民户以便征兵。仲山甫劝谏说："这时候统计民户不合适。"宣王不听，最终还是统计了民户数目。

四十六年，宣王崩[①]，子幽王宫湦立[②]。幽王二年[③]，西周三川皆震[④]。伯阳甫曰[⑤]："周将亡矣。夫天地之气[⑥]，不失其序；若过其序，民乱之也[⑦]。阳伏而不能出，阴迫而不能蒸[⑧]，于是有地震。今三川实震[⑨]，是阳失其所而填阴也[⑩]。阳失而在阴[⑪]，原必塞[⑫]；原塞，国必亡。夫水土演而民用也[⑬]。土无所演，民乏财用，不亡何待！昔伊、洛竭而夏亡[⑭]，河竭而商亡[⑮]。今周德若二代之季矣[⑯]，其川原又塞，塞必竭。夫国必依山川，山崩川竭，亡国之征也。川竭必山崩。若国亡不过十年，数之纪也[⑰]。天之所弃，不过其纪。"是岁也[⑱]，三川竭[⑲]，岐山崩。

【注释】

①四十六年，宣王崩：《正义》曰："《周春秋》（实见《墨子·明鬼》篇所引）云：'宣王杀杜伯而无辜，后三年，宣王会诸侯田于圃，日中，杜伯起于道左，衣朱衣冠，操朱弓矢，射宣王，中心折脊而死。'《国语》曰：'杜伯射王于鄗。'"四十六年，前782年。崔述曰："余考宣王之事，据《诗》，则英主也；据《国语》，则失德实多，判然若两人者。心窃疑之。久之，乃觉其故有三：诗人之体主于颂扬，然《大雅》之述文、武者，多实录；而《鲁颂·閟宫篇》则专尚虚词。'荆舒是惩，莫我敢承'，僖公岂足以当之？此亦世变为之也。宣王之时，虽尚未至是，然亦不免小事而张皇之。城方城

申，亦仅仅耳，而其词皆若威震万里者。是《诗》言多溢美，未可尽信，其故一也。《国语》主于敷言，非纪事之书，故以‘语’名其书，而政事多不载焉。然其言亦非当日之言，乃后人取当日谏君料事之词衍之者。谏由于君之有失道，故衍谏词者，必本其失道之事言之，非宣王之为君尽若是，亦非此外别无他善政可书也，其故二也。古之人君，勤于始者多，勉于终者少。……宣王在位四十六年，始勤终怠，固亦有之。故《国语》所称伐鲁在三十二年，千亩之战在三十九年，皆宣王晚年事。而《诗》称伐申、伐淮夷，皆召穆公经理之。穆公，厉王大臣，又历共和之十四年，其相宣王必不甚久，则此皆宣王初年事无疑也。由是言之，《诗》固多溢美，《国语》固专纪其失，要亦宣王始终本异也，其故三也。”伊藤德男《从史记十表看司马迁的历史观》曰：“司马迁作《史记》更相信《国语》的材料，对周宣王有他自己的评价。即使他也部分地承认宣王‘中兴’，但在考虑自厉王出奔到幽王时西周灭亡这一历史过程时，他没有给宣王以很高的评价；相反倒是由于宣王的一再失误，导致了后来的危机。由于司马迁如此看待周宣王，所以他把厉王、宣王、幽王时代看作是从西周到东周，从兴盛期到衰颓期的过渡阶段。”

②子幽王宫湦（shēng）立：幽王之名又作“宫涅”“宫皇”“涅”“生”等。据《夏商周断代工程阶段性成果报告》，幽王前781—前771年在位。

③幽王二年：前780年。

④西周：指西周都城镐京。三川：古地区名。指今陕西境内渭河、泾河、洛河流域。当时西周王朝的京畿地带。震：地震。

⑤伯阳甫：周大夫。《国语》作“伯阳父”。或曰即周柱下史老子。

⑥天地之气：指阴阳二气。古人认为阴阳二气和合化生万物。

⑦若过其序，民乱之也：韦昭注：“过，失也，言民不敢斥王者也。”意

即王者扰乱了次序。伯阳父不敢直斥周王,故曰“民”。

⑧阴迫而不能蒸:阳气为阴气压迫而不能升腾。蒸,升,升腾。

⑨实:是。

⑩填阴:为阴气所镇压。填,通“镇”,《国语》作“镇”。《集解》引韦昭曰:“为阴所镇笮也。”

⑪阳失而在阴:韦昭注:“在阴下也。”

⑫原:指水源。《国语》作“川源”。

⑬演:湿润。韦昭注:“水土气通为演,演犹润也。演则生物,民得用之。”

⑭昔伊、洛竭而夏亡:韦昭注:“禹都阳城,伊、洛所近也。”按,禹都阳城在今河南登封东,西北离伊水、洛水不远。竭,枯竭,干涸。

⑮河竭而商亡:韦昭注:“商人都卫,河水所经也。”卫,指殷都朝歌,在今河南淇县,位于当时的黄河西岸。按,夏、殷本纪于夏、商之灭前无伊洛竭、河竭之说,此显为后人所附会。

⑯二代:夏、殷。季:末。

⑰数之纪:数字超过十以后,又从一开始数,故将十作为终极。纪,终极,周期。

⑱是岁:幽王二年,前780年。

⑲三川:指泾水、洛水、渭水。按,此洛水为北洛水,即今陕西的北洛河,非河南的洛河。以上伯阳甫就自然变化预言西周将亡事,见《国语·周语上》,显为后人所附会。

【译文】

宣王四十六年,去世,儿子幽王宫涅继位。幽王二年,镐京附近的渭水、泾水、洛水一带都发生了地震。伯阳甫说:“周朝将要灭亡了。天地之间的阴阳二气不能失去秩序;如果失去秩序,就是人为扰乱了它。阳气伏藏在下不能出来,被阴气压迫不能升腾,这种情况下地震就会发生。现在三条河流一带发生地震,这是因为阳气不得其所而被阴气镇伏了。

阳气失所被阴气镇伏，水源必定堵塞；水源堵塞，国家必然灭亡。水土湿润水脉通畅万物生长，人民才能得到财利。水土不湿润水脉不通畅，人民就会财货物用短缺，国家不亡还等什么呢！过去伊水、洛水枯竭导致夏朝灭亡，黄河枯竭导致商朝灭亡。现在周朝的德运就像夏、商末年，水源又被堵塞了，水源堵塞水流就会枯竭。国家的兴衰一定与山川形势相应，山陵崩颓、水源枯竭，是亡国的征兆。水源枯竭必定导致山陵崩颓。亡国的话不会超过十年，因为'十'是数字的周期。上天抛弃周朝的时间不会超过'十'这个周期。"当年，泾水、洛水、渭水枯竭，岐山崩颓。

三年①，幽王嬖爱褒姒②。褒姒生子伯服，幽王欲废太子。太子母申侯女③，而为后。后幽王得褒姒，爱之，欲废申后，并去太子宜臼，以褒姒为后，以伯服为太子。周太史伯阳读史记曰④："周亡矣。"昔自夏后氏之衰也，有二神龙止于夏帝庭而言曰："余，褒之二君。"夏帝卜杀之与去之与止之⑤，莫吉。卜请其漦而藏之⑥，乃吉。于是布币而策告之⑦，龙亡而漦在，椟而去之⑧。夏亡，传此器殷。殷亡，又传此器周。比三代，莫敢发之。至厉王之末，发而观之。漦流于庭，不可除。厉王使妇人裸而噪之，漦化为玄鼋⑨，以入王后宫。后宫之童妾既龀而遭之⑩，既笄而孕⑪，无夫而生子，惧而弃之。宣王之时童女谣曰："檿弧箕服⑫，实亡周国⑬。"于是宣王闻之，有夫妇卖是器者，宣王使执而戮之。逃于道，而见乡者后宫童妾所弃妖子出于路者⑭，闻其夜啼，哀而收之，夫妇遂亡，奔于褒。褒人有罪，请入童妾所弃女子者于王以赎罪⑮。弃女子出于褒，是为褒姒。当幽王三年，王之后宫，见而爱之，生子伯服，竟废申后及太子，以褒姒为后，伯服为太子。太史伯阳曰："祸成矣，无可奈何⑯！"

【注释】

①三年：前779年。

②褒姒：褒国女子，姒姓。褒，古国名。姒姓。在今陕西勉县东北褒城东。《索隐》曰："礼：妇人称国及姓。其女是龙漦妖子，为人所收，褒人纳之于王，故曰'褒姒'。"

③申：古国名。姜姓，传为伯夷之后。在今河南南阳境。河南南阳曾发现一组西周晚期青铜器，铭文有宣王所封申伯之名。春秋初楚文王灭以为县。

④周太史伯阳：周幽王时的太史，名伯阳。《郑语》称此人曰"史伯"。史记：泛称记载历史的书。

⑤去之：将二龙赶走。止之：将二龙捉起来。

⑥漦（lì）：龙的口水。韦昭注："龙所吐沫。沫，龙之精气也。"

⑦布币而策告之：韦昭注："以简策之书告龙，而请其漦也。"币，用作祭祀的玉帛等供品。策告，以简策相告。即宣读简策向龙祷告。

⑧去（jǔ）：陈仁锡曰："去，藏也。"按，此作"藏"解的"去"字又见于《汉书·苏武传》，是"弆"字的古写，《郑语》于此直作"藏"。

⑨玄鼋（yuán）：黑色蜥蜴。韦昭注："鼋，或为'蚖'。蚖，蜥蜴，象龙。"

⑩童妾：小婢女。既龀（chèn）：乳牙换尽。通常在十四岁左右。《国语》作"未既龀"，即刚换牙的年纪，通常为七岁左右。

⑪既笄（jī）而孕：这个小婢女到十五岁时"不夫而孕"（《国语》）。古时女子十五岁行笄礼，盘发插簪，表示已经成年。笄，簪子，用以挽发。

⑫檿（（yǎn）：山桑。弧：弓。箕：树木名。服：箭袋。

⑬实：是。

⑭见乡者后宫童妾所弃妖子出于路者：乡：同“向”，此前。妖子：怪异的女子。《集解》引徐广曰：“妖，一作‘夭’。夭，幼少也。”

⑮褒人有罪，请入童妾所弃女子者于王以赎罪：《正义》引《国语》曰：“周幽王伐有褒，褒人以褒姒女焉，与虢石甫比也。”褒人，指褒国之君。

⑯祸成矣，无可奈何：按，以上周太史伯阳叙褒姒来历预言西周将亡事，见《国语》之《郑语》与《晋语一》。

【译文】

幽王三年，幽王宠爱褒姒。褒姒生了儿子伯服，幽王想把太子废掉。太子的母亲是申侯的女儿，被立为王后。后来幽王得到褒姒，宠爱她，想废掉申后，并除掉太子宜臼，立褒姒为王后，立伯服为太子。周朝的太史伯阳读了历史资料后说：“周朝将要灭亡了。”从前在夏后氏败落时，有两条神龙降在夏帝宫廷内说道：“我们是褒国的两位先君。”夏帝卜问是将两条龙杀死还是赶走还是捉起来，但这三种办法都不吉利。又占卜请求收藏龙的口水，这才得到吉兆。于是摆上玉帛等供品，宣读简策进行祷告，神龙这才消失并留下口水，神龙的口水被装在匣子里封藏起来。夏朝灭亡后，匣子传到殷朝。殷朝灭亡后，匣子又被传到周朝。传了三个朝代，也没人敢打开。直到厉王末年，才打开匣子观看。神龙的口水流到院子里清除不掉。厉王命妇人裸体对着口水大声喊叫，口水化为黑色蜥蜴，钻进厉王的后宫。后宫有个刚刚换牙的小婢女踩到它，到十五岁时这个孩子就怀孕了，没有丈夫却生下个女婴，她感到害怕就把婴儿丢弃了。宣王时期童女歌谣唱道：“山桑木制作的弓，与箕木制作的箭袋，它们出现将使周国灭亡。”当时宣王听到了，有对夫妇就是卖这两样东西的，就叫人把他们抓起来杀掉。夫妇俩逃跑的路上，看见前不久被后宫婢女丢弃在路边的孩子。他们听到婴儿在夜里啼哭，出于怜悯收养了她。夫妇俩就逃走了，逃到褒国。后来褒国人有罪，请求将婢女丢弃的女儿献给周王以求赦免。被丢弃的女孩来自褒国，她就是褒姒。幽王三年，幽王到了后宫，一见到褒姒就很宠她，她生了儿子伯服，后来竟然废掉申后和太子，立褒姒为王后，立伯服为太子。太史伯阳说："大祸已经酿成，什么办法都没了！"

褒姒不好笑，幽王欲其笑万方，故不笑[①]。幽王为烽燧大鼓[②]，有寇至则举烽火[③]。诸侯悉至，至而无寇，褒姒乃大笑。幽王说之，为数举烽火。其后不信，诸侯益亦不至[④]。

【注释】

①故：通"固"，就是。

②烽燧大鼓：都是古代边境报警的用具。这里作动词用，意即点燃烽燧，擂响大鼓报警。烽燧，古代边防报警的信号。白天放烟叫烽，夜间举火叫燧。皆安于山上，有敌寇入侵就点燃报警。

③有寇至则举烽火：按，此句为夹注句，解释幽王"烽燧大鼓"的目的。下文"诸侯悉至"本上承"烽燧大鼓"句。按，今陕西西安临潼区骊山镇寺沟村南有骊山烽火台遗址，位于海拔一千多米的骊山主峰上。

④其后不信，诸侯益亦不至：按，此事恐是司马迁取自民间传说，实并非史实。钱穆曰："此委巷小人之谈。诸侯兵不能见烽同至，至而闻无寇，亦必休兵信宿而去，此有何可笑？举烽传警，乃汉人备匈奴事耳。骊山之役，由幽王举兵讨申，更不书举烽。史公对此番事变，大段不甚了了。"

【译文】

褒姒不爱笑，幽王想尽了办法逗她笑，可她就是不笑。幽王设了烽燧和大鼓，发现有敌来犯就点燃烽火。诸侯看见烽火都来勤王，到了却发现没有敌人来犯，褒姒这才哈哈大笑。幽王很高兴褒姒为此而笑，就为她多次点燃烽火。之后失去了信用，诸侯就渐渐地不来了。

幽王以虢石父为卿[①]，用事，国人皆怨。石父为人佞巧善谀好利，王用之；又废申后，去太子也[②]。申侯怒，与缯、西夷犬戎攻幽王[③]。幽王举烽火征兵，兵莫至。遂杀幽王骊山下[④]，虏褒姒，尽取周赂而去[⑤]。于是诸侯乃即申侯而共立故幽王太子宜臼，是为平王，以奉周祀[⑥]。

平王立，东迁于雒邑[⑦]，辟戎寇[⑧]。平王之时，周室衰微，诸侯强并弱，齐、楚、秦、晋始大，政由方伯[⑨]。

【注释】

①虢石父：前文谏宣王的虢文公的后代。卿：卿士。周王朝的执政者。总管王朝的政事。

②王用之；又废申后、去太子也：王念孙认为“用”“又”二字衍，“王之废申后、去太子也”是举上文，以起下文申侯与犬戎攻周之事。王说有理，但底本原文可通，故不变。

③缯：古国名。一作“鄫”“曾”。姬姓。其地原在今河南方城一带（春秋时称为缯关）。后逐步南迁至今湖北随州一带。近年在随州及其附近地区发现许多曾国文物，并于随州城西北五里擂鼓墩发现战国初期曾国君主曾侯乙大墓。今人李学勤认为曾国即随国（在今湖北随州），曾、随系一国二名。西夷犬戎：古戎人的一支。即畎戎，亦称“畎夷”“昆夷”“绲夷”。殷周时游牧于泾渭流域即今陕西彬州、岐山一带，为殷周西边之劲敌。

④骊山：山名。在今陕西西安临潼区东南，当时周都镐京的正东偏北。

⑤周赂：周国的财宝。按，以上申侯勾结犬戎杀幽王、灭掉西周事，在幽王十一年（前771），见《国语》之《晋语》《郑语》及《吕氏春秋·疑似》篇。《集解》引《竹书纪年》曰：“自武王灭殷以至幽王，凡二百五十七年也。”按，《夏商周年表》系武王灭殷于前1046

年，依此则西周共276年。

⑥共立故幽王太子宜臼，是为平王，以奉周祀：《左传·昭公二十六年》："携王奸命，诸侯替之，而建王嗣，用迁郏鄏。"《孔疏》引《竹书纪年》云："先是申侯、鲁侯、许文公立平王于申，以本大子，故称天王。幽王既死，而虢公翰又立王子余臣于携。周二王并立。二十一年，携王为晋文公（当作文侯）所杀。"平王，即周平王，前770—前720年在位。

⑦平王立，东迁于雒邑：平王立，平王元年为前770年。雒邑，古都城名。在今河南洛阳东北。《正义》曰："即王城也。"周之"王城"在今洛阳市内。顾炎武曰："《文侯之命》，平王所以报其立己之功，而望以杀余臣之效也。当时诸侯但知冢嗣当立，而不察其与闻乎弑为可诛，虢公之立余臣，或亦有见于此。后之人徒以成败论，遂谓平王能继文武之绪，而惜其弃岐丰七百里之地，岂当日之情哉？《古今人表》以平王、申侯同列'下下'。凡言'迁'者，自彼至此之词，盘庚迁殷是也。幽王之亡，宗庙社稷以及典章文物荡然皆尽，镐京为西戎所有；平王乃自申东保于洛，天子之国与诸侯无异，其得存周之祀幸矣，而望其中兴耶？"按，崔述谓西周之亡由于王政日衰，且又连年饥馑，犬戎之势则日益强大，而非出于远隔于东南之申侯所勾结策动。

⑧辟戎寇：泷川曰："枫、三、南本'戎寇'下有'当此时，秦襄公以兵送平王，平王封襄公为诸侯，赐之以岐以西地。从武王尽幽王，凡十二世'三十六字。"

⑨方伯：一方诸侯之长。《集解》引郑众云："长诸侯为方伯。"

【译文】

幽王任用虢石父当卿士，主持国政，百姓都有怨气。石父为人巧言令色，贪图财利，幽王却重用他。又废掉申后，废掉太子。申侯很愤怒，就联合缯国、西夷犬戎一起攻打幽王。幽王点燃烽火征求援兵，但诸侯的军队都没有到来。于是就将幽王杀死在骊山下，抓捕褒姒，抢了周朝的全部财物才离去。于是诸侯和申侯一起拥立前幽王太子宜臼，这就是平王，以延续周朝的祀统。

平王继位，把都城向东迁到洛邑，以躲避戎寇。平王在位期间，周室衰微，诸侯中的强国吞并弱国，齐国、楚国、秦国、晋国日益强大，政令往往出自诸侯中称霸的君主。

四十九年，鲁隐公即位①。五十一年②，平王崩，太子洩父蚤死，立其子林，是为桓王③。桓王，平王孙也。桓王三年④，郑庄公朝，桓王不礼⑤。五年⑥，郑怨，与鲁易许田⑦。祊田，天子之用事太山田也⑧。八年⑨，鲁杀隐公，立桓公⑩。十三年⑪，伐郑，郑射伤桓王⑫，桓王去归。

【注释】

①四十九年，鲁隐公即位：泷川曰："是为春秋之初，所以特笔。"鲁隐公，鲁国国君，名息姑，惠公之庶子，桓公之兄，前722—前712年在位。史公所谓孔子所作《春秋》之记事即始于此年。四十九年，前722年。

②五十一年：前720年。

③桓王：前719—前697年在位。

④桓王三年：当郑庄公二十七年，前717年。

⑤郑庄公朝，桓王不礼：按，据《左传·隐公三年》，郑武公、庄公一直为周平王卿士，到平王末年，想把一些政事交给虢公处理，郑庄公因此对平王不满。这年四月，郑祭仲帅师取温之麦，秋，又取周之禾。周、郑交恶。周桓王继位三年，郑庄公才来朝见，周桓王对其不以礼相待，于是矛盾更加激化。事见《左传·隐公六

年》及《郑世家》。郑庄公，名寤生。郑武公之子。前743—前701年在位。

⑥五年：当郑庄公二十九年，前715年。

⑦郑怨，与鲁易许田：谓郑以“祊”换取鲁之“许田”也。许田，古邑名。在今河南许昌东南。周成王营王城，有迁都之意，故赐周公以许田，以为鲁君朝见周王时朝宿之邑。此处有周公之别庙。祊，邑名。在今山东费县东南。地近泰山，是周宣王赐给郑桓公的一块领地，用于周王祭泰山时郑助祭的汤沐邑。由于长期以来天子不祭泰山，诸侯也很少进京朝王，故两国想互相交换，以求挨近本国便于管理。但“礼，天子在上，诸侯不得以地相与也”（《春秋穀梁传》），所以两国私下易地无疑是对周天子的大不敬。按，《郑世家》于此云：“庄公怒周弗礼，与鲁易祊、许田。”此史公意也。然据《左传·隐公八年》书此郑、鲁互换采邑事，与上文之桓王“不礼”郑庄公无关；而郑庄公所派的使者名“宛”，故有人遂以为史公误读“宛”为“怨”，因两处皆书之如此。

⑧祊田，天子之用事太山田：“祊田”底本作“许田”。《索隐》曰：“祊是郑祀太山之田，许是鲁朝京师之汤沐邑，有周公庙，郑以其近，故易取之。此云‘许田，天子用事太山田’，误。”用事，意同“有事”，这里即指祭祀。

⑨八年：当鲁隐公十一年，前712年。

⑩鲁杀隐公，立桓公：鲁国大夫公子翚为求为执政之卿劝隐公杀其弟太子允，隐公不答应，并说将还位于允；公子翚遂转而向太子允说隐公的坏话，遂在太子允的默许下派人杀了隐公，立太子允为桓公。事见《左传·隐公十一年》及《鲁周公世家》。桓公，名允，惠公之嫡子，前711—前694年在位。

⑪十三年：当郑庄公三十七年，前707年。

⑫伐郑，郑射伤桓王：按，此即历史上的“繻葛之战”。郑庄公迎战

桓王于繻葛，郑大夫祝聃射桓王中肩。事见《左传·桓公五年》与《郑世家》。伐郑，《左传》云："王夺郑伯政，郑伯不朝。秋，王以诸侯伐郑。"

【译文】

平王四十九年，鲁隐公即位。平王五十一年，去世，太子洩父早死，立他的儿子林为王，这就是桓王。桓王，是平王的孙子。桓王三年，郑庄公前来朝见，桓王没有礼遇他。五年，郑国怀恨在心，未经周天子许可就用祊田和鲁国的许田做了交换。祊田是当年周宣王赐给郑桓公的领地，作为郑国诸侯陪同天子祭祀泰山的汤沐邑。八年，鲁国人杀死隐公，立桓公。十三年，征讨郑国，郑人射伤桓王，桓王离开郑国逃回来。

二十三年[①]，桓王崩，子庄王佗立[②]。庄王四年，周公黑肩欲杀庄王而立王子克[③]。辛伯告王[④]，王杀周公，王子克奔燕[⑤]。十五年[⑥]，庄王崩[⑦]，子釐王胡齐立[⑧]。釐王三年[⑨]，齐桓公始霸[⑩]。

【注释】

①二十三年：前697年。

②庄王佗：前696—前682年在位。

③庄王四年，周公黑肩欲杀庄王而立王子克：刘操南云："周公欲杀庄王而立王子克，见《左》桓十八年传，是周庄王三年也。此与《年表》并载于庄王四年，与《左》异。"庄王四年，前693年。周公黑肩，即周桓公，名黑肩，周王室卿士。王子克，桓王之子，庄王之弟。《左传》一作"子仪"。有宠于桓王，桓王嘱请周公黑肩辅佐他。

④辛伯：周大夫。

⑤王杀周公，王子克奔燕：按，以上周公黑肩欲佐王子克为乱被讨平事，见《左传・桓公十八年》。《索隐》云："《左传》曰：'初，子仪有宠于桓王，桓王属诸周公。辛伯谏曰："并后、匹嫡、两政、耦国，乱之本也。"周公不从，故及于难。'然周公阿先王旨，自取诛夷，辛伯正君臣之义，卒安王业，二卿优劣诚可识也。"燕，此为南燕。西周封置。相传其国君为黄帝后裔，姞姓。在今河南延津东北。

⑥十五年：前682年。

⑦庄王崩：按，今河南洛阳邙山乡庄王村北有周庄王陵，地面封土尚高7米，周长112米。

⑧釐王：也作"僖王"。前681—前677年在位。

⑨釐王三年：前679年。

⑩齐桓公始霸：此年齐桓公、宋桓公、陈宣公、卫惠公、郑厉公在鄄地相会，被认为是齐桓公称霸之始。事见《左传・庄公十五年》与《齐太公世家》《十二诸侯年表》。齐桓公，名小白，齐僖公之子，齐襄公之弟，前685—前643年在位。齐桓公在管仲辅佐下，"九合诸侯，一匡天下"，成为春秋五霸之首。

【译文】

桓王二十三年，去世，儿子庄王佗继位。庄王四年，周公黑肩准备杀死庄王，立王子克为王。辛伯报告给庄王，庄王杀了周公黑肩。王子克逃亡到燕国。庄王十五年，去世，儿子釐王胡齐继位。釐王三年，齐桓公开始称霸。

五年[①]，釐王崩，子惠王阆立[②]。惠王二年[③]。初，庄王嬖姬姚[④]，生子穨[⑤]，穨有宠。及惠王即位，夺其大臣园以为囿[⑥]，故大夫边伯等五人作乱[⑦]，谋召燕、卫师[⑧]，伐惠王。惠王奔温，已居郑之栎。立釐王弟穨为王[⑨]。乐及遍舞，郑、虢君怒[⑩]。四年[⑪]，郑与虢君伐杀王穨，复入惠王[⑫]。惠王十年[⑬]，赐齐桓公为伯[⑭]。

【注释】

①五年：前677年。

②惠王阆：周惠王，名阆，《索隐》曰："《系本》名'毋凉'。"前676—前652年在位。

③惠王二年：前675年。

④嬖姬姚：姓姚的宠姬。《左传·庄公十九年》作"王姚"。

⑤子穨：即历史所称"王子穨"，一作"王贵"。庄王之子，釐王之弟，惠王之叔。

⑥夺其大臣园以为囿：据《左传》，此被惠王夺园者名"蒍国"。囿，古代帝王畜养禽兽以供田猎观赏的园林。

⑦边伯等五人作乱：据《左传》，此五人为蒍国、边伯、石速、詹父、子禽祝跪，皆周大夫。

⑧燕：即前文所说在河南延津东北之南燕。

⑨"惠王奔温"几句：按，以上惠王被逐居栎，作乱者立王子穨事，在惠王二年，见《左传·庄公十九年》，"子穨有宠，蒍国为之师。及惠王即位，取蒍国之圃以为囿；边伯之宫近于王宫，王取之；王夺子禽祝跪与詹父田，而收膳夫之秩"，他们遂联合苏氏奉王子穨伐王，失败后出奔至温；苏氏奉王子穨奔卫。卫与南燕伐周，立王子穨为君。其后，郑伯调和王室未果，"遂以王归，王处于栎"。是王子穨初败居温，而后惠王被逐乃出居于郑之栎。温，周畿内温邑，在今河南温县。栎，郑国边邑，在今河南禹州。

⑩乐及遍舞，郑、虢君怒：按，二人之所以"怒"，是因为他们认为王子穨此举"哀乐失时"，是"乐祸"。"哀乐失时，殃咎必至"，王子穨"奸王之位，祸孰大焉？临祸忘忧，忧必及之"，可以此时讨伐

他，送惠王回京复位。按，以上本《左传·庄公二十年》及《国语》。遍舞，贾逵曰："遍舞，皆舞六代之乐。"六代之乐指黄帝之《云门》《大卷》，尧之《大咸》，舜之《大韶》，禹之《大夏》，汤之《大濩》，周武王之《大武》。此时的郑国国君为郑厉公，名突。虢君，有说是虢公林父，杨伯峻以为是虢公丑。

⑪四年：惠王之四年，前673年。

⑫郑与虢君伐杀王穨，复入惠王：按，事见《左传·庄公二十一年》，其文云："夏，同伐王城。郑伯将王自圉门入，虢叔自北门入，杀王子穨及五大夫。"《国语·周语上》亦略叙及此事。

⑬惠王十年：当齐桓公十九年，前667年。

⑭赐齐桓公为伯：事见《左传·庄公二十七年》。其文曰"王使召伯廖赐齐侯命"，史公将此理解为任命桓公为方伯，即诸侯之长。

【译文】

釐王五年，去世，儿子惠王阆继位。惠王二年。当初，庄王宠爱的一位姓姚的宠妾，生下儿子穨，穨很受宠爱。等到惠王即位，惠王夺走大臣蒍国的园囿作自己的猎场，所以边伯等五位大臣联合叛乱，策划召集燕国、卫国的军队，一起进攻惠王。惠王奔逃到温地，不久又住在郑国的栎地。边伯等立釐王的弟弟穨为王。穨乐舞时使用了六代的音乐，郑国、虢国的国君为此感到愤怒。四年，郑国和虢国的国君讨伐杀死了穨，重新迎立惠王。惠王十年，赐齐桓公为诸侯之长。

二十五年[①]，惠王崩，子襄王郑立[②]。襄王母蚤死，后母曰惠后[③]。惠后生叔带[④]，有宠于惠王，襄王畏之[⑤]。三年[⑥]，叔带与戎、翟谋伐襄王[⑦]，襄王欲诛叔带，叔带奔齐[⑧]。齐桓公使管仲平戎于周[⑨]，使隰朋平戎于晋[⑩]。王以上卿礼管仲[⑪]。管仲辞曰："臣贱有司也[⑫]，有天子之二守国、高在[⑬]。

若节春秋[14]，来承王命，何以礼焉。陪臣敢辞[15]。”王曰：“舅氏[16]，余嘉乃勋[17]，毋逆朕命。”管仲卒受下卿之礼而还[18]。九年[19]，齐桓公卒[20]。十二年，叔带复归于周[21]。

【注释】

①二十五年：前652年。

②襄王郑：前652—前619年在位。

③惠后：春秋时陈国人。妫姓，一作“陈后”，周惠王妻，襄王后母。

④叔带：名带。惠王少子，襄王之弟。又称“太叔”“太叔带”“王子带”。因封于甘（在今河南洛阳西南），故《左传》又称“甘昭公”。

⑤有宠于惠王，襄王畏之：按，襄王与叔带同为惠后之子，惠王宠爱叔带，欲废长立幼。襄王所“畏”，大约是畏惧支持叔带的势力。

⑥三年：时当齐桓公三十七年、晋惠公二年、秦穆公十一年，前649年。

⑦叔带与戎、翟谋伐襄王：《左传·僖公十一年》：“扬、拒、泉、皋、伊、雒之戎同伐京师，入王城，焚东门，王子带召之也。”这些戎人皆居住在今河南之伊川西，宜阳、洛宁之南，嵩县以北地区。

⑧叔带奔齐：据《左传》，叔带奔齐在襄王四年。张照曰：“此入三年，《年表》亦然，皆与《左传》不符。”

⑨齐桓公使管仲平戎于周：按，齐桓公于此盖有袒护王子带之意。凌稚隆引金履祥曰：“五伯桓公为盛，而周室戎狄之祸自若。王子带以戎狄伐周，天下之大罪也，桓公不能讨，而平戎于王，岂以受王子带之奔，为此姑息耶？桓公身不能容子纠而为王容叔带，固将曲全襄王兄弟之爱，不免卒酿王室异日之祸云。”平戎于周，调停周襄王与伐周诸戎的关系。

⑩使隰朋平戎于晋：按，据《左传》，当王子带召引诸戎伐周襄王时，秦、晋曾出兵伐戎救周，故齐国亦须调停诸戎与秦、晋的关系。

又,据《左传》,管仲、隰朋等平戎事在襄王四年,《年表》亦然,唯此系于三年,误。隰朋,齐桓公的重要辅臣。由管仲荐举,任大行,与管仲等共助桓公称霸中原。管仲病重时,曾向桓公推荐他为相位继承人。与管仲同年病卒,谥成子。韦昭《国语注》称其为齐庄公曾孙戴仲之子。

⑪上卿:周制天子及诸侯皆有卿,分上中下三等,最尊贵者谓"上卿"。《左传·成公三年》云:"次国之上卿,当大国之中,中当其下,下当其上大夫。小国之上卿,当大国之下卿,中当其上大夫,下当其下大夫。上下如是,古之制也。"

⑫贱有司:微贱的执政官员。

⑬有天子之二守国、高在:当时齐国的国氏、高氏是亲受周天子所命的世袭"上卿",地位最为显贵。《礼记·王制》曰:"次国三卿,二卿命于天子,一卿命于其君。"二守,杜预注:"国子、高子,天子所命为齐守臣,皆上卿也。"

⑭节春秋:《集解》曰:"贾逵曰:'节,时也。'王肃曰:'春秋聘享之节也。'"

⑮陪臣:古代诸侯的卿大夫,对天子自称"陪臣"。《集解》引服虔曰:"陪,重也。诸侯之臣于天子,故曰'陪臣'。"

⑯舅氏:《集解》引贾逵曰:"舅氏,言伯舅之使也。"敬称甥舅之国派来的使者。周初时齐太公女始为周武王后,此后齐国又与周王室世代通婚,故如此相称。

⑰余嘉乃勋:《正义》曰:"我善汝有平戎之功勋。"嘉,赞许。乃,你,你的。

⑱管仲卒受下卿之礼而还:盖极言管仲之谦虚守分。《左传》于此评论说:"管氏之世祀也宜哉!让不忘其上。《诗》曰:'恺悌君子,神所劳矣。'"陈仁锡曰:"仲有功而谦,大有学问。"按,以上管仲平戎于周事见《左传·僖公十二年》。

⑲九年：当齐桓公四十三年，前643年。

⑳齐桓公卒：按，齐桓公作为一代霸主，死状悲惨，详见《左传·僖公十七年》与《齐太公世家》。又，今山东淄博临淄区内尚有桓公冢。

㉑十二年，叔带复归于周：《左传·僖公二十二年》："富辰言于王曰：'请召大叔。《诗》曰："协比其邻，昏姻孔云。"吾兄弟之不协，焉能怨诸侯之不睦？'王说。王子带自齐复归于京师，王召之也。"十二年，应作十四年，前638年。《年表》不误。

【译文】

惠王二十五年，去世，儿子襄王郑继位。襄王的母亲死得早，后母为惠后。惠后生了叔带，得到惠王的宠爱，襄王畏惧他。襄王三年，叔带和戎、翟谋划一起进攻襄王，襄王想杀掉叔带，叔带奔逃到齐国。齐桓公派管仲在襄王与伐周诸戎之间斡旋，派隰朋在诸戎与晋国之间斡旋。襄王用上卿之礼招待管仲。管仲推辞道："臣是身份低微的齐国官员，齐国现放着天子任命的上卿国氏、高氏。如果他们于春秋两季来接受王命，您用什么礼节来接待他们呢？臣斗胆拒绝您的好意。"襄王说："你作为我舅父家的使者，我要奖励你的功勋，不要违反我的命令。"管仲到底受到下卿的款待之礼回国了。九年，齐桓公去世。十二年，叔带又回到周都。

十三年，郑伐滑①，王使游孙、伯服请滑②，郑人囚之。郑文公怨惠王之入不与厉公爵③，又怨襄王之与卫滑④，故囚伯服⑤。王怒，将以翟伐郑。富辰谏曰⑥："凡我周之东徙，晋、郑焉依⑦。子穨之乱，又郑之由定，今以小怨弃之⑧！"王不听。十五年，王降翟师以伐郑⑨。王德翟人，将以其女为后。富辰谏曰："平、桓、庄、惠皆受郑劳⑩，王弃亲亲翟⑪，不可从。"王不听。十六年⑫，王绌翟后⑬，翟人来诛，杀谭伯⑭。

富辰曰："吾数谏不从，如是不出，王以我为怼乎[15]？"乃以其属死之[16]。

【注释】

①十三年，郑伐滑：按，据下文，此次郑伐滑《左传》记于襄王十六年，当郑文公三十七年，前636年。滑，古国名。姬姓。初都于滑（在今河南睢县西北），后迁都于费（在今河南偃师西南），又称费滑。

②游孙、伯服：二人皆周大夫。泷川曰："《周语》作游孙伯，此盖依《左传》。"请滑：请求郑国不要伐滑。

③郑文公怨惠王之入不与厉公爵：当年周惠王被王子穨等逐出，依靠郑厉公与虢公讨杀王子穨始得复位，而郑厉公又为主导。但复位后惠王对郑厉公的礼敬程度不如虢公，据《左传·庄公二十一年》，郑厉公设享礼招待惠王时，惠王赐给他王后的鞶鉴；虢公也请求赏赐器物，惠王赐给他爵。爵为礼器，贵于鞶鉴，所以从那时开始郑文公就开始怨恨周惠王。爵，酒器。郑文公，名捷。厉公之子。前672—前628年在位。

④怨襄王之与卫滑：《集解》引服虔曰："滑，小国，近郑，世世服从，而更违叛，郑师伐之，听命；后自诉于王，王以与卫。"与卫滑，把滑国给了卫国。

⑤囚伯服：《左传·僖公二十四年》作"执二子"，是拘捕了游孙与伯服二人。

⑥富辰：周大夫。去年曾劝说襄王召王子带回国。应是当时知书达礼、有远见的贤臣。

⑦我周之东徙，晋、郑焉依：周平王当年之所以能顺利东迁，主要是靠了晋文侯、郑武公的援助。焉，语辞。"晋郑焉依"犹言"晋郑是依"。

⑧弃之：抛弃兄弟之国的亲好与历史上的恩德。

⑨十五年，王降翟师以伐郑：据《左传》，此次狄之伐郑，攻取了郑之栎邑，即今河南禹州。降，派下。梁玉绳曰："此以伐郑在十五年，《国语》作十七年，俱误，当依《春秋》书于襄王十六年也。"十五年，前634年。

⑩平、桓、庄、惠皆受郑劳：《左传》载富辰语有所谓"郑有平、惠之勋，又有厉、宣之亲"；《国语·周语中》有所谓"郑武、庄有大勋力于平、桓；我周之东迁，晋、郑是依；子頹之乱，又郑之由定"。按，《左传》的用语较准确，而此文与《国语》又提及桓王、庄王，郑国似乎对桓王、庄王无恩可言。

⑪弃亲：抛弃血缘亲近者。郑始封之君桓公是周厉王少子，周宣王同母弟，与周天子血缘最近。

⑫十六年：前633年。

⑬绌翟后：据《左传·僖公二十四年》，翟后与王子带私通，故周襄王废之。绌，通"黜"，贬废。翟后，《左传》称其为"隗氏"。

⑭翟人来诛，杀谭伯：据《左传·僖公二十四年》，此役翟人大败周师，杀了周公忌父、原伯、毛伯、富辰，并无谭伯。而《国语》则谓"杀谭伯"，韦昭注："谭伯，周大夫原伯也。"诛，讨。

⑮怼：怨恨。

⑯乃以其属死之：乃率其部属殉难于军前。凌稚隆引黄省曾曰："平王以来臣皆从君于昏靡，独辰为有自信哉！观襄王初以翟师伐郑，唯辰以为不可；至登叔隗为后，又唯辰以为不可；卒之竟遇翟祸而播越焉。君子以其谏为忠矣，至于吁嗟慷慨，率其属而死国之难，岂非卓然烈丈夫也哉！"

【译文】

襄王十三年，郑国攻打滑国，襄王派游孙、伯服去请求郑国不要进攻滑国，郑人却把他们囚禁起来。郑文公怨恨惠王复位时不够礼敬郑厉公，又怨恨襄王把滑国送给卫国，因此囚禁了伯服。襄王大怒，准备用翟人的军队去征讨郑国。富辰谏阻道："当年我们周平王顺利东迁，全靠晋、郑两国帮忙。王子穨作乱，也是郑国平定的，现在竟然因为一点小不快就把它当做仇敌！"襄王听不进去。十五年，襄王命翟人的军队去征讨郑国。襄王感谢翟人，准备立他们的女儿为王后。富辰谏阻道："平王、桓王、庄王、惠王，都得过郑国的帮助，大王抛弃本族却去亲近翟人，这样不可以。"襄王没听。十六年，襄王废掉翟后，翟人前来征讨，杀了谭伯。富辰说："我多次谏阻大王，他不听，这样我还不出战，大王怕是会怨恨我的吧？"于是率部属殉难于军前。

初，惠后欲立王子带，故以党开翟人，翟人遂入周[①]。襄王出奔郑，郑居王于氾[②]。子带立为王，取襄王所绌翟后与居温[③]。十七年，襄王告急于晋[④]，晋文公纳王而诛叔带[⑤]。襄王乃赐晋文公珪鬯弓矢，为伯[⑥]，以河内地与晋[⑦]。二十年[⑧]，晋文公召襄王，襄王会之河阳、践土，诸侯毕朝[⑨]，书讳曰"天王狩于河阳"[⑩]。

【注释】

①"惠后欲立王子带"几句：按，据梁玉绳考证，惠后虽欲立王子带，但未成功就去世了，时为鲁僖公十二年，而王子带与翟伐周则在鲁僖公二十四年，已是十二年之后，故此言惠后"党开翟人"之说有误。同时《匈奴列传》中有关惠后与翟后、王子带为内应以开戎狄而破襄王之事也属误记。党，党羽。据《左传》是指颓叔、桃子等人。开，迎接，接纳，指为内应。

②氾：郑邑名。在今河南襄城南。

③温：周邑名。在今河南温县西。按，以上王子带勾结翟人入周，逐

襄王以自立事，见《左传·襄公二十四年》与《国语·周语中》。

④十七年，襄王告急于晋：梁玉绳曰："《左传》王使简师父告晋，在鲁僖公二十四年，为襄王之十六年，此作'十七'，亦误。"十七年，晋文公二年，前635年。

⑤晋文公纳王而诛叔带：据《左传》，秦穆公原拟出兵佐王，晋文公看出这是图霸的好时机，于是抢着率兵东出。晋文公，名重耳，献公之子，前636—前628年在位。就《左传》所写，晋文公是继齐桓公之后的更大霸主，事迹也详见《晋世家》。刘操南曰："盖叔带于襄王时两为乱，前为齐桓霸事之终，后为晋文霸事之始。"按，以上晋文公诛叔带、助襄王复位事见《左传·僖公二十四年》。

⑥襄王乃赐晋文公珪鬯（chàng）弓矢，为伯：据《左传》，襄王"赐晋文公珪鬯弓矢，为伯"在襄王二十年，是因为晋国在城濮之战中打败了楚国，晋文公向周襄王献俘"驷介百乘，徒兵千"，故而周襄王策命晋文公为"侯伯"，并赐给晋文公"彤弓一，彤矢百，玈弓矢千，秬鬯一卣，虎贲三百人"等等，与此事无关；此书于襄王十七年诛叔带纳王后，误。珪，珪瓒，以玉为柄用以挹鬯的勺。鬯，即秬鬯，用黑黍酿造的酒，供祭祀用。秬，黑黍。

⑦以河内地与晋：将原属周国的今河南黄河以北地区给了晋国。《左传》于此作"与之阳樊、温、原、欑茅之田，晋于是始启南阳"。顾栋高《春秋大事表》云："东迁后，王畿疆域尚有今河南、怀庆二府之地，兼得汝州，跨河南北，有虢国桃林之隘，以呼吸西京；有申、吕、南阳之地，以控扼南服。又名山大泽不以封，虎牢、崤、函俱在王略，襟山带河，晋、郑夹辅。光武创业之规模不是过也。……至温、原苏忿生之田与郑，复以赐晋，则举大河以北委而弃之，由是怀庆所属七县，原武属郑，济源、修武、孟县、温县属晋，王所有者河内、武陟二县及河南府之洛阳、偃师、巩县、嵩、登封、新安、宜阳、孟津八县。汝州之伊阳、鲁山，许州府之临颍县，

与郑接壤而已。此东周形势削弱之本末也。”

⑧二十年：当晋文公五年，前632年。

⑨“晋文公召襄王”几句：事见《左传·僖公二十八年》。此年四月晋文公败楚成王于城濮，晋文公为了提高自己的身价，在践土为周天子修建了行宫，召周襄王前来，朝见襄王，并与诸侯结盟；冬，诸侯又在温地会盟，晋文公又率领诸侯在河阳朝见襄王。河阳，晋邑名。在今河南孟州西北。当时践土以西的黄河北岸。践土，郑邑名。在今河南原阳西南。

⑩天王狩于河阳：按，晋文公召周襄王会于践土，以臣召君，于礼不合，而周襄王也不得不应召而至，《春秋》书曰“天王狩于河阳”，是为了给周天子保全体面。

【译文】

起初，惠后想立王子带为王，所以派其党羽做翟人的内应，翟军于是攻进王城。襄王逃亡到郑国，郑人让襄王住在氾邑。王子带即位为王，娶了襄王废掉的翟后一起住在温邑。襄王十七年，襄王向晋国求助，晋文公送襄王返国并诛杀了王子带。襄王因此赏赐晋文公珪瓒、秬鬯、弓矢，封他为诸侯之长，将河内之地送给了晋国。襄王二十年，晋文公召见襄王，襄王和晋文公在河阳、践土相会，诸侯都来朝见，《春秋》讳言这件事，说是“天王在河阳巡狩”。

二十四年[①]，晋文公卒。三十一年[②]，秦穆公卒[③]。三十二年，襄王崩[④]，子顷王壬臣立[⑤]。顷王六年[⑥]，崩，子匡王班立[⑦]。匡王六年[⑧]，崩，弟瑜立，是为定王[⑨]。

【注释】

①二十四年：当晋文公九年，前628年。

②三十一年：当秦穆公三十九年，前621年。

③秦穆公：名任好，德公少子，成公之弟，前659—前621年在位，是春秋时期秦国最有作为的国君。事迹详见《秦本纪》。穆，又作“缪”。

④三十二年，襄王崩：按，周襄王崩年，《左传》与《十二诸侯年表》均作“三十三年”。三十三年，前619年。

⑤顷王壬臣立：梁玉绳曰：“《人表》作‘王臣’，当是也。”顷王，前618—前613年在位。

⑥顷王六年：前613年。

⑦匡王班：前612—前607年在位。

⑧匡王六年：前607年。

⑨弟瑜立，是为定王：定王名瑜，或作“榆”“渝”“揄”，前606—前586年在位。

【译文】

襄王二十四年，晋文公去世。襄王三十一年，秦穆公去世。襄王三十二年，去世，儿子顷王壬臣继位。顷王在位六年去世，儿子匡王班继位。匡王在位六年去世，弟弟瑜继位，这就是定王。

定王元年[①]，楚庄王伐陆浑之戎[②]，次洛[③]，使人问九鼎[④]。王使王孙满应设以辞，楚兵乃去[⑤]。十年[⑥]，楚庄王围郑，郑伯降，已而复之[⑦]。十六年[⑧]，楚庄王卒。二十一年[⑨]，定王崩[⑩]，子简王夷立[⑪]。简王十三年[⑫]，晋杀其君厉公，迎子周于周，立为悼公[⑬]。十四年[⑭]，简王崩，子灵王泄心立[⑮]。灵王二十四年[⑯]，齐崔杼弑其君庄公[⑰]。

【注释】

①定王元年：楚庄王八年，前606年。

②楚庄王：名侣，穆王之子，前613—前591年在位，春秋时期楚国最有作为的君主，将楚国推向全盛时期。曾大败晋军于邲（今河南荥阳东北），成为代晋而起的中原霸主。古人多认为其为“春秋五霸”之一。事迹详见《楚世家》。陆浑之戎：戎族的一支，允姓。本居瓜州，秦、晋诱而迁之于今河南西部伊、洛一带。《春秋穀梁传》作“陆浑戎”，《春秋公羊传》作“贲浑戎”。

③次洛：驻扎于洛水岸边。洛水即今河南境内之洛河，源出陕西华山南麓，东南流经河南卢氏，折东北流，至偃师杨村附近纳伊河后称伊洛河，在巩义洛口以北入黄河。

④使人问九鼎：《左传》作“楚子问鼎之大小、轻重焉”。杜预注：“示欲逼周取天下。”按，“九鼎”相传为夏禹所铸，夏、商、周三代相传，为国宝，是天下的象征。楚庄王向周人问其大小轻重，显然有取代周人为天子之意。刘操南曰：“《左传》及《楚世家》皆庄王自问，此言‘使人’，与彼异。”

⑤王使王孙满应设以辞，楚兵乃去：王孙满告诫楚庄王天命“在德不在鼎”，以“周德虽衰，天命未改，鼎之轻重未可问也”为辞，说服楚庄王退兵。事情详见《左传・宣公三年》与《楚世家》。王孙满，周大夫。一说为西周共王的后代。博学聪明，娴于辞令。早慧，十五岁即曾预言秦穆公之袭郑必败。事迹见《左传・僖公三十三年》与《秦本纪》。

⑥十年：当郑襄公八年，前597年。

⑦“楚庄王围郑”几句：楚庄王灭郑又恢复其国事，见《左传・宣公十二年》与《楚世家》《郑世家》。当时郑亲附于晋，楚之伐郑，是为争夺霸权而向晋国挑战的表现。楚围郑三月，晋兵不至，郑只好降楚。楚破郑后，诸臣皆劝庄王灭郑。庄王见郑伯之对答有礼有节，以其为“能下人”，“能信用其民”，故而将其赦免，郑亦遂离晋附楚。此事系楚庄王大破晋师于邲的先声。郑伯，郑襄公，名

坚，灵公之庶弟，前604—前586年在位。郑之都城即今河南新郑。

⑧十六年：楚庄王二十三年，前591年。

⑨二十一年：前586年。

⑩定王崩：按，今河南郏县后冢王村有周定王冢。

⑪简王夷：前585—前572年在位。

⑫简王十三年：当晋厉公八年，前573年。

⑬“晋杀其君厉公”几句：事见《左传·成公十八年》与《晋世家》。晋厉公欲倚靠身边近臣除掉势力强大难以控制的大夫，先诛杀了郤至、郤锜、郤犨，当近臣又欲诛栾书、中行偃时，厉公未允，栾书、中行偃反过来杀了厉公。此实际为晋国公室向执政诸卿夺权的失败，而历史乃书之为“厉公为乱”。厉公，晋景公之子，名寿曼，又称“州蒲”，前580—前573年在位。期间曾于“鄢陵之战”大败楚共王。子周，襄公之曾孙，厉公的堂侄。栾书等弑厉公后，迎之于周国立以为君，前572—前558年在位。期间举贤任能，八年而九合诸侯，楚国不敢与之竞争；又使诸戎亲附，晋国复霸。

⑭十四年：前572年。

⑮灵王泄心：前571—前545年在位。泄心，《晋语》作“大心”。

⑯灵王二十四年：当齐庄公六年，前548年。

⑰齐崔杼弑其君庄公：齐庄公与崔杼之妻私通，崔杼怨恨他；齐庄公曾乘晋国内乱进攻晋国，崔杼想要杀死他以取悦晋国；后趁齐庄公再次来见其妻时将其弑杀。事见《左传·襄公二十五年》。崔杼，姜姓，齐丁公伋嫡子季子食采于崔，遂为崔氏。杼为季子之后，有宠于惠公，惠公死后，被驱逐奔卫。后归齐为卿。庄公、景公时代成为齐国权臣。庄公，名光，灵公之子，前553—前548年在位。

【译文】

定王元年，楚庄王征讨陆浑之戎，军队在洛水边驻扎，派人去询问九鼎的大小轻重。定王让王孙满备好说辞对答，楚兵才撤离。十年，楚庄王包围郑国，郑伯投降，不久又恢复了郑国。十六年，楚庄王去世。定王二十一年，去世，儿子简王夷继位。简王十三年，晋人杀了国君厉公，把子周从周国接回晋国当国君，立为悼公。简王十四年，去世，儿子灵王泄心继位。灵王二十四年，齐人崔杼杀死国君庄公。

二十七年①，灵王崩②，子景王贵立③。景王十八年④，后太子圣而蚤卒⑤。二十年，景王爱子朝，欲立之，会崩⑥，子匄之党与争立⑦，国人立长子猛为王⑧，子朝攻杀猛。猛为悼王⑨。晋人攻子朝而立匄，是为敬王⑩。

【注释】

①二十七年：前545年。

②灵王崩：《集解》引《皇览》曰："灵王冢在河南城西南柏亭西周山上。盖以灵王生而有髭，而神，故谥灵王。其冢，民祀之不绝。"按，周灵王冢在今河南洛阳孙旗屯乡土桥沟村周山上。

③景王贵：前545—前520年在位。《索隐》曰："按《国语》，景王二十一年铸大钱及无射，单穆公及泠州鸠各设辞以谏。今此不言，亦其疏略耳。"

④景王十八年：前527年。

⑤后：周景王之穆后。太子：周景王太子，名寿。梁玉绳曰："昭十五年《左传》云：'六月乙丑，王太子寿卒。八月戊寅，王穆后崩。'王子朝告诸侯曰：'穆后及太子寿早夭即世。'则'圣而'二字乃一'寿'字之误，不然，岂穆后与太子俱'圣'乎？《经》无所考也。"

⑥"二十年"几句：子朝，杜预注："景王之长庶子。"会崩，景王尚未及立子朝为嗣即去世了。《集解》引《皇览》曰："景王冢在洛阳太仓中。秦封吕不韦洛阳十万户，故大其城并围景王冢也。"按，周

景王在位二十五年，此“二十”下脱“五”字。周景王二十五年，前520年。

⑦子匄之党与争立：按，据《左传》，景王去世时卿士单穆公、刘文公仍支持太子寿之弟王子猛，王子朝与王子猛争立，发动叛乱，双方混战。此云“子匄”有误。子匄，即日后之周敬王。王子猛之弟。党与，通“党羽”。此指单穆公、刘文公等。

⑧国人立长子猛为王：按，王子猛是太子寿之弟，并非长子；立其为王者是单穆公与刘文公，并非国人。

⑨子朝攻杀猛。猛为悼王：梁玉绳曰：“猛立七月而卒，虽未即位，周人谥曰‘悼王’。非子朝杀之也。”

⑩晋人攻朝而立匄，是为敬王：据《左传》，单穆公向晋求援，晋国出兵送周悼王回王城。悼王去世后，周立周敬王。按，此段王子朝与周悼王、敬王争位之事，皆与《左传》不同，多误。敬王，前519—前476年在位。

【译文】

灵王二十七年，去世，儿子景王贵继位。景王十八年，王后和太子都早早去世。二十年，景王宠爱子朝，想立他为太子，还没宣布就去世了，子匄的党羽支持他争当国君，国人拥立长子猛为王，子朝攻打杀死了猛。猛的谥号为悼王。晋人攻击子朝，立匄为王，这就是敬王。

敬王元年①，晋人入敬王②，子朝自立③，敬王不得入，居泽④。四年⑤，晋率诸侯入敬王于周⑥，子朝为臣⑦。诸侯城周⑧。十六年⑨，子朝之徒复作乱⑩，敬王奔于晋⑪。十七年⑫，晋定公遂入敬王于周⑬。三十九年⑭，齐田常杀其君简公⑮。四十一年，楚灭陈⑯。孔子卒⑰。四十二年，敬王崩⑱，子元王仁立⑲。

【注释】

①敬王元年：前519年。

②晋人入敬王：晋国军队协助周敬王打败王子朝，送敬王回周。

③子朝自立：周人向晋军报告局势好转，晋军回国。不久王子朝又率军攻打王城，周敬王失败，王子朝入居王城，自立为王。于是周朝二王并存，人称王子朝为西王，周敬王为东王。

④敬王不得入，居泽：据《春秋·昭公二十三年》："王居于狄泉。"此所谓"泽"即《春秋》之"狄泉"，又作"翟泉"，在今河南洛阳东郊白马寺北。

⑤四年：当晋顷公十年，前516年。

⑥晋率诸侯入敬王于周：据《左传》与《十二诸侯年表》，是年晋赵鞅、知跞纳王于王城。

⑦子朝为臣：《左传》于此谓"召伯盈逐王子朝，王子朝及召氏之族、毛伯得、尹氏固、南宫嚚奉周之典籍以奔楚"，且载有王子朝告四方诸侯以煽动天下事，史公乃云"子朝为臣"，不知何据。按，以上景王死后的周室反复动荡见《左传》昭公二十二年、二十三年、二十四年、二十六年。马骕《左传事纬》曰："宠逼之为祸如是哉！夫敬王之立也，一年而即出，出四年而入，入五年而城成周。流离数邑，龙战五载，究其乱阶，何莫非景王之所贻邪？"又曰："子带之乱，前有齐桓，一盟而世子定；后有晋文，逾年而王室安。敬王之难，数岁不靖者，时无霸也。"

⑧诸侯城周：据《左传》，敬王四年晋人以兵力送敬王入周，子朝逃往楚国后，晋人"使成公般戍周而还"，无"城周"事；而晋之率诸侯为周敬王筑城乃在敬王十年，详见《左传·昭公三十二年》。梁玉绳曰："此书于四年，岂因是岁'晋戍周'而误与？"城，筑城。周，指成周，在今河南洛阳东郊白马寺东。李学勤曰："晋人率诸侯为王修城，称成周，与王城成为两城。此后周王均居成周，直至

最后一王赧王才迁回王城。”

⑨十六年：前504年。

⑩子朝之徒复作乱：王子朝已在去年被杀于楚国，其在成周的余党儋翩率领其旧部在成周作乱。

⑪敬王奔于晋：周敬王逃出成周，居于周地之姑莸。梁玉绳曰：“按《左传》定六年，‘天王处于姑莸’，杜注‘周地’，则王未尝奔晋也，此与《年表》俱误。”

⑫十七年：当晋定公九年，前503年。

⑬晋定公遂入敬王于周：时周室大臣单武公、刘桓公打败王子朝之党，刘桓公到姑莸迎接周敬王，周敬王在晋大夫籍秦护送下回到王城。晋定公，顷公之子，名午，前511—前475年在位。按，以上敬王再次逃难事见《左传》定公六年、七年。

⑭三十九年：当齐简公四年，前481年。

⑮齐田常杀其君简公：当时齐国之姜姓诸侯已经形同傀儡，而齐国之最大贵族即田氏。时简公之亲党阚止与田常作对，双方进行战斗，结果阚止兵败被杀，简公也被田常所弑。事见《左传·哀公十四年》与《田敬仲完世家》。田常，齐国的权臣，本称田恒，汉人避文帝讳改书曰“田常”；因其祖先本陈人，故也称“陈常”。简公，名壬，悼公之子，一说景公之子，前484—前481年在位。

⑯四十一年，楚灭陈：梁玉绳曰：“《左传》楚灭陈在哀十七年，为敬王四十二年，此误作‘四十一’。《史记》各处所书灭陈之年，惟《秦纪》、吴、蔡、陈世家不误，其余《周纪》《年表》及杞、宋、楚、郑世家俱误也。”周敬王四十二年，为楚惠王十一年、陈湣公二十四年，前478年。

⑰孔子卒：孔子卒于周敬王四十一年、鲁哀公十六年，前479年。凌稚隆引张之象曰：“凡书生卒，亦视人品何如。有系天下重轻者，则各国皆书之，若孔子是也；有系一国重轻者，则本国书之，若齐

之管仲、隰朋，晋之赵衰成子、栾贞子是也。”按，周、秦二纪，鲁、燕、晋、陈诸世家皆书孔子卒，而吴、齐、蔡、宋、楚世家则不书。

⑱四十二年，敬王崩：按，周敬王在位年数现我国通行之历史年表皆谓有四十四年。而此处记为四十二年，《十二诸侯年表》又记为四十三年。

⑲子元王仁立：元王名仁，又名赤，敬王之子（《世本》作定王之子），前475—前468年在位。按，今我国历史划分“春秋”与“战国”之界线即以周元王即位之年（前475）为准。

【译文】

敬王元年，晋人送敬王回周，子朝自立为王，敬王进不了王城，住在狄泉。四年，晋人率诸侯护送敬王进入王城，子朝称臣，诸侯修筑成周的城墙。十六年，子朝的党徒又起来谋反，敬王奔逃到晋国。敬王十七年，晋定公终于把敬王送回王城。敬王三十九年，齐人田常杀死国君简公。敬王四十一年，楚国灭掉陈国。孔子去世。敬王四十二年，去世，儿子元王仁继位。

元王八年，崩①，子定王介立②。定王十六年，三晋灭智伯，分有其地③。二十八年④，定王崩，长子去疾立，是为哀王。哀王立三月，弟叔袭杀哀王而自立，是为思王⑤。思王立五月，少弟嵬攻杀思王而自立，是为考王⑥。此三王皆定王之子。

【注释】

①元王八年，崩：梁玉绳曰：“元王止七年，此与《六国年表》言‘八年’并误。杜《世族谱》作‘十年’，亦误。盖谬减敬王之年以益元王也。”按，今我国通行之历史年表亦断元王为七年。周元王

七年，前469年。

②定王介：定王名介，一说名“应”，又称“贞王”“贞定王”，前468—前441年在位。

③“定王十六年”几句：晋国国政自昭公以后先由赵、魏、韩、中行、范、智六卿专权；至定公时，智、赵、韩、魏四家打败范氏、中行氏而分其地，四家专晋政；至出公二十二年，赵、韩、魏三家又灭掉智氏，三分其地，晋政遂归三家所把持。定王十六年，应作“贞定王十六年”，亦即晋出公二十二年，赵襄子二十三年，前453年。三晋，指晋国的韩、赵、魏三家。智伯，姬姓荀氏，名瑶，又姓智（知）氏，故称智伯。春秋末晋国正卿。

④二十八年：前441年。

⑤弟叔袭杀哀王而自立，是为思王：思王名“叔袭”，见《汉书·古今人表》，有人将“袭杀”二字连读，恐非。“叔”字只是排行，此处恐非人名。

⑥少弟嵬（wéi）攻杀思王而自立，是为考王：考王也称“考哲王”，名嵬，前440—前426年在位。

【译文】

元王八年，去世，儿子定王介继位。定王十六年，晋国的韩、赵、魏三家灭了智伯，瓜分其土地。定王二十八年，去世，长子去疾继位，这就是哀王。哀王继位三个月，弟弟叔袭攻杀哀王后自立为王，这就是思王。思王在位五个月，他的小弟嵬攻杀思王后自立为王，这就是考王。这三王都是定王的儿子。

考王十五年①，崩，子威烈王午立②。考王封其弟于河南，是为桓公③。以续周公之官职④。桓公卒，子威公代立⑤。威公卒，子惠公代立，乃封其少子于巩以奉王，号东周惠公[⑥]。威烈王二十三年[⑦]，九鼎震。命韩、魏、赵为诸侯[⑧]。

【注释】

①考王十五年：前426年。

②威烈王午：威烈王名午，"威烈"是双字谥，也称"周威王"。前426—前402年在位。

③考王封其弟于河南，是为桓公：按，杨宽系考王封其弟揭于河南事在考王元年，此即《战国策》所称的"西周"之开始。有关"西周""东周"的问题详见后注。"河南"即所谓"王城"，在今洛阳内的王城公园一带，即"西周"。所谓"成周"，即古代所说的"洛邑"，即王城东侧的大郭。所谓"洛阳"，是春秋、战国时代新兴起的城市，在今洛阳之东北部。桓公，名揭，考王之弟，威烈王之叔。

④以续周公之官职：自西周初，"周公"的爵禄一直由周公姬旦的子孙世袭，此时改由考王之弟桓公承袭，并由其子孙世袭。

⑤威公：《战国策》称"西周威公"。杨宽曰："《庄子·达生》'田开之见周威公'，《释文》云：'崔本作周威公灶。'梁玉绳《古今人表考》据此谓周威公名灶。黄式三《周季编略》同。"

⑥乃封其少子于巩以奉王，号东周惠公：杨宽曰："据《正义》引《述征纪》和《括地志》，分封东周惠公的事在周显王二年。据《史记·赵世家》，赵成侯八年'与韩分周为两'。赵成侯八年正是周显王二年，可知东周的分裂出来，是由赵和韩两国促成的。《韩非子·内储说下》载：'公子朝，周太子也，弟公子根甚有宠于君。君死，遂以东周叛，分为两国。'……赵、韩两国是乘西周的内乱，帮助少子在东部独立，就'分周为两'了。据《韩非子》记载，东周惠公当是西周威公的少子，和西周惠公是昆仲，《周本纪》把他说成是西周惠公的少子，是错误的。《汉书·古今人表》东周惠公注'威公子'，是可信的。……大概东周叛立时在巩，洛阳为周天

子所居，因为东周惠公以‘奉王’为名，洛阳也就属东周了。”号东周惠公，据《正义》引《世本》，此被封为“东周惠公”者名班。巩，周邑名。在今河南洛阳以东，巩义西南。

⑦威烈王二十三年：相当于魏文侯四十三年，韩景侯六年，赵烈侯六年，前403年。

⑧命韩、魏、赵为诸侯：周贞定王十六年（前453），赵、韩、魏三家灭智伯后不久，又把晋君所剩土地分去大半，晋君还要朝见三家，三家实际已瓜分了晋政权，但直到此年周威烈王方才正式策命，三家始正式列为诸侯。受命者为魏文侯名斯，赵烈侯名籍，韩景侯名虔。

【译文】

考王十五年，去世，他的儿子威烈王午继位。考王把弟弟分封在河南，这就是西周桓公，以接续周公的官职。桓公去世，儿子威公继位。威公去世，儿子惠公代继位，把少子封在巩以服事周王，号称东周惠公。威烈王二十三年，九鼎因地震而振动。策封韩、魏、赵为诸侯。

二十四年①，崩，子安王骄立②。是岁盗杀楚声王③。安王立二十六年④，崩，子烈王喜立⑤。烈王二年⑥，周太史儋见秦献公曰⑦：“始周与秦国合而别，别五百载复合，合十七岁而霸王者出焉⑧。”

【注释】

①二十四年：前402年。

②安王骄：前401—前376年在位。

③是岁盗杀楚声王：是岁，此年即楚声王六年。楚声王，名当，简王之子，前407—前402年在位。按，史公书此事不知何意。

④安王立二十六年：前376年。

⑤烈王喜：前375—前369年在位。

⑥烈王二年：当秦献公十一年，前374年。

⑦周太史儋：周国的太史名儋。此人见于《老子韩非列传》，司马迁曾怀疑他即是老子，但无确实证据。太史，官名。掌管图书文籍。秦献公：名师隰，灵公之子，前384—前362年在位。在位期间励精图治，颇有建树，使秦复振。事迹详见《秦本纪》。

⑧"始周与秦国合而别"几句：按，《史记》有四处载此数语，而说法略异。《封禅书》与此篇同，《秦本纪》作"七十七岁"，《老子韩非列传》作"七十岁"。泷川引中井曰："秦祖事周，未别封，是始'合'也；襄公始列为诸侯，是'别'也；及西周献地，是复'合'也。'霸王'指始皇一人，若年数少差，固所不论，是谶文之常也。又曰，襄公列为诸侯至西周献地，五百十五年；又至始皇即位十一年。"其他参见《封禅书》《秦本纪》等。

【译文】

威烈王二十四年，去世，儿子安王骄继位。当年有盗贼把楚声王杀死了。安王在位二十六年，去世，儿子烈王喜继位。烈王二年，周太史儋见秦献公说："当初周王朝和秦国合在一起又分开了，分开五百年后又合在一起，合在一起十七年后会有霸主出现。"

十年，烈王崩[①]，弟扁立，是为显王[②]。显王五年[③]，贺秦献公，献公称伯[④]。九年[⑤]，致文武胙于秦孝公[⑥]。二十五年[⑦]，秦会诸侯于周[⑧]。二十六年[⑨]，周致伯于秦孝公[⑩]。三十三年[⑪]，贺秦惠王[⑫]。三十五年，致文武胙于秦惠王。四十四年[⑬]，秦惠王称王[⑭]。其后诸侯皆为王[⑮]。

四十八年[⑯]，显王崩，子慎靓王定立[⑰]。慎靓王立六年[⑱]，崩，子赧王延立[19]。王赧时东西周分治[20]。王赧徙都西周[21]。

【注释】

①十年，烈王崩：梁玉绳曰："烈王在位七年，此作'十年'，非。盖传写误直其下耳。《史》《汉》中'七''十'两字多讹易。"按，周烈王七年为前369年。

②显王：显王名扁，前368—前321年在位。

③显王五年：当秦献公二十一年，前364年。

④贺秦献公，献公称伯：据《秦本纪》，此年秦与魏战于岸门，斩首六万，"天子贺以黼黻"，未言献公称伯事，《六国年表》亦未言。伯，方伯，一方诸侯之霸主。

⑤九年：当秦孝公二年，前360年。

⑥致文武胙于秦孝公：文武胙是周人用以祭祀祖宗文王、武王之祭肉。因是祖宗之祭，故惟言文、武。本来按规定，宗庙胙肉，止分同姓，"惟同姓共此大宗者得以分胙"。赐异姓诸侯祭肉，乃是一种优礼，因其强大足以令诸侯，为霸主。胙，祭肉。秦孝公，名渠梁，献公之子，前361—前338年在位。孝公用商鞅实行变法，使秦国迅速强盛，事迹详见《秦本纪》与《商君列传》。

⑦二十五年：当秦孝公十八年，前344年。

⑧秦会诸侯于周：杨宽以为此即所谓"逢泽（今河南开封东南）之会"，主盟者为魏惠王。此年魏惠王称王，召集逢泽之会，并率诸侯朝见天子，而此时的秦国才刚开始强盛，还不可能有会诸侯、朝天子的威势。此次会议秦国只是参加者之一，史公夸大了秦国的力量。

⑨二十六年：当秦孝公十九年，前343年。

⑩周致伯于秦孝公：正式策命秦孝公为霸主。此记载亦见于《秦本纪》与《六国年表》。

⑪三十三年：当秦惠文王二年，前336年。

⑫贺秦惠王：《秦本纪》："惠文君元年，楚、韩、赵、蜀人来朝。二年，天子贺。"按，当时秦未称王，秦惠王，又称"惠文王"，名驷，孝公之子，前337—前311年在位。周显王贺秦惠文王事，又见于《秦本纪》与《六国年表》。

⑬四十四年：当秦惠文君十三年，前325年。

⑭秦惠王称王：《正义》曰："《秦本纪》云惠王十三年，与韩、魏、赵并称王。"按，今《秦本纪》无此文字。梁玉绳曰："秦惠称王，《秦纪》《秦表》均不书，而《楚世家》《田完世家》附书之。《张仪传》亦云'仪相秦四岁，立惠王为王'，与此纪书于显王四十四年正合，乃秦惠十三年也。"

⑮其后诸侯皆为王：按，各国诸侯称王并非皆在秦惠王后。梁玉绳曰："其时称王者，燕、秦、楚、齐、赵、魏、韩七国，宋、中山二小国亦称之。凡兹九国，惟楚僭王远在春秋之前……其余八国，齐最先，宋次之，魏次之，秦次之，燕、韩、中山次之，赵最后。"

⑯四十八年：前321年。

⑰慎靓（jìng）王定：前320—前315年在位。

⑱慎靓王立六年：前315年。

⑲子赧（nǎn）王延：赧王，名延，一作诞。周朝的末代国王，前314—前256年在位。《太平御览》引《竹书纪年》称"隐王"，《通雅》引《世本》又称"然王"。一说"赧"是其名而非谥号。或说因其处境狼狈，赧然惭愧，故号曰"赧"。他名为天子，寄居西周，既无权又无钱。因欠债于民，无以得偿，于宫内筑台以避索债人，周人名曰"逃债台"。《索隐》引皇甫谧曰："赧非谥，《谥法》无赧。正以微弱，窃铁逃债，赧然惭愧，故号曰'赧'耳。"杨宽以史文常称赧王曰"王赧"，故以"赧"字为其名。

⑳王赧时东西周分治：按，东、西周分治始于周显王二年（前367）。

杨宽概述周分裂为东、西周的情形，认为是韩、赵两国主导，他们利用前367年西周威公去世时少子根与太子朝争立的内乱，帮助公子根在巩（今河南巩义西南）独立，分裂成东周，以“奉王（周显王）”为名，将洛阳纳入东周之内。周本已衰败，领土很小，为韩国所包围，这时又分裂为两个小国，力量更弱了。

㉑王赧徙都西周：《正义》曰：“敬王从王城东徙成周，十世至王赧，从成周西徙王城，西周武公居焉。”杨宽以为赧王西徙王城应在其在位的八年以后。

【译文】

烈王七年，去世，弟弟扁继位，这就是显王。显王五年，向秦献公祝贺，献公成为霸主。九年，显王赐送祭祀文王、武王的祭肉给秦孝公。二十五年，秦王在周国大会诸侯。二十六年，周王正式赐命霸主的称号给秦孝公。三十三年，向秦惠王祝贺。三十五年，赐送祭祀文王、武王的祭肉给秦惠王。四十四年，秦惠王称王。之后诸侯都称王。

显王四十八年，去世，儿子慎靓王定继位。慎靓王即位六年，去世，儿子赧王延继位。赧王在位期间周朝分裂成东、西周两个小国各自为政。赧王把都城迁到西周。

西周武公之共太子死①，有五庶子，毋適立。司马翦谓楚王曰②：“不如以地资公子咎③，为请太子。”左成曰④：“不可。周不听，是公之知困而交疏于周也⑤。不如请周君孰欲立，以微告翦，翦请令楚资之以地⑥。”果立公子咎为太子⑦。

【注释】

①西周武公：泷川曰：“‘西周’当作‘东周’。”按，今本《战国策》中的《周共太子死章》虽未提到武公，但该章既属《东周策》，则武

公似应为东周武公。《集解》引徐广说其为惠公长子。惠公有东周惠公和西周惠公之别，则其似当为东周惠公之长子。《索隐》曰："按，《战国策》作东周武公。"译文据改。共太子：其名不详。

②司马翦：楚大夫。司马是官名，其人名翦。鲍彪疑司马翦即昭翦。楚王：此指楚怀王，名槐。前328—前299年在位。详见《楚世家》。

③公子咎：东周武公的五庶子之一。楚欲立之，必因其为亲楚派。

④左成曰：《战国策》于此作"左成谓司马翦曰"，人物关系较此清楚。本段主旨是左成为司马翦谋划如何借此事使楚获得最大利益。左成，当时的游说之士，事迹见《战国策》之《秦策一》《秦策二》。杨宽曰："左成游说于秦、楚两国，与甘茂同时。"

⑤知困：智穷。知，同"智"。

⑥"不如请周君孰欲立"几句：按，《战国策》原文作："不如谓周君曰：'孰欲立也，微告翦，翦令楚王资之以地也。'"孰欲立，欲立谁。微告，暗示。

⑦果立公子咎为太子：按，以上左成之谋划见《战国策·东周策》的《周共太子死章》，然策文未言公子咎为太子。

【译文】

东周武公的共太子死了，他有五个庶子，没有嫡子即位。司马翦对楚王说："不如拿块地盘赞助公子咎，请东周武公立公子咎为太子。"左成说："不行。如果东周君不听从，不但您的计谋会受阻，而且和东周君的关系也会变得疏远。不如请问东周君想立谁为继承人，让他暗地示意司马翦，司马翦再请求楚王拿地资助他。"最后果然立公子咎为太子。

八年[①]，秦攻宜阳，楚救之[②]。而楚以周为秦故，将伐之[③]。苏代为周说楚王曰[④]："何以周为秦之祸也[⑤]？言周之为秦甚于楚者，欲令周入秦也，故谓'周秦'也[⑥]。周知其不可解[7],必入于秦,此为秦取周之精者也[8]。为王计者,周于秦因善之[9],不于秦亦言善之,以疏之于秦。周绝于秦,必入于郢矣[10]。"

【注释】

①八年:赧王八年,当秦武王四年,韩襄王五年,楚怀王二十二年,前307年。

②秦攻宜阳,楚救之:此事《楚世家》不载。秦攻宜阳,秦武王于其三年命甘茂攻宜阳,至其四年拔之,斩首六万。宜阳,战国时韩县名。故治在今河南宜阳西。以宜阳山而名。为韩国的西部重镇。

③楚以周为秦故,将伐之:《索隐》曰:"宜阳,韩地,秦攻而楚救之,周为韩出兵,而楚疑周为秦,因加兵伐周。"按,《索隐》谓周为韩出兵,不知何据。据《战国策》,秦攻宜阳时楚曾派景翠率兵助韩,而景翠乃听东周君之言,按兵不动,则周的确是帮助了秦。

④苏代:当时的著名策士,司马迁以为苏秦之弟,详见《苏秦列传》与相应考辨。楚王:此为楚怀王。

⑤何以周为秦之祸也:按,语略不顺。大意谓楚国为什么认定周帮助秦给楚带来祸患呢?泷川曰:"'何以'犹言'何故','以'下添'言'字看。"

⑥故谓"周秦"也:《索隐》曰:"周、秦相近,秦欲并周而外睦于周,故当时诸侯咸谓'周秦'。"泷川引中井曰:"'周秦'间疑脱'为'字。"有人以为"周秦"是当时之流行语,尚缺乏佐证。

⑦不可解:指无法避免被楚国讨伐。

⑧为秦取周之精者:这是最精密的帮助秦国获得周国的计谋。

⑨于:此处通"与",联合,结党。

⑩郢:楚国都城,在今湖北荆州江陵西北。此借指楚国。按,以上苏代巧妙缓和楚国攻周事,今本《战国策》不载。

【译文】

赧王八年，秦国攻打宜阳，楚国前来营救。楚国因为疑心周帮助了秦国，打算攻打周。苏代替周游说楚王道："为什么认为周帮助秦会给楚带来祸害呢？那些扬言周亲秦胜于亲楚的人，是想让周彻底归并到秦，所以合称两国为'周秦'。周明白不能避开楚国的讨伐，肯定会归并到秦国，这是帮助秦国赢得周的最精明的反间计。我替大王考虑，周归并到秦国呢也善待它，不归并到秦国呢也善待它，只有这样才能使周与秦国关系疏远。周与秦绝交，就必然会归并到楚国了。"

秦借道两周之间，将以伐韩①。周恐：借之，畏于韩；不借，畏于秦。史厌谓周君曰②："何不令人谓韩公叔曰③：'秦之敢绝周而伐韩者④，信东周也。公何不与周地⑤，发质使之楚⑥？'秦必疑楚不信周，是韩不伐也。又谓秦曰：'韩强与周地，将以疑周于秦也，周不敢不受。'秦必无辞而令周不受，是受地于韩而听于秦⑦。"

【注释】

①借道两周之间，将以伐韩：缪文远引张琦曰："时秦已取宜阳，盖欲过周以取荥阳、成皋也。"意即秦军将从宜阳出发经由成周一带攻取韩国的荥阳、成皋等北部重镇。

②史厌：《战国策》作"史黡"，东周君身边的史官。一说为韩国史官。周君：此指东周君。

③韩公叔：韩国贵族，名公叔。为韩国重臣。

④绝：穿过，越过。

⑤与周地：即以土地贿赂周。

⑥发质使之楚：《正义》曰："质使，令公子及重臣等往楚为质，使秦

疑楚，又得不信周也。质平敌不相负也。”质，人质。

⑦是受地于韩而听于秦：白得韩国的一份土地，又能不被秦国所怀疑、所怪罪。按，以上史厌为东周君设谋而转祸为福事，在赧王八年（前307），见《战国策·东周策》。鲍彪曰：“战国之士设心措辞无不出于诈，若此者，君子之所恕也。”缪文远曰：“韩亦大国，何能于未受秦攻之前先与周地？史厌之说未见其必然。”

【译文】

秦军准备从宜阳出发经由成周一带，攻打韩国北部。周害怕借路给秦国的话，就担心韩国会报复；不借路的话，就担心秦国会报复。史厌对周君说：“为什么不派人对韩公叔说：‘秦国胆敢越过周去攻打韩国，是因为相信东周不会偷袭它。您为什么不送给周一些土地，让周别借道给秦国，另外派公子和重臣到楚国去当人质呢？’秦国一定会怀疑楚国而不信任周，也就不会去攻打韩国了。再对秦国说：‘韩国非要割地给东周，就是想让秦国怀疑东周，所以我们周不敢不接受赠地。’秦国必然没理由不让周接受赠地，这样周就既能获得韩国的赠地，又能得到秦国的信任。”

秦召西周君，西周君恶往，故令人谓韩王曰：“秦召西周君，将以使攻王之南阳也，王何不出兵于南阳[①]？周君将以为辞于秦[②]。周君不入秦，秦必不敢逾河而攻南阳矣[③]。”

东周与西周战，韩救西周。或为东周说韩王曰[⑤]：“西周故天子之国[⑥]，多名器重宝[⑦]。王案兵毋出，可以德东周，而西周之宝必可以尽矣[⑧]。”

【注释】

①王何不出兵于南阳：韩国出兵南阳，意即表明韩国早有准备，且威

胁距其不远的周的安全。南阳,地区名。指今河南的太行山以南、黄河以北地区。其地战国时期分属韩、魏两国,韩国占有今河南沁阳以东,焦作、武陟以西地区;魏国占有焦作、武陟以东的获嘉、辉县、新乡等地。

②辞:托词,借口。

③秦必不敢逾河而攻南阳:秦无西周与之合作,必不敢单独由宜阳出发渡黄河北攻韩之南阳。按,以上秦召西周君入秦,西周君不愿去而说韩令出兵南阳事,见《战国策·西周策》。不同的是《西周策》作"或为周君谓魏王",于是注《史记》者遂皆谓此文之"韩王"应改作"魏王"。其实作"韩王"亦通,情理亦完全相同,而其写作此文又不过是为了表现某策士的狡猾而已,故无须与《战国策》求同。

⑤韩王:此指韩襄王,又作"襄哀王"。名仓,一作"苍"。宣惠王之子,前311—前296年在位。

⑥西周故天子之国:西周在王城,王城为周平王至周敬王时历代周王的都城,故称其为"天子之国"。

⑦名器重宝:指周天子的传国宝物,如九鼎等。

⑧尽:全部得到。泷川引中井曰:"将救而不出兵,西周欲其速出也,故不惜重宝以赂韩也;若已出兵,则必不肯行赂也。"按,以上东周君说韩按兵毋出事,见《战国策·东周策》。

【译文】

秦国召见西周君,西周君不想去,因此派人对韩王说:"秦国召见西周君,是想让他攻打您的南阳,您为什么不出兵到南阳呢?西周君将会以此为理由不去朝秦。西周君不去秦国,秦国一定不敢渡过黄河向北攻打韩国的南阳了。"

东周和西周交战,韩国去营救西周。有人为东周游说韩王道:"西周是已故天子的国家,名贵的宝物很多。如果您按兵不动,不但可以施惠于东周，而且西周的宝物也能全部归您所有。”

王赧谓成君[①]。楚围雍氏[②]，韩征甲与粟于东周，东周君恐，召苏代而告之。代曰：“君何患于是。臣能使韩毋征甲与粟于周，又能为君得高都[③]。”周君曰：“子苟能，请以国听子。”代见韩相国曰[④]：“楚围雍氏，期三月也[⑤]，今五月不能拔，是楚病也[⑥]。今相国乃征甲与粟于周，是告楚病也。”韩相国曰：“善，使者已行矣[⑦]。”代曰：“何不与周高都？”韩相国大怒曰：“吾毋征甲与粟于周亦已多矣[⑧]，何故与周高都也？”代曰：“与周高都，是周折而入于韩也，秦闻之必大怒忿周，即不通周使[⑨]，是以弊高都得完周也。曷为不与？”相国曰：“善。”果与周高都[⑩]。

【注释】

①王赧谓成君：按，此句上下不联，似有脱漏。《集解》引徐广曰：“《战国策》曰：‘韩兵入西周，西周令成君辩说秦求救。’当是说此事而脱误也。”凌稚隆曰：“徐广注引《战国策》一段，今本所无。”泷川曰：“依徐广说，‘成君’下有脱简，‘楚围雍氏’以下，别是一事。”

②楚围雍氏：按，楚攻雍氏之年众说纷纭，详见何建章《战国策注释》。司马迁的叙述亦自相抵牾，《秦本纪》系于周赧王三年，《韩世家》系于周赧王十五年，而此篇与《甘茂列传》则系于八年。今姑依顾观光《战国策》编年，系此章于周赧王八年，亦即楚怀王二十二年，韩襄王五年（前307）。雍氏，韩县名。在今河南禹州东北。

③高都：一作“郜都”，韩县名。在今河南洛阳南。

④韩相国：《索隐》曰：“相国，公仲侈也。”《战国策》作“韩相国公

中”。公仲，韩国贵族，名侈，时为韩国宰相。相国，即通常所谓宰相，但较宰相位尊而权专。

⑤期三月也：《战国策》：“昭应谓楚王曰：‘韩氏罢于兵，仓廪空，无以守城，吾收之以饥，不过一月必拔之。’”据此，则楚乃预期一月拔雍氏也。

⑥是楚病也：这表明楚军已经疲惫了。病，指疲惫困顿。

⑦善，使者已行矣：按，《战国策》此句作“善，然吾使者已行矣”，意思更明晰。

⑧多：够，幸。

⑨秦闻之必大怒忿周，即不通周使：按，句略生涩。《战国策》于此作：“秦闻之必大怒，而焚周之节，不通其使。”疑即“焚周之节，不通周使”之错讹。不通周使，意即与周断绝关系。

⑩果与周高都：按，以上苏代为东周说韩避免征甲与粟事，见《战国策·西周策》。缪文远系楚围雍氏之役于周赧王十五年（前300），并谓：“苏代之说公仲，既使韩不征甲与粟于周，又为周得高都，恐有夸饰之语。”

【译文】

赧王告诉成君。楚国围攻雍氏，韩国向东周征用兵器和粮食，东周君害怕了，召见苏代把情况讲给他听。苏代说：“您何必为这种事担忧？我能做到让韩国不向东周征用兵器和粮食，还能让您得到高都。”东周君说：“假如你真的能做到，我就让整个国家都听你的。”苏代对韩相国说：“楚国围攻雍氏，本来想三个月攻下，现在都过去五个月了还没能攻克，说明楚兵已经疲顿了。现在相国您竟然向东周征用兵器和粮食，这等于告诉楚国自己已经疲顿。”韩相国说：“说得不错，但是使者已经出发了。”苏代说：“何不把高都送给东周呢？”韩相国大怒道：“我不向东周征用兵器和粮食，已经够可以了，为什么还要把高都给东周呢？”苏代说：“把高都送给东周，东周就会回过来投靠韩国，秦国听说必定会发怒而憎恨东周,就会和东周中断往来。这就是用遭受破坏的高都换取一个完整的东周。为什么不给他呢?”相国说:“好办法。”果然把高都送给了东周。

三十四年[①],苏厉谓周君曰[②]:“秦破韩、魏,扑师武[③],北取赵蔺、离石者[④],皆白起也[⑤]。是善用兵,又有天命[⑥]。今又将兵出塞攻梁[⑦],梁破则周危矣[⑧]。君何不令人说白起乎?曰:‘楚有养由基者[⑨],善射者也。去柳叶百步而射之,百发而百中之。左右观者数千人,皆曰善射。有一夫立其旁,曰:“善,可教射矣。”养由基怒,释弓扼剑[⑩],曰:“客安能教我射乎?”客曰:“非吾能教子支左诎右也[⑪]。夫去柳叶百步而射之,百发而百中之,不以善息[⑫],少焉气衰力倦,弓拨矢钩[⑬],一发不中者,百发尽息。”今破韩、魏,扑师武,北取赵蔺、离石者,公之功多矣。今又将兵出塞,过两周,倍韩攻梁[⑭],一举不得,前功尽弃。公不如称病而无出[⑮]。’”

【注释】

①三十四年:周赧王三十四年,当秦昭王二十六年、韩釐王十五年、魏昭王十五年、赵惠文王十八年,前281年。

②苏厉:当时的著名策士,司马迁认为是苏秦、苏代之弟,事迹见《苏秦列传》。周君:此指西周君。

③秦破韩、魏,扑师武:即所谓伊阙之战,事在周赧王二十二年,秦昭王十四年(前293)。是役秦将白起大破韩魏联军于伊阙(今洛阳南),斩首二十四万,虏韩将公孙喜,事见《秦本纪》《魏世家》《六国年表》诸篇。师武,《史记》其他诸篇皆未及“师武”其人,而《战国策》之《西周策》《东周策》《魏策》写此役皆有“犀武”,

曰“秦败魏将犀武于伊阙”，则“师武”即“犀武”，古代读音相近。杨宽曰：“‘犀武’或‘师武’，非别一大将，当即公孙喜之称号，犹如公孙衍之号称‘犀首’也。”扑，通“仆”，击杀。

④蔺、离石：皆赵县名。离石，即今山西吕梁离石区。蔺，又称“北蔺”，在今离石西。

⑤白起：昭王时的秦国名将，为秦夺得韩、魏、赵、楚诸国大量土地，以攻克楚都功封武安君。对秦之并吞六国立有大功。后因与相国范雎有隙，又与昭王意见分歧，被迫自杀。详见《白起王翦列传》。梁玉绳曰：“伊阙之战，秦败韩、魏，虏韩将公孙喜，杀魏将犀武，其事固属白起。若秦取赵离石在显王四十一年，取蔺在赧王二年，皆非白起之功，盖其时起未出也。”

⑥是善用兵，又有天命：是，此，此人。又有天命，有上天之助。《六国年表》序：“量秦之兵不如三晋之强也，然卒并天下，非必险固便、形势利也，盖若天所助焉。”史公亦用此说。

⑦出塞攻梁：塞，即指伊阙。《正义》引《水经注》曰：“两山相对，望之若阙，伊水历其间，故谓之伊阙。”当时秦国驻兵于此。梁，即指魏国，当时魏国都大梁（今河南开封），故也称梁国。

⑧梁破则周危矣：当时周地仅有洛阳、巩义周围的很小一片，处于韩、魏两国的包围之中，如果韩、魏被灭，周自然也无法独存。

⑨养由基：一作养游基。养氏，名由基，字叔。春秋时楚国大夫。善射。楚庄王十七年（前597）邲之战，他任庄王车右。楚共王十六年（前575）鄢陵之战，他射杀晋将，阻止晋军追击。楚共王卒，吴乘机侵楚，他为急行军中前锋，在庸浦（今安徽无为西南、长江北岸）大败吴师。

⑩扼：握住。

⑪支左诎（qū）右：指射箭的姿势。左手握弓撑起，右手回屈钩弦。诎，通“屈”。《索隐》引《列女传》云：“左手如拒，右手如附枝，右

手发之，左手不知，此射之道也。”又引《越绝书》曰：“左手如附泰山，右手如抱婴儿。”

⑫不以善息：不见好就收。息，止也。

⑬弓拨矢钩：谓弓箭出了毛病。拨，不正，指弓身变形。钩，弯曲，指箭杆弯曲。

⑭倍韩攻梁：越过韩国去打梁国。倍，通“背”，跨越。

⑮公不如称病而无出：按，以上苏厉为西周君设计劝说白起的辞令，见《战国策·西周策》。此文苏厉以养由基之善射而不知止劝说白起勿伐梁，与《齐策二》陈轸之以“画蛇添足”劝说楚将昭阳勿伐齐，路数相同，可以见战国策士颇善于通过讲故事类比来说服对方，至于故事的可信程度，则难以追究了。

【译文】

赧王三十四年，苏厉对周君说：“秦国攻破韩、魏，击杀犀武，在北方攻下赵国的蔺、离石，这都是白起的功劳。这个人擅长用兵，又有天命帮助。现在他又带兵出塞去攻打梁国，如果梁国被攻下，周也就危险了。您何不派人去游说白起呢？就说：‘楚国有个叫养由基的，是个擅长射箭的人。距离柳叶有百步远向它射箭，射一百次能中一百次。周围围观的有几千人，都说他擅长射箭。只有一个人站在旁边，说：“不错，可以学射箭了。”养由基大怒，放下弓拿起剑说：“你有什么资格教我射箭呢？”那个人说：“我不是要教你左手执弓、右手抠弦。距离柳叶百步远而向它射箭，射一百次能中一百次，不知道见好就收，过不多久就会气力衰竭，弓变形，箭变弯，一旦一发不中，就前功尽弃了。”现在攻破韩、魏，击杀犀武，往北攻取赵国的蔺、离石，您的功劳已经很大了。如今您又带兵出塞，经过东周、西周，背靠韩国，攻打梁国，一旦一仗打不赢，就会前功尽弃。您不如告病不去攻打梁国。’”

四十二年①，秦破华阳约②。马犯谓周君曰③：“请令梁城周。”乃谓梁王曰：“周王病若死，则犯必死矣。犯请以九鼎自入于王，王受九鼎而图犯[④]。”梁王曰：“善。”遂与之卒，言戍周[⑤]。因谓秦王曰：“梁非戍周也，将伐周也。王试出兵境以观之[⑥]。”秦果出兵。又谓梁王曰：“周王病甚矣，犯请后可而复之[⑦]。今王使卒之周，诸侯皆生心[⑧]，后举事且不信。不若令卒为周城，以匿事端[⑨]。”梁王曰：“善。”遂使城周[⑩]。

【注释】

①四十二年：周赧王四十二年，相当于秦昭王三十四年，韩釐王二十三年，魏安釐王四年，前273年。

②秦破华阳约：据《六国年表》《魏世家》，此年秦将白起在华阳击溃魏军，魏将芒卯逃跑。《秦本纪》与《白起王翦列传》则系此役于前一年。华阳，魏邑名。在今河南新郑北。约，《集解》引徐广曰：“一作‘厄’。”厄，险塞。

③马犯：西周君之臣。周君：因下文涉及赧王，时赧王在王城，故此“周君”应是“西周君”。

④犯请以九鼎自入于王，王受九鼎而图犯：杨宽曰：“秦武王至周，尝与孟说举龙文赤鼎，绝膑而死，可知西周确有较大之鼎，但未必是作为传国之宝的九鼎。所谓周显王三十三年宋太丘社亡而鼎没于泗水，只是一种传说。《周本纪》《秦本纪》所载西周为秦所灭，秦取九鼎入秦，亦非事实。秦始皇二十八年过彭城，‘欲出周鼎泗水，使千人没水求之，弗得’，可知九鼎并未入秦。”图犯，想办法帮我脱离困境。

⑤遂与之卒，言戍周：《正义》曰：“周虽未入九鼎于梁，而梁信马犯矫言，遂与之卒，令守周。”泷川引中井曰：“宣言戍周，实以取鼎也，故下‘言’字。”

⑥出兵境：出兵到秦、周之间的边境。当时宜阳、伊阙皆为秦兵所占，离王城都不远。

⑦犯请后可而复之：泷川引冈白驹曰："复，如'复命'之'复'，言报入鼎之约也。"

⑧诸侯皆生心：谓皆怀疑梁有取周的企图。

⑨以匿事端：意谓掩盖这次梁国图谋九鼎的意图。

⑩遂使城周：按，此事今本《战国策》不载，其所用手段大致与冯谖为孟尝君恢复相位的套路相同。冯谖事见《战国策·齐策》与《孟尝君列传》，前人已多疑为策士们的伪造，参看诸祖耿《战国策集注汇考》。

【译文】

赧王四十二年，秦国毁了跟魏国订立的华阳之约。马犯对西周君说："请派我游说梁国为我们的王城筑城。"于是去对梁王说："周王万一因为害怕秦国进攻而忧患至死，那么我马犯也就活不成了。我打算把周国的九鼎献给你，你得到九鼎一定为我考虑。"梁王说："没问题。"于是派兵给他，声称是去守卫西周。马犯又去游秦王说："梁国并非去守卫西周，而是去攻打西周。大王您不妨出兵到秦、周边境看看。"秦王果然出兵。马犯又对梁王说："周王病得厉害，请允许我找到合适的机会再向他报告这些事。现在大王派兵去西周，诸侯都怀疑梁对周有什么企图，以后再做什么人家就不信任你了。不如派兵替西周筑城，掩盖这次梁国图谋九鼎的意图。"梁王说："好。"于是派兵去给西周修城。

四十五年[①]，周君之秦[②]。客谓周冣曰[③]："公不若誉秦王之孝[④]，因以应为太后养地[⑤]，秦王必喜，是公有秦交。交善，周君必以为公功。交恶，劝周君入秦者必有罪矣[⑥]。

秦攻周[⑦]，而周冣谓秦王曰："为王计者不攻周。攻周，实不足以利，声畏天下[8]。天下以声畏秦，必东合于齐。兵弊于周，合天下于齐，则秦不王矣。天下欲弊秦，劝王攻周。秦与天下弊[9]，则令不行矣[10]。”

【注释】

①四十五年：当秦昭王三十七年，前270年。

②周君：因此文原见于《战国策·西周策》，故此“周君”应是“西周君”。

③周冣：又作“周最”“周聚”，《索隐》曰：“周之公子也。”《战国策》作“周冣”。此时当陪侍西周君入秦。

④秦王：此指秦昭王，名则，一名稷，惠文王之子，武王的异母弟，前306—前251年在位。

⑤应：《索隐》曰：“《战国策》作‘原’。”应，秦邑名。在今河南鲁山县东，为秦相范雎之封邑。原，周邑名。在今河南济源西北。周人为讨好秦王，所以用本国城邑为秦太后“养地”，而用秦相封邑作太后养地则很难说得通，故此“应”作“原”更合理。太后：此指秦宣太后，秦昭王之母，秦惠王之妃。芈姓，号“芈八子”，楚国人。秦武王卒时无子，她联合兄弟魏冉等扶立昭王，又在昭王前期专国政。养地：供给生活资料的封地。指汤沐邑。

⑥交恶，劝周君入秦者必有罪矣：泷川引中井曰：“劝周君入秦者别人，其人获罪，则周冣之权重也。”

⑦秦攻周：按，《战国策》作“秦欲攻周”，有“欲”字逻辑更清楚。

⑧实不足以利，声畏天下：吴师道曰：“周地狭，不足以利国，而有攻天子之恶名，见畏恶于天下。”声，名声。畏，令人害怕、憎恶。按，《战国策》作“实不足以利国，而声畏天下”，较此朗畅。

⑨秦与天下弊：秦被天下诸侯所削弱疲敝。与，被。

⑩则令不行矣：按，以上周冣劝秦勿伐周，见《战国策·西周策》。

有井范平曰："多少转折一气相承，下势如转丸，纸上觉有声。而'秦与天下弊'二句诎然止，所谓'此时无声胜有声'也。"

【译文】

赧王四十五年，西周君前往秦国。有人告诉周冣说："您何不称赞秦王孝顺，趁机建议把原地作为太后的供养地，秦王一定会很高兴，这样您和秦国就会建立交情。西周君这会如果能和秦国搞好关系，一定会认为是您的功劳。如果和秦国没搞好关系，那么劝西周君入秦的人一定会获罪。"

秦国准备攻打周，周冣对秦王说："为大王考虑还是别去进攻周。攻打周，其实并没有什么好处，反而会召来坏名声。天下人因为秦的坏名声害怕秦国，必定会和东方的齐国联合。秦因为攻周消耗了兵力，使诸侯国转而联合齐国，这样秦国就没办法统一天下了。天下人为了损耗秦国，劝大王攻打周。秦被天下人弄得疲敝，号令就很难通行天下了。"

五十八年，三晋距秦①。周令其相国之秦②，以秦之轻也，还其行③。客谓相国曰："秦之轻重未可知也。秦欲知三国之情。公不如急见秦王曰'请为王听东方之变'④，秦王必重公。重公，是秦重周，周以取秦也⑤；齐重⑥，则固有周聚以收齐⑦：是周常不失重国之交也。"秦信周，发兵攻三晋⑧。

【注释】

①五十八年，三晋距秦：按，《战国策》作"三国隘秦"。据《秦本纪》《赵世家》《魏世家》《楚世家》，皆言秦于周赧王五十八年围邯郸，魏、楚发兵救赵，可知此篇"三晋"乃"三国"之误。三国，指赵、魏、楚。距秦，抗秦。距，通"拒"。五十八年，当秦昭王五十年，赵孝成王九年，魏安釐王二十年，楚考烈王六年，前257年。

②周令其相国之秦：按，此文见于《战国策·东周策》，故此"周"乃指"东周"。其相国的名字不详。东周怕秦疑其支持赵国，故派相国入秦。

③以秦之轻也，还其行：《正义》曰："以秦轻易周相，故相国于是反归周也。"凌稚隆曰："《策》作'留其行'。注：'留，不进也。'此'还'字，恐'迟'字之误。"

④听：探听，打探。

⑤以：通"已"。取秦：获得了与秦国的交好。

⑥齐重：意谓如果有朝一日齐国占了秦国的上风。或曰，"齐重"即周国一旦被齐国所看重。

⑦则固有周聚以收齐：那就让周聚去与齐国搞联合。周聚，即前文周冣。《正义》曰："周聚事齐而和于齐周，故得齐重。"

⑧发兵攻三晋：依前例，此"三晋"亦应作"三国"，即楚、魏、赵。

【译文】

赧王五十八年，赵、魏、楚三国联合起来抵抗秦国。东周君派相国到秦国去，秦国怠慢了东周的相国，因此相国决定回东周去。有说客对相国说："秦国的态度轻慢还是重视，现在还不清楚。现在秦国想弄清赵、楚、魏三国的真正想法。您不如紧急去见秦王，说'请允许我为大王刺探东方各国的变化'，秦王定会重视您。重视您，秦国就会重视周国，这样周国就已经和秦国交好了；万一哪天齐国占了秦国的上风，那就让周聚去和齐国联合：这样周国一直和大国保持良好交往。"秦王信任周人，发兵攻打赵、楚、魏三国。

五十九年[①]，秦取韩阳城、负黍[②]，西周恐，倍秦，与诸侯约从，将天下锐师出伊阙攻秦，令秦无得通阳城[③]。秦昭王怒，使将军摎攻西周[④]。西周君奔秦[⑤]，顿首受罪，尽献其邑三十六，口三万。秦受其献，归其君于周。

周君王赧卒[⑥]，周民遂东亡[⑦]。秦取九鼎宝器[⑧]，而迁西周公于𢘿狐[⑨]。后七岁，秦庄襄王灭东周[⑩]。东、西周皆入于秦，周既不祀[⑪]。

【注释】

①五十九年：当秦昭王五十一年，韩桓惠王十七年，前256年。

②阳城：即今河南登封东南之告城镇。负黍：在今河南登封西南。

③令秦无得通阳城：意即想切断阳城一带的秦军与本国的联系。

④将军摎（jiū）：秦将，名摎。据《秦本纪》，上文取阳城、负黍一役秦军统帅亦是将军摎。又攻赵，取二十余县。两年后又伐魏，使韩王入朝，魏委国听命。其对秦灭周、灭韩、魏有重要贡献。

⑤西周君奔秦：《秦本纪》作"西周君走来自归"，谓其主动到秦国投降。

⑥周君王赧卒：按，应作"周王赧卒"，"君"字衍文，"西周君"此时固未卒，见下文。梁玉绳曰："《楚世家》'顷襄王十八年，周王赧使武公说楚相昭子毋图周'，此称'周王赧'之明验也。《论衡·儒增篇》述《史记》云'王赧卒'；《御览》卷八十五引《史记》云'周王赧卒'，此《史记》元本无'君'字之的证也。"

⑦周民遂东亡：东逃至成周去依附东周君。

⑧秦取九鼎宝器：《秦本纪》之《正义》曰："禹贡金九牧，铸鼎于荆山下，各象九州之物，故言九鼎。历殷至周赧王五十九年，秦昭王取九鼎，其一飞入泗水，余八入于秦中。"

⑨迁西周公于𢘿狐：𢘿狐，地名。在今河南临汝西。泷川曰："西周之亡，地与人皆入秦，而赧王成周之居，自若也，故赧王得考其终。……赧王已崩，周民东亡，无复守九鼎宝器者，西周公遂失其

居，迁于㲃狐矣。”

⑩秦庄襄王灭东周：事在庄襄王元年，前249年。庄襄王，孝文王之子，始皇帝之父，即所谓“子楚”者，前249—前247年在位。泷川曰：“西周已灭于赧王五十九年，是岁东周复灭，故下文云‘东西周皆入于秦’。”《集解》引徐广曰：“周比亡之时，凡七县，河南、洛阳、穀城、平阴、偃师、巩、缑氏。”

⑪周既不祀：周王朝的宗庙祭祀从此断绝。意即周王朝灭亡。既，尽。按，周自武王灭商至赧王凡传三十一世，共三十七王。若依武王伐纣为前1046年计算，则周王朝前后共历789年。崔适曰：“《秦本纪》，庄襄王元年，东周君与诸侯谋伐秦，秦使相国吕不韦诛之，尽入其国。秦不绝其祀，以阳人地赐周君，奉其祭祀。然则庄襄王灭东周时，未绝其祀也。至始皇二十六年，尽灭六国，除封建为郡县，诸子功臣且不得尺寸封，何论前代？赐周阳人地，当复入于秦，不得奉其祭祀矣，此云不祀，终言之也。”

【译文】

赧王五十九年，秦国攻下韩国的阳城、负黍，西周害怕了，背叛秦国，跟东方各国联合起来抗秦，率领天下精兵出伊阙去攻打秦国，想让在阳城的秦军断了与秦国的联系。秦昭王大怒，派将军摎进攻西周。西周君赶紧奔赴秦国，叩头认罪，献出全部三十六个城邑和三万人口。秦国接受西周的奉献，仍然让西周君回到周国。

周赧王去世，西周的人们就往东逃到成周去依附东周君。秦国取得周国的九鼎宝器，把西周公迁到㲃狐。过了七年，秦庄襄王灭掉东周。东、西周都被并入秦国，周的祀统于是断绝。

太史公曰：学者皆称周伐纣，居洛邑，综其实不然。武王营之[①]，成王使召公卜居，居九鼎焉，而周复都丰、镐[②]。至犬戎败幽王，周乃东徙于洛邑。所谓“周公葬于毕”，毕在镐东南杜中[③]。秦灭周。汉兴九十有余载，天子将封泰山[④]，东巡狩至河南，求周苗裔，封其后嘉三十里地，号曰周子南君[⑤]，比列侯[⑥]，以奉其先祭祀[⑦]。

【注释】

①武王营之：最早经营洛邑的是周武王。

②周复都丰、镐：按，整个西周时期其实是建都镐京，但因离丰不远，故将丰、镐连称。

③“周公葬于毕”，毕在镐东南杜中：据《鲁周公世家》，周公将死，曰“必葬我成周，以明吾不敢离成王”。而成王则曰：“葬周公于毕，从文王，以明予小子不敢臣周公也。”杜，古县名。秦武公以古杜国地置。故治在今陕西西安雁塔区，当时镐京的正东偏南。

④天子将封泰山：汉武帝泰山封禅是在元封元年（前110），在此之前进行了东巡狩、封周子南君等一系列活动，所以言“将”。封泰山，古代帝王最隆重的祭天大典。在泰山上筑土为坛，报天之功。

⑤“东巡狩至河南”几句：事在武帝元鼎四年（前113）。河南，汉郡名。郡治洛阳，即周代的都城成周。嘉，人名。周子南君，封号名。师古曰：“子南，其封邑之号，为周后，故总言‘周子南君’。”泷川曰：“‘周’表其旧国；‘子’美称；‘南’以其在河南也；‘君’亦美称，非邑。”

⑥比列侯：其享受的待遇与列侯相同。列侯，爵位名。秦时谓“彻侯”，秦爵位分二十级，其最高级称“彻侯”。彻，通，通达，言直通皇帝。汉承秦制，后避汉武帝讳改“通侯”，或称“列侯”。其封地大约相当于一个县，上属郡守管辖。

⑦以奉其先祭祀：祭祀周朝祖先。

【译文】

太史公说：学者都说周讨伐商纣王，定都洛邑，我综合来看，发现并非如此。武王曾经规划营建洛邑，成王命召公卜问洛邑是否宜居，把九鼎放在那里，成王以后周仍然建都于丰、镐二京。直到犬戎打败幽王，周王室才向东迁到洛邑。所谓“周公葬在毕地”，“毕”就在镐京东南的杜地中。秦国灭掉了周。汉朝建立以来九十多年，天子要在泰山顶上筑坛祭天，往东巡守到达河南，访求周天子的后代，封给他的后人姬嘉三十里地，号称周子南君，爵位待遇和列侯相同，以保持对周朝祖先的祭祀。

【周王朝世系表】

武王（文王子，前1046—前1043）——成王（武王子，前1042—前1021）——康王（成王子，前1020—前996）——昭王（康王子，前995—前977）——穆王（昭王子，前976—前922）——共王（穆王子，前922—900）——懿王（共王子，前899—前892）——孝王（共王弟，前891—前886）——夷王（懿王子，前885—前878）——厉王（夷王子，前877—前841）——共和（前841—前828）——宣王（厉王子，前827—前782）——幽王（宣王子，前781—前771）——平王（幽王子，前770—前720）——桓王（平王孙，前719—前697）——庄王（桓王子，前696—前682）——釐王（庄王子，前681—前677）——惠王（釐王子，前676—前652）——襄王（惠王子，前651—前619）——顷王（襄王子，前618—前613）——匡王（顷王子，前612—前607）——定王（匡王弟，前606—前586）——简王（定王子，前585—前572）——灵王（简王子，前571—前545）——景王（灵王子，前544—前520）——悼王（景王子）—敬王（悼王弟，前519—前477）——元王（敬王子，前476—前469）——定王（元王子，前468—前441）——哀王（定王子）—思王（哀王弟）—考王（思王弟，前440—前426）——威烈王（考王子，前425—前402）——安王（威烈王子，前401—前376）——烈王（安王子，前375—前369）——显王（烈王弟，前368—前321）——慎靓王（显王子，前320—前315）——赧王（慎靓王子，前314—前256）赧王死，秦遂灭西周君。

（其中“共王”“共和”皆当年改元，春秋、战国各有一“定王”。）

附：战国东、西周二国世系表

西周桓公—西周威公—西周惠公—西周武公（前256年灭于秦）

东周惠公—东周文君（前249年灭于秦）

【集评】

丁晏曰：“史公《周纪》，剌取《尚书》《左传》《国语》《国策》《孟子》《吕览》诸书为之，煌煌大篇，叙次秩然有条理，自成史公之文。”（《史记余论》）

凌稚隆曰：“《周纪》当作二大截看，前一截曰‘修后稷之业’；曰‘修后稷、公刘之业’；曰‘修古公遗道’；曰‘遵后稷、公刘之业，则古公、公季之法’；曰‘修文王绪业’、曰‘遵文王’；曰‘申告以文武之所为’；曰‘宣告以文武之业’；曰‘法文武成康之遗’，此八节关键，详西周之所由盛。后一截曰‘政由方伯’；曰‘齐桓公始霸’；曰‘赐齐桓公为伯’；曰‘赐晋文公为伯’；曰‘秦穆公称霸’；曰‘致伯于秦孝公’；曰‘秦惠王称王’；曰‘诸侯皆为王’，此七截关键，详东周之所以衰。”又曰：“此纪或烦辞，或简语，或倒说，或直叙，或出已见，或引成书，所谓信手拈来，头头是道。”（《史记评林》引）

顾栋高曰：“周自平王东迁，尚有太华、外方之间方六百里之地。其时西有虢，据桃林之险，通西京之道；南有申、吕，扼天下之膂，屏东南之固；而南阳肩背泽潞，富甲天下；轘辕、伊阙，披山带河，地方虽小，亦足王也。故桓王之世犹能兴师以号召诸侯，虎牢属郑，仍复收之，至惠王始与郑。以武公之略，张驰自如，皇纲未尽绝于天下也。而孱弱不振，日朘月削，楚灭申而东南之蔽失，晋灭虢而西归之道断。至襄王以温、原畀晋，而东都之事去矣。然论者谓襄王之失计，此又非也。在桓王时已尝以十二邑易郏邘之田于郑，郑不能有，而复归诸周，周复不能有而强以与晋。如豪奴悍仆，主人微弱不能制，而择巨室之能者使治之。至襄王时已视为弃地，固不甚爱惜也。晋得之而日以强，周日以削。至祭入于郑，晋迁陆浑之戎于伊川，楚伐陆浑而遂观兵周疆矣。然则诗人所叹息痛恨于‘日蹙国百里’者，其此之谓欤？谨志其疆域而历叙其朘削之所由，使后之论周事者有考焉。”（《春秋大事表》）

吴汝纶曰：“周事兴于仁义，亡于积弱，自成康以前叙其盛，由积善累仁；自幽厉以后叙其衰，即以政由方伯，摄起强侯行政，以为卒亡于秦作势。上下八百年始末，具于一篇之中，体势闳远。”（《桐城先生点勘史记》）

王国维曰：“中国政治与文化之变革，莫剧于殷周之际。殷周间之大变革，自其表言之，不过一姓一家之兴亡与都邑之转移；自其里言之，则旧制度废而新制度兴，旧文化废而新文化兴。周人制度之大异于商者：一曰立子立嫡之制，由是而生宗法及丧服之制，并由是而有封建子弟之制，君天下、臣诸侯之制；二曰庙数之制；三曰同姓不婚之制。此数者皆周之所以纲纪天下，其旨则在纳上下于道德，而合天子诸侯卿大夫士庶民以成一道德之团体。故知周之制度典礼实皆为道德而设，周之制度典礼乃道德之器械，而尊尊、亲亲、贤贤、男女有别四者之结体也。”（《观堂集林·殷周制度论》）

【评论】

《周本纪》是《史记》记事中跨度最长的一篇，涉及的重大历史事件也非常之多，如武王伐纣、周初分封、平王东迁、春秋战国之巨变等，都影响到中国历史发展的走向，有周一代在中国历史上的重要性自不待言。

《周本纪》的内容比前三篇“本纪”明显翔实，这主要是因为可以参考的资料多了，如《尚书》《诗经》《逸周书》《国语》《左传》等先秦文献中关于周的史料都比较丰富，再加上战国以来还没有一种比较系统的西周历史，所以司马迁便尽力对西周部分做了比较详细的铺陈。相比较而言，战国时期的大部分时间只有简单的周王世系排列，寥寥几件事也是为周室效力的几个策士的辞令，这一方面是由于当时的周天子已经成为傀儡，号令不出城郊；另一方面则是由于秦始皇彻底烧毁了东方诸侯史书，司马迁除秦史外可资参考的史料很少。

从《周本纪》中可以看出，后稷与夏禹、殷契都是舜的臣子，可见夏、商、周三者是同时存在的三个不同的族群，它们因为在不同的历史时期内先后获得了对更大区域的统治权和更广泛的影响力，而被描写成了线性历史中的纵向相连的三个朝代。周族是一个有着悠久农耕传统的民族，其始祖弃有着种植农作物的天赋，也凭借着擅长耕作使百姓免于饥荒被舜任命为“后稷”，即主管农业的官员。后稷的贡献是巨大的，任何时代能解决粮食问题，对于社会的稳定与发展都居功至伟。周族也将这个传统继承下来并发扬光大，而中国重视农耕的传统也因此而逐渐形成。

在先周历史中，周族与戎狄的关系相当微妙。从《周本纪》的记述来看，在后稷之子不窋之世，夏朝废除了农官，不窋“奔戎狄之间”；公刘与古公亶父则在戎狄的逼迫下举族迁徙；到了文王时，随着国力强大而对戎狄作战，武王伐纣所联合的却又是西部戎狄。周族与戎狄各部族时战时和，始终纠缠，应该说至少在先周时期，甚至在西周，周在人口、土地、武装力量方面并没有形成对戎狄的绝对优势，周与戎狄没有特别严重的对立，所谓“华夷之辨”“夷夏大防”也还不是多么严重的问题。

《周本纪》最详细也最有价值的是关于西周部分的记录。司马迁以一个“德”字贯穿西周史的始终。周以文王、武王之有德而兴邦，又以厉王、幽王之失德而丧邦，其中蕴涵着令人警醒的教训。《史记》写文王为周朝的灭殷奠基，与武王灭殷建周、分封诸侯，以及周公的平定叛乱、创立制度等情节，都相当细致生动，这是由于文王、武王、周公是司马迁理想的帝王与理想的良臣楷模，因而满怀敬慕之情；而写周穆王的逸游、周厉王的酷暴，尤其是周幽王的乱政与灭亡也异常具体、清晰，为的是以此为教训警诫后人。

关于文王生前称王的问题存在着较大分歧。首先是这事是否真实存在。过去不少学者认为文王是“圣王”，不可能做出在商朝未灭、商王尚存之时就自己称王这种“僭越之事”。但从陕西出土的先周甲骨文中已发现了文王生前称王的记录，近年整理出版的清华简《程寤》篇与《保训》篇，也证实了文王生前确已称王，则文王生前称王已为定论。其次，文王何时称王。《周本纪》中有“诗人道西伯，盖受命之年称王而断虞芮之讼”，也就是说文王在虞、芮两国到周请文王断田界讼案那年受命称王；后又云“后七年而崩”，则其称王七年后去世。而下文“九年，武王上祭于毕，东观兵，至于盟津”，当是文王称王的第九年，也即文王去世、武王继位的第二年，这样与《伯夷列传》写伯夷扣武王之马，指责其“父死不葬，爰及干戈，可谓孝乎”才对得上。若此九年为武王即位九年，则伯夷的指责就不合情理了。

西周后期的厉王“弭谤”引起的国人暴动差一点导致了西周王统断绝，它是我国历史上记载最早、规模最大，而又影响深远的一场大暴乱。其具体表现为上下皆乱，军民皆叛，形势险恶，矛盾错综复杂。试想召公不得不用自己的儿子冒充太子送给暴动者杀死，就可知暴动的国人势必将周王嫡系斩草除根的用心了。

关于周宣王，在《诗经》中是被歌颂的对象，被称为“中兴”之主，但在《国语》中则没有任何颂扬周宣王的文字，相反是批评他的“料民”“不藉千亩”，写他败于姜氏之戎。崔述认为《诗经》多有溢美之词，不可尽信；而《国语》多取当时谏言，故多批评；另外，《诗经》称颂之事多在宣王初年，而《国语》批判之事多在宣王晚期，大概宣王未能善始善终，早年清明，晚年昏聩，所以两书中宣王的面目完全不同。司马迁在《周本纪》中取《国语》之说而舍弃《诗经》，其中原因值得深思，他把厉王、宣王、幽王时期看作从西周到东周、从兴盛期到衰颓期的过渡阶段，认为正是由于宣王的一再失误，导致了后来的危机。他写《史记》的主要目的在于提供教训使后人可以借鉴，而不是为帝王歌功颂德，这一点在《周本纪》的东周部分表现尤其突出。春秋时期的周史资料主要来源于《左传》,《左传》对周王室记载不多,而司马迁选入本纪的一是繻葛之战周桓王大败,再有就是周王室内部四次因争位引起的内乱。通过这样的安排,司马迁展现了周王朝是如何一步步走向覆亡,给后人以警示。

在西周灭亡、平王东迁的这一时期,《周本纪》的记事出现了偏差。首先是周幽王为博褒姒一笑"烽火戏诸侯",经过历代学者考证,证明并非事实;其次,两周之际与还有一位携王余臣与平王同时在位二十余年,本纪中一字未提,殊失公道。幽王被杀后,虢公翰立公子余臣于携,后被晋文侯所杀。古代学者从平王有弑父之嫌的角度论不该立平王,而携王之立为正,我们不必拘泥于此,但《史记》将携王抹去,未免有"成王败寇"之嫌了。

史记卷五

秦本纪第五

【释名】

《秦本纪》记述了秦国自始祖大业，历五帝、三代以及春秋、战国等几个阶段，直至秦始皇之前的发展历史，可以将其视为《秦始皇本纪》的上篇。

《秦本纪》一开始就交代了“秦”之为“秦”的原因：首先是大费因助大禹治水有大功，被舜赐为“嬴”姓，后来是非子因擅长养马和其他牲畜，周孝王让非子在秦地建立都邑，接续嬴氏的祭祀，号称秦嬴。然而此时它还不是一个诸侯国，只是周王朝的附庸。秦正式成为诸侯，是因为秦襄公在西周末年犬戎进攻镐京、周幽王被杀时率军援助周室，又护送周平王东迁。在春秋时期，秦穆公是一代英主，他为东出中原与齐、晋争霸做出了巨大努力，可惜被晋所阻，未能成功，只能转而经营西北地区，称霸西戎，为后来秦国从西方崛起奠定了基础。然而秦穆公之后，秦国在中原的影响力减弱，到了战国初期，三晋占有了秦国河西之地，诸侯也鄙视它。秦孝公任用商鞅实行变法，秦国迅速发展起来，经过惠文王、秦武王，尤其昭襄王，在天时、地利、人和各方面为日后秦始皇统一六国创造了条件。正如《秦楚之际月表序》所说：“秦起襄公，章于文、缪；献、孝之后，稍以蚕食六国；百有余载，至始皇乃能并冠带之伦。……用力如此，盖一统若斯之难也。”《秦本纪》正是反映了这一艰辛过程。

秦之先，帝颛顼之苗裔孙[①]，曰女脩。女脩织，玄鸟陨卵，女脩吞之，生子大业[②]。大业取少典之子[③]，曰女华。女华生大费[④]，与禹平水土。已成，帝锡玄圭。禹受曰："非予能成，亦大费为辅。"帝舜曰："咨尔费[⑤]，赞禹功[⑥]，其赐尔皂游[⑦]。尔后嗣将大出[⑧]。"乃妻之姚姓之玉女[⑨]。大费拜受，佐舜调驯鸟兽，鸟兽多驯服，是为柏翳。舜赐姓嬴氏[⑩]。

【注释】

①颛顼（zhuān xū）：黄帝之孙，号高阳氏，"五帝"之一。见《五帝本纪》。苗裔孙：朱熹《楚辞集注》："苗裔，远孙。"

②"玄鸟陨卵"几句：凌稚隆引柯维骐曰："古人郊禖祈嗣，以玄鸟至日为候，祈而适孕，乃生大业耳。"洪亮吉曰："此乃因简狄事附会，不足信。"大业，《正义》以为即皋陶，虞舜时的司法官。事见《五帝本纪》。

③少典之子：少典的女儿。古代的"子"字兼指儿子与女儿。少典，传说中原始社会末期部落酋长。其部落活动于今陕西、河南一带。按，《五帝本纪》曰"黄帝者，少典之子"，此又云大业所娶之女华亦少典之子，而黄帝与大业已隔许多代，不可能娶其姐妹。故此只可理解为女华与黄帝都只是少典氏的后代而已。

④大费：赵翼以为即"伯益"，也作"柏翳"，因被封于费，故称"大费"。事迹参见《五帝本纪》《夏本纪》。

⑤咨：感叹词。

⑥赞：辅助。

⑦皂游（liú）：古代旗帜上挂的黑色飘带。游，古代旌旗上的飘带。

⑧大出：大为繁盛。泷川引中井曰："出犹兴也。"

⑨姚姓：舜的家族。玉女：泷川引郑玄注："言'玉女'者，美言之也。"李笠以为"玉"字衍文，原文应作"乃妻之姚姓之女"。王

骏图以为"玉女"乃姚女之名。杨慎曰:"此必秦人自附会其说,以神其姓裔耳,与下蜚廉石棺同。"

⑩赐姓嬴氏:意即赐大费姓"嬴"。按,"姓"与"氏"概念本不相同,古代凡出于同一祖先者曰"姓",是不可改的;而一"姓"之中又可根据各种原因分成不同的"氏",而且三世即可改。但到司马迁的时代,由于谱学已乱,"姓""氏"已混,在《史记》中往往将其连用或混用。

【译文】

秦的祖先是帝颛顼的后代孙女,名叫女脩。女脩织布的时候,遇到玄鸟正好下蛋,女脩就把鸟蛋吞吃了,因而受孕生了大业。大业娶少典氏的女子,名叫女华。女华生大费,大费跟随禹平治水土。大功告成后,帝舜把玄圭赐给大禹。大禹接过玄圭说:"不是单凭我就能成功,也有大费的辅佐。"帝舜说:"费呀,是你助禹成功,我要赐给你黑色旌旗。你的后代将大为兴盛。"于是把姚姓的女子赐他为妻。大费拜谢帝舜并接受了赏赐,开始为帝舜驯养鸟兽,鸟兽大多被他驯服,这就是柏翳。帝舜赐他姓嬴氏。

大费生子二人:一曰大廉,实鸟俗氏[①];二曰若木,实费氏[②]。其玄孙曰费昌[③],子孙或在中国,或在夷狄[④]。费昌当夏桀之时,去夏归商,为汤御[⑤],以败桀于鸣条[⑥]。大廉玄孙曰孟戏、中衍[⑦],中衍鸟身人言[⑧]。帝太戊闻而卜之使御[⑨],吉,遂致使御而妻之。自太戊以下,中衍之后,遂世有功,以佐殷国,故嬴姓多显,遂为诸侯[⑩]。

【注释】

①实鸟俗氏:也就是"鸟俗氏"的祖先。《索隐》曰:"以仲衍鸟身人

言,故为鸟俗氏。俗,一作'浴'。"实,通"寔",相当于"是",即,就是。

②二曰若木,实费氏:若木则继其父以"费"为氏。《索隐》曰:"若木以王父字为费氏也。"

③玄孙:五世孙。

④子孙或在中国,或在夷狄:按,其在中原者,《索隐》以为殷纣时的费仲即其后代。

⑤御:驾车,驭手。

⑥鸣条:夏邑名。在今河南封丘东。也有说在今山西运城东北安邑镇北。

⑦孟戏、中衍:《索隐》曰:"旧解以'孟戏仲衍'是一人,今以'孟''仲'分字,当是二人名也。"

⑧中衍鸟身人言:《正义》曰:"身体是鸟而能人言。"

⑨帝太戊:商朝第十代王。能严恭敬畏天命,治民不敢荒废自安。致九夷来宾,诸侯归之,殷室得以复兴。号中宗。

⑩嬴姓多显,遂为诸侯:按,若中衍于商朝太戊时即为诸侯,至商末之蜚廉、恶来,费氏在商朝为诸侯四百余年。

【译文】

大费生有两个儿子:一个叫大廉,就是鸟俗氏的祖先;另一个叫若木,就是费氏的始祖。若木的玄孙叫费昌,其子孙有些定居中国,有些迁居夷狄。费昌当夏桀之时,他离开夏桀,归附商汤,并为商汤驾车,在鸣条打败了夏桀。大廉的玄孙叫孟戏、中衍,中衍长着鸟身而说人话。帝太戊听说后,便卜问是否可让中衍来驾车,卜的结果是吉,于是就将中衍招来,让他驾车,并给他娶了妻子。从太戊开始,中衍的后代就世世辅佐殷商有功,所以嬴姓中人多显名于世,终于成为诸侯。

其玄孙曰中潏,在西戎①,保西垂②。生蜚廉③。蜚廉生恶来。恶来有力[④]，蜚廉善走，父子俱以材力事殷纣[⑤]。周武王之伐纣，并杀恶来。是时蜚廉为纣使北方[⑥]，还，无所报，为坛霍太山而报[⑦]，得石棺，铭曰："帝令处父不与殷乱，赐尔石棺以华氏[⑧]。"死，遂葬于霍太山[⑨]。蜚廉复有子曰季胜。季胜生孟增。孟增幸于周成王，是为宅皋狼[⑩]。皋狼生衡父[⑪]，衡父生造父。造父以善御幸于周缪王[⑫]，周缪王得骥、温骊、骅骝、騄耳之驷[⑬]，西巡狩[⑭]，乐而忘归。徐王作乱，造父为缪王御，长驱归周，一日千里以救乱[⑮]。缪王以赵城封造父[⑯]，造父族由此为赵氏。自蜚廉生季胜已下五世至造父，别居赵[⑰]。赵衰其后也[⑱]。恶来革者，蜚廉子也，蚤死[⑲]。有子曰女防。女防生旁皋，旁皋生太几，太几生大骆，大骆生非子。以造父之宠，皆蒙赵城，姓赵氏[⑳]。

【注释】

①在西戎：生活于西方的戎族地区。

②保：居守。西垂：也称西犬丘，在今甘肃天水西南礼县境内，秦族最早的都城。详说见下文。

③蜚廉：《三代世表》作"飞廉"。蜚，通"飞"。号（一说字）处父。

④恶来有力：《集解》引《晏子春秋》曰："手裂虎兕。"

⑤材力：勇力，才能。此指恶来力大、蜚廉擅长奔跑等能力。

⑥为纣使北方：底本作"为纣石北方"。《集解》引徐广曰："作石椁于北方。"梁玉绳引《水经注》"飞廉先为纣使北方"及《太平御览》引《史记》作"时飞廉为纣使北方"，认为《史记》本作"使北方"，因传写而将"使"误写作"石"了。今据改。

⑦为坛霍太山而报：锺惺曰："亦是义人。古嬖幸如此，后之士大夫如何哉？"霍太山，古山名。即霍山，亦作太岳山。在今山西霍州

东南汾河东岸，为汾河与沁河、浊漳河的分水岭。

⑧帝令处父不与殷乱，赐尔石棺以华氏：《索隐》曰："言处父至忠，国灭君死而不忘臣节，故天赐石棺以光华其族。"处父，《索隐》曰："蜚廉别号。"中井曰："处父是字。"不与殷乱，谓不死于殷朝的亡国之乱。华氏，表彰你的家族。华，荣华，光耀。

⑨死，遂葬于霍太山：按，《孟子》言"飞廉戮于海隅"，与此不同。

⑩宅皋狼：《赵世家》泷川注："宅皋狼，孟增号，以其居皋狼称之也。"皋狼，地名。在今山西离石北。

⑪皋狼生衡父：泷川曰："'皋'上当有'宅'字。"

⑫善御：善于驾车。周缪王：也写作"周穆王"，名满，西周的第五代帝王，即《穆天子传》所称的"穆天子"。前976—前922年在位。

⑬周缪王得骥、温骊、骅骝（liú）、騄耳之驷：底本原文句首未重出"周缪王"三字，致本句之主语不明确，今补"周缪王"三字。骥、温骊、骅骝、騄耳，皆良马名。王叔岷曰："《后汉书注》《列子释文》引'骥'上并有'赤'字，疑是。"温骊，《赵世家》作"盗骊"；騄耳，《赵世家》作"绿耳"。驷，古代一车四马称为"乘"，也称为"驷"。

⑭西巡狩：到西方巡视。据《穆天子传》，周穆王当时曾到过昆仑山，会西王母。巡狩，天子出行视察诸侯之所守，有些实际是游历。

⑮"徐王作乱"几句：《正义》曰："《古史考》云：'王者行有周卫，岂得救乱而独长驱日行千里乎？'言此事非实。"徐王，淮河流域的夷族首领。徐，也称"徐方"，夷族小国名，在今江苏泗洪南。参看《赵世家》。按，底本徐王作"徐偃王"。关于徐偃王，《韩非子·五蠹》曾言其行仁义，被荆文王（前689—前677年在位）所灭，则其上距穆王远矣。崔述曰："盖穆王本巡游无度者，故传称其周行天下，将皆有车辙马迹焉。后世称造父者欲神其技，因取偃王之事附会之，以见其有救乱之功。称偃王者欲表其美，因又

取穆王之事附会，以为能行仁义而诸侯归之耳。初未暇计其乖舛于事理，刺谬于经传也。”据此，徐偃王当作“徐王”，今削“偃”字。周，此指西周都城镐京，今陕西西安西南沣水东岸。

⑯赵城：在今山西洪洞北。

⑰别居赵：谓离开蜚廉后代族众聚居之地，而另居于赵城。

⑱赵衰（cuī）：春秋时晋国大夫。献公时事公子重耳（即晋文公），随重耳流亡他国，凡十九年。后重耳得以返国继位，多赖其谋划，以功封原大夫，佐文公称霸中原。谥成季，亦作“成子”。赵氏家族自赵衰开始世世执掌晋政。

⑲恶来革者，蜚廉子也，蚤死：按，视文意，此子应是恶来的弟兄。陈仁锡曰：“‘恶来’二字衍文，‘革’盖蜚廉别子。”蚤，通“早”。

⑳皆蒙赵城，姓赵氏：意谓非子与造父非一系，也蒙赵氏荣宠而姓“赵”。梁玉绳曰：“上文言造父封赵城，族由此为赵氏，是也；及又谓非子蒙赵城，则非。盖秦、赵同祖，后人或可互称，故陆贾曰‘秦任刑法不变，卒灭赵氏’；《汉书·武五子传》曰‘赵氏无炊烟焉’；《三国志》陈思王疏曰‘绝缨盗马之臣，赦楚、赵以济其难’；《楚世家》及《越绝书》《淮南子》称始皇为‘赵政’。”按，此段叙秦国贵族与赵国贵族同祖，皆蜚廉之后。蜚廉之子季胜为赵氏之祖；另一子恶来革为秦氏之祖。

【译文】

中衍的玄孙叫中潏，住在西戎，镇守西垂之地。他生子蜚廉。蜚廉生子恶来。恶来有膂力，蜚廉善奔跑，父子二人都凭借勇力奉侍殷纣王。周武王讨伐殷纣王时，连同恶来一起杀死了。那时候，正巧蜚廉为纣王出使北方，回来后，已无可复命，便在霍太山修坛祭报殷纣王，结果挖到了一个石棺，上刻有铭文说“上帝让你幸免于殷亡之乱，赐给石棺来光耀你的家族”。蜚廉死后，于是就葬在了霍太山。蜚廉还有一个儿子叫季胜。季胜生孟增。孟增受到周成王的宠幸，这就是宅皋狼。宅皋狼生衡父，衡父生造父。造父因为善于驾车而得到周穆王的宠幸，周穆王得到赤骥、盗骊、骅骝、騄耳四匹骏马，西去巡狩，乐而忘返。徐王乘机作乱，周穆王闻讯，便让造父驾车，长驱疾驰，一日千里，赶回周地，平定了叛乱。周穆王将赵城封给造父，造父一族从此姓赵氏。从蜚廉生季胜传五代到造父，开始居住于赵城。赵衰就是造父的后代。恶来革也是蜚廉的儿子，死得较早。他有个儿子叫女防。女防生旁皋，旁皋生太几，太几生大骆，大骆生非子。因为造父受到周王的宠幸，于是非子等人便承蒙赵城之名而姓赵氏。

非子居犬丘①，好马及畜，善养息之②。犬丘人言之周孝王③，孝王召使主马于汧、渭之间④，马大蕃息。孝王欲以为大骆適嗣⑤。申侯之女为大骆妻，生子成为適⑥。申侯乃言孝王曰："昔我先郦山之女⑦，为戎胥轩妻⑧，生中潏，以亲故归周，保西垂⑨，西垂以其故和睦⑩。今我复与大骆妻，生適子成。申、骆重婚⑪，西戎皆服，所以为王。王其图之。"于是孝王曰："昔伯翳为舜主畜，畜多息，故有土，赐姓嬴。今其后世亦为朕息马，朕其分土为附庸⑫。"邑之秦⑬，使复续嬴氏祀，号曰秦嬴⑭。亦不废申侯之女子为骆適者⑮，以和西戎⑯。

【注释】

①非子居犬丘：犬丘，即上文之所谓"西垂"。王国维《秦公敦跋》曰："秦自非子至文公，陵庙皆在西垂。"徐卫民《秦都城研究》："秦的'西垂'就在现在甘肃礼县的永兴附近。"前些年曾在礼县大堡子山发现两座秦墓，最近又在大堡子山的对面发现几个秦墓，可以证明徐氏的说法。

②养：喂养。息：生，繁殖。

③周孝王：西周的第八代帝王，前891—前886年在位。主马：主管马政，如养马、驯马等。

④汧（qiān）、渭之间：今宝鸡一带的渭河谷地。汧，汧水。源出陕西陇县汧山南麓，东南流，经千阳、凤翔，至宝鸡东注入渭河。渭，渭水，源出甘肃渭源鸟鼠山，东流经陇西、天水，陕西宝鸡、咸阳，在潼关北入黄河。

⑤適嗣：法定继承人。適，同“嫡”，嫡子。

⑥申侯之女为大骆妻，生子成为適：申女为大骆正妻，其所生之子名成，为大骆嫡子。据此明非子只是大骆的庶子，非申女所生，亦犹《赵世家》之赵襄子，其母微贱。申侯，申国（在今河南南阳北）的诸侯。

⑦昔我先郦山之女：冈白驹曰：“申侯之先人尝居郦山者之女。”中井曰：“‘郦山’盖先侯之名号。”

⑧戎胥轩：《正义》曰：“胥轩，仲衍曾孙也。”申人称之为“戎”。

⑨西垂：此指西垂（今甘肃礼县）一带的各民族。

⑩和睦：不仅当地各民族关系和睦，且与殷王朝关系友好。

⑪申、骆重婚：指申与嬴两族再次通婚。

⑫附庸：附属于大国的小封君。此指另给非子一块土地为领地，让他作为依附于周的小封君。

⑬邑之秦：在秦建立都邑。秦，《集解》以为是天水陇西县（今甘肃陇西东南）的秦亭；《正义》以为即秦州清水县（今甘肃清水县西北）；郭沫若《中国史稿地图集》以为即今甘肃张家川；李零以为在上文所说的“汧、渭之间”，即今陕西宝鸡附近。徐卫民《秦都城研究》认为秦邑“应在今甘肃的张家川自治县，而张家川所在地是1961年从甘肃清水县分出的，因此应该说以前人们讲在甘肃清水是没有错误的”，“秦邑在今张家川城南的瓦泉一带，这一

带发现了大量的秦墓，出土了大量文物”。

⑭号曰秦嬴：称非子曰“秦嬴”。按，“秦族”“秦国”“秦王朝”之“秦”字，盖皆由此而起。

⑮申侯之女子为骆適者：即申侯女所生名叫成的嫡子。

⑯以和西戎：即申侯所谓“申、骆重婚，西戎皆服”之意。

【译文】

非子居住在犬丘，喜欢马和其他牲畜，善于饲养繁殖牲畜。犬丘人把这一情况告诉了周孝王，周孝王便派非子到汧、渭二水之间负责养马，马得到了大量的繁殖。周孝王想让非子做大骆的嫡嗣。但申侯之女是大骆的正妻，所生的儿子成是大骆的嫡子。于是申侯就对周孝王说：“先前我的先祖郦山氏之女，嫁给戎胥轩为妻，生了中潏，因与周亲近而归附于周，镇守西垂，西垂各部因此得以和睦相处。现在我再次将女儿嫁给大骆为妻，并为他生了嫡子成。申、嬴两族再次通婚，都使西戎归附，我们这样做都是为了大王。请大王好好考虑考虑。”于是周孝王说：“过去柏翳为帝舜主管牲畜，牲畜繁殖得很快，所以得到了封地，赐姓嬴。现在他的后人也为我养殖马匹，我也要给他分封土地，让他做我的附庸。”于是让非子在秦地建立都邑，接续嬴氏的祭祀，号称秦嬴。同时仍让申侯之女的儿子继续为大骆嫡子，以此安抚西戎。

秦嬴生秦侯①。秦侯立十年，卒。生公伯。公伯立三年，卒。生秦仲②。秦仲立三年，周厉王无道，诸侯或叛之③。西戎反王室，灭犬丘大骆之族④。周宣王即位，乃以秦仲为大夫，诛西戎⑤。西戎杀秦仲。秦仲立二十三年，死于戎⑥。有子五人，其长者曰庄公⑦。周宣王乃召庄公昆弟五人，与兵七千人，使伐西戎，破之。于是复予秦仲后，及其先大骆地犬丘并有之，为西垂大夫⑧。

【注释】

①秦嬴生秦侯：此“秦侯”之名史无记载。

②秦仲：非子的曾孙，前844—前822年在位，是秦国历史的第一个有纪年者。日本学者平势隆郎以为秦仲是前845—前823年在位，录以备考。

③“秦仲立三年”几句：据此，秦仲之三年为前842年。周厉王，名胡。前877—前841年在位。

④西戎反王室，灭犬丘大骆之族：史家于此著明恶来革一系至此仅存非子之一族，即“秦嬴氏”。西戎，西方的少数民族名。西周初期居住在今陕、甘、宁交界地区，以后不断东下、南下，与周人、秦人错杂而居。

⑤“周宣王即位”几句：事在前827年，时为秦仲之十八年。《集解》引《毛诗序》曰：“秦仲始大，有车马礼乐侍御之好也。”周宣王，名静，厉王之子。即位后效法文、武、成、康遗风，重整军政，史称“宣王中兴”。但后期多次败于戎人，又在太原料民（调查民数），以搜刮人力物力。表明当时周王室已外强中干，统治面临危机。前827—前782年在位。大夫，古职官名。周代在国君之下有卿、大夫、士三等；大夫属中等，又有下大夫、中大夫、上大夫三级。诛，讨，讨伐。

⑥秦仲立二十三年，死于戎：事在周宣王六年，前822年。

⑦其长者曰庄公：庄公在位之年限为前821—前778年。梁玉绳曰：“襄公始为诸侯，襄公之先不过大夫而已，称‘庄公’者，《诗·秦风谱》疏云‘盖追谥之’，理或然也。或曰：承非子之初封，僭称为‘公’，犹非子之子称‘秦侯’耳。”

⑧“于是复予秦仲后”几句：语略不顺。意即将秦嬴与大骆两个家族的旧有地盘全都给了秦庄公，让他做了西垂大夫。西垂大夫，西垂地区的行政长官。大骆嫡子成的后代被西戎所灭，西垂也被西

戎所占。今庄公破西戎，收复西垂，遂重以西垂为秦之都城。

【译文】

秦嬴生秦侯。秦侯在位十年去世。秦侯生公伯。公伯在位三年去世。公伯生秦仲。秦仲即位后的第三年，因为周厉王无道，有些诸侯就背叛了他。西戎也反叛王室，灭掉了犬丘的大骆家族。周宣王即位后，遂任命秦仲为大夫，讨伐西戎。结果秦仲被西戎所杀。秦仲在位二十三年，死在西戎。他有五个儿子，长子就是庄公。周宣王于是召见庄公兄弟五人，给他们七千兵士，让他们去讨伐西戎，终于将西戎击溃。于是周宣王便把秦地重新给予庄公，连同其祖先大骆的领地犬丘在内，封他为西垂大夫。

庄公居其故西犬丘[①]，生子三人，其长男世父。世父曰："戎杀我大父仲[②]，我非杀戎王则不敢入邑[③]。"遂将击戎，让其弟襄公[④]。襄公为太子。庄公立四十四年，卒[⑤]，太子襄公代立。襄公元年[⑥]，以女弟缪嬴为丰王妻[⑦]。襄公二年[⑧]，戎围犬丘，世父击之，为戎人所虏[⑨]。岁余，复归世父。七年春[⑩]，周幽王用褒姒废太子，立褒姒子为適，数欺诸侯，诸侯叛之[⑪]。西戎犬戎与申侯伐周[⑫]，杀幽王郦山下[⑬]。而秦襄公将兵救周[⑭]，战甚力，有功。周避犬戎难，东徙雒邑[⑮]，襄公以兵送周平王[⑯]。平王封襄公为诸侯[⑰]，赐之岐以西之地[⑱]，曰："戎无道，侵夺我岐、丰之地[⑲]。秦能攻逐戎，即有其地。"与誓，封爵之。襄公于是始国，与诸侯通使聘享之礼[⑳]，乃用骝驹、黄牛、羝羊各三祠上帝西畤[㉑]。十二年[②]，伐戎而至岐，卒[㉓]。生文公。

【注释】

①西犬丘:即前文之犬丘或西垂,因其东部之今陕西兴平亦称犬丘,故称西垂曰西犬丘。

②大父仲:指秦仲。大父,祖父。

③邑:此指西垂城。

④让其弟襄公:将继承人之位让与其弟,其弟即未来的秦襄公。凌稚隆引王维桢曰:"世父之志壮哉,孝矣!"

⑤庄公立四十四年,卒:事在周幽王四年,前778年。

⑥襄公元年:当周幽王五年,前777年。

⑦丰王:周无"丰王",凌稚隆以为应是"幽王"之误。梁玉绳引周广业曰:"'丰王'疑是戎王之号,荐居岐、丰,因称'丰王',与'亳王'一例,非'幽王'也。上下文'周厉王''周宣王''周幽王''周平王',皆连'周'字,知此必非'幽王'。秦襄以女弟妻戎王,即郑武公妻胡之计耳。"梁氏以为周氏之说法甚快人意。

⑧襄公二年:周幽王六年,前776年。

⑨"戎围犬丘"几句:据徐卫民考证,秦襄公即位之二年,将秦都东迁至汧(今陕西陇县东南乡之边家庄的磨儿原),旧都西垂(犬丘)之防守相对薄弱,故被戎人所破。

⑩七年:当周幽王十一年,前771年。

⑪"周幽王用褒姒废太子"几句:详见《周本纪》。周幽王,前781—前771年在位。用,因。太子,幽王申后之子,名宜臼。数欺诸侯,即所谓"烽火戏诸侯"。欺,欺骗,戏耍。

⑫西戎犬戎:西方戎族中的犬戎一支,此时已东下,与周人错杂而居。

⑬郦山:即骊山。在今陕西西安临潼区东南,当时的镐京以东。因山形似骊马,呈纯青色,故名。

⑭秦襄公将兵救周:当时救周的还有晋文侯、郑桓公、卫武公。

⑮周避犬戎难,东徙雒邑:由于犬戎势力仍威胁控制着镐京与其周

边地区，平王无法在镐京立足，只好将朝廷东迁雒邑。从此西周灭亡，东周开始。雒邑，即西周初年武王、周公所建的“王城”，在今河南洛阳内。郭嵩焘曰：“幽王废申后及太子宜臼，《史》不详太子出居何地，疑周礼出妻归适母氏，然则申后与太子皆当适申。……西戎、犬戎攻幽王，尽取周赂而去，是时宫室残毁，西戎、犬戎逼处郊畿，申侯奉平王即位东都，然则非平王之‘东迁’也。”

⑯周平王：即太子宜臼。幽王被杀后，他在申侯、郑武公等拥护下在洛阳即位，是为平王，前770—前720年在位。

⑰平王封襄公为诸侯：时秦襄公已在位八年，至此始被周天子封为诸侯，与齐、鲁、宋、卫等诸侯并列。此为秦国发展史上的一个重要转折点，客观地说，这是秦向统一全国建立秦王朝迈出的第一大步。时为周平王元年，前770年。

⑱岐以西：岐山以西。即今之陕西西部和与之邻近的甘肃、宁夏等部分地区。岐山，在今陕西岐山县东北。

⑲岐、丰之地：岐邑、丰邑等一带地区。岐，岐邑，故址在今陕西岐山县东北。周人先祖古公亶父因受戎狄威逼，自豳迁于岐山下周原，筑城郭居室，作邑以居四方来归之民，即此地。周由此才兴盛起来。丰，丰邑，周文王建都于此，在今西安西南的古丰水西侧，当时镐京的西南方。有关丰京、镐京与岐山的考古情况见《周本纪》。

⑳聘享之礼：诸侯之间的礼节性往来。《礼记·曲礼》：“诸侯使大夫问于诸侯曰聘。”享，通“飨”，以酒宴款待来访者。

㉑骝驹：黑鬃的红色马驹。骝，《集解》曰：“赤马黑髦曰骝。”羝羊（dī）：公羊。祠上帝西畤（zhì）：据《封禅书》：“秦襄公既侯，居西垂，自以为主少皞之神，作西畤，祠白帝。”畤，古代帝王祭祀天地五帝的场所。《索隐》曰：“畤，止也，言神灵之所依止也。”因修筑在西垂境内，故称“西畤”。按，这在古代被认为是一种僭越行为，因为按规定只有周天子才能祭天，诸侯则只能祭祀其境内的

名山大川。司马迁在《六国年表序》中说:“秦襄公始封为诸侯,作西畤用事上帝,僭端见矣。”

㉒十二年:周平王五年,前766年。

㉓伐戎而至岐,卒:按,秦襄公的墓地应在西垂。徐卫民以为天水西南礼县大堡子山两座大墓的年代应为春秋初期,墓主分别为襄公和文公。

【译文】

庄公居住在大骆的故邑西犬丘,生有三个儿子,长子叫世父。世父说:“西戎杀死我的祖父秦仲,我不杀死戎王绝不敢入城而居。”于是率兵攻打西戎,将继位权让给他的弟弟,即日后的秦襄公。襄公就成了太子。庄公在位四十四年去世,太子襄公即位。襄公元年,将妹妹缪嬴嫁给丰王为妻。二年,西戎围攻犬丘,世父迎击,被戎人俘虏。过了一年多,戎人又将世父放回。七年春,周幽王因宠褒姒而废掉太子宜臼,立褒姒所生之子伯服为嫡子,并多次戏弄诸侯,诸侯纷纷叛离。于是西戎部落中的犬戎和申侯起兵伐周,在骊山下杀死了周幽王。襄公率兵救援周室,作战奋勇,立下大功。为了躲避犬戎威胁,周平王将都城东迁洛邑,襄公派兵护送周平王。周平王封襄公为诸侯,把岐山以西的地方都赐给了他,说:“戎人无道,强占了我岐邑、丰邑一带的土地。秦如能驱逐西戎,即可拥有这片土地。”与秦襄公订立盟约,划封领地,赐予爵位。襄公从此开始建立国家,与其他诸侯互通使者,行聘享之礼,并用骝驹、黄牛、羝羊各三只,在西畤祭祀上帝。十二年,襄公攻伐西戎,到达岐邑,战死。襄公生文公。

文公元年①,居西垂宫②。三年③,文公以兵七百人东猎④。四年⑤,至汧、渭之会⑥。曰:“昔周邑我先秦嬴于此⑦,后卒获为诸侯。”乃卜居之,占曰吉,即营邑之⑧。十年⑨,初为鄜畤⑩,用三牢⑪。十三年⑫,初有史以纪事,民多化者。十六年[13]，文公以兵伐戎，戎败走。于是文公遂收周余民有之[14]，地至岐，岐以东献之周[15]。十九年[16]，得陈宝[17]。二十年[18]，法初有三族之罪[19]。二十七年[20]，伐南山大梓，丰大特[21]。四十八年[22]，文公太子卒，赐谥为竫公[23]。竫公之长子为太子，是文公孙也。五十年[24]，文公卒，葬西山[25]。竫公子立，是为宁公[26]。

【注释】

①文公元年：当周平王六年，前765年。

②居西垂宫：按，此处所以要特别强调秦文公"居西垂宫"，据徐卫民考证，即因为秦襄公二年已将秦国都城东迁到"汧"（此事《史记》失载），后来秦襄公在进攻岐邑时失利战死，故秦文公即位后只好又退回到旧都西垂。

③三年：当周平王八年，前763年。

④文公以兵七百人东猎：名为狩猎，实则是以轻兵向东部地区进行试探性的扩张。

⑤四年：当周平王九年，前762年。

⑥汧、渭之会：汧、渭二水的交汇之处，在今陕西宝鸡市东。

⑦邑：封赐城邑。秦嬴：即非子。

⑧即营邑之：于是遂在"汧、渭之会"营建秦国的新都城。按，此新都城之名称史无明确记载，其具体位置有人说在今陕西眉县附近；也有人说在今宝鸡市东，李零以为即后来之所谓"陈仓"；徐卫民引蒋五宝说，以为在今宝鸡东"汧水以东、渭河以北的千河乡魏家崖一带"，"从这一带发现的金器、青铜器和陶器来看，这一带不仅秦早期文物丰富，且级别较高，分布集中，非都城是难以达到如此高的水准的"。

⑨十年：当周平王十五年，前756年。

⑩鄜畤：据《正义》引《括地志》，鄜畤应在三畤原上，此原因鄜畤、西畤、吴阳上畤都在原上而得名。其地在今陕西宝鸡凤翔区东南，一说在今陕西武功西南与扶风交界处。按，《集解》以为在鄜县（今陕西洛川东南）者非，当时秦国的势力尚远未及此。

⑪三牢：指三太牢，牛、羊、猪各三头。古代祭祀，牛、羊、猪各一头叫一“太牢”，称羊、猪各一头叫一“少牢”。

⑫十三年：当周平王十八年，前753年。

⑬十六年：当周平王二十一年，前750年。

⑭收周余民：收合、安抚当年西周王朝的遗民。

⑮地至岐，岐以东献之周：当年周平王已将“岐以西之地”赐予秦襄公，故此时文公向东扩张到岐山，将岐山以西的大片土地收为己有，而将岐山以东地盘献给了周室。

⑯十九年：当周平王二十四年，前747年。

⑰陈宝：陈宝是民间祭祀的小神。即所谓“宝鸡”。据说此神“或岁不至，或岁数来，来也常以夜，光辉若流星，从东南来集于祠城”，发出雷鸣般的响声，引得野鸡一起鸣叫。《正义》引《晋太康地志》云：“秦文公时，陈仓人猎，得兽若彘，不知名，牵以献之，逢二童子。童子曰：‘此名为媦，常在地中，食死人脑。’即欲杀之，拍捶其首。媦亦语曰：‘二童子名陈宝，得雄者王，得雌者霸。’陈仓人乃逐二童子，化为雉，雌上陈仓北坂，为石，秦祠之。”陈宝祠在当时的陈仓（今宝鸡东南）城中。马非百《秦集史》曰：“陈宝即陨星也。”“星陨有声，野鸡皆惊而鸣也。”

⑱二十年：当周平王二十五年，前746年。

⑲三族之罪：即所谓灭三族。三族，《集解》引张晏曰：“父母、兄弟、妻子也。”如淳曰：“父族、母族、妻族也。”此外还有他说，此不录。

⑳二十七年：当周平王三十二年，前739年。

㉑伐南山大梓（zǐ），丰大特：《正义》引《录异传》云："秦文公时，雍南山有大梓树，文公伐之，辄有大风雨，树生合不断。时有一人病，夜往山中，闻有鬼语树神曰：'秦若使人披发，以朱丝绕树伐汝，汝得不困耶？'树神无言。明日，病人语闻，公如其言伐树，断，中有一青牛出，走入丰水中。其后牛出丰水中，使骑击之，不胜。有骑堕地复上，发解，牛畏之，入不出，故置髦头。汉、魏、晋因之。"南山大梓，南山中的大怪树。南山，陈仓南的仓山。丰大特，丰水中的大公牛。丰水，应是仓山中的涧水名，有以丰邑（今西安西南）城下的丰水当之者，恐过于悬远，秦国当时的势力远未及此。特，公牛。又，所谓"髦头"即帝王出行时之仪仗队中的一种披发武士的名称，即起源于树神畏披发者。

㉒四十八年：当周桓王二年，前718年。周桓王是平王之子，名林，前719—前697年在位。

㉓文公太子卒，赐谥为竫（jìng）公：文公太子虽未即位而卒，仍以即位之君尊礼之。按，此所谓"竫公"，《秦始皇本纪》所附之《秦纪》作"静公"。马非百《秦集史》曰："铭文作'竫'，通'静'。《秦纪》与此并云'静公未享国'。"

㉔五十年：周桓王四年，前716年。

㉕文公卒，葬西山：《秦始皇本纪》所附之《秦纪》作"葬西垂"，盖即葬于西垂之山。徐卫民以为："天水西南礼县大堡子山两座大墓的年代应为春秋初期，墓主分别为襄公和文公。"

㉖是为宁公："宁公"应作"宪公"，前715—前704年在位。《秦始皇本纪》所附《秦纪》作"宪公"，马非百认为，据陕西出土秦公钟、秦公镈，铭文皆作"文公""竫公""宪公"，可证。今新版《辞海》已改"宁公"为"宪公"。

【译文】

文公元年，居住在西垂宫。三年，文公率兵七百人向东狩猎。四年，到达汧、渭二水的交会之处。文公说："当初周孝王就是让我的先祖秦嬴在这里建立都邑，后来终于成为诸侯。"于是占卜迁居该地的吉凶，占辞为吉，文公随即在此营建都邑。十年，开始兴建鄜畤祭坛，用三太牢祭祀上帝。十三年，开始设置史官记事，民众多受教化而改变。十六年，文公率兵攻伐西戎，西戎败走。于是文公就收聚周族的遗民为自己所有，将领地扩展到了岐山，将岐山以东的地区献给了周王室。十九年，获得陈仓的宝鸡。二十年，开始制定诛灭三族的刑法。二十七年，砍伐南山的大梓树，破树而出的大公牛进入丰水中。四十八年，文公太子去世，赐太子谥号为竫公。竫公的长子被立为太子，即文公的孙子。五十年，文公去世，埋葬在西山。竫公的儿子即位，这就是宪公。

宁公二年①，公徙居平阳②。遣兵伐荡社③。三年④，与亳战，亳王奔戎，遂灭荡社。四年，鲁公子翚弑其君隐公⑤。十二年⑥，伐荡氏，取之⑦。宁公生十岁立，立十二年卒，葬西山⑧。生子三人，长男武公为太子。武公弟德公，同母，鲁姬子。生出子⑨。宁公卒，大庶长弗忌、威垒三父废太子而立出子为君⑩。出子六年⑪，三父等复共令人贼杀出子。出子生五岁立，立六年卒⑫。三父等乃复立故太子武公。

【注释】

①宁公二年：应作"宪公二年"，当周桓王六年，前714年。

②平阳：秦国的新都名，也称"西新邑"，在今陕西宝鸡陈仓区东。1978年在宝鸡东杨家沟太公庙村出土春秋早期铜镈三件、铜钟五件，均有铭文。据此推测春秋秦平阳故城当在陕西宝鸡杨家沟、阳平一带。徐卫民曰："平阳从秦宪公二年到秦武公二十年（前678）共有三十六年作为秦的都城。""秦的都城迁至平阳

时，秦已相对强大，因而都城的建设也比以前规模要大一些。《汉书·郊祀志》载汉成帝时‘雍大雨，坏平阳宫垣’，说明秦时的平阳可能有宫城，直到汉时仍作为离宫使用。”

③荡社：也称“荡氏”“汤杜”。据下文，当为亳王都城，故也称“亳”。《集解》引皇甫谧曰：“亳王号汤，西夷之国也。”《索隐》引徐广曰：“一作‘汤杜’，言汤邑在杜县之界，故曰汤杜也。”梁玉绳以为“荡”“汤”二字通用，“社”“杜”皆衍文。其地说法不一，大约有今陕西兴平、三原和长安东南“杜”地三种。今人林剑鸣说戎人往来不定，其活动范围或即在三原、兴平和长安间，其邑则在“杜”附近。

④三年：当周桓王七年，前713年。

⑤鲁公子翚弑其君隐公：鲁隐公名息姑，鲁惠公之庶子。惠公去世时，嫡子允尚幼，隐公乃即位权理国事。十年后，鲁国大夫公子翚为求执政之卿劝隐公杀其弟太子允，隐公不答应，并说允已长大，将还位于允；公子翚遂转而向太子允说隐公的坏话，遂在太子允的默许下派人杀了隐公，立太子允为桓公。事见《左传·隐公十一年》及《鲁周公世家》。

⑥十二年：当周桓王十六年，前704年。

⑦伐荡氏，取之：前文云“灭荡社”，此又云“伐荡氏，取之”，则似前灭其都城，今又取其余地。

⑧葬西山：《正义》引《括地志》云：“秦宁公墓在岐州陈仓县西北三十七里秦陵山。《帝王世纪》云‘秦宁公葬西山大麓’，故号‘秦陵山’也。”《秦始皇本纪》所附《秦纪》称宪公“葬衙”。按，秦宪公之墓应在古雍都（今陕西宝鸡凤翔区东南）城南的三畤原上。徐卫民曰：“三畤原所在，南临渭河，北眺雍山，西依灵山，东接扶岐，位于周原的西部，因而土厚水深，地势平坦，是理想的秦公墓地，所以先后有二十三位秦君葬于此。”“虽然《史记》中对

从宪公到出公的葬地记载有所不同，但都在三畤原上。只是当时人在选择墓地时的地理位置更详细一些，虽然有‘衙’‘阳’‘宣阳聚’‘雍’‘竘南’‘栎圉’‘陵圉’‘车里’‘丘里’‘义里丘’‘入里’‘左宫’等，但都在雍城以南一带。”

⑨生出子：“生”字前似有缺文。林剑鸣《秦史稿》据秦公钟铭“公及王姬曰‘余小子’”，认为“出子”应为“王姬之子”，其说甚好。“生出子”句前似应增“王姬”二字读。出子，《十二诸侯年表》作“出公”。

⑩大庶长弗忌：大庶长是爵位名。庶长，意为众列之长，大庶长，即最高最尊之庶长。按秦规定，此爵比卿，为仅次于侯爵之高爵。此人名叫弗忌。威垒三父：威垒是官名，《秦始皇本纪》所附《秦纪》作“威累”。陈直曰：“当与汉代中垒校尉相似。”此人名叫三父。立出子为君：按，立幼子便于权臣控制。

⑪出子六年：当周桓王二十二年，前698年。

⑫出子生五岁立，立六年卒：平势隆郎以为应作“出子生五岁立，六岁卒”，并定出子在位之年为前699—前698年。录以备考。

【译文】

宪公二年，迁都平阳。派兵攻打荡社。三年，与西戎亳作战，亳王败逃戎地，于是灭掉荡社。四年，鲁公子翚弑其君隐公。十二年，秦国讨伐荡氏，将其占取。宪公十岁被立为秦君，在位十二年去世，葬在西山。宪公有三个儿子，长子武公被立为太子。武公与弟弟德公同母，都是鲁姬所生。宪公的王姬生出子。宪公去世后，大庶长弗忌、威垒三父等人废掉太子，另立出子为君。出子六年，三父等人又派人刺杀死了出子。出子五岁时被立为君，当了六年国君被杀。三父等人又重立故太子武公为国君。

武公元年①，伐彭戏氏②，至于华山下，居平阳封宫③。

三年[④]，诛三父等而夷三族，以其杀出子也。郑高渠眯杀其君昭公[⑤]。十年[⑥]，伐邽、冀戎[⑦]，初县之。十一年[⑧]，初县杜、郑[⑨]。灭小虢[⑩]。十三年[⑪]，齐人管至父、连称等杀其君襄公而立公孙无知[⑫]。晋灭霍、魏、耿[⑬]。齐雍廪杀无知、管至父等而立齐桓公[⑭]。齐、晋为强国[⑮]。十九年[⑯]，晋曲沃始为晋侯[⑰]。齐桓公伯于鄄[⑱]。二十年[⑲]，武公卒，葬雍平阳[⑳]。初以人从死，从死者六十六人。有子一人，名曰白。白不立，封平阳[㉑]。立其弟德公。

【注释】

①武公元年：当周桓王二十三年，前697年。

②彭戏氏：古民族名。戎人的一支。居于彭衙，即今陕西白水东北一带。

③平阳封宫：秦都平阳内的宫殿。《积古斋钟鼎彝器款识》卷九有平阳宫中的铜器一件，上刻“平阳封宫”四字，秦篆。阮元定为秦平阳封宫中的器物。

④三年：当周庄王二年，前695年。

⑤郑高渠眯杀其君昭公：郑昭公继位之初，宋国胁迫郑国权臣祭仲改立昭公之弟厉公，昭公出逃。厉公在位四年，因不满祭仲专权而欲诛之，事泄，厉公被逐，昭公回国复位。高渠眯，一作“高渠弥”。时为郑国正卿，与祭仲共执国政。其在昭公为太子时即与之交恶，昭公复位后二年，他惧昭公杀己，乘出猎之机，射杀昭公。事情详见《左传·桓公十七年》及《郑世家》。郑是西周宣王所封的诸侯国，春秋时代的郑国都城即今河南新郑。

⑥十年：当周庄王九年，前688年。

⑦邽、冀：皆戎族部落名。邽在今甘肃天水。冀在今甘肃甘谷东，天

水西北。

⑧十一年：当周庄王十年，前687年。

⑨杜：即前文之所谓“荡社”，在今陕西西安长安区东南。郑：即今陕西渭南华州区，西周灭亡前曾是郑国的都城。

⑩小虢：《正义》以为是“羌之别种”，其地在今陕西宝鸡陈仓区西侧。

⑪十三年：周庄王十二年，前685年。

⑫齐人管至父、连称等杀其君襄公而立公孙无知：管至父与连称一起受命出守葵丘（今山东淄博临淄区西），因不满齐襄公（前697—前686年在位）言而无信，不派人来代替他们，遂勾结公子无知作乱，杀齐襄公，改立公子无知为齐国国君。详情见《左传·庄公九年》与《齐太公世家》。管至父、连称，皆齐国大夫。公孙无知，齐僖公之侄，齐襄公堂弟。僖公爱之，令其秩服皆如襄公。襄公即位后，贬其秩服，他深怨襄公，故与管至父、连称一拍即合。

⑬晋灭霍、魏、耿：按，晋灭三国事详见《晋世家》，乃晋献公十六年事，当秦成公三年（前661），此书于秦武公十三年（前685），提前了24年。晋，西周初期建立的诸侯国，始封之君是成王之弟叔虞，春秋时期的晋国以今山西侯马一带为中心。霍、魏、耿，皆西周以来受封的姬姓小国。霍在今山西霍州西南，魏在今山西芮城北，耿在今山西运城河津东南。

⑭齐雍廪杀无知、管至父等而立齐桓公：据《齐太公世家》，无知即位后，到雍林游玩，被雍林人所杀，齐国无君，于是桓公遂自莒而入立为君。雍廪，《左传》庄公八年、九年传曰“公孙无知虐于雍廪”，“雍廪杀无知”，与此处相同，贾逵注曰：“葵丘大夫。”则雍廪是人名。而《齐太公世家》所云，雍林则为地名。齐桓公，名小白，襄公之弟。前685—前643年在位。齐桓公入为齐君的详情见《左传·庄公九年》与《齐太公世家》。

⑮齐、晋为强国：齐桓公是春秋时期的第一位霸主，他在位的四十多年间，也是齐国最强盛的时期。晋国自献公（前676—前651年在位）开始强大，至文公（前636—前628年在位）时继齐桓公称霸，此后晋国长期为中原霸主。按，秦武公时，齐国处于襄公、桓公时期，国力日上，正在崛起的上升期，堪称强国；而晋国正处于曲沃与翼两支争位的内乱时期，还不能称为强国。

⑯十九年：当周釐王三年，前679年。

⑰晋曲沃始为晋侯：指曲沃武公被周釐王封为晋君，列于诸侯。曲沃武公是晋穆侯的曾孙，穆侯有二子，太子名仇，少子名成师。穆侯卒，太子仇立，是为文侯；文侯卒，子昭侯立，昭侯封其叔成师于曲沃，号为桓叔。桓叔在曲沃发展势力，并勾结晋臣杀掉了昭侯，晋人复立孝侯。桓叔的儿子曰庄伯，又进攻晋都翼城，杀孝侯。晋人复立鄂侯。庄伯之子即曲沃武公，先是乘鄂侯死时发兵攻晋，被周平王派兵打回。晋人复立哀侯。后九年，曲沃武公虏杀哀侯，后又诱杀哀侯子，周桓王助晋立哀侯弟曰晋侯缗。晋侯缗二十八年，曲沃武公灭晋，并以宝器贿赂周釐王，周釐王遂封曲沃武公为晋君，号曰晋武公。详见《晋世家》。

⑱齐桓公伯于鄄（juàn）：齐桓公、宋桓公、陈宣公、卫惠公、郑厉公在鄄地相会，此与《齐太公世家》称齐桓公始“伯”，《十二诸侯年表》称其始“霸”。伯，指被周天子封为“方伯”，意即一方诸侯之长，可以讨伐不顺服的诸侯，故也可称“霸”。鄄，齐邑名。在今山东鄄城北旧城集。

⑲二十年：当周釐王四年，前678年。

⑳武公卒，葬雍平阳：按，亦如宪公之葬于雍州城南之三畤原。平阳，《正义》曰：“平阳时属雍。”

㉑封平阳：因德公迁于新都雍城，故将旧都平阳封给白为封邑，让他做秦国国内的小封君。

【译文】

武公元年，攻伐彭戏氏，一直打到华山之下，武公居住在平阳封宫。三年，诛杀三父等人，且灭其三族，因为他们杀死了出子。郑国的高渠眯弑其君昭公。十年，讨伐邽戎、冀戎，始设邽县、冀县。十一年，始设杜县、郑县。灭掉小虢。十三年，齐国的管至父、连称等人弑其君襄公，而立公孙无知为君。晋国灭掉了霍、魏、耿三国。齐国的雍廪杀了公孙无知、管至父等人，而立桓公为君。齐、晋成为强国。十九年，晋国的曲沃武公被立为晋侯。齐桓公在鄄邑会盟，开始成为霸主。二十年，武公去世，葬于雍县的平阳。开始用活人殉葬，殉葬者有六十六人。武公有一个儿子，名叫白。白未能即位，被封于平阳。武公的弟弟德公被立为君。

德公元年[①]，初居雍城大郑宫[②]。以牺三百牢祠鄜畤[③]。卜居雍，“后子孙饮马于河”[④]。梁伯、芮伯来朝[⑤]。二年[⑥]，初伏[⑦]，以狗御蛊[⑧]。德公生三十三岁而立，立二年卒。生子三人：长子宣公，中子成公，少子缪公。长子宣公立。

【注释】

①德公元年：当周釐王五年，前677年。

②雍城：在今陕西宝鸡凤翔区南，秦国旧都平阳之西北。徐卫民曰：“根据勘探得知，雍城城址平面略似正方形，城墙东西长三千三百米，南北宽三千二百米，城垣一般宽十四米左右。”“自从德公迁居雍大郑宫后，秦的历史开辟了一个新的时期，‘如果说秦襄公受封立国是秦国历史上一件划时代意义的大事，秦国只有在建都雍城后才真正揭开了争霸中原、称雄海内的历史画卷，也只有在此之后，秦族才真正跨入了中华民族大家庭的行列。’”“秦都迁离雍城后，雍城仍然具有很重要的地位，因为当时雍城的经济地位

很高，有许多手工业作坊仍然存在，又处于交通要道，而且秦先公的陵墓及宗庙在雍，因此后代的秦公秦王公、始皇帝都必须来此祭祀。雍城的许多宫殿及离宫别馆因此保留下来，甚至沿用到西汉时期。”史念海曰：“远在春秋战国之际，关中已有三个经济都会，即雍、栎阳、咸阳。”“雍和栎阳不作为政治都会之后，仍依然保持着经济都会的地位。”大郑宫：在古雍州城内。

③三百牢：陈直曰：“解者皆以‘三百牢’为‘三白牢’之误字，其实非也。殷墟甲骨文既有以‘二百牢’‘三百牢’祭王亥、上甲微之记载矣，何独于秦人祭神用‘三百牢’而疑之？”

④卜居雍，“后子孙饮马于河”：此补叙秦德公所以迁都于雍的原因。后子孙饮马于河，这是占卜得到的卦语，意思是秦国的后代子孙将把秦国的势力一直向东扩展到黄河边。

⑤梁伯、芮伯：梁国、芮国两国的国君。梁国，嬴姓。在今陕西韩城南。芮国，姬姓。今陕西大荔朝邑镇南。来朝：表示敬畏、臣服。

⑥二年：当周惠王元年，前676年。

⑦初伏：初次举行夏季入伏的祭祀。伏，即今之所谓“三伏”。以十天为一“伏”，农历夏至后第三庚日起为初伏，第四庚日起为中伏，立秋后第一庚日起为末伏。是一年中最热的时候。

⑧以狗御蛊（gǔ）：将狗胸腹剖开悬挂在城邑四门，以去除热毒。《正义》曰：“蛊者，热毒恶气为伤害人，故磔狗以御之。”凌稚隆引《风俗通》云：“俗说狗别宾主，善守御，故著四门以辟盗贼。……今人杀白犬，以血题门户，正月白犬血辟除不祥，取法于此也。”

【译文】

德公元年，开始居住到雍城大郑宫。用牛、羊、猪各三百头在鄜畤祭祀天帝。卜居雍地吉凶，卦象显示说“后代子孙将饮马于黄河”。梁伯、芮伯前来朝见。二年，开始举行入伏的祭祀仪式，杀狗禳除暑毒。德公三十三岁被立为君，在位二年去世。他生了三个儿子：长子宣公，中子成公，幼子缪公。长子宣公即位。

宣公元年[①]，卫、燕伐周，出惠王，立王子穨[②]。三年[③]，郑伯、虢叔杀子穨而入惠王[④]。四年[⑤]，作密畤[⑥]。与晋战河阳，胜之[⑦]。十二年[⑧]，宣公卒[⑨]。生子九人，莫立，立其弟成公。成公元年[⑩]，梁伯、芮伯来朝。齐桓公伐山戎，次于孤竹[⑪]。成公立四年卒[⑫]。子七人，莫立，立其弟缪公[⑬]。

缪公任好元年[⑭]，自将伐茅津[⑮]，胜之。四年[⑯]，迎妇于晋，晋太子申生姊也[⑰]。其岁，齐桓公伐楚，至邵陵[⑱]。

【注释】

①宣公元年：当周惠王二年，前675年。

②卫、燕伐周，出惠王，立王子穨：据《周本纪》，周惠王因夺其大臣之园，引发大臣边伯等五人作乱，勾结卫、燕两国驱逐惠王，改立惠王之叔王子穨为王。卫，姬姓诸侯国。此时的卫君为卫惠公。燕，此燕为南燕，姞姓，在今河南延津东北。

③三年：当周惠王四年，前673年。

④郑伯、虢叔杀子穨而入惠王：郑伯、虢叔帅军杀王子穨送惠王回国复位，详情见《左传·庄公二十一年》与《周本纪》。郑伯，指郑厉公，名突，前679—前673年在位。虢叔，虢国国君。虢国都城上阳，在今河南三门峡东。

⑤四年：当周惠王五年，前672年。

⑥密畤：在当时雍州城南的三畤原上。《正义》引《括地志》云："秦文公梦黄蛇自天而下属地，其口止于鄜衍，作畤郊祠白帝，曰鄜畤；秦宣公作密畤于渭南，祭青帝；秦灵公作吴阳上畤，祭黄帝；作下畤，祠炎帝。"

⑦与晋战河阳,胜之:河阳,在今河南孟州西北。按,此事《晋世家》与《十二诸侯年表》均不载。

⑧十二年:当周惠王十三年,前664年。

⑨宣公卒:按,宣公墓也在雍州城南的三畤原上。

⑩成公元年:当周惠王十四年,齐桓公二十三年,前663年。

⑪齐桓公伐山戎,次于孤竹:山戎伐燕,燕向齐求救。齐桓公伐山戎,一直打到孤竹。这是齐桓公有名的"霸业"之一。过程详见《齐太公世家》《燕召公世家》。山戎,古民族名。亦称北戎。春秋时分布在今河北北部。公元前七世纪势力颇强,屡侵扰郑、齐、燕等国。孤竹,原为商周小国,后属燕,在今河北卢龙东南,曾被戎人所占。

⑫成公立四年卒:时为周惠王十七年,前660年。

⑬立其弟缪公:"缪公"也写作"穆公",春秋时期秦国最有作为的国君,前659—前621年在位。

⑭缪公任好元年:当周襄王十八年,前659年。秦缪公名任好。

⑮茅津:古黄河渡口名。在今山西平陆西南,河南三门峡西黄河北岸。一说茅津为民族名,戎人的一支。《正义》引刘伯庄曰:"戎号也。"或因戎人居此而以地名为族名。

⑯四年:当晋献公二十一年,齐桓公三十年,前656年。

⑰迎妇于晋,晋太子申生姊也:即秦缪夫人。太子申生姊,晋献公太子申生的姐姐。按,此为韩之战后劝缪公放回晋惠公作伏线。

⑱齐桓公伐楚,至邵陵:齐桓公因蔡姬荡舟戏弄他而遣送她回了蔡国,又借口并未休弃蔡姬而蔡侯却将她改嫁讨伐了蔡国,接着又引诸侯兵南下,借口楚国不向周天子进贡苞茅及周昭王被杀而向楚国问罪,在楚国据理力争与有力斗争下,齐桓公与楚使屈完在邵陵定盟而还。此为春秋时期的重大事件,过程详见《左传·僖公四年》与《齐太公世家》。邵陵,《左传》作"召陵",在今河南

漯河郾城东。

【译文】

宣公元年，卫国、燕国攻打周室，驱逐周惠王，立王子穨为君。三年，郑伯、虢叔杀王子穨，护送周惠王回国复位。四年，秦国建造密畤。与晋国战于河阳，取得胜利。十二年，宣公去世。宣公生了九个儿子，都没有被立为君，立了他的弟弟成公。成公元年，梁伯、芮伯前来朝见。齐桓公讨伐山戎，驻军孤竹。成公在位四年去世。他的七个儿子没有被立为君，立了他的弟弟缪公。

缪公任好元年，亲自率兵讨伐茅津一带的戎人，取得了胜利。四年，缪公到晋国迎娶夫人，夫人就是晋太子申生的姐姐。这一年，齐桓公讨伐楚国，到达邵陵。

五年[①]，晋献公灭虞、虢[②]，虏虞君与其大夫百里傒[③]，以璧马赂于虞故也。既虏百里傒，以为秦缪公夫人媵于秦[④]。百里傒亡秦走宛[⑤]，楚鄙人执之。缪公闻百里傒贤，欲重赎之，恐楚人不与，乃使人谓楚曰："吾媵臣百里傒在焉，请以五羖羊皮赎之[⑥]。"楚人遂许与之[⑦]。当是时，百里傒年已七十余。缪公释其囚，与语国事。谢曰："臣亡国之臣，何足问！"缪公曰："虞君不用子，故亡，非子罪也。"固问，语三日，缪公大说，授之国政，号曰五羖大夫。百里傒让曰："臣不及臣友蹇叔，蹇叔贤而世莫知。臣常游困于齐而乞食銍人[⑧]，蹇叔收臣。臣因而欲事齐君无知，蹇叔止臣，臣得脱齐难[⑨]，遂之周[⑩]。周王子穨好牛，臣以养牛干之。及穨欲用臣，蹇叔止臣，臣去，得不诛[⑪]。事虞君，蹇叔止臣。臣知虞君不用臣，臣诚私利禄爵，且留。再用其言，得脱；一不用，及虞君难。是以知其贤[12]。”于是缪公使人厚币迎蹇叔[13]，以为上大夫。晋骊姬作乱，太子申生死新城，重耳、夷吾出奔[14]。

【注释】

①五年：当晋献公二十二年，前655年。

②晋献公灭虞、虢：晋献公假虞灭虢，回师时驻扎在虞，遂灭之。事情详见《国语·晋语》《左传·僖公五年》与《晋世家》。虞，姬姓诸侯国，在今山西平陆北。虢，都城上阳在今河南三门峡东南。虢国北面是虞国，虞国之北就是晋国。

③百里傒：虞国的贤臣，也作“百里奚”。“百里”是姓，“傒”是奴隶，百里奚曾被卖或自卖为奴，故以“傒”相称，未必是其名曰“傒”。

④秦缪公夫人媵（yìng）：秦缪公夫人出嫁时的陪嫁奴隶。媵，陪嫁。此指陪嫁的奴隶。

⑤宛：楚国北部的宛县，今河南南阳。按，今河南南阳之西郊尚有村曰“百里奚”，有碑刻“百里奚故里”。

⑥五羖（gǔ）羊皮：五张黑公羊皮。羖，黑色公羊。

⑦楚人遂许与之：关于百里傒到达秦国的过程古书说法不一。梁玉绳曰：“《孟子》言：‘百里奚知虞公之不可谏而去之秦。’知虞公之将亡而先去之。……被执为媵者，虞大夫井伯也，史误合为一人，故于《晋世家》连书‘虏井伯、百里奚’，而于此纪直以‘百里奚’替‘井伯’。”又曰：“《后汉书·循吏传》注、唐李善《文选》（陆机《演连珠》）注引《韩诗外传》《论衡》并言‘秦大夫禽息荐百里奚’，当是也。此言穆公赎于楚，《吕氏春秋·慎人篇》言‘公孙枝以五羊皮买之而献诸穆公’；《说苑·臣术篇》言‘贾人买以五羖羊皮使将盐车’与《万章》言‘自鬻于秦’，皆好事者为之。”孟轲说百里奚是“以食牛干秦穆公”，这就又和宁戚干齐桓公的做法相似了。

⑧常：通“尝”，曾经。游：指求仕，求职。铚（zhì）：宋邑名。在今安徽宿州西南。

⑨得脱齐难：指未卷入公子无知、连称、管至父等的叛乱，未被齐桓公所惩治。

⑩周：此指东周都城洛阳。

⑪得不诛：因未卷入王子穨的叛乱，未被郑厉公与虢叔所诛。

⑫“再用其言”几句：锺惺曰：“百里奚论蹇叔之事，皆从识上看出，可谓观其大者。”凌稚隆引王维桢曰：“只此三言，蹇叔之贤自见。”再，两次。

⑬厚币：厚礼。币，泛指车马皮帛玉器等礼物。

⑭“晋骊姬作乱”几句：晋献公宠妃骊姬为了排挤太子申生而让自己的儿子奚齐继位，因此离间献公与申生的关系，并陷害申生，逼其自杀；又撺掇献公杀公子重耳、夷吾等，重耳、夷吾逃出国外。事详见《国语·晋语》《左传·僖公四年》与《晋世家》。新城，晋邑名。即曲沃，在今山西闻喜东北。《集解》引韦昭曰：“曲沃也，新为太子城。”重耳、夷吾，皆晋献公之子，太子申生的异母弟。重耳即日后之晋文公，夷吾即日后之晋惠公。又，底本此句前有“秋，缪公自将伐晋战于河曲”十一字，《晋世家》与《十二诸侯年表》皆无其事。梁玉绳认为此战是四十多年后秦康公时的河曲之战，应为衍文。梁说是，今据削。

【译文】

缪公五年，晋献公灭掉了虞国和虢国，俘虏了虞国国君和他的大夫百里傒，这是晋国用璧玉、骏马贿赂虞国的缘故。晋国俘获百里傒后，把他作为缪公夫人陪嫁的奴仆送给了秦国。百里傒从秦国逃跑到宛县，被楚国边境的居民捉住。缪公听说百里傒贤明能干，想用重金将他赎回，但又怕楚国人不给，于是派人对楚国人说：“我国的陪嫁奴仆百里傒逃到了贵国，我们愿用五张黑羊皮将他赎回。”楚人于是答应将百里傒交给秦国。这时候，百里傒已经七十多岁了。缪公将他释放，和他谈论如何治理国家大事。百里傒推辞说："我是个亡国之臣，哪里值得您来询问！"缪公说："虞国国君不重用你，所以才亡国，这不是你的罪过。"缪公再三向他请教，一连谈了三天，缪公大喜，要把国政交付给他，称他为五羖大夫。百里傒辞让说："我不如我的朋友蹇叔，蹇叔贤能而世人不知。以前我为求仕游历到齐国，曾经穷困得向铚邑人乞食，是蹇叔收留了我。我想去事奉齐君无知，也是蹇叔阻止了我，使我避免了齐国的内乱，来到了周朝。周朝的王子穨喜欢牛，我就以养牛术求见他，等到王子穨想重用我时，蹇叔阻止我，我离开周国，这才免于被杀。我去求见虞君，蹇叔还是阻止我。我也知道虞君不会重用我，我实在是贪图利禄爵位，就暂且留了下来。我两次听从蹇叔，两次幸免于难；只有一次未听，就碰上了虞君的亡国之难。由此可知他的贤明。"于是，缪公派人用厚礼迎请蹇叔，任用他为上大夫。晋国的骊姬作乱，太子申生死于新城，公子重耳、夷吾出逃。

九年[①]，齐桓公会诸侯于葵丘[②]。晋献公卒[③]。立骊姬子奚齐，其臣里克杀奚齐[④]。荀息立卓子，克又杀卓子及荀息[⑤]。夷吾使人请秦，求入晋。于是缪公许之，使百里傒将兵送夷吾[⑥]。夷吾谓曰："诚得立，请割晋之河西八城与秦[⑦]。"及至，已立[⑧]，而使丕郑谢秦[⑨]，背约不与河西城，而杀里克[⑩]。丕郑闻之，恐，因与缪公谋曰："晋人不欲夷吾，实欲重耳。今背秦约而杀里克，皆吕甥、郤芮之计也[⑪]。愿君以利急召吕、郤，吕、郤至，则更入重耳，便。"缪公许之，使人与丕郑归，召吕、郤。吕、郤等疑丕郑有间，乃言夷吾杀丕郑。丕郑子丕豹奔秦，说缪公曰："晋君无道，百姓不亲，可伐也。"缪公曰："百姓苟不便，何故能诛其大臣？能诛其大臣，此其调也⑫。”不听，而阴用豹⑬。

【注释】

①九年：当齐桓公三十五年，前651年。

②齐桓公会诸侯于葵丘：即“葵丘之盟”。齐桓公会合鲁、宋、卫、郑、许、曹几国诸侯在葵丘结盟，周天子派宰孔向桓公赐胙，并命其不必拜赐，给予了极大的礼遇，表示承认他的霸主地位。这是齐桓公称霸以来风光的顶点。详见《左传·僖公九年》与《齐太公世家》。葵丘，宋邑名。在今河南兰考城东，今其地尚有盟台遗址。

③晋献公卒：晋献公在位二十六年，卒于前651年。

④里克：又称“里子”，时为晋国正卿。支持申生、重耳，不满献公晚年的昏悖行为，故奚齐即位就将其杀死。

⑤荀息立卓子，克又杀卓子与荀息：献公临死向荀息托孤，荀息向献公做了力保奚齐不惜一死的保证。故献公死后，荀息先立了奚齐；奚齐被里克所杀后，荀息又立了奚齐之弟卓子，里克将荀息与卓子一起杀死。详见《左传·僖公九年》与《晋世家》。荀息，晋国公族。献公时为大夫。字叔。食邑于荀（今山西绛县），故以荀为氏。曾为献公设“假虞灭虢”之计，是献公心腹。卓子，骊姬妹妹的儿子。

⑥使百里傒将兵送夷吾：按，里克杀荀息、卓子后，派人请重耳回国为君，重耳不回，此后始有夷吾请秦缪公送其入晋事。又据《左传》，是齐隰朋会秦师纳惠公，未言秦方何人为帅。

⑦请割晋之河西八城与秦：梁玉绳曰：“按《左传》言，许赂秦伯以河外列城五，此言河西八城，当误以虢略等，又为三城也。”李零曰：“据《左传·僖公十五年》《三十年》，夷吾答应割让的城邑包括有焦（今河南三门峡西郊）、瑕（在今河南灵宝西）在内的‘河外列城五’及河内的解梁城（在今山西临猗西南），地点均在黄河流经

风陵渡至三门峡一段的南北两岸（北岸为河内，南岸为河外），而不在河西。”

⑧及至，已立：意谓回到晋国都城即位。夷吾即晋惠公。晋都城为绛，也称“翼”，在今山西翼城东南。

⑨丕郑：晋大夫。里克一党。

⑩杀里克：惠公夷吾即位后，以里克曾杀奚齐、卓子和荀息为理由将其杀死。里克说：不杀他们，你能当国君么，真是“欲加之罪，何患无辞”！

⑪吕甥：晋大夫。姓吕，字子金。食邑于瑕、阴二地，又称“瑕甥”“阴饴甥”“瑕吕饴甥”，惠公心腹。郤（xì）芮：晋大夫。字子公，因食邑于冀（今山西河津东北），又称为“冀芮”。惠公心腹。随惠公奔梁，建议并执行了向秦许以重赂以送夷吾即位之事。

⑫“百姓苟不便”几句：按，此缪公在伐晋条件不成熟时故意做出的一种姿态，以麻痹晋国，不能仅照字面理解。徐孚远曰：“是时丕郑已诛，秦无内应，晋未可以间也，故穆公益厚晋以骄之。”不便，即不喜欢、不拥护。调，和谐，指内部团结。

⑬不听，而阴用豹：六字写缪公心理绝妙。按，以上晋惠公食言，丕郑被杀，丕豹奔秦事，见《左传·僖公十年》及《晋世家》。

【译文】

缪公九年，齐桓公召集诸侯在葵丘会盟。晋献公去世。立骊姬的儿子奚齐为君，他的臣子里克杀了奚齐。荀息立奚齐的弟弟卓子为君，里克又杀死了卓子和荀息。公子夷吾派人向秦国请求，帮助他回国为君。于是缪公答应了，派百里傒率兵护送夷吾。夷吾与秦有约说：“我果真能回国为君，请让我把河西八城割让给秦国。”等他回到晋国做了国君后，却派丕郑到秦国告罪，背弃盟约，不再割让河西八城，而且还杀了里克。丕郑听说里克被杀，心中害怕，便跟缪公商议说：“晋人不希望夷吾做国君，他们实际上想让重耳为君。如今夷吾违背了与秦国的约定，又杀掉了里克，这都是吕甥、郤芮的计谋。希望大王用重利将吕甥、郤芮尽快召来秦国，等吕甥、郤芮二人到了秦国，那时再让重耳回晋就方便多了。”缪公接受了建议，派人和丕郑一起回到晋国，召请吕甥、郤芮。吕甥、郤芮等人怀疑丕郑有诈，便向夷吾建议杀死了丕郑。丕郑的儿子丕豹逃到秦国，鼓动缪公说：“晋君昏庸无道，百姓不相亲附，可以趁此攻打晋国。”缪公说：“如果百姓真的不拥护夷吾，那他怎么能杀掉大臣里克呢？他既然能够诛杀大臣里克，就说明他还是能与百姓调和呀。”缪公没有听从丕豹的建议，但暗中却重用了他。

十二年[①]，齐管仲、隰朋死[②]。晋旱，来请粟[③]。丕豹说缪公勿与，因其饥而伐之。缪公问公孙支[④]，支曰：“饥穰更事耳[⑤]，不可不与。”问百里傒，傒曰：“夷吾得罪于君，其百姓何罪？”于是用百里傒、公孙支言，卒与之粟。以船漕车转[⑥]，自雍相望至绛[⑦]。

【注释】

①十二年：当齐桓公三十八年，前648年。

②管仲、隰（xí）朋死：按，此记有误。据《齐太公世家》，管仲、隰朋之死在齐桓公四十一年，当秦缪公十五年。管仲、隰朋，皆齐桓公的股肱大臣。

③晋旱，来请粟：梁玉绳曰：“此句上失书‘十三年’。”按，梁说是，《十二诸侯年表》系此事于缪公十三年，前647年。

④公孙支：也作“公孙枝”，秦大夫。姓嬴，名支，字子桑，岐州（今陕西宝鸡凤翔区南）人。初游晋，秦穆公闻其贤名而召之，乃归秦任大夫。多献良策，甚有辅佐之功，深得穆公信任。《韩非子·说林》《吕氏春秋·慎人》等篇皆言百里奚之能得缪公重用即公孙

支所推荐。

⑤饥：荒年。年成很差或颗粒无收。穰（ráng）：庄稼丰收。更事：交替出现。更，交替，轮流。

⑥漕：水路运输。

⑦自雍相望至绛：按，《左传》称秦国此举为“泛舟之役”。雍，秦国都城，在今陕西宝鸡凤翔区东南。相望，前后相互看得见，极言其出动的车船之多。

【译文】

缪公十二年，齐国的管仲、隰朋去世。十三年，晋国大旱，来向秦国请求粮食救助。丕豹劝缪公不要给，应趁其饥荒攻打晋国。缪公询问公孙支，公孙支说：“灾荒和丰收交替出现，谁也避免不了，不可不给晋国粮食。”问百里傒，百里傒说：“是夷吾得罪了君上，晋国的百姓何罪之有？”于是缪公采纳百里傒、公孙支的意见，最终给了晋国粮食。秦国用船载车运，从雍城出发，前后相望，直到绛城。

十四年①，秦饥，请粟于晋。晋君谋之群臣。虢射曰②：“因其饥伐之，可有大功。”晋君从之。十五年，兴兵将攻秦③。缪公发兵，使丕豹将④，自往击之。九月壬戌⑤，与晋惠公夷吾合战于韩地⑥。晋君弃其军⑦，与秦争利，还而马鸷⑧。缪公与麾下驰追之⑨，不能得晋君，反为晋军所围。晋击缪公，缪公伤。于是岐下食善马者三百人驰冒晋军⑩，晋军解围，遂脱缪公，而反生得晋君。初，缪公亡善马，岐下野人共得而食之者三百余人，吏逐得，欲法之。缪公曰：“君子不以畜产害人。吾闻食善马肉不饮酒，伤人。”乃皆赐酒而赦之。三百人者闻秦击晋，皆求从，从而见缪公窘，亦皆推锋争死⑪，以报食马之德。于是缪公虏晋君以归⑫，令于国："齐宿[13]，吾将以晋君祠上帝[14]。"周天子闻之，曰"晋我同姓"，为请晋君[15]。夷吾姊亦为缪公夫人[16]，夫人闻之，乃衰绖跣[17]，曰："妾兄弟不能相救[18]，以辱君命。"缪公曰："我得晋君以为功，今天子为请，夫人是忧。"乃与晋君盟，许归之。更舍上舍，而馈之七牢[19]。十一月，归晋君夷吾，夷吾献其河西地[20]，使太子圉为质于秦[21]。秦妻子圉以宗女[22]。是时秦地东至河[23]。

【注释】

①十四年：当晋惠公五年，前646年。

②虢射：晋大夫。晋惠公之舅。

③十五年，兴兵将攻秦：梁玉绳曰："《晋世家》亦谓惠公用虢射谋不与秦粟，而发兵伐之。考内外传，晋但不与粟而已，未尝有因饥伐秦之事。秦之伐晋为其三施无报，岂因晋来攻而秦击之乎？……此及世家皆误。"杨伯峻曰："秦请籴在去年冬，而韩之战在今年冬……若晋果用虢射之谋'因其饥伐之'，必不待第二年秦收割以后。……《竹书纪年》亦云'秦穆公涉河伐晋'，尤可证。"按，史公极恶惠公之无信，故采此说以甚其恶。十五年，当晋惠公六年，前645年。

④使丕豹将：《左传》无秦使丕豹为将事。

⑤九月壬戌：阴历九月十四。

⑥韩：也称"韩原"，晋地名。在今山西河津、万泉之间。

⑦弃其军：谓远离其军而独自深入。

⑧还而马鸷：马盘旋不进。还，通"旋"。鸷，停止。泷川曰："疑当作'絷'。"指被绊住。《左传》于此作"晋戎马还泞而止"，杨伯峻注："陷泥泞中，盘旋不得出。"

⑨麾（huī）下：部下。麾，大将的指挥旗。

⑩驰冒：飞奔冲击。冒，冲犯。

⑪推锋：摧挫敌人的兵刃。推，通“摧”。谓冲锋。

⑫缪公虏晋君以归：本来是秦缪公处于险境，眼看就要被擒，不料突然冒出了三百壮士，他们不仅使秦缪公转危为安，而且使秦军转败为胜，还活捉了晋惠公。此故事《左传》《国语》均不载，见于晚出的《吕氏春秋·爱士》与《韩诗外传》等，性质与《赵世家》中的桑下饿人之救赵盾大致相同。史公详取之以入此纪，见史公之报恩观念与其价值取向。

⑬齐宿：亦作“斋宿”。在祭祀或典礼前，先一日斋戒独宿，表示虔诚。齐，通“斋”。

⑭吾将以晋君祠上帝：即以晋君作为祭祀上帝的供品。梁玉绳曰：“内、外传秦有杀惠公之议，而无‘祀上帝’之言，此与《晋世家》并非。”

⑮为请晋君：徐孚远曰：“《左传》周无请晋君之事，且初获晋君，亦未能遽及，当是穆姬力也。”

⑯夷吾姊：即前文之“申生姊”，惠公的同父异母姊。亦为缪公夫人：“亦”字用得无理，似应削。

⑰衰绖（cuī dié）：丧服。古人丧服胸前当心处缀有长六寸、广四寸的麻布，名衰，因名此衣为衰；围在头上的散麻绳为首绖，缠在腰间的为腰绖。衰、绖两者是丧服的主要部分。这里是穿着丧服。跣（xiǎn）：光着脚。

⑱妾兄弟不能相救：泷川曰：“枫、三、南本‘救’作‘教’，义长。”即对兄弟缺乏教导。

⑲馈之七牢：按，以上秦、晋韩原之战事，详见《左传·僖公十五年》，参见《晋世家》。

⑳河西地：黄河以西的今陕西东部地区。

㉑太子圉（yǔ）：晋惠公的太子，名圉，即日后之晋怀公。

㉒秦妻子圉以宗女：宗女，宗室之女。此指怀嬴。梁玉绳曰："《晋语》秦伯曰：'寡人之嫡，此为才。'则怀嬴是穆公之女也，此与《晋世家》言'宗女'非。"王叔岷认为此与《晋世家》称怀嬴为"宗女"是根据《秦纪》，因为怀嬴先嫁怀公，又嫁重耳，秦人为穆公颜面不愿明说。

㉓秦地东至河：按，自此秦国的疆域第一次扩展到了今陕西、山西之间的黄河一线。

【译文】

缪公十四年，秦国发生饥荒，向晋国请求给予粮食支援。晋惠公和大臣们商量是否援助。虢射说："趁着秦国饥荒讨伐它，这样我们就可以取得大功。"晋惠公听从了虢射的建议。十五年，晋国出兵将要攻打秦国。缪公发兵应战，使丕豹为将，亲自统兵迎击晋军。九月壬戌，缪公与晋惠公夷吾会战于韩原。晋惠公甩开本部大军，与秦军争夺战事之利，但战车打滑，马匹被绊。缪公与部下驰车追赶，未能俘获晋君，却反被晋军包围。晋军攻击缪公，缪公负了伤。这时，曾在岐山下偷吃过缪公骏马肉的三百人驰马冲击晋军，晋军解除包围，这样才使缪公不但脱了险，反而还活捉了晋惠公。当初，缪公丢了骏马，被岐山下的三百多个农夫一起抓住杀掉吃了，官吏捕获他们后，要依法处置。缪公说："君子不会因为牲畜而杀人。我听说，吃好马肉不喝酒，是会伤人的。"于是赐给所有人酒，赦免了他们。这三百个人听说秦国要迎击晋军，都请求随军出征，于是碰见缪公处于困境，就冲锋陷阵，拼死力战，以报答杀吃骏马而被赦免的恩德。缪公俘获了晋君而回，他下令全国说："我要斋戒，准备用晋君祭祀上帝。"周天子听闻后，说"晋是我的同姓"，派人为晋君向缪公求情。夷吾的姐姐也就是缪公的夫人，听说后，就穿上丧服，赤着脚，对缪公说："我连自己的兄弟都不能相救，以至于劳烦您下这样的命令。"缪公见此情形也只好改变主意说："我俘虏了晋君，本以为是个大功劳，不料竟使得周天子为他求情，夫人为他忧心。”于是和晋君订立盟约，答应放他回国。给他更换了上等的客舍，用七太牢的礼节予以招待。十一月，送晋君夷吾回国，夷吾献上晋国的河西之地，让太子圉到秦国做质子。秦把宗女怀嬴嫁给子圉为妻。当时秦的领土已东抵黄河。

十八年，齐桓公卒[①]。二十年，秦灭梁、芮[②]。二十二年[③]，晋公子圉闻晋君病，曰：“梁，我母家也，而秦灭之。我兄弟多，即君百岁后，秦必留我，而晋轻亦更立他子[④]。”子圉乃亡归晋。二十三年[⑤]，晋惠公卒，子圉立为君。秦怨圉亡去，乃迎晋公子重耳于楚[⑥]，而妻以故子圉妻[⑦]。重耳初谢，后乃受[⑧]。缪公益礼厚遇之。二十四年春[⑨]，秦使人告晋大臣，欲入重耳。晋许之，于是使人送重耳[⑩]。二月，重耳立为晋君，是为文公[⑪]。文公使人杀子圉[⑫]。子圉是为怀公。

【注释】

①十八年，齐桓公卒：梁玉绳曰：“齐桓卒于秦缪十七年，此误。”按，梁说是。齐桓公死于秦缪公十七年，其死甚惨，与战国赵武灵王之死略同，详见《齐太公世家》。十八年，前642年。

②二十年，秦灭梁、芮：梁玉绳曰：“表书秦灭梁于十九年，是，此误在二十年也。至芮国之灭，则不可考。”二十年，前640年。

③二十二年：当晋惠公十三年，前638年。

④更立他子：废掉子圉，改立晋惠公的其他儿子。因子圉之母家梁国已被秦所灭。

⑤二十三年：当晋惠公十四年，前637年。

⑥乃迎晋公子重耳于楚：重耳自骊姬之乱逃出后，先在翟国住了十二年，后游历诸侯，于本年到达楚国，受到楚成王的优待，现又被

缪公迎到秦国。过程详见《左传·僖公二十三年》与《晋世家》。

⑦妻以故子圉妻：子圉逃回晋国，其妻缪公女怀嬴并未随他去晋国，此时缪公又将她嫁给了重耳。

⑧重耳初谢，后乃受：据《晋世家》，重耳本因怀嬴曾为子圉之妻而不想接受，其臣狐偃劝道："其国且伐，况其故妻乎？且受以结秦亲而求入，子乃拘小礼忘大丑乎？"重耳这才接受。按，此情节《左传》《国语》皆无。

⑨二十四年：周襄王十六年，前636年。

⑩"秦使人告晋大臣"几句：据《左传》，秦送重耳入晋前并未与晋国内大臣联络，而是直接派兵护送重耳回国。晋怀公派军阻拦，秦缪公这才派人去晋军，争取到晋军的支持。

⑪重耳立为晋君，是为文公：重耳得到晋军支持，回至曲沃，拜祭宗庙，继位为君。

⑫文公使人杀子圉：当时晋怀公子圉逃到高梁，今山西临汾东北，被文公所杀。

【译文】

缪公十八年，齐桓公去世。二十年，秦灭掉了梁、芮二国。缪公二十二年，晋太子圉听到晋君病重，说："梁国是我母亲的娘家，而秦国灭掉了它。我兄弟多，一旦晋君去世，秦国必定扣留我，而晋国也会毫不犹豫地改立其他的公子。"子圉于是就逃回了晋国。二十三年，晋惠公去世，子圉被立为君。秦国怨恨子圉逃离，就从楚国迎来公子重耳，而将原子圉的妻子嫁给重耳。重耳一开始谢绝，后来才接受。于是缪公优礼有加，厚待重耳。二十四年春，秦国派人告诉晋国大臣，要送重耳回晋。晋国答应了，于是派人护送重耳回国。二月，重耳被立为晋君，这就是晋文公。晋文公派人杀了子圉。子圉就是晋怀公。

其秋，周襄王弟带以翟伐王，王出居郑①。二十五年②，周王使人告难于晋、秦，秦缪公将兵助晋文公入襄王，杀王弟带[③]。二十八年[④]，晋文公败楚于城濮[⑤]。三十年[⑥]，缪公助晋文公围郑[⑦]。郑使人言缪公曰[⑧]："亡郑厚晋，于晋而得矣，而秦未有利。晋之强，秦之忧也[⑨]。"缪公乃罢兵归，晋亦罢[⑩]。三十二年冬，晋文公卒[⑪]。

【注释】

①周襄王弟带以翟伐王，王出居郑：周襄王之弟王子带受其父惠王宠爱，惠王本有废长立幼之意。惠王死后，王子带于襄王三年（前649）发动叛乱，失败后逃至齐国。襄王十四年（前638）召回王子带。十六年（前636），王子带勾结翟人再次作乱，攻破京城，周襄王逃到郑国。周襄王，名郑，惠王之子，前651—前619年在位。王出居郑，据《左传·僖公二十四年》，周襄王是逃到了郑国的氾邑（今河南襄城南）。

②二十五年：当周襄王十七年，晋文公二年，前635年。

③秦缪公将兵助晋文公入襄王，杀王弟带：据《左传·僖公二十五年》，秦缪公原拟出兵佐王，晋文公看出这是图霸的好时机，遂劝止了秦缪公，单独出兵送回周襄王，杀死王子带。此晋文公之"谲"处。史公这里的用词大有学问，梁玉绳言"秦未尝助晋纳王"，杨伯峻以此为"史公驳文"，恐皆失原意。

④二十八年：当晋文公五年，楚成王四十年，前632年。

⑤晋文公败楚于城濮：此即"城濮之战"。此役是春秋时期晋、楚之间的一次重大战役，也是《左传》描写得最精彩的战役之一。详见《左传·僖公二十八年》。城濮，卫邑名。在今山东鄄城临濮集。

⑥三十年：当晋文公七年，郑文公四十三年，前630年。

⑦缪公助晋文公围郑：晋文公当年游历诸侯经过郑国时，郑文公对

其无礼，晋文公对此一直耿耿于怀，此年又以此为借口，并说郑国亲附楚国，与秦围郑。秦缪公之助晋国，则是为了寻机向东方发展。

⑧郑使人言缪公：据《左传》，郑国派出游说秦缪公的人是烛之武。“烛之武说秦师”一段也是《左传》中著名的精彩辞令。

⑨“亡郑厚晋”几句：此概括烛之武说辞大意。《左传》叙烛之武谓缪公曰：“越国以鄙远，君知其难也，焉用亡郑以陪邻？邻之厚，君之薄也。”又曰：“夫晋，何厌之有？既东封郑，又欲肆其西封，若不阙秦，将焉取之？阙秦以利晋，唯君图之。”秦未有利，指灭郑秦得不到好处。因为晋与郑相邻，灭郑后晋得其地更为强大，将为秦劲敌。

⑩缪公乃罢兵归，晋亦罢：按，烛之武的说辞极其中肯、扼要，直接说中秦缪公的心思，离间了秦、晋关系，导致秦、晋关系开始变坏。这也为崤之战预伏了契机。事情详见《左传·僖公三十年》，略见于《晋世家》。

⑪三十二年，晋文公卒：晋文公在位共九年。三十二年，前628年。

【译文】

这年秋天，周襄王的弟弟王子带勾结翟国的军队攻打周襄王，周襄王出逃，居住在郑国。缪公二十五年，周襄王派人向晋国、秦国告急求救。缪公率领军队帮助晋文公护送周襄王回国，并杀了周襄王的弟弟王子带。二十八年，晋文公在城濮打败了楚国。三十年，缪公帮助晋文公包围了郑国。郑国派人对缪公说：“灭亡郑国只能使晋国强大，这对晋国来说是有所得，但对秦国来说却无益处。晋国强大了，正是秦国该担忧的呀。”缪公于是就撤兵回国，晋国也罢兵回国。三十二年冬，晋文公去世。

郑人有卖郑于秦曰[①]：“我主其城门，郑可袭也[②]。”缪公问蹇叔、百里傒，对曰：“径数国千里而袭人[③]，希有得利者。且人卖郑，庸知我国人不有以我情告郑者乎？不可。”缪公曰："子不知也，吾已决矣。"遂发兵，使百里傒子孟明视、蹇叔子西乞术及白乙丙将兵。行日，百里傒、蹇叔二人哭之[4]。缪公闻，怒曰："孤发兵而子沮哭吾军[5]，何也？"二老曰："臣非敢沮君军。军行，臣子与往；臣老，迟还恐不相见[6]，故哭耳。"二老退，谓其子曰："汝军即败，必于殽阨矣[7]。"三十三年春[8]，秦兵遂东，更晋地[9]，过周北门。周王孙满曰[10]："秦师无礼，不败何待[11]！"兵至滑[12]，郑贩卖贾人弦高持十二牛将卖之周[13]，见秦兵，恐死虏，因献其牛[14]，曰："闻大国将诛郑，郑君谨修守御备[15]，使臣以牛十二劳军士。"秦三将军相谓曰："将袭郑，郑今已觉之，往无及已。"灭滑。滑，晋之边邑也[16]。

【注释】

①郑人有卖郑于秦：卖，出卖，将底细透露给别人。据《左传·僖公三十年》，烛之武游说秦缪公的辞令中有云"若舍郑以为东道主，行李之往来，共其乏困，君亦无所害"，甚得秦缪公之心，两国于是单独结盟，秦派杞子、逢孙、杨孙率领一支军队留驻郑国都城。至此年，杞子掌管了郑都北门的钥匙，请缪公派兵，欲里应外合以袭郑。梁玉绳据《郑世家》疑郑司城缯贺与杞子一起卖郑，否则此处不当言"郑人"卖郑。

②我主其城门，郑可袭也：《左传》云："杞子自郑使告于秦曰：'郑人使我掌其北门之管，若潜师以来，国可得也。'"分明是秦国占领军的将领之所为。

③径数国：越过好几个国家。从秦至郑，中间要经过晋国的南部和周、滑等国。径，横越，穿过。

④"使百里傒子孟明视"几句：据《左传·僖公三十二年》，未言孟

明视、西乞术、白乙丙为百里傒与蹇叔之子，只说“蹇叔之子与师”，哭师者也只有蹇叔一人。蹇叔先哭谓孟明视“吾见师之出而不见其入也”，乃为国事而痛惜，再谓其子将死于崤山。梁玉绳曰：“史公叙袭郑事依《公》《穀》，故与《左传》异，然《公》《穀》但云二老哭送其子而已，未尝谓三帅即其子也，真《史通》所谓李代桃僵者矣。”孟明视，杨伯峻曰：“字孟明，名视也。”西乞术、白乙丙，孔颖达曰：“术、丙必是名；西乞、白乙，或字，或氏，不可明也。”

⑤沮（jǔ）：终止，阻止。《诗·小雅·巧言》：“君子如怒，乱庶遄沮。”毛传：“沮，止也。”

⑥迟（zhì）还：待其还时。迟，比及，等到。

⑦殽厄：崤山的险要之处。崤山在今河南灵宝东南。厄，险要之处。

⑧三十三年：当晋襄公元年，郑穆公元年，前627年。

⑨更：经，经过。

⑩王孙满：周大夫，博学聪明，娴于辞令。其人是前代周王的后裔，然有说为周共王之玄孙者，恐非。共王之父穆王名“满”，其后裔不得复名“满”。

⑪秦师无礼，不败何待：《左传》曰：“秦师过周北门，左右免胄而下，超乘者三百乘。王孙满尚幼，观之，言于王曰：‘秦师轻而无礼，必败。’”杜预注：“谓过天子门不卷甲束兵。超乘，示勇也。”

⑫滑：姬姓诸侯国。初都于滑（今河南睢县西北），后迁都于费（今河南偃师西南），又称“费滑”。故城遗址呈不规则形，南北长约二点五公里，东西宽约零点五至一点五公里不等，部分夯筑城墙尚存。

⑬持十二牛将卖之周：《左传》云“郑商人弦高将市于周，遇之，以乘韦先，牛十二犒师”，则其货物众多，并非只有犒师的十二头牛。司马迁于此大大降低了其巨贾身份。

⑭恐死虏，因献其牛：据《左传》，弦高此举乃主动为国解难，和不与韩起玉环之郑商（昭公十六年），同为极具爱国心的郑国商人，今谓之“恐死虏”云云，大失《左氏》本旨。《淮南子·人间训》记弦高曰：“凡袭国者，以为无备也。今示以知其情，必不敢进。”此得弦高本意。

⑮谨修守御备：语略不顺，意即谨修守备。御，拒，抵抗。王叔岷曰：“《金楼子·说蕃篇》无‘御’字，‘御’字疑因‘守’字联想而衍。”

⑯滑，晋之边邑也：史公认为滑是“晋之边邑”，故下文又有“秦侮我孤，因丧破我滑”云云；然依《左传》原文则未必然。《左传》明曰秦“灭滑”，未曰滑乃属晋。杨伯峻注：“传云‘灭滑’，而经书‘入滑’者，秦虽灭之而不能有也……滑被灭后即入于晋。”

【译文】

郑国有人向秦国出卖郑国说：“我掌管郑国都城的城门，郑国可以偷袭。”缪公询问蹇叔、百里傒，二人回答说：“途经数国行程千里去偷袭别人，很难占到便宜。况且郑国有人出卖郑国，怎知我国就没有人把我们的实情告诉郑国呢？此不可行。”缪公说：“你们不懂的，我已经决定了。”于是发兵，任命百里傒的儿子孟明视、蹇叔的儿子西乞术以及白乙丙统领军队。出兵的那天，百里傒、蹇叔二人前来哭送。缪公听后，大怒说：“我起兵出征，你们却哭哭啼啼，瓦解军心，这是为什么？”二老说：“我们不敢瓦解军心。只是大军出征，我们的儿子随军前往；我们已经老了，他们回来晚了，恐怕就见不着我们了，所以才哭。”二老退下，对他们的儿子说：“你们的军队如果打了败仗，必定是在崤山险隘之处。”三十三年春，秦军终于向东出发，穿越晋国的领土，经过周都城的北门。周朝王孙满说：“秦军不守礼法，不败才怪呢！”秦军到达滑邑时，郑国的商贩弦高正赶着十二头牛准备到周地去卖，他看见秦军，怕被捉去杀掉，于是献上牛说：“听说大国将要讨伐郑国，郑国国君正恭谨地加强守备，派我用这十二头牛来慰劳你们的士兵。”秦国的三位将领相互商量说：“原本要偷袭郑国，现在郑国已经察觉，恐怕赶去也错过机会了。”便灭掉了滑邑。滑邑，是晋国的边邑。

当是时，晋文公丧尚未葬。太子襄公怒曰[①]：“秦侮我孤[②]，因丧破我滑。”遂墨衰绖[③]，发兵遮秦兵于崤，击之，大破秦军，无一人得脱者[④]，虏秦三将以归。文公夫人，秦女也[⑤]，为秦三囚将请曰：“缪公之怨此三人入于骨髓，愿令此三人归，令我君得自快烹之[⑥]。”晋君许之，归秦三将。三将至，缪公素服郊迎[⑦]，向三人哭曰：“孤以不用百里傒、蹇叔言以辱三子，三子何罪乎？子其悉心雪耻，毋怠。”遂复三人官秩如故，愈益厚之[⑧]。

三十四年[⑨]，楚太子商臣弑其父成王代立[⑩]。缪公于是复使孟明视等将兵伐晋，战于彭衙[⑪]。秦不利，引兵归[⑫]。

【注释】

①太子襄公：其时文公死，襄公已即位，但要在明年才能改元，故此仍称“太子”。

②秦侮我孤：无父曰“孤”，襄公新丧父，故自称“孤”。

③墨衰绖：将孝服用墨染黑。衰绖，丧服。穿丧服不宜从军，不穿丧服又太违礼，故作如此变通。

④无一人得脱者：《公羊传》于是曰“匹马只轮无反者”。

⑤文公夫人，秦女也：即《左传》之所谓“文嬴”，襄公生母。缪公二十三年，重耳至秦，缪公将怀嬴等宗女五人嫁与重耳，依杨伯峻等理解，此五人中文嬴为妻，怀嬴等为媵。据此推算，则晋襄公此时最大不过十岁。

⑥“缪公之怨此三人入于骨髓”几句：缪公未卒，不宜称谥，当如

下文称“我君”。按,此作者模拟人物语言之欠周处,《史记》与《左传》《春秋公羊传》等先秦古籍中多有。顾炎武云:“自东京以下,即无此语。”自快,犹今所谓“解恨”。《左传》作“逞志”,犹言“快意”。

⑦素服郊迎:表示自领其罪。素服,凶服。李零引《周礼·春官·大宗伯》谓“以凶礼哀邦国之忧”者有五:死亡、凶礼、祸灾、围败、寇乱。缪公此时行凶礼,即哀“围败”。

⑧愈益厚之:按,以上秦、晋崤之战的详细过程,见《左传》僖公三十二、三十三年。《尚书》中有《秦誓》,即为此而作。

⑨三十四年:当楚成王四十六年,晋襄公二年,前626年。

⑩楚太子商臣弑其父成王代立:楚成王(前671—前626年在位)早年立商臣为太子,后又欲改立子职,商臣得知后,遂弑成王而自立,是为楚穆王(前625—前614年在位)。

⑪彭衙:晋邑名。在今陕西白水县东北南彭衙村、北彭衙村。汉代改名衙县。

⑫秦不利,引兵归:梁玉绳曰:“《年表》依《春秋》书彭衙之战于三十五年,此在三十四年,误。”又云此役秦大败,非“不利,引兵归”,当是《秦纪》讳言其败,此文沿用。按,秦、晋彭衙之战详见《左传·文公二年》。

【译文】

此时,晋文公的尸骨还没安葬。晋太子襄公愤怒地说:“秦国欺负我这个孤儿,趁着我们国丧,侵占我滑邑。”于是就将孝服染成黑色,出兵在崤山截住秦军,出击,大败秦军,秦军无一人逃脱,晋军俘虏了秦国孟明视、西乞术、白乙丙三位将领而归。晋文公夫人是秦宗室之女,为被俘的三个秦国将领求情说:“缪公对这三个人恨之入髓,希望你放他们回去,好让秦君亲自烹杀他们解恨。”晋襄公答应了文公夫人的请求,释放了秦国三将。三将回到秦国,秦缪公身穿素服到郊外迎接,对着三将哭道："我因为没听百里傒、蹇叔的话，使你们三位蒙受侮辱，你们三位有什么罪过呢？你们就悉心准备洗雪耻辱吧，不要懈怠。"于是恢复了他们的职务与爵禄，更加厚待他们。

缪公三十四年，楚国太子商臣杀了他的父亲楚成王，自立为楚王。缪公于是派孟明视等率兵攻打晋国，在彭衙与晋军交战。秦军未能取胜，撤兵而归。

戎王使由余于秦[①]。由余，其先晋人也[②]，亡入戎，能晋言。闻缪公贤，故使由余观秦。秦缪公示以宫室、积聚[③]。由余曰："使鬼为之，则劳神矣；使人为之，亦苦民矣。"缪公怪之，问曰："中国以诗书礼乐法度为政，然尚时乱；今戎夷无此，何以为治，不亦难乎？"由余笑曰："此乃中国所以乱也。夫自上圣黄帝作为礼乐法度[④]，身以先之，仅以小治。及其后世，日以骄淫。阻法度之威[⑤]，以责督于下，下罢极则以仁义怨望于上，上下交争怨而相篡弑，至于灭宗，皆以此类也[⑥]。夫戎夷不然。上含淳德以遇其下，下怀忠信以事其上，一国之政犹一身之治，不知所以治，此真圣人之治也[⑦]。"于是缪公退而问内史廖曰[⑧]："孤闻邻国有圣人，敌国之忧也[⑨]。今由余贤，寡人之害，将奈之何？"内史廖曰："戎王处辟匿[⑩]，未闻中国之声。君试遗其女乐[⑪]，以夺其志[⑫]；为由余请[⑬]，以疏其间[⑭]；留而莫遣，以失其期[⑮]。戎王怪之，必疑由余。君臣有间，乃可虏也[⑯]。且戎王好乐，必怠于政。"缪公曰："善。"因与由余曲席而坐，传器而食[⑰]，问其地形与其兵势尽詧[⑱]，而后令内史廖以女乐二八遗戎王[⑲]。戎王受而说之，终年不还[⑳]。于是秦乃归由余。由余数谏不听，缪公又数使人间要由余[21]，由余遂去，降秦。缪公以客礼礼之，问伐戎之形[22]。

【注释】

①戎王：马非百《秦集史》以为即西戎“緜诸”之王。緜诸春秋时期居住在“汉之天水、陇西、上郡境地”，即今之陕西北部、西部与甘肃东部地区。由余：也写作“緜余”。

②其先晋人也：马非百认为由余本是緜诸人，所谓“其先晋人”，当是入秦后自述为中原人，以掩盖其戎人身份以自高，并非事实。

③示以宫室、积聚：示，展示，炫耀。按，《大宛列传》云：“是时上方数巡狩海上，乃悉从外国客，大都多人则过之，散财帛以赏赐，厚具以饶给之，以览示汉富厚焉。”历代统治者喜欢向他国、他族炫夸富厚，例皆如此。

④自：即使，纵使。

⑤阻：倚仗，仗恃。

⑥皆以此类也：王叔岷曰：“‘以’字疑涉上下文而衍。”

⑦不知所以治，此真圣人之治也：按，以上由余论治，《左传》《国语》皆不载，《韩非子·十过》载缪公问由余古之人主得国失国之故，由余对曰：“常以俭得之，以奢失之。”亦与此不同。郭嵩焘曰：“史公当武帝时，法令烦苛，心有所郁结，而籍由余以发之。要之自汉以来，夷狄侵陵中国，其势常胜，中国常不足以自给，其原实由于此，莫能易其说也。”郭立山曰：“夷人诋中国始见于此。史公愤时民穷财殚而帝饰以儒术，故有取焉。”按，文帝时叛降匈奴之中行说，曾有为匈奴诋毁汉王朝之妄自尊大事，亦有“（匈奴）君臣简易，一国之政犹一身也”；“（中国）礼义之敝，上下交怨望，而室屋之极，生力必屈”云云，大体与此相同，见《匈奴列传》。

⑧内史廖：内史名廖，史失其姓，《汉书·古今人表》作“王廖”，“王廖”亦见于《吕氏春秋·不二》。内史，官名。掌爵禄废置等政务。权力较大，为诸侯亲近的高级辅佐官。

⑨邻国有圣人，敌国之忧也：意谓邻国有圣人，乃吾国之忧。《晏子春秋》外篇《不合经术者第八》载景公谓晏子语亦有“邻国有圣人，敌国之忧也”。

⑩辟匿：偏僻，闭塞。辟，通“僻”。

⑪女乐（yuè）：歌舞伎。多为美女。

⑫夺：扰乱，改变。

⑬请：为由余向戎王请官请禄。

⑭疏：扩大。间：指由余与戎王君臣间的隔阂。

⑮以失其期：超过回国复命的期限。凌稚隆引王韦曰：“‘夺其志’‘疏其间’‘失其期’，鼎足文法。”

⑯乃可虏也：泷川曰：“枫、三、南本‘虏’作‘虑’。”王叔岷曰：“‘虏’疑‘虑’之误。《韩非子》《外传》《说苑》并作‘图’。虑、图，皆谋也。”按，作“虑”字义长。

⑰曲席而坐，传器而食：极言其君臣亲密不分彼此之状。曲席而坐，意即不分君臣围坐在一起。传器而食，古人本为分食制，此则不分，食物放在一个食器中，众人从中传递取食，以显亲密无间。

⑱尽詧（chá）：全部了解。詧，同“察”。

⑲女乐二八：十六个歌舞伎的乐队。古代帝王有所谓“八佾（yì）舞于庭”，一佾为一列八人。“二八”即“二佾”。

⑳终年不还：有人解释为“不将女乐归还秦国”，此说不合道理，秦之女乐原本就是送给戎王的。王叔岷曰：“《韩非子》《说苑》《长短经》注‘不还’并作‘不迁’。”即沉迷不变。作“不迁”为好。

㉑间要（yāo）：暗中邀请。

㉒问伐戎之形：王叔岷曰：“《御览》三百四引‘形’作‘利’。”“伐戎

之利”即如何伐戎是好。

【译文】

戎王派由余出使秦国。由余的祖先是晋国人，逃到了戎地，会说晋国话。戎王听说缪公贤明，所以派由余到秦国察看。缪公向由余炫示宫室建筑和财物储备。由余说：“这些要是让鬼神去完成，也够烦劳鬼神了；要是让人去完成，那够辛苦民众了。”缪公感到很奇怪，问他说：“中国用诗书礼乐、法度来治理，即使这样，还时常发生变乱；戎夷没有这些，那靠什么来治理，那也太难了吧？”由余笑着说：“这就是中国之所以常出乱子的原因。从上圣黄帝制定礼乐法度，以身作则，率先奉行，才仅仅达到小治。到了后世，上位者日益骄奢淫逸。他们依仗法度的威严，去苛责下民，下民疲困至极就会怨恨上位者的不仁不义，上下互相怨恨，于是就有篡位弑君以及诛灭宗族，许多事情就是这样造成的。夷狄就不是这样，身居上位的人胸怀淳厚之德对待属下，处于下位的民众也怀有忠信之心事奉其上，治理一国之政犹如调理身体一样，虽然不知道怎么治理但却治理得很好，这才是真正的圣人之治。”于是缪公退朝后问内史廖说：“我听说，邻国有圣人是敌对国家的忧患。如今由余这样贤能，也是我的心头之患，该怎么办呢？”内史廖说：“戎王身处偏僻闭塞的地方，没有听过中国的音乐。您可以试着送一些歌姬舞女，去削弱他的心志；再替由余请求延长留在秦国的时间，以疏远他们的关系；留住由余不放他走，延误他的归期。戎王感到奇怪，必然怀疑由余。君臣之间有了嫌隙，就可以俘获戎王了。何况戎王沉溺于音乐，必然懈怠政事。”缪公说：“好。”于是便和由余连席而坐，传器而食，趁机把夷狄的地理形势和兵力情况打听得一清二楚，而后就命内史廖把八人一列的两列歌姬舞女送给了戎王。戎王接受之后非常喜欢，终年沉迷女乐而不思回头。到了这时，秦国放回由余。由余屡屡劝谏，均不为戎王采纳，缪公又多次派人暗中邀请由余，由余终于弃戎降秦。缪公用对待贵宾的礼节对待由余，向他请教如何伐戎为好。

三十六年[1]，缪公复益厚孟明等，使将兵伐晋。渡河焚船[2]，大败晋人，取王官及鄗[3]，以报殽之役。晋人皆城守不敢出。于是缪公乃自茅津渡河[4]，封殽中尸，为发丧，哭之三日。乃誓于军曰[5]："嗟士卒！听无哗，余誓告汝。古之人谋黄发番番，则无所过[6]。以申思不用蹇叔、百里傒之谋，故作此誓，令后世以记余过[7]。"君子闻之，皆为垂涕[8]，曰："嗟乎！秦缪公之与人周也[9]，卒得孟明之庆[10]。"

【注释】

①三十六年：当晋襄公四年，前624年。

②渡河焚船：以示有进无退。按，项羽钜鹿之战亦有此举。

③取王官及鄗：杜预曰："书'取'，言易也。"王官，晋邑名。在今山西闻喜西。鄗，《左传》作"郊"，亦晋邑，应距王官不远，具体方位不详。

④茅津：黄河渡口名。在今山西平陆西南，对岸不远就是崤山。

⑤乃誓于军曰：按以下文字即概述《尚书·秦誓》的内容。《秦誓》是秦缪公在崤山大败后悔过且誓告群臣之辞。《左传》在前627年缪公"素服郊次，乡师而哭"时记其悔违蹇叔导致丧师之言，人多以为当于此时作《秦誓》，而不当在此年封崤中尸之后。《史记》记于此，以完结此事。

⑥"嗟士卒"几句：此为《秦誓》中的意思，而非原文。番番，形容满头白发的样子。番，通"皤"。

⑦"以申思不用蹇叔、百里傒之谋"几句：不见于今本《秦誓》。申思，申明，表明。

⑧君子闻之，皆为垂涕：王若虚曰："凡《左氏》所谓'君子'者，盖假之为褒贬之主，而非指乎当时之士也，安有所谓'闻之垂涕'者

哉?"按,"闻之垂涕"的确为史公所增益,但作为一种抒情、表意的方式,此与《刺客列传》写时人之赞豫让、聂荣等相同。

⑨与人周:《左传》作"举人之周也",杜预注:"周,备也,不偏以一恶弃其善。"与,通"举",选用。

⑩卒得孟明之庆:最后终于享了孟明获胜的福。庆,福。按,以上王官之役及史家称道缪公事,见《左传·文公三年》。

【译文】

缪公三十六年,缪公更加厚待孟明视等人,派他们率兵伐晋。孟明视等渡过黄河后,就焚烧战船以示必胜决心,于是大败晋军,夺取了王官城和鄗邑,报了崤山之役的仇。晋国的军队都固守城中,不敢出战。于是缪公就从茅津渡过黄河,掩埋了在崤山战役中死难的将士,并为他们发丧,哭吊三日。缪公在军中发表誓词说:"喂,士兵们!请听着,不要喧哗,我要告诉你们。古时候的人有事都向白发的老人求教,那样就不会有过错。我这样讲就是要申明,我没有听从蹇叔、百里傒的计谋,所以我发此誓言,让后代记住我的过错。"君子听了,都感动得流下眼泪,说:"哎!秦缪公用人真是周到啊,终于获得了孟明视战胜晋国而带来的胜果。"

三十七年[①],秦用由余谋伐戎王,益国十二,开地千里[②],遂霸西戎。天子使召公过贺缪公以金鼓[③]。三十九年[④],缪公卒,葬雍[⑤]。从死者百七十七人,秦之良臣子舆氏三人名曰奄息、仲行、鍼虎[⑥],亦在从死之中。秦人哀之,为作歌《黄鸟》之诗[⑦]。君子曰:"秦缪公广地益国,东服强晋,西霸戎夷,然不为诸侯盟主,亦宜哉。死而弃民,收其良臣而从死。且先王崩,尚犹遗德垂法,况夺之善人良臣百姓所哀者乎!是以知秦不能复东征也[⑧]。"缪公子四十人,其太子罃代立,是为康公[⑨]。

【注释】

①三十七年:当周襄王二十九年,前623年。

②益国十二,开地千里:《匈奴列传》言"八国服秦",《李斯列传》云"并国二十",《汉书·韩安国传》言"秦穆公并国十四",王叔岷曰:"古人言'十二',亦非实数,故传闻有异耳。"

③召公过:召公姬奭的后代召武公,名"过"。据梁玉绳考证,召武公此前已死,此时的"召公"应为"召昭公"。金鼓:四金和六鼓。四金指錞、镯、铙、铎。六鼓指雷鼓、灵鼓、路鼓、鼖鼓、鼛鼓、晋鼓。金鼓用以节声乐,和军旅,正田役。

④三十九年:当周襄王三十一年,晋灵公元年,前621年。

⑤缪公卒,葬雍:秦缪公亦葬于雍州(今陕西宝鸡凤翔区东南)城南的三畤原。马非百曰:"总观缪公之力征经营,盖有东进、西进、南进三大政策之分。其始也,致全力于东进政策之推行,及东进受挫于晋,则改而从事于西进。西进既成,又转而南进,而缪公已衰老矣。然秦人异日统一之基,实自缪公建之,此不可不知者也。"

⑥子舆氏:《诗·秦风·黄鸟》与《左传》并作"子车氏","舆""车"义同,可以互用,参见《孟子列传》注。奄息、仲行(háng)、鍼(qián)虎:即所谓"三良"。

⑦为作歌《黄鸟》之诗:作《黄鸟》之诗而歌之。作、歌,动词连用。此种句法《史记》多有。《黄鸟》,《诗·秦风》篇名。《诗序》曰:"哀三良也。国人刺穆公以人从死,而作是诗也。"其文曰:"交交黄鸟,止于棘。谁从穆公?子车奄息。维此奄息,百夫之特。临其穴,惴惴其栗。彼苍者天,歼我良人!……谁从穆公?子车仲行。维此仲行,百夫之防。……谁从穆公?子车鍼虎。维此鍼虎,百夫之御。……"

⑧是以知秦不能复东征也:按,以上缪公死以"三良"从葬及君子的评论,见《左传·文公六年》。顾炎武《日知录》谓秦至孝公而天

子致伯，诸侯毕贺；至始皇而并天下，《左传》此言并未应验，《史记》不应照录。

⑨康公：名䓨，前620—前609年在位。

【译文】

缪公三十七年，缪公采用由余的计谋讨伐戎王，使秦国增加属国十二个，拓展土地一千里，于是称霸西戎。周天子派召公过用金鼓向缪公道贺。三十九年，缪公去世，埋葬在雍。殉葬者有一百七十七人，秦国的良臣子舆氏三兄弟奄息、仲行、鍼虎，也在殉葬者之列。秦国人哀痛，为他们作《黄鸟》之诗。君子说："秦缪公扩展疆土，增加属国，东边征服了强晋，西边称霸于戎夷，然而却不能成为诸侯盟主，也是应该的。因为他死后不顾及臣民，把那些良臣带去殉葬。再说以往的君王驾崩，尚要留下德泽，垂示法度，而秦缪公却夺走了百姓所哀怜的好人和贤臣啊！由此可以断定秦国不可能再向东方发展了。"缪公有四十个儿子，太子䓨即位，这就是秦康公。

康公元年[①]。往岁缪公之卒，晋襄公亦卒；襄公之弟名雍，秦出也[②]，在秦。晋赵盾欲立之，使随会来迎雍，秦以兵送至令狐[③]。晋立襄公子而反击秦师，秦师败，随会来奔[④]。二年[⑤]，秦伐晋，取武城[⑥]，报令狐之役。四年[⑦]，晋伐秦，取少梁[⑧]。六年[⑨]，秦伐晋，取羁马[⑩]。战于河曲，大败晋军[⑪]。晋人患随会在秦为乱[⑫]，乃使魏雠馀详反，合谋会，诈而得会，会遂归晋[⑬]。康公立十二年卒，子共公立[⑭]。

【注释】

①康公元年：当晋灵公元年，前620年。

②襄公之弟名雍，秦出也：司马迁以为晋公子雍是秦女之所生。洪

亮吉曰:“按《左传》,公子雍母曰‘杜祁’,则非秦出可知,迁误。”

③“晋赵盾欲立之”几句:晋襄公死后,太子夷皋年幼,赵盾欲立年长者为君,因此相中了襄公之弟公子雍。赵盾,又称赵宣子。晋文公的佐命元勋赵衰之子。晋襄公六年(前622),赵衰死,他在赵衰亲信拥戴下,将中军,执掌国政。历晋襄、灵、成、景四朝,死于晋景公时,谥宣孟。随会,即“士会”,因食邑于随、范,故称“随会”,亦称“范会”。字季,谥武子。后为晋国执政正卿,亦春秋时之名臣。令狐,晋邑名。在今山西临猗西南。

④“晋立襄公子而反击秦师”几句:晋襄公夫人穆嬴得知赵盾想立公子雍,便在朝堂上哭着指责赵盾废嫡立庶,对不住襄公。赵盾和众大夫惧怕穆嬴及其党徒,只好立太子夷皋为君,是为晋灵公。因秦军已护送公子雍进入晋国,赵盾遂领兵在令狐打败秦军。随会作为迎立公子雍的使者无法回国,只好去了秦国。按,以上晋立灵公的过程,见《左传》文公六年、七年与《晋世家》。

⑤二年:当晋灵公二年,前619年。

⑥武城:晋邑名。在今陕西渭南华州区东。

⑦四年:当晋灵公四年,前617年。

⑧取少梁:少梁在今陕西韩城西南,位于黄河西岸。此地原本属晋,晋惠公在韩原之战中兵败被俘,在被秦人放回时,将包括少梁在内的“河西之地”献给了秦国,如今晋国又将其夺回。

⑨六年:当晋灵公六年,前615年。

⑩羁马:晋邑名。在今山西永济南,风陵渡东北。

⑪战于河曲,大败晋军:按,据《左传·文公十二年》,秦兵取晋羁马后,晋赵盾亲率大军迎敌,与秦军相会于河曲。双方刚一接触就各自退兵,最后秦军连夜撤退。此处书曰“大败晋军”,非事实。河曲,即今风陵渡一带的黄河拐角处。

⑫晋人患随会在秦为乱:按,随会在秦,河曲一战即为秦分析晋军将

帅优劣，献计破敌，即前文之所谓“邻国有圣人，敌国之忧也”，故晋人害怕。

⑬“乃使魏雠馀详反”几句：据《左传·文公十三年》，晋令魏雠馀假装降秦，将魏地献给秦国。魏雠馀得与随会暗通消息。秦康公率军至黄河西岸受地，魏雠馀在东岸。魏雠馀要求秦方派人出来会谈，秦派出随会。随会一渡过黄河，魏雠馀就裹挟随会回了晋国。魏雠馀，《左传》作“魏寿馀”。《集解》曰：“晋之魏邑大夫。”杨伯峻以为是晋献公名臣毕万之后。详反，假装反晋降秦。详，通“佯”，假装。

⑭康公立十二年卒，子共公立：时为晋灵公十二年，前609年。共公未书名，盖其名众说不一，《索隐》称其名曰“貑”，《春秋》称其名曰“稻”，《年表》又称其名曰“和”。共公元年为前608年。

【译文】

康公元年。上年缪公去世，晋襄公也去世了；晋襄公的弟弟名雍，为秦女所生，住在秦国。晋国赵盾想立他为君，便派随会前来迎接，秦国派兵把他护送到令狐。这时晋国已立襄公的儿子夷皋为君，并且派兵迎击秦军，秦军大败，随会奔逃秦国。二年，秦国讨伐晋国，攻取武城，报了令狐战败之仇。四年，晋国讨伐秦国，夺取了少梁城。六年，秦国讨伐晋国，攻取了羁马。又在河曲大战打败晋军。晋国人担心随会在秦国会给晋国带来麻烦，就让魏雠馀假装叛晋逃到秦国，与随会合谋，设下圈套得到随会，使随会回到了晋国。康公在位十二年去世，儿子共公即位。

共公二年[①]，晋赵穿弑其君灵公[②]。三年[③]，楚庄王强，北兵至雒，问周鼎[④]。共公立五年卒，子桓公立[⑤]。桓公三年[⑥]，晋败我一将[⑦]。十年，楚庄王服郑，北败晋兵于河上[⑧]。当是之时，楚霸，为会盟合诸侯[⑨]。二十四年[⑩]，晋厉公初立，与秦桓公夹河而盟[11]。归而秦倍盟，与翟合谋击晋[12]。二十六年[13]，晋率诸侯伐秦，秦军败走，追至泾而还[14]。桓公立二十七年卒[15]，子景公立[16]。

【注释】

①共公二年：当晋灵公十四年，前607年。

②晋赵穿弑其君灵公：灵公即位后，屡次欲杀赵盾，赵盾出奔。他尚未出晋界，赵穿即为维护其家族利益弑灵公于桃园。晋史董狐书此事曰"赵盾弑其君"，意谓赵盾主导了这次弑君，得其实矣。事见《左传·宣公二年》与《晋世家》。赵穿，《左传》云"赵有侧室曰穿"，则其为赵盾的异母弟，杨伯峻以为是从父兄弟。

③三年：当楚庄王八年，周定王元年，前606年。

④"楚庄王强"几句：楚庄王问鼎，公然显露其欲取周天子而代之之心。事详见《左传·宣公三年》《周本纪》《楚世家》。楚庄王，名侣。前613—前591年在位。春秋时期楚国最有作为的君主，将楚国推向全盛时期。古人多认为其可与齐桓公、晋文公等并列，为"春秋五霸"之一。事迹详见《楚世家》。雒，雒邑，此处指雒邑之王城（今河南洛阳），周天子的都城。

⑤共公立五年卒，子桓公立：马非百曰："康公、共公二代在位十六年间，与晋战者凡九次，盖仍是一本穆公之东进政策也。总其所以制晋之术，尤莫妙于康公十年之助楚灭庸。此事王夫之论之甚详。其言曰：'……举庸以秦楚之径，相为肘臂而屈伸喻，可无问其在楚之异于在秦也。抑秦唯委庸于楚，而后楚无忌于秦，则益东争陈、郑而弃西略，则西鄙之戍守已堕……而唯秦之取舍矣。于是楚之与秦无离心而有合势。无离心，晋之所以重累也；有合势，则秦、楚相并以合自此始矣。戎蛮尽，山木刊，道路通，发踪相及。秦之烧夷陵以灭楚者，由是也；楚之余民叩武关以亡秦者，由

是也。故庸之灭，秦、楚之大司也，秦人之谋深矣。'" 共公立五年卒，事在前604年。

⑥桓公三年：当晋成公六年，前601年。

⑦晋败我一将：《左传·宣公八年》作"晋人获秦谍"，《晋世家》作"虏秦将赤"。

⑧"十年"几句：楚庄王为争霸中原，趁晋国连年内乱，出兵伐郑，郑襄公降楚。晋闻楚伐郑，荀林父、士会、栾书等将兵救郑。行至黄河边，听说郑已降楚，晋将领或主退兵，或主进击，意见不一。主战者不待命令自行渡河，大部队也只好跟进，结果在邲（今河南荥阳北）被楚军打得大败。这是春秋时期晋国失败最惨的一场战争。详见《左传·宣公十二年》，略见于《晋世家》。十年，梁玉绳曰："'十年'是'七年'之讹。"秦桓公七年，相当于楚庄王十七年，郑襄公八年，晋景公三年，前597年。

⑨楚霸，为会盟合诸侯：邲之战后，楚实际已成霸主，郑、宋、许、鲁等中原国家都转而依附楚国。楚庄王虽未召集过像齐桓公的葵丘之会、晋文公的践土之盟那样盛大的诸侯会盟，但也举行过不少多国会盟。

⑩二十四年：当晋厉公元年，前580年。

⑪晋厉公初立，与秦桓公夹河而盟：据《左传·成公十一年》，秦、晋两国本欲在黄河以东的令狐相会结盟，但秦桓公不愿过河，驻于河西王城，晋国只好派郤犫往盟秦桓公于河西，秦国派史颗往盟晋厉公于河东。晋厉公，景公之子，前580—前573年在位。

⑫归而秦倍盟，与翟合谋击晋：《左传·成公十三年》有所谓"召狄与楚，欲道以伐晋"，然无具体事实。倍盟，背叛盟约。倍，通"背"。

⑬二十六年：当晋厉公三年，前578年。

⑭"晋率诸侯伐秦"几句：据《左传·成公十三年》，晋因秦国背盟，

又欲引导狄、楚伐晋，故先派大夫吕相前往谴责秦国（即所谓“吕相绝秦”），随后联合齐、鲁、宋、卫、郑等国举兵伐秦，大败秦师于麻隧（今陕西泾阳西北）。之后“师遂济泾，及侯丽而还”。事亦略见于《晋世家》。马非百曰：“麻隧之役，东方诸侯除楚及其属国蔡、叶、陈、薛、鄫等国外，其余几全部加入。……秦、楚在当日，皆被视为蛮夷之国，蛮夷联合，乃华夏诸侯之所最畏忌者。此东方各国之所以多睦于晋也。大抵吕相绝秦书，多强辞夺理处，其所言曲直，固不可深信。然所述崤战后穆公有‘即楚谋晋’之举，辅氏战后，桓公有‘派遣伯车赴晋求和’之事，均为史所不书。”泾，即泾水，源出宁夏六盘山东麓，东南流经甘肃，至陕西西安高陵区入渭河。

⑮桓公立二十七年卒：时当晋厉公之四年，前577年。

⑯景公：名后伯车。一作“石”，或作“后单”。前576—前537年在位。

【译文】

共公二年，晋国赵穿弑其君灵公。三年，楚庄王强大起来，率兵北进到达洛阳，询问周鼎的轻重。共公在位五年去世，儿子桓公即位。桓公三年，晋国打败了秦国的一个将领。七年，楚庄王征服了郑国，又向北在黄河边打败了晋国的军队。此时，楚国称霸，召集诸侯会盟。二十四年，晋厉公刚刚即位，与秦桓公隔着黄河订立了盟约。各自归去后，秦国就背弃了盟约，联合翟人合谋攻打晋国。二十六年，晋国率领诸侯讨伐秦国，秦军战败逃走，诸侯联军一直追到泾水边，才收兵回师。桓公在位二十七年去世，儿子景公即位。

景公四年①，晋栾书弑其君厉公②。十五年③，救郑，败晋兵于栎④。是时晋悼公为盟主⑤。十八年⑥，晋悼公强，数会诸侯，率以伐秦，败秦军⑦。秦军走，晋兵追之，遂渡泾，至棫林而还。二十七年，景公如晋，与平公盟，已而背之⑧。

三十六年[⑨],楚公子围弑其君而自立,是为灵王[⑩]。景公母弟后子鍼有宠[⑪],富,或谮之,恐诛,乃奔晋,车重千乘[⑫]。晋平公曰:“后子富如此,何以自亡?”对曰:“秦公无道,畏诛,欲待其后世乃归。”三十九年[⑬],楚灵王强,会诸侯于申,为盟主,杀齐庆封[⑭]。景公立四十年卒,子哀公立[⑮]。后子复来归秦。

【注释】

①景公四年:当晋厉公八年,前573年。

②晋栾书弑其君厉公:晋厉公欲倚靠身边近臣除掉势力强大难以控制的大夫,加强公室,先诛杀了郤至、郤锜、郤犨,当近臣又欲诛栾书、中行偃时,厉公未允,栾书、中行偃反过来杀了厉公。详见《左传》成公十七年、十八年与《晋世家》。栾书,姬姓,栾氏。晋公族。曾参加邲之战、鞍之战、鄢陵之战等重要战役。后为晋正卿,厉公时的权臣。

③十五年:当郑简公四年,晋悼公十一年,前562年。

④栎(lì):晋邑名。在今山西永济西南。

⑤晋悼公:名周。晋襄公之曾孙,厉公的堂侄。栾书弑晋厉公后,从周迎立公子周为晋君。前572—前558年在位。晋悼公年少有才,跋扈之臣稍加收敛。在位期间举贤任能,八年而九合诸侯,楚国不敢与之竞争;又任用魏绛西和诸戎,晋国复霸。

⑥十八年:当晋悼公十四年,前559年。

⑦“晋悼公强”几句:张照曰:“是役也,诸侯之师济泾而次,秦人毒泾上流,师人多死,晋之诸帅不和,谓之‘迁延之役’。此云‘败秦军,秦军走’,年表亦然,与《左传》相反。”详见《左传·襄公十四年》。棫(yù)林,秦邑名。在今陕西礼泉东,泾阳西南,当时

的泾水以西。

⑧“二十七年”几句：梁玉绳据《左传·襄公二十五年》“会于夷仪之岁……秦、晋为成”，指出此次秦晋结盟是在鲁襄公二十四年，当秦景公二十八年。此作二十七年，《十二诸侯年表》作二十九年，皆误。又据“晋韩起如秦莅盟，秦伯车如晋莅盟”的记载，指出赴晋者为伯车，乃秦景公之弟，并非景公。又此次结盟“成而不结”，即虽结盟而关系并不牢固，故下一年伯车再往晋国确认关系，此云“已而背之”有误。二十七年，当晋平公八年，前550年。平公，晋平公名彪，悼公之子，前557—前532年在位。

⑨三十六年：当楚郏敖四年，晋平公十七年，前541年。

⑩楚公子围弑其君而自立，是为灵王：据《左传·昭公元年》，时为楚令尹的楚公子围将要去郑国聘问，听闻楚王病倒，遂返回入宫探视，趁机把楚王郏敖勒死，并且杀了郏敖的两个儿子，自立为王。公子围，楚康王之弟，郏敖之叔。

⑪景公母弟后子鍼有宠：《左传》作“秦后子有宠于桓，如二君于景”，即后子因受到秦桓公的疼爱，在秦景公时与秦景公如两君并列。母弟，同母弟，胞弟。与汉代用以标示“异父”同母者意思不同。后子鍼，名“鍼”，“后子”是氏。

⑫车重千乘：运送家财的车子有上千辆。重，辎重，指家财。

⑬三十九年：当楚灵王三年，前538年。

⑭“楚灵王强”几句：楚灵王为展示其霸主姿态，会合诸侯，诛杀了齐国逆臣庆封。这是楚灵王第一次大会诸侯。庆封，字子家。齐国大夫。前548年与崔杼合谋杀死齐庄公，立景公，崔杼任右相，他为左相。之后又利用崔杼家族内乱灭了崔氏，崔杼自杀，庆封掌握了齐国大权。齐国的鲍、高、栾氏几大贵族又利用庆封与其子的矛盾，将庆封驱逐出国。庆封逃到吴国，吴王将其封在朱方（今江苏丹徒东南），富于在齐。楚灵王率诸侯伐吴，诛灭了他的

全族。详见《左传》襄公二十八年、昭公四年与《齐太公世家》。会诸侯于申,据《春秋》,诸侯之预此会者有蔡、陈、郑、许、宋等十几个小国。申,小国名。在今河南南阳北,后被楚所灭。

⑮景公立四十年卒,子哀公立:马非百曰:“景公一代最可纪之事迹,厥为继桓公之志,仍与楚国联盟,以共同对晋,且更进而以婚姻结楚。……盖春秋之末,晋、楚争强,互不相下。适秦、吴兴起,其势甚骤。而吴处楚东,秦处晋西,各足以扰晋、楚之后。故晋欲胜楚,则东联吴以制楚;楚欲胜晋,则西联秦以制晋。同时,吴、秦亦皆早有插足中原之雄心,非先将晋、楚之势力大大削弱,决不能实现其最后之目的。于是在此种情况下遂造成秦、楚与晋、吴两大势力的对立,而尤以景、哀二代之表现为最著明。”景公立四十年,前537年。哀公,前536—前501年在位。

【译文】

景公四年,晋臣栾书弑其国君晋厉公。十五年,秦兵救郑,在栎邑打败了晋军。这时晋悼公是各国诸侯的盟主。十八年,晋悼公强大起来,数度会合诸侯,率领诸侯讨伐秦国,打败秦军。秦军败走,晋军乘胜追击,追过泾水,直到棫林才撤兵回师。二十七年,景公亲临晋国,与晋平公订立盟约,过后又背弃了盟约。三十六年,楚国的公子围弑杀其君,自立为王,这就是楚灵王。景公的同母弟后子铖很受宠幸,极富有,有人诬陷诋毁他,他怕被杀,就逃到了晋国,光是装载家财的车子就有上千辆。晋平公说:“后子如此富有,自己为何还落得逃亡呢?”后子回答说:“秦君昏昧无道,我怕被杀,想等到他死后再回去。”三十九年,楚灵王强大了,在申会合诸侯,成为盟主,杀死了齐国的叛臣庆封。景公在位四十年去世,儿子哀公即位。后子又回到了秦国。

哀公八年①,楚公子弃疾弑灵王而自立,是为平王②。十一年,楚平王来求秦女为太子建妻③。至国,女好而自娶之[4]。十五年[5]，楚平王欲诛建，建亡[6]；伍子胥奔吴[7]。晋公室卑而六卿强[8]，欲内相攻，是以久秦晋不相攻。三十一年[9]，吴王阖闾与伍子胥伐楚[10]，楚王亡奔随[11]，吴遂入郢[12]。楚大夫申包胥来告急，七日不食，日夜哭泣[13]。于是秦乃发五百乘救楚，败吴师[14]。吴师归[15]，楚昭王乃得复入郢[16]。哀公立三十六年卒[17]。太子夷公[18]，夷公蚤死，不得立，立夷公子，是为惠公[19]。

【注释】

①哀公八年：当楚灵王十二年，前529年。

②楚公子弃疾弑灵王而自立，是为平王：楚灵王屡次对外战争，国人烦怨。弃疾利用楚灵王与诸大夫贵族的矛盾，与两位兄长公子比、公子黑肱杀灵王太子，又设计逼公子比、公子黑肱自杀，乃自立为王。过程详见《左传·昭公十三年》与《楚世家》。梁玉绳曰："弑灵王者是公子比，而史于《秦本纪》及吴、鲁、蔡、曹、陈、卫、宋、郑八世家皆称'弃疾'，斯乃史公特笔，虽与《春秋》异词，不免背经信传，而于诛首恶之旨固合。"公子弃疾，楚共王之子，楚康王与楚灵王之幼弟。即位后改名熊居。灵王时率军灭陈、蔡，因号"陈公""蔡公"。

③十一年，楚平王来求秦女为太子建妻：据《伍子胥列传》，楚平王所派之使者为费无忌。十一年，当楚平王三年，前526年。梁玉绳曰："《年表》及《楚世家》在平王二年，为秦哀公十年，此在十一年，并误。《左传》在鲁昭十九年，为秦哀十四年也。"

④至国，女好而自娶之：据《伍子胥列传》，此事即费无忌鼓动楚平王所为。

⑤十五年：当楚平王七年，前522年。

⑥楚平王欲诛建,建亡:楚平王听信费无忌诬告太子建谋反,欲杀之,太子建逃奔郑国。

⑦伍子胥奔吴:伍子胥之父伍奢时为太子建之傅,为太子建辩冤,痛斥费无忌之奸,费无忌诬陷伍奢与太子建合谋,怂恿楚平王杀伍奢,并捉拿其二子伍尚、伍员。伍员即伍子胥,先逃至郑,后逃入吴国。以上过程详见《左传·昭公二十年》与《楚世家》《伍子胥列传》。

⑧晋公室卑而六卿强:此时晋国的君主为晋顷公,前525—前512年在位。公室,指晋国君主的宗族。六卿,春秋时晋国的范氏、中行氏、知氏、赵氏、韩氏、魏氏六大贵族。

⑨三十一年:当吴王阖庐九年,楚昭王十年,前506年。

⑩吴王阖闾:即公子光,杀王僚自立为王,前514—前496年在位。

⑪楚王:楚昭王,名珍。楚平王之子。前515—前489年在位。随:姬姓诸侯国。国都在今湖北随州,当时已成为楚国附庸。

⑫吴遂入郢:事在此年之十一月。郢,楚国都城,在今湖北荆州江陵西北之纪南城。

⑬"楚大夫申包胥来告急"几句:《左传》于此作:"立依于庭墙而哭,日夜不绝声,勺饮不入口七日。"申包胥,芈姓,名包胥(一作"勃苏"),封于申,因以为氏。楚君蚡冒的后代,故也称王孙包胥、棼冒勃苏。楚国大夫。伍子胥好友。伍子胥逃出楚国时,曾发誓要灭亡楚国,申包胥则说:"子能覆之,我必能兴之。"

⑭于是秦乃发五百乘(shèng)救楚,败吴师:事在秦哀公三十二年,吴王阖庐十年(前505)之六月、九月。以上伍子胥佐吴王阖庐破楚入郢,申包胥乞秦师助楚复国事,详见《左传》定公四年、五年与《楚世家》《吴太伯世家》《伍子胥列传》。

⑮吴师归:吴王阖庐连续被秦兵击败,其弟夫槩又回国发动叛乱,故吴王匆匆回国。

⑯楚昭王乃得复入郢：楚昭王自其十年十一月逃出郢都，在外一年，其十一年十月始回到郢都。

⑰哀公立三十六年：前501年。

⑱太子夷公：夷公未曾即位，后代追谥之为夷公。

⑲惠公：前500—前491年在位。平势隆郎以为惠公在位之年限为前501—前492年。

【译文】

哀公八年，楚国公子弃疾弑杀楚灵王而自立，这就是楚平王。十年，楚平王派人为太子建求娶秦国宗室之女。娶回楚国后，楚平王见秦女漂亮，就自己娶了她。十五年，楚平王要杀太子建，太子建逃亡国外；伍子胥逃奔吴国。这时，晋国公室卑弱而六卿强大，内部互相吞并，所以秦、晋两国长时间没有互相攻伐。三十一年，吴王阖闾与伍子胥率兵讨伐楚国，楚昭王逃到随国，吴国于是进入了楚国的郢都。楚大夫申包胥到秦国告急求救，七天不进饮食，日夜哭泣。于是秦哀公发兵五百乘救援楚国，打败了吴军。吴军撤退回国，楚昭王才得以再度回到郢都。哀公在位三十六年去世。太子夷公早死，没来得及继承王位，立夷公的儿子为君，这就是秦惠公。

惠公元年[①]，孔子行鲁相事[②]。五年[③]，晋卿中行、范氏反晋，晋使智氏、赵简子攻之，范、中行氏亡奔齐[④]。惠公立十年卒[⑤]，子悼公立[⑥]。悼公二年[⑦]，齐臣田乞弑其君孺子，立其兄阳生，是为悼公[⑧]。六年[⑨]，吴败齐师[⑩]。齐人弑悼公[⑪]，立其子简公[⑫]。九年[⑬]，晋定公与吴王夫差盟，争长于黄池，卒先吴[⑭]。吴强，陵中国[⑮]。十二年[⑯]，齐田常弑简公，立其弟平公，常相之[⑰]。十三年[⑱]，楚灭陈[⑲]。秦悼公立十四年卒，子厉共公立[⑳]。孔子以悼公十二年卒[㉑]。

【注释】

①惠公元年：当鲁定公十年，前500年。

②孔子行鲁相事：史公以为孔子是代行鲁国宰相的职权。行，代理。按，《左传·定公十年》："公会齐侯于祝其，实夹谷，孔丘相。"梁玉绳曰："'相'乃'傧相'，即会夹谷之事，非当国为相也。此纪及吴、齐、晋、楚、魏五《世家》《伍子胥传》并误。"今人多认可此说。至定公十四年，又称孔丘"由大司寇摄行相事"，今人对此仍看法不一。

③五年：当晋定公十六年，前496年。

④"晋卿中行、范氏反晋"几句：此处事实是赵简子因邯郸问题杀死同族邯郸午，范氏、中行氏与邯郸午有姻亲关系，遂攻打赵鞅，赵鞅被迫逃往晋阳。知氏、韩氏、魏氏奉晋定公攻打范氏、中行氏。范氏首领范吉射、中行氏首领荀寅逃往卫国朝歌。赵简子并未参与攻范、中行氏之事；范氏、中行氏此年只是逃到卫国，其奔齐在八年后的秦悼公二年（前489）。事见《左传》定公十三年、十四年与《晋世家》《赵世家》。赵简子，名鞅，又称"赵简主"，谥"简子"。赵氏家族的领袖，后成为晋国正卿。执政期间使私门（即大夫）势力日益强大。事迹详见《战国策·赵策》与《赵世家》。

⑤惠公立十年卒：事在鲁哀公四年，前491年。按，《春秋》载秦惠公卒于鲁哀公三年（前492），与《史记》不同。

⑥悼公：前490—前477年在位。平势隆郎以为悼公前492—前477年在位，并改悼公在位年限为十六年。

⑦悼公二年：当齐晏孺子元年，前489年。

⑧"齐臣田乞弑其君孺子"几句：齐景公爱幼子荼，景公死后荼继位，即晏孺子（一作"安孺子"）。景公之庶子阳生逃到鲁国，高昭子、国惠子为相。田乞攻杀高、国，将阳生召回，诈称奉鲍牧之命，与诸大夫盟誓立为国君，是为齐悼公（前488—前485年在

位）。事见《左传·哀公六年》与《齐太公世家》《田敬仲完世家》。田乞，也称“陈乞”。事齐景公，以大斗借贷、小斗收进之法笼络民心，并结交诸侯。齐悼公继位后，他自为相，专齐国之政。卒，谥釐子。事迹详见《田敬仲完世家》。

⑨六年：当吴王夫差十一年，齐悼公四年，前485年。

⑩吴败齐师：梁玉绳曰：“按哀十年《左传》乃齐败吴师也，此误。”

⑪齐人弑悼公：据《齐太公世家》《田敬仲完世家》，此弑悼公者为齐国权臣鲍牧。而据《左传》，鲍牧已在齐悼公二年被杀。梁玉绳据《晏子春秋》云“田氏杀阳生”，认为杀悼公者应是田乞之子田恒。

⑫简公：名壬，齐悼公之子，前484—前481年在位。

⑬九年：当晋定公三十年，吴王夫差十四年，前482年。

⑭“晋定公与吴王夫差盟”几句：按，此即“黄池之盟”，《左传》记述甚详，且惊心动魄。吴、晋争长的结果，各处记载不一。《国语·吴语》作“吴公先歃”，《晋世家》作“卒长吴”，皆与此同；而《左传·哀公十三年》作“乃先晋人”，《吴太伯世家》作“乃长晋定公”皆与此异。史文自相矛盾。争长，争当诸侯之长。黄池，宋邑名。在今河南封丘西南。

⑮吴强，陵中国：陵，侵陵。中国，指齐、鲁等中原诸国。按，此语不宜置于此处。此时越已破吴，吴国内空虚，士卒疲敝，与越媾和，至亡国再未入中原。“吴强，陵中国”事，全在黄池之盟前。

⑯十二年：前479年。

⑰“齐田常弑简公”几句：齐简公信任曾与他一起流亡鲁国的监止（一作“阚止”），即位后让其与田常共同执政，对田氏不利。田常忌惮监止，遂与族人杀死监止。齐简公出逃，被田常拘禁后杀死于舒州。田常立平公，为相。此时的齐平公已完全成为田氏傀儡。事见《左传·哀公十四年》与《齐太公世家》《田敬仲完世

家》。事在秦悼公十年,此误书于十二年。秦悼公十年相当于齐简公四年,前481年。田常,即田恒,汉人避文帝讳改称“田常”。田乞之子。平公,名骜,前480—前456年在位。

⑱十三年:当楚惠王十一年,陈湣公二十四年,前478年。

⑲楚灭陈:陈国是周武王灭商后所封的妫姓诸侯国,开国君主胡公(名满)相传为舜的后代,建都宛丘(今河南周口淮阳区)。历时六百多年,此时被楚所灭,详情见《陈杞世家》。

⑳秦悼公立十四年卒,子厉共公立:秦悼公立十四年卒,事在前477年。牛鸿恩曰:“《本纪》称悼公‘十四年卒’,《始皇纪》曰‘在位十五年’,杨伯峻《春秋左传注》同《始皇纪》。”厉共公,《秦始皇本纪》作“剌龚公”,音近而字异,前476—前443年在位。牛鸿恩曰:“据《六国年表》,厉共公三十四年(前443)‘日蚀,昼晦,星见’。而据中外天文学家推算,公元前442年3月11日有日全蚀,秦都咸阳可见九分余。故《年表》所排厉共公之三十四年,应较实际早一年。其元年应在周元王二年(前475),不应在周元王元年(前476)。”

㉑孔子以悼公十二年卒:秦悼公十二年相当于鲁哀公十六年,前479年,孔子七十三岁。按,史公于《周本纪》《秦本纪》及春秋诸国世家中屡书“孔子生”“孔子相鲁”“孔子卒”云云,以见其对孔子的崇重。

【译文】

惠公元年,孔子代行鲁国宰相的职权。惠公五年,晋卿中行氏、范氏反叛晋国,晋君派智氏、赵简子攻打他们,范氏、中行氏逃奔卫国。惠公在位十年去世,子悼公即位。悼公二年,齐国大臣田乞弑杀其君孺子,改立孺子的哥哥阳生为君,这就是齐悼公。六年,吴军打败了齐军。齐人又弑杀了齐悼公,改立他的儿子简公。九年,晋定公和吴王夫差在黄池歃血会盟,二人争为盟主,终由吴国先歃血。吴国强大,欺凌中国。十二年，齐国的田常弑杀齐简公，立齐简公的弟弟平公为君，田常自任宰相。十三年，楚国灭掉陈国。悼公在位十四年去世，子厉共公即位。孔子在秦悼公十二年去世。

厉共公二年[1]，蜀人来赂[2]。十六年[3]，堑河旁[4]。以兵二万伐大荔[5]，取其王城[6]。二十一年[7]，初县频阳[8]。晋取武成[9]。二十四年[10]，晋乱，杀智伯，分其国与赵、韩、魏[11]。二十五年[12]，智开与邑人来奔[13]。三十三年[14]，伐义渠[15]，虏其王。三十四年，日食[16]。厉共公卒，子躁公立[17]。

【注释】

①厉共公二年：前475年。

②蜀人来赂：按，这是蜀与华夏诸侯国发生联系的最早的记载。蜀，古国名。国都即今四川成都。《索隐》曰："蜀西南夷旧有君长，故昌意取蜀山氏女也。其后有杜宇，自立为王，号曰望帝。"赂，赠送财物。

③十六年：前461年。

④堑河旁：在黄河西岸挖壕沟，建立防守工事，以防备魏国之进攻。

⑤大荔：史珥曰："大荔本西北戎狄名号，见《匈奴传》。"

⑥王城：大荔部落的都城，在今陕西大荔东。杨宽曰："时大荔称王，筑有城邑，故有王城。"

⑦二十一年：当晋哀公元年，前456年。

⑧频阳：秦邑名。在今陕西铜川耀州区东。

⑨武成：即前文之"武城"，在今陕西渭南华州区东。原属晋，前被秦国攻占，现晋又夺回。

⑩二十四年：当晋哀公四年，前453年。

⑪杀智伯，分其国与赵、韩、魏：晋国自范氏、中行氏被驱逐、消灭后，国家由智氏、赵氏、魏氏、韩氏四家把持，智氏最强。智氏向赵氏勒索土地，赵氏不给，智氏胁迫魏氏、韩氏与之共同伐赵，赵氏将魏、韩二家策反，三家联合灭掉了智氏，瓜分其地。过程详见《战国策·赵策一》与《赵世家》。智伯，也作“知伯”，名瑶，智氏家族的领袖。

⑫二十五年：前452年。

⑬智开：《正义》以为是智伯之子，张照曰：“赵襄子曰‘智伯死无后’，又史载唯辅果在，《正义》以‘开’为智伯子无据也，盖智伯之族人。”

⑭三十三年：前444年。

⑮义渠：西戎之一，分布在今甘肃庆阳及泾川一带。

⑯三十四年，日食：按，此日蚀应在后此一年，即前442年，说见前注。三十四年，前443年。

⑰躁公：前442—前429年在位。

【译文】

历共公二年，蜀人来进献财物。十六年，在黄河边挖掘壕沟。又派兵两万讨伐大荔国，占领了它的王城。二十一年，始设频阳县。晋国攻取武城。二十四年，晋国发生内乱，杀死了智伯，把智伯的领地分给了赵、韩、魏三家。二十五年，智开及其邑人逃奔秦国。三十三年，讨伐义渠，俘虏了义渠王。三十四年，出现日食。厉共公去世，子躁公即位。

躁公二年，南郑反[①]。十三年[②]，义渠来伐，至渭南[③]。十四年[④]，躁公卒，立其弟怀公[⑤]。怀公四年[⑥]，庶长鼂与大臣围怀公[⑦]，怀公自杀。怀公太子曰昭子，蚤死，大臣乃立太子昭子之子，是为灵公[⑧]。灵公，怀公孙也。灵公六年[⑨]，晋城少梁[10]，秦击之。十三年，城籍姑[11]。灵公卒，子献公不得立，立灵公季父悼子，是为简公[12]。简公，昭子之弟而怀公子也。简公六年，令吏初带剑[13]。堑洛，城重泉[14]。十六年卒[15]，子惠公立[16]。惠公十二年[17]，子出子生。十三年，伐蜀，取南郑[18]。惠公卒，出子立。出子二年[19]，庶长改迎灵公之子献公于西而立之[20]。杀出子及其母，沉之渊旁[21]。秦以往者数易君，君臣乖乱[22]，故晋复强[23]，夺秦河西地。

【注释】

①躁公二年，南郑反：据《六国年表》，厉共公二十六年"左庶长城南郑"，是时南郑属秦也，今乃反。躁公二年，前441年。南郑，秦邑名。即今陕西汉中。泷川引《水经注》："郑桓公死于犬戎，其民南奔，故称'南郑'，即汉中郡。"

②十三年：前430年。

③义渠来伐，至渭南：渭南，渭水以南。《六国年表》于此作"义渠伐秦，侵至渭阳"。渭阳乃渭水以北。杨宽认为，《后汉书·西羌传》云"贞王二十五年秦伐义渠，虏其王。后十四年，义渠侵秦，至渭阴"，与《秦本纪》正合。

④十四年：前429年。

⑤怀公：前428—前425年在位。《秦始皇本纪》所附《秦纪》云："怀公从晋来。"

⑥怀公四年：前425年。

⑦庶长鼂：庶长名鼂，史失其姓。庶长，此应指大庶长，官爵名。为秦爵二十级中的第十八级，地位甚高。

⑧灵公：前424—前415年在位。《秦始皇本纪》所附之《秦纪》"灵公"作"肃灵公"。

⑨灵公六年：当魏文侯二十七年（《魏世家》作“六年”误），前419年。

⑩晋城少梁：少梁，魏邑名。在今陕西韩城西南。晋，实即魏。当时的晋幽公害怕韩、赵、魏三卿，反而要去朝见三卿。其直接统治范围仅有都城新绛（今山西侯马）及曲沃（今山西曲沃），其余地区全为三卿所瓜分。少梁根本不在其管辖范围内。

⑪十三年，城籍姑：梁玉绳曰：“灵公在位止十年，即卒于‘城籍姑’之岁也，安得‘十三年’乎？‘三’字衍。”灵公十年，前415年。籍姑，秦邑名。在今陕西韩城东北。

⑫“灵公卒”几句：据《秦始皇本纪》所附之《秦纪》有“肃灵公居泾阳”语，徐卫民以为秦国在灵公时曾迁都泾阳。从“肃灵公居泾阳”，到“献公城栎阳”，中间有秦简公享国十五年，惠公享国十三年，出子享国二年，加上灵公的十年，共计四十一年，也就是从前424—前383年，秦以泾阳为都城。按，此说应从。季父，小叔父。简公，前414—前400年在位。牛鸿恩曰：“据《六国年表》简公五年（前410）‘日蚀’，天文学家推算此次日蚀乃在前409年6月1日，陈梦家因此以为简公之元年亦应提前一年。”

⑬简公六年，令吏初带剑：《秦始皇本纪》所附《秦纪》作“百姓初带剑”。百姓即百官，也即此所谓“吏”。可知此前普通官吏是不准佩剑的。简公六年，前409年。

⑭重泉：秦邑名。在今陕西渭南蒲城南重泉村，临近洛水。

⑮十六年卒：梁玉绳曰：“表及《秦纪》皆作‘简公在位十五年’，是也，此言‘十六年’误。”按，简公十五年，前400年。牛鸿恩曰：“《年表》《秦始皇纪》作‘十五年’，乃依逾年改元之例计之。钱穆曰：‘不逾年而改元，古人自有其事，然大率前君被弑，后君以篡逆得国，不自居于承前君之统绪，则往往即以前君见弑之年改称篡立者之元年，不复逾年而改元。……灵公既承怀公之弑而自立，不逾年而改元，故《本纪》作‘十六年’。”

⑯惠公：前399—前387年在位。

⑰惠公十二年：前388年。

⑱十三年，伐蜀，取南郑：杨宽曰："《六国表》厉共公二十六年左庶长城南郑，《秦本纪》《六国表》躁公二年南郑反。是时南郑非蜀土，亦非秦地。盖蜀取南郑，秦又伐蜀而取南郑耳。"十三年，前387年。

⑲出子二年：前385年。

⑳庶长改迎灵公之子献公于河西而立之：《吕氏春秋·当赏》说献公是自魏而入，则"河西"者即魏之河西地。马非百曰："躁公死后，弟怀公自晋来；灵公死后，简公亦从晋来；献公则从河西来，河西亦晋地也。然则怀公、简公、献公之得立为君，皆与晋人有极密切之关系，与秦穆公之三置晋君，情形殆完全相同矣。"按，马非百所谓"晋"皆为魏。庶长改，大庶长名改，史失其姓。据《吕氏春秋·当赏》此人名曰"菌改"。献公，《吕氏春秋》称其为"公子连"，而《索隐》谓其名曰"师隰"，二说不同。

㉑杀出子及其母，沉之渊旁：《吕氏春秋》作"围夫人，夫人自杀"。

㉒乖乱：相互矛盾，相互为敌。乖，背。

㉓晋：主要指魏国，也可以同时兼指韩、赵两国。

【译文】

躁公二年，南郑反叛。十三年，义渠人前来攻打秦国，到达渭水南岸。十四年，躁公去世，其弟怀公即位。怀公四年，庶长鼂和大臣围攻怀公，怀公自杀。怀公的太子叫昭子，死得早，大臣就立昭子的儿子为君，这就是秦灵公。灵公，是怀公的孙子。灵公六年，晋国修筑少梁城，秦国派兵攻打。十年，秦国修建籍姑城。灵公去世，子献公没能立为国君，而是立了灵公的小叔父悼子为君，这就是秦简公。简公是昭子的弟弟，怀公的儿子。简公六年，让官吏普遍佩剑。在洛水旁边挖沟，修筑防御工事，并修筑重泉城。十六年，简公去世，他的儿子惠公即位。惠公十二年,儿子出子出生。十三年,攻打蜀国,夺取南郑。惠公去世,子出子即位。出子二年,庶长改废掉出子,从河西迎来灵公的儿子献公,立为国君。杀死了出子和他的母亲,并将他们的尸体沉入深渊。之前,秦国屡次更换国君,君臣秩序混乱,所以晋国又强大起来,夺去了秦国河西之地。

献公元年①,止从死②。二年,城栎阳③。四年正月庚寅④,孝公生⑤。十一年⑥,周太史儋见献公曰⑦:“周故与秦国合而别,别五百岁复合,合十七岁而霸王出⑧。”十六年⑨,桃冬花⑩。十八年,雨金栎阳。二十一年⑪,与晋战于石门⑫,斩首六万,天子贺以黼黻⑬。二十三年⑭,与晋战少梁⑮,虏其将公孙痤⑯。二十四年,献公卒⑰,子孝公立,年已二十一岁矣。

【注释】

①献公元年:前384年。

②止从死:马非百曰:“秦自武公二十年开以人从死之风,计从死者六十六人。中经德、宣、成、穆、康、共、桓、景、哀、僖、悼、厉、躁、怀、灵、简、惠、出子,以至献公元年,凡十九君,历时共二百九十四年……实为国家定制。以穆公之贤,从死者竟达百七十七人之多。”“吾人今日读《黄鸟》之诗,尚不禁发生阴森惨毒之感。献公于即位之初,竟能毅然废而除之,此实由于社会进化之趋势有以使然,然献公在人类史上之贡献,固不在林肯解放黑奴之下矣。”

③二年,城栎(yuè)阳:栎阳,秦县名。在今陕西西安阎良区之武屯镇。按,秦都自此乃迁至栎阳。徐卫民曰:“栎阳古城位于今西安市阎良区武屯乡关庄和御宝屯一带。……从考古资料看,古城栎阳确实为都城,但规模不大,建筑方法简单,实为秦时一个临时性都城。从秦献公二年到秦孝公十二年,秦在栎阳活动了三十四

年之久。虽然秦孝公十二年迁都咸阳，然而栎阳的经济地位并未降低，仍然是当时秦经济发达的城市，对秦历史发展起着重要作用。”二年，前383年。

④四年正月庚寅：献公四年（前381）正月初九。

⑤孝公：名渠梁。前361—前338年在位。

⑥十一年：前374年。

⑦周太史儋：周国的太史名儋。此人见于《老子韩非列传》，司马迁曾怀疑他就是老子，但无确实证据。太史，官名。掌管图书文籍。

⑧“周故与秦国合而别”几句：此秦、汉之际的谶纬者流以古人口气编造的“预言”，《史记》在《周本纪》《秦本纪》《封禅书》《老子韩非列传》四处载此语，互有异同。说见《周本纪》。

⑨十六年：前369年。

⑩桃冬花：桃树冬天开花。古人惊其怪异，故写入史。下文“金雨栎阳”亦此意。

⑪二十一年：当魏惠王六年，前364年。

⑫与晋战于石门：石门，山名。在今山西运城西南。按，此役《魏世家》不载，《六国年表》亦只载于“秦”格，“魏”格不载。《赵世家》作“秦攻魏，赵救之石阿”。

⑬天子：周显王，前368—前321年在位。贺以黼黻：赠黼黻给秦献公，向其祝捷。黼黻，指帝王所穿之服。杨宽曰：“是役秦军攻入河东，于石门大胜，乃秦军首次大胜，因而周显王加以祝贺。”

⑭二十三年：当魏惠王八年，前362年。

⑮与晋战少梁：底本原作“与魏晋战少梁”。魏晋，即指魏。王念孙认为“魏”字是后人所加，因为三家分晋，魏得晋故都，故自称晋。今据删“魏”字。

⑯虏其将公孙痤：《魏世家》与此同，《赵世家》作“虏其太子痤”，《六国年表》作“虏其太子”。杨宽以为称“虏其太子痤”者乃误传而

讹；有人称此“公孙痤”即《商君列传》之“公叔座”者亦无其据。

⑰二十四年，献公卒：《六国年表》献公无“二十四年”，《秦始皇本纪》所附《秦纪》亦曰“献公享国二十三年”。牛鸿恩曰：“钱穆曰：‘献公前承出子，实弑君自立，故未逾年而改元，出子之末即献公之初，得二十四年。今《年表》于出子二年后始列献公元年，当得二十三年。’依钱说则献公元年为前385年，二十四年为前362年。”按，《秦始皇本纪》说献公“葬嚣圉”，徐卫民考证以为“嚣圉”在当时的栎阳城东，今陕西渭南的下邽镇西，与秦孝公的陵墓相距不远。

【译文】

献公元年，废止殉葬陋习。二年，修筑栎阳城。四年正月庚寅，孝公出生。十一年，周太史儋觐见献公说：“周以前和秦国合而后分，分五百年后又合在一起，合十七年后，将有霸王出现。”十六年，桃树冬天开了花。十八年，栎阳城下了金雨。二十一年，与晋国战于石门，斩杀晋兵六万，周天子赐予黼黻相贺。二十三年，与晋国战于少梁，俘虏晋将公孙痤。二十四年，献公去世，儿子孝公即位，当时孝公已二十一岁。

孝公元年[①]，河山以东强国六，与齐威、楚宣、魏惠、燕悼、韩哀、赵成侯并[②]。淮、泗之间小国十余[③]。楚、魏与秦接界。魏筑长城，自郑滨洛以北[④]，有上郡[⑤]。楚自汉中，南有巴、黔中[⑥]。周室微，诸侯力政[⑦]，争相并。秦僻在雍州，不与中国诸侯之会盟，夷翟遇之[⑧]。孝公于是布惠，振孤寡[⑨]，招战士，明功赏。下令国中曰：“昔我缪公自岐、雍之间，修德行武，东平晋乱，以河为界，西霸戎翟，广地千里，天子致伯[⑩]，诸侯毕贺，为后世开业，甚光美。会往者厉、躁、简公、出子之不宁，国家内忧，未遑外事，三晋攻夺我先君河西地[⑪]，诸侯卑秦，丑莫大焉。献公即位，镇抚边境，徙治栎阳，且欲东伐，复缪公之故地，修缪公之政令[12]。寡人思念先君之意，常痛于心。宾客群臣有能出奇计强秦者，吾且尊官，与之分土[13]。”于是乃出兵东围陕城[14]，西斩戎之獂王[15]。

【注释】

①孝公元年：前361年。郭嵩焘曰：“四字似改作‘当是之时’为妥。”

②与齐威、楚宣、魏惠、燕悼、韩哀、赵成侯并：齐威，齐威王，名因齐，前356—前320年在位。楚宣，楚宣王，前369—前340年在位。魏惠，魏惠王也称“梁惠王”，前369—前319年在位。燕悼，《燕召公世家》与《六国年表》皆作“燕文”，是也，燕文公于前361—前333年在位。韩哀，应作“韩昭”，韩昭侯于前362—前333年在位。按，史公于韩国诸侯之系年多有讹误，详见《韩世家》《六国年表》诸处正文下之注释。赵成侯，前374—前350年在位。按，此处称齐威王在孝公元年与之并立是不对的，齐威王即位还在五年以后，因《史记》齐国诸君系年多有错误，将齐威王之即位误系于前378年。

③淮、泗之间小国十余：胡三省曰：“宋、鲁、邹、滕、薛、郳等国。”淮、泗，二水名。当时的淮水源于今河南桐柏山，东流经今安徽蚌埠、江苏淮阴入东海。泗水源于今山东泗水县东，西流经曲阜，至兖州折而南下，经沛县、徐州，在淮安淮阴区汇入淮水。

④魏筑长城，自郑滨洛以北：魏国与秦国之间的长城是南起郑县，沿洛水北行，至今陕西黄龙东南东折，至黄河边上的少梁（今韩城西南）。郑，郑县，今陕西渭南华州区。滨，边缘。这里用作动词，沿着。洛，洛水。在今陕西境内，渭河支流。

⑤上郡：魏文侯置。辖境相当于今陕西黄梁河以北，洛河以东，东北到延安、子长一带。

⑥楚自汉中，南有巴、黔中：意谓楚国向西扩张到汉中，向西南扩张

到巴、黔中。汉中,约当今之陕西秦岭以南地区。巴,今重庆一带地区。黔中,相当于今湖南西部及贵州东北部。

⑦力政:犹“力征”,武力征伐。

⑧“秦僻在雍州”几句:此指春秋后期、战国前期秦国衰落时期的情景。雍州,古“九州”之一,约当今之陕西、甘肃一带。

⑨振:救济。

⑩天子致伯:周天子将方伯的称号送给秦缪公,即上文“使召公过贺缪公以金鼓”云云。

⑪三晋:指韩、赵、魏三国,这里主要指魏。

⑫修:循,重新实行。

⑬与之分土:即裂地封之为侯。

⑭陕城:即今河南三门峡陕州区,在今三门峡东南,当时属魏。

⑮獂王:西戎部族的首领。《集解》以为其地在今甘肃陇西东南。

【译文】

孝公元年,黄河、华山以东的强国有六个,秦孝公与齐威王、楚宣王、魏惠王、燕悼王(应为燕文公)、韩哀侯(应为韩昭侯)、赵成侯并立。淮水、泗水之间还有小国十多个。楚国、魏国与秦国接界。魏国修筑长城,从郑县开始,沿着洛水北上,还占有上郡。楚国向西方扩张到汉中,及其南面的巴郡、黔中郡。周室衰微,各诸侯国都凭借武力征伐,争相兼并。秦国地处偏僻的雍州,不参与中原诸侯的会盟,被中原诸侯视同夷翟。秦孝公于是广施恩惠,赈济孤寡,招募战士,论功行赏。他下令国中说:“从前我们的祖先缪公崛起于岐山、雍州之间,修布文德,整治武备,东向平定了晋国的内乱,和晋国以黄河为界,西向称霸于西戎,扩展土地千里,天子赐封方伯,诸侯全来祝贺,为后世开创了光辉美好的基业。适逢往昔厉共公、躁公、简公、出子时的动荡不宁,国家内有忧患,无暇顾及国外的事情,致使三晋夺去了我们先君开拓的河西之地,诸侯也鄙视我们秦国,耻辱莫大于此。献公即位后,安定边境,迁都栎阳,并意欲东征,收复缪公的故地，重整缪公的政令。我每每想起先君的遗愿，内心常常疼痛不已。你们这些宾客、大臣，谁能进献奇谋使秦国强大起来，我将封他高官，分他领地。”于是派兵出征，向东包围了陕城，向西斩杀了戎族的獂王。

卫鞅闻是令下[①]，西入秦，因景监求见孝公[②]。二年[③]，天子致胙[④]。三年[⑤]，卫鞅说孝公变法修刑，内务耕稼，外劝战死之赏罚，孝公善之。甘龙、杜挚等弗然[⑥]，相与争之。卒用鞅法，百姓苦之[⑦]；居三年，百姓便之[⑧]。乃拜鞅为左庶长[⑨]。其事在《商君》语中[⑩]。

【注释】

①卫鞅：即商鞅。事迹详见《商君列传》。

②因景监求见孝公：卫鞅求见秦孝公的过程详见《商君列传》。景监，战国时秦国宦官。楚国人，入秦后受孝公宠信，甚有权势。

③二年：周显王九年，前360年。

④天子致胙（zuò）：《周本纪》曰："致文武胙于秦孝公。"这是周天子对诸侯霸主的一种特殊礼遇。胙，祭肉。

⑤三年：前359年。

⑥甘龙、杜挚：皆秦国大夫。按，卫鞅驳斥甘龙、杜挚的犀利对话，详见《商君书·更法》与《商君列传》。

⑥百姓苦之：按，《商君列传》写商鞅变法，只云"不便"，又云"宗室贵戚多怨望"，非"百姓苦之"之意。

⑧居三年，百姓便之：《商君列传》作"行之十年"。

⑨乃拜鞅为左庶长：据《商君列传》，商鞅说服秦孝公决定变法后，秦孝公即"以卫鞅为左庶长，卒定变法之令"；至变法取得成效后，乃"以鞅为大良造"。左庶长，秦爵二十级的第十级。大良

造，为二十级军功爵之第十六级。按秦时规定，此爵属官爵，位列卿。秦之大良造相当于其他国家之相国。

⑩其事在《商君》语中：此即最明显的所谓“互见法”。

【译文】

卫鞅听到这条命令后，就西来秦国，通过景监引荐，求见孝公。二年，周天子将胙肉赐给秦国。三年，卫鞅劝说孝公变更法令，整饬刑罚，对内务求致力于农耕，对外设立鼓励效死杀敌的赏罚，孝公很是赞赏。甘龙、杜挚等不以为然，同卫鞅争辩。孝公最终采纳了卫鞅的新法，起初百姓很是烦苦；但过了三年，百姓都觉得新法便利了。于是孝公拜卫鞅为左庶长。此事详细记载于《商君列传》。

七年①，与魏惠王会杜平②。八年③，与魏战元里，有功④。十年⑤，卫鞅为大良造，将兵围魏安邑⑥，降之。十二年⑦，作为咸阳，筑冀阙⑧，秦徙都之⑨。并诸小乡聚，集为大县，县一令，四十一县⑩。为田开阡陌⑪，东地渡洛⑫。十四年⑬，初为赋⑭。十九年⑮，天子致伯。二十年⑯，诸侯毕贺。秦使公子少官率师会诸侯逢泽，朝天子⑰。二十一年⑱，齐败魏马陵⑲。二十二年⑳，卫鞅击魏，虏魏公子卬㉑。封鞅为列侯，号商君㉒。二十四年㉓，与晋战雁门㉔，虏其将魏错。

【注释】

①七年：当魏惠王十五年，前355年。

②杜平：秦县名。在今陕西澄城东。

③八年：当魏惠王十六年，前354年。

④与魏战元里，有功：杨宽曰：“《魏世家》《六国表》俱言秦战胜元里后，取魏少梁。但《秦本纪》不载‘取少梁’事，盖秦一度取得少

梁，不久仍为魏有。直到二十五年后，秦大败魏将龙贾后，魏入少梁及河西于秦。”元里，秦县名。在今陕西澄城东南。

⑤十年：当魏惠王十八年，前352年。

⑥安邑：魏国的旧都，在今山西夏县西北。

⑦十二年：前350年。

⑧筑冀阙：建造宫殿前门，这里即建造宫殿。冀阙，也叫“象魏”“魏阙”，王宫门前的双阙。徐卫民曰：“由商鞅监修，是仿照鲁国和卫国的建筑形式建造的。”

⑨秦徙都之：秦国至此又由栎阳迁都于咸阳。自此直至秦朝灭亡的一百四十四年间，秦都以此为都城。徐卫民曰：“咸阳都城横跨渭河南北两岸，以地势高亢之渭北区为主体，呈俯瞰全城之势。这种地理条件，确有利于运用天体规划观念以展新姿，而示帝都之尊。”按，咸阳城遗址在今陕西咸阳渭城区之窑店乡、正阳乡一带，始建于秦孝公十二年，十三年秦国由栎阳迁都于此。城址位于今咸阳城区东十五公里，其范围大致东起柏家嘴，西至毛家沟，北到高干渠，南部因渭水北移，已无遗迹可寻，现存面积约二十平方公里，城址中部偏北是宫城所在。

⑩“并诸小乡聚”几句：锺惺曰：“此亦世界一大变局关目。”乡，县下面的行政单位，与今之“乡”略同。聚，村落。大县，有居民万户以上者称“大县”，不足万户者为“小县”。县一令，大县设“县令”一人，小县设“县长”一人。四十一县，《六国年表》及《商君列传》都作三十一县，“四”疑当作“三”。

⑪为田开阡陌：杨宽曰：“就是废除井田制，把原来‘百步为亩’的‘阡陌’破除，开拓为二百四十步为一亩，重新设置阡陌。”阡陌，田界。

⑫东地渡洛：即突破魏国的长城，把秦国东方国土扩展到了洛水以东。

⑬十四年：前348年。

⑭初为赋：开始按户按人口征收军赋。杨宽曰以为即“为汉代算赋的起源”。

⑮十九年：当周显王二十六年，前343年。

⑯二十年：前342年。

⑰秦使公子少官率师会诸侯逢泽，朝天子：杨宽《战国史表》曰：“魏惠王称王召集逢泽之会，并率诸侯朝见周天子。秦派公子少官率师参与逢泽之会。”按，杨宽系“逢泽之会”于秦孝公十八年，前344年。逢泽，古薮泽名。在今河南开封东南，当时属魏。今湮废。

⑱二十一年：当齐威王十六年，魏惠王二十九年，前341年。

⑲齐败魏马陵：齐将田忌、孙膑击溃魏军，杀魏将庞涓于马陵，虏魏太子申。过程详见《孙子吴起列传》与《魏世家》《田敬仲完世家》。马陵，具体方位说法不一，据《孙子吴起列传》之原文，似应在大梁以东的魏国境内；而后人解释此役者则说马陵为齐地，有说在今河南范县西南者，有说在今河北大名东南者，甚或有说在今山东郯城者，没有考古的支撑，实难做出判断。

⑳二十二年：当魏惠王三十年，前340年。

㉑卫鞅击魏，虏魏公子卬：公子卬早年与商鞅相交，被鞅以谈和为名袭俘于酒宴之上，遂破魏军。详见《商君列传》。公子卬，魏惠王之子。

㉒封鞅为列侯，号商君：据《商君列传》，商鞅的封地为於（wū）商（今陕西丹凤一带）之地十五邑。

㉓二十四年：当魏惠王三十二年，前338年。

㉔雁门：《六国年表》作“岸门”。魏地名。在今山西河津南，黄河东岸。

【译文】

孝公七年，与魏惠王在杜平会盟。八年，与魏军战于元里，获取战功。十年，卫鞅任大良造，率兵围攻魏国的安邑，安邑降秦。十二年，建造咸阳城,修筑冀阙,秦迁都咸阳。合并各小村落,合为大县,每县设县令一人,全国共有四十一县。为田亩修设界路,将领土扩展到洛水以东。十四年,开始实行赋税制度。十九年,周天子封秦孝公为方伯。二十年,诸侯都前来祝贺。秦派公子少官率兵到逢泽会合诸侯,朝见周天子。孝公二十一年,齐国在马陵打败魏军。二十二年,卫鞅率兵攻打魏国,俘虏了魏国的公子卬。孝公封卫鞅为列侯,号称商君。二十四年,与魏国战于雁门,俘虏了魏将魏错。

孝公卒,子惠文君立①。是岁,诛卫鞅。鞅之初为秦施法,法不行,太子犯禁。鞅曰:"法之不行,自于贵戚。君必欲行法,先于太子。太子不可黥,黥其傅、师②。"于是法大用,秦人治。及孝公卒,太子立,宗室多怨鞅,鞅亡,因以为反,而卒车裂以徇秦国③。

【注释】

①孝公卒,子惠文君立:《秦始皇本纪》所附之《秦纪》说秦孝公死后"葬弟圉",徐卫民考证"弟圉"在今陕西渭南的下邽镇以西。惠文君,即日后的"惠文王",名驷,前337—前311年在位。

②黥其傅、师:《商君列传》作"刑其傅公子虔,黥其师公孙贾"。

③鞅亡,因以为反,而卒车裂以徇秦国:因以为反,于是就说他造反。徇,巡行示众。卫鞅潜逃不果,以及被"车裂以徇"的具体过程,详见《商君列传》。按,商鞅执法无私,先从太子治起,至孝公卒,太子即位为王,遂杀商鞅;汉代张释之执法,亦尝从太子治起,而太子即位之后,张释之遭到报复,困厄终身。"无私执法",诚不易哉!

【译文】

孝公去世,子惠文君即位。这年,秦国诛杀了卫鞅。卫鞅在秦国施行新法之初，法令不能顺利推行，太子也犯了法禁。卫鞅对孝公说："新法之所以不能顺利推行，阻力来自贵戚。您要想推行新法，那就先从太子开始。对太子不能施以黥刑，那就黥其傅、师。"于是新法广为推行，秦人得以治平。等到孝公去世，太子做了国君，那些宗室大都怨恨卫鞅，卫鞅被迫逃走，于是他们给卫鞅加上反叛的罪名，最终将卫鞅车裂，示众于秦国。

惠文君元年[①]，楚、韩、赵、蜀人来朝。二年，天子贺。三年[②]，王冠[③]。四年[④]，天子致文武胙[⑤]。齐、魏为王[⑥]。五年，阴晋人犀首为大良造[⑦]。六年，魏纳阴晋，阴晋更名宁秦。七年[⑧]，公子卬与魏战，虏其将龙贾，斩首八万[⑨]。八年，魏纳河西地[⑩]。九年，渡河，取汾阴、皮氏[⑪]。与魏王会应[⑫]。围焦，降之[⑬]。十年[⑭]，张仪相秦[⑮]。魏纳上郡十五县[⑯]。十一年，县义渠[⑰]。归魏焦、曲沃。义渠君为臣。更名少梁曰夏阳。十二年，初腊[⑱]。十三年四月戊午[⑲]，秦君为王[⑳]，韩亦为王[㉑]。使张仪伐取陕，出其人与魏[㉒]。

【注释】

①惠文君元年：当楚威王三年，韩昭侯二十六年，赵肃侯十三年，前337年。

②三年：前335年。

③王冠：惠文王行加冠礼。《正义》引《礼记》云："年二十行冠礼也。"但也有在二十二岁，或不到二十岁者。《秦始皇本纪》附《秦纪》称惠文王"生十九年而立"，至其在位三年，则年二十二。杨宽曰："秦制，秦君必须于二十二岁行冠礼后，方得亲政。"

④四年：当齐威王二十三年、魏惠王后元元年，前334年。

⑤天子致文武胙：按，1948年陕西西安鄠邑区出土一瓦书，上刻“四年周天子使卿大夫辰来致文武之酢”，与此所书正合。详情见杨宽《战国史料编年辑证》。

⑥齐、魏为王：魏惠王初即位时称侯，至其二十六年（前344）召集诸侯会盟于逢泽时，已经自己改称“王”。此年，魏惠王与齐威王相会于徐州，彼此都承认对方为“王”。《六国年表》与《魏世家》所称“诸侯会于徐州”，实即齐、魏两国。从这年开始，齐威王正式称“王”，魏惠王也将这一年改称为“后元元年”。

⑦阴晋人犀首：即公孙衍。姬姓，公孙氏，名衍，号犀首（一说因他曾任魏犀首，故称），魏国阴晋（今陕西华阴东）人。魏公族后裔。重要的纵横家。先后曾在秦国、魏国任职。《张仪列传》中附叙其事迹。

⑧七年：当魏惠王后元四年，前331年。

⑨“公子卬与魏战”几句：此即“雕阴之战”。按，《六国年表》魏国有“秦败我雕阴”，系于惠文君五年，年份不同；《魏世家》有“秦败我龙贾军四万五千于雕阴”，人数不同。其事应在魏惠王后元五年，秦惠文王八年，与《六国年表》所谓“与秦河西地少梁”为同时事。公子卬，此为秦将，与前被商鞅诱捕的魏公子卬不是一人。泷川以为秦无公子卬，当为公孙衍之讹，杨宽赞同此说。雕阴，魏县名。在今陕西甘泉南。杨宽曰：“龙贾为魏西边防秦之主将，《纪年》谓梁惠王十二年龙贾率师筑长城于西边，十五年龙贾又筑池阳以备秦。是年秦分两路向魏进攻，南路以樗里疾为主将，出函谷关进围曲沃与焦；北路以公孙衍为主将，大举进攻魏上郡之雕阴……此一战役龙贾所统率之魏西边防秦之主力军覆没，龙贾亦被擒，从此魏之河西、上郡失去防卫之兵力，因而河西、上郡不能不陆续拱手而献秦。此为三晋首次在抗秦战斗中失败。”

⑩魏纳河西地：即《六国年表》所言“与秦河西地少梁”。

⑪汾阴、皮氏：皆魏县名。皮氏在今山西河津西，汾阴在今山西河津西南，与陕西韩城隔河相望。

⑫应：魏县名。在今河南鲁山县东。

⑬围焦，降之：梁玉绳曰："秦兼降曲沃，故后三年'归魏焦、曲沃'也。此与《六国表》内秦表及《魏世家》俱失书'曲沃'二字。"焦，魏县名。在今河南三门峡陕州区。曲沃，时为魏县，在三门峡灵宝东北曲沃镇。在焦之西南，二地相隔不远。

⑭十年：当魏惠王后元七年，前328年。

⑮张仪相秦：张仪终生倡导连横，为秦国谋利益，对秦国的发展有重要作用，事迹详见《张仪列传》。按，《商周金文录遗》第584号著录《相邦义戈铭文》曰："十三年相邦义造。咸阳工师田、工大人耆、工積。""十三年"当为秦惠文王十三年；"义"即张仪；"相邦"即相国，张仪之官名。

⑯上郡十五县：约当今陕西子长以南的洛水以东地区。《正义》曰："魏前纳阴晋，次纳同、丹二州，今纳上郡，而尽河西滨洛之地矣。"

⑰县义渠：义渠，在今甘肃庆阳西南。张照引杭世骏曰："此时义渠不得为县，《犀首传》云：'其后五国伐秦，阴以文绣千纯，妇女百人遗义渠君，义渠君起兵袭秦，大败秦李伯之下。'若义渠已为县，秦必更置令长，何至十年之后反为所败？《年表》云'义渠君为臣'，似可据。"按，梁玉绳以为"县义渠"三字为衍文，应是。

⑱初腊：初次举行岁末祭祀祖先的活动。《正义》曰："秦惠文王始效中国为之，故云'初腊'。猎禽兽，以岁终祭先祖。"泷川曰："腊者，猎也，猎取禽兽以祭先祖，重本始也。"杨宽曰："腊祭乃酬谢有关收获之神，具有庆祝丰收与慰劳农民之意义。"

⑲十三年：当韩宣惠王八年，前325年。四月戊午：阴历四月初四。

⑳秦君为王：按，底本原作"魏君为王"。按，魏惠已在前344年称王，前文更于惠文君四年（前334）书"齐、魏为王"，故梁玉绳认

为这年是秦惠文君称王，“故书月书日以别之，‘魏’字乃‘秦’字之误”。按，梁说是，《六国年表》于是年书“君为王”，明年遂改称“元年”。今据改。

㉑韩亦为王：杨宽曰：“秦惠文君于是年称王，亦当如齐、魏会徐州之例，邀韩、魏之君入秦朝见，秦惠既被推尊为王，同时亦承认韩、魏之君称王。齐、魏徐州之会由齐相田婴主其事，秦惠与三晋之君相王之会则由秦相张仪主其事……在此会上，魏王曾为秦惠御，韩王曾为秦惠右，秦惠之名号因而大著，此固张仪所策划也。”梁玉绳曰：“韩宣惠为王在秦惠更元之二年，误书于是年耳。”按，《六国年表》正是书韩宣惠为王于秦惠文王后元二年。

㉒使张仪伐取陕，出其人与魏：将陕县的居民通通逐出，只取其地，盖畏其反复。陕，魏县名。在今河南三门峡东南。梁玉绳曰：“按表及仪传，事在惠文后元年，此误书于十三年也。”

【译文】

惠文君元年，楚国、韩国、赵国、蜀国派人前来秦国朝见。二年，周天子向秦国祝贺。三年，惠文王举行加冠礼。四年，周天子将祭祀周文王、周武王的祭肉赐给了秦国。齐、魏二国国君改号称王。惠文君五年，阴晋人犀首任大良造。六年，魏将阴晋献给秦国，秦国改阴晋为宁秦。七年，公子卬与魏交战，俘虏了魏将龙贾，斩首八万。八年，魏国将河西之地献给秦国。九年，秦军渡过黄河，攻取了汾阴、皮氏。秦君与魏王在应县相会。秦军包围魏国的焦县，迫使其投降。十年，张仪为秦相。魏国将其上郡的十五个县献给秦国。十一年，秦国设置义渠县。秦国将焦、曲沃二邑归还给魏国。义渠人的首领向秦国称臣。秦将少梁改名为夏阳。十二年，开始举行腊祭。十三年四月戊午，秦惠文君改号称王，韩国的国君也改号称王。秦派张仪攻占了陕县，驱逐陕县居民还归魏国。

十四年，更为元年①。二年②，张仪与齐、楚大臣会啮桑[③]。三年[④]，韩、魏太子来朝。张仪相魏[⑤]。五年，王游，至北河[⑥]。七年[⑦]，乐池相秦[⑧]。韩、赵、魏、燕、齐帅匈奴共攻秦[⑨]。八年，秦使庶长疾与战脩鱼，虏其将申差，败赵公子渴、韩太子奂，斩首八万二千[⑩]。张仪复相秦。九年[⑪]，司马错伐蜀，灭之[⑫]。伐取赵中都、西阳[⑬]。十年，韩太子苍来质[⑭]。伐取韩石章[⑮]。伐败赵将泥[⑯]。伐取义渠二十五城。十一年[⑰]，樗里疾攻魏焦，降之。败韩岸门，斩首万，其将犀首走[⑱]。公子通封于蜀[⑲]。燕君让其臣子之[⑳]。十二年[㉑]，王与梁王会临晋[㉒]。庶长疾攻赵，虏赵将庄。张仪相楚。十三年[㉓]，庶长章击楚于丹阳[㉔]，虏其将屈匄，斩首八万；又攻楚汉中，取地六百里，置汉中郡[㉕]。楚围雍氏[㉖]，秦使庶长疾助魏而东攻齐[㉗]，到满助魏攻燕[㉘]。十四年[㉙]，伐楚，取召陵[㉚]。丹、犁臣[㉛]，蜀相壮杀蜀侯来降[㉜]。惠王卒，子武王立[㉝]。韩、魏、齐、楚、越皆宾从[㉞]。

【注释】

①十四年，更为元年：前324年。秦惠文君改称惠文王，改元，史称惠文王后元元年。秦国君主从此年开始称王。

②二年：当齐威王三十四年，楚怀王六年，前323年。

③啮桑：古邑名。在今江苏沛县西南。

④三年：当韩宣惠王十一年，魏惠王后元十三年，前322年。

⑤张仪相魏：《张仪列传》称其“相魏以为秦，欲令魏先事秦而诸侯效之”。凌稚隆引王维桢曰：“书张仪相魏、相楚，秦之谲计尽露矣。魏、楚何事乃为所愚哉？”

⑥北河：黄河流经内蒙古磴口（巴彦高勒）以后，在阴山南麓分为

南、北两支。南支称为南河，即今黄河正流；北支称为北河，在今内蒙古之临河、包头一线，当时秦国的北境，约当今乌加河。

⑦七年：当韩宣惠王十五年，赵武灵王八年，魏襄王元年，燕王哙三年，齐宣王二年，前318年。

⑧乐池相秦：杨宽曰："秦为了争取赵的合作，一度以赵武灵王大臣乐池为相。"乐池，梁玉绳说他是赵人，与乐毅为一族。《韩非子》称其曾为中山国相。此时相秦，后五年又为赵相。

⑨韩、赵、魏、燕、齐帅匈奴共攻秦：梁玉绳曰："此事诸处所载互有不同，余详校之，攻秦者，实燕、楚、赵、魏、韩、齐六国，而匈奴不与焉。……六国虽同出师，不相应领，故惟韩、赵战秦。韩、赵既败，四国遂引归不战。"杭世骏曰："《楚世家》书'苏秦约从六国共攻秦，楚怀王为从长，至函谷关，秦击之，六国皆引归，齐独后'。……《楚世家》特详者，以从长故，当以为正。"牛鸿恩曰："此次合纵攻秦，即由公孙衍所发动。战国时著名的合纵、连横亦即由张仪的相魏为秦、公孙衍的相魏攻秦为起始。此举参加之国为魏、赵、韩、楚、燕五国，无齐有楚。"匈奴，古民族名。我国古代北方游牧民族。由商周以来鬼方、獯鬻、猃狁、戎、狄等族经过长期融合而成。战国时活动于秦、赵、燕三国以北地区。其兴起过程见《匈奴列传》。杨宽以为"匈奴"当是"义渠"之误，义渠之所以反秦也是受公孙衍的挑动。见《张仪列传》所附之犀首传。

⑩"八年"几句：底本"八年"二字在"张仪复相秦"句上。按，秦败韩、赵于脩鱼事，《六国年表》与楚、赵、魏世家皆系于惠文王后元八年，与此小异。杨宽以为《秦本纪》的这段文字有脱漏，原文应作："七年，韩、赵、魏、燕、齐率匈奴共攻秦。八年，五国共攻秦，秦使庶长疾与战脩鱼，虏韩将军申差，败赵公子渴、韩太子奂，斩首八万二千。"再下接"张仪复为相"。并曰："是年樗里疾统率大军追击三晋之退兵，直至脩鱼。脩鱼为韩邑，在今河南原阳西

南，东靠魏所筑、用以保卫大梁之西边长城，此地在函谷关以东五百里以外，已深入三晋之腹地，逼得三晋在此与秦决战，结果秦取得斩首八万之战果，并生擒韩将鲠与申差，于是声势浩大之五国合纵攻秦之举以惨败告终。”今据改。八年，前317年。庶长疾，即樗里子，名疾，秦惠文王的异母弟，事迹详见《樗里子甘茂列传》。此时樗里子为“右更”，非为“庶长”。右更，秦爵二十级的第十四级。虏其将申差，《六国年表》作“得韩将军申差”，《韩世家》作“秦败我脩鱼，虏得韩将鲠、申差”。

⑪九年：当赵武灵王十年，前316年。

⑫司马错伐蜀，灭之：按，司马错、张仪伐蜀的过程详见《战国策·秦策一》与《张仪列传》。司马错，秦国名将，司马迁的先祖。《艺文类聚》引《蜀王本纪》云：“秦惠王欲伐蜀，乃刻五石牛，置金其后，蜀人见之，以为牛能大便金。……蜀王以为然，即发卒千人，使五丁力士拖牛成道，致三枚于成都。秦道得通，后遣丞相张仪等随石牛道伐蜀。”

⑬伐取赵中都、西阳：梁玉绳曰：“此与表同误，惟《赵世家》作‘西都、中阳’是也。”西都，方位不详。中阳，即今山西中阳。

⑭十年，韩太子苍来质：此韩太子名“仓”，知前被樗里疾打败之“韩太子奂”已死或已被废。梁玉绳、马非百皆以为此事应依《韩世家》在“十一年”。十年，当韩宣惠王十八年，前315年。

⑮石章：韩邑名。方位不详。

⑯赵将泥：梁玉绳曰：“徐广曰‘将一作庄’，则是姓庄名泥也。而《表》作‘将军英’，姓乎名乎，不可详矣。”

⑰十一年：当魏襄王五年，前314年。

⑱“败韩岸门”几句：杨宽曰：“此为三晋又一次大败于秦，亦是犀首合纵抗秦策略之又一次大失败。”岸门，韩邑名。在今河南许昌西北。和秦孝公二十四年与魏交战之岸门非一地。

⑲公子通封于蜀：杨宽以为秦灭蜀后，更封蜀王的子弟为侯，命陈庄为其相。此处所称之公子通，即故蜀王之子弟。

⑳燕君让其臣子之：子之是燕王哙的宰相，子之耍阴谋，让鹿毛寿等劝说燕王哙效仿尧舜将王位禅让于子之，燕王哙爱好贤之名，竟真于其七年（前314）让位子之，造成燕国大乱。过程详见《战国策·燕策一》与《燕召公世家》。按，《战国策·秦策一》也有"孝公行之八年，疾且不起，欲传商君"之语，不知此类话是真是假。燕君，即燕王哙，燕昭王之父，前320—前312年在位。

㉑十二年：当魏襄王六年，赵武灵王十三年，前313年。

㉒临晋：魏县名。在今陕西大荔朝邑镇西南。

㉓十三年：当楚怀王十七年，前312年。

㉔庶长章：大庶长魏章。初为魏将。后与张仪至秦事惠文王，任庶长。成为秦国重要将领。丹阳：丹水之阳，楚地区名。约当今河南之西峡以西，陕西之丹凤以东的丹水以北地区。

㉕置汉中郡：郡治南郑（即今汉中）。这一带在秦孝公初年属楚，自此全部属秦。马非百曰："魏章再败楚军，遂取楚汉中地，置汉中郡，其对于弱楚之谋之贡献，实不在司马错攻定巴蜀之下。若魏章者，可谓张仪外交之最有力之后盾矣。"

㉖楚围雍氏：楚恨韩之助秦破楚于丹阳，故出兵围韩雍氏。又关于雍氏之围，《六国年表》不书，《楚世家》不书，惟《周本纪》《秦本纪》《齐太公世家》《韩世家》《甘茂列传》书之，所记的时间各不相同。梁玉绳以为只有一次，也有人认为有两次，还有人认为有三次。雍氏，韩邑名。在今河南禹州东北。

㉗助魏而东攻齐：底本作"助韩而东攻齐"。梁玉绳曰："按《表》及《魏世家》，乃助魏攻齐耳，是时无韩伐齐事。"按，"韩"字应作"魏"，今据改。《六国年表》作"击齐，虏声子于濮"。

㉘到满助魏攻燕：《正义》曰："'满'一作'蒲'，秦将姓名也。"马非

百曰："'满'字应作'濮'。"到濮，即到达濮地。《六国年表》与《魏世家》皆书"与秦击燕"。

㉙十四年：当楚怀王十八年，前311年。

㉚伐楚，取召陵：梁玉绳曰："其时秦、楚复亲，不相攻伐，此役无考，当属误文。"

㉛丹、犁臣：丹、犁两部落对秦称臣。丹、犁，《正义》曰："二戎号也，在蜀西南。"白寿彝《中国通史》以为"丹犁"是一个少数民族的名称，当时居住在今四川汉源一带。

㉜蜀相壮杀蜀侯来降：泷川曰："《张仪传》及《秦策》云：'司马错定蜀，蜀王更号为侯，而使陈庄相'，据此则是《纪》所云'蜀相壮'，即陈庄；其所杀'蜀侯'，非蜀王则蜀王子，非秦所封公子通也。"梁玉绳曰："按《华阳志》：'陈壮反，杀蜀侯通国，秦遣甘茂、张仪、司马错伐蜀，诛壮。'是壮未尝来降，二说以《志》为实。'庄''壮'二字古通用。"按，据下文"秦诛相壮"语，知此人乃杀公子通叛秦者，不然，公子通自可平之，无须秦另派兵诛讨。

㉝惠王卒，子武王立：惠王，即"惠文王"，顾炎武曰："古人谥有二字、三字，而后人相沿止称一字者……如楚顷襄王止称襄王，秦惠文王止称惠王，昭襄王止称昭王是也。"惠文王的陵墓在当时咸阳的西北方，徐卫民考证"在今咸阳北的周陵中学附近，就是以前讹传的周文王陵和周武王陵"。武王，名荡，前310—前307年在位。

㉞韩、魏、齐、楚、越皆宾从：《正义》引徐广曰："越，一作'赵'。"张文虎曰："越为楚威王所破久矣，作'赵'是。"牛鸿恩曰："据《竹书纪年》载，前312年秦、韩、魏攻楚时，越运送战船三百艘、箭五万支给魏。黄以周考定楚灭越在怀王二十二年（前307），杨宽考定在二十三年或稍前，则此时越尚未灭。以'韩、魏、齐、楚、越'之排列顺序看，似以'越'字为是。"

【译文】

惠文君十四年，改元称惠文王元年。二年，张仪与齐、楚大臣在啮桑会晤。三年，韩国和魏国的太子前来朝见。张仪为秦国去做了魏国的宰相。五年，惠文王巡游，到达北河。七年，乐池为秦相。韩、赵、魏、燕、齐五国率领匈奴军一起攻打秦国。八年，秦派庶长樗里疾在脩鱼与之交战，俘虏了韩将申差，打败了赵国公子渴和韩国太子奂，斩首八万二千。张仪复为秦相。九年，秦将司马错率兵伐蜀，灭蜀。秦军攻占赵国的中都与西阳。十年，韩太子苍到秦国做质子。秦军攻取了韩国的石章县。打败了赵国的将领泥。占领了义渠人的二十五座城池。十一年，樗里疾攻打魏国的焦县，迫使焦县降秦。又在岸门打败韩国，斩首一万，韩将犀首逃走。分封公子通于蜀郡。燕王哙将君位让给了大臣子之。十二年，秦王与梁王在临晋会见。秦庶长樗里疾进攻赵国，俘获了赵将庄。张仪为秦国去做了楚国的宰相。十三年，秦庶长魏章攻打楚国的丹阳，俘虏了楚将屈匄，斩首八万；又攻打楚国的汉中，夺取土地六百里，设置汉中郡。楚国包围了韩国的雍氏城，秦派庶长樗里疾帮助魏国东攻齐国，派到满帮助魏国攻打燕国。十四年，秦军伐楚，攻占了召陵。丹、犁两个戎国向秦国称臣，蜀相壮杀死了蜀侯，前来归降。惠文王去世，儿子武王即位。韩、魏、齐、楚、越都服从于秦国。

武王元年①，与魏惠王会临晋②。诛蜀相壮。张仪、魏章皆东出之魏③。伐义渠、丹、犁④。二年，初置丞相⑤，樗里疾、甘茂为左右丞相⑥。张仪死于魏⑦。三年⑧，与韩襄王会临晋外。南公揭卒⑨。樗里疾相韩⑩。武王谓甘茂曰："寡人欲容车通三川，窥周室⑪，死不恨矣。"其秋，使甘茂、庶长寿伐宜阳⑫。四年⑬，拔宜阳⑭，斩首六万。涉河，城武遂⑮。魏太子来朝。武王有力好戏⑯，力士任鄙、乌获、孟说皆至大官[17]。王与孟说举鼎，绝膑[18]。八月，武王死[19]。族孟说。武王取魏女为后，无子。立异母弟，是为昭襄王[20]。昭襄母楚人，姓芈氏，号宣太后[21]。武王死时，昭襄王为质于燕，燕人送归，得立[22]。

【注释】

①武王元年：当魏襄王九年，前310年。

②与魏惠王会临晋：魏惠王，应作"魏襄王"。《正义》按："魏惠王卒已二十五年矣。"

③张仪、魏章皆东出之魏：据《张仪列传》，张仪虽深受惠文王重用，立有大功，但武王即位后，受到群臣攻击无法在秦容身，只好离秦去魏。魏章即前文攻下汉中和召陵的庶长章，是张仪的搭档，故与张仪同时被逐。马非百曰："大抵当日秦国情形，每一执政当国时，必各有其自己所最亲信之人为将，如魏冉为相，则任举白起为将；范雎为相，亦任举郑安平为将。而将相之进退，又往往相互为转移。故范雎既说昭王罢废穰侯，不久即杀白起；郑安平战败降敌，而范雎亦随之去位。张仪与魏章间之关系，殆亦全与此同。"

④伐义渠、丹、犂：三部落前已归顺于秦，必有反复，故秦伐之。

⑤初置丞相：以前对宰相只称作"相""相邦"，至此始定名曰"丞相"。《集解》引应劭曰："丞者，承也；相，助也。"

⑥甘茂：原楚下蔡（今安徽凤台）人。学百家术，秦惠王时得任用。武王初立，奉命平定蜀侯反叛，归拜左丞相。事迹详见《樗里子甘茂列传》。

⑦张仪死于魏：张仪终生为秦，对秦之发展有大功，竟也客死他乡，"秦真少恩哉"。马非百曰："魏章死年则不能详知，然其死地，或亦不能出魏国范围之外也。"

⑧三年：当韩襄王四年，前308年。

⑨南公揭卒：其人不详。《汉书·艺文志》阴阳家有《南公》三十一篇，梁玉绳猜测是六国时有道之士。

⑩樗里疾相韩：梁玉绳曰："疾无相韩事，时疾以右丞相出使于周，见本传，疑'相韩'二字是'使周'之误。"杨宽赞同此说。牛鸿恩曰："《秦策二》甘茂谓武王：'樗里疾、公孙衍挟韩而议。'《樗里传》《新序》均言疾之母为韩女，可证疾与韩之关系。此处所记不知是否果有误。"

⑪欲容车通三川，窥周室：意谓希望能打开一条过得去一辆车子的小道，让我到周都洛阳去看一看。曰"容车"、曰"窥"，都是一种故作"谦谨"的说法，其本意即要夺取三川，进而直取周都洛阳。鲍彪曰："窥，小视也。周室，洛邑。盖欲取之，不正言也。"容车，仅容一辆车子通过。极言其道路之窄狭。三川，指洛阳一带，因其地有黄河、伊水、洛水而言。韩宣惠王置三川郡。

⑫庶长寿：底本作"庶长封"。杨宽以为应作"庶长寿"，其说甚是，"庶长寿"即向寿，事见《樗里子甘茂列传》与《战国策·秦策二》《韩策一》，今据改。宜阳：韩县名。曾为韩国都城，在今河南宜阳西。

⑬四年：当韩襄王五年，前307年。

⑭拔宜阳：甘茂攻拔宜阳的过程中有生动故事，详见《战国策·秦策二》与《樗里子甘茂列传》。马非百曰："宜阳一地，不仅关系韩国之存亡，而且宜阳果一旦入于秦人掌握之中，则山东各国亦将尽受其威胁。""宜阳之役，魏与秦实有联盟关系；加以秦用冯章之谋，以汉中欺楚，使其严守中立。韩失楚援，秦得魏助，宜阳之卒为秦所攻拔，固其所也。""于是韩王不得已，乃使公仲侈赴秦求和，武王竟藉与韩言和之便亲至于周，实现其'车通三川，进窥周室'之初愿。"

⑮涉河,城武遂:向北打过黄河,在武遂筑城而守。武遂,韩县名。在今山西垣曲东南的黄河边上。杨宽认为,武遂"为韩重要之关塞,并有重要之通道,南下渡河可通大县宜阳,北上可直达韩之旧都平阳。'隧'常用以指山岭、河流上以及地面下穿凿之通道,武遂即利用黄河与山岭穿凿而成,用以贯通韩南北之通道。"

⑯戏:角斗,角力。

⑰任鄙、乌获、孟说(yuè):皆力士之名。泷川曰:"乌获,见于《商君书》《孟子》,先于秦武。盖称力士为'乌获',犹称相马者为'伯乐',治疾者为'扁鹊'。秦武力士,必别有姓名。"孟说,有说即"孟贲"者,误。孟说是齐人,孟贲是卫人。

⑱王与孟说举鼎,绝膑:《樗里子甘茂列传》云"武王竟至周,而卒于周",则武王于甘茂攻拔宜阳后亲身到了洛阳,在周与孟说比赛举鼎,失手致死。胡三省曰:"举鼎者,举九鼎也。"此说可疑。绝膑,意即砸断了小腿。膑,小腿骨,胫骨。

⑲八月,武王死:马非百曰:"武王在位仅四年,而其在秦国统一运动上所建立之伟绩,厥有二端。其一为丞相制度之创立,其二为宜阳之再次攻拔。……使非以有力好戏之故以致绝膑而死,其前途实未可量也。"秦武王的陵墓所在,徐卫民说:"秦惠文王、武王陵位于都城咸阳的西北方,在今咸阳北的周陵中学附近,就是以前讹传的周文王陵和周武王陵。"

⑳立异母弟,是为昭襄王:武王死后,其母惠文后欲立武王的胞弟公子壮,魏冉与其姐昭襄王生母发动政变,立昭襄王。事见《穰侯列传》。昭襄王,《索隐》曰:"名则,一名稷。"惠文王之子,前306—前251年在位。杨宽曰:"'侧''稷'音转通用,犹如齐都临淄之稷门又称侧门。"

㉑宣太后:惠文王的嫔妃,封号为"八子",时称"芈八子"。昭王即位后,尊之为太后,谥曰"宣",后世称为"宣太后"。

㉒燕人送归，得立：据《赵世家》，昭襄王是赵武灵王派人从燕国接来送回秦国继位。

【译文】

武王元年，与魏襄王在临晋城外相会。诛杀蜀相壮。张仪、魏章都离开秦国东出到了魏国。秦军讨伐义渠、丹、犁。二年，秦国开始设置丞相之职，樗里疾和甘茂分别担任左丞相和右丞相。张仪死于魏国。三年，武王与韩襄王在临晋城外相会。南公揭去世。樗里疾到韩国为相。武王对甘茂说："我希望能有一条可容一辆车通过的小路通往三川，窥见周室，那样我就死而无憾了。"这年秋天，于是派甘茂、庶长寿讨伐宜阳。四年，攻下宜阳，斩首六万。又北渡黄河，修筑武遂城。魏太子前来朝见。武王力大，好与人角力，力士任鄙、乌获、孟说等都因此做了大官。武王与孟说比赛举鼎，砸断了小腿。八月，武王去世。秦国诛杀了孟说全族。武王娶魏国宗室之女为王后，没有子嗣。立武王异母弟公子则为秦王，这就是昭襄王。昭襄王的母亲是楚国人，姓芈氏，号宣太后。武王死时，昭襄王正在燕国做质子。燕国人将他送回秦国，得以立为秦王。

昭襄王元年①，严君疾为相②。甘茂出之魏③。二年，彗星见。庶长壮与大臣、诸公子为逆，皆诛，及惠文后皆不得良死④。悼武王后出归魏。三年⑤，王冠⑥。与楚王会黄棘⑦，与楚上庸⑧。四年⑨，取魏蒲阪⑩。彗星见。五年⑪，魏王来朝应亭⑫，复与魏蒲阪。六年⑬，蜀侯煇反⑭，司马错定蜀。庶长奂伐楚，斩首二万⑮。泾阳君质于齐⑯。日食⑰，昼晦。七年⑱，拔新城⑲。樗里子卒⑳。八年㉑，使将军芈戎攻楚，取新市㉒。齐使章子、魏使公孙喜、韩使暴鸢共攻楚方城，取唐眛㉓。赵破中山㉔，其君亡，竟死齐㉕。魏公子劲、韩公子长为诸侯㉖。九年㉗，孟尝君薛文来相秦㉘。奂攻楚，取八城，杀其将景快[29]。十年[30]，楚怀王入朝秦，秦留之[31]。薛文以金受免[32]。楼缓为丞相[33]。十一年[34]，齐、韩、魏、赵、宋、中山五国共攻秦，至盐氏而还[35]。秦与韩、魏河北及封陵以和[36]。彗星见。楚怀王走之赵，赵不受，还之秦，即死，归葬。十二年[37]，楼缓免，穰侯魏冉为相[38]。予楚粟五万石[39]。

【注释】

①昭襄王元年：前306年。

②严君疾：即樗里疾。因破楚取汉中功被封于严道（今四川荥经），故称“严君”。

③甘茂出之魏：甘茂与向寿、公孙奭有矛盾，惧两人向秦王进谗而逃亡。先奔齐，后到楚，最终死于魏国。

④“庶长壮与大臣、诸公子为逆”几句：《穰侯列传》记此事件曰：“武王卒，诸弟争立，唯魏冉为能立昭王。昭王即位，以冉为将军，卫咸阳，诛季君之乱，而逐武王后出之魏，昭王兄弟不善者皆灭之。”庶长壮，秦惠文王之子，秦武王胞弟公子壮。号季君，一作“桑君”。当时任大庶长。秦武王去世时，诸子争立，他得惠文王后支持。但魏冉却另立昭王，他心怀不满，串通公子雍等贵族、大臣多人谋变，被魏冉诛杀。惠文后，惠文王的夫人，武王的生母。悼武后，武王的夫人，原魏女，今亦被逐，令其归魏。按，诸公子，底本作“诸侯、公子”。泷川曰：“古抄本无‘侯’字，《通鉴》亦无。《穰侯列传》集解引《秦本纪》无‘诸侯’二字。”杨宽亦以为“侯”字衍文，并说“诸侯未参与此次内乱”。按，“诸公子”即昭王诸弟兄，作“诸侯”于理不合，今据削“侯”字。

⑤三年：当楚怀王二十五年，前304年。

⑥王冠：秦昭王行加冠礼。秦王二十二岁行冠礼后方能亲政。

⑦黄棘：楚邑名。在今河南新野东北。

⑧上庸：楚邑名。在今湖北竹山县西南。

⑨四年：当魏襄王十六年，前303年。

⑩取蒲坂：据《六国年表》与《魏世家》，此年秦还攻占了魏国的晋阳、封陵。三地相隔不远，都在今山西运城。蒲坂，在永济西。晋阳，在大河之阳，又本晋地，故称晋阳，或称阳晋，在永济虞乡镇西。封陵，又作“封陆”“封谷”，在芮城西南黄河北岸。

⑪五年：当魏襄王十七年，前302年。

⑫魏王来朝应亭：梁玉绳据《六国年表》与《魏世家》，认为“应亭”是“临晋”之误。按，《六国年表》“韩”格作“太子婴与秦王会临晋，因至咸阳而归”，则此次朝秦者为魏襄王与韩太子婴。

⑬六年：当楚怀王二十八年，前301年。

⑭蜀侯煇反：梁玉绳、马非百引《华阳国志》以为“煇”字应作“恽”，即公子恽，惠文王之子，武王的同母弟。公子通被杀后，被继封为蜀侯。昭王六年，恽祭山川，献馈于昭王，宣太后在祭品中下毒后再进献，昭王大怒，遣司马错赐剑给公子恽，命其自尽。《秦本纪》与《六国年表》言其“反”，乃沿袭秦史的诬蔑之辞，并非事实。

⑮庶长奂伐楚，斩首二万：此即后文八年所书“齐使章子、魏使公孙喜、韩使暴鸢共攻楚方城，取唐眛”事，《楚世家》作“秦乃与齐、韩、魏共伐楚，杀楚将唐眛，取我重丘而去”者是也，今则分书于两处。又，杨宽等认为此次伐楚者为齐、韩、魏三国，无秦国，盖以《六国年表》《楚世家》的说法为误。庶长奂，大庶长名奂，史失其姓，事迹不详。

⑯泾阳君质于齐：梁玉绳曰：“按《年表》《田完世家》在七年，此误书于六年。”泾阳君，即公子市，秦昭王的胞弟，因其封地在泾阳（今陕西泾阳西北），故称泾阳君。后改封于宛（今河南南阳）。与高陵君、华阳君、魏冉并擅国事，秦人称为“四贵”。

⑰日食：按，据朱文鑫考定，此次日蚀在昭王七年，不在六年，见《秦集史》。

⑱七年：当楚怀王二十九年，前300年。

⑲拔新城："新城"上当有"楚"字。《六国年表》"楚"格谓"秦取我襄城，杀景缺"。新城，后改称"襄城"，即今河南襄城，当时属楚。

⑳樗里子卒：樗里子生前被秦人称为"智囊"，临死所选的葬地正值后来汉代的长乐宫与未央宫之间，被视为神奇人物。

㉑八年：当楚怀王三十年，齐湣王二年，韩襄王十三年，赵武灵王二十七年，魏襄王二十年，前299年。

㉒使将军芈戎攻楚，取新市：《楚世家》《六国年表》"楚"格作"秦取我八城"。芈戎，宣太后的同父弟，在秦被封为华阳君，当时的"四贵"之一。新市，楚邑名。方位不详，钱穆以为应在汉北或南阳。

㉓齐使章子、魏使公孙喜、韩使暴鸢共攻楚方城，取唐眛：按，此即前文六年所说"庶长奂伐楚，斩首二万"事，此误书于八年。《吕氏春秋·处方》云："齐令章子将而与韩、魏攻荆，荆令唐蔑将而应之。……与荆人夹泚水而军。……因练卒以夜奄荆人之所盛守，果杀唐蔑。"唐蔑即唐眛。章子，姓匡名章，齐国名将。历事威、宣、湣三朝，多有战功。公孙喜，魏将，主要军功即此破楚一役，后被秦将白起所破杀。暴鸢，韩将，此役胜楚，后败于秦，伤亡惨重。方城，楚长城。其东段筑于春秋时代，始于今河南鲁山县东南，东经叶县南，东南折，过洪河、汝河上游，迄泌阳东北；其西段从鲁山县向西，连翼望山，向南至今邓州北，为顷襄王时所建。所谓"泚水"即离此不远，南流入汉水。

㉔赵破中山：张照曰："《赵世家》及《年表》，攻中山在秦昭六年；灭中山在秦昭十二年，《田完世家》亦同。此叙入八年内。"按，《赵世家》书"灭中山"于赵惠文王三年（前296），《六国年表》书"灭中山"于赵惠文王四年（前295），两处说法不同，今人多以赵灭

中山在赵惠文王三年，亦即秦昭王之十一年（前296）。中山，古国名。春秋时我国北方少数民族白狄所建。在今河北正定东北。本称鲜虞，春秋晚年改称中山。战国初期建都于顾（今河北定州），前406年被魏文侯所灭；后约于周安王二十四年（前378）复国，迁都灵寿（今河北平山县东北）。1974至1978年河北考古工作者在平山三汲一带发现一座古城遗址，城墙南北长约4000米，东西宽2000余米，当为灵寿古城。今又被赵国所灭。

㉕其君亡，竟死齐：按，《赵世家》作“灭中山，迁其王于肤施”，肤施在今陕西榆林东南，当时属赵，两处说法不同。

㉖魏公子劲、韩公子长为诸侯：《索隐》曰：“别封之邑，比之诸侯，犹商君、赵长安君然。”按，《魏世家》《韩世家》《六国年表》均不载，据文意可能是秦国为了分裂韩、魏，树立自己的亲信，而强令韩、魏承认之。

㉗九年：当齐湣王三年，楚顷襄王元年，前298年。

㉘孟尝君薛文来相秦：《六国年表》《孟尝君列传》均系之于秦昭王八年。《孟尝君列传》叙其过程非常详细，惟齐湣王“二十五年”应作“二年”。薛文，即田文，因其封地在薛，故亦可称“薛文”。

㉙“奂攻楚”几句：按，梁玉绳据《六国年表》秦昭王八年“取楚八城”、九年“取楚十六城”的记载，怀疑此处是误以八年为九年，或是误以“十六城”为“八城”；牛鸿恩据睡虎地出土之《编年记》记载的昭王九年攻析，及《楚世家》顷襄王元年“取析十五城”，认为此年确实是秦取楚十六城（析与十五城），此处记载有误。按，前二年，秦杀楚将景缺，此又杀景快，梁玉绳认为“二景必兄弟也”。

㉚十年：当楚顷襄王二年，齐襄王二十二年，前297年。

㉛楚怀王入朝秦，秦留之：楚怀王入秦被留过程，详见《楚世家》。事在楚怀王三十年，即秦昭王八年，此记在十年，误。

㉜薛文以金受免:《正义》曰:“金受,秦丞相姓名。免,夺其丞相。”梁玉绳曰:“考《孟尝传》,秦昭王以为相,人或说昭王曰:‘孟尝君相秦,必先齐而后秦,秦其危矣。’于是昭王乃止,囚孟尝君。疑‘金受’即说昭王之人。又,文之免相在九年,此误在十年也。”

㉝楼缓:原赵国贵族,赵武灵王推行胡服,群臣多不赞成,唯他积极支持。周赧王九年(前306)离赵至秦,此年被昭襄王任为相。事迹参见于《平原君虞卿列传》。

㉞十一年:当齐湣王五年,魏襄王二十三年,赵惠文王三年,前296年。

㉟齐、韩、魏、赵、宋、中山五国共攻秦,至盐氏而还:梁玉绳曰:“伐秦止韩、魏、齐,攻秦临函谷关,是役在秦昭九年。”按,梁说是,《六国年表》于秦昭王九年载此事甚明晰,只齐、韩、魏三国,攻秦于函谷关,无赵、宋、中山事。且统加之即“六国”,亦非“五国”也。《正义》曰:“中山此时属赵,故云‘五国’也。”杨宽曰:“是年三国兵确已攻入函谷,赵、宋又与三国合兵攻河东至盐氏。”牛鸿恩曰:“这时形成了齐、韩、魏与秦、赵、宋对峙的局面,说赵、宋攻秦为必无之事。赵、宋当时正在攻中山。《赵策四》曾有人为中山国谋划秦、赵、宋、中山四国联合以断齐军之归路事。”盐氏,魏邑名。即今山西运城。

㊱秦与韩、魏河北及封陵以和:据《韩世家》,秦予韩者为“河外及武遂”;据《魏世家》秦予魏者为“河外及封陵”。封陵,又作“封陆”“封谷”,在芮城西南,黄河北岸。武遂,今山西垣曲东南,亦在黄河北岸。河外,此指武遂、封陵对岸黄河以南地区。

㊲十二年:前295年。

㊳楼缓免,穰侯魏冉为相:魏冉是秦昭王之舅,宣太后之同母异父弟。因与其姊佐立秦昭王,并对发展秦国有大功,被封于穰(今河南邓州),故称穰侯。穰侯在秦前后五次为相,此其第二次。

㊴予楚粟五万石:秦昭王十一年楚怀王被囚死于秦,各国都讨厌秦

国，秦为了与楚国改善关系故有此举。此事他处皆不载。

【译文】

昭襄王元年，严君疾任秦国丞相。甘茂离开秦国去到魏国。二年，彗星出现。庶长公子壮和大臣、诸侯、公子谋逆作乱，全被诛杀，累及惠文王后也未得好死。悼武王后被迫离开秦国回到魏国。三年，昭襄王行加冠礼。与楚王在黄棘会见，将上庸归还楚国。四年，攻取了魏国的蒲阪。彗星出现。五年，魏王到应亭朝见秦王，秦王又将蒲阪归还给魏国。六年，蜀侯恽谋反，司马错平定了蜀地。庶长奂攻伐楚国，斩首二万。秦泾阳君到齐国做质子。这年发生日食，白天都很昏暗。七年，攻下楚国的新城。樗里子去世。八年，派将军芈戎攻伐楚国，占领了新市。齐国派章子、魏国派公孙喜、韩国派暴鸢一起攻打楚国的方城，俘虏了唐眛。赵国攻克中山国，中山国君逃亡，最后死在齐国。魏公子劲、韩公子长被封为诸侯。九年，齐国的孟尝君薛文到秦国任丞相。秦庶长奂攻楚，夺取了八座城池，杀死了楚将景快。十年，楚怀王到秦国朝见，秦国扣留了他。孟尝君薛文因为金受的原因被罢免。秦国改任楼缓为丞相。十一年，齐、韩、魏、赵、宋、中山五国共同攻打秦国，一直打到盐氏县才撤军而还。秦国将河北以及封陵归还给韩国和魏国以求和。彗星出现。楚怀王从秦国逃到赵国，赵国不敢接纳，楚怀王又回到秦国，不久就死了，灵柩被运回楚国安葬。十二年，楼缓被免职，穰侯魏冉做了丞相。送给楚国粟米五万石。

十三年[①]，向寿伐韩[②]，取武始[③]。左更白起攻新城[④]。五大夫礼出亡奔魏[⑤]。任鄙为汉中守[⑥]。十四年[⑦]，左更白起攻韩、魏于伊阙，斩首二十四万，虏公孙喜，拔五城[⑧]。十五年[⑨]，大良造白起攻魏，取垣[⑩]，复予之。攻楚，取宛。十六年[⑪]，左更错取轵及邓[⑫]。冉免。封公子市宛、公子悝邓、魏冉陶，为诸侯[13]。十七年[14]，城阳君入朝[15]，及东周君来朝[16]。秦以垣易蒲阪、皮氏[17]。王之宜阳。十八年[18]，错攻垣、河雍，决桥取之[19]。十九年[20]，王为西帝，齐为东帝，皆复去之[21]。吕礼来自归[22]。齐破宋，宋王在魏，死温[23]。任鄙卒[24]。二十年[25]，王之汉中，又之上郡、北河[26]。二十一年[27]，错攻魏河内。魏献安邑[28]，秦出其人，募徙河东赐爵[29]，赦罪人迁之。泾阳君封宛[30]。

【注释】

①十三年：当韩釐王二年，前294年。

②向寿：宣太后的亲戚，小时与秦昭王一起长大，后成为秦国将领。事迹参见《战国策·韩策一》与《樗里子甘茂列传》。

③武始：韩县名。在今河北邯郸西南。

④左更白起攻新城：据《白起王翦列传》，是年白起为左庶长（秦爵二十级的第十级），次年方为左更。左更，秦爵二十级的第十二级。新城，韩郡名。郡治在今河南伊川西南。

⑤五大夫礼出亡奔魏：吕礼本齐人，仕于秦，与穰侯不合。穰侯为相后，欲杀之，故吕礼出奔魏，又由魏入齐，后为齐相。五大夫礼，吕礼。五大夫，秦爵二十级的第九级。

⑥汉中守：汉中郡的郡守。汉中是秦郡名。郡治南郑，今陕西汉中。

⑦十四年：当韩釐王三年，魏昭王三年，前293年。

⑧"左更白起攻韩、魏于伊阙"几句：关于白起破韩、魏联军于伊阙事，参见《白起王翦列传》《韩世家》《魏世家》。牛鸿恩曰："据《六国表》《编年纪》，白起自十三年攻伊阙，至十四年获胜，斩首二十四万。"伊阙，险塞名。在今河南洛阳南。因两山相对，望之若阙门，伊水流经其间，故名。后亦称龙门。公孙喜，魏国将领。

前率师与齐、韩联军攻楚方城，杀楚将唐昧者。

⑨十五年：当魏昭王四年，楚顷襄王七年，前292年。

⑩垣：魏县名。一名王垣，亦名武垣。在今山西垣曲东南。

⑪十六年：当魏昭王五年，前291年。

⑫左更错：左更司马错。轵（zhǐ）、邓：皆魏邑名。轵在今河南济源东南，邓在今河南孟州西，当时的轵邑西南的黄河边。

⑬封公子市宛、公子悝邓、魏冉陶，为诸侯：公子市，即泾阳君，原封泾阳，此年又增封宛（今河南南阳）。公子悝，即高陵君，宣太后子，昭王之弟。原封高陵，增封邓（今湖北襄阳）。陶，今山东菏泽定陶区。原属齐，后被秦国占领。为诸侯，与前文“魏公子劲、韩公子长为诸侯”形式相似而目的不同。杨宽《战国史表》系秦取陶以封魏冉于昭王二十六年（前281）。其言曰：“是年实公子市、公子悝封于宛、邓之岁，《史记》误以冉亦于是年封于陶……秦自昭王二十二年开始攻齐，至二十六年取得定陶一带，当魏冉三次复为丞相时陶邑成为其封邑。”

⑭十七年：当周赧王二十五年，前290年。

⑮城阳君：梁玉绳曰：“韩人，《魏策》有之。”《战国策》之《魏策四》《韩策三》《秦策三》《赵策四》皆作“成阳君”，具载其亲秦事，唯不载其名字，疑即前文之所谓“公子长”。倘其果是，则益可知前之立其为诸侯乃秦之谋。

⑯东周君：周国东部的小诸侯。周显王（前368—前321年在位）时，周分裂为东周、西周，西部的叫“西周君”，都于王城（今河南洛阳）；东部的叫东周君，都于巩县（今河南巩义西南），以奉王（周显王）为名，纳入周天子所住的成周。从此周天子遂完全成为傀儡。

⑰秦以垣易蒲阪、皮氏：底本作“秦以垣为蒲阪、皮氏”。《索隐》曰：“‘为’，当为‘易’，盖字讹也。”今据改。易，交换，求其邻近易治。

⑱十八年：当魏昭王七年，前289年。

⑲错攻垣、河雍，决桥取之：《集解》引徐广曰："《汲冢纪年》云魏哀王二十四年改'宜阳'曰'河雍'。"今谭其骧《历史地图集》与杨宽《战国史》皆以为"河雍"在今河南孟州西，与《集解》说异。杨宽曰："河雍原名河阳，在孟津对岸，为黄河中游主要渡口，时架设有浮桥，当司马错进攻时，冲决河桥而取得河雍。"

⑳十九年：当齐湣王十三年，前288年。

㉑王为西帝，齐为东帝，皆复去之：春秋时只有周天子称"王"，战国中期以后，各国诸侯皆相继称"王"，齐、秦两大国不甘心与诸国并列，而另谋称"帝"。倡行此事者为秦国的穰侯魏冉，这实际上是东西连横的手段。秦、齐称"帝"后，苏秦劝齐湣王取消帝号以讨好诸侯，孤立秦国，于是齐湣王取消帝号；秦国见此情景也只好取消称"帝"，重又恢复称"王"。王叔岷曰："'皆复去之'上当补'月余'二字文意乃明，《魏世家》作'月余皆复称王归帝'；《穰侯列传》作'月余，吕礼来，而齐、秦各复归帝为王'，并其证。"有关秦、齐两国称帝与其又取消称帝事，参见《田敬仲完世家》。

㉒吕礼来自归：吕礼由齐国回到秦国。马非百曰："'去帝为王'与吕礼之归秦实有极密切之关系。窃意齐王听苏代（应是苏秦）之言，吕礼当亦赞成者之一。故特遣其归秦，转致去帝为王之意。此时吕礼已居于齐王使者之身份，故穰侯虽恶之，亦无可如何。"

㉓齐破宋，宋王在魏，死温：《魏世家》云："齐灭宋，宋王死我温。"是三国攻破宋都彭城（今江苏徐州）后，先迁宋王偃于魏国之温（今河南温县西南），不久遂杀之也。事在秦昭王二十一年（前286），不在此年。据《宋微子世家》，宋国的末代国君为宋王偃（前328—前286年在位），时宋已非常弱小，而宋王偃却残虐异常，人称之"桀宋"。前286年，齐、楚、魏三国伐宋、殺王偃而瓜分其地。宋自西周成王时微子启受封建立国家，历八百多年，至

此灭亡。按，杨宽《战国史》以为《宋微子世家》的说法不可靠，他说："灭宋之役，除燕曾助战外，魏、楚都不曾参加，也没有三分宋地的事。"《六国年表》亦云"齐灭宋"。

㉔任鄙卒：马非百曰："任鄙不与举鼎之役，贤于贲、获远矣。故秦人谚曰'力则任鄙，智则樗里'，而独不称贲、获，何则？不自恃其勇力者，乃真为有勇力者也。司马氏于鄙为汉中守，始、卒皆特笔书之，非以其善用己长故耶？"马氏此解可备一说。

㉕二十年：前287年。

㉖上郡：秦郡名。郡治肤施，在今陕西榆林东南。北河：黄河流经内蒙古磴口（巴彦高勒）以后，在阴山南麓分为南、北两支。南支称为南河，即今黄河正流；北支称为北河，在今内蒙古之临河、包头一线，当时秦国的北境，约当今乌加河。

㉗二十一年：当魏昭王十年，前286年。

㉘错攻魏河内。魏献安邑：据《六国年表》，是年"魏纳安邑及河内"。安邑（今山西夏县西北）是魏国旧都。杨宽曰："是年司马错攻魏河内，魏献安邑，未尝以河内地区全部献纳。"又曰："秦于上年与齐约，秦许齐灭宋，而齐许秦取安邑。"魏河内，约当于今河南武陟、温县、济源等一带地区。当时习惯称今河南境内的黄河以北地区为"河内"，称黄河以南地区为"河外"。

㉙河东：魏郡名，后亦秦郡名。辖境相当于今山西沁水以西，山西、河南间黄河以北，山西、陕西间黄河以东，霍山以南地区。约为今山西西南部，因其地处黄河以东，故云。

㉚泾阳君封宛：事在昭王十六年，前文已述，此误重出。

【译文】

昭襄王十三年，秦将向寿攻打韩国，夺取了韩国的武始城。秦左更白起率兵攻打新城。秦五大夫吕礼从秦国逃出投奔到魏国。秦将任鄙任汉中郡守。十四年，左更白起打败韩、魏联军于伊阙，斩首二十四万，俘虏了公孙喜，攻占五座城池。十五年，大良造白起攻打魏国，夺取了垣县，不久又归还给魏国。秦攻打楚，占领宛县。十六年，秦左更司马错攻占了魏国的轵、邓二县。这年魏冉免相。秦封公子市于宛、封公子悝于邓、封魏冉于陶，三人都为诸侯。十七年，韩国的城阳君到秦国朝见，东周君也到秦国朝见。秦用垣县换取了魏的蒲阪、皮氏。昭襄王前往宜阳。十八年，司马错攻打垣、河雍，冲断黄河上的浮桥，攻下垣与河雍二地。十九年，秦王称西帝，齐王称东帝，不久又都去掉帝号。吕礼从齐回到秦。齐国攻破宋国，宋王死在魏国的温县。秦国的任鄙去世。二十年，昭襄王前往汉中，又到上郡、北河巡游。二十一年，秦将司马错攻打魏国的河内。魏国将安邑献给秦国，秦驱出安邑居民，用赐予爵位的办法招募民众迁往河东，又赦免罪犯迁往安邑。封泾阳君于宛县。

二十二年①，蒙武伐齐②。河东为九县。与楚王会宛③。与赵王会中阳④。二十三年⑤，尉斯离与三晋、燕伐齐，破之济西⑥。王与魏王会宜阳⑦，与韩王会新城。二十四年⑧，与楚王会鄢⑨，又会穰⑩。秦取魏安城，至大梁，燕、赵救之，秦军去⑪。魏冉免相⑫。二十五年⑬，拔赵二城⑭。与韩王会新城⑮，与魏王会新明邑⑯。二十六年⑰，赦罪人迁之穰⑱。侯冉复相⑲。

【注释】

①二十二年：齐湣王十六年，楚顷襄王十四年，赵惠文王十四年，前285年。

②蒙武：按，当是蒙骜。据《蒙恬列传》，蒙骜事昭襄、孝文、庄襄、始皇四代，蒙武是蒙骜之子。此时伐齐者只能是蒙骜。

③与楚王会宛：据《楚世家》，楚顷襄王与秦昭王在宛相会，结和亲。

④与赵王会中阳：杨宽曰："会于中阳，共谋合纵破齐之举。"赵王，此为赵惠文王（前298—前266年在位）。中阳，赵县名。即今山西中阳。

⑤二十三年：当魏昭王十二年，韩釐王十二年，赵惠文王十五年，燕昭王二十八年，齐湣王十七年，前284年。

⑥尉斯离与三晋、燕伐齐，破之济西：此即以燕将乐毅为统帅的五国伐齐之役。过程详见《燕召公世家》《田敬仲完世家》《乐毅列传》《田单列传》。尉斯离，秦国都尉，名斯离。斯离，事迹不详，仅见于此伐齐一役。济西，当时的济水以西，约当今山东之茌平、聊城一带。当时的济水从河南流来，至菏泽定陶区北折，至今济南北东折，入渤海。

⑦与魏王会宜阳：泷川曰："《年表》及魏、韩《世家》并作'会西周'。"西周都王城，即今河南洛阳。

⑧二十四年：当楚顷襄王十六年，魏昭王十三年，前283年。

⑨鄢：楚邑名。在今湖北宜城东南。遗址尚存，当地俗称"楚皇城"。

⑩穰：古邑名。即今河南邓州。原属楚，时已被秦占有。

⑪"秦取魏安城"几句：梁玉绳曰："各处皆不言燕、赵救魏。考是年……燕昭新破齐湣，方围莒、即墨未下，何暇出兵救魏？而赵时为秦之细，自守不足，又何敢出一旅为魏抗秦？此之不实，了然可知。"安城，魏县名。一说在今河南汝南东南，一说在今河南原阳西南。

⑫魏冉免相：据马非百《秦集史·丞相表》，此是魏冉的第四次免相。泷川曰："十六年云'冉免'，其后不言冉复相，二十四年忽云'魏冉免相'，当有脱文。"

⑬二十五年：当赵惠文王十七年，韩釐王十四年，魏昭王十四年，前282年。

⑭拔赵二城：杨宽《战国史表》："取蔺、祁二城。"马非百以为取蔺及离石。

⑮与韩王会新城：泷川曰："《年表》《韩世家》并云'会两周间'。"按，东周都巩，西周都王城，"两周间"应即当时之成周，今洛阳城东。

⑯与魏王会新明邑：《魏世家》《六国年表》均不载此事。新明邑之方位不详。

⑰二十六年：前281年。

⑱赦罪人迁之穰：秦人攻得东方城邑后，常驱逐其原有居民，而迁秦人过去居住，此即这种情况。

⑲侯冉复相：此穰侯魏冉第五次为相。按，"侯"上似应重出"穰"字。《史记》文字多有应重出而未重出的情况。

【译文】

二十二年，秦将蒙武攻打齐国。秦在河东设立九县。昭襄王与楚王相会于宛。与赵王相会于中阳。二十三年，秦都尉斯离和韩、魏、赵、燕攻打齐国，在济水之西大败齐军。昭襄王与魏王会见于宜阳，与韩王会见于新城。二十四年，昭襄王与楚王会见于鄢，又会见于穰。秦军攻占魏国的安城以后，进军到大梁城下，燕、赵前来救援，秦军撤退。魏冉被免去丞相。二十五年，秦军攻占赵国二城。昭襄王与韩王在新城会见，与魏王在新明邑会见。二十六年，秦国赦免罪犯，将其迁往穰地。穰侯魏冉再次担任丞相。

二十七年①，错攻楚②。赦罪人迁之南阳。白起攻赵，取光狼城③。又使司马错发陇西，因蜀攻楚黔中，拔之④。二十八年⑤，大良造白起攻楚，取鄢、邓⑥，赦罪人迁之。二十九年⑦，大良造白起攻楚，取郢为南郡，楚王走⑧。周君来⑨。王与楚王会襄陵⑩。白起为武安君⑪。三十年⑫，蜀守若伐楚[13]，取巫郡及江南为黔中郡[14]。

【注释】

①二十七年：当楚顷襄王十九年，赵惠文王十九年，前280年。

②错攻楚：杨宽《战国史表》："司马错由蜀攻取楚黔中，楚献汉北及上庸与秦。"

③白起攻赵，取光狼城：按，底本作"取代光狼城"，《六国年表》《赵世家》《白起王翦列传》皆言此年白起"取光狼城"，不言取"代"，而光狼城又不属代郡，故此句中之"代"字乃衍文，今削。光狼城，赵邑名。在今山西高平西。

④又使司马错发陇西，因蜀攻楚黔中，拔之：按，此"又使司马错发陇西"云云应与上文"错攻楚"连带叙述，中间不应以他事插断。陇西，秦郡名。郡治狄道，即今甘肃临洮。当初这一带地区为戎族占领，后被秦国攻取。黔中，楚国的黔中郡，约当今湖南西部与贵州东北部地区。一说此黔中为楚邑名，其地一说在今湖南沅陵西，一说在今湖北竹山县、房县境。

⑤二十八年：当楚顷襄王二十年，前279年。

⑥大良造白起攻楚，取鄢、邓：牛鸿恩曰："据《编年纪》，秦拔邓当在昭王二十七年，拔鄢、西陵在二十八年。"杨宽曰："白起分兵两路进攻，东路拔西陵，西路拔鄢、邓、夷陵。可知西陵与夷陵非指一地。"夷陵，在今湖北宜昌东南。西陵，即今湖北西陵县故城。

⑦二十九年：当楚顷襄王二十一年，前278年。

⑧"大良造白起攻楚"几句：杨宽曰："是役白起于两年间取得楚都周围许多城邑，东至西陵，西至夷陵，大约有三百公里宽阔之富庶地带，楚因而大为削弱。"郢，楚国都城，今湖北荆州之纪南城。秦所置南郡郡治即在此地。楚王走，楚顷襄王被迫东北迁到陈（今河南周口淮阳区）。

⑨周君来:《周本纪》《六国年表》皆不载,不知为东周君还是西周君。

⑩王与楚王会襄陵:《六国年表》《楚世家》皆不载。襄陵,其地说法不一,或云襄陵即穰之异名,在今河南邓州;或云即宋襄公葬地襄陵,在今河南睢县。

⑪白起为武安君:泷川曰:“穰侯、白起《传》皆在秦昭二十九年,《表》为三十年,误。”《正义》曰:“言能抚养军士,战必克,得百姓安集,故号‘武安’。”崔适曰:“此名号侯之滥觞也。无封邑,但有名号而已。”

⑫三十年:当楚顷襄王二十七年,前277年。

⑬蜀守若:秦国的蜀郡郡守,名若。梁玉绳曰:“白起及春申君传言起取之,非蜀守张若,岂伐巫之役起与若共之与?《华阳志》是张若也。”

⑭巫郡:楚怀王所置。因巫山而得名。治所在今重庆巫山北。辖境相当于今湖北清江中、上游和重庆。江南:约当今湖南之常德、慈利等邻近巫郡的长江以南地区。黔中郡:秦国黔中郡郡治临沅,即今湖南常德。辖境相当于今湖南沅江、澧水流域,贵州东北部、四川黔江流域及湖北清江流域。

【译文】

二十七年,司马错攻打楚国。秦国赦免罪犯,将其迁往南阳。秦将白起攻打赵国,占领光狼城。秦国又派司马错征调陇西丁男,借助蜀郡的地形与人力物力攻占了楚国的黔中郡。二十八年,大良造白起攻打楚国,占领了楚国的鄢、邓,赦免罪犯迁居二县。二十九年,大良造白起攻打楚国,攻取郢都,设为南郡,楚王逃走。周国国君前来朝觐。昭襄王与楚王在襄陵会见。白起被封为武安君。三十年,蜀郡守张若伐楚,攻取巫郡与江南地区合在一起,设黔中郡。

三十一年①,白起伐魏,取两城。楚人反我江南②。三十二年[③]，相穰侯攻魏，至大梁，破暴鸢[④]，斩首四万，鸢走，魏入三县请和。三十三年[⑤]，客卿胡伤攻魏卷、蔡阳、长社[⑥]，取之。击芒卯华阳[⑦]，破之，斩首十五万。魏入南阳以和。三十四年[⑧]，秦与魏、韩上庸地为一郡，南阳免臣迁居之[⑨]。三十五年[⑩]，佐韩、魏、楚伐燕[⑪]。初置南阳郡。

【注释】

①三十一年：当魏安釐王元年，楚顷襄王二十三年，前276年。

②楚人反我江南：《正义》曰："黔中郡反归楚。"据《楚世家》，此为顷襄王发起的反击战，又夺回"秦所拔我江旁十五邑以为郡，距秦"。

③三十二年：当韩釐王二十一年，魏安釐王二年，前275年。

④暴鸢：韩国将领。曾于秦昭王六年（前301）与齐匡章、魏公孙喜共攻楚方城，取唐眛。

⑤三十三年：当韩釐王二十二年，魏安釐王三年，前274年。

⑥客卿：秦有客卿之官。请其他诸侯国的人来秦国做官，其位为卿，而以客礼待之，故称。胡伤：陈直以为"胡伤"是名，并非姓"胡"名"伤"。如《建元以来侯者年表》有"刘胡伤"，即以"胡伤"为名。卷、蔡阳、长社：皆魏县名。卷在今河南原阳旧原武西北。蔡阳在今河南上蔡东北。长社在今河南长葛东北。

⑦芒卯：魏国大臣。以智诈见重，任司徒。华阳：魏邑名。今河南新郑北。

⑧三十四年：当韩釐王二十三年，魏安釐王四年，前273年。按，昭王三十二、三十三、三十四年叙事混乱，梁玉绳梳理其事曰："秦攻魏，拔两城，军大梁下。韩使暴鸢救魏，为秦所败，鸢走开封，魏予秦温以和。是秦昭三十二年之战也。而此云魏入三县，《穰侯传》

云割八县，并误。盖二县秦拔之，一县魏予之，共止三县耳。明年魏背秦与齐从亲，秦使穰侯复伐魏，拔四城，斩首四万。是秦昭三十三年之战也。而此以斩首四万并入大梁之役，书于三十二年，误已。秦昭三十四年赵、魏攻韩华阳，韩告急于秦，穰侯又与白起、客卿胡阳攻赵、魏以救韩，走魏将芒卯，斩十三万人，败赵将贾偃，沉其卒二万人于河，取魏卷、蔡阳、长社，取赵观津，魏予秦南阳以和，秦且与赵观津，益赵以兵伐齐。是秦昭三十四年之战也，而此在三十三年。”按，《魏世家》《韩世家》《六国年表》均较此明晰，即梁氏说之所本也。

⑨秦与魏、韩上庸地为一郡，南阳免臣迁居之：语句不顺。杨宽曰：“魏被迫献南阳地给秦，秦以所占韩、魏的南阳和楚的上庸地合建为郡。”

⑩三十五年：当韩桓惠王元年，魏安釐王五年，楚顷襄王二十七年，燕惠王七年，前272年。

⑪佐韩、魏、楚伐燕：按，秦无佐诸国伐燕之事。与韩、魏伐燕者是齐，不是楚。

【译文】

三十一年，白起攻伐魏国，夺取两城。楚人在江南反叛。三十二年，丞相穰侯率军攻打魏国，到达魏都大梁，打败暴鸢，斩首四万，暴鸢逃走，魏国割让三县求和。三十三年，秦客卿胡伤攻打魏国的卷县、蔡阳、长社，占领了这三个县。又在华阳攻打魏将芒卯，将其击溃，斩首十五万。魏国割让南阳之地求和。三十四年，秦国把所占魏之南阳与楚之上庸合并为一郡，赦免罪臣迁居那里。三十五年，秦国帮着韩、魏、楚攻打燕国。始设南阳郡。

三十六年，客卿灶攻齐，取刚、寿①，予穰侯。三十八年，中更胡伤攻赵阏与，不能取②。四十年③，悼太子死魏④，归葬芷阳[5]。四十一年夏，攻魏，取邢丘、怀[6]。四十二年[7]，安国君为太子[8]。十月，宣太后薨，葬芷阳郦山[9]。九月，穰侯出之陶[10]。四十三年[11]，武安君白起攻韩，拔九城[12]，斩首五万。四十四年[13]，攻韩南阳，取之[14]。四十五年[15]，五大夫贲攻韩，取十城[16]。叶阳君悝出之国[17]，未至而死。

【注释】

①三十六年，客卿灶攻齐，取刚、寿：梁玉绳曰："《年表》《田完世家》皆云三十七年，此与《穰侯传》并误。"三十六年，当齐襄王十三年，前271年。客卿灶，客卿名灶，《战国策·秦策》作"造"。刚、寿，皆齐邑名。刚在今山东宁阳东北，寿在今山东东平西南。

②三十八年，中更胡阳攻赵阏（yù）与，不能取：按，此即赵国名将赵奢大破秦军之阏与之战，过程详见《廉颇蔺相如列传》。《六国年表》《赵世家》皆系此役于秦昭王三十七年，赵惠文王二十九年，前270年。今杨宽《战国史表》同《秦本纪》。牛鸿恩曰："阏与之战，今人多认为开始于前270年，结束于前269年。《编年纪》载于前269年。"马非百曰："阏与战争后，国际间所生影响实甚巨大，信陵君说魏王曰：'夫越山逾河，绝韩之上党而攻强赵，则是复阏与之事也，秦必不为也。'当时秦在阏与战争所受创伤之深盖可想见。"三十八年，赵惠文王三十年，前269年。中更，秦爵二十级之第十三级。阏与，赵邑名。即今山西和顺。

③四十年：前267年。

④悼太子死魏：昭王太子，谥曰"悼"，在魏为质而死。杨宽曰："悼太子之出质，当在魏冉当权而欲合韩、魏以攻齐之时。"

⑤芷阳：秦县名。在今陕西西安东北，当时咸阳之东南。

⑥四十一年夏，攻魏，取邢丘、怀：梁玉绳曰："按《六国表》《魏世

家》，秦取魏怀在昭王三十九年，魏安釐九年，在取邢丘二年前，故《范雎传》云‘使五大夫绾伐魏，拔怀。后二岁，拔邢丘’也。此误并在四十一年内。”四十一年，当魏安釐王十一年，前266年。怀、邢丘，皆魏邑名。怀在今河南武陟西南，邢丘在今河南温县东北，距怀县不远。

⑦四十二年：前265年。

⑧安国君：昭王之子，名柱，一名式，即日后之孝文王，唐妃所生。

⑨十月，宣太后薨，葬芷阳郦山：马非百曰：“宣太后以母后之尊，为国家歼除顽寇，不惜牺牲色相与义渠戎王私通生子，谋之达三十余年之久，始将此二百年来为秦人腹心大患之敌国巨魁手刃于宫廷之中、衽席之上，然后乘势出兵一举灭之，收其地为郡县，使秦人得以一意东向，无复后顾之忧，此其功岂在张仪、司马错收取巴蜀下哉！”葬芷阳郦山，“郦山”二字似应削，盖郦山在临潼东南，不在芷阳境内。按，杨宽以为秦国从此年下至四十八年（前259）改用十月为岁首，其说可信。

⑩穰侯出之陶：穰侯功大权重，且为宣太后之弟，使昭王受到威胁。至范雎入秦，游说昭王疏远穰侯等“四贵”，至此宣太后去世，穰侯等“四贵”遂被遣出京城，前往各自封地。穰侯有封地在陶，故遣使之陶（今山东菏泽定陶区）。穰侯等被疏斥的过程详见《战国策·秦策三》《穰侯列传》《范雎蔡泽列传》。

⑪四十三年：当韩桓惠王九年，前264年。

⑫武安君白起攻韩，拔九城：梁玉绳曰：“当云‘拔陉城’。”按，《六国年表》作“秦拔我陉”。陉，一作“陉庭”“陉廷”，韩邑名。在今山西曲沃东北。

⑬四十四年：当韩桓惠王十年，前263年。

⑭攻韩南阳，取之：南阳，此指太行山之阳，约当今河南之济源、沁阳、孟县一带地区。《六国年表》“秦”格作“攻韩，取南阳”；“韩”

格作“秦击我太行”;《白起王翦列传》作“攻南阳太行道,绝之”。

⑮四十五年:当韩桓惠王十一年,前262年。

⑯五大夫贲攻韩,取十城:《韩世家》与《六国年表》“韩”格均不载。牛鸿恩曰:“《编年纪》载此年‘攻大野王’,野王即韩地,在今河南沁阳。故《秦集史》作‘取野王等十城’。”五大夫贲,五大夫名贲,史失其姓。五大夫,秦爵二十级的第九级。

⑰叶阳君悝(kuī)出之国:叶阳君悝即高陵君公子悝,秦昭王的胞弟。“四贵”之一。范雎向秦昭王进说,加之宣太后已死,遂被逐出朝廷,去往自己的封地。详见《范雎蔡泽列传》。国,此指公子悝封地邓县(今湖北襄阳)。马非百曰:“吾读《秦本纪》至昭王用范雎废太后,逐穰侯、华阳、泾阳、高陵于关外,而叹其君臣之间虑患之深,操心之危,实远在清德宗、康有为之上也。夫昭王以质子自燕入王,大臣、诸公子不服,国内大乱,赖魏冉之力得以平定,然自是遂又为魏冉一派之贵族所包围。且拥太后训政,昭王之一举一动皆不得自由。……权势之隆,殆与清之慈禧训政无以异矣。”“范雎至,秦昭王佯为弗信,使舍食草具。待命岁余,然后得见,及拜为客卿,仍先令参谋兵事,不预内政者达数年之久。交既益亲,权亦益重,穰侯之猜忌亦益疏,乃始由外及内,夺太后之权,削四贵之势,举数十年根深蒂固之势力一扫而清之。使清德宗、康有为等有见于此,则戊戌维新运动必不至失败如此之惨也。”

【译文】

三十六年,秦客卿灶攻打齐国,占领了刚、寿二邑,将其封给穰侯。三十八年,中更胡伤攻打赵国的阏与,没能攻下。四十年,悼太子死于魏国,运回秦国芷阳安葬。四十一年夏,攻打魏国,占领了邢丘、怀邑。四十二年,立安国君为太子。十月,宣太后去世,葬于芷阳郦山。九月,穰侯离开都城咸阳,回到封地陶县。四十三年,武安君白起攻打韩国,攻占陉城,斩首五万。四十四年,白起又攻打韩国的南阳,将其占领。四十五年，五大夫贲攻打韩国，占领十座城池。叶阳君公子悝离开都城咸阳前往封国，未到封国就死去了。

四十七年[1]，秦攻韩上党，上党降赵[2]，秦因攻赵，赵发兵击秦[3]，相距[4]。秦使武安君白起击，大破赵于长平，四十余万尽杀之[5]。四十八年十月[6]，韩献垣雍[7]。秦军分为三军[8]。武安君归[9]。王龁将伐赵武安、皮牢[10]，拔之。司马梗北定太原[11]，尽有韩上党。正月，兵罢，复守上党。其十月，五大夫陵攻赵邯郸[12]。四十九年正月[13]，益发卒佐陵。陵战不善，免，王龁代将[14]。其十月，将军张唐攻魏[15]，为蔡尉捐弗守[16]，还斩之。五十年十月[17]，武安君白起有罪，为士伍[18]，迁阴密[19]。张唐攻郑，拔之[20]。十二月，益发卒军汾城旁[21]。武安君白起有罪，死[22]。龁攻邯郸，不拔[23]，去，还奔汾军。二月余，攻晋军，斩首六千，晋楚流死河二万人[24]。攻汾城[25]。即从唐拔宁新中[26]，宁新中更名安阳。初作河桥[27]。

【注释】

①四十七年：当韩桓惠王十三年，赵孝成王六年，前260年。

②秦攻韩上党，上党降赵：韩上党，韩国的上党郡，因上党地区而得名。辖境约在今山西东南部沁河以东一带，北与赵国上党郡相接，郡守为冯亭。当时秦军已占领上党南面的太行山道，断绝了上党地区与韩国都城的联络，韩王无法救上党，遂令冯亭降秦。冯亭等不愿降秦，且又出于拉赵国一道抗秦的目的，遂以上党降赵。按，率军攻韩之秦将为左庶长王龁（hé）。梁玉绳曰："事在四十五年，《赵世家》《白起传》可证。此因说长平事而并书于四

十七年也,非也。"

③赵发兵击秦:赵军将领是廉颇。

④相距:廉颇采用坚守策略,秦军不能突破赵军防线,两军在长平相持不下。距,通"拒"。

⑤"秦使武安君白起击"几句:秦施反间计,挑动赵国罢免廉颇,改用赵括,同时暗中改用白起为主将,大破赵军于长平,坑赵卒四十多万。以上即"长平之战",过程详见《白起王翦列传》《廉颇蔺相如列传》。长平,原韩地,后归赵,在今山西高平西北。

⑥四十八年十月:四十八年,当韩桓惠王十四年,前259年。十月,杨宽认为秦自秦昭王四十二年至此年用《颛顼历》以十月为岁首。

⑦韩献垣雍:秦相范雎忌白起在长平之战中立下大功,否决了其乘胜进攻赵国都城邯郸的建议,又说昭王答应韩国求和,故韩献垣雍。垣雍,韩邑名。在今河南原阳西南。

⑧秦军分为三军:按,《白起王翦列传》作"分为二军",即下文所云王龁与司马梗各领一军。

⑨武安君归:长平之战后,白起不能再进攻邯郸,回到秦国。

⑩王龁:又作"王齮"。秦国名将。在攻取韩、赵时立有大功。武安、皮牢:皆赵邑名。武安在今河北武安西南,赵都邯郸之西北。皮牢在今山西翼城东北。

⑪太原:太原郡。治晋阳,今山西太原西南。

⑫其十月,五大夫陵攻赵邯郸:其十月,杨宽曰:"秦昭王四十八年以前用十月岁首制,到四十八年欲变更为正月岁首制,于是在此年岁末九月之后延长至十二月,此年前后共十五个月。"日本齐藤国治、小泽贤二《中国古代天文记录检证》对此有详细考证。五大夫陵,王陵,时为五大夫。长平之战后白起建议进攻邯郸被拒绝,此时秦王与范雎又命他出兵邯郸,白起怒而称病不行,秦王遂派王陵为将。

⑬四十九年正月：从这年开始，秦国又以正月为岁首。秦昭王四十八年当赵孝成王八年，魏安釐王十九年，前258年。

⑭王龁代将：王陵攻邯郸，战不利，秦王又派白起，白起仍不行，遂派王龁。

⑮张唐：秦将名。

⑯蔡尉：魏国的守将。捐弗守，弃城逃跑。

⑰五十年：当魏安釐王二十年，前257年。

⑱为士伍：即被免去一切爵位，贬为普通士兵。古兵制五人为"伍"，故称普通士兵为"士伍"。《项羽本纪》范增有所谓归"卒伍"，意思相同。

⑲阴密：秦县名。在今甘肃灵台西南。

⑳张唐攻郸，拔之：底本作"张唐攻郑，拔之"。杨宽曰："'郑'疑'郸'字之误。当时魏军的进攻路线是由荡阴经宁新中至郸，再由郸越漳水与赵长城而北上攻邯郸外围之秦军。张唐拔郸城，即包抄魏军之后路。"杨说是，今据改。

㉑军汾城旁：汾城即临汾古城，在今山西侯马西北，为秦国河东郡的郡治所在地，是当时秦军进攻邯郸的主要基地之一。杨宽曰："是时范雎既任郑安平为将军与王龁同攻邯郸，又任王稽为河东郡守，坐镇汾城而支援前线作战，以便取得拔邯郸而灭赵之大功。"

㉒武安君白起有罪，死：白起在发配阴密途中被赐剑令其自杀。详见《白起王翦列传》。

㉓龁攻邯郸，不拔：邯郸之不拔，因素甚多，一为赵国军民同心抗战，二为东方各国出兵救赵，三为秦国内部矛盾尖锐。可参见《平原君列传》《魏公子列传》《鲁仲连邹阳列传》《白起王翦列传》等篇。

㉔"二月余"几句：杨宽曰："'死'下疑脱'我'字，'河'当为'汾'字之误。汾城离河甚远，而在汾水西岸。盖驻屯汾城之秦军，在楚、魏联军的进攻下又大败，在由汾水东岸渡汾而退守汾城之际

遭楚、魏联军袭击，流死于汾二万人。”晋、楚流死河二万人，旧说多谓谓魏、楚救赵之兵与秦军作战，牺牲两万人，尸体随河水漂流而下者甚众。梁玉绳曰：“‘死’字当读如‘尸’。”牛鸿恩曰：“此时春申君派景阳率兵救赵，信陵君窃符救赵，‘晋’‘楚’即指魏、楚之军。”按，魏救赵之兵与秦军作战之激烈情景，参见《魏公子列传》注。

㉕攻汾城：楚、魏联军在汾水上大败秦军后，更乘胜追击至河东，进攻屯驻汾城之秦军。

㉖即从唐拔宁新中：词语略不顺。唐，指秦将张唐。宁新中，也称“新中”，魏县名。在今河南安阳西南郊。此句之大意谓南下袭魏之秦将张唐在攻拔郸城后，又南进拔取了魏国的宁新中。

㉗河桥：《正义》曰：“此桥在同州临晋县东，渡河至蒲州，今蒲州桥也。”按，在今山西永济西，陕西大荔东，桥西为临晋关，桥东即蒲坂关。

【译文】

四十七年，秦国攻打韩国的上党，上党投降赵国，于是秦兵转攻赵国，赵国派兵迎击，两军相持不下。秦国命武安君白起攻赵，在长平大败赵军，赵军四十多万全部被杀。四十八年十月，韩国将垣、雍二县献给秦国。秦国的军队分成三支。武安君回国。王龁率兵攻打赵国的武安、皮牢，将其占领。司马梗率兵北定太原，完全占领了韩国的上党郡。正月，秦军撤退，重新在上党集结。当年十月，五大夫王陵围攻赵国的邯郸。四十九年正月，秦派兵增援王陵。王陵战绩不佳，被免职，王龁代替王陵统领军队。当年十月，秦将张唐率军攻魏，魏国守将蔡尉放弃阵地，不予固守，逃回后被斩杀。五十年十月，武安君白起犯罪，被贬为士伍，发配阴密。秦将张唐攻郸，将其占领。十二月，秦国增派军队驻扎汾城旁边。武安君白起有罪，发配途中自杀。王龁攻打邯郸，久攻不下，于是撤回汾城驻军。两个多月后，王龁前往迎击救赵的魏军，被斩首六千，被魏、楚联军赶入黄河淹死的多达两万人。魏、楚联军乘胜进攻汾城。而后张唐攻取了宁新中，将宁新中改名为安阳。首次在黄河上架桥。

五十一年①，将军摎攻韩，取阳城、负黍②，斩首四万。攻赵，取二十余县，首虏九万③。西周君背秦，与诸侯约从，将天下锐兵出伊阙攻秦，令秦毋得通阳城④。于是秦使将军摎攻西周。西周君走来自归，顿首受罪，尽献其邑三十六城，口三万。秦王受献，归其君于周。五十二年⑤，周民东亡，其器九鼎入秦⑥。周初亡⑦。

【注释】

①五十一年：当韩桓惠王十七年，赵孝成王十年，前256年。

②将军摎（jiū）攻韩，取阳城、负黍：将军摎，秦将名，史失其姓，后官至丞相。阳城、负黍，皆韩邑名。阳城在今河南登封东南，负黍在今登封西南。

③攻赵，取二十余县，首虏九万：梁玉绳以为即《赵世家》“赵将乐乘、庆舍攻秦信梁军，破之”之事，秦讳言败，史公于本纪依秦史书之说而未加改正。首虏，斩获敌人的首级与俘获的敌人。此词屡见于《卫将军骠骑列传》，可参看。

④“西周君背秦”几句：谓西周联合东方诸国由伊阙（今河南洛阳南）南出进攻秦军，想切断其新取的阳城与秦国的联络。《周本纪》所记与此同。西周君，《正义》以为即西周武公。约从，相约合纵。从，同“纵”。

⑤五十二年：前255年。

⑥其器九鼎入秦：杨慎曰：“昭襄之世既书‘九鼎入秦’矣，始皇二十八年曷又书‘使千人没泗求周鼎不获乎’？吁，此太史公深意也。

秦有并吞天下之心，非得鼎无以自解于天下，九鼎入秦之说，虚言以欺天下也，秦史曚书以欺后世也。太史公从其文而不改，又于《始皇纪》言'鼎没泗水'，以见其妄。鼎果在秦，曷为又入水以求之乎？”

⑦周初亡：初步灭亡，尚未彻底灭亡。陈子龙曰："六国攻秦，以周为孔道；秦灭周则横据陕洛，北撼韩魏（应作燕赵），南通荆楚矣。"

【译文】

昭襄王五十一年，秦将军摎率兵攻打韩国，攻占了阳城、负黍，斩首四万。攻打赵国，夺取了二十多县，斩首及俘获九万人。西周君背叛秦国，与诸侯相约合纵，率领天下的精锐部队出伊阙攻打秦国，使秦国不能通往阳城。于是秦国派将军摎攻打西周。西周君败走，后自行到秦国叩头认罪，并把领地三十六邑与人口三万全部献给秦国。秦王接受西周君的献礼后，放他回到西周。五十二年，西周的民众逃向东周，周室的宝器九鼎被运到了秦国。周王朝初步灭亡了。

五十三年①，天下来宾②。魏后，秦使摎伐魏，取吴城③。韩王入朝，魏委国听令。五十四年④，王郊见上帝于雍⑤。五十六年秋⑥，昭襄王卒⑦，子孝文王立⑧。尊唐八子为唐太后⑨，而合其葬于先王。韩王衰绖入吊祠，诸侯皆使其将相来吊祠，视丧事⑩。孝文王元年⑪，赦罪人⑫，修先王功臣⑬，褒厚亲戚，弛苑囿⑭。孝文王除丧，十月己亥即位⑮，三日辛丑卒⑯，子庄襄王立⑰。

【注释】

①五十三年：当魏安釐王二十三年，韩桓惠王十九年，前254年。

②来宾：前来宾服。

③吴城：魏邑名。也称“虞”，即晋献公“假虞灭虢”之“虞”。在今山西平陆北。杨宽曰：“《左传·哀公元年》正义引皇甫谧云：‘今河东大阳县西山上虞城是也。’此乃魏在河东的重要防守之地，秦攻取之，迫使‘魏委国听令’。”

④五十四年：前253年。

⑤王郊见上帝于雍：秦昭王在秦国旧都雍县的南郊举行祭天（上帝）典礼，这是古代帝王所行的大典，诸侯是不能做的。杨宽曰：“‘郊见’者，当于郊外举行，并不沿用‘五畤’以祭祠五色帝之礼，确是欲行天子祭天之礼。”

⑥五十六年：前251年。

⑦昭襄王卒：杨宽曰：“秦国在秦昭王时，实际上已开始进行统一战争，既取得了东方各国的大片土地，又大量杀伤了各国的人力，奠定了此后秦国取得统一战争胜利的基础。”

⑧孝文王：即前所谓“安国君”。《索隐》曰：“名柱，五十三而立。”

⑨唐八子：昭王之妃，孝文王的生母。八子，妃嫔的封号名。据《汉书·外戚传》，“后”以下有“夫人”“美人”“良人”“八子”“七子”等号。“八子视千石，比中更。”中更为秦爵二十级的第十三级。

⑩视丧事：参与秦国的办丧事。视，治理。秦昭王的陵墓在秦东陵。徐卫民说：“秦东陵在今西安东灞桥区与临潼区斜口乡交界的邵平店之南。”这一带当时称作“芷阳”，是一个大的墓葬区，埋葬着秦昭王、孝文王、庄襄王、宣太后等著名人物。考古工作者已在这一带发现四个陵园。其中一号墓规模巨大，是属于“天子”级别的。

⑪孝文王元年：前250年。

⑫赦罪人：泷川曰：“此即位行赦之始。”

⑬修：治，这里指对先王的功臣找补追加封赏。

⑭弛苑囿：将皇家园林打开，准许百姓入内耕种或狩猎。

⑮孝文王除丧，十月己亥即位：梁玉绳认为“即位”指服丧期满临朝

处理政事，然汉代乃前帝去世之当日或数日，太子即宣告即位，制度与此不同。十月己亥，阴历十月初四。杨宽曰："秦昭王四十九年以后恢复使用正月岁首制，但仍沿用颛顼历之月日干支，仍以'后九月'作闰月，尚沿用十月举行大朝之礼制，并于十月举行改元之礼。"

⑯三日辛丑卒：孝文王只做了三日秦王，到辛丑日便去世了。《编年纪》："孝文王元年，立即死。"辛丑，阴历十月初六。按，此下应增"葬寿陵"三字。寿陵在今西安临潼区之秦东陵。

⑰庄襄王：公孙异人，后改名"子楚"。即吕不韦所谓"奇货可居"者。《索隐》曰："三十二而立。"

【译文】

昭襄王五十三年，天下诸侯都来宾服。魏国来得最晚，秦国命将军摎讨伐魏国，占领吴城。韩王到秦国朝觐，魏国将国政交给秦国，一切听命于秦。五十四年，昭襄王在雍县举行郊祀上帝的典礼。五十六年秋，昭襄王去世，子孝文王即位。孝文王尊奉唐八子为唐太后，将她与昭襄王合葬。韩王身穿孝服入秦吊祭，其他诸侯也都派遣将相前来吊祭，参加丧事活动。孝文王元年，赦免罪人，追封先王功臣，厚待骨肉亲戚，开放王家苑囿，让百姓入内采伐耕种。孝文王服丧一年期满，十月己亥正式践祚，仅过三天即辛丑日去世，子庄襄王即位。

庄襄王元年[①]，大赦罪人，修先王功臣，施德厚骨肉而布惠于民。东周君与诸侯谋秦[②]，秦使相国吕不韦诛之[③]，尽入其国。秦不绝其祀，以阳人地赐周君[④]，奉其祭祀。使蒙骜伐韩，韩献成皋、巩[⑤]。秦界至大梁，初置三川郡[⑥]。二年[⑦]，使蒙骜攻赵，定太原[⑧]。三月，蒙骜攻魏高都、汲[⑨]，拔之。攻赵榆次、新城、狼孟[⑩]，取三十七城。四月日食[⑪]。三年[12]，王龁攻上党[13]。初置太原郡。魏将无忌率五国兵击秦，秦却于河外[14]。蒙骜败，解而去。五月丙午[15]，庄襄王卒[16]，子政立，是为秦始皇帝。

【注释】

①庄襄王元年：前249年。

②东周君与诸侯谋秦：按，此是为出兵攻伐而强加罪名，可与《秦始皇本纪》中之所载刻石铭文对看。

③相国吕不韦：事迹详见《吕不韦列传》。秦及汉初相国尊于丞相，且权力更大。如汉初相国萧何、曹参就比丞相周勃、陈平位尊权重。

④阳人：阳人聚，当时的一个村落名。在今河南临汝西。

⑤使蒙骜伐韩，韩献成皋、巩：按，据《六国年表》《韩世家》《蒙恬列传》等，此役秦攻下成皋与荥阳，并非韩所“献”；且此又误荥阳为巩。梁玉绳曰：“‘巩’为东周所居，韩安得有之？”泷川曰：“《蒙恬传》亦云‘蒙骜伐韩成皋、荥阳’。”蒙骜，秦国名将。成皋，韩邑名。后也称为“虎牢关”，在今河南荥阳西北。荥阳，韩县名。即今荥阳东北之古荥镇。

⑥三川郡：秦郡名。郡治在今河南洛阳东北，即当时之“雒邑”。

⑦二年：当赵孝成王十八年，前248年。

⑧使蒙骜攻赵，定太原：杨宽曰：“秦昭王四十八年大破赵于长平后，使‘司马梗北定太原，尽有韩上党’；但五十年魏、楚合纵救赵邯郸之围，大破秦军，并大破秦军于河东之后，形势大变。赵孝成王十年，当秦昭王五十一年，《赵世家》称‘赵将乐乘、庆舍攻秦信梁军，破之’，因而秦所‘定太原’又为赵恢复。是年秦重振旗鼓，‘使蒙骜攻赵，定太原’。下文云‘攻赵榆次、新城、狼孟，取三十七城’，即是‘定太原’之军事行动。”

⑨三月，蒙骜攻魏高都、汲：三月，底本原文于此作“三年”，误。杨

宽以为“三年”当为“三月”之讹，下文之“攻魏高都”“攻魏榆次”云云皆二年三月事。杨说是，今据改。高都，魏邑名。即今山西晋城。汲，魏邑名。在今河南卫辉西南。

⑩榆次、新城、狼孟：皆赵邑名。榆次在今山西榆次。新城在今山西朔州西南。狼孟即今山西太原东北之阳曲。

⑪四月日食：杨宽曰：“《六国表》记庄襄王二年日食，是年四月二十四日有深食，在咸阳可见。”牛鸿恩曰：“朱文鑫亦考定为二年事。”

⑫三年：当魏安釐王三十年，前247年。底本作“四年”，误，庄襄王无四年，今改作“三年”。

⑬王龁攻上党：梁玉绳曰：“昭王四十八年尽有韩上党地，北定太原，是时何烦再攻？疑前所定者惟降赵之城市邑十七，今所攻者并其余城而攻拔之，故《韩世家》云‘秦悉拔我上党’也。……《正义》谓‘上党又反，故攻之’，乃臆测之词，非事实也。”

⑭魏将无忌率五国兵击秦，秦却于河外：《魏公子列传》于此作“公子率五国之兵破秦军于河外，走蒙骜，遂乘胜逐秦军至函谷关”。魏将无忌，即信陵君。五国，燕、赵、韩、楚、魏。秦却于河外，秦国败于今河南西部的黄河以南。

⑮五月丙午：阴历五月二十六。

⑯庄襄王卒：按，下应增“葬阳陵”三字。阳陵在今陕西西安临潼区之秦东陵。

【译文】

庄襄王元年，大赦罪犯，封赏先王功臣，对骨肉亲人大施德泽，对黎民百姓广布恩惠。东周君与各诸侯谋划攻秦，秦派相国吕不韦诛伐东周君，将东周国土全部并入秦国。为了不断绝周王朝的祭祀，秦国将阳人聚赐给东周君，以奉祠周朝的祭祀。秦国派蒙骜攻打韩国，攻下了韩国的成皋、荥阳。秦国的国界到达魏都大梁，始置三川郡。二年，派蒙骜攻打赵国，平定了太原。三月，蒙骜攻打魏国的高都和汲县，将其占领。又攻打赵国的榆次、新城、狼孟，占领三十七座城池。四月，出现日食。三年，王龁攻占上党。始置太原郡。这时魏国的将军无忌率领燕、韩、赵、魏、楚五国的军队攻打秦国，秦国退到黄河以南。蒙骜兵败，诸侯军撤退而去。五月丙午，庄襄王去世，子嬴政即位，这就是秦始皇。

秦王政立二十六年①，初并天下为三十六郡②，号为始皇帝。始皇帝立十一年而崩③，子胡亥立，是为二世皇帝④。三年⑤，诸侯并起叛秦⑥，赵高杀二世，立子婴⑦。子婴立月余，诸侯诛之⑧，遂灭秦。其语在《始皇本纪》中。

【注释】

①秦王政立二十六年：前221年。

②初并天下为三十六郡：谓初定六国及秦固有之地共三十六郡，至后来北伐胡，南伐越，所设之郡则不止此数，详见《秦始皇本纪》注。

③始皇帝立十一年而崩：事在前210年。钱大昕《三史拾遗》曰："秦王政二十六年始称皇帝，至三十七年而崩，计为帝十一年耳。"《索隐》曰："十三而立，立三十七年崩，葬骊山。"

④子胡亥立，是为二世皇帝：《索隐》曰："十二年立，《纪》云二十一。立三年，葬宜春。"按，胡亥依靠李斯、赵高的力量篡改始皇遗诏，篡取帝位事，详见《秦始皇本纪》与《李斯列传》。

⑤三年：前207年。

⑥诸侯并起叛秦：事在二世元年，前209年。

⑦赵高杀二世，立子婴：赵高始与李斯立胡亥，后见义军势大，局面不可收拾，又杀胡亥欲自立为帝，不成，乃立子婴。过程详见《李斯列传》。

⑧子婴立月余，诸侯诛之：子婴为帝后，杀赵高，灭其党，为帝四十六日，刘邦的军队入关，子婴投降刘邦，后被项羽所杀。详见《秦始皇本纪》《项羽本纪》《高祖本纪》《李斯列传》等篇。

【译文】

秦王嬴政即位的第二十六年，吞并天下，初步设为三十六郡，号称始皇帝。始皇帝在皇帝位十一年驾崩，子胡亥被立为皇帝，就是秦二世。秦二世三年，诸侯并起反叛秦，赵高杀了秦二世，改立子婴为帝。子婴即位仅仅一个多月，诸侯就把他杀了，秦遂告灭亡。事见《秦始皇本纪》。

太史公曰：秦之先为嬴姓。其后分封，以国为姓，有徐氏、郯氏、莒氏、终黎氏、运奄氏、菟裘氏、将梁氏、黄氏、江氏、脩鱼氏、白冥氏、蜚廉氏、秦氏①。然秦以其先造父封赵城，为赵氏②。

【注释】

①终黎氏：《集解》引徐广曰："《世本》作'锺离'。"

②秦以其先造父封赵城，为赵氏：梁玉绳曰："秦自非子得邑，则以秦邑为氏。及襄公得国，则以秦国为氏，相传至于始皇。若'赵氏'者，自造父获封赵城，为赵氏。其后微弱而邑于晋，则以赵邑为氏。及三分晋国，则以赵国为氏，岂有秦国之君而以赵国为氏乎？"按，司马迁此语含混谬误不可取。秦王朝的家族与春秋时晋国的赵氏以及战国时代的赵国贵族有着共同的嬴姓祖先，秦国帝王这一支派曾前往赵城向造父的家族认亲，从这个意义上说秦国"其先造父封赵城，为赵氏"，是可以的。但这只是秦国祖先的一段历史，且仅指上起周穆王下至周孝王时非子未出世前的数十年间。真正开创秦国历史的祖先是非子，从非子开始，重又被周孝王"赐姓嬴"，让他们"复续嬴氏祀"，这种封赠是非常庄严、神

圣的。所以两千多年来,严肃地研究历史的人都承认秦朝帝王姓“嬴”。

【译文】

太史公说:秦的祖先为嬴姓,他的后代被分封到各地,各以封国为姓,有徐氏、郯氏、莒氏、终黎氏、运奄氏、菟裘氏、将梁氏、黄氏、江氏、脩鱼氏、白冥氏、蜚廉氏、秦氏。然而秦又因其先祖造父封在赵城,所以也称赵氏。

【秦国诸侯世系表】

秦仲(前844—前822)——庄公(前821—前778)——襄公(前777—前766)——文公(前765—前716)——宁公(前715—前704)——出公(前703—前698)——武公(前697—前678)———德公(前677—前676)——宣公(前675—前664)——成公(前663—前660)——穆公(前659—前621)——康公(前620—前609)——共公(前608—前604)——桓公(前603—前577)——景公(前576—前537)——哀公(前536—前501)——惠公(前500—前491)——悼公(前490—前477)——厉公(前476—前443)——躁公(前442—前429)——怀公(前428—前425)——灵公(前424—前415)——简公(前414—前400)——惠公(前399—前387)——出子(前386—前385)——献公(前384—前362)——孝公(前361—前338)——惠文王(前337—前311)——武王(前310—前307)——昭王(前306—前251)——孝文王(前250)——庄襄王(前249—前247)——秦王政(前246—前221)

【集评】

洪迈曰:“七国虎争天下,莫不招致四方游士,然六国所用相皆其族室及国人。独秦不然,其始与之谋国以开伯业者,卫人公孙鞅也,其他若楼缓赵人，张仪、魏冉、范睢皆魏人，蔡泽燕人，吕不韦韩人，李斯楚人，皆委国而听之不疑，卒之所有天下者，诸人之力也。”（《容斋随笔》）

归有光曰：“《秦本纪》与《始皇本纪》当为一，如《周纪》始后稷也。以简帙多，始皇自为纪。”（《归方评点史记》）

方苞曰：“《秦纪》多夸语，其世系事迹详于列国，而于他书无征，盖史之旧也。”（《归方评点史记》）

【评论】

《秦本纪》的记事比《周本纪》还要详细，从穆公以后，不仅有连续的纪年，还出现了生动的故事；到了战国时期，甚至出现了具体的月份和日期，这是因为唯独秦国的历史记录没有在秦始皇焚书时被烧掉而得以保留，相比较于其他诸侯国，资料完整丰富得多。泷川资言说：“（《六国年表序》）云：‘《秦记》不载日月，其文略未具，然战国之权变亦有可颇采者。’盖此纪以《秦记》为经，以《左传》《国语》《国策》为纬，比诸吴、齐、鲁、晋诸世家，其事大备者为此也。”（《史记会注考证》）

秦的发展史中，有几位特别重要的英主。第一位是非子，也叫秦嬴。他使秦族有了自己的领地，恢复了祖先的“嬴”姓，与同祖的赵氏彻底地分别开来，走上了独立发展的道路。第二位是秦襄公。他自愿出兵援助周室攻打犬戎，拥立并护送平王东迁，不论是出于对周王室的忠心，还是早已算计到可以得到周王室在岐西、丰水一带的国土，实际结果是自此秦国正式成为诸侯国，从边远的西犬丘东进到了关中，客观上说，这是秦王朝在历史发展上向统一全国迈出的第一大步。第三位是秦穆公，《秦本纪》写作“秦缪公”。秦孝公曾总结秦穆公的功业说：“昔我缪公自岐、雍之间，修德行武，东平晋乱，以河为界，西霸戎翟，广地千里，天子致伯，诸侯毕贺，为后世开业，甚光美。”对秦国的崛起有着关键性意义。第四位是秦孝公。他任用商鞅变法，使秦国国势顿臻强盛，天子致伯，诸侯毕贺，孝公迁都咸阳，秦国又俨然西方大国，具备了逐鹿中原的实力。可以说秦孝公是令诸侯畏惧的“强秦”的缔造者。第五位是秦昭襄王，又称秦昭王。他在位五十六年，开始进行统一全国的战争，在实力上对关东六国形成压倒优势，为后来秦统一奠定了基础。

秦穆公是《秦本纪》着力刻画的一位君主。马非百曰：“秦以西垂小国，乘周之乱，逐戎有岐、丰之地；垂及百年，至于穆公，遂灭梁、芮，筑垒为王城，以塞西来之路，由是据丰、镐故都，蔚为强国，与中夏抗衡矣。总观穆公之力征经营，其始也，致全力于东进政策之推行，及东进受挫于晋，则改而从事西进。西进既成，又转而南进。秦人异日统一之基，实自穆公建之。”他雄心勃勃，锐意进取，举贤任能，文武兼备，不仅武功卓著、开疆辟土，而且品德高尚、深受爱戴，如果不是死后以人殉葬，几乎可以算是春秋时期少有的完美君主。《秦本纪》中秦穆公的事迹多采自《左传》，主要择取了三件大事：第一，用五张黑公羊皮赎回贤臣百里傒，付以国政；第二，先后扶植晋惠公、晋文公回国为君；第三，崤之战前后的所作所为。任用百里傒，可以看作秦穆公惜才、爱才、任才的一个例子，正是由于他的这种品质，秦国当时人才济济，百里傒、蹇叔、公孙支、孟明等贤才为他出谋划策、领兵征战，秦国才得以强大。帮助晋惠公、晋文公回国继位，与崤之战实际有着一定的因果联系。在帮助晋惠公、晋文公回国继位的过程中，秦穆公树立起他“存亡继绝”的道德形象，与中原核心诸侯国晋国建立了牢固的联盟，秦国就此进入主要诸侯国行列，不再被看作偏居西隅的戎狄之国。同时，这也为他的东进目标提供了机会与保障。在秦穆公看来，秦国对晋国恩深义重，秦晋联盟牢不可破，这是秦参与中原诸侯争霸的绝好条件。正是出于这种认识，他才不听任何劝阻，一心出兵袭郑。可是晋国一贯是只讲利益、不讲情义的，晋襄公在崤山设伏，秦军在崤之战中全军覆没，《公羊传》《穀梁传》的原文都是“匹马只轮无反者”。从此秦晋交恶，成了世仇，秦向东发展的道路被堵死，只能转向西、向南发展。《秦本纪》着重写了秦穆公对败军之将孟明的处置。当时诸国往往是杀掉打了败仗的将领，如城濮之战后楚国杀了将军子玉，邲之战后晋国主帅荀林父自请死罪，晋君也准备答应。秦穆公则将失败的责任自己承担下来，做了深刻的检讨，继续任用孟明为将，终于在三年后的王官之战中，孟明为将，“晋人皆城守不敢出”，报了崤山之仇。“君子闻之，皆为垂涕，曰：‘嗟乎！秦缪公之与人周也，卒得孟明之庆。’”秦穆公的形象借此更加高大了。

在秦穆公的事迹中，有一段戎臣由余论中原治国文化的言论，与《匈奴列传》中中行说论中原治国之弊病异曲同工，皆切中要害。诗书礼乐和法度究竟是治国利器还是败国根本，一直是儒家与道家争论的一个焦点，从事实结果看，往往事在人为。当诗书礼乐成为一种点缀的花架子，成为各种弊政的借口和包装，它就会成为消磨创新进取的负面力量，而这才是人们应该警醒的。

关于商鞅变法，《秦本纪》并没有详述，主要在《商君列传》中，需要参看。《秦本纪》突出的是商鞅变法给秦国带来的巨大成功，以及惠文王对商鞅毫不留情的杀戮，于此可见封建社会中君臣际遇的难得与重要。郭沫若说：“使商鞅成了功的秦孝公，我们也不好忘记，他确实是一位法家所理想的君主，他能够在二十余年间让商君一人负责，放手做去，不加以干涉，真是难能可贵的。古时候的政治家要想成功，最难得的是这种君臣的际遇，齐桓公之于管仲，远不如秦孝公之与商鞅，至于后代的刘先主之与诸葛亮，宋神宗之与王安石，更是大有愧色了。”（《十批判书》）

商鞅与惠文王究竟有什么仇怨，以致惠文王一定要杀之而后快？《秦本纪》说是因为惠文王为太子时犯法，受到商鞅的惩罚，其继位后，“宗室多怨鞅”，于是以谋反罪杀了商鞅，也就是说杀商鞅的是宗室这个庞大的既得利益集团，而惠文王只是他们的工具而已。但《战国策·秦策》却有另一种说法：“（孝公）疾且不起，欲传商君，辞不受。孝公已死，惠王代后，莅政有顷，商君告归。人说惠王曰：‘大臣太重者国危，左右太亲者身危。今秦妇人婴儿，皆言商君之法，莫言大王之法。是商君反为主，大王更为臣也。且夫商君固大王仇雠也，愿大王图之。’商君惧诛，欲之魏。……不得出,穷而还。惠王车裂之,而秦人不怜。”如按此说,商鞅之死并不单纯因为变法,而是实际威胁到惠文王的王位,对于这样的“仇雠”,惠文王当然是绝不手软的。

关于秦国君主的姓氏,司马迁在“太史公曰”里说“秦之先为嬴姓”,又说“然秦以其先造父封赵城,为赵氏”,硬是把秦国君主与赵国君主说成了一个姓氏,造成混乱。实际上《秦本纪》在一开始就交代了秦国是嬴姓,与赵氏有共同的祖先,但到非子时两族就彻底分开了。非子被周孝王“赐姓嬴”,让他们“复续嬴氏祀”,这种封赐是非常庄严、神圣的。所以两千年来严肃地研究历史的学者,都认定秦国君主以及后来的秦王朝帝王姓“嬴”,而不提他们姓“赵”。司马迁为什么会有这种说法,应该从他所处的那个诋毁秦朝的汉朝大环境去理解。

史记卷六

秦始皇本纪第六

【释名】

《秦始皇本纪》是《史记》中第一篇以人物为中心的帝王本纪，它详细记载了秦始皇一生的主要活动，并附有秦二世的情况，本篇加上《李斯列传》《蒙恬列传》，就是一部完整的秦王朝兴衰史，展示了我国第一个封建专制政权从建立到灭亡的全过程，显示了这个王朝统治者的是非功过。

《秦始皇本纪》可以分为五部分。第一部分写秦始皇自十三岁即位为秦王，至三十九岁全部消灭东方各国、统一天下、改号称皇帝；而后在国内废除分封制，实行郡县制，统一文字、统一度量衡；对外伐匈奴、伐南越，为巩固国防而筑长城、修直道等缔造秦帝国的伟大功绩。第二部分写秦始皇修驰道、造宫殿、修坟墓，四出巡游，刻石颂功，又派人寻神仙、求长生，以及"焚书坑儒"等骄奢荒唐之事，直至在沙丘宫去世。第三部分写秦二世统治时期荒淫无道，激起反秦起义，赵高杀二世立子婴，子婴杀赵高投降刘邦，强盛一时的秦王朝在一片血雨腥风中萧然谢幕。第四部分是以贾谊《过秦论》三篇为主体的论赞。第五部分记载了从秦襄公至秦二世时的世系，即所谓《秦纪》。最后还有一段东汉班固的评论，这自然是后人所加。也有学者认为《秦纪》也是后人添加的，不是《史记》原文。

秦始皇帝者，秦庄襄王子也[1]。庄襄王为秦质子于赵[2]，见吕不韦姬，悦而取之，生始皇[3]。以秦昭王四十八年正月生于邯郸[4]，及生，名为政[5]，姓赵氏[6]。年十三岁，庄襄王死，政代立为秦王[7]。当是之时，秦地已并巴、蜀、汉中[8]，越宛有郢，置南郡矣[9]；北收上郡以东[10]，有河东、太原、上党郡[11]；东至荥阳，灭二周，置三川郡[12]。吕不韦为相，封十万户[13]，号曰文信侯。招致宾客游士[14]，欲以并天下。李斯为舍人[15]。蒙骜、王龁、麃公等为将军[16]。王年少，初即位，委国事大臣。

【注释】

①庄襄王：公孙异人，后改名"子楚"。秦昭王之孙。前249—前247年在位。

②庄襄王为秦质子于赵：事在秦昭王时期。赵国都城为邯郸（今河北邯郸），当时赵国的国君为孝成王（前265—前245年在位）。

③见吕不韦姬，悦而取之，生始皇：过程详见《吕不韦列传》。按，《吕不韦列传》所说之事，战国史家多以为不可信，详见该传注。吕不韦，《吕不韦列传》说他是韩国的大商人，今人多取《战国策》说，称其为"卫之濮阳"人，当时在邯郸经商，后来成为秦相国。

④秦昭王四十八年：前259年。秦昭王，名则，一名稷。前306—前251年在位。

⑤及生，名为政：《集解》曰："一作'正'。宋忠云：以正月旦生，故名'正'。"《正义》曰："'正'音'政'，周正建子之正也……后以始皇讳，故音'征'。"梁玉绳曰："始皇以正月生，遂以'正'名之。惟其名'正'，是以改'正月'为'端月'。……《史记》古本是'正'字，不知何时尽改作'政'。"

⑥姓赵氏：按，秦始皇姓嬴，不姓赵。据《秦本纪》，嬴姓与赵姓有共同的嬴姓祖先，至蜚廉时，其一子为季胜，后代传至造父时被周穆王封在赵城，为赵氏；另一子为恶来革，后代秦嬴（即非子）被周孝王重赐姓嬴，为嬴姓。这一支的后代子孙如秦仲、秦襄公、以至始皇之父、祖皆已长期姓"嬴"，此忽称始皇"姓赵氏"，又回了大宗，实在是制造混乱。

⑦庄襄王死，政代立为秦王：事在庄襄王三年，前247年。

⑧并巴、蜀、汉中：惠文王后元九年（前316）秦灭巴国，设巴郡。同年灭蜀国，至昭王二十二年（前285）设蜀郡。惠文王后元十三年（前312）攻取楚汉中，置汉中郡。

⑨越宛有郢，置南郡矣：秦昭襄王三十五年（前272）秦置南阳郡，郡治为宛，即今河南南阳。昭王二十九年（前278）秦攻取楚郢都（今湖北荆州江陵西北之纪南城），置南郡，以郢为郡治。

⑩上郡：魏文侯置，本属魏。秦占有后于昭王三年（前304）复置上郡，郡治肤施，今陕西榆林东南。

⑪河东：郡名。战国时魏置。秦昭王十七年（前290），魏献与秦，秦亦置郡。郡治临汾，今山西曲沃北。太原：原为赵地。郡名。秦庄襄王三年（前247）置为太原郡。郡治晋阳，今太原西南。上党郡：本属韩、赵，秦昭王时攻取，置上党郡。郡治长子，今山西长子西。

⑫东至荥阳，灭二周，置三川郡：意谓向东占有了韩国的荥阳和二周，设置了三川郡。荥阳，县名。在今河南荥阳东北。原属韩。二周，即东周与西周。周显王（前368—前321年在位）时，周分裂为东周、西周，西部的为"西周"，都王城（今洛阳）；东部的为东周，都巩县（今河南巩义西南）。周天子完全沦为傀儡。西周前256年被秦昭王所灭，东周前249年被秦庄襄王所灭。三川郡，本韩宣王置，秦占有后于庄襄王元年（前249）又置。郡治雒

阳，今河南洛阳东北。

⑬封十万户：据《吕不韦列传》，其封地即在洛阳。

⑭招致宾客游士：《吕不韦列传》称其“至食客三千人”。

⑮李斯：本为楚人，入秦后，先为吕不韦舍人，后为秦长史，最后为秦朝丞相。事迹见《李斯列传》。舍人：战国及汉初王公贵人私门之官。后也成为官名。

⑯蒙骜：秦国名将。原为齐人。事昭襄、孝文、庄襄、秦始皇四代，官至上卿。在灭韩、魏的过程中立有大功。其孙即蒙恬。王齮（yǐ）：又作“王龁（hé）”，秦国名将。在攻取韩、赵时立有大功。麃（biāo）公：麃县县令，史失其姓名。《集解》曰：“麃，秦邑。”陈直以为“麃”字是姓，非邑名。录以备考。秦王政时为将军，攻魏，夺取卷邑。

【译文】

秦始皇帝是秦庄襄王的儿子。庄襄王在赵国为秦当质子的时候，见到吕不韦的姬妾，很喜欢，便娶了她，生下始皇帝。因为始皇帝于秦昭王四十八年正月生在邯郸，所以出生后便取名为政，姓赵氏。他十三岁时，庄襄王去世，继立为秦王。这时，秦国已经向南吞并了巴、蜀、汉中，越过宛城占据郢都，并在那里设置了南郡；往北夺取了上郡以东，置有河东、太原、上党三郡；向东到达荥阳，灭掉二周，设置了三川郡。吕不韦为相国，封有食邑十万户，号称文信侯。他招揽宾客游士，意欲吞并天下。李斯时为吕不韦舍人。蒙骜、王齮、麃公等为将军。秦王年少，又刚即位，所以国事都交付大臣处理。

晋阳反①，元年②，将军蒙骜击定之。二年③，麃公将卒攻卷④，斩首三万。三年⑤，蒙骜攻韩，取十三城⑥。王齮死。十月，将军蒙骜攻魏氏畼、有诡⑦。岁大饥。四年⑧，拔畼、有诡。三月，军罢。秦质子归自赵，赵太子出归国⑨。七月庚寅[10]，蝗虫从东方来，蔽天。天下疫。百姓内粟千石，拜爵一级[11]。五年[12]，将军骜攻魏，定酸枣、燕、虚、长平、雍丘、山阳城[13]，皆拔之，取二十城。初置东郡[14]。冬雷。六年[15]，韩、魏、赵、卫、楚共击秦，取寿陵[16]。秦出兵，五国兵罢。拔卫[17]，置东郡[18]，其君角率其支属徙居野王[19]，阻其山以保魏之河内[20]。七年[21]，彗星先出东方，见北方，五月见西方[22]。将军骜死。以攻龙、孤、庆都[23]，还兵攻汲[24]。彗星复见西方十六日。夏太后死[25]。八年[26]，王弟长安君成蛟将军击赵[27]，反，死屯留[28]，军吏皆斩死，迁其民于临洮[29]。将军壁死，卒屯留、蒲鹝反，戮其尸[30]。河鱼大上[31]，轻车重马东就食[32]。

【注释】

①晋阳反：杨宽曰："盖信陵君合纵击秦得胜，蒙骜退兵，赵乘机使晋阳又反。犹如十年前魏、楚合纵救赵破秦后，赵使太原反，韩使上党反。"晋阳，秦之太原郡的郡治所在地，在今山西太原西南。

②元年：前246年。

③二年：前245年。

④卷：魏县名。在今河南原阳西。

⑤三年：前244年。

⑥蒙骜攻韩，取十三城：泷川曰："表'十三城'作'十二城'，《蒙恬传》《韩世家》同此纪。"

⑦十月，将军蒙骜攻魏氏畼（chàng）、有诡：十月，此时秦用夏历，以"正月"为岁首。关于秦国的历法，杨宽《战国史》以为自昭王四十二年（前265）使用颛顼历（以十月为岁首）；至四十九年（前258）改用夏历（以正月为岁首）；至始皇二十六年（前221）重又使用颛顼历。但据"秦王政十三年"之纪事方式看，此时秦国所用

的似是周历，盖以十一月为岁首。畼、有诡，皆魏县名。方位不详。

⑧四年：前243年。

⑨赵太子：赵国派到秦国作人质的太子，其名不详。

⑩七月庚寅：七月，底本作“十月”。梁玉绳曰：“表作‘七月’，是也。”七月庚寅即阴历七月初四。梁说是，今据改。

⑪百姓内粟千石（shí），拜爵一级：泷川曰：“内粟拜爵始此。”按，泷川所谓“内粟拜爵”是西汉晁错在《论贵粟疏》中向文帝所建言。徐孚远曰：“入粟千石，比一首功，其重爵可见。”陈直曰：“汉代民爵，每级值二千；秦代入粟千石，始拜爵一级，此秦汉制度不同之点，亦可见秦爵比汉爵为贵。”内，同“纳”。石，重量单位，一石等于一百二十斤。拜爵一级，即提升爵位一级。秦、汉时代不仅官僚有爵级，普通士民亦有爵级。此爵级可以由战场立功而得，斩敌首一个升一级；也可以因国家有大庆，皇帝赐爵；又可以向国家交纳钱粮，而买得若干级。士民可以用此爵级赎罪、冲抵徭役，也可以卖钱。秦爵共分二十级。

⑫五年：前242年。

⑬酸枣、燕、虚、长平、雍丘、山阳城：皆魏县名。酸枣，在今河南延津西南。燕，在今河南延津东北。虚，在今河南延津东。长平，在今河南西华东北。雍丘，即今河南杞县。山阳城，在今河南焦作东南。

⑭东郡：东郡的郡治即下文所攻取之濮阳（今河南濮阳西南）。按，所谓“初置”，即已经占有部分地区，但尚未设定郡治，尚未组成政府机构之谓。

⑮六年：前241年。

⑯韩、魏、赵、卫、楚共击秦，取寿陵：张照曰：“《赵世家》悼襄王四年，‘庞煖将赵、楚、魏、燕之锐师攻秦蕞，不拔’，徐广曰‘蕞在新丰’，此云‘取寿陵’；所将之师一作‘卫’，一作‘燕’，亦不同。”

梁玉绳引翟灏认为卫时已极微,不可能参与攻秦,"此纪误以'卫'替'燕',而《赵世家》误脱'韩'也"。时五国所攻乃新丰之"蕞",非"寿陵"。蕞,秦县名,在今陕西西安临潼区东北。秦之"寿陵"乃孝文王墓,在当时的咸阳城东,皆非五国军队所能至。此次五国伐秦,《楚世家》云"考烈王为从长,春申君用事"。杨宽《战国史料编年辑证》曰:"是役虽推楚王为纵长,实由赵将庞煖为主帅。庞煖不仅为军事家,且为纵横家,《汉书·艺文志》兵权谋家著录有《庞煖》三篇,纵横家又著录有《庞煖》二篇。所攻者为函谷关,以《楚世家》所记为实。"

⑰拔卫:攻取了卫国的都城濮阳。

⑱置东郡:"置"底本作"迫"。池田曰:"'迫'疑当作'置'。《卫世家》云:'秦拔卫东地,初置东郡。更徙卫野王县,而并濮阳为东郡。"按,池田说是。据改。秦东郡即濮阳。

⑲其君角率其支属徙居野王:据《卫康叔世家》《刺客列传》被迫率其支属徙居野王的是"卫元君",卫君"角"之父。杨宽、张习孔、平势隆郎皆以《卫康叔世家》《刺客列传》为非,而依本文书本年为"卫君角元年"。野王,即今河南沁阳,原属韩,此时已被秦所占。

⑳阻其山以保魏之河内:按,卫于此时已成秦国之附庸。杨宽曰:"魏安釐王二十四年,即秦昭王五十四年,卫怀君因与秦连横为魏所囚杀,另立魏王之婿卫元君作为附庸。上年秦攻取魏东地设东郡,是年攻拔濮阳,并归入东郡而作为郡治,于是另立角以为卫君,命角率其支属(并非卫之全族)徙居野王,作为秦之附庸。野王在今河南沁阳县,原属魏之河内,故《本纪》谓'阻其山以保魏之河内'。"

㉑七年:前240年。

㉒彗星先出东方,见北方,五月见西方:古人以为彗星出现,预示人世将有大变故,出现的位置不同,预示变故的性质不同。今人马

非百引朱文鑫语:“推此为前240年5月5日,哈雷彗星近日点时期。”

㉓龙、孤、庆都:皆赵县名。龙,今河北行唐。孤,在今行唐北。庆都,今河北望都。

㉔汲:魏县名。在今河南汲县西南。

㉕夏太后:庄襄王的生母,秦始皇的祖母。

㉖八年:前239年。

㉗王弟长安君成蟜将军击赵:长安君成蟜,庄襄王之子,名成蟜,也作“盛桥”,长安君是其封号。《春申君列传》有所谓“王使盛桥守事于韩,盛桥以其地入秦,是王不用甲、不信威而得百里之地”。

㉘屯留:县名。在今山西长治屯留区南。原属赵,现时已被秦军占领。

㉙迁其民于临洮:因屯留之民助成蟜为乱,故迁之。临洮,秦县名。即今甘肃岷县。

㉚将军壁死,卒屯留、蒲鶮反,戮其尸:数句讹乱难解。钱大昕曰:“‘壁’与‘蒲鶮’皆似人名,‘壁’乃讨成蟜之将军,‘壁’死而部卒又叛,因更戮其(指成蟜)尸耳。”梁玉绳引许周生曰:“‘壁’当是将军在外者……盖蒲鶮以屯留人闻迁屯留民,惧祸及己,故因将军之死而反。反亦即死,故戮其尸也。”杨宽曰:“上文称‘蒙骜、王齮、麃公等为将军’,是时王齮、蒙骜先后去世,疑‘壁’乃麃公之名。”也有人以为是蒲鶮反后,戮“将军壁”之尸,因其迫迁屯留民。此外尚有他说,今不引。

㉛河鱼大上:《索隐》曰:“河水溢,鱼大上平地,亦言遭水害也。”《正义》曰:“黄河之鱼,西上入渭。渭,渭水也。”按,“河鱼大上”原是一种自然现象,但古人却认为是一种与人类社会相关的灾变,是与成蟜、嫪毐作乱相关联的。《汉书·五行志》对此有所谓“鱼者阴类,臣民之象也”;刘向有所谓“豕虫之孽,明年嫪毐诛”以及“鱼,阴类,小人象”云云,就是这种意思。

㉜轻车重马东就食:《索隐》曰:“言往河旁食鱼也。”王骏图曰:“秦人因遭水患,禾稼淹没,皆轻车重马,挈其家口,东徙而就食也。”轻车重马,车轻而马大,图其快捷。重,犹大。

【译文】

晋阳叛乱,秦王政元年,将军蒙骜出兵平定了晋阳叛乱。秦王政二年,麃公率兵攻打卷邑,斩首三万。秦王政三年,蒙骜攻打韩国,夺取十三座城池。将军王龁去世。十月,蒙骜又攻打魏国的畼邑和有诡。这年秦国发生饥荒。秦王政四年,蒙骜攻下畼邑和有诡。三月,蒙骜撤兵。秦国的质子从赵国返回,赵国的太子也离开秦国返回赵国。七月庚寅,蝗虫从东方来,遮天蔽日。天下瘟疫大作。百姓缴纳粮食一千石,升爵一级。秦王政五年,将军蒙骜攻打魏国,酸枣、燕邑、虚邑、长平、雍丘、山阳等城都被攻克,共夺取二十个城邑。初步设置了东郡。冬天出现打雷现象。秦王政六年,韩、魏、赵、卫、楚五国联合攻打秦国,夺取了寿陵。秦国出兵反击,五国联军瓦解。秦军攻克卫国都城濮阳,作为东郡,卫君角率领其支属迁居野王,凭借山势之险来固守魏国的河内之地。秦王政七年,彗星先出现在东方,后出现在北方,五月出现在西方。将军蒙骜去世。他死于攻打龙邑、孤邑、庆都,回兵攻打汲邑之时。彗星又出现在西方,长达十六日。夏太后去世。秦王政八年,秦王的弟弟长安君成蟜率兵攻打赵国,却举兵谋反,失败后死在屯留,他的军吏都被处死,屯留的百姓被迁到临洮。前来讨伐成蟜的将军壁在战斗中死去,屯留的士卒蒲鶮又起来造反,把将军壁陈尸示众。这年,黄河泛滥,河中的鱼大批涌上河岸,秦地百姓都驾着轻车大马紧赶着到东方去找食物。

嫪毐封为长信侯①。予之山阳地②,令毐居之③。宫室、车马、衣服、苑囿、驰猎恣毐,事无小大皆决于毐④。又以汾西太原郡更为毐国⑤。九年⑥,彗星见,或竟天⑦。攻魏垣、蒲阳[8]。四月，上宿雍[9]。己酉[10]，王冠，带剑[11]。长信侯毐作乱而觉[12]，矫王御玺及太后玺以发县卒及卫卒、官骑、戎翟君公、舍人[13]，将欲攻蕲年宫为乱[14]。王知之，令相国、昌平君、昌文君发卒攻毐[15]。战咸阳[16]，斩首数百，皆拜爵，及宦者在战中，亦拜爵一级[17]。毐等败走。即令国中：有生得毐，赐钱百万；杀之，五十万。尽得毐等。卫尉竭、内史肆、佐弋竭、中大夫令齐等二十人皆枭首[18]。车裂毐以徇[19]，灭其宗。及其舍人，轻者为鬼薪[20]。及夺爵迁蜀四千余家，家房陵[21]。四月寒冻，有死者。杨端和攻衍氏[22]。彗星见西方，又见北方，从斗以南八十日[23]。十年[24]，相国吕不韦坐嫪毐免。桓齮为将军[25]。齐、赵来置酒[26]。齐人茅焦说秦王曰："秦方以天下为事，而大王有迁母太后之名，恐诸侯闻之，由此倍秦也。"秦王乃迎太后于雍而入咸阳，复居甘泉宫[27]。

【注释】

①嫪毐（lào ǎi）：庄襄王夫人的男宠，权倾于朝。其行踪始末详见《吕不韦列传》，现代战国史家多以史公所言为不可信。详见《吕不韦列传》之"题解"。

②山阳地：指今河南获嘉、沁阳一带，因其地处太行山之南，故云"山阳"。

③令毐居之：意即以山阳给嫪毐做食邑。嫪毐仍住在京师。

④宫室、车马、衣服、苑囿、驰猎恣毐，事无小大皆决于毐：杨宽曰："可知嫪毐确因太后之宠幸而权势独揽。""可见吕氏执政足以强秦，嫪氏当权足以败秦，吕之与嫪，正邪判然。"

⑤以汾西太原郡更为毐国：汾西太原郡，底本原作"河西太原郡"。

《集解》引徐广曰:"河,一作'汾'。"按,应作"汾"。秦之太原郡即今之山西太原周围,地跨汾水两岸,此所谓"以汾西太原郡更为毐国"者,即将太原郡之汾西部分给予嫪毐作为领地。今据改。

⑥九年:前238年。

⑦竟天:直至天边。横贯整个天空。

⑧魏垣、蒲阳:魏国的垣与蒲阳二县。垣,也称"首垣""长垣",在今河南长垣东北。蒲阳,也称"蒲",即今河南长垣。

⑨宿雍:西巡住宿于雍县(今陕西宝鸡凤翔区南)。雍县是秦国旧都,灵公时东迁泾阳,献公时迁栎阳,孝公时迁入咸阳。雍县一带有鄜畤、密畤等秦王祭天场所,有秦之宗庙,有秦穆公、景公等先君的陵墓,还筑有多座离宫,故历代秦王常去雍县,一些重要的仪式也在雍县举行。

⑩己酉:阴历四月二十。

⑪王冠,带剑:杨宽曰:"秦以年二十二岁行冠礼于宗庙,秦之宗庙在雍,故往宿雍而行冠礼。秦惠文王年十九而立,三年王冠;秦昭王年十九而立,亦三年而冠。按礼,冠而亲政。秦王政从此亲政,不再如'初即位'时'委国事大臣'。"

⑫长信侯毐作乱而觉:据《吕不韦列传》,"有告嫪毐实非宦者,常与太后私乱";且与太后谋曰:"王即薨,以子为后";"秦王下吏治,具得情实"。于是嫪毐畏祸遂发动叛乱。

⑬矫:假托,盗用。王御玺:秦王所用之印玺。御,对帝王所作所为及所用物的敬称。县卒:雍县的士兵。卫卒:秦王和太后的卫队。官骑:王室的骑兵。戎翟君公:西北地区少数民族的君长。意即让他们率领其军队前来。舍人:指嫪毐自己的私门之官。

⑭蕲年宫:秦国的离宫。遗址在今陕西宝鸡凤翔区孙家南头村东,面积约四点五万平方米,采集有"蕲年宫当""来谷宫当""长生无极""长生未央"等瓦当。是一座用于祭祀、祈求丰年的专用建

筑。当时秦王居住于此。

⑮相国：指吕不韦。昌平君、昌文君：二人名字不详，事迹亦寥寥。《索隐》曰："昌平君，楚之公子。"盖在秦有功被封为昌平君。杨宽曰："此后二年有'荆将项燕立昌平君为荆王'，可知昌平君确为楚公子。"其他参见后注。

⑯战咸阳：据《吕不韦列传》，嫪毐常与太后住在雍县，叛乱当发动于雍县，而曰"战咸阳"，当是嫪毐在雍战败，逃回咸阳，欲依其与太后的党羽继续为乱，故又将战火引入咸阳。

⑰及宦者在战中，亦拜爵一级：底本作"及宦者皆在战中，亦拜爵一级"。李笠认为"宦者"下的"皆"字"疑涉上句误衍"，李说是，今据削"皆"字。

⑱卫尉竭、内史肆、佐弋竭、中大夫令齐等二十人皆枭首：按，卫尉竭等四人皆为负有保卫京城或宫廷、秦王安全的官员，而使秦王身边发生如此叛逆大案，故予重惩。卫尉竭，卫尉名竭，史失其姓。卫尉是九卿之一，职掌统辖宫廷卫士，管辖宫内宿卫。内史肆，内史名肆，史失其姓。内史，国家首都的行政长官，掌治京师。佐弋竭，佐弋名竭，史失其姓。佐弋，佐弋令的省称。少府的属官。职掌射猎凫雁，以给皇家祭祀，还兼管督造部分弓弩，以供皇家需用及远输边郡。汉武帝时改称"佽飞"。中大夫令齐，中大夫令名齐，史失其姓。中大夫令，宫中郎官大夫之长。秦制，郎中令，掌殿中侍卫诸郎，并为皇帝之顾问参议，宿卫侍从，及传达接待之任。枭首，斩首并悬挂示众。

⑲车裂毐以徇：底本原文于此作"车裂以徇"，无"毐"字，关系不清，今据增。徇，以其尸巡行示众。

⑳轻者为鬼薪：最轻者处以鬼薪之刑。鬼薪，秦汉时的一种徒刑。因最初为宗庙采薪而得名。鬼薪从事官府杂役、手工业生产劳动以及其他各种重体力劳动等，刑期一般为三年。

㉑夺爵迁蜀四千余家，家房陵：既曰“迁蜀”，又曰“家房陵”，于理不顺。房陵，即今湖北房县，当时属汉中郡，与蜀郡隔着巴郡。即使说汉中郡在汉代也属于益州刺史部，但称迁房陵为“迁蜀”终嫌欠妥。又，崔适以为依下文“迎太后于雍”句，“迁房陵”下当有“迁太后于雍”五字，因秦王怒其母宠幸嫪毐、任其作乱而几乎导致秦国社稷颠覆。

㉒杨端和：秦将名。陈直曰：“秦代武将蒙氏、王氏之外，则有杨氏。见于《史记》者有杨端和、杨樛、杨熊、杨憙等人。”衍氏：魏县名。在今河南郑州北。

㉓从斗以南八十日：按，《天官书》有所谓“秦始皇之时，十五年彗星四见，久者八十日，长或竟天”，即谓此。

㉔十年：前237年。

㉕桓齮：秦国名将。主要负责攻伐赵国，为始皇灭赵立下大功。

㉖齐、赵来置酒：杨宽曰：“盖十月免吕不韦相之后，秦王政亲自主政……是时齐王建与赵悼襄王入朝秦王政，秦王政置酒咸阳以接待。”

㉗迎太后于雍而入咸阳，复居甘泉宫：茅焦此语不见于《战国策》，而刘向《说苑·正谏》对此大肆发挥，并有“乃立焦为仲父，爵之为上卿。皇帝立驾千乘万骑，空左方，自行迎太后萯阳宫，归于咸阳。太后大喜，乃大置酒待茅焦”云云，极尽夸饰。甘泉宫，《集解》引徐广曰：“表云‘咸阳南宫也’。”此“甘泉宫”在咸阳，由上文之“乃迎太后于雍，而入咸阳”句可知，与秦、汉时代云阳西北之甘泉山没有关系。徐卫民曰：“秦甘泉宫位于渭河以南与秦咸阳遗址南北相对的汉长安城的西北角，具体位置应在汉长安城桂宫遗址一带。”

【译文】

此时嫪毐受封为长信侯。赐给他山阳县做食邑，让他仍住在京城。

宫室、车马、衣服、苑囿、驰猎，一概随其所为，事无大小任其决定。又把汾西太原郡改为毐国。秦王政九年，彗星出现，有时横贯长空。秦军攻打魏国的垣邑和蒲阳。四月，秦王宿于雍县。己酉，秦王行加冠之礼，佩带宝剑。长信侯嫪毐阴谋造反的事败露，他盗用秦王御玺及太后印玺，调动雍县的士卒、秦王和太后的卫兵、王室的骑兵、戎翟部队以及自己的家臣，企图攻打蕲年宫，发动政变。秦王知道后，令相国吕不韦、昌平君、昌文君发兵攻打嫪毐。战于咸阳，斩首数百，凡有战功的都获得爵赏，宦官中参与平叛者也都晋爵一级。嫪毐等战败逃走。秦王下令国中：生擒嫪毐者，赏钱一百万；杀死嫪毐者，赏钱五十万。嫪毐及其党羽全被擒获。卫尉竭、内史肆、佐弋竭、中大夫令齐等二十人都被斩首示众。将嫪毐车裂后陈尸示众，并灭掉他的整个家族。嫪毐的舍人通通判刑，最轻的为鬼薪。受牵连而被剥夺爵位、流放到蜀地去的有四千多户，都被安置在房陵县。此月天气异常寒冷，竟然有人被冻死。派杨端和攻打魏国的衍氏县。彗星先出现在西方，又出现在北方，在北斗星的南边待了八十天之久。秦王政十年，相国吕不韦因受嫪毐牵连被免官。桓齮任将军。齐王、赵王来朝，秦王设酒款待。齐人茅焦劝说秦王道："秦国正以兼并天下为大事，而大王却有流放母后的恶名，恐怕诸侯知道后，会因此背叛秦国。"于是秦王便将太后从雍县接回咸阳，仍然让她住在甘泉宫中。

大索，逐客[①]。李斯上书说，乃止逐客令[②]。李斯因说秦王，请先取韩以恐他国[③]，于是使斯下韩。韩王患之，与韩非谋弱秦[④]。大梁人尉缭来[⑤]，说秦王曰："以秦之强，诸侯譬如郡县之君。臣但恐诸侯合从，翕而出不意[⑥]，此乃智伯、夫差、湣王之所以亡也[⑦]。愿大王毋爱财物，赂其豪臣，以乱其谋，不过亡三十万金，则诸侯可尽[⑧]。"秦王从其计，见尉缭亢礼[⑨]，衣服食饮与缭同。缭曰："秦王为人，蜂准[⑩]，长目，挚鸟膺[⑪]，豺声，少恩而虎狼心，居约易出人下[⑫]，得志亦轻食人。我布衣，然见我常身自下我。诚使秦王得志于天下，天下皆为虏矣[⑬]。不可与久游[⑭]。"乃亡去。秦王觉，固止，以为秦国尉[⑮]，卒用其计策。而李斯用事[⑯]。

【注释】

①大索，逐客：杨宽曰："《资治通鉴》叙宗室大臣议曰'诸侯人来仕者'云云，于'十月文信侯免相，出就国'之后，盖从《秦始皇本纪》，以为秦大索逐客，即因嫪毐叛乱而作，甚是。《李斯列传》误以为因韩人郑国来间秦作郑国渠而起，非是。《六国表》明载作郑国渠在秦始皇元年，非此年事。"

②李斯上书说，乃止逐客令：依《李斯列传》，李斯当时为客卿，也在被驱逐之列，于是写了著名的《谏逐客书》，秦王看后遂收回成命。

③请先取韩：韩国的末代国君为韩王安，前238—230年在位。韩国的都城即今河南新郑。

④韩非：韩国的公室子弟，战国末期杰出的法家人物，事见《老子韩非列传》。谋弱秦：马非百曰："今韩非书有《存韩篇》，《战国策·秦策》有非谮姚贾之文，盖即韩非弱秦之谋也。"

⑤尉缭：魏国人，名缭，史失其姓，因其后来在秦国为国尉，遂称其为"尉缭"。著有《尉缭子》，属兵家类。杨宽曰："今本《尉缭子》存二十四篇，首篇有梁惠王问尉缭，全书论述军事上之政策、法令及设施，用以保证其必胜，当即兵形势家之《尉缭》。"按，所谓"梁惠王"云云应属伪托。据后文所献贿赂之计，沈钦韩《汉书疏证》曰："《秦策》有顿弱，说秦王资万金东游韩、魏，入其将相；北游燕、赵，而杀李牧，正与尉缭谋同，顿弱与尉缭乃一人，记异耳。"

杨宽曰:“尉缭之与顿弱乃一事之两传,顿弱确即尉缭,‘尉’乃其官职,‘缭’乃其名,‘顿’为其姓氏,‘弱’‘缭’乃一声之转。”

⑥翕(xī):急速,突然。

⑦智伯:名瑶,春秋末晋国正卿。攻逐晋出公,立晋哀公。他戏侮大臣,独揽朝政,势力最强。因威逼勒索韩、魏、赵三家,被三家联合所灭。详见《晋世家》《赵世家》。夫差:春秋末期的吴国国君。打败越国后,骄纵自大,北伐无已,后被越王句践所灭。详见《吴太伯世家》《越王句践世家》。湣王:战国后期的齐国国君。自恃强盛,四出攻伐,后遭燕、秦等五国攻击,兵败身死,齐国差点儿被燕所灭。详见《田敬仲完世家》《燕召公世家》《乐毅列传》。

⑧不过亡三十万金,则诸侯可尽:泷川引吕祖谦曰:“尉缭之计与李斯同。前此,唐雎之散合;后此,陈平之间项羽,以金啖之术,每用每中。”按,《李斯列传》云:“秦王乃拜斯为长史,听其计,阴遣谋士赍持金玉以游说诸侯,诸侯名士可下以财者,厚遗结之;不肯者,利剑刺之,离其君臣之计,秦王乃使良将随其后。”

⑨亢礼:以对等的礼节相待。以见秦王当时之虚己下人。亢,匹敌。后多作“抗”。

⑩蜂准:鼻子长得像蜂腰,中段塌下。准,鼻。李笠以为“蜂准”意同“隆准”,即高鼻梁,与刘邦同。钱锺书以为“‘蜂准’喻鼻之尖削,如蜂能刺;乃锐准,非隆准也”。

⑪挚鸟膺:胸脯长得像猛禽,谓其向前突出。挚鸟,猛禽。挚,通“鸷”。膺,胸。

⑫居约:不得志的时候。约,穷困。《论语·里仁》:“不仁者不可以久处约。”

⑬天下皆为虏矣:普天下的人都将成为他的奴隶。虏,俘虏,奴隶。

⑭不可与久游:不能和他长期打交道。吴见思曰:“秦始皇为人性情,篇中不序,前借尉缭,后借卢生口中补出,尤为神妙。”

⑮秦国尉：秦国的最高军事长官。国尉，犹如后之太尉。

⑯李斯用事：据《李斯列传》，李斯向秦王进计后被任为长史。长史是丞相或大将军手下的诸史之长，职位崇重。

【译文】

同时大肆搜捕，驱逐从诸侯国来仕的所有宾客。李斯上书劝阻，秦王才收回成命。李斯乘机游说秦王，劝他首先攻取韩国，以使其他国家感到害怕，于是秦王便派李斯去威逼韩国投降。韩王忧心忡忡，便和韩非研究商议削弱秦国的办法。这时大梁人尉缭来到秦国，游说秦王道：“拿秦国的强大相比，诸侯就像是郡县一级的官长。我所担心的是诸侯合纵联手，出其不意地发动进攻，这也是智伯、夫差和齐湣王灭亡的原因。希望大王不要吝惜财物，舍得重金去贿赂各国的权臣，破坏他们的计谋，这样不过耗费三十万金，各国诸侯就能消灭。”秦王听从了他的谋划，每次接见尉缭都以平等的礼节相待，衣着饮食也随自己一样。尉缭私底下对人说：“秦王这个人，鼻似黄蜂，眼睛细长，胸同鸷鸟，声若豺狼，刻薄少恩而有狼虎之心，不得志时不难礼贤下士，得志时便会张口吃人。我是个一介布衣，但他接见我经常甘居我下，非常客气。假如秦王吞并天下的志向得以实现，那普天下的人就会成为他的奴隶。我不能与这种人长期相处。”于是准备逃走。秦王发现后，极力挽留，任命他为秦国的国尉，完全采用了他的计策。这时李斯开始当权。

十一年[①]，王翦、桓齮、杨端和攻邺，取九城。王翦攻阏与、橑杨，皆并为一军[②]。翦将十八日，军归斗食以下，什推二人从军[③]。取邺、安阳[④]，桓齮将。十二年[⑤]，文信侯不韦死，窃葬[⑥]。其舍人临者[⑦]，晋人也逐出之；秦人六百石以上夺爵[⑧]，迁；五百石以下迁，勿夺爵[⑨]。自今以来，操国事不道如嫪毐、不韦者籍其门[⑩]，视此[⑪]。秋，复嫪毐舍人迁蜀者[12]。当是之时,天下大旱六月,至八月乃雨。

【注释】

①十一年:前236年。

②"王翦、桓齮、杨端和攻邺"几句:梁玉绳曰:"此所叙攻取之事,错杂不明。盖是役也,王翦为主将,桓齮为次将,杨端和为末将,并军伐赵,攻邺未得,先取九城。王翦遂别攻阏与、橑阳,而留桓齮攻邺。齮既取邺,翦复令齮攻橑阳,己独攻阏与,皆取之,故又言'取邺、橑阳,桓齮将'也。"王翦,秦国名将。事迹详见《白起王翦列传》。邺,魏县名。当时属赵。在今河北临漳西南邺镇东。阏与、橑杨,皆赵县名。阏与,即今山西和顺。橑杨,即今山西左权。皆并为一军,谓将攻邺与攻阏与、橑杨的军队全部编在一起,由王翦统领。

③军归斗食以下,什推二人从军:此王翦整编、精简部队,将军内下级官吏减少到十分之二。斗食,《汉书·百官公卿表》师古注:"斗食,月奉十一斛……一说,斗食者,岁奉不满百石,计日而食一斗二升。"指俸禄微薄的小官。什推二人,十人中选中两人。《魏公子列传》云:"公子遂将晋鄙军,勒兵下令军中曰:'父子俱在军中,父归;兄弟俱在军中,兄归;独子无兄弟,归养。'得选兵八万人,进兵击秦军。"裁人而更能增强战斗力,自古如此。

④取邺、安阳:杨宽曰:"安阳即魏宁新中,曾一度为秦昭王所攻拔。当魏、楚合纵救赵攻秦时,已为魏所收复。其地在今河南安阳西南,正当邺之南。当在'魏与赵邺'之时同为赵所有者。因邺为军事重镇,赵有重兵防守,桓齮久攻之乃克。"又曰:"赵王于上年入朝于秦,秦王置酒咸阳接待,于是秦赵相合,秦许赵攻燕。……后因燕使者进说秦王,秦又起兵救燕而攻赵,赵因而为秦拔取九城。""是年秦乘赵攻燕之时机攻赵,盖分两路进军,一路以王翦

为主将，主攻赵之上党；一路以桓齮为主将，主攻赵之漳水流域。”

⑤十二年：前235年。

⑥文信侯不韦死，窃葬：秦王政十年，吕不韦受嫪毐牵连免相，令其到洛阳一带的封地居住；一年后，又令吕不韦携家属迁居于蜀，吕不韦“恐诛，乃饮鸩而死”。事见《吕不韦列传》。窃葬，《索隐》曰：“不韦饮鸩死，其宾客数千人窃共葬于洛阳北邙山。”此疑对“国葬”而言，即私家殡葬，不是偷偷埋葬。

⑦临（lìn）：哭吊死者。

⑧六百石：指官俸六百石，约当县令一级。夺爵：削去爵位。

⑨五百石以下迁，勿夺爵：底本作“五百石以下不临，迁，勿夺爵”。按，“不临”二字衍文，因数句开始即曰“其舍人临者”，至其“不临”者乃与此无涉。因衍此“不临”二字，遂使诸说歧异，龃龉难通，今据削“不临”二字。又，单是做吕不韦的“舍人”，不可能有“五百石”乃至“六百石以上”，此似指由吕氏舍人出身的秦国各级官吏。

⑩籍其门：《索隐》曰：“谓籍没其一门皆为徒隶。”谓登记家财人口，财产予以没收，人口没为奴隶。又，《正义》曰：“籍录其子孙，禁不得仕宦。”

⑪视此：公文用语。意即以此为例，后皆照此办理。按，自“其舍人临者”至此，共九句，乃秦王诏令。“其舍人临者”句上似应有“令曰”一类字样，以领起下列数句。

⑫复：此谓赦其罪，准许其返回原籍。

【译文】

秦王政十一年，秦将王翦、桓齮、杨端和攻打赵国的邺县，未能攻克，先夺取了九座城池。王翦攻打阏与、橑杨，这时秦国把三路兵马并在一起，由王翦统领。王翦统领军队十八天，精简俸禄在斗食以下的军吏，仅十中选二留下从军。等到攻下邺县和安阳后，桓齮被任作主将。秦王政十二年，文信侯吕不韦饮鸩而死，为其家臣安葬。对于那些来吊唁的家臣，若来自三晋，一律驱逐出境；若是秦国本土人，俸禄在六百石以上的削爵流放；俸禄在五百石以下的流放，不削爵。从今以后，掌握国家权柄却行事不循正道，如嫪毐、吕不韦一类人，都要没收他的财产，将其满门充作奴隶，一律遵照办理。秋天，赦免迁居蜀郡的嫪毐家臣，准其返乡。这时，天下连续六个月大旱，直至八月才下雨。

十三年①，桓齮攻赵平阳，杀赵将扈辄，斩首十万。王之河南②。正月③，彗星见东方。十月，桓齮攻赵。十四年④，攻赵军于平阳，取宜安⑤，破之，杀其将军。桓齮定平阳、武城⑥。韩非使秦，秦用李斯谋，留非，非死云阳⑦。韩王请为臣⑧。

【注释】

①十三年：前234年。平阳：赵县名。在今河北临漳西南。

②河南：秦郡名。郡治雒阳（今洛阳之东北部）。

③正月：此时秦国所用的似是周历，以十一月为岁首，所以此年叙述了前项诸事后，才进入“正月”。

④十四年：前233年。

⑤宜安：赵县名。在今河北藁城西南。

⑥桓齮定平阳、武城：梁玉绳据《赵世家》及《廉颇蔺相如列传》论证此役桓齮被赵将李牧打败，“则秦为赵所破，安有取地杀将之事？此秦史诞词，史公未之改耳”。按，杨宽《战国史》以为秦将“桓齮”即《刺客列传》之秦将“樊於期”，读音相近而写法不同，盖被李牧打败后，潜逃至燕。录以备考。武城，亦作“东武城”。赵县名。在今山东武城西北，当时的平阳西。

⑦秦用李斯谋，留非，非死云阳：据《老子韩非列传》，秦王因喜爱韩非之文，召令入秦。入秦后，李斯、姚贾忌韩非之能，向秦王进谗，秦王遂将其下狱，李斯将其毒死。马非百则以为韩非入秦的使命是行反间，以破坏秦国的整体决策。李斯、姚贾乃识破其阴谋，将其处死，非出于嫉才。详见《老子韩非列传》注。云阳，秦县名。在今陕西淳化西北。陈直曰："秦代云阳有狱，汉代因之。"

⑧韩王请为臣：韩王，韩国的末代国君韩王安，前238—前230年在位。《韩世家》不载韩王安自请为臣事，仅《秦始皇本纪》两次言及之。后文又曰："异日韩王纳地效玺，请为藩臣，已而倍约，与赵、魏合从畔秦。"

【译文】

秦王政十三年，桓龁率兵进攻赵国的平阳县，杀死赵国将领扈辄，斩首十万。秦王到黄河以南一带视察。正月，彗星出现在东方。十月，桓龁继续攻打赵国。十四年，桓龁攻打赵军于平阳，夺取了宜安县，打败了赵军，杀死了赵国的守将。桓龁于是平定了平阳、武城。韩非出使秦国，秦王采纳李斯的计谋，扣留了韩非，在云阳杀害了韩非。韩王请降称臣。

十五年[①]，大兴兵，一军至邺，一军至太原，取狼孟[②]。地动。十六年九月[③]，发卒受地韩南阳假守腾[④]。初令男子书年[⑤]。魏献地于秦。秦置丽邑[⑥]。十七年[⑦]，内史腾攻韩[⑧]，得韩王安，尽纳其地，以其地为郡，命曰颍川[⑨]。地动。华阳太后卒[⑩]。民大饥。

【注释】

①十五年：前232年。

②狼孟：赵县名。在今山西阳曲。

③十六年：前231年。

④受地韩南阳假守腾：梁玉绳曰："此句疑有讹脱，方氏（苞）《补正》曰：'发卒受韩南阳地，而使内史腾为假守也。'"杨宽曰："秦发卒受韩南阳，乃出于韩南阳假守腾之投献。"南阳，秦郡名。郡治即今河南南阳。在此以前，秦国已经占有了南阳郡的大部分，现又将韩国南阳地区的其他部分占有之。假守，权理郡守之职。假，借，代理。《云梦秦简释文·大事记》载有"南阳守腾"颁发给南阳各县、道的长篇文告，文多不录。

⑤初令男子书年：开始实行把所有男人的名字、年龄载入官府的簿记，以便于随时征调。吴树平曰："这在全国是一件大事，所以云梦秦简《编年纪》于秦王政十六年也记载'自占年'，即自己申报年龄。"

⑥丽邑：为修筑、管理秦始皇的丽山陵墓而专设的一个县级行政单位。丽邑的旧址，袁仲一、王学理等认为，在秦始皇陵北侧两公里多的刘家寨、沙河村南，其地尚有大型的地面建筑遗迹。丽邑，也写作"郦邑"，刘邦建国后，改称新丰。按，《秦始皇本纪》的后文有所谓"始皇初即位，穿治郦山。及并天下，天下徒送诣七十余万人，穿三泉，下铜而致椁"云云，盖修陵工程早已开始，设置丽邑则在本年。

⑦十七年：前230年。

⑧内史腾攻韩：指攻韩之都城新郑。杨宽曰："此'内史腾'当即投献于秦之韩南阳假守腾，因得秦之重用升为内史。内史为掌京师之官，秦又命彼率军攻灭韩国。秦不用将军王翦攻韩而命腾攻韩，盖腾熟悉韩之内情而便于攻克。此乃尉缭、李斯使用间谍勾结诸侯'豪臣''名士'而'离间其君臣之计'的成功，韩因而灭亡。"

⑨以其地为郡，命曰颍川：在韩国的都城一带设立颍川郡，郡治阳

翟,在今河南禹州。韩国自景侯受周室策命为诸侯,至此被秦所灭,前后历时一百七十三年。

⑩华阳太后:孝文王的王后,秦王政的祖母。当年吕不韦正是通过帮助子楚投靠她而得以获立为太子,后继位为庄襄王。

【译文】

秦王政十五年,秦国大举兴兵,一路到达邺县,一路到达太原,攻占了狼孟县。这年秦国发生了地震。秦王政十六年九月,派兵接收了韩国所献的南阳地区,献地的是南阳代理郡守腾。首次下令男子登记年龄。魏国向秦国献地。秦国设置丽邑。秦王政十七年,内史腾进攻韩国,俘虏了韩王安,收缴韩国的全部土地,并在那里设郡,命名颍川郡。这年发生地震。华阳太后去世。百姓遭遇大饥荒。

十八年①,大兴兵攻赵,王翦将上地②,下井陉③,端和将河内,羌瘣伐赵,端和围邯郸城④。十九年⑤,王翦、羌瘣尽定取赵地东阳,得赵王⑥。引兵欲攻燕,屯中山⑦。秦王之邯郸,诸尝与王生赵时母家有仇怨,皆坑之⑧。秦王还,从太原、上郡归。始皇帝母太后崩⑨。赵公子嘉率其宗数百人之代⑩,自立为代王,东与燕合兵⑪,军上谷⑫。大饥。

【注释】

①十八年:前229年。

②上地:崔适曰:"'上地'应作'上郡'。"上郡,秦郡名。约当今之陕西东北部一带地区,郡治肤施。

③井陉:山口名,也是县名。在今河北井陉西北,其山口的东端称土门关,其西口即日后的娘子关,当时属赵。

④端和将河内,羌瘣(huì)伐赵,端和围邯郸城:梁玉绳曰:"此必有

错简缺文，盖三将攻赵，王翦将上地下井陉，杨端和将河内围邯郸城，羌瘣独缺，只存‘伐赵’二字，而错出于‘端和将河内’句下也。‘围邯郸城’上又重出‘端和’二字。”按，梁说可通，而王叔岷则以为“羌瘣”二字是衍文，若依王说则“围邯郸城”上之“端和”二字亦应削。端和，杨端和。秦国将领。与桓齮、王翦齐名。河内，秦郡名。郡治怀县，在今河南武陟西南。羌瘣，秦国将领。按，杨宽述以上十八年秦攻赵之役云：“是年秦大兴兵攻赵分三路进军，王翦率上地（即上党）之师越太行山，下井陉塞，攻赵之中部；杨端和率河内之师北上，临漳、邺，由邺进围赵都邯郸；羌瘣亦攻赵之国都周围，此为秦之南路；李信出云中、太原，乃秦之北路，攻赵之代一带。燕太子丹称‘王翦将数十万之众临漳、邺’，《赵策》《王翦传》《李牧传》皆称‘王翦攻赵’，盖王翦为秦是役之统帅。”

⑤十九年：前228年。

⑥王翦、羌瘣尽定取赵地东阳，得赵王：据《赵世家》，是年赵王迁杀李牧，以颜聚、赵葱代之，“赵忽军破，颜聚亡去，以王迁降”。东阳，太行山以东，此本杜预所谓“晋之山东”以为说。

⑦中山：春秋时我国北方少数民族白狄所建。在今河北正定东北。本称鲜虞，春秋晚年改称中山。战国初期建都于顾（今河北定州），前406年被魏文侯所灭；后约于周安王二十四年（前378）复国，迁都灵寿（今河北平山县东北）。周赧王十九年（前296）被赵武灵王所灭。汉代有中山国，都于卢奴，即今河北定州。

⑧诸尝与王生赵时母家有仇怨，皆坑之：徐孚远曰：“异人（始皇父）在赵，后以吕不韦画策得归，而秦皇母子尚留赵，赵人遇之不善，故有旧怨也。”

⑨始皇帝母太后崩：梁玉绳曰：“当书‘秦王母太后薨’。”

⑩赵公子嘉：原为赵悼襄王的太子，后赵王迁之母得幸，赵嘉遂被

废。秦破赵后，自立为代王，国都在今河北蔚县东北。

⑪东与燕合兵：当时的燕国国君为燕王喜，前254—前222年在位。

⑫上谷：燕郡名。治沮阳县（今河北怀来东南）。约当今河北张家口、内蒙古赤峰及今北京之延庆一带。

【译文】

秦王政十八年，大举兴兵攻赵，王翦率领上郡之兵，攻下了井陉，杨端和率领河内之兵，包围了邯郸，羌瘣伐赵。秦王政十九年，王翦、羌瘣等全部平定赵国，占领赵国在太行山以东的国土，掳获了赵王迁。又引兵想攻打燕国，屯驻在中山。秦王来到邯郸，把当初在赵国生活时，那些曾与他母亲娘家有仇的人全都活埋。秦王返回时，经太原、上郡回到咸阳。这一年，秦王的母亲太后去世。赵国的公子嘉率领宗族数百人逃到代地，自立为代王，和东边的燕国合兵一处，驻扎在上谷郡。这年秦国发生了严重的饥荒。

二十年①，燕太子丹患秦兵至国，恐，使荆轲刺秦王。秦王觉之，体解轲以徇，而使王翦、辛胜攻燕②。燕、代发兵击秦军，秦军破燕易水之西③。二十一年④，王贲攻荆⑤。乃益发卒诣王翦军⑥，遂破燕太子军，取燕蓟城⑦，得太子丹之首⑧。燕王东收辽东而王之⑨。王翦谢病老归⑩。新郑反⑪。昌平君徙于郢⑫。大雨雪，深二尺五寸。二十二年⑬，王贲攻魏，引河沟灌大梁⑭，大梁城坏，其王请降，尽取其地⑮。

【注释】

①二十年：前227年，时为燕王喜之二十八年。

②辛胜：秦国将领，《史记》中仅此一见。

③易水：河水名。在今河北西部。发源于易县，在定兴汇入南拒马

河。易水流域，战国时为燕下都所在地。

④二十一年：前226年。

⑤王贲（bēn）攻荆：王贲，秦国将领，王翦之子。荆，本来就是“楚”的别称，因秦庄襄王名子楚，秦人为避讳，称“楚”为“荆”。当时楚国的末代国君为楚王负刍，前227—前223年在位，国都寿春，今安徽寿县。

⑥诣（yì）王翦军：补充到王翦的军队。诣，到。

⑦蓟城：在今北京城区西南部。当时的燕国都城。

⑧得太子丹之首：当时太子丹逃到辽东，燕王喜为讨得秦王宽恕，自己派人杀了太子丹，并将其头献于秦，事见《刺客列传》《燕召公世家》。

⑨东收辽东：逃到辽东收合余众。辽东，燕郡名。因在辽水以东，故名。治襄平（今辽宁辽阳）。约当今辽宁之东部与其东南部。

⑩王翦谢病老归：据《白起王翦列传》，王翦摧垮燕国后，秦王令其统兵伐楚，王翦要求六十万人，秦王以为不必。李信以为二十万人即可，于是秦王派李信前往，王翦遂谢病老归频阳。

⑪新郑反：杨宽曰：“《史记》未载韩王安被虏之后的下落，《编年纪》载秦王政二十年‘韩王居口山’。”又曰：“《编年纪》称是年‘韩王死’，当与‘新郑反’有关。上年韩王安自新郑徙居至郢之口山，加以监视，即为防止新郑贵族谋反而重新拥立韩王安。是年韩贵族反叛，因而韩王安连带被处死。”

⑫昌平君徙于郢：杨宽曰：“《编年纪》二十一年‘韩王死，昌平君居其处’，而《秦始皇本纪》载二十一年‘昌平君徙于郢’，可知‘口山’当即在郢。‘郢之口山’当为秦特设监视之禁地。盖是年秦开始攻灭楚国，为防止昌平君因此叛乱，故将昌平君徙于‘郢之口山’加以监视。”

⑬二十二年：前225年。

⑭引河沟灌大梁：即掘鸿沟之水灌淹大梁。河沟，即鸿沟。鸿沟是战国中期魏国所修的运河名。故道自今河南荥阳北引黄河之水，东流至蒲田泽（今河南中牟西），又从蒲田泽东出至大梁（今开封）北，折而南流，至淮阳入颍水。其水东南流，居高临下，故曰"灌"。

⑮其王请降，尽取其地：魏国的末代国君为魏王假，前227—前225年在位。魏国自文侯建国，前后历二百二十年，至此灭亡。

【译文】

秦王政二十年，燕太子丹担心秦军逼近国境，忧惧不已，便派荆轲去刺杀秦王。结果被秦王发觉，便将荆轲肢解示众，又派王翦、辛胜去攻打燕国。燕国、代国出兵迎击秦军，秦军在易水西面打败燕军。秦王政二十一年，王贲率兵攻打楚国。秦王增派援兵到王翦军中，王翦终于打败了燕太子丹的军队，攻占了燕都蓟城，得到了太子丹的首级。燕王喜逃到辽东，聚合余众在那里称王。这个时候，王翦推脱有病，告老还乡。原韩都新郑反叛。昌平君被迁到原楚国郢都。这一年，秦国下大雪，深达二尺五寸。秦王政二十二年，王贲进攻魏国，凿引黄河水经鸿沟灌入大梁城，大梁城坏，魏王请求投降，秦国获得魏国举国之地。

二十三年①，秦王复召王翦，强起之，使将击荆②。取陈以南至平舆③，虏荆王④。秦王游，至郢陈⑤。荆将项燕立昌平君为荆王，反秦于淮南⑥。二十四年⑦，王翦、蒙武攻荆⑧，破荆军，昌平君死，项燕遂自杀⑨。

【注释】

①二十三年：前224年。

②秦王复召王翦，强起之，使将击荆：李信率二十万人伐楚，大败而

回,秦王亲往频阳请王翦复位。详见《白起王翦列传》。

③陈:今河南周口淮阳区。楚国自郢迁出后,先都于陈,后又移至寿春(今安徽寿县)。平舆:楚县名。在今河南平舆北。

④虏荆王:虏荆王负刍。据《白起王翦列传》,负刍被虏在下一年。

⑤郢陈:即陈。楚国迁都何处,都称其都为"郢"。

⑥项燕立昌平君为荆王,反秦于淮南:梁玉绳以为此处文字错乱,不合情理,以为其事实应是"王翦击破楚军杀项燕,时昌平君在郢,楚之诸将必有败逃于郢者","荆将立昌平君为荆王,反秦于江南"。按,《楚世家》无昌平君为荆王,反秦于淮南或江南事,直作"虏楚王负刍,灭楚名为郡云"。杨宽曰:"'淮南'当为'淮北'之误。《本纪》所称王翦击荆,'取陈以南至平舆,虏荆王',与'项燕立昌平君为荆王,反秦于淮北',盖指同一事件。昌平君当是随同楚军由鄢、郢跟踪追击秦军而至楚故都陈者。项燕之所以在楚王负刍建都寿春时,又拥立昌平君于故都陈,盖欲借用昌平君的威望以反秦。正因为项燕拥立昌平君于楚故都陈,因而秦王复召王翦为将攻楚,陈遂成为首先进攻之重点。云梦睡虎地四号秦墓出土两封木椟家信,家信作者即参与王翦攻陈战役的士兵。"按,若依杨氏说,则此处"项燕立昌平君为荆王,反秦于淮南"两句,应移至上文"秦王复召王翦"云云四句之上。项燕,楚将名。项羽的祖父。

⑦二十四年:前223年。

⑧蒙武:秦国将领。蒙骜之子,蒙恬之父。

⑨项燕遂自杀:据《白起王翦列传》,项燕乃被王翦所杀,项燕被杀后"岁余",方"虏荆王负刍"。梁玉绳曰:"项燕为楚名将,燕不死,楚不灭,谁谓项燕先楚亡乎?"今战国史家均系负刍之虏于本年。杨宽曰:"秦灭楚,取淮南地,得寿春,在二十四年,设九江郡当在是年。"按,楚国自西周成王时受封,历八百余年,至此灭亡。

【译文】

秦王政二十三年，秦王再次征召王翦，强行起用他，让他率兵攻打楚国。王翦攻取了陈县以南直至平舆的土地，俘虏了楚王。秦王巡游，来到楚国的新都陈县。楚将项燕拥立昌平君为楚王，在淮水以南抗击秦军。秦王政二十四年，王翦、蒙武往攻项燕荆楚，大败楚军，昌平君战死，项燕自杀。

二十五年[①]，大兴兵，使王贲将，攻燕辽东，得燕王喜[②]。还攻代，虏代王嘉[③]。王翦遂定荆江南地[④]；降越君[⑤]，置会稽郡[⑥]。五月，天下大酺[⑦]。二十六年[⑧]，齐王建与其相后胜发兵守其西界，不通秦[⑨]。秦使将军王贲从燕南攻齐，得齐王建[⑩]。

【注释】

①二十五年：前222年。

②得燕王喜：燕国自召公受封开国，历时八百多年，至此灭亡。

③虏代王嘉：赵国自襄子当政（前475），历时二百五十三年，至此灭亡。

④遂定荆江南地：陈子龙曰："王翦以六十万众，三年而始悉定荆地，秦之灭国未有如此之久者，楚地广，多险阻之故也。"

⑤降越君：越国被楚怀王（前328—前299年在位）打败后，成为楚国境内的封君，至此乃彻底灭亡。

⑥会稽郡：秦郡名。郡治吴县（今江苏苏州）。

⑦大酺（pú）：聚会畅饮。《正义》曰："天下欢乐，大饮酒也。秦既平韩、赵、魏、燕、楚五国，故天下大酺也。"中井曰："平时群饮有禁，故有庆而得群饮，是为酺，皆上命所赐。"

⑧二十六年：前221年。

⑨齐王建与其相后胜发兵守其西界，不通秦：此前秦对齐采用“远交近攻”政策，齐国君臣因而坐视秦灭其他五国而不管。此时才看清秦并吞天下的野心，遂与秦绝交。齐王建，田氏齐国的末代国君。前264—前221年在位。后胜，齐王建之相。在位期间多受秦国贿赂，不备战，促使齐王朝秦。

⑩得齐王建：后胜劝齐王建降秦，秦俘齐王建，灭齐。田氏政权自田和被列为诸侯（前386）开始，历一百五十六年，至此灭亡。

【译文】

秦王政二十五年，秦国又大举兴兵，派王贲率军攻打辽东，俘获了燕王喜。回军攻打代国，俘获了代王嘉。这时，王翦也平定了楚国的江南地区；降服了越族的首领，设置了会稽郡。五月，下令特许天下百姓欢聚宴饮。秦始皇二十六年，齐王田建和他的相国后胜派兵把守齐国的西部疆界，断绝与秦国的往来。秦王派将军王贲从燕地南下进攻齐国，俘虏了齐王田建。

秦初并天下，令丞相、御史曰[①]：“异日韩王纳地效玺，请为藩臣[②]，已而倍约，与赵、魏合从畔秦，故兴兵诛之，虏其王。寡人以为善，庶几息兵革。赵王使其相李牧来约盟[③]，故归其质子。已而倍盟，反我太原，故兴兵诛之，得其王。赵公子嘉乃自立为代王，故举兵击灭之。魏王始约服入秦[④]，已而与韩、赵谋袭秦，秦兵吏诛，遂破之。荆王献青阳以西[⑤]，已而畔约，击我南郡，故发兵诛，得其王[⑥]，遂定其荆地。燕王昏乱，其太子丹乃阴令荆轲为贼，兵吏诛，灭其国。齐王用后胜计，绝秦使[⑦]，欲为乱，兵吏诛，虏其王，平齐地。寡人以眇眇之身，兴兵诛暴乱[⑧]，赖宗庙之灵，六王咸伏其辜，天下大定[9]。今名号不更[10]，无以称成功，传后世。其议帝号。”丞相绾、御史大夫劫、廷尉斯等皆曰[11]：“昔者五帝地方千里，其外侯服夷服，诸侯或朝或否，天子不能制[12]。今陛下兴义兵，诛残贼[13]，平定天下，海内为郡县，法令由一统，自上古以来未尝有，五帝所不及。臣等谨与博士议曰[14]：‘古有天皇，有地皇，有泰皇[15]，泰皇最贵。’臣等昧死上尊号[16]，王为‘泰皇’。命为‘制’，令为‘诏’，天子自称曰‘朕’。”王曰：“去‘泰’，著‘皇’，采上古‘帝’位号，号曰‘皇帝’。他如议。”制曰：“可。”[17]追尊庄襄王为太上皇[18]。制曰：“朕闻太古有号毋谥[19]，中古有号，死而以行为谥。如此，则子议父，臣议君也，甚无谓[20]，朕弗取焉。自今已来，除谥法。朕为始皇帝，后世以计数，二世三世至于万世，传之无穷[21]。”

【注释】

①丞相：此时的秦丞相为王绾（wǎn）。御史：此指御史大夫，掌副丞相职。主管图籍秘书、四方文书、监察执法。此时秦的御史大夫为冯劫。

②异日韩王纳地效玺，请为藩臣：即十四年所谓“韩王请为臣”。效，献，呈上。按，韩王“纳地效玺，请为藩臣”事，《韩世家》不载，只《秦始皇本纪》提及。

③赵王使其相李牧来约盟：李牧，赵国的最后一位名将，事迹见《廉颇蔺相如列传》。该传未言李牧曾为赵相，亦未言李牧与秦约盟事。

④魏王始约服入秦：按，《魏世家》无此事。

⑤青阳：古地区名。指秦长沙郡（郡治临湘，今湖南长沙）一带。

⑥击我南郡，故发兵诛，得其王：南郡，秦郡名。郡治郢，即楚旧都。今湖北荆州纪南城。按，据上文，楚反秦于南郡在楚王被虏后，非在楚王被虏之前，此与事实不合。

⑦齐王用后胜计，绝秦使：据《田敬仲完世家》，后胜收受秦国贿赂，劝齐王亲秦；至秦灭其他五国后进攻齐国，“齐王听相后胜计，不战，以兵降秦”，与此说法不同。

⑧寡人以眇眇之身，兴兵诛暴乱：眇眇，微末。这里是谦辞。泷川曰：“《尚书·顾命》云：‘眇眇予末小子，其能而乱四方，以敬忌天威。’此文所本。”有井范平曰：“‘寡人’云云二句，其意夸诩，而辞似谦，气自峻厉，明祖‘予本淮右布衣’云云，似学此语。”

⑨六王咸伏其辜，天下大定：按，此处秦王所说秦灭六国之原因多为歪曲事实，这样说只是为了说明秦之师出有名，六国被灭是其咎由自取。史珥曰：“秦初并天下，令御史、丞相文，不过二百许语，用‘已而’者四，用‘乃’、用‘遂’者各二，便觉声状俱出，姿质横生，似从《吕相绝秦》中来。”《吕相绝秦》见于《左传·成公十三年》，文章甚好，但通篇颠倒黑白，极尽其强词夺理之能事。

⑩名号不更：指还像以往那样称“王”。

⑪廷尉斯：即李斯。廷尉，九卿之一，掌刑狱。全国最高的司法长官。

⑫“昔者五帝地方千里”几句：此言分封制度之不良。据《周礼·夏官·职方氏》，自天子的都城向四周辐射，千里之内是为“王畿”；再向外辐射五百里，称为“侯服”；再向外辐射五百里，叫做“甸服”；依次向外辐射，每五百里为一“服”，有“男服”“采服”“卫服”“蛮服”“夷服”“镇服”“藩服”。这只是一种空想的安排，实际上无论五帝时，暨至春秋战国，戎、狄等民族的聚落或国家与天子的封国是交错在一起的。

⑬残贼：残忍凶狠之敌。残，残忍。贼，害，凶狠。

⑭博士：官名。帝王身边的侍从人员，以知识渊博者为之。职掌议

论顾问，充当君主参谋，并兼有礼官性质。

⑮泰皇：此处意为人皇。

⑯昧死：冒死。犹言冒昧而犯死罪。古时臣下上书帝王习用此语，表示敬畏之意。

⑰制曰“可”：姚苎田曰：“先自定议，复称‘制’以可之也。”意即前面的一大段文字是记载始皇与群臣讨论的过程，“制曰‘可’”三个字才是皇帝下达的命令。按，从现有的标点本看，人们通常是作如此理解，但联系《三王世家》，窃以为从“令丞相、御史曰”至“他如议”，是由丞相、御史等共同起草的一个文件，其中记载了帝王与诸臣讨论该问题的过程；文件形成后，交由帝王审批，“制曰‘可’”中的“可”字，即帝王最后在该文件上的批语，犹如清代皇帝朱批的所谓“知道了”或“照此办理”云云。

⑱追尊庄襄王为太上皇：《集解》曰：“汉高祖尊父曰‘太上皇’，亦仿此也。”顾炎武曰：“始皇追尊庄襄王为‘太上皇’，是死而追尊之号，犹周曰‘太王’也；汉则以为生号，而后代因之。”胡三省曰：“‘太上’者，极尊之称也。”

⑲太古：此处犹言“远古”“上古”。有号毋谥：光有生时的帝号，没有死后的谥号。

⑳无谓：没道理，没意义。

㉑“后世以计数（shǔ）”几句：王应麟曰：“秦皇欲以一至万，新莽推三万六千岁历纪，其愚一也。”以计数，以数字相称。计，算，这里即指数字。

【译文】

秦王刚刚吞并天下，便下令丞相、御史说：“往日韩王交出土地，献上玉玺，请求做我国的藩臣，不久就背弃盟约，与赵、魏联合起来反叛秦国，所以兴兵讨伐韩国，俘虏了韩王。我认为这是件好事，或许可以息战了。赵王派他的相国李牧前来订立盟约，因而归还了他们的质子。不久他们就背弃了盟约，在太原反叛我，所以兴兵讨伐他们，俘虏了赵王。赵国的公子嘉竟然自立为代王，所以举兵将其消灭。魏王起初约定臣服入秦，不久就与韩、赵合谋袭击秦国，所以派出兵吏前往讨伐，终于将他们击败。楚王已经献出了青阳以西的土地，不久又违背约定，袭击我国的南郡，所以发兵讨伐，俘虏了楚王，终于平定了楚地。燕王昏乱无道，他的太子丹竟然暗中派荆轲前来行刺，我们只好发兵前去诛伐，灭了他们的国家。齐王建采纳后胜的计谋，与秦国断交，想要作乱，我们派兵前往征讨，俘虏了齐王，平定了齐地。我凭着这微末之身，兴兵诛伐暴乱，仗着先祖的威灵，使六国之王都已伏罪，天下大势已定。若不更改名号，就无法与取得的功业相称，无法使之流传后世。请大家商议下帝号。”丞相王绾、御史大夫冯劫、廷尉李斯等都说：“从前五帝的疆土方圆千里，外面是侯服、夷服之地，诸侯有的朝贡，有的不朝贡，天子不能控制。如今陛下起正义之师，诛灭残贼，平定天下，设置郡县，法令归于一统，这是自上古以来从未有过的功绩，连五帝也无法企及。我们恭谨地与博士商议说：‘古时有天皇，有地皇，有泰皇，泰皇最尊贵。’因此臣等冒死献上尊号，王称‘泰皇’。命称‘制’，令称‘诏’，天子自称为‘朕’。”秦王说：“去掉‘泰’字，留下‘皇’字，采用上古‘帝’的位号，称为‘皇帝’。其他就按你们商议的意见办。”即以天子之命说：“可。”于是追尊庄襄王为太上皇。又颁布教命说：“我听说太古有号而无谥，中古有号，死后根据生前表现来加谥号。这样做，就是让儿子评议父亲，臣子评议君主了，毫无意义，我不取这种做法。从此以后，废除谥法。我就叫‘始皇帝’，后世以数字相称，从二世、三世直到万世，让它的传递没有穷尽。”

始皇推终始五德之传[①]，以为周得火德，秦代周德，从所不胜[②]。方今水德之始[③]，改年始[④]，朝贺皆自十月朔[⑤]。衣服旄旌节旗皆上黑[⑥]。数以六为纪[⑦]，符、法冠皆六寸[⑧]，而舆六尺[⑨]，六尺为步[⑩]，乘六马。更名河曰德水，以为水德之始。刚毅戾深[11]，事皆决于法，刻削毋仁恩和义，然后合五德之数[12]。于是急法，久者不赦[13]。

【注释】

①终始五德：古代哲学术语。又作“始终五德”“五德始终”“五德转移”。古代阴阳家认为水、火、木、金、土五种物质德性的相生相胜之变化，决定着历史上王朝的兴衰和替代。五德，即五行。始终，即循环之意。德，指一种相生相克循环不息，当运时能主宰天道人事的天然势力。相传为帝王受命之符，帝王或朝代代表一“德”。这种唯心的东西产生自战国末期，其代表人物即邹衍，参见《孟子荀卿列传》。

②从所不胜：应该依从周“德”不能战胜的“德”。秦人认为周朝是“火德”，能灭火的是水，因此秦朝是“水德”。

③方今水德之始：据《封禅书》，秦文公获黑龙，以为水瑞，秦始皇因自谓水德。

④改年始：指始皇改用颛顼历，以十月为岁首。按，秦国之历法，在秦昭王四十二年以前，以建寅之月（阴历正月）为岁首；自昭王四十二年至其四十八年，改以十月为岁首；自昭王四十九年至秦王政二十五年又以正月为岁首；现在从秦始皇二十六年又改以十月为岁首。

⑤十月朔：十月初一。朔，每个月的头一天，即农历初一。

⑥衣服旄（mào）旌节旗皆上黑：阴阳五行家以五行与五色相配，秦既是水德，其颜色当主黑，故秦朝的服饰、旌旗皆上黑。衣服，指帝王在祭祀、朝会时所穿的礼服。旄，用牦牛尾做竿饰的旗子。旌，用牦牛尾或兼羽毛饰竿头的旗子。节，帝王派遣的使者所持的信物。旗，画有龙虎以及各种图案的旗帜。上，崇尚。

⑦纪：准则。

⑧符：符节，古代符信之一种。以金玉竹木等制成，上刻文字，分为两半，使用时以两半相合为验。法冠：祭祀、朝会等隆重场合所戴的礼帽。

⑨舆六尺：车子两轮之间的距离（即车宽）为六尺。

⑩步：长度单位。当时尺小，一尺约当今天的23.1厘米。

⑪戾深：暴戾严酷。

⑫合五德之数：《索隐》曰："水主阴，阴，刑杀，故急法刻削，以合五德之数。"

⑬久者不赦：意即对犯法者从不实行宽赦。池田引王念孙曰："常刑则有赦，'不赦'者，亦秦法也。"

【译文】

始皇帝根据五行之德终始相次之理进行推求，认为周朝得到了火德，秦替代周的火德，应当属于火德所不能胜的水德。方今是水德的开始，更改每年的起始月，十月初一群臣入朝贺岁。衣服、旄旌、符节、旗帜的颜色都崇尚黑色。数目以六为准，符节、法冠都是六寸，车子的宽度为六尺，以六尺为一步，驾车的马用六匹。黄河改称德水，以此作为水德的开始。为政强硬果决，暴戾苛刻，处事都依法决断，刻薄严峻，没有仁爱恩德，没有温情道义，认为这样才符合五德演变的原则。于是施行严厉的刑法，对罪犯绝不宽赦。

丞相绾等言："诸侯初破，燕、齐、荆地远，不为置王，毋以填之[①]。请立诸子，唯上幸许。"始皇下其议于群臣，群臣皆以为便。廷尉李斯议曰："周文、武所封子弟同姓甚众[②]，然后属疏远，相攻击如仇雠，诸侯更相诛伐，周天子弗能禁止。今海内赖陛下神灵一统，皆为郡县[③]，诸子功臣以公赋税重赏赐之，甚足易制。天下无异意，则安宁之术也。置诸侯不便④。”始皇曰：“天下共苦战斗不休，以有侯王。赖宗庙，天下初定，又复立国，是树兵也，而求其宁息，岂不难哉！廷尉议是⑤。”

【注释】

①毋：通“无”。填：通“镇”，安定。

②周文、武所封子弟同姓甚众：实即武王所封。因武王乃托父命讨伐殷纣，故后世习以“文”“武”并称。相传当时受封者共八百余国。

③皆为郡县：早在春秋时期各国已开始设立郡、县，然当时是郡县与有土封君相互错杂。至秦始皇统一天下后，遂大规模地实行郡县制，但极少数的国内封君也还存在。

④置诸侯不便：凌稚隆引邓以瓒曰：“论甚当，不宜以后事败非之。”按，贾谊《过秦论》中犹以此责始皇，史公引之为论赞，见史公于此事心存矛盾。

⑤廷尉议是：钱穆曰：“秦借东方人力得天下，自不能专以秦贵族统治，故始皇虽为天子，子弟下侪齐民为匹夫，更不封建，虽系始皇卓识，亦当时情势使然。”

【译文】

丞相王绾等建言道：“各国诸侯刚被消灭，燕、齐、楚三地辽远，不在那里封王，恐怕无法镇抚。请立诸皇子为王，希望皇上准许。”始皇帝把这个意见交给群臣讨论，群臣都认为此话在理。廷尉李斯建议说：“周文王、周武王封立的子弟和同姓很多，但是后来亲缘关系疏远，互相攻击如同仇敌，诸侯更是互相诛伐，周天子不能制止。如今仰赖陛下的威灵，海内一统，都分置了郡县，各子弟、功臣都用国家的赋税重加赏赐，这样的局面很容易管制。天下人没有二心，这是国家长治久安的方法。封立诸侯对国家不利。”始皇帝说：“天下苦于无休止的战争，就是因为有诸侯王的存在。如今仰赖先祖的神灵，刚刚平定了天下，再度建立诸侯国，这是自我树敌，而要求得安宁，岂不是很困难吗！廷尉的意见很对。”

分天下以为三十六郡[①]，郡置守、尉、监[②]。更名民曰“黔首”[③]。大酺。收天下兵，聚之咸阳，销以为钟鐻金人十二[④]，重各千石[⑤]，置宫廷中[⑥]。一法度衡石丈尺[⑦]。车同轨[⑧]。书同文字[⑨]。地东至海暨朝鲜，西至临洮、羌中[⑩]，南至北向户[⑪]，北据河为塞，并阴山至辽东[⑫]。徙天下豪富于咸阳十二万户。诸庙及章台、上林皆在渭南[⑬]。秦每破诸侯，写放其宫室，作之咸阳北阪上[⑭]，南临渭，自雍门以东至泾、渭[⑮]，殿屋复道周阁相属[⑯]。所得诸侯美人、钟鼓，以充入之[⑰]。

【注释】

①分天下以为三十六郡：《集解》以此三十六郡为：三川、河东、南阳、南郡、九江、鄣郡、会稽、颍川、砀郡、泗水、薛郡、东郡、琅邪、齐郡、上谷、渔阳、右北平、辽西、辽东、代郡、钜鹿、邯郸、上党、太原、云中、九原、雁门、上郡、陇西、北地、汉中、巴郡、蜀郡、黔中、长沙、内史。按，关于“三十六郡”具体有哪些，诸家说法略有差异；而所谓“三十六郡”，只是秦始皇二十六年刚统一六国时的数字；张家英引姚鼐云：“迄三十三年，略取陆梁地为桂林、象郡、南海，是已为三十九郡。”又引王国维说，以为秦当有四十八郡。

②守：郡守。郡的长官，主一郡之政事。汉代称太守。尉：郡尉。职佐郡守负责一郡之军事。监：郡监御史。皇帝派驻该郡的监察官员，主管监察该郡的吏治。

③黔首：平民，老百姓。黔，黑。按，观李斯《谏逐客书》有所谓“弃黔首以资敌国”可知以“黔首”称百姓不始于此时，然全国统一称百姓为“黔首”则自此时起。张家英曰：“秦始皇‘更名民曰黔

首’，除了表现尚黑的‘五德终始’说，还表现了对‘民’的地位的降低。秦始皇自称‘皇帝’，把自己抬到了至高无上的地位，同时又把‘民’贬到与奴隶接近的地步。这是一个十分鲜明的对照，也是促使秦王朝灭亡的一个重要原因。”

④销以为钟鐻（jù）金人十二：过去解释为将收缴来的六国兵器熔化而改铸成大钟、大鐻各若干，并铸成铜人十二个。鐻，夹钟，也是钟的一种。杨宽则以为“钟鐻金人”四字当连读，“鐻”通“簴”，“钟鐻”乃悬挂大钟或编钟的架子，“钟鐻金人”即铸成人形的钟架两端的立柱。杨宽曰：“秦、汉时，朝宫与宗庙前皆建有钟虡而悬挂大钟，以便鸣钟而举行朝礼。《正义》引《汉书·五行志》云：‘二十六年，有大人长五丈，足履六尺，皆夷狄服，凡十二人，见于临洮，故销兵器，铸而象之。”按，杨说可从。

⑤重各千石（shí）：杨宽曰：“《三辅黄图》记汉高祖庙，引《关辅记》曰：‘秦庙中钟鐻四枚，皆在汉高祖庙中。’又引《三辅旧事》云：‘高庙钟鐻重十二万斤。’又引《汉旧仪》曰：‘高祖庙钟鐻十枚，各受千石，撞之声闻百里。’可知汉朝宫前之钟鐻取自秦之朝宫，汉高祖庙前之钟鐻亦取自秦庙。高庙钟鐻重十二万斤，正合千石，正与十二钟鐻金人‘各重千石’相当……十二钟虡所悬之钟当为编钟性质，编钟十二枚大小不同，依次排列；钟虡金人十二座亦大小轻重不同，其小者重千石，即十二万斤，其大者重二千石，即二十四万斤。”

⑥置宫廷中：放置在宫廷中。底本作“置廷宫中”。文字不顺。《御览》《文选》注引皆作“宫廷”，《资治通鉴》亦作“宫廷”今据改正。杨宽曰：“十二钟鐻金人原当在咸阳宫宫门，及起建阿房宫，乃立于阿房宫宫门。”有关这些“钟鐻金人”后来的情况，《正义》引《三辅旧事》云：“汉世在长乐宫门。”又引《三国志·魏书·董卓传》云：“椎破铜人十及钟鐻，以铸小钱。”又引《关中记》云：

“董卓坏铜人，余二枚，徙清门里。魏明帝欲将诣洛，载至霸城，重不可致。后石季龙徙之邺，苻坚又徙入长安而销之。”

⑦衡石：指重量单位。衡，秤砣。石，重量单位。

⑧车同轨：两轮间的距离一致。

⑨书同文字：指规定凡刻石一律用小篆，官方文件一律用隶书。

⑩临洮：今甘肃岷县。羌中：当时羌人居住的地区。大致相当于今甘肃、新疆南部、青海、西藏东北部和四川西部。

⑪北向户：指今广州、南宁等地区，因其地处北回归线以南，门窗往往向北开。

⑫北据河为塞，并（bàng）阴山至辽东：北部边境是今内蒙古河套地区沿黄河所筑的长城，此长城是傍着阴山东行，一直延伸到辽东郡。按，此所述北部边境并不是秦始皇二十六年的现实。当时匈奴人还占据着“河南地”，也就是通常所说的河套地区。至秦始皇三十三年（前214）“西北斥逐匈奴，自榆中并河以东，属之阴山，以为四十四县，城河上为塞。又使蒙恬渡河取高阙、阳山、北假中，筑亭障以逐戎人”之后，秦王朝的北部边境才成为这种局面。塞，城障。并，挨着，沿着。辽东，秦郡名。郡治襄平，即今之辽阳。其辖区约当今辽宁东部直达今朝鲜平壤西北。

⑬诸庙：秦国历代先王的祭庙。章台：秦宫名。是秦都咸阳在渭河南岸的主要宫室建筑之一，秦王的许多重要外交活动都在这里举行。其具体位置徐卫民认为“在汉长安城内的未央宫前殿”。上林：即上林苑，秦朝的皇家猎场。在当时秦朝都城咸阳城南，区域达数县之广。西边可能到沣河，南边到终南山，北起渭水，东边最远到宜春苑。渭南：渭水之南。

⑭写放其宫室，作之咸阳北阪上：《宛委余编》云：“秦始灭六国，写其宫室，作之咸阳北阪上，然各自为区，虽一瓦一甓之造亦如其式，各书国号，不相雷同。”按，六国宫殿遗址在今咸阳渭城区之

窑店乡、正阳乡一带，在秦时咸阳城北部的宫城北侧。燕宫遗址在秦国宫城的东端，楚宫遗址在秦国宫城的西端。写，仿照。放，仿效。作，建造。阪，山坡。徐卫民曰："所谓'咸阳北阪'是指'咸阳北原'，仿六国宫室就在今咸阳窑店北怡魏村一带。怡魏村出土的带有齐风格的建筑瓦当，则说明齐宫殿可能在此。"

⑮雍门：地名。当在今咸阳西南的渭水之北，当时咸阳城的大西南。泾、渭：即泾水与渭水的汇流处。今陕西西安高陵区南。

⑯复道：楼阁间有上下两重通道，称复道。周阁：楼台四周的回廊。

⑰所得诸侯美人、钟鼓，以充入之：《正义》引《庙记》云："北至九嵕、甘泉，南至长杨、五柞，东至河，西至汧渭之交，东西八百里，离宫别馆相望属也。木衣绨绣，土被朱紫，宫人不徙，穷年忘归，犹不能遍也。"又引《三辅旧事》云："始皇表河以为秦东门，表汧以为秦西门，表（此处似有缺文），中外殿观百四十五，后宫列女万余人，气上冲于天。"

【译文】

于是把天下分成三十六郡，每个郡设置郡守、郡尉和郡监御史。把黎民百姓改称为"黔首"。让天下人聚集宴饮以示庆贺。收缴天下的兵器，集中到咸阳，熔铸成十二个支撑悬挂大钟架子的人形支柱，各重千石，安放在宫廷之中。统一法律制度和度量衡标准。规定车子两轮距离相同。书写采用统一的文字。全国地域东至大海及朝鲜，西至临洮、羌中，南至门朝北开的地区，北至沿黄河所筑的长城，傍着阴山东行，一直延伸到辽东郡。把天下豪富十二万户迁到咸阳。秦各代先祖的祭庙、章台宫、上林苑都设置在渭水的南岸。秦每灭掉一个诸侯国，就按着被灭国家的宫殿样式，在咸阳城北的山坡上仿建，这些建筑南临渭水，从雍门以东直到泾水、渭水的汇合处，殿宇之间有空中复道相通，环形长廊相连。从各诸侯国掳来的美人、钟鼓，都安置在这些宫殿里面。

二十七年[①]，始皇巡陇西、北地[②]，出鸡头山[③]，过回中[④]。焉作信宫渭南，已更命信宫为极庙，象天极[⑤]。自极庙道通郦山。作甘泉前殿[⑥]，筑甬道，自咸阳属之[⑦]。是岁，赐爵一级。治驰道[⑧]。

【注释】

①二十七年：前220年。

②陇西：秦郡名。郡治狄道，今甘肃临洮。北地：秦郡名。郡治义渠，今甘肃宁县西北。

③鸡头山：在今甘肃平凉西。一说鸡头山为崆峒山别名。

④回中：回中宫。在今陕西陇县西北。

⑤“焉作信宫渭南”几句：焉，于是。信宫，秦始皇举行重大朝会活动的宫殿。泷川曰“即长信宫”。旧址大体在今陕西西安北郊的大刘寨村东，秦都咸阳渭水南。象天极，《天官书》曰：“中宫曰天极。”中国古代天文学家把天空的星座分为五个区域，称作五官，天极则是中宫的中心星座。徐卫民曰：“秦始皇所以将信宫改为‘极庙’，实质上正是采用邹衍的阴阳五行学说，把天上的星座与地上的君臣相比附，为自己的中央集权制造理论根据。”信宫改为“极庙”，就成了秦始皇令人祭祀自己的场所。

⑥甘泉前殿：甘泉宫的前殿。徐卫民考证秦代甘泉宫的旧址在汉代长安城西北角的桂宫遗址之下，在今西安夹城堡、黄庄和铁锁村一带。

⑦筑甬道，自咸阳属之：谓从咸阳皇宫通过甬道可越过渭水，直达甘泉前殿。甬道，两侧筑有夹墙的通道。《正义》引应劭曰：“天子于中行，外人不见。”

⑧治驰道：《汉书·贾山传》曰：“秦为驰道于天下，东穷燕、齐，南极

吴、楚，江湖之上，滨海之观毕至。道广五十步，三丈而树，厚筑其外，隐以金椎，树以青松。”徐卫民曰：“驰道就是驰骋车马的宽广道路，中央专供皇帝通行，列树标明，两旁任人行走。”并说从都城咸阳通往全国各地的驰道有从咸阳沿渭河东行，出函谷关到关东；由咸阳向西，叫回中道；从长安向东南，经商县出武关到湖北；由咸阳向东北，经栎阳、大荔、渡蒲津到太原；由咸阳到西南，通过子午道、陈仓道等到达巴蜀。

【译文】

秦始皇二十七年，始皇帝巡视陇西、北地二郡，越过鸡头山，返回时经过回中。于是在渭水之南建造信宫，不久把信宫改名极庙，象征天极星。从极庙修路直通郦山。建造甘泉宫前殿。又修造两侧筑有夹墙的甬道，从咸阳连通这里。这一年，赐给天下民爵一级。修建供皇帝出巡使用的驰道。

二十八年[①]，始皇东行郡县[②]，上邹峄山，立石[③]，与鲁诸儒生议刻石颂秦德，议封禅望祭山川之事[④]。乃遂上泰山，立石，封，祠祀[⑤]。下，风雨暴至，休于树下，因封其树为五大夫[⑥]。禅梁父[⑦]。刻所立石，其辞曰[⑧]：

皇帝临位，作制明法，臣下修饬[⑨]。二十有六年，初并天下，罔不宾服。亲巡远方黎民[⑩]，登兹泰山，周览东极[⑪]。从臣思迹，本原事业，祗诵功德[⑫]。治道运行[⑬]，诸产得宜[⑭]，皆有法式。大义休明[⑮]，垂于后世，顺承勿革。皇帝躬圣，既平天下，不懈于治。夙兴夜寐，建设长利，专隆教诲[⑯]。训经宣达[⑰]，远近毕理，咸承圣志。贵贱分明，男女礼顺，慎遵职事。昭隔内外[⑱]，靡不清净，施于后嗣[⑲]。化及无穷，遵奉遗诏[⑳]，永承重戒[㉑]。

于是乃并勃海以东[22]，过黄、腄[23]，穷成山[24]，登之罘[25]，立石颂秦德焉而去[26]。

【注释】

①二十八年：前219年。

②行：巡视。

③上邹峄山，立石：陈仁锡曰："始皇巡狩，立石颂德凡七处，太史公载其六，独邹峄不载，何也？其辞云：'皇帝立国，维初在昔，嗣世称王。讨伐乱逆，威动四极，武义直方。戎臣奉诏，经时不久，灭六暴强。廿有六年，上荐高号，孝道显明。既献泰成，乃降专惠，亲巡远方。登于峄山，群臣从者，咸思悠长。追念乱世，分土建邦，以开事理。攻战日作，流血于野，自太古始。世无万数，阤及五帝，莫能禁止。乃今皇帝，一家天下，兵不复起。灾害灭除，黔首康定，利泽长久。群臣诵略，刻此乐石，以著经纪。'"梁玉绳引赵明诚《金石录》云："峄山碑文词简古，非秦人不能为，《史记》独遗此文，何哉？"泷川引卢文弨曰："此文（指《秦始皇本纪》）似有误脱。峄山刻石乃七篇中之第一篇也，史公必不特删此篇。疑此'上邹峄山'下，即当云'刻石颂秦德'，便接以'其辞曰'云云，如后数篇之式。颂文之后，接以与鲁诸儒生议封禅，望祭山川之事。"邹峄山，又名邾峄山、驺峄山，亦称邹山、峄山。在今山东邹城东南。立石，指立石刻写铭文。

④封禅：古代帝王祭天地的典祀。泰山为五岳之最，战国时齐鲁有些儒士认为帝王应到泰山祭祀，以报天地之功。登泰山筑坛祭天曰"封"，在山南梁父山上辟基祭地曰"禅"。望祭：遥望而祭。

⑤封，祠祀：按，专门记载皇帝在泰山顶筑坛祭天的文字，最早的是马第伯的《封禅仪记》，原文见《后汉书·祭祀志》刘昭注引，可供参考。

⑥因封其树为五大夫：意谓始皇帝在某棵树下躲避风雨，于是封该树为“五大夫”。五大夫，秦爵二十级中的第九级。后世竟指泰山中天门上路侧的某几棵松树为“五大夫松”，且说今已死去两棵，仅剩三棵云云，其错误盖出在将“五大夫”理解成了“五”个“大夫”。

⑦禅梁父：在梁父山拓地而祭，目的是为求得更接近地神。《集解》引服虔曰：“禅，阐广土地也。”臣瓒曰：“除地曰‘墠’。”梁父，泰山东南方的小山。在今山东新泰西。

⑧其辞曰：聂剑光曰：“秦篆刻石，先在岳顶玉女池上，后移置碧霞元君祠之东庑。石高四尺，四面广狭不等，载始皇铭辞及二世诏书，世传李斯篆，字径二寸五分。近年摹本仅存‘臣斯’以下二十九字。”陈直曰：“《山左金石志》云：‘宋时泰山刻石存二百二十三字，《绛帖》刻有全文。至清初存二十九字，乾隆五年毁于火。蒋因培后在玉女池检得残石，今存十字。”按，今泰山顶石壁上有此十个字的仿刻文，而这块仅存十个字的刻石现在保存于山前岱岳庙内。其介绍文字称：“‘秦刻石’为泰山现存最早的刻石，原立于泰山顶玉女池旁，计有二百二十二字，由李斯篆书。宋代刘跂曾摹其文，可读者尚有一百四十六字。明嘉靖年间移于碧霞祠东庑，存二世诏书二十九字。清乾隆五年（1740）又毁于火。仅存‘斯臣去疾昧死臣请矣臣’十字。秦刻石为研究泰山封禅与我国碑刻、文字、书法等提供了珍贵的实物资料。”

⑨修饬（chì）：约束言行。此指严格遵守奉行。

⑩亲巡远方黎民：梁玉绳认为其他铭文均用“黔首”，而此独用“黎民”，且此铭全文都是四字句，此句独六字，疑有误。泷川则径引中井说“黎民”二字为浒文。

⑪东极：东方的尽头。

⑫祗（zhǐ）：敬。

⑬治道：清平有序的治国方针。治，政治清明，社会安定。

⑭诸产得宜：即《孟子·梁惠王上》所谓“五亩之宅，树之以桑”以及“鸡豚狗彘之畜，无失其时”云云。

⑮大义：此指国家大政方针。义，宜，合宜。休明：美好光明。休，美。

⑯隆：重，重视。

⑰训经：教导全民的国之常法。

⑱昭隔内外：即内外有别，指家庭男女而言。《正义》引徐广曰：“‘隔’，一作‘融’。”昭融内外，即朝廷内外永远一片光明，亦通。

⑲施（yì）：延续。

⑳遗诏：留给后世的训告。此指秦始皇的诏令。并非仅临终所发诏书。

㉑重戒：重要的训戒。

㉒并：通“傍”，沿着。

㉓黄、腄（chuí）：二县名。黄县故治在今山东烟台龙口黄城集，腄县故治在今山东烟台福山，在黄县东。两县之间即蓬莱山。

㉔成山：又作“成山头”，在今山东荣成东，地处山东半岛最东端。突出于大海中，形势极其壮观。

㉕之罘（fú）：一作“芝罘”。在今山东烟台东北，俗称之罘岛。1957年曾出土两组青玉器（每组各一璧、一圭、一觿），或为秦汉故物。

㉖立石颂秦德焉而去：此之罘刻石不知其文缘何不载。

【译文】

秦始皇二十八年，始皇帝东行巡视诸郡县，登上邹峄山。树立石碑，与鲁地儒生商议刻写石碑，颂扬秦的德业，又讨论了封泰山、禅梁父及望祭山川之事。于是登上泰山，树立石碑，积土筑坛，祭祀上天。下山时，风雨骤至，始皇帝在树下避雨，遂封此树为五大夫。又到梁父辟地为基，祭祀大地。在所立的石碑上镌刻碑文，其辞是：

皇帝监临大位，定立制度申明法令，臣下克谨奉行。值此二十六年，天下初归一统，四方莫不宾从。躬自巡视远方，登临泰山绝顶，遍览东土边境。随臣追思伟绩，探求成功根源，敬而颂其功德。治国之道实施，诸种产业得宜，一切都有法式。大义清明美善，传于后代子孙，永世承继不变。皇帝圣明通达，既已平定天下，毫不懈怠国政。每日夙兴夜寐，谋求长远利益，专注臣民教诲。训导宣达四方，远近受到治理，人人遵奉圣意。贵贱等级分明，男女依礼顺从，人人恪守职责。光明照耀内外，天下清静太平，制度永传后世。教化及于无穷，后世谨遵遗令，千秋万代永承。

于是沿着渤海之滨向东行进，经过黄县、腄县，直抵成山尽头，又登上之罘山，立石勒铭，歌颂秦的功德，然后离去。

南登琅邪[①]，大乐之，留三月。乃徙黔首三万户琅邪台下[②]，复十二岁[③]。作琅邪台，立石刻，颂秦德，明得意。曰：

维二十六年，皇帝作始[④]。端平法度，万物之纪[⑤]。以明人事[⑥]，合同父子。圣智仁义，显白道理。东抚东土[⑦]，以省卒士[⑧]。事已大毕，乃临于海[⑨]。皇帝之功，勤劳本事[⑩]。上农除末[⑪]，黔首是富。普天之下，抟心揖志[⑫]。器械一量[⑬]，同书文字。日月所照，舟舆所载。皆终其命，莫不得意。应时动事，是维皇帝。匡饬异俗，陵水经地[⑭]。忧恤黔首，朝夕不懈。除疑定法，咸知所辟[⑮]。方伯分职[⑯]，诸治经易[⑰]。举错必当，莫不如画。皇帝之明，临察四方。尊卑贵贱，不逾次行。奸邪不容，皆务贞良。细大尽力，莫敢怠荒。远迩辟隐[⑱]，专务肃庄。端直敦忠[⑲]，事业有常。皇帝之德，存定四极[⑳]。诛乱除害，兴利致福。节事以时[㉑]，诸产繁殖。黔首安宁，不用兵革。六亲相保[㉒]，终无寇贼。欢欣奉教，尽知法式。六合之内，皇帝之土[23]。西涉流沙[24]，南尽北户[25]。东有东海，北过大夏[26]。人迹所至，无不臣者。功盖五帝，泽及牛马。莫不受德，各安其宇[27]。

【注释】

①琅邪：古山名。在今山东青岛黄岛区。面临黄海，下有港湾。

②琅邪台：《索隐》曰："盖海畔有山，形如台，在琅邪，故称'琅邪台'。"《水经注·潍水》记载："台基三层，层高三丈，上级平敞，方二百余步，广五里。"现台已废圮，遗址状如小山丘，地临黄海。《集解》《正义》皆谓琅邪台乃越王句践所筑，并引《吴越春秋》说越王句践曾"徙都琅邪，立台观以望东海，遂号令秦、晋、齐、楚以尊辅周室"云。句践"徙都琅邪"之说《越王句践世家》不载，见于《汉书·地理志》与《水经注》，今人多以为可信。

③复：免除徭役或赋税。

④皇帝作始：皇帝使一切重头开始。即开创了新的纪元。

⑤万物之纪：意谓使法度成为处理各种事情的准则。纪，纲领。

⑥明人事：明确人伦关系。

⑦东抚东土：前文十三年有"王之河南"，十八年有"秦王之邯郸"，二十三年有"秦王游至郢陈"，皆此谓也。

⑧卒士：犹言"士卒"。倒字以合韵。

⑨乃临于海：指此二十八年之东巡。

⑩本事：指农业。

⑪上农除末：奖励农业，抑制工商业。末，末业，指手工业、商业。此政策自商鞅开始实行，遂历秦、汉，至清朝而不改，读《货殖列传》令人浩叹。

⑫抟心揖志：即专心致志。抟，通"专"，专一。揖，同"辑"，聚合。

⑬器械一量：即指统一度量衡。《正义》以为指兵器。郭嵩焘曰：

“斗甬之属皆当为械……《正义》并据兵器言之，恐误。”一量，指标准统一。

⑭陵水经地：指到处跋涉奔走。陵、经，都是“经历”“穿越”的意思。

⑮辟：同“避”，避免，防止。

⑯方伯：商、周时代指一方的诸侯之长，这里即指各郡的郡守。分职：各司其职。

⑰诸治经易：各种举措简捷明白。中井曰：“‘经’，疑当作‘径’。”径易，简捷。

⑱远迩辟隐：指所有人。迩，近。辟隐，避世隐居。辟，同“避”。

⑲敦忠：犹忠厚。敦，笃实。

⑳存定：犹安定。

㉑节事以时：意谓做事要按一定时间安排，少生事扰民，耽误农时。节事，行事有节制。

㉒六亲：指近亲。诸说不一，有人指父、母、兄、弟、妻、子。

㉓六合之内，皇帝之土：此由《诗·小雅·北山》之“溥天之下，莫非王土”变化而来。六合，指天地之间，四方之内。

㉔流沙：指西域地区。其地多沙漠，故云。

㉕北户：即前文所说“北向户”，窗户向北开的北回归线以南地区，即今广东、广西之南部与海南一带。

㉖大夏：《正义》以为在今山西太原，显然不对；钱大昕以为指西域之大夏国，大夏在今阿富汗，秦都咸阳的西南方，方位不合，且与秦朝无涉。此盖谓北方或西北方的极远之地。《吕氏春秋·为欲》：“北至大夏，南至北户”；《淮南子·地形训》：“西北方曰大夏。”就秦朝的疆域而言，其最北边在今内蒙古河套以北。

㉗各安其宇：各安其宅。指安居乐业。宇，屋檐。

【译文】

始皇帝南登琅邪山，非常高兴，在此停留了三个月。他把三万户百姓迁居到琅邪山下，免除赋税十二年。修筑琅邪台，立碑刻石，歌颂秦的功德，表达他的愿望得以实现。碑文写道：

维二十六年，始皇称帝。公平严明法度，万事有了纲纪。人伦关系明确，父子齐心协力。皇上圣明仁义，显扬讲明道理。东来安抚边土，检阅视察兵士。巡视既已结束，随即亲临东海。皇帝之功，务在操劳农事。重农抑商，百姓由此富足。普天之下，齐心合力。器械度量统一，文字书写无异。日月所照，舟车所至。尽享天年，人皆满意。适时而为，此乃皇帝之职。纠风正俗，不惜跋山涉水。优抚民众，不懈朝夕。明确法令条文，使人皆知回避。郡守各尽其责，诸事简易处理。举措各得其当，无不整齐划一。皇帝圣明，巡视四方。尊卑贵贱，不逾次行。奸邪无地藏躲，人皆务趋善良。做事尽心竭力，无人敢于怠荒。不论远近偏僻，皆务严肃庄重。正直忠厚，事业有常。皇帝之德，在于安定四方。诛乱除害，兴利致福。行事循时，物产增殖。百姓安宁，兵革不用。六亲相保，终无盗贼。人人乐于奉教，个个通晓法令。普天之下，莫非皇土。西越流沙，南至北户。东至东海，北过大夏。人迹之所能至，无不称臣归服。功业超过五帝，恩泽施及牛马。无不受到恩德，个个安居乐业。

维秦王兼有天下[①]，立名为皇帝，乃抚东土，至于琅邪。列侯武城侯王离、列侯通武侯王贲、伦侯建成侯赵亥、伦侯昌武侯成、伦侯武信侯冯毋择、丞相隗状、丞相王绾、卿李斯、卿王戊、五大夫赵婴、五大夫杨樛从[②]，与议于海上[③]。曰："古之帝者，地不过千里[④]，诸侯各守其封域，或朝或否，相侵暴乱，残伐不止，犹刻金石，以自为纪。古之五帝、三王，知教不同[⑤]，法度不明，假威鬼神，以欺远方，实不称名，故不久长。其身未殁，诸侯倍叛，法令不行。今皇帝并一海内，以为郡县，天下和平。昭明宗庙，体道行德，尊号大成⑥。群臣相与诵皇帝功德，刻于金石，以为表经⑦。”

既已，齐人徐市等上书⑧，言海中有三神山，名曰蓬莱、方丈、瀛洲⑨，仙人居之。请得斋戒，与童男女求之。于是遣徐市发童男女数千人，入海求仙人⑩。

【注释】

①维秦王兼有天下：张大可曰：“自此以下的文字是说明琅邪刻石原因的序辞，刻于背面。”

②列侯：秦朝列侯只是封号。王离：秦朝大将。王翦之孙，王贲之子，后于钜鹿之战中被项羽所虏。伦侯：秦爵名。位仅次于列侯。中井曰：“伦侯是关内侯之类。”昌武侯成：名成，史失其姓。泷川引方苞曰：“成独不具姓，疑秦之同姓也。”隗（wěi）状：姓隗，名状。杨宽曰：“此二十六年诏书，最先著录于《颜氏家训·书证》，其文称：‘开皇二年五月长安民掘得秦时铁称权，旁有铜涂镌铭二所……其“丞相状”字，为状貌之“状”。’”卿李斯：李斯时为廷尉，九卿之一。按，此所记诸人，除王离、王贲、李斯外事迹皆不详。

③海上：海边，此即指琅邪。

④地不过千里：《正义》曰：“千里谓王畿。”谓其直辖区不过千里。

⑤知教：才智教化。知，同“智”。

⑥尊号大成：指“皇帝”的称号得以确定。

⑦以为表经：以作为后世的楷模、榜样。方苞曰：“后世碑铭有序，本此。载群臣之议，故系后。……泰山石刻无后语者，封祠祀天，不敢列群臣名爵也。下诸铭无后语者，举一以例其余也。”陈直曰：“《金石萃编》卷四摹秦琅邪台石刻，现存‘五大夫赵婴’起，至

‘制曰可’止，共存八十六字。”

⑧徐市（fú）：一作“徐福”，秦朝方士。字君房。琅玡人。

⑨蓬莱、方丈、瀛州：传说中的三座神山。《汉书·郊祀志》云：“此三神山者，其传在勃海中，去人不远，盖尝有至者，诸仙人及不死之药皆在焉……未至，望之如云；及到，三神山乃居水下。”

⑩遣徐市发童男女数千人，入海求仙人：《正义》引《括地志》曰：“亶州在东海中，秦始皇使徐福将童男女入海求仙人，止在此洲，共数万家，至今洲上人有至会稽市易者。”马非百《秦集史》曰：“徐福东渡日本事，虽不免有辗转抄袭，传闻失实之处，而否定徐福之有力反证，则至今尚未之见。”“抑徐福之入海，其意初不在求仙，而实利用始皇求仙之私心，而借其力以自殖民于海外。观其首则请振男女三千人及五谷种种百工而行，次则请善射者携连弩与俱，人口、粮食、武器及一切生产之所资无不具备。其‘得平原广泽而止王不来’，岂非预定之计划邪？可不谓之豪杰哉？”

【译文】

秦王兼并天下，确立皇帝称号，于是慰抚东方，身临琅邪。列侯武城侯王离、列侯通武侯王贲、伦侯建成侯赵亥、伦侯昌武侯成、伦侯武信侯冯毋择、丞相隗状、丞相王绾、卿李斯、卿王戊、五大夫赵婴、五大夫杨樛，随从巡视，与始皇帝在东海之滨商议。说：“古时称帝的人，拥有的领土方圆不过千里，诸侯各守其封地，有的朝贡天子，有的根本不去，他们互相侵犯，彼此伤害，攻伐不休，却还刻金勒石，记载自己的功业。古时的五帝、三王，实行的智能教化既不相同，法令制度也不分明，只是假借鬼神的威力，来欺骗远方的民众，他们名不副实，所以国运不能长久。有的人还没死，诸侯就已背叛，法令不能推行。当今皇帝统一海内，设置郡县，天下太平。为了光耀祖宗，故而循大道，行仁德，确立了皇帝尊号。群臣一起歌颂皇帝的功德，把颂词刻在金石上，作为后世的楷模。”

立石刻辞结束后，齐人徐市等上书，言说海中有三座神山，名叫蓬莱、方丈、瀛洲，上有仙人居住。希望能让他斋戒沐浴，带领童男童女前去寻找。于是派遣徐市挑选童男童女数千人，到海中寻找仙人。

始皇还，过彭城①，斋戒祷祠，欲出周鼎泗水②。使千人没水求之，弗得③。乃西南渡淮水，之衡山、南郡④。浮江，至湘山祠⑤。逢大风，几不得渡。上问博士曰："湘君何神？"博士对曰："闻之，尧女，舜之妻⑥，而葬此。"于是始皇大怒，使刑徒三千人皆伐湘山树，赭其山⑦。上自南郡由武关归⑧。

【注释】

①彭城：今江苏徐州。

②欲出周鼎泗水：《汉书·郊祀志》云："周显王之四十二年（前327），宋太丘社亡，而鼎沦没于泗水彭城下。"周鼎，即大禹所铸的九鼎。泗水，在今山东中部，源出今山东泗水县东蒙山南麓，因四源并发，故名泗水。西流经今曲阜、兖州，南流经今徐州，再南流汇入淮水。

③使千人没水求之，弗得：陈直曰："《金石索·石索四》七页，武梁祠武氏左右室画像有《秦始皇升鼎图》，所画已从水得鼎情状。鼎形为汉鼎式，亦非周鼎式，盖皆以意为画，非事实也。"按《秦本纪》载昭襄王已取九鼎入秦，此处又载始皇没泗水求鼎不得，以见前文所谓"九鼎入秦"是秦人虚言欺世耳。

④衡山、南郡：皆秦郡名。衡山郡治邾县，在今湖北黄冈西北。南郡郡治郢，即今湖北荆州之纪南城。

⑤湘山祠：也叫湘君祠，供奉湘水的庙宇。在今湖南岳阳西南洞庭湖中的君山上。湘山，即君山。今人钱穆《史记地名考》说祠为

行祠之祠，非祠庙之祠，“湘山当为近湘之山，湘即襄，即汉水也”。

⑥尧女，舜之妻：《索隐》曰：“《列女传》亦以湘君为尧女，按《楚辞·九歌》有《湘君》《湘夫人》，夫人是尧女，则湘君当是舜。今此文以湘君为尧女，是总而言之。”按，依史公此文，则“湘君”是尧之女；而今君山庙所供之湘君乃舜，俗传与史文不同。今君山上有二妃墓。

⑦赭（zhě）其山：伐尽树木，使山岭赤裸呈赭色。赭，红褐色。按，据《岳麓书院藏秦简（五）》第56—58简：“廿六年四月己卯，丞相臣状、臣绾受制相（湘）山上：自吾以天下已并，亲抚晦（海）内，南至苍梧，凌涉洞庭之水，登相（湘）山、屏山，其树木野美，望骆翠山以南树木□见亦美，其皆禁勿伐。臣状、臣绾请：其禁树木尽如禁苑树木，而令苍梧谨明为骆翠山以南所封刊。制曰：可。”始皇并没有砍尽湘山树木，反而加以保护，与禁苑相同。

⑧武关：关塞名。在今陕西商南东南丹江北岸，是关中地区通往河南南部的交通要道。

【译文】

始皇帝返回的时候，路过彭城，斋戒祈祷，想要从泗水中打捞周鼎。他让上千人潜入水中寻找，没有找到。于是就向西南行进，渡过淮水，到达衡山、南郡。接着渡过长江，来到湘山祠。不料遇上大风，几乎不能渡水上山。始皇帝问博士说：“湘君是什么神？”博士回答：“听说是尧的女儿，舜的妻子，死后埋葬在这里。”于是始皇帝大怒，让三千名刑徒砍光湘山上的树木，使漫山遍野裸露出一片赭红。始皇帝从南郡取道武关回到咸阳。

二十九年[①]，始皇东游。至阳武博狼沙中，为盗所惊[②]。求弗得，乃令天下大索十日。

登之罘，刻石。其辞曰：

维二十九年，时在中春[③]，阳和方起[④]。皇帝东游，巡登之罘，临照于海。从臣嘉观，原念休烈[⑤]，追诵本始。大圣作治，建定法度，显箸纲纪[⑥]。外教诸侯，光施文惠，明以义理[⑦]。六国回辟[⑧]，贪戾无厌，虐杀不已。皇帝哀众，遂发讨师，奋扬武德。义诛信行，威燀旁达[⑨]，莫不宾服。烹灭强暴，振救黔首，周定四极。普施明法，经纬天下，永为仪则。大矣哉！宇县之中[⑩]，承顺圣意。群臣诵功，请刻于石，表垂于常式[⑪]。

【注释】

①二十九年：前218年。

②至阳武博狼沙中，为盗所惊：此即张良带刺客锤击秦始皇于博浪沙，误中副车事。见《留侯世家》。阳武，秦县名。在今河南原阳东南。博狼沙，也作“博浪沙”，地名。在当时的阳武县西南。

③中春：同“仲春”，阴历二月。《正义》曰：“古者帝王巡狩，常以中月。”

④阳和：阳和之气。指春天的暖气。

⑤原念：缅怀，追思。休烈：盛美的事业。休，美好。烈，功业，业绩。

⑥显箸纲纪：使国家的大政方针显著明确。箸，同“著”，显明。

⑦“外教诸侯”几句：此言统一六国以前事。光施文惠，指对东方诸国普施恩惠。

⑧回辟：邪恶。回，邪。辟，乖僻。

⑨威燀（chǎn）旁达：赫赫兵威无往而不至。燀，光焰炽盛的样子。威燀，比喻威势炽盛。旁达，普及，无处不至。旁，义同“溥”。王叔岷曰：“‘燀’借为‘惮’，《方言》六：‘惮，怒也。’……‘威燀旁达’犹言‘威怒广达’耳。”录以备考。

⑩宇县：犹天下。《集解》曰："宇，宇宙；县，赤县。"

⑪表垂于常式：泷川曰："《碣石铭》曰'请刻此石，垂著仪矩'；《会稽铭》云'请刻此石，光垂休铭'，则此'垂'下'于'字当衍。"常式，法式，常规。

【译文】

秦始皇二十九年，始皇帝前往东方巡游。行至阳武县博狼沙时，被刺客所惊。但没有抓到刺客，于是下令全国大规模搜捕十天。

始皇帝又登上之罘山，立碑刻石。其辞曰：

维在二十九年，时值仲春二月，阳和之气方兴。皇帝巡游东方，登上之罘观赏，有如日照海上。随臣饱览美景，回想辉煌功业，追念当年情状。圣君始建治道，建立法令制度，彰明准则纪纲。对外教化诸侯，普施文德恩惠，大义公理显扬。六国之君邪僻，贪婪暴戾无厌，虐杀不止疯狂。圣上哀怜众生，遂即发兵讨伐，武德奋力激扬。诛伐仗义守信，兵威四处传布，天下无不臣服。烹杀消灭强暴，拯救百姓黎民，遍安四方远近。普遍施行明法，经营治理天下，成为永久法则。伟大啊！普天之下，无不遵循圣意。群臣称颂功德，请求镌刻石上，垂为后代法式。

其东观曰[①]：

维二十九年，皇帝春游，览省远方。逮于海隅[②]，遂登之罘，昭临朝阳。观望广丽[③]，从臣咸念，原道至明。圣法初兴，清理疆内[④]，外诛暴强。武威旁畅[⑤]，振动四极，禽灭六王。阐并天下[⑥]，灾害绝息，永偃戎兵[⑦]。皇帝明德，经理宇内，视听不怠[⑧]。作立大义[⑨]，昭设备器，咸有章旗[⑩]。职臣遵分，各知所行，事无嫌疑。黔首改化，远迩同度，临古绝尤[⑪]。常职既定[⑫]，后嗣循业，长承圣治。群臣嘉德，祗诵圣烈，请刻之罘。旋，遂之琅邪，道上党入⑬。

【注释】

①东观（guàn）：东面的楼台。吴树平曰："疑'东观'指上述之罘刻石东面台阁处的刻石。"

②海隅：海边，指之罘。

③广丽：指辽阔壮丽的大海。

④清理疆内：指平定嫪毐之变与赐死吕不韦等。

⑤旁畅：犹言"普行""遍及"，谓通达于四方。旁，其义通"溥"，普遍。

⑥阐并：开拓，吞并。阐，拓展。

⑦偃：放倒，收起。

⑧视听不怠：意即勤政不懈。如后文所谓"以衡石量书，日夜有呈，不中呈，不得休息"等等。

⑨作立大义：这里指明确爵位等级。义，宜。

⑩昭设备器，咸有章旗：明确、完备地设立各种表示爵级的器物。如车马、服饰、印绶等。章旗，表明职级的旗帜。吴树平以为备器"主要指为统一度量衡而设置的标准器具"。

⑪临古绝尤：从古到今最为优异。尤，最优异。

⑫常职：固定的等级、职分。

⑬上党：秦郡名。郡治长子，在今山西长子西南。

【译文】

东面台观处的石碑刻辞是：

维在二十九年，皇帝春季出巡，游览视察远方。来到东海之滨，登上之罘小山，远望初升朝阳。面对壮阔大海，群臣推原思念，圣道英明辉煌。当年皇帝初立，内平宫廷纷乱，外讨诸侯列强。武威遍扬四海，震撼四面八方，擒灭六国之王。开拓吞并天下，除尽种种灾害，兵甲入库收藏。皇帝修明圣德，经营治理宇内，明视兼听不怠。建立爵位等级，设置各种表爵级的器用，各级官员都有表明自己职权的旗帜。职臣谨守本分，各知所司事物，诸事皆无嫌疑。百姓移风易俗，远近同一法度，实乃旷古所无。惯常职分既定，后嗣遵循先业，永远奉行圣治。群臣赞美圣德，敬颂皇帝功业，请刻之罘之石。随即始皇帝又去了琅邪，经上党西行入关。

三十年，无事①。三十一年十二月，更名腊曰"嘉平"②。赐黔首里六石米、二羊③。始皇为微行咸阳④，与武士四人俱，夜出，逢盗兰池⑤，见窘，武士击杀盗，关中大索二十日⑥。米石千六百⑦。

【注释】

①三十年，无事：泷川曰："《春秋》之法，虽无事，犹必书孟月。《史记》周以后本纪，是年无事，则并年逸之；独《始皇纪》三十年、《吕后纪》三年特书曰'无事'，此史公创例，全书亦不多见。"三十年，前217年。

②三十一年十二月，更名腊曰"嘉平"：《索隐》引《广雅》曰："夏曰'清祀'，殷曰'嘉平'，周曰'大蜡'，亦曰'腊'。秦更曰'嘉平'，盖应歌谣之词而改从殷号也。"按，《集解》引《太原真人茅盈内纪》云始皇闻仙人作歌，中有"帝若学之腊嘉平"之语，因改"腊月"为"嘉平"云云，此后代道士所附会，不足取。三十一年，前216年。

③赐黔首里六石米、二羊：因改十二月的名称，对全国普遍赏赐。里，里巷，古代居民编制的基层单位。

④微行：谓帝王或有权势者隐匿身份，易服出行或私访。

⑤逢盗兰池：泷川曰："盗盖六国遗臣，张良之类。"兰池，宫殿名。陈直曰："《汉书·地理志》渭城县注有'兰池宫'；《汉书·杨仆传》云'受诏不至兰池宫'……皆为兰池宫在汉代尚存之明证。"旧址在今咸阳东北。徐卫民曰："具体位置即今咸阳宫遗址以东的杨家湾。"又有说兰池为陂池名，在今陕西咸阳东。源出渭河。《正义》曰："《秦纪》云：'始皇都长安（应作咸阳），引渭水为池，筑为蓬、瀛，刻石为鲸，长二百丈。'逢盗之处也。"

⑥关中：函谷关以西战国末秦国故地，指整个陕西，及相邻的巴蜀、陇西部分地区。

⑦米石千六百：每石米的价钱为一千六百文。言年景不好，粮价之贵。张大可曰："秦汉时丰年谷价每石一百至二百文。"

【译文】

秦始皇三十年，没有大事发生。秦始皇三十一年十二月，把腊祭改称"嘉平"。赏赐给每条里巷的百姓米六石、羊两只。始皇帝微服出游咸阳，由四名武士陪着，夜间出来时，在兰池宫外遇上盗贼，被盗贼劫持，武士击杀了强盗，于是在关中大肆搜捕了二十天。其时米价涨至每石一千六百钱。

三十二年，始皇之碣石[①]，使燕人卢生求羡门、高誓[②]。刻碣石门[③]。其辞曰：

遂兴师旅[④]，诛戮无道，为逆灭息。武殄暴逆[⑤]，文复无罪，庶心咸服。惠论功劳，赏及牛马，恩肥土域。皇帝奋威，德并诸侯，初一泰平[⑥]。堕坏城郭，决通川防，夷去险阻。地势既定，黎庶无繇[⑦]，天下咸抚。男乐其畴[⑧]，女修其业，事各有序。惠被诸产，久并来田[⑨]，莫不安所。群臣诵烈，请刻此石，垂著仪矩[⑩]。

【注释】

①三十二年，始皇之碣石：三十二年，前215年。碣石，山名。也是秦朝的行宫名。据辽宁、河北有关碣石行宫的考古资料称：秦东海行宫大约北起辽宁绥中墙子里村，南到秦皇岛北戴河，全长四十公里。在山海关外十五公里处的渤海之滨有一组自然礁石，耸立在海中，即民间传说为“姜女坟”。在紧靠“姜女坟”的海岸上发现了六处建筑遗址群，其中规模最大的是面对“姜女坟”的石碑地建筑遗址。从遗址所在地及与“姜女坟”的关系看，“姜女坟”应即史籍所载的东海碣石，而这组建筑则可能是秦始皇三十二年东巡的碣石宫。

②卢生：秦方士。燕人。羡门、高誓：传说中“仙人”的名字。陈直引宋玉《高唐赋》，以为其中所说的“羡门、高溪”即此“羡门、高誓”。梁玉绳、张文虎则以为此即《封禅书》中所说的“羡门高”，也称“羡门子高”，“誓”字为衍文。

③刻碣石门：顾炎武曰：“门自是石，不须立也。”即不必像他处那样先“立石”，再行刻写。按，底本在“刻碣石门”下有“坏城郭，决通堤防”七个字。梁玉绳引陈太仆曰：“‘坏城郭’二语横插中间，与上下文意不贯，当为羡文，即《碣石铭》内‘堕坏城郭，决通川防’之辞而重出者。”按，梁说是，今据削此七字。

④遂兴师旅：梁玉绳引沈端蒙曰：“此上有缺文。”

⑤武殄（tiǎn）：武力消灭。殄，灭绝，绝尽。

⑥“皇帝奋威”几句：初一，首次统一。泰平，同“太平”。凌稚隆曰：“‘泰平’疑是‘泰宇’，方叶韵。”中井曰：“三句亦似鹘突，且韵不谐，盖篇首之脱文，错在此也。”按，三句移至篇首亦不顺，中井说似非。

⑦繇：通“徭”，徭役。

⑧畴：已耕作的田地。这里指耕种田地。

⑨久并来田：词语生涩。吴树平曰："'久'为久田者，即长期在秦国耕殖的农民；'来田'指从他乡迁移来的垦荒农民。"张大可曰："久流外乡者又一齐回乡种地。"二说供参考。

⑩仪矩：仪法规矩。与前文所谓"仪则""常式""表经"等义同。

【译文】

秦始皇三十二年，始皇帝东至碣石山，派燕人卢生去寻找羡门、高誓两位仙人。在碣石山的山前岩壁上镌刻铭文。其辞为：

于是兴师用兵，诛戮无道之君，消灭各路叛逆。用武力剪除暴徒，依法昭雪无辜，民心尽皆悦服。论功行赏臣民，赏赐及于牛马，恩泽遍于大地。皇帝奋发神威，以德兼并诸侯，首次太平统一。拆除诸国城墙，疏通河川堤防，铲平一切险阻。地势已经平坦，黎民不苦徭役，天下尽获抚慰。男人乐于耕作，女人修治女红，事事井然有序。皇恩普施百业，游民返回家园，无不乐业安居。群臣歌颂功德，敬请镌刻此石，留作后世规矩。

因使韩终、侯公、石生求仙人不死之药①。始皇巡北边，从上郡入。燕人卢生使入海还，以鬼神事，因奏录图书②，曰"亡秦者胡也"③。始皇乃使将军蒙恬发兵三十万人北击胡④，略取河南地⑤。

【注释】

①韩终、侯公、石生：都是当地的方士。韩终，一作"韩众"。侯公，一作"侯生"。

②奏录图书：奏，进上。录图，王叔岷曰："'录图'亦作'绿图'，即《河图》。"胡三省曰："如后世谶纬之书。"方士制作的一种作为吉凶的符验或征兆的隐语或预言，多迷信欺骗。

③亡秦者胡也：泷川曰："始皇欲击胡，托言图谶以为口实耳。"按，

此必汉初讲说“谶纬”者之所造作。后世司马懿见《玄石图》云“牛继马后”遂鸩杀牛金;郭威闻谶云“赵氏当为天子”遂杀防御使赵童子,皆此类。钱锺书曰:“在迩求远,变出防外,视为鬼神事先之诏告,聊以作弄凡夫,自属无稽;而视为草野事后之附会,聊以嘲讪君上,又殊有味……固无须斤斤究辨其为信史抑谰语矣。”

④蒙恬:秦朝名将。蒙骜之孙,蒙武之子,事迹详见《蒙恬列传》。胡:指匈奴。

⑤略取:开辟,夺取。河南地:也称“新秦中”。指今内蒙古河套以南、宁夏清水河流域、甘肃环县、陕西吴起一带。蒙恬略取河南地事,详见《蒙恬列传》《匈奴列传》。

【译文】

于是派韩终、侯公、石生等人去寻找仙人及不死之药。始皇帝沿着北部边境巡视,经由上郡返回。燕人卢生从海上返回后,借着汇报鬼神之事,趁机献上图谶书,其中有言“亡秦者胡也”。始皇帝便派将军蒙恬发兵三十万,北出讨伐匈奴,夺取了河套一带土地。

三十三年[①],发诸尝逋亡人、赘婿、贾人略取陆梁地[②],为桂林、象郡、南海[③],以適遣戍[④]。西北斥逐匈奴。自榆中并河以东[⑤],属之阴山[⑥],以为三十四县,城河上为塞[⑦]。又使蒙恬渡河取高阙、阳山、北假中[⑧],筑亭障以逐戎人。徙谪,实之初县。禁不得祠[⑨]。明星出西方[⑩]。三十四年[⑪],適治狱吏不直者,筑长城,及南越地[⑫]。

【注释】

①三十三年:前214年。

②发诸尝逋(bū)亡人、赘婿、贾人略取陆梁地:发,征调。逋亡人,

逃亡的人。逋,逃亡。赘婿,倒插门女婿。就婚、定居于女家,以女之父母为父母,所生子女从母姓,承嗣母方宗祧。《滑稽列传》之《索隐》曰:"女之夫也,比于子,如人疣赘,是余剩之物也。"陆梁,地区名。指今五岭以南的两广一带。《正义》曰:"岭南之人多处山陆,其性强梁,故称'陆梁'。"按,这里将"赘婿""贾人"与逃犯并列,可见当时对"赘婿""贾人"压制之惨烈,汉朝建国后仍是如此。又"赘婿"之受非人待遇,起自战国,《睡虎地秦墓竹简·为吏之道》记有《魏户律》《魏奔命律》,都是魏安釐王下达的指令。前者谓丞相曰:"假门逆旅,赘婿后父,勿令为户,勿予田宇。三世之后,欲仕仕之,仍署其籍曰:'故某闾赘婿某叟之仍孙。'"后者谓将军曰:"假门逆旅,赘婿后父……今遣从军,将军勿恤视。烹牛食士,赐之参饭而勿予殽。攻城用其不足,将军以堙壕。"

③桂林、象郡、南海:皆秦郡名。桂林郡治在今广西桂平西南。象郡郡治临尘,在今广西崇左。南海郡治番禺,在今广州。

④適遣:被流放的罪犯。適,通"谪"。

⑤榆中:地区名。约当今陕西东北部之神木、府谷,和与之相邻的内蒙古东胜地区。

⑥阴山:即今横亘于内蒙古自治区南境、东北接连内兴安岭的阴山山脉。

⑦城河上为塞:即沿着那一带的黄河修筑长城。据谭其骧《历史地图集》始皇所筑长城约自今内蒙古磴口沿黄河东北行,经临河至乌拉特前旗一带,在当年赵国的长城之南。

⑧高阙:关塞名。在今内蒙古杭锦后旗东北。阴山山脉至北中断,望若阙然,故名。地处黄河后套的西北角。阳山:即今内蒙古境内狼山。因其地处黄河的后套之北(阳),故称"阳山"。在当时的高阙之北,属阴山最西的一段。北假中:地区名。约当今狼山

东南之五原、乌梁素海一带。

⑨禁不得祠：禁止这些地区的民间祭祀。王叔岷曰："民间私祠，其为诅祝，未可知也。始皇阴忌，故禁不得祠耳。"

⑩明星：《集解》引徐广曰："皇甫谧云彗星见。"

⑪三十四年：前213年。

⑫南越：即桂林、象郡、南海等地区。

【译文】

秦始皇三十三年，征调那些曾经逃亡的罪犯、入赘的男子、商人去攻取陆梁之地，设立了桂林、象郡、南海三郡，把有罪应当流放的人派去戍守。在西北地区击退匈奴。从榆中沿黄河向东，直到阴山，设立三十四个县，并沿河修筑长城，设置要塞。又派蒙恬渡过黄河北取高阙、阳山、北假中地带，修筑亭障塞堡以驱逐匈奴人。强制内地的罪犯搬迁到这些新设立的县邑中。禁止民间祭祀。彗星出现在西方。秦始皇三十四年，流放那些断案不公的官吏，让他们去修筑长城，或戍守南越。

始皇置酒咸阳宫[①]，博士七十人前为寿。仆射周青臣进颂曰[②]："他时秦地不过千里，赖陛下神灵明圣，平定海内，放逐蛮夷，日月所照，莫不宾服。以诸侯为郡县，人人自安乐，无战争之患，传之万世。自上古不及陛下威德。"始皇悦。博士齐人淳于越进曰："臣闻殷周之王千余岁，封子弟功臣，自为枝辅。今陛下有海内，而子弟为匹夫，卒有田常、六卿之臣[③]，无辅拂[④]，何以相救哉？事不师古而能长久者，非所闻也。今青臣又面谀以重陛下之过，非忠臣。"

【注释】

①咸阳宫：宫殿名。在今陕西咸阳东北秦都咸阳城内。徐卫民曰：

"秦朝的主要宫殿之一,也是秦都咸阳修筑的最早的宫殿,重大的议事与朝会活动都在这里举行。也是项羽入关后首先烧掉的宫殿。"又说:"以咸阳宫代表紫宫,紫宫即紫微宫,是天帝所居的宫室,即咸阳宫的设计是仿效天上的紫微宫。"

②仆射(yè)周青臣:仆射,官名。自侍中、尚书、博士、郎等皆设有仆射,有领班之意。周青臣为博士仆射,乃诸博士之长。周青臣又见于《李斯列传》。

③卒:通"猝",突然。田常、六卿之臣:以喻包藏祸心、意图架空国君甚至篡位的权贵大臣。田常,本称田恒,汉人避文帝讳改书曰"田常";因其祖先本陈人,故也称"陈常"。春秋后期的齐国权臣,曾发动政变杀了齐简公,立齐平公,齐国姜氏诸侯从此形同傀儡,为其田氏子孙的篡夺齐国奠定了基础。事情详见《田敬仲完世家》。六卿,指春秋后期晋国的范氏、中行氏、知氏、韩氏、魏氏、赵氏六大家族。他们长期在晋国掌权,后六家相互兼并,最后由韩、赵、魏三家瓜分了晋国。事情详见《晋世家》《赵世家》。

④辅拂(bì):辅佐,辅助。拂,通"弼"。

【译文】

始皇帝在咸阳宫摆酒设宴,七十名博士上前敬酒祝贺。仆射周青臣颂扬说:"过去秦国的疆域方圆不过千里,仰仗着陛下的威灵圣明,平定了四海,驱逐了蛮夷,凡是日月所照的地方,无不臣服。把各国诸侯的领土设置为郡县,人人安居乐业,不再有战争之忧,这种功业将会流传万世。自古以来没人比得上陛下的威德。"始皇帝听了很高兴。博士齐人淳于越进言说:"臣听说商、周统治天下各有一千多年,他们分封子弟功臣,作为自己的辅助势力。如今陛下拥有天下,而子弟却都是平民百姓,日后万一出现像田常、六卿那样的逆臣,朝廷孤立无援,谁来相救呢?做事不以古为师而能维持长久的,从未听说过。现在周青臣又当面奉承,来加重陛下的过失,这样的人绝不是忠臣。"

始皇下其议。丞相李斯曰[①]:"五帝不相复,三代不相袭,各以治,非其相反,时变异也[②]。今陛下创大业,建万世之功,固非愚儒所知。且越言乃三代之事,何足法也?异时诸侯并争,厚招游学[③]。今天下已定,法令出一,百姓当家则力农工,士则学习法令辟禁[④]。今诸生不师今而学古[⑤],以非当世,惑乱黔首。丞相臣斯昧死言:古者天下散乱,莫之能一,是以诸侯并作,语皆道古以害今,饰虚言以乱实,人善其所私学,以非上之所建立[⑥]。今皇帝并有天下,别黑白而定一尊[⑦]。私学而相与非法教[⑧],人闻令下,则各以其学议之,入则心非,出则巷议,夸主以为名[⑨],异取以为高[⑩],率群下以造谤。如此弗禁,则主势降乎上,党与成乎下。禁之便。臣请史官非秦记皆烧之[⑪]。非博士官所职,天下敢有藏《诗》《书》、百家语者,悉诣守、尉杂烧之[⑫]。有敢偶语《诗》《书》者弃市[⑬],以古非今者族。吏见知不举者与同罪[⑭]。令下三十日不烧,黥为城旦[⑮]。所不去者,医药卜筮种树之书。若欲有学法令[⑯],以吏为师[⑰]。"制曰:"可。"

【注释】

①丞相李斯:据《李斯列传》之所谓"二十余年,竟并天下,尊主为皇帝,以斯为丞相",似乎自秦王改称皇帝时,李斯即已为丞相;然二十八年琅邪刻石仍称"丞相王绾,卿李斯",则是李斯当时犹未为相。而此处所谓"丞相李斯"云云,乃首次标出李斯为相,则《李斯列传》乃大体言之,不足为据。李斯为相最早也要到始皇二十八年(前219)以后。

②非其相反,时变异也:《韩非子·五蠹》曾云:"世异则事异,事异

则备变。”非其相反,并不是故意与前代反着来,标新立异。

③游学:持各种学说而到处游说的人。

④法令辟禁:即指法令规章。辟禁,刑法禁令。辟,法,法度。

⑤诸生:指朝廷里有知识学问,以备参谋顾问的各类书生。

⑥“语皆道古以害今”几句:此为专制者所言战国时期“百家争鸣”的情景。

⑦定一尊:指天下统一,共同尊奉皇帝,唯皇帝之命是听。

⑧私学:特指战国时期法家以外的各种学说及其流派。相与:彼此协同。

⑨夸主:在君主面前夸夸其谈,炫耀自己的主张。

⑩异取:《李斯列传》作“异趣”,意即故意唱反调。

⑪非秦记皆烧之:除了秦国的史书,其他国家的历史记载全部烧毁。《六国年表序》云:“秦既得意,烧天下《诗》《书》,诸侯史记尤甚,为其有所刺讥也……独有秦纪,又不载日月,其文略不具。”正与此相互印证。

⑫敢有藏《诗》《书》、百家语者,悉诣守、尉杂烧之:语略不顺,“敢”字应削。悉诣,全部送到。守、尉,各地的郡守、郡尉。杂烧,集中烧毁。杂,通“集”,聚集。按,据此处文意,则当时“博士所职”之“《诗》《书》、百家语”,固未在焚烧之列。崔适曰:“第烧民间之书,不烧官府之书;第禁私相受授,可诣博士受业。故陈胜反,二世召问博士诸生,博士诸生三十余人前曰‘人臣无将’,语本《公羊传》,事载《叔孙通传》。若并在官者禁之,三十余人者焉敢公犯诏书,擅引经义哉?”

⑬偶语:两个人聚在一起谈话。偶,对。《集解》曰:“禁民聚语,畏其谤己。”王骏图曰:“恐儒者私相传习,非必畏其谤己也。”弃市:在闹市执行死刑,并将尸体暴露在街头示众。

⑭见知不举:看见或是知道有人犯罪而不举报。

⑮城旦:指刑期四年,强迫从事筑城苦役的刑罚。《集解》引如淳曰:"《律说》'论决为髡钳,输边筑长城,昼日伺寇虏,夜暮筑长城'。城旦,四岁刑。"泷川引《汉书·惠帝纪》注:"城旦者,旦起行治城,四岁刑。"

⑯若欲有学法令:王念孙曰:"'欲有'当作'有欲'。'法令'下当有'者'字。"

⑰以吏为师:《韩非子·五蠹》:"明主之国,无书简之文,以法为教;无先王之语,以吏为师。"按,以上李斯的大段议论,亦见于《李斯列传》,文字大体一致。凌稚隆引杨慎曰:"秦焚书坑儒起于李斯乎?斯之先固为此说于秦者,韩非是也。非之言曰:'世之愚学皆不知治乱之情,谖诶多诵先古之书以乱当世之治,又妄非有术之士。听其言者危,用其计者乱。'此与斯所言'是古非今'若合符节。"

【译文】

始皇帝把他们的意见交给臣下讨论。丞相李斯上书道:"五帝的制度不相重复,三代的制度不相因袭,但各自都得到治理,不是后代一定要与前代相反,这是时代变化的缘故。现在陛下创建了宏伟的大业,建立了万世不朽的功勋,本来不是愚蠢的读书人所能理解的。况且淳于越所说的乃是三代之事,有什么可效法的?从前诸侯相争,用优厚的待遇招揽游学之士。如今天下已定,法令统一,百姓在家就要努力务农做工,士人们则应学好法律禁令。现在这些读书人不研究现实而去模仿古人,他们指责现行制度,蛊惑百姓。我丞相李斯冒死进言:古代天下纷乱,没人能够统一,所以诸侯并立,人们的言论多颂扬古代而为害当今,文饰虚言而扰乱名实,各自欣赏私下所学的知识,非议君主所建立的制度。如今皇帝兼并了天下,分辨是非善恶,一切定于一尊。可那些持守异说的人却一起非议朝廷的法令,听到有法令下达,就各用自己的学说来妄加议论,入朝时就在内心非难,在君主面前自我吹嘘以求取名利,出朝后便去巷议街谈，故意标新立异来抬高自己，领着一群下民造谣诽谤。这种现象如不及时禁止，那么皇帝的威信就要扫地，下面的朋党就会形成。我认为还是严加禁止为好。我请求让史官把凡不是秦国的典籍全部烧掉。凡不是博士官所主管，私人藏有的《诗》《书》、诸子百家著作，通通送到郡守、郡尉那里烧毁。有敢相互私语《诗》《书》的，在闹市处死示众，敢颂古非今的灭族。官吏知情不报的与之同罪。命令下达三十天还敢持书不烧的处以黥刑，罚为刑徒城旦。只有医药、卜筮、种树一类的书留下来不烧。如果想学法令，可以拜官吏为师。”始皇帝批示说：“可以。”

三十五年[①]，除道[②]，道九原抵云阳[③]，堑山堙谷，直通之[④]。于是始皇以为咸阳人多[⑤]，先王之宫廷小，吾闻周文王都丰，武王都镐[⑥]，丰、镐之间，帝王之都也。乃营作朝宫渭南上林苑中[⑦]。先作前殿阿房[⑧]，东西五百步[⑨]，南北五十丈[⑩]，上可以坐万人，下可以建五丈旗[⑪]。周驰为阁道[⑫]，自殿下直抵南山[⑬]。表南山之颠以为阙[⑭]。为复道，自阿房渡渭，属之咸阳，以象天极阁道绝汉抵营室也[⑮]。阿房宫未成；成，欲更择令名名之[⑯]。作宫阿房，故天下谓之“阿房宫”[⑰]。隐宫徒刑者七十余万人[⑱]，乃分作阿房宫，或作丽山[⑲]。发北山石[⑳]，乃写蜀、荆地材皆至[㉑]。关中计宫三百，关外四百余。于是立石东海上朐界中[㉒]，以为秦东门[㉓]。因徙三万家丽邑[㉔]，五万家云阳[㉕]，皆复不事十岁。

【注释】

①三十五年：前212年。

②除道：开辟、修治道路。

③九原：秦郡名。治九原县，在今内蒙古包头西北。云阳：秦县名。在今陕西淳化西北，其地有秦朝的离宫。

④堑山堙谷，直通之：开山填谷，不怕难修，只求直通。堑，挖沟，此处即指开山。按，此即秦朝之所谓“直道”。主持此役者为蒙恬，过程见《蒙恬列传》。徐卫民引史念海曰：“秦直道起由秦林光宫，沿子午岭主脉北行，经旬邑县石门关、蓼陵县艾蒿店、陕甘两省交界的五里墩，至黄陵县的兴隆关（沮源关）后，沿子午岭西侧的甘肃华池县东至铁角城、张家崾岘，又直北经陕西定边县东南，复折东北方向达内蒙乌审旗红庆河、东胜县西、昭君坟东，至内蒙包头市西，至秦九原郡治九原县。”按，今陕西富县之张家湾乡、甘泉之桥镇乡以及志丹都留有秦时之直道遗址，平均宽度为三十米，最宽处五十八米，最窄处十多米。

⑤始皇以为咸阳人多：实指宫廷里的人多。

⑥吾闻周文王都丰，武王都镐：丰，丰京。文王时代的周国都城，旧址在今西安西南沣河西岸，咸阳正南。镐，武王及整个西周时代的都城，旧址在今西安西南沣河东岸。丰、镐旧址近二十年来有重要考古发掘。

⑦朝宫：接受朝见之宫。从下文所述规划看，当是一个巨大的宫殿群。秦亡时此宫殿群尚未建成。

⑧先作前殿阿房：首先在阿房建造“朝宫”的前殿。阿房，古地名。在今陕西西安西郊未央区阿房村一带。中井曰：“山名，下文自明。”启功先生说：“‘阿房’犹言‘阿旁’，山阿之旁。”按，其地并无大山，盖即丘陵之旁。今其地有“阿房村”，乃后代因阿房宫旧址所在而得名。

⑨东西五百步：当时六尺为一步，一尺相当于今23.1厘米。五百步相当于693米。

⑩南北五十丈：当时一丈相当于今2.31米。五十丈相当于115.5米。

⑪下可以建五丈旗：意谓殿下基座高度有五丈多，约当现今之三丈五尺略少。建，竖起。

⑫周驰：曲折绵延。阁道：复道。楼阁间有上下两重通道。泷川曰："架木为棚于苑囿中，以行车者，盖象天阁道。"

⑬南山：终南山。在今西安南，当时著名的游览区。

⑭表：树立标志。阙：宫门、城门两侧的高台，中间有道路，台上起楼观。

⑮"为复道"几句：意谓从阿房架设复道渡过渭河直到咸阳，以与天上天极通过阁道横过天河直到营室相对应。天极，紫宫后十七星。阁道，星名。共六颗。绝汉，横过天河。营室，星宿名。与天极隔着天河。

⑯令名：美好的名字。

⑰作宫阿房，故天下谓之"阿房宫"：现在因为它是建在阿房，所以人们就暂时地称它为"阿房宫"。据《中国文物地图集》之《陕西分册》，阿房宫遗址在今西安未央区之三桥镇南，面积约八平方公里。阿房前殿遗址东至赵家堡、巨家庄，西至长安县古城村，现存平面长方形夯土台基，东西长1320米，南北宽约420米，面积为55万多平方米，是我国古代最大的夯土建筑台基。按，司马迁在本文中对阿房宫的描述至为详悉，但据2003年12月考古工作者对阿房前殿的发掘，既未见秦代瓦当，也未见焚烧痕迹，于是考古学家李毓芳认为是阿房前殿的"主体建筑没有封顶"；刘庆柱认为是阿房前殿的"基础打好了，宫殿没有完全盖好"就停止了。结合《史记》与《汉书》的记载，除司马迁在本文中描述过阿房宫外，汉初所有的人，上至皇帝，下至文武百官，不少人去过上林苑，但却没有一个人到过阿房宫，也没有人说起谁去过阿房宫的情景，甚至连司马迁本人也没有说他见过阿房宫或者是见过阿房宫的废墟。看来司马迁对阿房宫的这些描写只能说是根据了建筑

的蓝图与当时人们的一些传说。至于实际情况,也许是打了一些基础,做了某些前期的工作。阿房宫在人们心中之所以能如此富丽堂皇,除了有司马迁如上的一段描写外,更重要的是来自唐代杜牧的《阿房宫赋》,恐怕在汉朝人的心目中阿房宫远远没有唐朝以后人们的印象那样鲜明。

⑱隐宫:应作“隐官”。马非百《秦集史》曰:“据新出土的《云梦秦简》法律部分,有‘隐官’之名。原文云:‘工隶臣斩首及人为斩首以免者,皆令为工,其不完者以为隐官工。’又云:‘将司(伺)人而亡,能自捕及亲所知为捕,除毋罪;已刑者处隐官。’‘可(何)罪得处隐官?群盗赦为庶人,将盗戒(械)囚刑罪以上,亡,以故罪论,断右趾为城旦。后自捕所亡,是谓处隐官。它罪比群盗者,皆如此。’据此,则所谓‘隐官’,乃是一个收容受过刑罚而因立功被赦之罪人的机关。处在隐官之罪人,必须从事劳动,其性质约与后世之劳动教养所大致相同。”

⑲丽山:也作“骊山”。在今西安东北的临潼东南,此指秦始皇为自己预造陵墓的工地。

⑳发北山石:采运北部诸山的石料。底本作“发北山石椁(guǒ)”。椁,外棺。梁玉绳引何焯曰:“‘椁’字疑衍。”按,何、梁说是,此处只说从何处调取材料,并未讲其具体用途。今据削“椁”字。

㉑写蜀、荆地材:调发今四川、湖北一带的木料。写,移置,输送。

㉒立石东海上朐(qú)界中:东海,秦郡名。郡治今山东郯城北。朐,朐县。故治在今江苏连云港海州镇西南锦屏山侧。锦屏山又称朐山。陈直曰:“此石原在江苏海州,为汉之临朐界。碑文所记,与本文正合。”

㉓以为秦东门:秦始皇表“南山之颠”以为其朝宫之“阙”,又“立石东海上朐界中以为秦东门”。锺惺曰:“如此举动,自是万古第一横汉。”

㉔因徙三万家丽邑：在丽山下建立城邑，以使其坟墓周围不再冷清。

㉕五万家云阳：在云阳建立城邑，为使其生前游乐不感寂寞。云阳，秦县名。在今陕西淳化西北，其西即甘泉山、甘泉宫之所在。钱穆曰："秦并六国，中国史第一次走上全国大一统的路，此不专因于秦国地势之险塞及其兵力之强盛，而最重要的还是当时一般意向所促成。秦政府对统一事业亦大有努力，举其要者如废封建行郡县；收军器，堕城郭，决川防，夷险阻，以解消封建时代之武装；又建设首都，移东方豪家十二万户于咸阳，兴建筑；巡行郡邑，筑驰道；统整各地制度文化风俗；开拓边境，防御外寇，此皆为完成大一统的新局面所应有之努力。大体言之，秦代政治的后面实有一个高远的理想，秦政不失为顺着时代的要求与趋势而为一种进步的政治。"

【译文】

秦始皇三十五年，修筑经由九原抵达云阳的道路，挖山填谷，直线通达。这时，始皇帝认为咸阳宫廷里的人多，而先王留下来的宫室窄小，又听说当初周文王建都于丰，周武王建都于镐，看来丰、镐一带确实是帝王建都的好地方。于是始皇帝便着手在渭水南岸的上林苑里兴建接受朝拜的宫殿。他首先在阿房这个地方建造前殿，此殿东西长五百步，南北宽五十丈，殿上可以容纳上万的人，殿下可以竖起五丈高的大旗。环殿建有空中通道，此道从殿下直达终南山。他在终南山的两个山头立表，让它们作为朝宫门前的双阙。又修建空中通道从阿房北渡渭水，一直与咸阳连接，以此象征天上的"阁道"星越过天河直抵"营室"宿。阿房宫尚未修完，故暂时以"阿房"称之；想等完工后再另起一个好的名称。因为这座宫殿建造在阿房，所以后来的人们就称之为"阿房宫"了。当时被征调前来充当劳役的隐官刑徒共有七十余万人，他们一半建造阿房宫，一半建造丽山的始皇陵。他们把从北山开采的石头，把蜀地、楚地出产的木料都运输到这里以备使用。秦王朝的离宫别馆，光是关中地区就有三百多所，在关东还有四百多处。始皇帝在东海之滨的朐县竖起石碣，以之作为秦王朝的东大门。随后他又下令让三万户搬迁到丽邑，以繁荣丽山墓区，让五万家搬迁到云阳，以繁荣甘泉宫一带的游览地，凡搬迁者一律免除十年的赋税徭役。

卢生说始皇曰："臣等求芝奇药仙者常弗遇，类物有害之者①。方中②，人主时为微行以辟恶鬼，恶鬼辟，真人至③。人主所居而人臣知之，则害于神④。真人者，入水不濡，入火不爇，陵云气，与天地久长⑤。今上治天下，未能恬倓⑥。愿上所居宫毋令人知，然后不死之药殆可得也。"于是始皇曰："吾慕真人，自谓'真人'，不称'朕'。"乃令咸阳之旁二百里内宫观二百七十复道、甬道相连，帷帐、钟鼓、美人充之，各案署不移徙⑦。行所幸，有言其处者，罪死。始皇帝幸梁山宫⑧，从山上见丞相车骑众，弗善也。中人或告丞相⑨，丞相后损车骑。始皇怒曰："此中人泄吾语。"案问莫服⑩。当是时，诏捕诸时在旁者，皆杀之。自是后莫知行之所在。听事，群臣受决事，悉于咸阳宫⑪。

【注释】

①物：鬼怪、精灵一类的东西。

②方：仙方。

③真人：仙人。

④害于神：指妨害神仙的降临。

⑤"真人者"几句：语出《庄子》，其《大宗师》云："古之真人……登高不栗，入水不濡，入火不热。"《齐物论》云："至人神矣，大泽焚而不能热，河汉冱而不能寒，疾雷破山、飘风振海而不能惊。若然

者，乘云气，骑日月，而游乎四海之外。”濡（rú），浸渍，沾湿。爇（ruò），烧，焚烧。陵，乘，驾。

⑥恬倓：义同“恬淡”，清心寡欲。

⑦各案署不移徙：意即将各种物品人员记录在案不做变动迁移。这样不论皇帝出行至何处，各处备用的人、物都一应俱全。案署，记录在案。

⑧梁山宫：秦朝的离宫。位于今陕西乾县西北梁山南麓，漠峪河西岸的台地上。今尚采集有篆体“梁宫”或“染宫”戳印的绳纹筒瓦、板瓦等物。

⑨中人：在宫内任职的人，通常指宦者。

⑩案问：审问。案，通“按”，审查。

⑪听事，群臣受决事，悉于咸阳宫：意即秦始皇从此遂深居不出。群臣受决事，诸臣领受皇帝的决定。

【译文】

卢生劝始皇帝道：“我等寻找灵芝奇药与仙人，常常找不到，很像是有什么东西从中捣乱。仙方上说，人主应按时隐藏行踪，远离恶鬼，远离了恶鬼，仙人才会到来。人主所居之处被臣属知道，就会影响神仙的到来。仙人是入水不湿、入火不燃，能腾云驾雾，与天地齐寿。如今皇上治理天下，不能恬淡寡欲。希望您今后居住的宫殿不要让人知道，那样不死之药就大概可以得到了。”于是始皇帝道：“我羡慕真人，今后也要自称‘真人’，不再称‘朕’。”随即命令咸阳周围二百里内的二百七十多座宫观，都用复道或甬道连接起来，把大量的帷帐、钟鼓、美女都安置在里面，各种布置不得移动。所临幸之处，如果有人泄露，罪当处死。有一次始皇帝到了梁山宫，从山上望见丞相的车骑侍从非常气派，心中不快。宫中有人将这件事告知了丞相，丞相从此便减少了侍从。始皇帝知道后大怒道：“这是宫中有人把我的话泄露了出去。”他拷问身边的人，没人承认，于是就下令逮捕当时在场的人，把他们全部杀掉。从此以后，再没有人知道始皇帝的行踪。始皇帝听理朝政,群臣领受始皇帝的决策,一律在咸阳宫。

侯生、卢生相与谋曰:“始皇为人,天性刚戾自用,起诸侯,并天下,意得欲从,以为自古莫及己。专任狱吏,狱吏得亲幸。博士虽七十人,特备员弗用①。丞相诸大臣皆受成事,倚辨于上②。上乐以刑杀为威,天下畏罪持禄③,莫敢尽忠。上不闻过而日骄,下慑伏谩欺以取容④。秦法,不得兼方⑤,不验,辄死。然候星气者至三百人⑥,皆良士,畏忌讳谀,不敢端言其过⑦。天下之事无小大皆决于上,上至以衡石量书⑧,日夜有呈,不中呈不得休息⑨。贪于权势至如此,未可为求仙药⑩。”于是乃亡去。始皇闻亡,乃大怒曰:“吾前收天下书不中用者尽去之,悉召文学、方术士甚众⑪,欲以兴太平,方士欲练以求奇药。今闻韩众去不报⑫,徐市等费以巨万计⑬,终不得药,徒奸利相告日闻⑭。卢生等吾尊赐之甚厚,今乃诽谤我,以重吾不德也。诸生在咸阳者⑮,吾使人廉问⑯,或为訞言以乱黔首⑰。”于是使御史悉案问诸生⑱,诸生传相告引,乃自除犯禁者四百六十余人⑲,皆坑之咸阳⑳,使天下知之,以惩后。益发谪徙边。始皇长子扶苏谏曰:“天下初定,远方黔首未集,诸生皆诵法孔子,今上皆重法绳之,臣恐天下不安。唯上察之。”始皇怒,使扶苏北监蒙恬于上郡㉑。

【注释】

①备员:充数,凑数。

②倚：依靠。辨：同“办”。

③持禄：保住自己的官职、俸禄。

④慑（shè）伏：因畏惧而屈服。取容：讨好别人以求自己安身。

⑤不得兼方：指方士及医、巫、百工等每人只允许专攻一种技术。

⑥候星气：占星望气以断吉凶。候，观测。

⑦端言：正言，直言。

⑧衡石：此指秤。衡，秤杆。石，古代重量单位，一百二十斤为一石。书：文书、奏章等。

⑨呈：通“程”，限额。

⑩未可为求仙药：史珥曰：“秦之亡端备于是矣，然借术士口中传出，意极变化。”按，此段文字多用贾谊《过秦论》语。

⑪文学、方术士：这里指具有各种学问、各种技巧的人。文学，此指诸子百家之流。方术，指精通各种技术技巧的人，其中有真正的科学技术人员，也有大量鼓吹炼丹求神仙、以长生不死蛊惑秦始皇的人。

⑫韩众：即前文之“韩终”。

⑬巨万：即“亿”。极言花费金钱数目之多。

⑭奸利：指方士们玩弄手段，非法谋取利益。相告：指别人对这些方士的揭发举报。

⑮诸生：即上文之所谓“文学、方术士”。

⑯廉问：察访查问。廉，考察，查访。

⑰訞言：即“妖言”，怪诞不经的邪说、胡言乱语。

⑱御史：御史大夫的属官，掌讨奸猾，治大狱。

⑲诸生传相告引，乃自除犯禁者四百六十余人：传相告引，互相告发、牵引。传，通“转”，辗转。自除，自己圈定、挑出，主语为秦始皇。按，底本作“诸生传相告引，乃自除”。方苞曰：“传相告引他人，乃得自除己罪也”，如此则“乃”字不顺，且下句亦欠完整，不

可从。

⑳皆坑之咸阳：按，可见此次秦始皇的发怒杀人，又首先是由"方士"引起，后世说秦始皇"焚书坑儒"，并说被坑者即孔、孟所传授的儒家一派，与事实不全相符。《儒林列传》之《正义》引颜师古曰："今新丰县温汤之处曰'愍儒乡'，温汤西南三里有马谷，谷之西岸有坑，古相传以为秦坑儒处也。"按，坑儒谷在今西安临潼区西南十公里之洪庆村。郑樵曰："陆贾，秦之巨儒也；郦食其，秦之儒生也；叔孙通，秦时以文学召，待诏博士。数岁，陈胜起，二世召博士诸儒生三十余人而问其故，皆引《春秋》之义以对，是则秦时未尝不用儒生与经学也。况叔孙通降汉时，自有弟子百余人，齐鲁之风亦未尝替，故项羽既亡之后，而鲁为守节礼义之国。则知秦时未尝废儒，而始皇所坑者，盖一时议论不合者耳。"史珥曰："所按问而坑者'诸生'，'生'字蒙前'侯生''卢生'来，即'博士七十人'之属，传相告引，故至四百六十余人，未尝尽天下之儒也……而叔孙'以文学征'，亦其明证。历代朋党株连何止此数，而秦独丛诟詈，下流固不可居，亦为恶有幸不幸哉！"

㉑北监蒙恬：时蒙恬驻兵于上郡（郡治在今陕西榆林东南），始皇令扶苏往为之作监军。

【译文】

侯生跟卢生商量道："始皇帝为人，生性暴戾，刚愎自用，他由诸侯起家，吞并天下，志得意满，为所欲为，觉得自古以来，无人能及。他一心任用治狱之吏，治狱之吏都备受宠幸。博士虽然设有七十人，但只是备员充数，并不信用。连丞相与诸大臣也都是接受始皇帝既定的命令，按照他的指示办事的。始皇帝喜欢用严刑酷法维持树立威严，官吏们害怕获罪，只想守住爵位，没有人敢竭诚尽忠。始皇帝听不到自己的过失而日益骄横，臣子们慑服欺骗以苟合取容。秦法规定，每个方士不能兼用两种方技，他的方技如不灵验，就会被处死。那些占候星相云气的方士多达三百人，都是忠良之士，因为心存畏忌，只能避讳奉承，谁也不敢直言始皇帝的过失。天下之事不论大小，都由始皇帝决定，始皇帝甚至用秤来称批阅的文书，每天都有一定的额数，达不到就不休息。他贪恋权势到了如此地步，不能为他寻找仙药。”于是就逃跑了。始皇帝听说二人逃走，就大怒道：“我先前收缴天下书籍，那些不合时用的已全部烧了，我之所以招纳这么多文学、方术之士，是想让文学之士帮我实现振兴太平，方术之士帮我寻找奇药。今天听说韩众一去不返，徐市等人耗费巨万，终究没有找到仙药，每天听到的空有一些图谋私利相互告发的小事。对卢生等人，我尊重他们，赏赐丰厚，可他们现在也居然诽谤我，想借此加重我的不德。咸阳城里的那些书生，我派人调查过，发现有人制造妖言，蛊惑百姓。”于是派御史把这些书生一一审讯，他们相互揭发，相互牵引，最后始皇帝亲自圈定触犯法禁的四百六十多人，把他们全部活埋于咸阳，并告示天下，以惩前毖后。这一年，征发更多的犯人去戍守边疆。始皇帝的长子扶苏劝谏道：“天下刚刚平定，远方民众尚未安抚，那些儒生诵读诗书，师法孔子，如今皇上用重刑来惩治他们，我担心天下会因此不安宁。希望皇上明察。”始皇帝很生气，就把扶苏派去北方的上郡，给蒙恬做监军。

三十六年[①]，荧惑守心[②]。有坠星下东郡[③]，至地为石，黔首或刻其石曰“始皇帝死而地分”[④]。始皇闻之，遣御史逐问，莫服，尽取石旁居人诛之，因燔销其石。始皇不乐，使博士为《仙真人诗》，及行所游天下，传令乐人歌弦之。秋，使者从关东夜过华阴平舒道[⑤]，有人持璧遮使者曰[⑥]：“为吾遗滈池君[⑦]。”因言曰：“明年祖龙死[⑧]。”使者问其故，因忽不见，置其璧去。使者奉璧具以闻。始皇默然良久，曰：“山鬼固不过知一岁事也。”退言曰：“祖龙者，人之先也[⑨]。”使御府视璧[10]，乃二十八年行渡江所沉璧也。于是始皇卜之，卦得游徙吉[11]。迁北河、榆中三万家[12]，拜爵一级。

【注释】

①三十六年：前211年。

②荧惑守心：火星停留在心宿。古人认为这预兆着天下将有大变乱。荧惑，指火星。因隐现不定，令人迷惑，故名。守，停留。古代指某一星辰进入别的星辰的天区。心，星名。二十八宿之一，东方苍龙七宿的第五宿，有星三颗。其主星亦称商星、鹑火、大火、大辰。

③东郡：秦郡名。郡治濮阳，在今河南濮阳西南。

④始皇帝死而地分：《述异记》亦载始皇三十六年童谣："阿房阿房亡始皇。"

⑤平舒：邑名。在今陕西华阴西北。

⑥遮使者：拦住使者。遮，拦路。

⑦滈（hào）池君：滈池的水神。滈池，亦作"镐池"，在西周镐京，今陕西西安市西丰镐村一带。池水经由滈水，北注入渭。唐以后湮废。

⑧明年祖龙死：底本作"今年祖龙死"。杨慎《丹铅录》以为"今年"应作"明年"。梁玉绳认为应从《搜神记》作"明年祖龙死"。又曰："《潜丘札记》论之云：'今'字必'明'字之讹，证有二焉：一果三十七年七月始皇崩，其言验。一始皇曰'山鬼固不过知一岁事'，讥其伎俩仅知今年，若明年之事彼岂能预知乎？幸其言不验。李白古风云'璧遗镐池君，明年祖龙死。秦人相谓曰：吾属可去矣。一往桃花源，千春隔流水'。乃知太白唐时所见《史记》本尚无讹也。余又得一证，《文选》潘岳《西征赋》注及《初学记》卷五引《史记》正作'明年'。"考证详审，殆无疑义，今据改。

祖龙,《集解》引苏林曰:"祖,始也;龙,人君象,谓始皇也。"《汉书·五行志》颜师古注:"此直江神告镐池之神,云始皇将死耳。"

⑨祖龙者,人之先也:泷川引顾炎武曰:"谓'祖'乃亡者之辞,无与我也,皆恶言死之意。"按,始皇此时疑神疑鬼,已全无自信。泷川曰:"颓堕委靡,无复豪迈气象。"

⑩御府:皇家仓库,此指皇家仓库主管。

⑪游徙:自己出游与让百姓搬迁。

⑫北河:黄河流经内蒙古磴口(巴彦高勒)以后,在阴山南麓分为南、北两支。南支称为南河,即今黄河正流;北支称为北河,在今内蒙古之临河、包头一线,当时秦国的北境,约当今乌加河。

【译文】

秦始皇三十六年,火星运行到了心宿的位置。有颗流星坠落东郡,到达地面变为陨石,百姓中有人在石上刻字说"始皇帝死而地分"。始皇帝听说后,就派御史前去逐个盘问,没人招认,于是便把陨石周围的居民全都抓起来杀掉,并焚毁了这块陨石。始皇帝闷闷不乐,命博士们作《仙真人诗》,等到巡游天下的时候,让乐工们演唱。这年秋天,有使者从关东出使回来,晚上经过华阴县的平舒邑时,有人手持玉璧拦住使者道:"请替我送给滈池君。"又说:"明年祖龙死。"使者问其缘由,那人忽然不见了,只是离去时留下了玉璧。使者献上玉璧,并详细报告原委。始皇帝沉默了许久,说:"山鬼只能知道一年之内的事情。"退朝之后又说:"祖龙,是人的先祖。"他让御史查看玉璧,竟然是二十八年出巡过江时,祭祀江神所沉的玉璧。于是始皇帝使人占卜,卦象说是皇帝巡游、百姓迁徙就会吉利。于是向北河、榆中一带迁徙百姓三万家,给被迁人家的户主赐爵一级。

三十七年十月癸丑[①],始皇出游。左丞相斯从,右丞相去疾守[②]。少子胡亥爱慕请从[③],上许之。十一月,行至云梦[④]，望祀虞舜于九疑山[⑤]。浮江下，观籍柯[⑥]，渡江渚[⑦]。过丹阳[⑧]，至钱唐[⑨]。临浙江[⑩]，水波恶，乃西百二十里从狭中渡[⑪]。上会稽，祭大禹[⑫]，望于南海[⑬]，而立石刻颂秦德。其文曰：

【注释】

①三十七年：前210年，始皇四十九岁。十月癸丑：阴历十月初四。

②去疾：冯去疾，时为丞相。

③少子胡亥：据《李斯列传》之《集解》，乃始皇帝之第十八子。爱慕请从：《李斯列传》作"少子胡亥爱，请从。"爱，受秦始皇宠爱。"慕"字可疑，似应削。

④云梦：当时的大泽。约当今湖北之武汉以西，江陵以东，长江以北，江、汉之间监利、潜江等地一带的大片沼泽地区。

⑤望祀：遥祭山川地祇的祭祀。九疑山：也作"九嶷山""苍梧山"，在今湖南宁远南。《五帝本纪》说舜南巡去世葬于此山。

⑥籍柯：旧本皆无注。籍，刘盼遂以为"籍"通"藉"，即"布"；柯，疑当作"河"。"藉河"即瀑布。今人以为可能即是庐山瀑布。

⑦渡江渚：经过江渚，即采石矶。底本原文于此作"海渚"。《正义》曰："《括地志》云：'舒州同安县东。'按：舒州在江中，疑'海'字误，即此州也。"梁玉绳曰："《史诠》谓'江渚'一名'牛渚'，即采石矶也。"按，采石矶在今安徽马鞍山长江东岸，为牛渚山北部突出江中而成，江面较狭，形势险要，自古为大江南北重要津渡，也是江防重镇。

⑧丹阳：秦县名。故治在今安徽马鞍山当涂东北小丹阳镇。

⑨钱唐：秦县名。在今浙江杭州西。

⑩浙江：即今钱塘江。

⑪狭：指江面窄的地方。

⑫上会稽，祭大禹：据《夏本纪》，大禹东巡，曾会诸侯于会稽山，死后即葬于此。会稽，会稽山，在今浙江绍兴南。

⑬望于南海：望祭南海之神。望，望祭。

【译文】

秦始皇三十七年十月初四，始皇帝巡游天下。左丞相李斯随从出行，右丞相冯去疾留守京城。小儿子胡亥受始皇帝宠爱，请求跟随他出行，始皇帝同意了。十一月，始皇帝一行到达云梦泽，望祭虞舜于九疑山。而后乘船顺江而下，观览瀑布，渡过江渚。途经丹阳，到达钱塘。在浙江岸边，见波涛凶恶，无法渡过，于是西行一百二十里，从江面狭窄的地方渡过。接着登上会稽山，祭祀大禹陵，望祭南海神，最后在会稽山立石勒铭，歌颂秦王朝的功德。其文是：

皇帝休烈[①]，平一宇内，德惠修长。三十有七年，亲巡天下，周览远方。遂登会稽，宣省习俗[②]，黔首斋庄[③]。群臣诵功，本原事迹，追道高明[④]。秦圣临国，始定刑名，显陈旧章[⑤]。初平法式，审别职任[⑥]，以立恒常。六王专倍[⑦]，贪戾慠猛[⑧]，率众自强[⑨]。暴虐恣行，负力而骄，数动甲兵。阴通间使，以事合从，行为辟方[⑩]。内饰诈谋，外来侵边，遂起祸殃。义威诛之，殄熄暴悖[⑪]，乱贼灭亡。圣德广密，六合之中，被泽无疆。皇帝并宇，兼听万事，远近毕清。运理群物[⑫]，考验事实，各载其名[⑬]。贵贱并通[⑭]，善否陈前[⑮]，靡有隐情。饰省宣义[⑯]，有子而嫁，倍死不贞[⑰]。防隔内外[⑱]，禁止淫泆，男女絜诚[⑲]。夫为寄豭[⑳]，杀之无罪，男秉义程[㉑]。

妻为逃嫁[22]，子不得母，咸化廉清。大治濯俗，天下承风，蒙被休经[23]。皆遵度轨[24]，和安敦勉[25]，莫不顺令。黔首修洁，人乐同则[26]，嘉保太平[27]。后敬奉法，常治无极，舆舟不倾[28]。从臣诵烈，请刻此石，光垂休铭[29]。

【注释】

①休烈：盛美的事业。

②宣省（xǐng）：遍察，巡视。

③斋庄：严肃诚敬。

④追道：底本作“追首”。《索隐》曰：“今检《会稽刻石文》‘首’作‘道’。”今据改。追道，追述，追说。

⑤显陈：犹言“光大”。

⑥审别：精确区分。审，详细，清楚。

⑦专倍：专横而悖谬。倍，同“背”，悖理。

⑧慠：通“傲”。

⑨自强：自己逞强。

⑩辟方：悖理，放肆。泷川曰：“方，读为‘放’，《孟子》‘放辟邪次’。”按，“放辟邪次”见《孟子·梁惠王》，又见于《滕文公》，原文作“放辟邪侈”。

⑪殄（tiǎn）熄：消灭。殄，灭。

⑫运理：犹治理。

⑬各载其名：使其各有各的名分。

⑭贵贱并通：人无论贵贱都可以将意见上达天听。

⑮否（pǐ）：不善。陈前：呈现于皇帝面前。

⑯饰省宣义：粉饰过失，虚扬正义。凌稚隆引余有丁云：“省，或作‘眚（shěng）’。”眚，过失。《正义》曰：“饰，文饰也。”

⑰倍死：背叛死去的丈夫。

⑱防隔内外：指约束妇女，严男女之防。

⑲絜诚：身洁而心诚。絜，同“洁”。

⑳寄豭（jiǎ）：寄放在别家传种的公猪。喻指与别家女人私通的男人。

㉑男秉义程：男人要遵守合理的章程。义，宜。

㉒逃嫁：《正义》曰：“弃夫而逃嫁于人。”

㉓蒙被：覆盖。休经：美好的纲常。

㉔度轨：轨度，章程，法度。

㉕敦勉：敦厚，勤勉。

㉖人乐同则：方苞曰：“人喜法则之画一。”

㉗嘉保：良好地保持。

㉘舆舟不倾：以喻国家永无颠覆。

㉙光垂休铭：让皇帝的光辉通过这篇铭文流传千秋。顾炎武曰：“会稽一刻，其辞曰‘饰省宣义，有子而嫁，倍死不贞。防隔内外，禁止淫佚，男女絜诚。夫为寄豭，杀之无罪，男秉义程。妻为逃嫁，子不得母，咸化廉清’，何其繁而不杀也？考之《国语》，自越王勾践栖于会稽之后，惟恐国人之不蕃……而不复禁其淫佚。传至六国之末，其风犹在，故始皇为之厉禁。”按，今此刻石现存于浙江绍兴文物管理委员会，碑高近三米，宽约一米半，上刻篆书十二行，每行二十四字。另有隶书题记三行，共六十字。是丞相李斯的手笔。

【译文】

皇帝功业盛美，平定统一天下，德惠深厚绵长。值此三十七年，躬自巡行天下，遍游观览远方。登临会稽山峰，察看民间习俗，百姓恭谨端庄。群臣齐颂功德，推原皇帝事迹，追溯英明高强。秦朝圣君临位，创制刑名法度，发扬旧有典章。初建公平法则，审慎区分职责，确立永久纲常。六王专横荒悖，贪婪傲慢凶狠，凭借人多逞强。暴虐横行无忌，倚仗武力骄横，屡起干戈刀枪。暗中派遣使者，联合六国合纵，行为邪恶猖狂。对内心怀奸诈，向外侵我边境，由此引起祸殃。仗义扬威诛讨，消灭凶暴叛逆，乱贼终于灭亡。圣德广博深厚，六合四海之内，恩泽覆盖无疆。皇帝统一天下，兼听并视万事，远近处处清平。运筹治理国事，样样考察验实，分别记录其名。进言不分贵贱，善否当面陈述，无人隐瞒实情。文过宣扬大义，夫死有子改嫁，是为背叛不贞。内外分隔防范，禁止放荡淫乱，男女贞洁信诚。丈夫淫于他室，杀之不算罪过，男子应守规程。妻子逃走另嫁，子女不以为母，风俗感化清正。社会涤除恶俗，四海谨承教诲，沐浴皇帝熏风。人人遵守规矩，和睦安乐勤勉，无不顺从国家法令。百姓品德修洁，愿守同一法制，乐保天下太平。后世敬奉圣法，国家长治久安，舟车不翻不倾。从臣颂扬功德，请求刻石作铭，千秋永放光明。

还过吴①，从江乘渡②。并海上③，北至琅邪。方士徐市等入海求神药，数岁不得，费多，恐谴，乃诈曰："蓬莱药可得，然常为大鲛鱼所苦，故不得至，愿请善射与俱，见则以连弩射之④。"始皇梦与海神战，如人状。问占梦⑤，博士曰："水神不可见，以大鱼蛟龙为候⑥。今上祷祠备谨，而有此恶神，当除去，而善神可致。"乃令入海者赍捕巨鱼具⑦，而自以连弩候大鱼出，射之。自琅邪北至荣成山⑧，弗见。至之罘，见巨鱼，射杀一鱼。遂并海西。

【注释】

①吴：秦县名。即今江苏苏州，当时为会稽郡郡治。

②江乘：秦县名。在今江苏句容西北，地处长江边。

③并（bàng）海上：沿着东海边向北走。并，傍，沿着。上，北上。

④连弩：装有机栝，可以同发数矢或连发数矢之弓。

⑤占梦：指以圆梦为职的人。《周礼·春官·占梦》："占梦掌其岁时，观天地之会，辨阴阳之气，以日月星辰占六梦之吉凶。"即下文的"博士"。

⑥候：征候，征兆。

⑦赍（jī）：携带。

⑧琅邪：秦郡名。治琅邪，今山东黄岛西南夏河城。荣成山：即今山东荣成东北的成山角。

【译文】

始皇帝返回途中，经过吴县，从江乘县渡过长江。沿着海边北上，到达琅邪。方士徐市等人到海上寻找神仙之药，很多年都没有得到，耗费钱财甚多，害怕遭到指责，于是诈称："蓬莱仙药可得，但时常被大鲛鱼袭扰，所以无法得到，希望皇上派善射者同往，发现鲛鱼便可用连弩射死它。"刚好始皇帝也梦见同海神交战，海神的样子与人相似。他问占梦的博士，博士说："水神是人所见不到的，以大鱼和蛟龙作为出没的征兆。如今皇上祝祷十分恭谨，却还有此恶神出现，应当把它除掉，而后善神才能到来。"于是始皇帝就令入海求仙者携带捕捉大鱼的器具，而自己则带着弓弩，以备大鱼出现时射杀它。始皇帝从琅邪山北行，直到荣成山，也没有遇到大鱼出现。行到之罘时，见到了大鱼，射死了一条。接着又沿海岸西行。

至平原津而病[①]。始皇恶言死，群臣莫敢言死事。上病益甚，乃为玺书赐公子扶苏曰[②]："与丧会咸阳而葬[③]。"书已封，在中车府令赵高行符玺事所[④]，未授使者。七月丙寅[⑤]，始皇崩于沙丘平台[⑥]。丞相斯为上崩在外，恐诸公子及天下有变，乃秘之，不发丧。棺载辒凉车中[⑦]，故幸宦者参乘[⑧]，所至上食。百官奏事如故,宦者辄从辒凉车中可其奏事。独子胡亥、赵高及所幸宦者五六人知上死。赵高故尝教胡亥书及狱律令法事[9],胡亥私幸之。高乃与公子胡亥、丞相斯阴谋破去始皇所封书赐公子扶苏者,而更诈为丞相斯受始皇遗诏沙丘,立子胡亥为太子。更为书赐公子扶苏、蒙恬,数以罪,其赐死[10]。语具在《李斯传》中。行,遂从井陉抵九原[11]。会暑,上辒车臭,乃诏从官令车载一石鲍鱼,以乱其臭[12]。行从直道至咸阳[13],发丧。太子胡亥袭位,为二世皇帝[14]。

【注释】

①平原津:黄河渡口名。在秦平原县西。秦平原县在今山东平原县西南,西靠当时北流的黄河。

②玺书:专指皇帝的诏书。上盖御玺。

③与丧会咸阳而葬:意即始皇的丧车将自东方回归咸阳,扶苏即刻自上郡回咸阳主持葬礼。即立扶苏为太子,让其继位。

④在中车府令赵高行符玺事所:应作"在中车府令、行符玺事赵高所"。中车府令,官名。太仆之属官。掌皇帝乘舆路车。行符玺事,兼职为皇帝管理符节印玺。行,谓兼摄官职。赵高所,即"赵高处"。赵高,是赵国王室的远房宗族,从小生长于隐官(收容受过刑罚而因立功被赦之罪人的机关,大致相当于现在的劳动教养所)。因"强力,通于狱法"被秦始皇举为中车府令。赵高的生平事迹,可参看《李斯列传》《蒙恬列传》。

⑤七月丙寅:始皇三十七年(辛卯)的七月无"丙寅"日,"丙寅"是六月二十一,或是八月二十一。

⑥始皇崩于沙丘平台:按,始皇死时年四十九岁。沙丘平台,沙丘宫里的平台。沙丘宫在今河北广宗西大平台,是战国时赵国的离

宫，赵武灵王即死于此处。见《赵世家》。

⑦棺载辒（wēn）凉车中：依当时的形势情理，恐尚难得用棺，更可能是将“始皇遗体”载于辒凉车中。辒凉车，又作“辒辌车”，古代的卧车。亦用做丧车。《集解》引孟康曰：“如衣车，有窗牖，闭之则温，开之则凉，故名之‘辒辌车’也。”

⑧参乘：陪乘。古代乘车，尊者在左，御者在中，一人在右陪坐，称“参乘”或“车右”。

⑨故尝教胡亥书及狱律令法事：书，指认字、写字。狱律令法，指法律条文。陈直曰：“《汉书·艺文志》：‘《爰历》六章，中车府令赵高作。’赵高盖深通小学者。”“赵高‘教胡亥书’，盖指《爰历篇》等，兼及律令文而言。”

⑩赐死：按，今陕西绥德之疏属山顶有“扶苏墓”，墓为长方形，立有“秦长子扶苏墓”石碑一通。绥德城北一公里有“月宫寺”，相传为扶苏赏月处。其北两公里有“呜咽泉”，相传为扶苏赐死处。唐胡曾《杀子谷》诗有曰“至今谷口声呜咽，犹似当时恨李斯”，泉名即出于此。

⑪井陉（xíng）：秦县名。在今河北井陉西北。县西即井陉口，是河北与山西之间穿越太行山的交通要道，后来韩信破陈馀于此。九原：秦郡名。郡治在今内蒙古包头西。

⑫“上辒车臭”几句：钱锺书曰：“后世不乏此类，如《魏书·献文六王传下》高祖崩后奉迁宛城之事是也。《纪录汇编》卷一二七陈沂《蓄德录》记明成祖亲征阿鲁台，‘晏驾于榆木川，杨文敏公、金文靖公恐事泄，尽取军中锡器熔为殓具，覆以隆衣，日进膳如故，锡工尽除，以灭其迹。至京师，人未知也’。封闭锡椑中，故无须鲍鱼乱臭。”鲍鱼，盐干鱼。乱，混淆。

⑬行从直道至咸阳：直道，即蒙恬所修治者，北起九原（今内蒙古包头西北），南至云阳（今陕西淳化西北）。顾炎武曰：“始皇崩于沙

丘，乃又从井陉抵九原，然后从直道以至咸阳，回绕三四千里而归者，盖始皇先使蒙恬通道，自九原抵甘泉，堑山堙谷千八百里，若径归咸阳，不果行游，恐人疑揣，故载辒辌而北行。”

⑭太子胡亥袭位，为二世皇帝：吴裕垂曰：“周自春秋以来，列侯互相并吞，无岁不战，无国不争，日甚一日。至于七国，生灵之涂炭，数百年于兹矣。不有天下才出而一之，祸乱岂有已时乎？秦始皇帝真膺运而特出者矣。天何不延彼遐龄，俾尔克昌厥后也？夫以始皇开国之宏规，诚得公子扶苏而嗣之，宽以济猛，文以守成……更张者数载，休养者数载，陶淑者又数载，礼乐教化之隆胥将拭目而俟也。所谓事半而功倍者，此其时矣。”“数传之后，颂其诗，读其书，稽其制作，览其规模，论古者又将何所置其议？扶苏而不获嗣，始皇之不幸也，抑亦天下黔首之大不幸也。”

【译文】

行至平原津时，始皇帝就病了。始皇帝厌恶说“死”字，群臣没人敢提死的事情。始皇帝病得越发严重，便给长子扶苏写了一封加盖御玺的诏书，说：“回咸阳来，迎接我的灵车，处理丧葬事宜。”诏书已经封好，放在中车府令兼管皇帝御玺的赵高手里，还没有交给使者。七月丙寅，始皇帝在沙丘宫平台之中驾崩。丞相李斯担心皇帝死在外面，身在咸阳的诸位皇子与各地的势力会乘机制造变故，于是秘不发丧。他把始皇帝的遗体装在辒凉车中，让原来受始皇帝宠幸的宦官陪乘，所到之地，照旧送上饭食。百官像往常一样上奏国事，宦官则在辒凉车中批奏。只有皇子胡亥、赵高和五六个曾受始皇帝宠幸的宦官知道始皇帝已经死去。赵高过去曾教胡亥写字和狱律法令等事，胡亥私下很亲近他。赵高就同皇子胡亥、丞相李斯暗中密谋，毁掉了始皇帝赐给公子扶苏的那封已经封好的诏书，而另外诈称丞相李斯在沙丘接受始皇帝遗诏，立皇子胡亥为太子。又假造诏书送给公子扶苏、蒙恬，列举他们的罪状，赐命他们自杀。这些事情都记载在《李斯列传》中。胡亥等人继续前行，于是从井陉到达九原。正赶上暑天，始皇帝的辒凉车里散发出臭味，于是就命令随从官员每车装载一石鲍鱼，用来混淆始皇帝尸体的臭味。李斯等从九原郡沿直道返回咸阳后，这才发布了始皇帝驾崩的消息。太子胡亥继承皇位，是为二世皇帝。

九月，葬始皇郦山。始皇初即位，穿治郦山①，及并天下，天下徒送诣七十余万人②，穿三泉③，下铜而致椁④，宫观百官奇器珍怪徙臧满之⑤。令匠作机弩矢⑥，有所穿近者，辄射之。以水银为百川江河大海，机相灌输，上具天文⑦，下具地理⑧。以人鱼膏为烛⑨，度不灭者久之。二世曰："先帝后宫非有子者，出焉不宜。"皆令从死，死者甚众。葬既已下，或言"工匠为机，臧皆知之，臧重即泄，大事毕"⑩。已臧，闭中羡⑪，下外羡门⑫，尽闭工匠臧者⑬，无复出者。树草木以象山⑭。

【注释】

①穿治郦山：指开挖郦山修陵。穿，开掘。

②徒：苦役犯。诣：到，指到达郦山。

③穿三泉：向下挖穿三重地下水。一说三泉之深在23米至30米之间；一说可能更深，但始皇陵东、南、西三侧的排水沟渠深度为39.4米，秦陵地宫的深度当不深于39.4米。

④下铜：朱思红、王志友引证《汉书·贾山传》以为"下铜"即以铜水浇灌石缝，达到堵塞地下水的目的。

⑤宫观百官奇器珍怪徙臧满之：《正义》曰："言冢内作宫观及百官位次，奇器珍怪，徙满冢中。"徙，移，运送。臧，通"藏"。

⑥机弩矢：有机关控制的弓箭，一触即发。

⑦天文：日月星斗。

⑧地理：山脉河流。

⑨人鱼：鲵，俗称娃娃鱼。

⑩“工匠为机”几句：这是有人提醒二世，不能再让众工匠活着出来。机，机关。臧，通“藏”，指墓中的随葬物品。即，若。大事毕，大事休矣。毕，休，犹完蛋。关中方言，见方言辞典。

⑪中羡（yán）：墓道里的中门。羡，墓道。

⑫外羡门：墓道的外闸门。

⑬尽闭工匠臧者：臧者，向墓中搬运随葬品的人。按，底本对以上数句标点作“葬既已下，或言工匠为机，臧皆知之，臧重即泄。大事毕，已臧，闭中羡，下外羡门”云云，逻辑关系不清，对话与叙事不分，今改。

⑭树草木以象山：按，始皇陵之巨大山丘在今西安临潼城东五公里的下河村附近。目前已基本上搞清陵园的建筑布局，并先后发掘了兵马俑坑、铜车马坑、陪葬墓、徒役墓，共出土文物五万多件。陵园平面呈南北长、东西窄的长方形，有内外两重夯土围墙：内墙长1355米，宽580米；外墙长2165米，宽940米。坟丘在内围墙中部偏南处，底边每边长350米左右，现存高度76米。坟丘底下是地宫，地宫平面近方形，四周以砖坯砌筑宫墙。宫墙南北长460米，东西宽392米，墙体高厚各约4米。坟丘西侧有铜车马坑，车马坑附近和坟丘南侧各有两个府藏库；坟丘北部有寝殿、便殿和郦山食官建筑遗存。陵园四周的遗迹以东部和西部发现为多，东部有兵马俑坑、马厩坑、陪葬墓群；西部有建筑役徒墓、窑址、石料加工场；南部靠近骊山处有防洪堤遗址；北部有建陵挖土而形成的鱼池遗址。

【译文】

九月，把始皇帝安葬于郦山。早在始皇帝刚即位时，就开山凿洞，着手建造郦山陵墓了。等到吞并天下后,便从各地调集囚徒七十余万人,送到郦山,投入陵墓营建之中。为修地宫,他们向下挖过了多层泉水,用熔化的铜液浇灌封锢,再将棺椁放置进去,墓中还建有宫殿,列着百官次位,堆满各种珍奇宝物。令工匠们安装由机关操纵的弓弩,一旦有人掘墓靠近,弓弩就会自动射向目标。地宫里有用水银制成的百川江河大海,用机关控制互相灌注流通,地宫的上空绘有日月星辰,下面刻有地理景观。其中点着人鱼油脂制成的蜡烛,估计燃烧很久也不会熄灭。二世皇帝说:"先帝后宫的嫔妃,没有子女的,不能放出宫去。"就令她们全部殉葬,殉葬的人很多。安葬事宜完毕后,有人说,工匠为陵墓设置了机关,地宫里所藏的宝物,他们都是知道的,宝物多而贵重,一旦泄露消息,那就要坏大事。于是当殉葬物品装藏完毕时,便将墓道的中门先行关闭,接着又将外门关闭,把所有的工匠与向地宫搬运殉葬物品的人员通通关在了里面,没有一个人能活着出来。而后堆土成丘,在山丘上种植草木,装饰得像山一般。

二世皇帝元年,年二十一①。赵高为郎中令②,任用事。二世下诏,增始皇寝庙牺牲及山川百祀之礼③。令群臣议尊始皇庙。群臣皆顿首言曰:"古者天子七庙,诸侯五,大夫三④。今始皇为极庙,虽万世不轶毁⑤,四海之内皆献贡职⑥,增牺牲,礼咸备,毋以加。先王庙或在西雍⑦,或在咸阳。天子仪当独奉酌祠始皇庙⑧。自襄公已下轶毁⑨。所置凡七庙⑩,群臣以礼进祠⑪。以尊始皇庙为帝者祖庙⑫。皇帝复自称'朕'⑬。"

【注释】

①二世皇帝元年,年二十一:后附《秦纪》云"二世生十二年而立",

与此不同。二世皇帝元年，前209年。

②郎中令：九卿之一。总管宫殿内一切事务。

③增始皇寝庙牺牲及山川百祀之礼：按，秦二世此举是为了博取鬼神的欢心与保佑。寝庙，古代帝王的宗庙分两部分，前曰庙，后曰寝，合称“寝庙”，或作“庙寝”。庙是供祀祖先的地方，寝是放置祖先衣冠的地方。山川百祀之礼，指对山川神灵的各种祭祀的规格。百祀，泛指各种祭祀。

④天子七庙，诸侯五，大夫三：《礼记・王制》：“天子七庙，三昭三穆，与太祖之庙而七；诸侯五庙，二昭二穆，与太祖之庙而五；大夫三庙，一昭一穆，与太祖之庙而三。”七庙，即享受祭祀的七辈祖先。中间是开国的太祖，两边是与现任皇帝亲缘最近的六代先人，即父、祖、曾祖、高祖等。开国太祖的受祭，永远不变；其他六代受祭者，则随着皇帝的不断更替而依次改换。下述“五庙”“三庙”的意思与此相同。

⑤今始皇为极庙，虽万世不轶（dié）毁：底本“虽万世不轶毁”作“虽万世世不轶毁”，在“今始皇为极庙”前，属上句读。梁玉绳引卢文弨曰：“二句当互易之，观后云‘自襄公以下轶毁’，则此句之为误倒明矣。”今据乙正，并削去一“世”字。极庙，即群臣给始皇庙议出的尊号。轶毁，更迭废毁。轶，通“迭”。

⑥贡职：指贡品。职，应纳的赋税或贡物。

⑦西雍：西方的雍县，在今陕西宝鸡凤翔区南。曾为秦国都城。当地有秦之宗庙，还有多位秦国先君陵墓。

⑧天子仪当独奉酌祠始皇庙：意谓今后天子除亲自捧酒祭祀始皇庙外，其他祖庙都不用亲自去。王念孙曰：“‘酌’当作‘酎（zhòu）’，汉制以八月尝酎，盖本于秦制。”酎，经过多次酿制的浓酒，用于祭祀，以示虔敬。

⑨襄公：前777—前766年在位。据《秦本纪》，周幽王被犬戎所灭

时，秦襄公出兵救周，送平王东迁，始被封为诸侯。故被认为是秦国的开国之君，永远享受祭祀。

⑩七庙：指太祖襄公，其余三昭三穆应是始皇之父庄襄王、祖孝文王、曾祖昭襄王，以及再往上的悼武王、惠文王、秦孝公。

⑪群臣以礼进祠：意谓秦为诸侯时的七庙由群臣祭祀，天子就不亲自去了。

⑫以尊始皇庙为帝者祖庙：意谓从始皇帝开始另立一个宗庙，作为统一天下的帝王的始祖之庙。

⑬皇帝复自称“朕”：始皇三十五年曾因渴望成仙而改称“真人”，不再称“朕”；现二世又重自称“朕”。

【译文】

秦二世元年，皇帝二十一岁。赵高为郎中令，执掌朝政大权。二世皇帝下诏，增加始皇帝寝庙的祭品以及祭祀山川神灵的礼数。又让群臣商量如何尊崇始皇帝庙。大臣们都叩头进言道：“古时天子祭祀的祖先是七代，诸侯是五代，大夫是三代。如今应尊称始皇帝庙为极庙，即使万世之后也不撤除，四海之内都要给始皇帝庙献贡，要增其供品数量，做到礼数周全，无以复加。先祖之庙有的在西雍，有的在咸阳，按照天子的礼仪，今后只需亲自捧酒祭祀始皇帝庙就行了。自襄公以下的各庙都废除。所设的祖庙一共有七座，由群臣按照礼仪进行祭祀即可，借以尊崇始皇帝庙为秦国为帝者的祖庙。皇帝仍应自称为‘朕’。”

二世与赵高谋曰：“朕年少，初即位，黔首未集附。先帝巡行郡县，以示强，威服海内。今晏然不巡行①，即见弱，毋以臣畜天下②。”春，二世东行郡县，李斯从。到碣石，并海，南至会稽，而尽刻始皇所立刻石，石旁著大臣从者名，以章先帝成功盛德焉。

【注释】

①晏然：安然。指待在京城不外出。

②臣畜天下：把普天下的人都畜养为自己的奴仆。意即统治天下。臣，奴仆。

【译文】

二世皇帝与赵高商量道："我年纪轻，刚刚即位，民心还未归附。先帝当年常常出巡各地，以显示强大，慑服天下。如果我安然不动，不去巡游，就显得软弱无力，无法统治天下。"春天，二世皇帝东行巡视各郡县，李斯随从。他们先到碣石，沿着海岸南行，抵达会稽。凡是有始皇帝刻石的地方，二世皇帝就在这刻石的侧面刻上当年随行的大臣名字，借此彰显始皇帝的伟大功绩与隆盛德业。

皇帝曰："金石刻尽始皇帝所为也。今袭号而金石刻辞不称始皇帝，其于久远也如后嗣为之者，不称成功盛德①。"丞相臣斯、臣去疾、御史大夫臣德昧死言②："臣请具刻诏书于石③，因明白矣。臣昧死请。"制曰："可。"遂至辽东而还④。

【注释】

①"金石刻"几句：方苞曰："金石刻辞，当始皇时止称'皇帝'，今易世，不称'始皇'，则久远之后如后嗣为之也。……使人疑后嗣所为，则不称（chèn）始皇之成功盛德也。"金石刻，指当年始皇东巡在各处所刻的铭文。

②丞相臣斯、臣去疾：按，时李斯为左丞相，冯去疾为右丞相，李斯列名居前，知秦时尚以"左"为贵，至汉时则改右为尊，视《文帝本纪》可知。

③请具刻诏书于石：底本原文于此作"请具刻诏书刻石"。李笠曰：

“下‘刻’字疑‘于’字之误。”应作“于”，今据改。

④辽东：秦郡名。郡治襄平，即今辽宁辽阳。

【译文】

二世皇帝说：“这些金石刻辞全是始皇帝所为。如今我继承了皇帝的称号，而这些金石刻辞中不称始皇帝，年深日久，就像是后世皇帝所为，如此不能彰扬始皇帝的伟大功绩与隆盛德业。”丞相李斯、冯去疾、御史大夫德冒死上奏道：“臣等请求把这份诏书刻在山石上，这样就清楚了。臣等冒死请求。”二世皇帝批复道：“可以。”于是又巡行到辽东，而后返回。

于是二世乃遵用赵高，申法令。乃阴与赵高谋曰：“大臣不服，官吏尚强，及诸公子必与我争，为之奈何？”高曰：“臣固愿言而未敢也。先帝之大臣，皆天下累世名贵人也[①]，积功劳世以相传久矣[②]。今高素小贱，陛下幸称举[③]，令在上位，管中事[④]。大臣鞅鞅[⑤]，特以貌从臣，其心实不服。今上出，不因此时案郡县守尉有罪者诛之[⑥]，上以振威天下，下以除去上生平所不可者。今时不师文而决于武力[⑦]，愿陛下遂从时毋疑，即群臣不及谋。明主收举余民[⑧]，贱者贵之，贫者富之，远者近之[⑨]，则上下集而国安矣。”二世曰：“善。”乃行诛大臣及诸公子，以罪过连逮少近官三郎[⑩]，无得立者[⑪]，而六公子戮死于杜[⑫]。公子将闾昆弟三人囚于内宫[⑬]，议其罪独后。二世使使令将闾曰：“公子不臣，罪当死，吏致法焉。”将闾曰：“阙廷之礼，吾未尝敢不从宾赞也；廊庙之位，吾未尝敢失节也；受命应对，吾未尝敢失辞也[⑭]。何谓不臣？愿闻罪而死。”使者曰：“臣不得与谋，奉书从事。”将闾乃仰天大呼天者三，曰："天乎！吾无罪！"昆弟三人皆流涕拔剑自杀。宗室振恐。群臣谏者以为诽谤，大吏持禄取容，黔首振恐。

【注释】

①天下累世名贵人：天下闻名的世代权贵。

②积功劳世以相传：如蒙氏、王氏等数代以来皆有大功于国的家族。

③称举：抬举。称，举。

④中事：宫廷里的事务。赵高为郎中令，即宫廷总管。

⑤鞅鞅：通"怏怏"，心怀不满的样子。

⑥案：查办。

⑦不师文：不讲究仁义道德。武力：此指法律。

⑧收举：搜罗，提拔。余民：指在过去不受重用而不得志的人。

⑨贱者贵之，贫者富之，远者近之：王维桢曰："自古奸邪误国揽权，类用此术。"按，这的确是古今一切阴谋家收买死党、结党谋权的"有效"手段。

⑩连逮：牵连到，株连到。逮，及。少近官三郎：指皇帝身边的侍卫人员。《索隐》曰："少，小也。近，近侍之臣。三郎谓中郎、外郎、散郎。"《正义》以为"三郎"也可能指郎中、车郎、户郎三将，都上属郎中令。

⑪无得立者：犹言无人幸免。日本有的本子"立"字作"脱"。皇帝身边的人尚不能幸免，则其他官府更可想而知。郭嵩焘曰："百官无不侧足而立也。"

⑫六公子戮死于杜：《李斯列传》作："公子十二人僇死咸阳市，十公主磔死于杜。"杜，秦县名。故治在今陕西长安西，当时阿房宫的南面。秦俑考古队曾有简报综述称，在始皇陵东门外有一处陪葬墓，已发掘的八座，葬者皆一棺一椁。尸骨经鉴定，死者为五男二

女，年龄都在20—30岁左右，皆肢解入葬。推测被葬者可能是被胡亥处死的秦公子、公主，可能还有秦始皇原来的近臣。

⑬公子将闾昆弟三人：公子将闾，秦二世之兄。按，此特别称"公子将闾昆弟三人"，则此三人必一母所生。

⑭失辞：用词不当，说错话。

【译文】

这时，二世皇帝采纳了赵高的建议，申明法令。他私下与赵高商议道："大臣们心中不服，官吏们势力还很强大，诸公子必然会与我争夺权力，该怎么办呢？"赵高说："我本来就想说，但还没敢说。先帝的大臣，都出自负有名望的权贵之家，累世功勋，代代相传，为时已久。我赵高向来位低名贱，如今陛下宠幸我，抬举我，让我高居上位，掌管宫中事务。大臣们怏怏不乐，只是表面上顺从我，其实内心并不服气。现在您外出巡行，何不趁着这一时机，查办一批有罪的郡、县长官，把他们杀掉，这样做，上则威震天下，下则铲除您平生不满的人。现在不能师法文治，而要决于武力，希望陛下抓紧时机，不要迟疑，让群臣百官来不及想对策。您这英明的君主可以收揽起用遗民，低贱的使他高贵，贫穷的使他富有，疏远的亲近他，这样就会上下辑睦，国家安定。"二世皇帝说："好。"于是边巡游，边诛杀朝中大臣和皇室兄弟，假借罪名互相株连，来逮捕地位较低的近侍之臣和三署郎官，无人能够幸免，始皇帝的六个儿子被处死在杜县。皇子将闾兄弟三人被囚禁于内宫，等待议罪。二世皇帝派使者对将闾下令说："你没有做臣子的样子，按所犯罪行应当处死，法官将给予制裁。"将闾说："宫廷的礼仪，我未尝敢不按司礼官的唱赞来行动；朝廷上的位次，我未尝敢有越礼的表现；承命回答问题，我未尝敢有言语上的差错。怎么会没有臣子的样子呢？我希望知道自己的罪行而后再死。"使者说："我不能和你讨论这些，只知道奉命行事。"将闾于是仰面向着苍天连声大呼："天啊，我没有罪啊！"兄弟三人都涕泪俱下，拔剑自杀。宗室为之震动，恐惧不安。群臣中有敢劝谏的都被认为是诽谤朝廷，大臣们为保住俸禄，苟合取容，百姓个个惊恐不已。

四月，二世还至咸阳①，曰："先帝为咸阳朝廷小，故营阿房宫。为室堂未就，会上崩，罢其作者，复土郦山②。郦山事大毕，今释阿房宫弗就，则是章先帝举事过也。"复作阿房宫。外抚四夷，如始皇计。尽征其材士五万人为屯卫咸阳③，令教射狗马禽兽，当食者多，度不足，下调郡县转输菽粟刍藁④，皆令自赍粮食；咸阳三百里内不得食其谷⑤。用法益刻深⑥。

【注释】

①二世还至咸阳：按，今乃曰"还至咸阳"，则杀诸公子，皆二世于还京途中所为。

②复土：指修建陵墓。《正义》曰："出土为陵，既成，还复其土，故言'复土'。"

③材士：《正义》曰："材官蹶张之士。"材官蹶张，军队中以力大著称的特种兵，能用脚踏开强弩。此语又见于《绛侯周勃世家》。

④刍藁（gǎo）：饲草与禾秆。指喂牲口的饲料。

⑤咸阳三百里内不得食其谷：方苞曰："转输之人皆自赍粮，不得食咸阳三百里内谷也。"

⑥用法益刻深：凌稚隆引杨循吉曰："二世即位，诛大臣及诸公子，致宗室振恐；复作阿房宫，致咸阳三百里内不得食。暴虐益炽，愈速诸侯之兵。太史公叙胜等起兵在'用法益刻深'后，有深意在。"

【译文】

四月，二世皇帝回到咸阳，说："先帝因为咸阳的宫殿不够宽广，所以才营建阿房宫。室堂尚未建成，适值始皇帝驾崩，只得让修建的人停下来，调到郦山去修筑陵墓。如今郦山陵事已大体完工，如果还搁置阿房宫不建成，就是彰显先帝办事有所失误。”于是重新修建阿房宫。同时出兵讨伐四夷，按着始皇帝当初的计划进行。又从全国征调身强力壮的士卒五万人驻守咸阳，命他们教人射箭及驯养狗马禽兽，由于需要吃粮者太多，粮草供应不足，于是就从下面各郡县征调运送粮草，并让转运人员都自带干粮，不得取用咸阳三百里以内的粮食。施法更加严酷。

七月，戍卒陈胜等反故荆地①，为“张楚”。胜自立为楚王，居陈②，遣诸将徇地③。山东郡县少年苦秦吏，皆杀其守、尉、令、丞反④，以应陈涉，相立为侯王，合从西乡⑤，名为伐秦，不可胜数也。谒者使东方来，以反者闻二世⑥。二世怒，下吏⑦。后使者至，上问，对曰：“群盗，郡守尉方逐捕，今尽得，不足忧⑧。”上悦。武臣自立为赵王⑨，魏咎为魏王⑩，田儋为齐王⑪。沛公起沛⑫。项梁举兵会稽郡⑬。

【注释】

①陈胜等反故荆地：陈胜等于宿县大泽乡起义事，详见《陈涉世家》。荆地，楚地。

②居陈：以陈郡为其大本营。陈，陈郡。郡治陈县，即今河南周口淮阳区。

③徇地：掠取土地。徇，掠取，招抚。

④守、尉、令、丞：郡守、郡尉、县令、县丞。县丞，官名。为县长吏，佐助县令处理日常事务。

⑤西乡：向西。乡，通“向”。

⑥闻：使之听闻，意即报告。

⑦下吏：交由法吏查办。

⑧"群盗"几句:按,以上应对全同于叔孙通取悦二世语,见《刘敬叔孙通列传》。池田英雄引精翁语以为此使者即叔孙通,似乎无据。今,即将。

⑨武臣自立为赵王:事在秦二世元年(前209)八月。武臣原是陈涉的将领,奉命与魏名士张耳、陈馀率军北攻赵地。听齐辩士蒯通计,以官爵招降秦官吏,遂不战而尽取赵地。至邯郸(今河北邯郸),依张耳、陈馀之言,自立为赵王。事详《张耳陈馀列传》。

⑩魏咎为魏王:事在秦二世元年九月。魏咎是战国魏王族,封宁陵君。秦灭魏,废为庶人。陈胜起义后,他往从之。陈胜部将周市攻下魏地,请求陈胜立魏咎为魏王。使者五返,始得立。都临济(今河南封丘东)。事详《魏豹彭越列传》。

⑪田儋为齐王:事在秦二世元年九月。田儋是战国时齐国王室后裔。陈涉起义后,派周市略齐地至狄。他杀狄县令,自立为齐王,击退周市,平定齐地。都临淄(今山东淄博临淄区)。事详《田儋列传》。

⑫沛公起沛:事在秦二世元年九月。沛公,即刘邦。刘邦在沛县起兵的经过详见《高祖本纪》。

⑬项梁举兵会稽郡:事在秦二世元年九月。项梁为项羽之叔,六国时楚将项燕之子,其在会稽起兵的具体经过详见《项羽本纪》。会稽,秦郡名。郡治吴县,即今江苏苏州。史珥曰:"写陈胜等起兵处,百余字耳,中间备极曲折,又复生动有势,可为叙事之法。"

【译文】

七月,派去守边的戍卒陈胜等在原楚国地方造反,号称"张楚"。陈胜自立为楚王,驻兵于陈县,派将领四处攻占地盘。崤山以东各郡县被秦的官吏害惨了的年轻人,都纷纷起来杀掉当地的郡县长官造反,来响应陈胜,他们相继自立为王侯,联合起来向西进发,打着"伐秦"旗号的队伍多到不可胜数。有个谒者从东方出使归来,把东方造反的事情报给二世皇帝。二世皇帝很生气，就把这谒者交给法吏查办。此后再有使者回来，二世皇帝再问，使者就回答道："那都是一些毛贼，郡守、郡尉正在追捕，很快就会全部抓获，不足为虑。"二世皇帝非常高兴。这时，武臣自立为赵王，魏咎自立为魏王，田儋自立为齐王。沛公刘邦在沛县起兵。项梁在会稽郡起兵。

二年冬[①]，陈涉所遣周章等将西至戏[②]，兵数十万。二世大惊，与群臣谋曰："奈何？"少府章邯曰[③]："盗已至，众强，今发近县不及矣。郦山徒多，请赦之，授兵以击之。"二世乃大赦天下，使章邯将，击破周章军而走，遂杀章曹阳[④]。二世益遣长史司马欣、董翳佐章邯击盗[⑤]，杀陈胜城父[⑥]，破项梁定陶[⑦]，灭魏咎临济[⑧]。楚地盗名将已死，章邯乃北渡河，击赵王歇等于钜鹿[⑨]。

【注释】

①二年冬：前208年冬天。秦朝以十月为岁首，故新的一年从"冬"开始。

②周章：名文，字章。陈胜的部将。戏：古亭名。在今陕西西安临潼区东北戏水西岸。离始皇陵不远。

③少府：官名。九卿之一，掌管山海池泽收入和皇室手工业制造，为皇帝的私府长官。

④杀章曹阳：曹阳，亭名。在今河南三门峡陕州区西南。徐孚远曰："诸侯兵已至关外，乃始赦囚徒为兵，近乌合之众也，而章邯连胜有功，见其善用兵也。"吴昌廉曰："由于章邯军之兵器全部都是由中央政府发给，所以较诸同为乌合之众的陈胜军，可谓兵器精良，此为章邯军之所以能打败打垮陈胜军之关键所在。"

⑤长史司马欣、董翳：长史，官名。众史之长。丞相、大将的属官。按，二人此前并非长史，此时方被委派担任章邯的长史。史文欠分明。司马欣曾任栎阳狱掾，救过项梁，见《项羽本纪》。

⑥杀陈胜城父：事在秦二世二年（前208）十二月，亦即陈涉起义的第六个月。城父，秦县名。故治在今安徽亳州东南城父集。

⑦破项梁定陶：事在秦二世二年九月，亦即项梁起义的一周年。定陶，秦县名。在今山东菏泽定陶区西北。

⑧灭魏咎临济：事在秦二世二年六月。

⑨击赵王歇等于钜鹿：事在秦二世二年九月，章邯杀项梁之后。赵王歇是战国时赵王后裔，武臣自立为赵王不久，被其部将李良所杀。张耳、陈馀遂立赵歇为赵王，据钜鹿。事详《张耳陈馀列传》。钜鹿，秦郡名。郡治钜鹿县，在今河北邢台平乡西南。

【译文】

秦二世二年冬，陈涉所派遣的周章等人已经率兵西进，攻至戏水附近，拥兵数十万。二世皇帝大惊，与群臣商量道："这可怎么是好？"少府章邯说："盗匪已到，且人多势众，已经来不及征调周围郡县的士卒了。在郦山服役的囚徒人数很多，请皇上赦免他们的罪过，给他们发武器，让他们前去迎击。"于是二世皇帝大赦天下，任命章邯为将军，章邯果然把周章的军队打得溃败，并将周章追杀于曹阳。二世皇帝又派长史司马欣、董翳增援章邯，攻打盗匪，杀陈胜于城父，败项梁于定陶，灭魏咎于临济。楚地盗匪中的有名将领都已死去，章邯于是北渡黄河，到钜鹿一带去进击赵王歇等人。

赵高说二世曰："先帝临制天下久，故群臣不敢为非，进邪说。今陛下富于春秋，初即位，奈何与公卿廷决事？事即有误，示群臣短也。天子称朕，固闻声[①]。"于是二世常居禁中，与高决诸事。其后公卿希得朝见[2]，盗贼益多，而关中卒发东击盗者毋已。右丞相去疾、左丞相斯、将军冯劫进谏曰："关东群盗并起，秦发兵诛击，所杀亡甚众，然犹不止。盗多，皆以戍漕转作事苦[3]，赋税大也。请且止阿房宫作者，减省四边戍转。"二世曰："吾闻之韩子曰[4]：'尧、舜采椽不刮，茅茨不翦[5]，饭土塯[6]，啜土形[7]，虽监门之养[8]，不觳于此[9]。禹凿龙门[10]，通大夏[11]，决河亭水[12]，放之海，身自持筑臿[13]，胫毋毛，臣虏之劳不烈于此矣[14]。'凡所为贵有天下者，得肆意极欲，主重明法[15]，下不敢为非，以制御海内矣。夫虞、夏之主，贵为天子，亲处穷苦之实，以徇百姓，尚何于法？朕尊万乘，毋其实[16]，吾欲造千乘之驾，万乘之属[17]，充吾号名。且先帝起诸侯，兼天下，天下已定，外攘四夷以安边竟[18]，作宫室以章得意，而君观先帝功业有绪。今朕即位二年之间，群盗并起，君不能禁，又欲罢先帝之所为，是上毋以报先帝，次不为朕尽忠力，何以在位？"下去疾、斯、劫吏，案责他罪[19]。去疾、劫曰："将相不辱。"自杀。斯卒囚，就五刑[20]。

【注释】

①天子称朕，固闻声：底本作"天子称朕，固不闻声"。《索隐》曰："一作'固闻声'，言天子常处禁中，臣下属望，才有兆朕；闻其声耳，不见其形也。"王念孙曰："一本及小司马说是也，《李斯传》记高之言曰：'天子所以贵者，但闻其声，群臣莫得见其面，故号曰朕'，是其证。"王叔岷曰："王说是也，《通鉴·秦纪三》亦载高之言曰：'天子之所以贵者，但以闻声。'本于《李斯传》。'固闻声'犹'但闻声'。"诸说是，今据削"不"字。

②希：通“稀”。

③戍：守边。漕：水道运输。转：陆路运输。作：服劳役。

④韩子：即韩非，战国末期法家集大成者，著有《韩非子》，事迹见《老子韩非列传》。

⑤尧、舜采椽不刮，茅茨不翦：皆极言居室之简陋不讲究。采椽，从山里砍伐的木料直接用作椽子。茅茨，苫盖屋顶用的茅草。翦，斩断。

⑥墦（liù）：陶制食器。

⑦啜（chuò）：饮。形：通“铏”，瓦制食器，用以盛羹。

⑧监门：守门士卒。

⑨觳（què）：俭薄，简陋。

⑩龙门：即今陕西韩城东北之禹门口，相传古时此处阻隔不通，大禹凿通此山，黄河始得向南流下。

⑪大夏：《正义》曰：“今并州晋阳及汾、绛等州是。”按，即今之山西的西南部地区。

⑫决河亭水：《正义》曰：“亭，平也。”谓疏通河道，平治洪水。《正义》又云：“决亭壅之水。”谓疏通壅积的黄河水。如此则“亭”通“停”。池田英雄曰：“《李斯传》作‘决亭水，致之海’，无‘河’字，此似衍。”按，池田说可从。

⑬筑：捣土的杵。臿（chā）：锹。

⑭臣虏：奴隶。烈：繁重。按，以上二世所引韩非语，见《韩非子·五蠹》。

⑮主重明法：主要在于申明法令。“主重”二字连读，意即“强调”“重在”。

⑯尊万乘（shèng），毋其实：万乘，原指天子有万乘兵车，现在秦二世用于自己的仪仗车驾，故不满曰有名无实。

⑰属：属车。用以装载随从。

⑱边竟：边境。竟，通“境”。

⑲案责他罪：再进一步追查他们的其他罪行。梁玉绳曰："按《李斯传》，诸侯叛秦，斯数欲请间，二世不许而责问之，斯阿意求容，以督责之术对；而《纪》云去疾、斯、劫进谏，必《纪》误也。斯既阿意求容，何能直谏？况请间而二世不许，继请而为赵高所卖，斯实未尝一言。或去疾、冯劫谏而连斯之名于奏牍乎？"按，《李斯列传》所叙之过程详悉，此略举其事，但出入甚多，故为梁氏所纠。

⑳斯卒囚，就五刑：《李斯列传》作"具斯五刑，论腰斩咸阳市"。五刑，《汉书·刑法志》云："当三族者，皆先黥、劓，斩左右止，笞杀之，枭其首、菹其骨肉于市；其诽谤詈诅者又先断舌，故谓之具五刑。"按，此处"五刑"，疑泛指各种刑法，然犹未及死，故下文犹云"竟案李斯杀之"。据《李斯列传》，李斯被杀，在秦二世二年七月。梁玉绳曰："斯就五刑，因高之谮，而后文谓因谏被诛，亦《纪》之误。"

【译文】

赵高劝告二世皇帝说："先帝监临控制天下的时间长，所以群臣不敢为非作歹，进言异端邪说。如今陛下年轻，刚刚即位，怎么能同公卿大臣一起在朝廷上决断事情呢？事情如果决断错了，就在群臣面前显示了弱点。天子自称为朕，本来就只能让人听到声音。"于是二世皇帝便长居深宫，只同赵高合计决断诸事。此后公卿大臣很少有机会朝见皇上，各地造反的队伍却越来越多，关中士兵源源不断地被调去东方剿贼。右丞相冯去疾、左丞相李斯、将军冯劫进谏说："关东盗贼纷纷而起，朝廷派兵前去诛讨，被杀死的、被赶走的很多，然而还不能平息。盗贼之所以越来越多，都是因为戍边、运输、劳作的事情太苦，赋税太重。请皇上暂停阿房宫的修建，削减四方边境的守军并减少向四方边境运送粮食。"二世皇帝说："我听说韩非子说过：'尧、舜采伐用作椽子的材料都不加砍削，苫盖屋顶的茅草也不加修剪，用陶制的粗碗吃饭，用陶制的粗杯喝汤，即使是供给看守城门的吃食用品，也没有俭薄到这种程度。大禹开凿龙门，南通大夏，疏通河道，泄导积水，使之导入大海，他亲自拿着杵和锹，腿上的毛都被磨光了，即使是奴隶的劳苦也不会比这个更繁重。’凡是尊贵而享有天下的人，应该能随心所欲，为所欲为，要做的主要是申明法令，让下面的人不敢做坏事，而以此统治天下。像虞舜、夏禹那样的君主，虽贵为天子，却身处穷苦的境地，为百姓做出牺牲，那还要法令干什么？我被尊为万乘之君，却没有万乘之实，我要用一千辆车组成车驾，设置一万辆车的随从，来充实我万乘之君的名号。况且先帝起自诸侯，兼并天下，天下平定之后，外攘四夷以安定边境，修建宫室以显示成功，你们清楚地看到，先帝的功业有条有理。如今我即位两年之间，却闹得群盗并起，你们不能制止，反而想废除先帝要做的事情，这首先就无法报答先帝，其次也表明你们不肯对我效忠尽力，你们凭什么在这些职位上？”就将冯去疾、李斯、冯劫交由狱吏囚禁，审查追究他们的其他罪行。冯去疾、冯劫说：“将相不能下狱受辱。”便自杀了。李斯则接受囚禁，遍受各种刑罚。

三年[①]，章邯等将其卒围钜鹿，楚上将军项羽将楚卒往救钜鹿[②]。冬，赵高为丞相，竟案李斯杀之[③]。夏，章邯等战数却[④]，二世使人让邯，邯恐，使长史欣请事。赵高弗见，又弗信。欣恐，亡去，高使人捕追不及。欣见邯曰：“赵高用事于中，将军有功亦诛，无功亦诛。”项羽急击秦军，虏王离，邯等遂以兵降诸侯[⑤]。八月己亥[⑥]，赵高欲为乱，恐群臣不听，乃先设验，持鹿献于二世，曰：“马也。”[⑦]二世笑曰：“丞相误邪？谓鹿为马。”问左右，左右或默，或言马以阿顺赵高。或言鹿，高因阴中诸言鹿者以法[⑧]。后群臣皆畏高。

【注释】

①三年：前207年。

②楚上将军项羽将楚卒往救钜鹿：此即钜鹿之战。项羽大败秦军，解钜鹿之围。事在秦二世三年十二月。详见《项羽本纪》。

③冬，赵高为丞相，竟案李斯杀之：按，李斯被杀在上年七月，叙之于三年，误。《李斯列传》已明言“李斯已死，二世拜赵高为中丞相”。“竟案李斯杀之”应移至上文“就五刑”下。此处曰“冬，赵高为丞相”即可。

④夏，章邯等战数却：《项羽本纪》写项羽破章邯等于钜鹿后，“章邯军棘原，项羽军漳南，相持未战，秦军数却”。

⑤“项羽急击秦军”几句：事实经过是：二世三年十二月，项羽在钜鹿之战中“虏王离”，之后与章邯相持，章邯数却；六月，章邯私下派人与项羽联系约降，但仍犹豫不决，项羽亲率全军在汙水大败章邯；七月，章邯向项羽投降。王离，秦国名将王翦之孙。与苏爵、涉间等共围钜鹿，项羽来救，破秦军，将他俘虏。

⑥八月己亥：阴历八月十二。

⑦持鹿献于二世，曰“马也”：梁玉绳曰：“良马有似鹿者，价千金。”钱锺书曰：“《韩非子·外储说右上》记卫嗣公曰：‘夫马似鹿者，而题之千金。’盖早传二物之或相似。”按，梁、钱二说似多事。赵高指鹿为马，众人明知其非而不敢言，以见赵高之势大，人不敢言非。如果牵来一头人所罕识、只有动物学家才能分辨的相似者，还能体现赵高的当时的意图么？

⑧阴中（zhòng）：暗害。

【译文】

秦二世三年，章邯等率兵包围钜鹿，楚上将军项羽率楚军前往援救。冬天，赵高做了丞相，彻底查办李斯，杀死了他。夏天，章邯等人在战场上屡屡退却，二世皇帝派人斥责章邯，章邯恐惧，派长史欣回朝请示。赵高不肯接见他，也不相信他。长史欣很害怕，就逃离京城，赵高派人捉拿，没有追上。长史欣见到章邯说：“赵高在朝廷中操纵大权，将军您有功也要被杀，无功也要被杀。”项羽加紧进攻秦军，俘虏了王离，章邯等便率军投降了项羽。八月己亥，赵高想要作乱，害怕群臣不从，就预先做了一个试验，他牵来一头鹿献给二世皇帝说：“这是一匹马。”二世皇帝笑着说：“丞相搞错了吧？你把鹿当成了马。”赵高便问左右大臣，大臣们有的默不作声；有的说是马，来阿谀迎合赵高。有的说是鹿，凡是说是鹿的，赵高就假借法律暗中加以陷害。从此群臣都畏惧赵高。

高前数言“关东盗毋能为也”，及项羽虏秦将王离等钜鹿下而前，章邯等军数却，上书请益助，燕、赵、齐、楚、韩、魏皆立为王[1]，自关以东，大氐尽畔秦吏应诸侯[2]，诸侯咸率其众西乡。沛公将数万人已屠武关[3]，使人私于高[4]，高恐二世怒，诛及其身，乃谢病不朝见。二世梦白虎啮其左骖马[5]，杀之，心不乐，怪问占梦。卜曰：“泾水为祟[6]。”二世乃斋于望夷宫[7]，欲祠泾，沉四白马[8]。使使责让高以盗贼事。高惧，乃阴与其婿咸阳令阎乐、其弟赵成谋曰[9]：“上不听谏，今事急，欲归祸于吾宗。吾欲易置上，更立公子婴[10]。子婴仁俭，百姓皆载其言[11]。”使郎中令为内应[12]，诈为有大贼，令乐召吏发卒追，劫乐母置高舍。遣乐将吏卒千余人至望夷宫殿门，缚卫令仆射[13]，曰：“贼入此，何不止[14]？”卫令曰：“周庐设卒甚谨[15]，安得贼敢入宫？”乐遂斩卫令，直将吏入，行射，郎宦者大惊，或走或格，格者辄死，死者数十人。郎中令与乐俱入，射上幄坐帏[16]。二世怒，召左右，左右皆惶扰不斗。旁有宦者一人，侍不敢去。二世入内，谓曰：“公何不蚤告我？乃至于此！”宦者曰：“臣不敢言，故得全。使臣蚤言，皆已诛，安得至今？”[17]阎乐前即二世数曰：“足下骄恣，诛杀无道，天下共畔足下，足下其自为计[18]。”二世曰：“丞相可得见否[19]？”乐曰：“不可。”二世曰：“吾愿得一郡为王。”弗许。又曰：“愿为万户侯。”弗许。曰：“愿与妻子为黔首，比诸公子。”阎乐曰：“臣受命于丞相，为天下诛足下，足下虽多言，臣不敢报。”麾其兵进。二世自杀[20]。

【注释】

①燕、赵、齐、楚、韩、魏皆立为王：指秦统一前的六国之地皆已叛秦独立。燕，韩广在二世元年（前209）九月自立为燕王。赵，武臣二世元年（前209）八月自立为赵王。此时赵王为赵歇。齐，田儋在二世元年九月自立为齐王。此时齐王为田荣。楚，项梁于二世二年（前208）六月立楚王后代为楚王。韩，韩成于二世二年六月被张良等拥立为韩王。魏，魏咎于二世元年九月被拥立为魏王。此时的魏王为魏豹。

②大氐：同“大抵”，大概。畔：通“叛”。

③沛公将数万人已屠武关：事在秦二世三年（前207）八月。

④使人私于高：据《高祖本纪》，刘邦攻下析（今河南西峡）郦（今河南镇平东北）后，曾“遣魏人宁昌使秦”；后又云：“赵高已弑二世，使人来，欲约分王关中。”

⑤骖马：驾车时位于两边的马。

⑥泾水为祟：泾水之神作怪。

⑦望夷宫：秦宫名。在今陕西咸阳东北顺陵村东北。北临泾水，以望北夷，故名。南距秦都咸阳约八公里。秦始皇所建，作为瞭望哨所，监视匈奴动静。

⑧沉四白马：梁玉绳曰：“此言二世因梦祀泾，故斋望夷，而《李斯传》谓二世射杀行人于上林，故高令出居望夷宫以禳之，两处异

词，未知孰信。”

⑨咸阳令：此为咸阳县令。咸阳城的长官为“内史”。

⑩公子婴：身世不清，下文云是“二世兄子”；《李斯传》说是始皇之弟；《集解》引徐广说是始皇之弟的儿子。中井曰：“子婴盖二世之兄也，恐太史公传闻之谬。夫谓扶苏为‘长子’，则二世之兄非长子明矣。计其年数，不得有其子长与是谋也。且始皇之孙宜称‘公孙’，不得称‘公子’。”

⑪载其言：听从他的话。载，通“戴”，承，奉行。

⑫郎中令：按，郎中令统领皇帝禁卫，必随二世于望夷宫，故使其为内应。或说即赵成。

⑬卫令仆射：守卫宫门的卫士长官，上属卫尉。卫尉是九卿之一，主管守卫宫门。

⑭何不止：为何不将其捕获。止，拘捕。

⑮周庐设卒：《集解》引薛综曰：“士傅（环绕）宫外，内为庐舍，昼则巡行非常，夜则警备不虞。”

⑯射上幄坐帏：词语不顺，其意似谓“射上所坐之帷幄”。胡三省曰：“上下四旁悉周曰幄；帷，单帐也。”帝王之宫室，屋舍高大，故其卧榻四周还得设有帏帐，视故宫之情形可知。帏，通“帷”，床帐。

⑰“臣不敢言”几句：凌稚隆引张之象曰：“此数言痛为人君拒谏者之戒。”

⑱足下其自为计：意思是让二世自杀。足下，阎乐不称二世为“陛下”，明不以其为君。泷川曰：“不曰‘陛下’，曰‘足下’，轻侮之辞。”

⑲丞相可得见否：二世欲亲见赵高请求活命。梁玉绳曰：“此言高谢病不朝，令其婿、弟劫二世自杀，故不见高也。而《李斯传》又言高亲劫二世，歧出。”

⑳二世自杀：据《秦楚之际月表》，事在秦二世三年（前207）八月。

泷川曰："与《左氏》所记崔杼弑齐庄事问答词气相似，庸主末路，若合符节。"

【译文】

赵高先前曾多次说过"关东的盗贼不会有什么作为"，等到项羽在钜鹿城下俘虏了秦将王离等人，继续向前推进；章邯等人的军队屡次败退，上书请求增援，燕、赵、齐、楚、韩、魏都自立为王，从函谷关往东，差不多都背叛了秦的官吏，响应各路诸侯，诸侯都率领自己的军队向西杀来。沛公刘邦率领数万人已经杀进武关，派人与赵高私下联络，赵高担心二世皇帝发怒怪罪，诛杀自己，就推说生病了，不去朝见。二世皇帝梦见白虎咬啮他的左骖马，马被咬死，心中闷闷不乐，感到奇怪，去问占梦博士。占梦者说："是泾水之神作祟。"二世皇帝于是在望夷宫斋戒，意欲前去祭祀泾水水神，把四匹白马沉入水中。二世皇帝又派使者拿有关盗贼的事情责问赵高。赵高害怕，就暗地里和女婿咸阳令阎乐、弟弟赵成商量道："皇上不听劝告，如今事已危急，想要嫁祸于我们的家族。我想更换皇帝，改立公子婴。子婴仁爱俭约，百姓都听信他的话。"于是安排郎中令做内应，谎称有大群盗贼来袭，命令阎乐召集官吏发兵追捕，劫持了阎乐的母亲，安置在自己府内，防止阎乐有二心。赵高派阎乐带领吏卒一千多人来到望夷宫殿门，把守卫宫门的卫令仆射捆绑起来，说："盗贼都跑进宫里了，为什么不阻止？"卫令说："四周庐舍都设有士卒，防守非常严密，怎么会有盗贼入宫呢？"阎乐不由分说杀掉卫令，带领吏卒直入望夷宫内，他边走边射，宫中的郎官、宦官慌作一团，有的逃走，有的格斗，凡是敢格斗的立即被杀死，被杀的有几十个人。郎中令和阎乐一起进殿，用箭射向二世皇帝坐息的帷帐。二世皇帝大怒，召唤左右侍从人员，左右侍从人员都惶恐纷乱，不敢上前搏斗。二世皇帝身旁只有一个宦者，仍在侍候二世皇帝，不敢离开。二世皇帝逃入内室，对他说："你为什么不早告诉我？竟到了这种地步！"宦官说："我不敢说，所以能保住性命。假如我早说了，就已经被杀死，哪会活到现在？"阎乐进来对着二世皇帝数落说："你骄横放纵，肆意诛杀，昏庸无道，天下人都背叛你了，你自作打算吧。"二世皇帝说："我能见见丞相吗?"阎乐说："不能。"二世皇帝说："我希望得到一个郡，去做一郡之王。"阎乐不答应。二世皇帝又说："我愿做个万户侯。"阎乐仍不答应。二世皇帝说："我愿带着妻子儿女去做平民百姓，与那些公子一样。"阎乐说："我受丞相之命，替天下人来处死你，你虽然说了这么多话，但我不敢向丞相报告。"阎乐指挥他的士卒向前进击。二世皇帝自杀。

阎乐归报赵高，赵高乃悉召诸大臣公子，告以诛二世之状。曰："秦故王国，始皇君天下，故称帝。今六国复自立，秦地益小，乃以空名为帝，不可。宜为王如故，便。"立二世之兄子公子婴为秦王①。以黔首葬二世杜南宜春苑中②。令子婴斋，当庙见③，受王玺④。斋五日，子婴与其子二人谋曰："丞相高杀二世望夷宫，恐群臣诛之，乃详以义立我。我闻赵高乃与楚约，灭秦宗室而王关中⑤。今使我斋见庙，此欲因庙中杀我。我称病不行，丞相必自来，来则杀之。"高使人请子婴数辈，子婴不行，高果自往，曰："宗庙重事，王奈何不行?"子婴遂刺杀高于斋宫⑥，三族高家以徇咸阳⑦。

【注释】

①立二世之兄子公子婴为秦王：梁玉绳曰："《李斯传》言高自佩玺上殿，意图篡位，因殿欲坏者三，高乃召子婴立之。与《纪》亦异。"

②杜南：杜县以南。杜，秦县名。故治在今陕西长安西，当时阿房宫的南面。宜春苑：秦朝的苑囿名。旧址在今西安东南的曲江池一带。秦汉在此建宜春宫，宫东为宜春苑。胡亥墓在今西安雁塔区之曲江池村。墓为土筑圆形，封土堆直径二十五米，高五米，直径

25米。墓前有砖碑楼,内嵌清代毕沅书“秦二世皇帝陵”碑一通。

③庙见:古代嗣君即位必拜谒祖庙,谓之“庙见”。此指子婴拜谒始皇庙(极庙)。

④受王玺:接受秦王的印玺,宣告即位。王玺,有本作“玉玺”。

⑤赵高乃与楚约,灭秦宗室而王关中:《高祖本纪》亦有“赵高已杀二世,使人来,欲约分王关中”的记载,当即此事。刘邦时为楚怀王将,故云“与楚约”。

⑥子婴遂刺杀高于斋宫:梁玉绳曰:“《斯传》言婴即位,称疾不听事,高谒病,因召入,刺杀之。此言婴称病不庙见,高自往请,遂刺杀高于斋宫。两处未知孰是。”

⑦三族高家以徇咸阳:三族,谓父族、母族、妻族。史珥曰:“子婴不德赵高立己,声色不动,而讨贼门庭之内,明而能断……后世归功宦竖,受制强奴,终身不能自作一事,皆子婴罪人也。”

【译文】

阎乐回来向赵高报告,赵高就把所有大臣和公子都召集起来,告诉他们诛杀二世皇帝的情况。赵高说:“秦原先也是诸侯王国,始皇帝君临天下,所以号称皇帝。现在六国重又自立,秦国地域日益缩小,如果仍然称帝,空有其名,这是不行的。应该像过去一样称王,这比较适宜。”于是立二世皇帝哥哥的儿子公子婴为秦王。用百姓的礼仪规格,把二世皇帝埋葬在杜县南面的宜春苑中。赵高让子婴斋戒,准备到宗庙参拜祖先,接受秦王印玺。斋戒到第五天,子婴和他的两个儿子商量说:“丞相赵高在望夷宫杀了二世皇帝,害怕群臣诛杀他,就假装以大义为名,立我为王。我听说赵高和楚军有约,由他消灭秦国宗室,在关中称王。现在让我斋戒,拜见祖庙,这是想要趁我在祖庙的时候杀我。我若称病不去,丞相一定亲自前来,来了就杀掉他。”赵高多次派人来请子婴,子婴推辞不去,赵高果然亲自前来,说:“拜见宗庙是大事,大王为什么不去呢?”于是子婴在斋宫里杀掉了赵高,诛灭赵高三族,在咸阳城里枭首示众。

子婴为秦王四十六日，楚将沛公破秦军入武关[①]，遂至霸上[②]，使人约降子婴。子婴即系颈以组，白马素车[③]，奉天子玺符，降轵道旁[④]。沛公遂入咸阳，封宫室府库，还军霸上。居月余，诸侯兵至[⑤]，项籍为从长[⑥]，杀子婴及秦诸公子宗族[⑦]。遂屠咸阳，烧其宫室，虏其子女，收其珍宝货财，诸侯共分之[⑧]。灭秦之后，各分其地为三[⑨]，名曰雍王、塞王、翟王，号曰“三秦”[⑩]。项羽为西楚霸王[⑪]，主命分天下，王诸侯[⑫]，秦竟灭矣[⑬]。后五年，天下定于汉[⑭]。

【注释】

①子婴为秦王四十六日，楚将沛公破秦军入武关：据《李斯列传》：“子婴立三月，沛公兵从武关入。”

②遂至霸上：按，刘邦经武关、峣关而至霸上，在汉元年（前206）十月。霸上，地名。在今陕西西安东白鹿原北首。因地处霸水之滨，故名。为古代咸阳、长安附近军事要地。

③系颈以组，白马素车：《集解》曰：“系颈者，言欲自杀也；素车白马，丧人之服也。”组，丝带。按，春秋时的郑襄公在向楚庄王投降时“肉袒牵羊以逆”，此子婴“系颈以组，白马素车”，都是表示自认死罪、服从投降的姿态。此后蜀主刘禅与吴主孙皓，在向魏国、晋朝投降时都是“舆榇自缚”，也是表示这个意思。从此国君向征服者投降，都有类似的仪式。

④轵（zhǐ）道：亦作“枳道”，古亭名。在今陕西西安东北，当时咸阳城之东南。

⑤居月余，诸侯兵至：项羽率诸侯军至关中，在汉元年十二月。

⑥从长：意即诸侯盟主。从，同“纵”。

⑦杀子婴：今西安临潼区之新丰镇刘家村有子婴墓，墓前有清代毕

沅所书“秦子婴墓”碑一通,但现今学者多不认可。有“秦兵马俑之父”之称的考古学家袁仲一认为,在秦始皇陵园外城西北隅的一处“中”字型大墓,很可能就是子婴墓。

⑧虏其子女,收其珍宝货财,诸侯共分之:按,《项羽本纪》只云“收其货宝妇女而东”,未云与诸侯共分。

⑨灭秦之后,各分其地为三:谓三分秦关中之地,“各”字应削。

⑩名曰雍王、塞王、翟王,号曰“三秦”:项羽封降将章邯为雍王,都废丘(今陕西兴平东南);封降将司马欣为塞王,都栎阳(今陕西西安临潼区东北);封降将董翳为翟王,都高奴(今陕西延安东北延河北岸)。三秦,三国皆在秦国旧地,故统称之为“三秦”。

⑪西楚霸王:西楚,据《货殖列传》“自淮北沛、陈、汝南、南郡,此西楚也”的说法,其地约当今之江苏、安徽北部,河南之东部、南部,以及湖北的部分地区。

⑫主命分天下,王诸侯:主命,主掌号令。按,项羽分封诸侯为王在汉元年(前206)之一月、二月、三月。

⑬秦竟灭矣:秦国自襄公受封为诸侯(前771)至此年灭亡,共历时565年。若作为一个王朝看,从始皇统一六国的前221年至此年,共计15年。

⑭后五年,天下定于汉:高祖五年(前202)十二月,刘邦破杀项羽于垓下;同年二月,刘邦即位为皇帝,事见《高祖本纪》。

【译文】

子婴当秦王的第四十六天,楚将沛公刘邦攻破了秦军,进入武关,来到霸上,他派人约请子婴前来投降。子婴便用丝带系着脖子,乘着白马素车,捧着天子的印玺和符节,在轵道旁迎降。沛公刘邦于是便进入咸阳,封存了宫室府库,回军霸上。过了一个多月,各路诸侯的军队来到关中,项羽是诸侯联军的首领,他杀了秦王子婴、皇室诸公子及其宗族。屠戮咸阳,焚烧宫殿,并掳掠妇女儿童,搜刮珍宝财物,与诸侯共同瓜分。

消灭了秦国之后，项羽把秦地分成三块，封立三王，名叫雍王、塞王、翟王，号称“三秦”。项羽自封为西楚霸王，主持分割天下，分封诸侯王，秦王朝最后灭亡了。过了五年，天下才由汉朝平定。

太史公曰：秦之先伯翳[①]，尝有勋于唐、虞之际，受土赐姓[②]。及殷夏之间微散[③]。至周之衰[④]，秦兴，邑于西垂[⑤]。自缪公以来[⑥]，稍蚕食诸侯，竟成始皇。始皇自以为功过五帝，地广三王，而羞与之侔。善哉乎贾生推言之也[⑦]！曰：

【注释】

①伯翳：《五帝本纪》作“伯益”。《秦本纪》作“柏翳”。因被封于费，故称“大费”。

②受土赐姓：据《秦本纪》，大费“与禹平水土”，又“佐舜调驯鸟兽，鸟兽多驯服”，舜赐其姓嬴。

③微散：衰微，离散。

④周之衰：指西周末年幽王（前781—前771年在位）之世。

⑤秦兴，邑于西垂：指秦襄公（前777—前766年在位）因率军救周，又助周平王（前770—前720年在位）东迁，被封为诸侯，赐以岐西之地，建都西垂。西垂，城邑名。也叫“西犬丘”，在今甘肃天水西南礼县境内。

⑥缪公：也写作“穆公”，名任好，前659—前621年在位。他是春秋时期秦国最有作为的国君，曾将秦国领土向东扩张到黄河，向西称霸西戎。有人将他算为“秦秋五霸”之一。

⑦贾生推言：即指《过秦论》中的观点。有井范平曰：“史公赞寥寥似略，然总括秦始终无遗。且下有贾生三论，故以略相让也。”

【译文】

太史公说：秦的祖先伯翳，曾在尧、舜之际立过功勋，得到了封土，获赐了姓氏。逮及夏末殷初，秦人衰微分散。等到西周王室衰落，秦人兴起，在西垂建立了都邑。自秦缪公以来，逐渐蚕食诸侯之地，最终成就了秦始皇帝。始皇帝自以为功德超过了五帝，国土广大于三王，因而羞与他们并列。贾谊推断论说秦兴亡的言辞，说得多么好啊！他说：

秦并兼诸侯山东三十余郡，缮津关，据险塞，修甲兵而守之。然陈涉以戍卒散乱之众数百，奋臂大呼，不用弓戟之兵，锄櫌白梃①，望屋而食②，横行天下。秦人阻险不守，关梁不阖，长戟不刺，强弩不射。楚师深入，战于鸿门③，曾无藩篱之艰。于是山东大扰，诸侯并起，豪俊相立。秦使章邯将而东征，章邯因以三军之众要市于外，以谋其上④。群臣之不信，可见于此矣。子婴立，遂不寤⑤。藉使子婴有庸主之材⑥，仅得中佐⑦，山东虽乱，秦之地可全而有，宗庙之祀未当绝也⑧。

【注释】

①锄櫌（yōu）白梃：锄头与棍棒。櫌，同"耰"，锄田去草和碎土平地的农具。梃，棍棒。

②望屋而食：自己不带粮食，在哪里打仗，就在当地找粮草。

③楚师深入，战于鸿门：此指陈涉部将周文率军西征事。《陈涉世家》说他"西击秦，行收兵至关，车千乘，卒数十万，至戏，军焉"。戏，戏亭。在今陕西西安临潼区东北戏水西岸。鸿门，在当时的戏亭西南，两地相邻。

④章邯因以三军之众要市于外，以谋其上：要市，要挟，讨价还价。《索隐》曰："此评失也，章邯之降由赵高用事，不信任军将。一则恐诛，二则楚兵既盛，王离见虏，遂以兵降耳，非三军要市于外以

求封明矣。”中井曰：“此论没章邯破周文、诛陈涉、杀项梁等之勋绩，而直称其‘要市’，大失其事实；且邯非不信之人，亦不得已也。”事实具见《项羽本纪》。

⑤遂不寤：仍不觉悟。遂，照旧，如前。

⑥庸主：平庸的君主，其意谓子婴连个平庸的君主也赶不上。

⑦仅得中佐：意谓子婴连个中等能力的辅佐之臣也没有。

⑧宗庙之祀未当绝也：意即秦王朝不至于彻底覆灭。

【译文】

秦朝兼并各国诸侯，在崤山以东设置三十余郡，修缮津渡关口，占据险隘要塞，修治甲兵，严加把守。然而陈涉率领着几百名散乱的戍卒，振臂大呼，不用弓戟之类的武器，只拿着锄头与棍棒，就能望屋而食，横行天下。秦国则是险阻之地防守不住，关口桥梁封锁不住，长戟刺不了，强弩射不中。楚军深入关内，战于鸿门，秦军竟连栅栏似的阻挡都没有。于是崤山以东大乱，诸侯纷纷起事，豪杰相继称王。秦二世派章邯率军东征，章邯于是仗着手握三军重兵，向朝廷讨价还价，图谋推翻皇上。群臣之不可信任，由此可见一斑。秦子婴继位为王，仍不醒悟。假使子婴有一般君主的才能，仅仅得到中等的辅佐之臣，崤山以东地区虽然混乱，秦国故地还可保全，宗庙祭祀也不会断绝。

秦地被山带河以为固①，四塞之国也②。自缪公以来，至于秦王，二十余君③，常为诸侯雄。岂世世贤哉？其势居然也④。且天下尝同心并力而攻秦矣。当此之世，贤智并列，良将行其师⑤，贤相通其谋，然困于阻险而不能进，秦乃延入战而为之开关，百万之徒逃北而遂坏⑥。岂勇力智慧不足哉？形不利，势不便也⑦。

秦小邑并大城[8]，守险塞而军，高垒毋战，闭关据厄，荷戟而守之。诸侯起于匹夫[9]，以利合，非有素王之行也[10]。其交未亲，其下未附，名为亡秦，其实利之也。彼见秦阻之难犯也，必退师。安土息民[11]，以待其敝，收弱扶罢[12]，以令大国之君，不患不得意于海内。贵为天子，富有天下，而身为禽者[13]，其救败非也。

【注释】

①被山带河：谓其四周有群山与黄河的围护。被，同“披”。带，围绕。

②四塞：四面都有天险，可作屏障。有说秦国东有函谷，西有散关，南有武关，北有萧关，故称“四塞”。

③“自缪公以来”几句：从秦缪公至始皇共二十三君。秦王，指秦始皇。

④势居：地位，位置。

⑤行其师：统领其军队。

⑥秦乃延入战而为之开关，百万之徒逃北而遂坏：《过秦论上》有所谓“秦人开关延敌，九国之师逡巡遁逃而不敢进”，与此处二句意同。延入，引敌深入。

⑦形不利，势不便也：按，以上叙秦国以往利用地形攻灭六国的历史经验。

⑧秦小邑并大城：按，以下是贾谊为子婴设想防守之策。

⑨匹夫：平民百姓。

⑩非有素王之行也：具有帝王之德而未居帝王之位者。

⑪安土息民：使民安居乡土，以得休息。此句的主语是秦王朝。

⑫收弱扶罢：谓对东方各派势力分别采取不同对策。罢，同“疲”。

⑬为禽：被擒，指子婴为刘邦所擒。禽，同“擒”。

【译文】

秦地被山带河，地势险固，是四面都有屏障和要塞的国家。从缪公以来，至于秦王，有二十多个君主，常常称雄于诸侯。难道他们代代都贤明吗？这是由秦国的地理形势造成的呀。再说天下各国曾经同心合力进攻秦国。在这个时候，贤人智者会集，有良将指挥各国的军队，有贤相沟通彼此的计谋，然而被险峻的地形所困阻，不能前进，秦国就引诱诸侯进入秦国境内作战，为他们打开关塞，结果上百万的诸侯大军败北逃窜，土崩瓦解。难道是因为勇力智慧不够吗？是地形不利，地势不便啊。秦国应该把小邑合并为大城，在险阻要塞驻军防守，高筑营垒，不去交战，封锁关口，占据险隘，持戟把守，严阵以待。那些反秦的诸侯出身平民，以利相合，没有素王那样的德操。他们的交谊并不亲密，他们的下属还未亲附，表面以灭秦为名，其实是图谋私利。如果让他们看到秦国地势险阻，难以侵犯，就必然自动撤军。而秦国则可以使百姓安居乡土，休养生息，从而坐等诸侯的衰败，到那时，先招纳、扶持那些弱小疲困的势力，而后再去对付那些实力强大的诸侯，就不愁不得志于天下。秦子婴贵为天子，富有天下，最后却成了人家的俘虏，这是因为他挽救败亡的策略错误啊。

秦王足己不问①，遂过而不变②。二世受之，因而不改，暴虐以重祸。子婴孤立无亲，危弱无辅。三主惑而终身不悟③，亡，不亦宜乎？当此时也，世非无深虑知化之士也④，然所以不敢尽忠拂过者⑤，秦俗多忌讳之禁⑥，忠言未卒于口而身为戮没矣。故使天下之士，倾耳而听，重足而立⑦，拑口而不言⑧。是以三主失道，忠臣不敢谏，智士不敢谋，天下已乱，奸不上闻，岂不哀哉！先王知雍蔽之伤国也[9]，故置公、卿、大夫、士[10]，以饰法设刑[11]，而天下治。其强也，禁暴诛乱而天下服。其弱也，五伯征而诸侯从[12]。其削也，内守外附而社稷存[13]。故秦之盛也[14]，繁法严刑而天下振[15]；及其衰也，百姓怨望而海内畔矣。故周五序得其道[16]，而千余岁不绝[17]。秦本末并失[18]，故不长久。由此观之，安危之统相去远矣。野谚曰“前事之不忘，后事之师也”。是以君子为国，观之上古，验之当世，参以人事，察盛衰之理，审权势之宜[19]，去就有序，变化有时[20]，故旷日长久而社稷安矣[21]。

【注释】

①秦王：此指秦始皇。足己：自以为是。

②遂：因循，照旧。

③三主惑而终身不悟：凌约言曰：“既云‘孤立无亲，微弱无辅’，已重为子婴惜矣；又云‘三主惑而终身不悟’，毋乃责之过乎？”中井曰：“‘孤立’‘微弱’，盖非子婴之罪；子婴之‘惑’，亦未见事实。”三主，指始皇、二世、子婴。

④知化：能预见情况变化。

⑤拂（bì）过：纠正帝王的过失。拂，通“弼”，矫正，纠正。

⑥忌讳之禁：有关皇帝、不能触犯的忌讳。据下文，当指皇帝为了不想听某些话、不想见某些事而制订的禁令。

⑦重足而立：两脚叠在一起地站着不动，形容非常恐惧。

⑧拑口：因有所顾忌而闭口不言。

⑨壅蔽：障塞君主的视听。

⑩置公、卿、大夫、士：即设置各种爵级的官吏，使之各司其职。

⑪饰法：整饬法令。饰，通“饬”，整治。

⑫五伯：即“五霸”。霸主的作用是挟天子以令诸侯，帮着天子维持天下秩序。

⑬内守外附而社稷存：附，归附。按，以上是贾谊用周王朝存在几百年的实际情况举例。

⑭故秦之盛也：此下文章转折，“故”字不妥，应作“而”。

⑮振：通“震”，恐惧。

⑯五序：指公、侯、伯、子、男五种爵级。这里即指分封制。

⑰千余岁不绝：周朝共历八百多年。此夸张之言。

⑱本末并失：指既不实行仁政，又滥用刑法。本，德治。末，刑罚。

⑲权势：自己的威权与客观形势。

⑳去就有序，变化有时：王念孙曰：“言去彼就此，应时变化也。”有时，有本作“应时”。

㉑故旷日长久而社稷安矣：以上为《过秦论下》，前半论子婴“救败”方略之失误，后半总论秦政之失。贾谊之总论秦政，后人多有褒美；但其批评子婴一段，后人颇以为非。本文末所附班固之论曰：“秦之积衰，天下土崩瓦解，虽有周旦之材，无所复陈其巧，而以责一日之孤，误哉！俗传秦始皇起罪恶，胡亥极，得其理矣。复责小子，云‘秦地可全’，所谓不通时变者也。纪季以酅，《春秋》不名，吾读《秦纪》，至于子婴车裂赵高，未尝不健其决，怜其志，婴死生之义备矣。”有谓史公《秦始皇本纪》之论赞原文即结束于此，后面之《过秦论上》与《过秦论中》皆后人所妄加。

【译文】

秦王政自满自足，耻于下问，即使有错，也不改正。秦二世承袭父过，因循不变，残暴肆虐，加重祸患。秦子婴处境孤立，无亲人援手；生性脆弱，又没有贤臣辅佐。这三位君主都终身执迷不悟，秦朝灭亡不也应该吗？在这个时候，世上不是没有深谋远虑、知权达变之士，然而他们都不敢竭尽忠诚，纠正过失，就是因为秦朝的风俗有许多禁令禁忌，往往忠言还没说完，人头已经落地。因而使得天下贤士战战兢兢，侧耳而听，叠足而立，都闭口而不言。因此这三位君主丧失了治国的原则，忠臣不敢直言规劝，智士不敢出谋划策，天下已经大乱，奸邪的事情没有人报告，这难道不可悲吗！先王知道消息壅塞、上下蒙蔽就会伤害国家，所以设置公、卿、大夫和士，来整饬法令，设立刑罚，从而使天下得到治理。国势强盛时，能够禁止残暴，讨伐叛乱，天下归服。国势减弱时，有五霸代替天子征讨，诸侯顺从。国势衰削时，内有所守，外有所附，社稷得以保存。而秦朝强盛时，苛法严刑，天下震恐；及其衰落时，就百姓怨愤，海内叛离。周朝设置的五个爵级符合治国之道，传国一千余年而不断绝。秦朝本末兼失，所以不能久长。由此看来，使国家安定或使国家危亡的纲纪区别太大了。俗话说“前事不忘，后事之师”。因此君子治理国家，考察于远古的得失，验证以当代的情况，并参酌人情事理，察看盛衰变化的规律，审视运用权势的标准，做到取舍有序，变化随时，所以历时久长，国家安定。

秦孝公据殽函之固①，拥雍州之地②，君臣固守而窥周室③，有席卷天下，包举宇内，囊括四海之意，并吞八荒之心。当是时，商君佐之，内立法度，务耕织，修守战之备，外连衡而斗诸侯④，于是秦人拱手而取西河之外⑤。

【注释】

①秦孝公：名渠梁，前361—前338年在位。事迹见《秦本纪》。崤、函：崤山、函谷关，秦国东境的关险，崤山在今河南灵宝东南，函谷关在灵宝东北。

②雍州：古代的九州之一，大致包括今陕西和与之邻近的甘肃东部地区。

③窥：偷看。这里是伺机夺取的意思。

④外连衡而斗诸侯：讲“连衡”者为张仪，张仪的活动乃在数十年后的惠文王时，非孝公时事。

⑤于是秦人拱手而取西河之外：拱手，极言轻易。西河之外，原属魏国的今陕西东部黄河以西地区，今陕西大荔、宜川一带。按，秦取西河外地区在惠文王八年（前330），非孝公时事。梁玉绳曰：“《商君传》有‘魏惠王割河西地献秦以和’之语，并误。”

【译文】

秦孝公凭借着崤山、函谷关的险固，拥有着雍州肥沃的土地，君臣牢固地守卫着疆域，窥视着周王室的权力，他有席卷天下、包举宇内的意图，囊括四海、吞并八荒的雄心。这时的秦孝公，有商鞅辅佐，对内建立法令制度，致力农桑耕织，修治攻防武备；对外实行连衡策略，使东方诸侯自相争斗，于是秦人两手一拱，就获取了河西之地。

孝公既没，惠王、武王蒙故业[①]，因遗册[②]，南兼汉中[③]，西举巴、蜀[④]，东割膏腴之地[⑤]，收要害之郡[⑥]。诸侯恐惧，会盟而谋弱秦，不爱珍器重宝、肥美之地，以致天下之士，合从缔交，相与为一。当是时，齐有孟尝，赵有平原，楚有春申，魏有信陵[⑦]。此四君者，皆明知而忠信，宽厚而爱人，尊贤重士，约从离衡[⑧]，并韩、魏、燕、楚、齐、赵、宋、卫、中山之众。于是六国之士有甯越、徐尚、苏秦、杜赫之属为之谋[⑨]，齐明、周最、陈轸、昭滑、楼缓、翟景、苏厉、乐毅之徒通其意[⑩]，吴起、孙膑、带佗、兒良、王廖、田忌、廉颇、赵奢之朋制其兵[11]。常以十倍之地[12],百万之众,叩关而攻秦[13]。秦人开关延敌[14],九国之师逡巡遁逃而不敢进[15]。秦无亡矢遗镞之费,而天下诸侯已困矣。于是从散约解,争割地而奉秦。秦有余力而制其敝,追亡逐北,伏尸百万,流血漂卤[16]。因利乘便,宰割天下,分裂河山,强国请服,弱国入朝。延及孝文王、庄襄王,享国日浅[17],国家无事。

【注释】

①惠王、武王:《陈涉世家》与《文选》皆作"惠文王、武王、昭王",此遗"昭王",应补。惠王,也称"惠文王",孝公之子,名驷。前337—前311年在位。武王,名荡。惠王之子,前310—前307年在位。昭王,也称"昭襄王",名则,一名稷。惠王之子,武王之弟,前306—前251年在位。

②因:沿袭。册:通"策"。

③南兼汉中:事在惠文王二十六年(前312)。汉中,郡名。约当今之陕西南部和与之相邻的湖北西北部,这一带原来属楚。

④西举巴、蜀:事在惠王二十二年(前316)。巴、蜀,古国名。蜀国的都城即今成都,巴国的都城在今重庆北。

⑤膏腴之地:指韩、魏等国的肥沃土地。膏腴,肥沃。

⑥收要害之郡:依前三句之例,此句"收"上应有"北"字。梁玉绳曰:"《新书》《文选》'收'上有'北'字。"王叔岷曰:"《李斯列传》称惠王时'北收上郡',即此所谓'北收要害之郡'也。"

⑦"齐有孟尝"几句:四人皆以养士闻名。孟尝,孟尝君田文。曾为齐国宰相,事见《孟尝君列传》。平原,平原君赵胜。事见《平原君列传》。春申,春申君黄歇。事见《春申君列传》。信陵,信陵

君无忌。事见《魏公子列传》。

⑧约从离衡:《索隐》曰:“言孟尝等四君皆为其国共相约结为纵,以离散秦之横。”

⑨甯越:《吕氏春秋·博志》:“中牟之鄙人也……十五岁而周威公师之。”《汉书·艺文志》载有《甯越》一篇。徐尚:梁章钜曰:“疑即《魏世家》之‘外黄徐子’,说魏太子申以百战百胜之术者。”杜赫:《索隐》引《吕氏春秋》以为“周人”,并曾“以安天下说周昭文君”。

⑩齐明:《索隐》曰:“东周臣,后仕秦、楚及韩。”按,事见《战国策》。周最:应作“周冣(jù)”,周之公子,先后曾相周、魏、齐,力主合纵。陈轸:当时著名的纵横家,曾仕于秦、楚。事见《张仪列传》。昭滑:也作“邵滑”“召滑”,《战国策》作“卓滑”“淖滑”。《索隐》以为“楚人”,沈钦韩说他曾为“楚相”。楼缓:赵人,先为魏相,后又仕秦。事见《战国策》。翟景:王念孙以为即《战国策》中之“翟强”,曾为魏相。梁玉绳以为即《战国策·赵策》中的“翟章”。高步瀛曰:“‘景’字古读若‘疆’,与‘强’相近,王说殆是。”

⑪带佗、兒(ní)良:王念孙以为“带佗”即“带季”,与兒良同为赵、魏将。《汉书·艺文志》兵家有《兒良》一篇。王廖:具体事迹不详,《吕氏春秋·不二》篇有“王廖贵先,兒良贵后”之语。田忌:齐国名将,事迹参见于《孙子吴起列传》。吴起死于楚悼王二十一年(前381),下据秦孝公即位尚有十七年,据惠文王即位(前337)则有四十四年。孙膑为齐宣王将,与商君同时,孝公时人。中井曰:“‘齐有孟尝’以下二十余人,多不并世者,皆任口说出,非有考据。”

⑫常:通“尝”,曾经。

⑬叩关而攻秦:叩关,有本作“仰关”,“叩”字生动形象;“仰”则从秦国的地势之高而言之。

⑭延敌：引敌使之进入。形容从容不迫、以逸待劳的样子。

⑮逡（qūn）巡：欲进不能，迟疑不决。

⑯流血漂卤：卤，通“橹”，大盾。语出《尚书·武成》，原作“血流漂杵”。杵，筑墙用的工具。《战国策·中山策》：秦昭王十四年，秦“大破二国之军，流血漂卤，斩首二十四万”。

⑰孝文王：昭王之子，秦始皇的祖父，前250年在位，只一年。庄襄王：即子楚，秦始皇的父亲，前249—前247年在位。

【译文】

秦孝公死后，惠文王、悼武王继承已有的基业，沿袭既定的策略，向南兼并了汉中，向西攻得了巴、蜀，向东割取了肥美的土地，收纳了位置关键的郡邑。诸侯惶恐不安，聚会结盟，商议削弱秦国。他们不惜拿出奇珍异宝与肥沃领地，用来招揽天下的贤士，实行合纵，缔约结交，互相援助，成为一体。在此之际，齐国有孟尝君，赵国有平原君，楚国有春申君，魏国有信陵君。这四位封君，都明智而忠信，宽厚而爱人，既尊重贤才，又重用士人，相约合纵，离散连衡，合并了韩、魏、燕、楚、齐、赵、宋、卫、中山诸国的兵众。这时的六国之士，有甯越、徐尚、苏秦、杜赫之属出谋划策，有齐明、周冣、陈轸、邵滑、楼缓、翟景、苏厉、乐毅之徒互通声息，有吴起、孙膑、带佗、兒良、王廖、田忌、廉颇、赵奢之辈统兵作战。他们曾仗着十倍于秦的地盘，多达百万的军队，叩击函谷关攻打嬴秦。秦人打开关门，延请敌人，九国联军却徘徊躲避而不敢西进。结果秦兵没有一箭一镞的消耗，而天下诸侯就已困乏疲惫。于是合纵瓦解，盟约作废，各国争相割地，献给强秦。秦国有余力利用他们的失败，追击败北逃亡的敌人，杀得他们伏尸百万，流血漂橹。秦国趁着这一有利形势，宰割天下的诸侯，割取他们的山河，迫使强国请求臣服，弱国入朝拜觐。延续到孝文王、庄襄王的时候，他们在位的时间都很短，秦国也没有大事发生。

及至秦王[①]，续六世之余烈[②]，振长策而御宇内[③]，吞二周而亡诸侯[④]，履至尊而制六合[⑤]，执棰拊以鞭笞天下[⑥]，威振四海。南取百越之地[⑦]，以为桂林、象郡[⑧]，百越之君俛首系颈，委命下吏。乃使蒙恬北筑长城而守藩篱，却匈奴七百余里[⑨]，胡人不敢南下而牧马，士不敢弯弓而报怨[⑩]。于是废先王之道，焚百家之言，以愚黔首。堕名城[⑪]，杀豪俊，收天下之兵聚之咸阳，销锋铸鐻，以为金人十二[⑫]，以弱黔首之民。然后斩华为城，因河为津[⑬]，据亿丈之城，临不测之溪以为固。良将劲弩守要害之处，信臣精卒陈利兵而谁何[⑭]，天下以定[⑮]。秦王之心，自以为关中之固，金城千里，子孙帝王万世之业也。

【注释】

①秦王：即秦始皇，前246年继位为秦王。

②续：继承。有本“续”字作“奋”。

③策：马鞭。御：驾驭。

④吞二周：指灭掉周国分裂而成的东周、西周。西周于前256年被秦昭王所灭，东周于前249年被庄襄王所灭，今皆系于始皇名下，与事实不符。

⑤六合：天地四方，全天下。

⑥棰拊：别处引此文多作“敲朴”。梁玉绳引臣瓒曰“短曰敲，长曰朴”，都是打人的棍棒之类。

⑦百越：古代南方越人的总称。分布在今浙、闽、粤、桂等地，因部落众多，故总称“百越”。

⑧桂林、象郡：皆秦郡名。秦始皇三十三年（前214）置。桂林郡治

在今广西桂平西南。象郡郡治临尘,即今广西崇左。一说郡治象林(今越南维川南茶桥)。

⑨却匈奴七百余里:《匈奴列传》云:“始皇帝使蒙恬将十万之众北击胡,悉收河南地,因河为塞。”

⑩弯弓:挽弓,拉弓。他处引此文也作“贯弓”,“贯”亦通“弯”。

⑪堕名城:《集解》曰:“坏坚城,恐人复阻以害己也。”堕,毁败。

⑫销锋:意谓熔化所收兵器。鐻:夹钟。也有说指钟架。金人十二:即人形的钟架。

⑬因河为津:他处引此文作“因河为池”,意即用陕西东面的黄河作为秦地的护城河。

⑭谁何:喝问、盘查行人。高步瀛以为“何”“呵”同字,《文选》李善注:“谁何,问之也。”王叔岷曰:“‘谁何’复语,其义相同。”

⑮以:通“已”。

【译文】

等到秦王嬴政,接续了六代先王留下的功业,挥舞长鞭,驾驭天下,吞并西周、东周,灭掉各国诸侯,登上至尊宝座,控制天地六合,手执棍棒以抽打天下,威震四海。向南攻取百越之地,设置了桂林、象郡,使百越之君俯首请降系颈,把性命交给秦朝的司法官吏。于是命令蒙恬北筑长城,守卫边境,迫使匈奴退却七百多里,胡人不敢南下放牧战马,勇士也不敢弯弓射箭来报仇雪恨。从此秦王废弃了先王的大道,焚毁了百家的典籍,借以愚昧黎民。他毁坏名城,杀死豪杰,没收全国的兵器集中在咸阳,销毁兵器,熔铸钟鐻,制成十二个金人形状的支柱,以此削弱百姓的反抗力量。然后劈开华山作为城墙,利用黄河作为渡口,据守高达亿丈的城池,下临深不可测的溪流,作为固守的凭借。优秀的将领、强劲的弩手把守要害之地,忠实的大臣、精锐的士卒亮出锋利的武器盘查行人,天下已经安定。秦王的心里认为关中地方坚固,就像有千里铜墙铁壁,是子子孙孙称帝的万世基业。

秦王既没，余威振于殊俗[①]。陈涉，瓮牖绳枢之子[②]，甿隶之人[③]，而迁徙之徒[④]，才能不及中人，非有仲尼、墨翟之贤[⑤]，陶朱、猗顿之富[⑥]，蹑足行伍之间[⑦]，而倔起什伯之中[⑧]，率罢散之卒[⑨]，将数百之众，而转攻秦。斩木为兵，揭竿为旗[⑩]，天下云集响应，赢粮而景从[⑪]，山东豪俊遂并起而亡秦族矣。

【注释】

①殊俗：异俗之地，谓异国、异族。

②瓮牖绳枢：以破瓮为窗，以绳子系门轴。指贫寒之家。

③甿（méng）隶：平民。甿，泛指百姓。

④迁徙：充军，流放。

⑤仲尼、墨翟：孔子、墨子。这里用作有道德、有才干的人物的代表。

⑥陶朱、猗顿：都是古代有名的大富翁。陶朱，陶朱公范蠡，春秋末期人，辅佐句践灭吴后，转去经商，成为巨富。事见《越王句践世家》。猗顿，春秋时鲁国人。初为穷士，闻陶朱公（即范蠡）富，往而问致富之术，陶朱公教其经营畜牧。乃迁居西河，大畜牛羊于猗氏（今山西临猗南）之南。十年而成巨富，驰名天下，因其兴富于猗氏，故以为姓。一说他以治盐为业，富可比王者。见《货殖列传》。

⑦蹑足：小步行走，谨慎小心的样子。行伍：我国古代兵制，五人为伍，因以指军队。

⑧倔起什伯之中：《陈涉世家》作“俯仰仟佰之中”。俯仰，即指“俯首”，与上句“蹑足”意思相近，用作排比句。仟佰，千夫长、百夫

长。王念孙以为“仟佰”乃“什佰”之误。倔起,突然兴起。倔,通“崛”。什伯,同“十百”,十人长、百人长,借指最低层的小军官。

⑨罢散:疲惫,散乱。罢,同“疲”。

⑩揭:举。

⑪赢粮:自己带着粮食。赢,担负,带着。景从:像影子随着形体,时刻不离。景,同“影”。

【译文】

秦王死后,他的余威还震慑着风俗迥异的边远地区。陈涉是个破瓮做窗户、烂绳捆门轴的贫家子弟,为人庸耕的农民,而且还是被征服役的戍卒,才能赶不上中等人,没有仲尼、墨翟的贤智,没有陶朱、猗顿的富有,插足于行伍之间,崛起于田野之中,领着疲惫散乱的士卒,带着几百个徒众,转过身来攻打秦朝。他砍下树枝做武器,举起竹竿当旗帜,天下百姓纷纷响应,云集在一起,携带着粮食,如影相随,崤山以东的豪杰俊士于是同时起事,诛灭了秦朝的皇室宗族。

且夫天下非小弱也,雍州之地,殽函之固自若也。陈涉之位,非尊于齐、楚、燕、赵、韩、魏、宋、卫、中山之君;鉏櫌棘矜[①],非铦于句戟长铩也[②];適戍之众,非抗于九国之师[③];深谋远虑,行军用兵之道,非及乡时之士也。然而成败异变,功业相反也。试使山东之国与陈涉度长絜大[④],比权量力,则不可同年而语矣。然秦以区区之地,千乘之权[⑤],招八州而朝同列[⑥],百有余年矣。然后以六合为家,殽函为宫[⑦],一夫作难而七庙堕[⑧],身死人手,为天下笑者,何也?仁义不施而攻守之势异也[⑨]。

【注释】

①锄櫌棘矜(qín):棘矜,以棘木棒当矛用。矜,矛。王念孙曰:“《方言》:‘矜谓之杖。’棘矜,谓伐棘以为杖。”依王说,则“锄櫌”与“棘矜”并列,意思亦好。

②铦(yǎn):通“剡”,锐利。长铩:长矛。

③抗:匹敌,相当。

④度长絜大:比较强弱。度、絜,都是比较的意思。

⑤千乘之权:一个诸侯的威权。

⑥八州:古代称中国有九州,秦国自居一州,故统称秦国以外的所有其他区域为“八州”。

⑦崤函为宫:意即将整个关中地区视为他的宫廷,而崤山、函谷关被视为其东面的宫门。

⑧七庙堕:宗庙毁意味着王朝灭亡。七庙,皇帝的宗庙,因其庙内供奉着七代先祖,故云。旧制有所谓“天子七庙,公卿五庙,大夫三庙”之说。堕,通“毁”。

⑨仁义不施而攻守之势异也:以上为《过秦论上》,批评了秦始皇统一后所实行政策的失误,贾生此意,可与《陆贾列传》《叔孙通列传》同看。凌稚隆引真德秀曰:“贾生论秦成败千有余言,而断之曰‘仁义不施而攻守之势异也’,文字甚妙,但非至当之论,盖儒者以攻尚谲诈,而守尚仁义故耳。”高步瀛《两汉文举要》说此文:“前半极力形容秦国累代之强,非诸国所能敌;及始皇益强,遂灭六国而统一天下。其势力益雄,防卫益固,真可谓若万世不亡者。而陈涉以一无势力之人一出,而遂亡秦。此段更就前文所述,两两比较,几同卵石之异,而卵竟碎石,是真奇怪不可测度。其千回百折,止为激出末句,故正意一经揭出,格外警悚出奇,可谓极谋篇之能事矣。”孙执升曰:“古文有开口即提出主意,后乃层折澜翻者,《逐客书》是也;有全篇不点主意,层次敲击,至末方跌出

者，此论是也。”

【译文】

再说统一了天下的秦王朝并没有变小削弱啊，雍州的土地，崤山和函谷关的险固，仍然像过去一样啊。陈涉的地位，不比齐、楚、燕、赵、韩、魏、宋、卫、中山九国的君主尊贵啊；锄把木棒，不比勾戟长矛锋利啊；遣送戍边的徒众，没法和九国的军队匹敌啊；深谋远虑、行兵布阵的方略，也远远不及先前各国的谋士啊。然而成功失败各不相同，功业成就完全相反。假使让山东各国跟陈涉比比长短大小，量量权势实力，就不能同日而语了。秦国凭着区区的雍州之地，千乘之国的威权，招致地位等同的八州诸侯前来朝拜，前后经过了一百多年。此后秦国才一统天下，以天地六合为家园，以崤山、函关为宫墙，结果竟是一人举兵发难，七庙尽被摧毁，子孙为人所杀，被天下人所嘲笑，这都是为什么呢？是因为不施行仁义，攻守形势发生了变化的缘故。

秦并海内，兼诸侯，南面称帝，以养四海①，天下之士斐然乡风②，若是者何也？曰：近古之无王者久矣。周室卑微，五霸既殁，令不行于天下，是以诸侯力政③，强侵弱，众暴寡，兵革不休，士民罢敝。今秦南面而王天下，是上有天子也。既元元之民冀得安其性命④，莫不虚心而仰上，当此之时，守威定功，安危之本在于此矣⑤。

【注释】

①以养四海：王叔岷引《周礼·天官·疾医》郑玄注：“养犹治也。”谓“以养四海”，即“以治四海”。

②斐然乡风：欣然顺从的样子。斐然，翩然，轻快的样子。乡风，趋

从教化。指政治上的归顺或对个人的敬仰。

③力政:犹力征。谓以武力征伐。

④既:李笠曰:“当依《新书》作‘即’。”即,则。元元:善良的样子。

⑤安危之本在于此矣:意谓应该看清情况,改“力政”而行“仁政”。

【译文】

秦王政平定了四海,兼并了诸侯,南面称帝,以治理国家,天下之士靡然向风,为什么会这样呢?可以说:这是因为近古以来长时间没有帝王的缘故。自从周室衰微,五霸过世,天子的号令不能通行天下,因此各国诸侯凭借武力互相征伐,强大的侵略弱小的,人多的欺侮人少的,战争连年不止,黎民疲惫困乏。现在秦王政面南而坐,称王天下,这是上面有了天子啊。那么善良的百姓都希望能安身立命,没有谁不虚心景仰皇上,在这个时候,保持威势,巩固功业,国家安危的根本就在于此。

秦王怀贪鄙之心,行自奋之智,不信功臣,不亲士民,废王道,立私权,禁文书而酷刑法①,先诈力而后仁义,以暴虐为天下始②。夫并兼者高诈力,安定者贵顺权③,此言取与守不同术也④。秦离战国而王天下,其道不易,其政不改,是其所以取之、守之者无异也。孤独而有之,故其亡可立而待。借使秦王计上世之事,并殷周之迹⑤,以制御其政,后虽有淫骄之主而未有倾危之患也。故三王之建天下,名号显美,功业长久。

【注释】

①禁文书:即指焚《诗》《书》,禁百家之语等等而言。

②以暴虐为天下始:开头就在全国实行残暴统治。

③顺权：谓顺从形势。

④取与守不同术也：按，陆贾有所谓“居马上得之，宁可以马上治之乎”，与贾生此言同义。叔孙通所谓“儒者难与进取，可与守成”，即是从此出发而论及儒家学说对于建立统治秩序的意义。

⑤并（bàng）：傍，依傍，仿效。

【译文】

秦王政怀着贪婪粗鄙的心思，奋其私智，一意孤行，他不信任功臣，不亲近士民，抛弃仁政王道，树立个人威权，禁止典籍流传，实行严刑酷法，先欺诈武力而后仁义道德，把残暴苛虐作为统治天下的开端。再说兼并天下，要崇尚诡诈武力；安定国家，需重视顺时权变，这就是攻取和守成不能用同样的方法。秦朝摆脱了战国纷争的局面，统一了天下，而它的路线没有改，政令没有变，这就是将创业与守业的方法完全混同了。秦王孤身无辅却拥有天下，所以他的灭亡也就指日可待了。假使秦王能够考虑前代的情况，顺着商、周的道路，来制定实行自己的政策，那么后代即使出现骄奢淫逸的君主，也不会有倾覆危亡的忧患。夏禹、商汤和周文王、周武王建立国家，因为懂得其中的道理，所以名号显美，功业长久。

今秦二世立，天下莫不引领而观其政①。夫寒者利裋褐而饥者甘糟糠②，天下之嗷嗷③，新主之资也。此言劳民之易为仁也④。乡使二世有庸主之行，而任忠贤，臣主一心而忧海内之患，缟素而正先帝之过⑤，裂地分民以封功臣之后，建国立君以礼天下⑥；虚囹圄而免刑戮⑦，除去收帑污秽之罪⑧，使各反其乡里；发仓廪，散财币，以振孤独穷困之士⑨；轻赋少事，以佐百姓之急；约法省刑以持其后⑩，使天下之人皆得自新，更节修行，各慎其身，塞万民之望，而以威德与天下⑪，天下集矣⑫。即四海之内，皆欢然各自安乐其处，唯恐有变，虽有狡猾之民，无离上之心，则不轨之臣无以饰其智⑬，而暴乱之奸止矣。

【注释】

①引领：伸颈远望。形容期望殷切。

②裋（shù）褐：粗陋布衣。古代多为贫贱者所服。裋、褐，皆粗布衣。

③嗷嗷：众人发出的愁怨声。

④劳民之易为仁：劳民，饥苦困顿中的黎民百姓。凌稚隆引真德秀曰："此正孟子'饥渴易饮食'之说也。"

⑤缟素：白色丧服。王者服之以表示自己请罪，或吊慰黎民之意。

⑥裂地分民以封功臣之后，建国立君以礼天下：按，贾谊此处认为应舍弃郡县制而恢复分封制。

⑦虚囹圄（líng yǔ）：此指减轻刑罚。囹圄，监狱。

⑧收帑：古代连坐的刑罚，一人犯法，妻儿也要被捕，没为官奴婢。帑，通"孥"，儿女的通称。污秽：高步瀛以为乃指前文会稽刻石中所说的"寄豭"之男与"逃夫"之女。

⑨振：救济。

⑩以持其后：谓以观后效。

⑪以威德与天下：梁玉绳曰："按《新书》，'威'乃'盛'字之讹。"与，相与，打交道。

⑫集：辑睦，安定。

⑬不轨之臣：指图谋作乱者。饰其智：装作有智慧，弄巧欺人。饰，装点，伪装。

【译文】

秦二世即位后，天下人无不引领伸颈，想看看他的政令。要知道，受冻的人穿上粗布短袄就感到满意，挨饿的人吃到糠糟就觉得甜美，天下百姓的饥寒呼号，正是新皇帝实施新政的凭借。这就是说在饥苦的百姓那里，容易博得仁者的名声。假使秦二世具有一般君主的德行，任用忠臣贤士，君臣同心，忧念天下百姓的苦难，丧服期间就纠正先帝的过失；割地分民，封赏功臣的后代，封国立君，礼遇天下的贤士；释放犯人，免去刑戮，废除收孥、污秽之罪，使犯人各自返乡；打开仓库，发放钱财，赈济孤独穷困的人；减轻赋税，减少劳役，解决百姓的燃眉之急；简化法令、减省刑罚，给犯罪人改过自新的机会，使天下的人都能自新，改变节操，修养品行，谨慎自身，满足万民的愿望，以威信仁德对待天下人，天下人就归附了。倘若四海之内的百姓都能欢欢喜喜，各自安居乐业，唯恐动乱，即使有些狡诈顽猾之徒，民众也不会有背离主上之心，那么图谋不轨的臣子就无法掩饰他的小聪明，试图暴乱的奸邪之事也就会被阻止了。

二世不行此术，而重之以无道，坏宗庙与民[①]，更始作阿房宫[②]。繁刑严诛，吏治刻深，赏罚不当，赋敛无度，天下多事，吏弗能纪[③]，百姓困穷而主弗收恤。然后奸伪并起，而上下相遁[④]，蒙罪者众，刑戮相望于道，而天下苦之。自君卿以下至于众庶[⑤]，人怀自危之心，亲处穷苦之实[⑥]，咸不安其位，故易动也。是以陈涉不用汤、武之贤，不藉公侯之尊，奋臂于大泽而天下响应者，其民危也。故先王见始终之变[⑦]，知存亡之机，是以牧民之道，务在安之而已。天下虽有逆行之臣，必无响应之助矣。故曰“安民可与行义[⑧]，而危民易与为非”，此之谓也。贵为天子，富有天下，身不免于戮杀者，正倾非也[⑨]。是二世之过也[⑩]。

【注释】

①坏宗庙与民：指二世元年将襄公以下之历代先君庙尽行“轶毁”事。

②更始作阿房宫：更始，重新开始。按，俞樾以为“与民更始”四字当移至“二世不行此术”字下，其说甚好，于文字更顺。

③纪：治理，综理。

④遁：欺骗，隐瞒。

⑤君卿：此处即指“公卿”，即三公九卿。君，有名号的封君，如前面刻石中所提到的“列侯”“伦侯”等，其地位在丞相之上。

⑥穷苦：此指政治处境艰难。

⑦始终之变：从开头到结局的变化，事物发生演变的全过程。始终，王叔岷引《新书》以为应作“终始”。

⑧安民：生活安定的百姓。下句“危民”反此，意为处境危难的百姓。

⑨正倾：扶救倾危。正，匡扶。

⑩是二世之过也：以上是《过秦论中》，批评了秦二世继位后所实行政策的失误。凌稚隆引真德秀曰：“二世者，以始皇为之父，赵高为之师，所习见者非斩刈人，则夷人之三族也。谊乃以‘任忠贤，忧海内’望之，何异责盗跖以伯夷之行乎？……真书生之论也。”林希元曰：“历观太史公铺叙秦人兴亡本末，如指诸掌，行文有法度，议论根义理，词气开阖起伏，精深雄大，真名世之雄也。”王鏊曰：“贾谊《过秦论》，其言极古，与先秦相上下。但其三篇大意如一，不甚变化，且词亦有重复者，意生偶作，未及删定耳。”又曰：“太史公删贾论，参以己见责秦，虽为班固所驳，然中理之言颇多。”邓以瓒曰：“三论笔端甚鼓舞，扬之则上天，抑之则入地，河江之势沛然，金石之音铿尔，卓为高作。”又曰：“文以气为主，贾生有焉。大都自战国至六代，多用此法，后苏明允亦用此法，然苏有蹊径。”泷川曰：“史公以下篇赞《始皇纪》，以上篇赞《陈涉世家》明矣，下文所引班固奏事所引贾生之言，亦止于《过秦》下篇，

不及中篇。”

【译文】

秦二世不施行这种方法，反而更加暴虐无道，毁坏宗庙，残害黎民，再度修建阿房宫。刑罚更加繁多，杀戮更加严酷，官吏治事苛刻艰深，赏罚不得其当，税收没有限度，天下诸事繁多，官吏忙不过来，百姓困穷已极，皇帝不加抚恤。于是奸诈邪伪之事一起爆发，上下互相欺瞒，获罪的人很多，受刑被杀的人前后相望，充塞道路，天下百姓痛苦不堪。自君卿以下直到庶民百姓，人人心中自危，身处穷苦之境，都不安心自己的处境，所以很容易动摇。因此陈涉不必具有汤、武那样的贤德，不需凭借公侯那样的尊贵，在大泽乡振臂一呼而天下响应，其原因就在于民众正处在危难之中。古代先王洞察事物从始至终的变化，知道国家存亡的契机，因此统治民众的原则，在于尽力使他们安定而已。这样，天下即使出现倒行逆施的臣子，也必定不会得到民众的响应和帮助。所谓“安民可与行义，危民易与为非”，说的就是这个道理。秦二世贵为天子，拥有天下，却不免被人所杀，关键在于没能及时地拨乱反正。这是秦二世的过失。

襄公立，享国十二年[①]。初为西畤[②]。葬西垂。生文公[③]。

文公立，居西垂宫。五十年死[④]，葬西垂。生静公。

静公不享国而死。生宪公。

宪公享国十二年[⑤]。居西新邑[⑥]。死，葬衙[⑦]。生武公、德公、出子。

出子享国六年[⑧]。居西陵[⑨]。庶长弗忌、威累、参父三人，率贼贼出子鄙衍[⑩]。葬衙。武公立。

武公享国二十年[⑪]。居平阳封宫[⑫]。葬宣阳聚东南[⑬]。三庶长伏其罪。德公立。

德公享国二年[14]。居雍大郑宫[15]。生宣公、成公、缪公。葬阳[16]。初伏,以御蛊[17]。

宣公享国十二年[18]。居阳宫[19]。葬阳。初志闰月[20]。

成公享国四年[21]。居雍之宫。葬阳。齐伐山戎、孤竹[22]。

缪公享国三十九年[23]。天子致霸。葬雍。缪公学著人[24]。生康公。

康公享国十二年[25]。居雍高寝[26]。葬竘社[27]。生共公。

共公享国五年[28]。居雍高寝。葬康公南。生桓公。

桓公享国二十七年[29]。居雍太寝[30],葬义里丘北[31]。生景公。

景公享国四十年[32]。居雍高寝。葬丘里南[33]。生毕公[34]。

毕公享国三十六年[35]。葬车里北[36]。生夷公。

夷公不享国。死,葬左宫[37]。生惠公。

惠公享国十年[38]。葬车里。生悼公。

悼公享国十五年[39]。葬僖公西[40]。城雍。生剌龚公。

【注释】

①襄公立,享国十二年:秦襄公前777—前766年在位。因救周,被命为诸侯。

②西畤(zhì):祭祀西方之神白帝少皞的处所。其地或说在西垂,即西犬丘(今甘肃天水西南)。

③文公:前765—前716年在位。《索隐》曰:“作鄜畤,又作陈宝祠。”

④五十年死:徐卫民曰:“秦文公及其以前的诸公均葬在天水附近的陵区。”

⑤宪公享国十二年:前715—前704年在位。

⑥西新邑：即秦国的新都平阳，在今陕西宝鸡之杨家沟、阳平一带。

⑦衙：古邑名。又名彭衙。在今陕西白水县东北南彭衙村、北彭衙村。此处与当时的秦都平阳相隔甚远，秦宪公“葬衙”不合情理。秦宪公之墓应在古雍都（今陕西宝鸡凤翔区东南）城南的三畤原上。

⑧出子享国六年：前703—前698年在位。

⑨西陵：具体方位不详，按情理应距宝鸡不远。

⑩贼：刺杀。鄙衍：钱穆曰：“地名，当在平阳。”

⑪武公享国二十年：前697—前678年在位。

⑫平阳封宫：秦都平阳内的宫殿。

⑬葬宣阳聚东南：徐卫民认为武公墓也在古雍都（今陕西宝鸡凤翔区东南）城南的三畤原上。宣阳聚是更具体的地名。

⑭德公享国二年：前677—前676年后在位。

⑮雍：德公迁都至雍城，在今陕西宝鸡凤翔区东南。

⑯阳：吴树平以为即其都城平阳。

⑰蛊（gǔ）：此指瘟热。

⑱宣公享国十二年：前675—前664年在位。

⑲阳宫：即前文之“平阳封宫”。

⑳初志闰月：在历法上初次使用“闰月”。秦国此时使用何种历法，史公无明文。杨宽曰：“秦初用周历，昭王四十二年改用颛顼历。”

㉑成公享国四年：前663—前660年在位。

㉒齐伐山戎、孤竹：齐桓公为救燕国而伐山戎，并至孤竹事，见《齐太公世家》。

㉓缪公享国三十九年：前659—前621年在位。

㉔学著人：向门屏之侧的侍卫人员求教。以示其虚心好学。著，《索隐》曰：“著音宁，又音贮，著即宁也。门屏之间曰宁，谓学于宁门之人。故诗云‘俟我于著乎而’是也。”

㉕康公享国十二年：前620—前609年在位。

㉖高寝：本为帝王居室之正室。此为宫名，在秦都雍城内。

㉗竘（qǔ）社：在今陕西宝鸡凤翔区南三畤原。

㉘共公享国五年：前608—前604年在位。

㉙桓公享国二十七年：前603—前577年在位。

㉚太寝：宫名。在秦都雍城内。

㉛义里丘：似应作“义丘里”，在今陕西宝鸡凤翔区南三畤原。

㉜景公享国四十年：前576—前537年在位。

㉝丘里：似即上文之“义丘里”。据《新中国考古五十年》，在陕西宝鸡凤翔区南郊的三畤原上探明了十四座秦公陵园。其中一号“秦公大墓”可以推断墓主为秦景公，“这是春秋时期秦国第一座有明确墓主的陵墓，对建立考古标型学有重要意义。”

㉞生毕公：《秦本纪》作“哀公”。《集解》引徐广曰：“《春秋》作‘哀公’。”梁玉绳认为谥法无“毕”，当作“哀公”。

㉟毕公享国三十六年：应作“哀公享国三十六年”，前536—至501年在位。

㊱车里：在今陕西宝鸡凤翔区南三畤原。

㊲左宫：在今陕西宝鸡凤翔区南三畤原。

㊳惠公享国十年：前500—前491年在位。据《春秋》，秦惠公在位凡九年，卒于前492年。

㊴悼公享国十五年：《六国年表》《秦本纪》皆作“十四年”，前490—前477年在位。今人多从此说。按，悼公卒于前477年，诸家皆无异说。唯《春秋》谓惠公在位九年，谓悼公在位十五年；而本篇上文既曰惠公在位十年，则悼公在位应为十四年。

㊵葬僖公西：僖公，当为“景公”。凌稚隆曰：“《秦本纪》及此纪无‘僖公’，疑即‘景公’也。”则悼公葬于“丘里”之西南。

【译文】

秦襄公即位，在位十二年。他开始建造西畤。葬在西垂。生了文公。

文公即位，住在西垂宫。在位五十年去世，葬在西垂。生了静公。

静公未即位就去世了。生了宪公。

宪公在位十二年。住在西新邑。死后葬在衙县。生有武公、德公和出子。

出子在位六年。住在西陵。庶长弗忌、威累、参父三人，率领贼人在鄙衍刺杀了出子。葬在衙县。武公即位。

武公在位二十年。住在平阳封宫。葬在宣阳聚的东南。这期间，三庶长因罪伏法。德公即位。

德公在位二年。住在雍县大郑宫。生了宣公、成公、缪公。葬在阳邑。初次举行入伏的祭祀，以抵御夏天的热毒。

宣公在位十二年。住在阳宫。葬在阳邑。开始记载闰月。

成公在位四年。住在雍县的宫中。葬在阳邑。此时，齐国攻打山戎和孤竹。

缪公在位三十九年。天子给予霸主的地位。埋葬在雍邑地区。缪公曾向宫中的守卫人员学习。生了康公。

康公在位十二年。住在雍县高寝宫。葬在竘社。生了共公。

共公在位五年。住在雍县高寝宫。葬在康公陵南。生了桓公。

桓公在位二十七年。住在雍县太寝宫。葬在义里丘北面。生了景公。

景公在位四十年。住在雍县高寝宫。葬在丘里南面。生了毕公。

毕公在位三十六年。葬在车里北面。生了夷公。

夷公没有即位就去世了，葬在左宫。生了惠公。

惠公在位十年。葬在车里。生了悼公。

悼公在位十五年。葬在僖公陵西。修筑雍县城墙。生了刺龚公。

刺龚公享国三十四年[①]。葬入里[②]。生躁公、怀公。其十年[③]，彗星见。

躁公享国十四年[④]。居受寝[⑤]。葬悼公南。其元年,彗星见。

怀公从晋来。享国四年[⑥]。葬栎圉氏[⑦]。生灵公[⑧]。诸臣围怀公,怀公自杀。

肃灵公[⑨],昭子子也。居泾阳[⑩]。享国十年[⑪]。葬悼公西。生简公[⑫]。

简公从晋来。享国十五年[⑬]。葬僖公西。生惠公。其七年,百姓初带剑[⑭]。

惠公享国十三年[⑮]。葬陵圉[⑯]。生出公。

出公享国二年[⑰]。出公自杀[⑱],葬雍[⑲]。

献公享国二十三年[⑳]。葬嚣圉[㉑]。生孝公。

孝公享国二十四年[㉒]。葬弟圉[㉓]。生惠文王。其十三年,始都咸阳[㉔]。

惠文王享国二十七年[㉕]。葬公陵[㉖]。生悼武王。

悼武王享国四年[㉗]。葬永陵[㉘]。

昭襄王享国五十六年[㉙]。葬茝阳[㉚]。生孝文王。

孝文王享国一年[㉛]。葬寿陵[㉜]。生庄襄王。

庄襄王享国三年[㉝]。葬茝阳[㉞]。生始皇帝。吕不韦相。

【注释】

①剌龚公享国三十四年:前476—前443年在位。剌龚公,《秦本纪》作“厉共公”。据梁玉绳注,“剌”与“厉”同音,“龚”与“共”古通。

②入里:徐卫民认为在今陕西宝鸡凤翔区南三畤原。入里为具体地名。

③其十年:前467年。

④躁公享国十四年:前442—前429年在位。

⑤受寝：宫名。在秦都雍城内。

⑥享国四年：秦怀公前428—前425年在位。

⑦栎圉氏：梁玉绳曰："'氏'字衍文。"栎圉，在今陕西宝鸡凤翔区秦雍城南郊。

⑧生灵公：按，《秦本纪》明言"怀公太子曰昭子，蚤死，大臣乃立太子昭子之子，是为灵公。灵公，怀公孙也"。则此"灵公"当作"昭子"。

⑨肃灵公：《秦本纪》作"灵公"。

⑩居泾阳：灵公时秦国的都城自雍东迁到泾阳（今陕西泾阳西北，当时的咸阳正北）。

⑪享国十年：《秦本纪》作"十三年"，《索隐》引作"十二年"。钱穆认为老国君非正常死亡，继位的新君一般当年即改元，而不是明年改元。怀公是被群臣所弑，故继位的灵公当年即改元，其享国当是十一年，"十三年""十二年"都是"十一年"之讹。马非百认同此处的"十年"说，曰："《秦本纪》衍'三'字。"依享国十年说，其在位应是前424—前415年在位。

⑫生简公：《秦本纪》云"灵公季父悼子，是为简公"，"简公，昭子之弟而怀公子也"，则简公为灵公叔父，名悼子。

⑬享国十五年：秦简公前414—前400年在位。《秦本纪》作"十六年"，《六国年表》作"十五年"。钱穆以为简公在位应为"十六年"，杨宽则系为"十五年"。

⑭其七年，百姓初带剑：百姓即指百官。即《秦本纪》所谓"令吏初带剑"。而《秦本纪》与《六国年表》均系此事于简公六年（前407）。简公七年，前408年。

⑮惠公享国十三年：前399—前387年在位。

⑯陵圉：在今陕西宝鸡凤翔区南秦公陵园。

⑰出公享国二年：前386—前385年在位。出公，《秦本纪》作"出

子”。

⑱出公自杀：据《秦本纪》，出公与其母乃被秦之庶长改所杀。

⑲葬雍：徐卫民曰：“秦都雍城的秦公陵墓，位于都城以南的三畤原上。在此已发现了十四个陵园，四十九座大墓。”“据《秦纪》记载，‘宪公死葬衙’‘出子葬衙’‘武公葬宣阳聚东南’‘德公葬阳’‘宣公葬阳’‘成公葬阳’‘缪公葬雍’‘康公葬竘社’‘共公葬康公南’‘桓公葬义里丘北’‘景公葬丘里南’‘毕公葬车里北’‘惠公葬车里康景’‘悼公葬僖公（当作景公）西’‘剌龚公葬入里’‘躁公葬悼公南’‘怀公葬栎圉氏’‘肃灵公葬悼公西’‘简公葬僖公（当作景公）西’‘惠公葬陵圉’‘出公葬雍’。均为迁都雍城以前和以后的各位秦公，其墓葬都在都城雍附近。到了献公迁都栎阳后，才把陵墓迁至栎阳。”“平阳都城为何要与雍都陵墓建在一起呢？这是因为当时虽然都城不在一地，但相距并不远，而雍城以南的三畤原地高土厚较安全。”

⑳献公享国二十三年：前384—前362年在位。按，《秦本纪》作“二十四年”，《世本》与《六国年表》皆作“二十二年”。钱穆主“二十四年”，杨宽主“二十三年”。

㉑嚣圉：具体方位不详。但因献公已于其二年（前383）将秦之都城由泾阳迁至栎阳（今西安之阎良区），因此其墓应在栎阳附近。

㉒孝公享国二十四年：前361—前338年在位。

㉓弟圉：徐卫民曰：“据《水经·渭水注》‘白渠又东，迳秦孝公陵北’‘白渠在栎阳城北’，可知秦孝公陵所在的‘弟圉’在栎阳城东，下邽镇以西一带。据考古钻探所知，栎阳城东北郊为王陵，东南郊为一般人的墓葬，那么献公的陵墓也应在孝公陵附近。”

㉔其十三年，始都咸阳：《秦本纪》系此事于孝公十二年（前348），杨宽《战国史表》从之。《正义》曰：“《本纪》云‘十二年作咸阳，筑冀阙’，是十三年始都之。”盖调停之说。

㉕惠文王享国二十七年：前337—前311年在位。

㉖公陵：惠文王的陵墓名。《正义》以为在当时的咸阳城西北。

㉗悼武王享国四年：前310—前307年在位。悼武王，《秦本纪》作“武王”。

㉘永陵：悼武王的陵墓名。《正义》以为在当时的咸阳城西。徐卫民曰：“秦（惠）文王、武王的陵墓位于都城咸阳的西北方，在今咸阳市北的周陵中学附近，就是以前讹传的周文王陵与周武王陵。”

㉙昭襄王享国五十六年：前306—前251年在位。昭襄王为武王之异母弟。

㉚葬茝（zhǐ）阳：《索隐》曰：“十九年而立，葬芷陵也。”茝阳也作“芷阳”，秦县名。在当时的咸阳城东南，今西安东北。茝，此处同“芷”。

㉛孝文王享国一年：前250年在位。据《秦本纪》，其在位仅三天。孝文王，昭襄王的庶子安国君。

㉜寿陵：孝文王的陵墓名。在今西安临潼东北，距芷阳不远。

㉝庄襄王享国三年：前249—前247年在位。《秦本纪》作“在位四年”。钱穆以为上割一年予孝文王，故此曰“三年”。庄襄王，名子楚。

㉞葬茝阳：徐卫民曰：“芷阳是一个大的墓葬区，埋葬着昭襄王、孝文王、庄襄王、宣太后等著名人物。经探明的已有四个陵园，其中的一号陵园规模巨大，属于天子的级别，很可能这就是那个在位长达五十六年、为秦始皇统一六国奠定了绝好基础的秦昭王。”

【译文】

刺龚公在位三十四年。葬在入里。生了躁公、怀公。刺龚公在位的第十年，有彗星出现。

躁公在位十四年。住在受寝宫。葬在悼公陵南。躁公在位的第一年，有彗星出现。

怀公从晋国回来继位。在位四年。葬在栎圉。生了灵公。大臣们围攻怀公，怀公自杀。

肃灵公是昭子的儿子。住在泾阳。在位十年。葬在悼公陵的西边。生了简公。

简公是从晋国回来继位的。在位十五年。葬在僖公陵西。生了惠公。简公在位的第七年，开始允许百官佩带刀剑。

惠公在位十三年。葬在陵圉。生了出公。

出公在位二年。出公自杀，葬在雍县。

献公在位二十三年。葬在嚣圉。生了孝公。

孝公在位二十四年。葬在弟圉。生了惠文王。孝公在位的第十三年，开始迁都于咸阳。

惠文王在位二十七年。葬在公陵。生了悼武王。

悼武王在位四年。葬在永陵。

昭襄王在位五十六年。葬在茝阳。生了孝文王。

孝文王在位一年。葬在寿陵。生了庄襄王。

庄襄王在位三年。葬在茝阳。生了始皇帝。其时吕不韦任相国。

献公立七年，初行为市[①]。十年[②]，为户籍相伍[③]。

孝公立十六年。时桃李冬华。

惠文王生十九年而立。立二年，初行钱[④]。有新生婴儿曰“秦且王”。

悼武王生十九年而立。立三年[⑤]，渭水赤三日[⑥]。

昭襄王生十九年而立。立四年[⑦]，初为田开阡陌[⑧]。

孝文王生五十三年而立。

庄襄王生三十二年而立。立二年[⑨]，取太原地[⑩]。庄襄王元年[⑪]，大赦，修先王功臣，施德厚骨肉，布惠于民。东周与诸侯谋秦[12]，秦使相国不韦诛之，尽入其国。秦不绝其祀，以阳人地赐周君[13]，奉其祭祀。

始皇享国三十七年[14]。葬郦邑[15]。生二世皇帝。始皇生十三年而立。

二世皇帝享国三年[16]。葬宜春[17]。赵高为丞相安武侯[18]。二世生十二年而立[19]。

右秦襄公至二世，六百一十岁[20]。

【注释】

①献公立七年，初行为市：《货殖列传》云："献公徙栎邑，栎邑北却戎翟，东通三晋，亦多大贾。"杨宽曰："秦献公即位后推行一系列之改革，元年止从死，二年徙治栎阳，六年初县蒲、蓝田、善明氏，七年初行为市，十年为户籍相伍。盖仿效魏之法制而有所改革，开此后商鞅变法之先路。"献公立七年，前378年。行为市，在都城栎阳建立商贸市场。

②十年：前375年。

③为户籍相伍：设立户籍制度。伍，民户编制单位。五家编为一伍。

④立二年，初行钱：前336年，首次使用圆形的铜钱。

⑤立三年：前308年。

⑥渭水赤三日：预示悼武王将死。《竹书纪年》中亦多有此类记载，显为后人附会。

⑦立四年：前303年。

⑧初为田开阡陌：标志秦国重视农业，并实行新的土地制度。阡陌，田间小路，也指地界。

⑨立二年：前248年。

⑩太原：赵郡名。郡治晋阳，在今太原西南。

⑪庄襄王元年：前249年。

⑫东周：由周分裂出来的小国，都于巩县（今河南巩义西南）。

⑬阳人：阳人聚，村落名。在今河南临汝西。

⑭始皇享国三十七年：前246—前210年在位。

⑮郦邑：为建造与看护始皇陵墓而设立的行政单位，级别相当于县。旧址在今始皇陵北侧的刘家寨一带，汉代改称为新丰县。

⑯二世皇帝享国三年：前209—前207年在位。

⑰宜春：即宜春苑，秦代宫苑名。故址在汉代长安的东南郊，今西安南郊雁塔区的杜城村一带。

⑱赵高为丞相安武侯：按，胡亥初即位时赵高为郎中令，至李斯死后，赵高始为丞相。

⑲二世生十二年而立：徐孚远曰："二世未立时已习法律，及立后，恣行不义，当已在成人之年，此言'生年十二而立'，非实也。"按，"十二年"当作"二十年"，前文云"二世皇帝元年，年二十一"。梁玉绳曰："言'二十一'者，以逾年改元言之，此言'二十'者，以始皇崩年言之。"译文据改。

⑳襄公至二世，六百一十岁：《正义》曰："《秦本纪》自襄公至二世，五百七十六年矣；《年表》自襄公至二世，五百六十一年。三说并不同，不知孰是。"梁玉绳曰："表自襄公元年至二世三年，实五百七十一年，此误。"按，钱穆对此细核后认为，《秦本纪》实得五百七十七年，《六国年表》为五百七十一年。《秦本纪》所多之六年是由于四位国君不逾年改元的变例及讹误造成。又，以上所附，即司马迁之所谓《秦纪》。其《六国年表序》云："秦既得意，烧天下《诗》《书》，诸侯史记尤甚，为其有所刺讥也……独有《秦纪》，又不载日月，其文略不具。"这段引文正是这种情形。杨慎曰："此段《秦纪》也，其事虽略，而其文法最古，史公所以谨录之，欲以互证而备遗也。"梁玉绳曰："史以传信，无一事两书之理，《史

记》中惟此及《郦生传》有之，皆后人附益，非迁史原文……此记简古有法，先秦文字，不可多见，非它附益者比。”

【译文】

秦献公在位的第七年，开始设置市场。第十年，建立户籍，按五家为一伍进行编制。

秦孝公在位的第十六年。桃树、李树冬天开花。

惠文王十九岁即位。即位后的第二年，开始使用铜钱。有个新生婴儿说“秦国即将称王”。

悼武王十九岁即位。即位后的第三年，渭河水一连三天呈红色。

昭襄王十九岁即位。即位后的第四年，开始为农田设置新田界。

孝文王五十三岁即位。

庄襄王三十二岁即位。即位后的第二年，攻取了赵国的太原。庄襄王元年，实行大赦，追赏先王时期的功臣，广施恩德，亲厚宗室，布惠百姓。东周与诸侯各国图谋攻秦，秦派相国吕不韦伐周，诛灭了东周，兼并了它的国土。秦国没有灭绝周朝的祭祀，把阳人聚赐给周君，让他继续祭祀周朝的先祖。

始皇帝在位三十七年。葬在郦邑。生了二世皇帝。始皇帝十三岁继位为秦王。

二世皇帝在位三年。葬在宜春苑。二世皇帝在位时赵高任丞相，封安武侯。二世皇帝二十岁继位为皇帝。

以上自秦襄公至秦二世，共六百一十年。

孝明皇帝十七年十月十五日乙丑，曰[①]：

周历已移[②]，仁不代母[③]。秦直其位[④]，吕政残虐[⑤]。然以诸侯十三[⑥]，并兼天下，极情纵欲，养育宗亲[⑦]。三十七年，兵无所不加，制作政令，施于后王[⑧]。盖得圣人之威，河神授图[⑨]，据狼、狐，蹈参、伐[⑩]，佐政驱除[⑪]，距之称始皇[⑫]。

【注释】

①孝明皇帝十七年十月十五日乙丑，曰：《索隐》曰："此已下是汉孝明帝访班固评贾、马赞中论秦二世亡天下之得失，后人因取其说，附之此末。"《正义》引班固《典引》云："后汉明帝永平十七年诏问班固：'太史迁赞语中宁有非耶？'班固上表陈秦过失及贾谊言答之。"按，据此则"曰"上应出"班固"二字，不然下文则似明帝所为。孝明皇帝，东汉明帝刘庄，光武帝之子，58—75年在位。十七年，74年。乙丑，此日的干支为乙丑。

②周历已移：《正义》曰："周初卜世三十，卜年七百，以五序得其道，故王至三十七，岁至八百六十七，历数既过，秦并天下，是周历已移也。"此为谶纬家言。

③仁不代母：《索隐》曰："谓周得木德，木生火，周为汉母也。言历运之道，仁恩之情，子不代母而王，谓火不代木，言汉不合即代周也。秦值其闰位，得在木火之间也。"《正义》曰："周，木德也；秦，水德也。五行之运：水生木，木生火，火生土，土生金，金生水。所生者为母，出者为子。帝王之次，子代母。秦称水是母代子，故言若有德之君相代，不母承其子。"按，此阴阳五行家的说法。此取五行"相生"说，尚有"相克"之说。

④秦直其位：秦朝正处在母代子的位置上。直，同"值"，正值。

⑤吕政：指秦始皇。《吕不韦列传》说秦始皇的母亲是吕不韦的爱姬，怀着他嫁给了子楚（即后来的秦庄襄王），说秦始皇是吕不韦的儿子，故有此称。按，此说荒谬，详见《吕不韦列传》。

⑥诸侯十三：指初为秦王时年十三。

⑦养育宗亲：按，始皇统一六国后，对其宗亲有何"养育"，史无明载。

⑧制作政令，施（yì）于后王：《正义》曰："谓置郡县，坏井田，开阡陌，不立侯王，始为伏腊；又置丞相、太尉、御史大夫、奉常、郎中令、仆射、廷尉、典客、宗正、少府、中尉、将作、詹事、水衡都尉、监、守、县令、丞等，皆施于后王，至于隋、唐矣。"施，延续。

⑨河神授图：相传伏羲时，黄河中曾有龙马驮着"河图"出现，伏羲遂依之做八卦。这是上天为有德的帝王所降的瑞应。

⑩据狼、狐，蹈参、伐：言始皇上应杀伐之星，故多有战功。狼、狐，二星名。狼，即"天狼星"，狐也作"弧"。《史记·天官书》："其东有大星曰狼。狼角变色，多盗贼。下有四星曰弧，直狼。"《正义》曰："弧九星，在狼东南，天之弓也。以伐叛怀远，又主备贼盗之知奸邪者。"此二星主征伐。参、伐，二星名。参，二十八宿之一。伐星属于参宿。古人谓主斩伐之事。

⑪佐政驱除：言上天帮着嬴政，为他扫清道路。驱除，排除，赶走。

⑫距之称始皇：一直到号称"始皇帝"。距，至，抵达。

【译文】

孝明皇帝十七年十月十五日乙丑，孝明皇帝向班固询问贾谊、司马迁论秦二世亡天下的得失，班固说：

周朝的历数已经过去，按照五德终始之道，有仁德的子位王朝不能替代母位王朝。对于木德的周朝而言，秦朝却正处于子代母的位置上，因此吕政为政残酷暴虐。然而他十三岁就当上了诸侯王，后来兼并了天下，虽极情纵欲，却也养育了整个宗族。在位三十七年间，兵锋无所不至，制定的法律政令，传给了后代帝王。他仿佛得到了圣人的神威，河神授予了象征帝王受命的图录，上应着主管杀伐的狼、狐、参、伐之星，一切都像是帮他扫清道路，一直到他成了始皇帝。

始皇既殁，胡亥极愚，郦山未毕，复作阿房，以遂前策。云“凡所为贵有天下者，肆意极欲，大臣至欲罢先君所为”[①]。诛斯、去疾，任用赵高。痛哉言乎！人头畜鸣。不威不伐恶，不笃不虚亡[②]。距之不得留，残虐以促期，虽居形便之国，犹不得存。

【注释】

①“凡所为贵有天下者”几句：隐括二世二年胡亥处死李斯、冯去疾等之前所言。

②不威不伐恶，不笃不虚亡：上句指秦始皇，下句指秦二世。不笃，指罪恶不深。不虚亡，不会无故地灭亡。也有人断句为“不威不伐，恶不笃不虚亡”，二句皆指秦二世。不威不伐，没有威权就不能为所欲为。伐，矜夸。本小段文字皆批评秦二世，似按后种断句解释为好。

【译文】

始皇帝死后，胡亥极其愚蠢，郦山的陵墓尚未完工，就又重新开始修建阿房宫，以完成始皇帝未竟的计划。他说“拥有天下的人之所以尊贵，就是因为他可以任性纵情，为所欲为，你们这些大臣竟想中断先帝所做的事情”。于是他杀死了李斯和冯去疾，而任用赵高。秦二世说的话，真是令人痛心啊！他长着人的脑袋，却发出牲畜一样的叫声。如果他不逞淫威，人们就不会讨伐他的罪恶；如果他的罪恶不深重，就不至于国灭身亡。直到帝位保不住了，残酷暴虐又加速了他的灭亡，虽然占据着地形有利的国度，还是不能存身。

子婴度次得嗣，冠玉冠[①]，佩华绂[②]，车黄屋[③]，从百司，谒七庙。小人乘非位[④]，莫不怳忽失守[⑤]，偷安日日，独能长念却虑[⑥]，父子作权[⑦]，近取于户牖之间[⑧]，竟诛猾臣[⑨]，为君讨贼。高死之后，宾婚未得尽相劳[10]，餐未及下咽，酒未及濡唇，楚兵已屠关中[11]，真人翔霸上[12]，素车婴组，奉其符玺，以归帝者。郑伯茅旌鸾刀，严王退舍[13]。河决不可复壅，鱼烂不可复全。

【注释】

①玉冠：帝王的冠冕。

②华绂（fú）：华丽的帝王礼服。

③车黄屋：乘坐着帝王之车。黄屋，古代帝王专用的黄缯车盖。借指帝王之车。

④非位：谓自己的才能德行与所居的名位不相副。

⑤怳忽：同“恍忽”，神志迷惑的样子。

⑥却虑：排除疑虑。

⑦作权：采取权变之策。权，权变，临时置宜。

⑧近取于户牖之间：极言其简便省事。牖，窗户。

⑨猾臣：指赵高。

⑩宾婚：宾客及姻亲。劳：慰劳。

⑪楚兵：此指刘邦的军队。

⑫真人：指刘邦。池田曰：“真人，犹云‘真天子’，与始皇称‘真人’判然别矣。”霸上：在今陕西西安东白鹿原北首。因地处霸水之滨，故名。为古代咸阳、长安附近军事要地。刘邦刚入关时驻兵于此。

⑬郑伯茅旌鸾刀，严王退舍：《春秋公羊传·宣公十二年》，楚庄王攻克郑国都城，郑襄公“肉袒，左执茅旌，右执鸾刀”以迎庄王，表示服罪，庄王为之“退舍七里”。何休曰：“茅旌，鸾刀，祭祀宗庙所用也。执宗庙器者，示以宗庙血食自归。”严王，即“庄王”，汉人避明帝（刘庄）讳，改称“严王”。《左传》对此亦有详细叙述，此

用以比喻子婴以礼迎降刘邦事。徐孚远曰："汉祖不杀子婴，以之属吏，是有楚庄赦郑之风也。"

【译文】

子婴是依照次序才继位的，他头戴垂着玉饰的王冠，身上佩系着华美丝带的御玺，坐着黄缯为盖的法驾，带着百官，去拜谒列祖的灵庙。如果是一个小人，坐上了才德不符的宝座，无不恍惚不安，心神失守，日日苟且偷安，而子婴则偏偏能思虑深长，排除顾忌，父子设计，在斋宫之内，干净利索地擒获赵高，杀死了狡猾的奸臣，为先帝诛讨了逆贼。赵高死后，宾客姻娅还没有一一慰劳，饭没有来得及咽下，酒没有来得及沾唇，楚国士卒已经屠戮关中，真命天子已经降临霸上，于是子婴只好白马素车，丝带系颈，献上符节印玺，归降真命皇帝。这真像当年郑伯左持茅旌，右执鸾刀向楚庄王投降，楚庄王后撤七里一样。然而河堤决口，无法再堵，河鱼腐烂，不能保全。

贾谊、司马迁曰："向使婴有庸主之才，仅得中佐，山东虽乱，秦之地可全而有，宗庙之祀未当绝也。"秦之积衰，天下土崩瓦解，虽有周旦之材，无所复陈其巧①，而以责一日之孤②，误哉！俗传秦始皇起罪恶，胡亥极，得其理矣。复责小子，云秦地可全，所谓不通时变者也。纪季以酅，《春秋》不名③。吾读《秦纪》④，至于子婴车裂赵高，未尝不健其决⑤，怜其志。婴死生之义备矣⑥。

【注释】

①陈其巧：施展其能力。凌稚隆引何孟春曰："《魏世家》太史公曰：'秦灭魏，说者皆曰魏以不用信陵君故，国削弱至于亡。余以为不然，天方令秦平海内，其业未成，魏虽得阿衡之佐，曷益乎？'……

固之论秦婴，即迁论魏之言也。”

②责：要求。一日之孤：指子婴。一日，极言其执政之日短。

③纪季以酅（xī），《春秋》不名：纪季把酅邑献给了齐国，而《春秋》却肯定他，不书他的名字。纪季，春秋时纪国诸侯之弟，“季”是排行。酅，纪邑名。在今山东淄博临淄区东。纪季与其兄分裂，先带着酅邑投降了齐国，成为齐国的附庸；后来齐国灭纪，纪国先人的祭祀在纪国绝灭，却由纪季承续下来，因此受到《春秋》作者的肯定，而书之曰“纪季以酅入于齐”。事见《左传·庄公三年》，此以纪季比喻子婴。

④《秦纪》：此指《秦始皇本纪》。

⑤健其决：认为他的决断刚勇果断。健，勇猛有力。此用为动词。

⑥死生之义备矣：《孝经·丧亲》云：“生事爱敬，死事哀戚，生民之本尽矣，死生之义备矣。”此言子婴之死生皆合于义，后人无可指责。按，以上是班固奉诏评论子婴的一段话，其《典引》序云：“永平十七年，臣与贾逵、傅毅、杜矩、展隆、郗萌等召诣云龙门，小黄门赵宣持《秦始皇帝本纪》问臣等曰：‘太史迁下赞语中宁有非邪？’臣对：‘此赞贾谊《过秦论》云，向使子婴有庸主之才，仅得中佐，秦之社稷未宜绝也。此言非是。’即召臣入，问：‘本闻此论非邪？将见问意开悟邪？’臣具对素闻知状。”与此大意略同，而未及展开，此文应是后来班固另作。

【译文】

贾谊、司马迁说：“假使子婴具有一般君主的能力，只要得到中等的辅佐大臣，崤山以东地区即使叛乱，秦国故地还可以保全，宗庙祭祀不会断绝。”秦的衰败是积久而成，天下已经土崩瓦解，即使有周公旦那样的才能，也无法施展他的良策，而贾谊、司马迁竟去要求登位几天的子婴，实在是错误啊！民间相传，秦始皇开始作孽，胡亥把它推到顶点，这话是说到理上了。贾谊、司马迁又指责子婴，说秦国故地可以保全，这就是所谓的不晓时势变化呀。纪季为保住宗庙，把酅邑献给齐国，《春秋》肯定他的做法，对他不指名相称。我读《秦始皇本纪》，读到子婴车裂赵高时，总是称赞他的果断，欣赏他的志气。子婴对待生死大义，已经够完美了。

【秦王朝世系表】

始皇帝（前221—前210）——秦二世（前209—前207）——子婴（前206）子婴投降刘邦，被项羽所杀

【集评】

苏辙曰："商周之初，虽封建功臣子弟，而上古诸侯棋布天下，植根深固，是以新故相维，势如犬牙，数世之后，皆为故国，不可复动。今秦已削平诸侯，荡然无复立锥之国，虽使并建子弟，而君民不亲。譬如措舟沧海之上，大风一作，漂卷而去，与秦之郡县何异？且独不见汉高、晋武之事乎？古之圣人立法以御天下，必观其势，势之所去不可以强反。然秦得其势而不免于灭亡，盖治天下在德不在势。诚能因势以立法，务德以扶势，未有不安且治者也。使秦既一天下，与民休息，宽徭赋，省刑罚，黜奢淫，崇俭约，选任忠良，放远法吏，而以郡县治之，虽与三代比隆可也。"（《古史》）

凌稚隆曰："始皇虽暴乱，史职不废，而太史公于始皇本无忌讳，故得以恣情摹画，成一篇文字。"（《史记评林》）

李景星曰："《始皇本纪》之有二世，纪附纪也。二世年促事少，不足另为一纪，故附于《始皇纪》后……开首'欲以并天下'五字，已提动通篇，灭六国后又特书'秦初并天下'，与此处作收应，机局最灵而意旨亦最显。以下书初并天下令，记其成功；书博士及群臣之议，著其制度；书诸铭刻，志其巡游。至其求神仙，作宫室，及焚书坑儒等事，则随笔插叙，不繁不简，各得其宜。尤其妙者不正叙始皇性情，而借尉缭、卢生口中以补出之，化板为活，益人神智不少。纪二世纯以法为主，字里行间都带

阴惨气象。赞语略述世次，随以‘贾生推言’一句引入《过秦论》三篇，风神俊逸，在诸篇中另是一格。其先载第三篇者，以秦之亡，亡于子婴之世也；次第一篇，推其亡之本于始皇也；次第二篇，归其亡之罪于二世也。凡此，皆有深意存焉。……其‘襄公立’一段，旧《秦纪》也；‘孝明皇帝’一段，班固之论也。是二段者，虽非此纪旧文，而附录已久，不能骤去。且其文高古健劲，一可以证而备考，一可以知人而论世也。”（《四史评议》）

【评论】

《秦始皇本纪》是《史记》中第一篇以人物为中心的帝王本纪，相当细致地写了秦始皇这个矛盾的悲剧英雄人物的一生。文章精彩、故事生动，是《史记》中的名篇。秦始皇十三岁继位，二十二岁行冠礼亲政，第一件大事就是剿灭嫪毐叛乱集团。他的处理手段残酷而彻底：嫪毐车裂后陈尸示众，灭其族；嫪毐的舍人通通判刑，最轻为鬼薪；受牵连而被剥夺爵位、流放到蜀地去的有四千多户；玩忽职守的卫尉竭、内史肆、佐弋竭、中大夫令齐等二十人都被斩首示众。由此可见秦始皇的暴戾冷酷。但也正是由于他的杀伐果断，才彻底清除了这个寄生在秦国肌体上的毒瘤。秦始皇之所以被称为“千古一帝”，最主要的原因是他在称帝后建立、实行了一系列制度措施，如废分封、设郡县，拆毁战国关塞，统一货币、文字、度量衡，设立中央官制，确立土地私有、制定礼仪等一系列政治、经济、文化措施，在开创中国封建统一国家政治制度方面产生了全面而深刻的影响。司马迁认识到“汉承秦制”，认识到秦的伟大功绩，对于这个崭新的帝国的领导者秦始皇是肯定的、赞扬的，这与《六国年表》所说的“秦取天下多暴，然世异变，成功大”观点一致；文章的气势亦如高屋建瓴，与《商君列传》叙述商鞅变法的措施、功效两相辉映。但是秦始皇统一全国后也日益骄奢膨胀，什么都要做到极致，以显示自己的无与伦比。因此他奴役黎民、挥霍无度；又派人寻神仙、求长生；实行高度的集权,“天下之事无小大皆决于上”;其为政“刚毅戾深,事皆决于法,刻削无仁恩与义”,实行高压统治,以刑杀为威;几乎集中了所有独裁专制暴君的“恶”。司马迁真实冷静地写出了他狂妄、愚蠢、可憎而又可悲的一面。除此之外,司马迁还写了统一六国前秦始皇还是秦王时与尉缭之间的小故事。秦王赞赏尉缭的计谋,“见尉缭亢礼,衣服食饮与缭同”,而尉缭则认为秦王“少恩而虎狼心”,“诚使秦王得志于天下,天下皆为虏矣”,“不可与久游”,准备离开秦国。秦王发觉后,执意挽留,让他作了秦国尉,完全采用了他的计策,可见其虚心下士之宏量;如果再联系他在《白起王翦列传》中在罢斥王翦、起用王翦的过程中知过必改的坦荡胸襟,雄主风范实令人无比心折。综合来看,司马迁以史家实事求是的态度客观评价了秦始皇的功过是非,他主要是将秦始皇作为一个因缺少历史经验而招致失败的悲剧英雄来写的,笔下有无限惋惜之情。

《秦始皇本纪》中有些问题也值得人深思。首先是分封制与郡县制的问题。司马迁通过重点记录秦廷两次关于分封制与郡县制的辩论,说明实行郡县制是历史发展的必然。再结合汉初的消灭异姓王,分封、优待同姓王,最后导致了七国之乱,这里的记载也有借叙述历史而反思当世,申明借鉴的意义。再有,文中记载的秦始皇的广修宫室陵寝,四出巡游,劳民伤财;信鬼神、方士,大搞封禅;秦二世的肆意纵欲,行督责之术,只喜听好话,不愿听谏言等亡国之道,联系武帝时任用酷吏及其无原则地逢迎皇帝的现实,司马迁的用意是十分深刻的。汉代的士大夫一直在思考秦亡的教训,司马迁也一样。他说他写《史记》是“承敝通变”,“原始察终,见盛观衰”,“稽其成败兴坏之际”,这篇《秦始皇本纪》就像一面镜子,时时对照着汉代的各种政策,对照着汉武帝的所作所为。文章论赞部分引用贾谊的《过秦论》,更明显地透露出作者的创作意图。

关于秦始皇“焚书坑儒”的问题,一直以来都被儒家学者所切齿痛恨,似乎秦始皇烧掉了所有经典,杀掉了所有儒生。但只要细读《秦始皇本纪》就可以知道事情并不是这样的。所谓“焚书”,当时的政策是:

"史官非秦记皆烧之。非博士官所职，天下敢有藏《诗》《书》、百家语者，悉诣守、尉杂烧之……所不去者，医药卜筮种树之书。若欲有学法令，以吏为师。"从中可以看出，当时把所有书籍分为三种：一、凡是东方六国的史书，统统烧毁；二、除六国历史以外的其他各种社会文化书籍，散在百姓家的一律交出销毁，而在各级政府相关机构与贵族家中所收藏的一律不烧；三、凡属于"自然科学"的诸如医药、农业、水利、天水一类的一律不烧。人们想要学习可以到各级政府相关机构跟官吏们学。事实也是如此。崔适说："第烧民间之书，不烧官府之书；第禁私相授受，可诣博士受业。故陈胜反，二世召问博士诸生，博士诸生三十余人前曰'人臣无将'，语本《公羊传》，事载《叔孙通传》。若并在官者禁之，三十余人者焉敢公犯诏书，擅引经义哉?"秦始皇的"焚书"是为了愚化百姓，控制言论，并不是要"毁灭文化"。至于"坑儒"，被坑者并不是孔、孟所传授的儒家一派，而是以"长生不死"之说哄骗秦始皇的方士、骗子。起因是侯生等方士说他们能给秦始皇找来长生不死之药，骗了大量钱财，结果不但没找来药，还在背后议论责骂秦始皇，秦始皇这才发怒查办这些人。这些人相互攀扯，最后坑杀了四百六十人。真正的儒家学者如叔孙通、郦食其等都还在朝廷或民间宣讲着儒家学说。郑樵曰："陆贾，秦之巨儒也；郦食其，秦之儒生也；叔孙通，秦时以文学召，待诏博士数岁。陈胜起，二世召博士诸儒生三十余人而问其故，皆引《春秋》之义故对，是秦时未尝不用儒生与经学也。况叔孙通降汉时，有弟子百余人，齐鲁之风亦未尝替，故项羽既亡之后，而鲁为守节礼义之国。则知秦时未尝废儒，而始皇所坑，盖一时议论不合者耳。"史珥更说："所按问而坑者'诸生'，'生'字蒙前'侯生''卢生'来……历代朋党株连何止此数，而秦独从诟詈，下流固不可居，亦为恶有幸不幸哉！"直接为秦始皇喊冤了。

《秦始皇本纪》中最让人痛快的应是子婴杀赵高一段。班固说："小人乘非位，莫不怳忽失守，偷安日日，独能长念却虑，父子作权，近取于户牖之间，竟诛猾臣，为君讨贼……吾读《秦纪》，至于子婴车裂赵高，未尝不健其决，怜其志。婴死生之义备矣。”胡寅说：“子婴居无可奈何之地，乃能不动声色，屠戮赵高，虽不救亡，亦足抒愤，岂不可怜也哉？汉王遂王关中，必有以处之；项氏杀之，不仁也。”都对子婴除掉赵高这个祸乱秦朝的罪魁祸首表达了赞赏钦佩之情。可惜秦王朝已到了“河决不可复壅，鱼烂不可复全”的地步，子婴也只能向刘邦投降，无法挽回秦王朝覆灭的命运。但据2015年北京大学出版的《北京大学藏西汉竹书》中的《赵正书》，赵高在杀了李斯后，又杀了二世胡亥；紧接着秦朝叛将章邯引兵攻入咸阳，杀了赵高，灭了秦朝，而根本没有赵高立子婴，子婴诛赵高、向刘邦投降之事。

在这篇《赵正书》中，还提到了二世胡亥继位之事。文中说秦始皇东巡途中患病，临终前与李斯、赵高一起商议，立胡亥为太子，这与《李斯列传》所说完全不同。《赵正书》所言应该才是胡亥、李斯、赵高当政时的官方说法，司马迁在《李斯列传》中讲的，只能出现在赵高被杀之后。而且《李斯列传》中赵高、李斯、胡亥之间的反复商议密谋，秦代宫廷档案中是不可能收录的，司马迁“叙之详悉如此，且文辞甚工丽”，又是怎样做到的呢？最大的可能就是司马迁根据当时的传闻，揣摩着李斯、赵高等人的心理，天才地为他们设计出了这一大套对话。

关于秦始皇的名字，《秦始皇本纪》开头就说他“名为政，姓赵氏”。秦始皇生于正月，本名应该是“正”，这从当时《秦历》把“正月”改为“端月”可以推知，这是为了避讳。同样，当时人们把“正”写作“政”，也是避讳。但说秦始皇姓“赵”，这就有问题了。从《秦本纪》可以得知，秦帝王是姓“嬴”的，不能因为嬴、赵两姓有共同祖先就把嬴姓的秦帝说成姓赵，更不能因为秦始皇出生于赵国，就以他的出生地作为他的姓。而《秦本纪》的“太史公曰”说秦代历代君主姓“赵”，这里又说秦始皇姓“赵”，其中有着汉初人对秦帝王的一种侮辱和鄙视，当时人们对秦王朝、秦始皇是怀着仇恨的，更愿意以胜利者的姿态去践踏它、丑化它，不承认周王赐的“嬴”姓，也可以算其中之一吧。具体到秦始皇，联系到

《吕不韦列传》中说他母亲嫁给了他父亲时已经怀了吕不韦的孩子，暗示秦始皇不是嬴姓秦王的后代，在《赵正书》这部西汉文献中更直呼其为“赵正”，差不多已经挑明了他就是姓“吕”了，只是用“赵正”增加些迷离的成分。这种说法自然不会出现在官方记录中，只可能是秦末反秦起义时的传言，而且传得甚嚣尘上。司马迁对此想肯定，没证据；想否定，没事实，于是只好让它们两存：在写《秦本纪》《秦始皇本纪》这种庄严郑重的大篇章时完全不涉及这些事；但在写吕不韦一生劣迹的《吕不韦列传》时就夹进了这些传言。而且整部《史记》除《吕不韦列传》外很少提到吕不韦，竟似有意隔断《吕不韦列传》与其他篇章的关联，这似乎也表明了司马迁对这一传言的态度。

史记卷七

项羽本纪第七

【释名】

《项羽本纪》是关于楚汉战争的一幅惊心动魄的画卷，最翔实、最具体地记录了那个波澜壮阔的悲壮时代。文中叙述的主要内容有：

项梁、项羽叔侄起义前的生活经历；

叔侄二人继陈胜之后自江东起兵，北上大破秦军；

项梁在范增建议下拥立楚怀王；

项梁不幸兵败战死后楚怀王夺项羽兵权；

楚怀王命宋义为上将军，项羽仅为次将，率军北上钜鹿，解救被秦军包围的赵军；

项羽斩杀了钜鹿大战前怯懦不前的宋义，重新掌握军权，并以破釜沉舟的巨大勇气率领楚军以一当十，大破秦军主力，成为整个反秦起义军的实际领袖；

项羽入关后设鸿门宴，其后大封诸侯，自封西楚霸王，达到个人事业的顶峰；

刘邦在田荣、彭越、陈馀等起兵反项后，趁机轻而易举地夺回关中，又趁项羽北讨田荣，一举攻下项羽的国都彭城；

项羽以少胜多在彭城大破汉军，刘邦溃败西逃，在荥阳、成皋筑城建防，楚、汉两军形成对峙；

项羽由强到弱，最后在四面楚歌的形势下兵败垓下，在乌江浦自杀身亡。

项籍者，下相人也①，字羽。初起时，年二十四。其季父项梁，梁父即楚将项燕，为秦将王翦所戮者也②。项氏世世为楚将，封于项③，故姓项氏。

项籍少时，学书不成④，去；学剑，又不成。项梁怒之。籍曰："书足以记名姓而已。剑一人敌，不足学，学万人敌。"于是项梁乃教籍兵法，籍大喜，略知其意，又不肯竟学⑤。项梁尝有栎阳逮⑥，乃请蕲狱掾曹咎书抵栎阳狱掾司马欣，以故事得已⑦。项梁杀人，与籍避仇于吴中⑧。吴中贤士大夫皆出项梁下⑨。每吴中有大繇役及丧⑩，项梁常为主办，阴以兵法部勒宾客及子弟，以是知其能。秦始皇帝游会稽，渡浙江⑪，梁与籍俱观。籍曰："彼可取而代也⑫。"梁掩其口，曰："毋妄言，族矣！"梁以此奇籍。籍长八尺余⑬，力能扛鼎⑭，才气过人⑮，虽吴中子弟皆已惮籍矣⑯。

【注释】

①下相：秦县名。故治在今江苏宿迁西南，废黄河西岸古城。秦置。因地处相水下游，故名。

②梁父即楚将项燕，为秦将王翦所戮者也：据《秦始皇本纪》，项燕被王翦等所败，自杀而死；此与《楚世家》皆谓项燕为王翦所杀，《索隐》弥合其间，谓"盖燕为王翦所围，逼而自杀，故不同耳"。按，其意皆谓项燕死于王翦之手而已。王翦，战国末年秦国名将。频阳（今陕西富平东北）人。为秦王政所重用。攻灭赵国、燕国，

屡败楚国，为攻灭楚国做出了巨大贡献。事迹见《白起王翦列传》。

③项：秦县名。在今河南沈丘。

④学书：学习认字、写字。泷川引雨森精翁曰："书，六书也，如保氏所教。"

⑤略知其意，又不肯竟学：竟学，全部学完。竟，终了。何焯曰："《汉书·艺文志·兵法形势》中有《项王》一篇，而'黥布置阵如项籍军，高祖望而恶之'，盖治兵置阵是其所长，故能力战摧锋；而不足于权谋，故其后往来奔命，为人乘其罢而踣之，所谓'略知其意而不肯竟学'也。"郭嵩焘曰："此历叙项羽为人磊磊有英雄气，然苦少深沉之量，是以终身无成。"按，此处一方面写项羽胸怀大志、气度豪迈，同时又为其日后失败留下伏笔。

⑥栎阳：秦县名。故治在今陕西西安临潼区东北。

⑦乃请蕲（qí）狱掾曹咎书抵栎阳狱掾司马欣，以故事得已：蕲，秦县名。县治在今安徽宿州南。狱掾，主管监狱的官署称"狱曹"，狱掾是狱曹属吏。掾，官府中佐助吏目的通称。抵，致书。王夫之曰："孰谓秦之法密能胜天下也？项梁有栎阳逮，蕲狱掾曹咎书抵司马欣而事得免。其他请托公行、货贿相属而不见于史者，不知凡几也。项梁，楚大将军之子，秦之尤忌者，欣一狱掾，驰书而难解，则其他位尊而权重者，抑孰与御之？法愈密，吏权愈重；死刑愈繁，贿赂愈章；涂饰以免罪罟，而天子之权，倒持于掾史。"按，曹咎、司马欣因此皆有恩于项氏，故项羽对二人甚为宠信，为后文汜水之败伏笔。

⑧吴：秦县名。县治即今江苏苏州。

⑨皆出项梁下：师古曰："言皆不及也。"出，处，居。

⑩大繇役及丧：按，此皆兴师动众之事。

⑪秦始皇帝游会稽，渡浙江：事在始皇三十七年（前210），见《秦始皇本纪》。会稽，山名。在今浙江绍兴东南。浙江，钱塘江。

⑫彼可取而代也：彼，指秦始皇。泷川曰："陈胜曰：'壮士不死即已，死即举大名耳！王侯将相宁有种乎？'汉高曰：'嗟乎，大丈夫当如是也！'项羽曰：'彼可取而代也！'三样词气，三样笔法，史公极力描写。"

⑬长八尺余：秦时一尺约当今之23.1厘米。八尺余，约当今之1.84米以上。

⑭扛鼎：举鼎。《索隐》引韦昭曰："扛，举也。"

⑮才气：才能气魄。

⑯虽吴中子弟皆已惮籍矣：按，此用吴中子弟之忌惮衬托项羽之气概才情出类拔萃。

【译文】

项籍是下相县人，字羽。刚反秦起兵的时候，他二十四岁。他的小叔叔名叫项梁，项梁的父亲就是被秦将王翦所杀的楚国名将项燕。项家世世代代为楚将，被封在项县，所以他们就以项为姓了。

项羽小时候，学习写字没有学成，放弃了；改去学剑，又没有学成。项梁很生气。项羽说："写字只不过能记个姓名而已。剑术练好了也不过是能打过一个人，这些都不值得学；我要学能对抗上万人的本事。"项梁于是就教他兵法，项羽很高兴，但他略知大意，还是不肯有始有终地好好学。项梁曾因为犯罪被栎阳县逮捕，于是他就请蕲县的典狱官曹咎给栎阳县的典狱官司马欣写了一封说情的信，案子这才了结。后来，项梁又杀了人，和项羽一起躲避仇人到了吴县。吴县的贤士大夫们都推尊他们叔侄而甘处下风。每逢吴县有大的徭役或丧事，项梁常常主持操办，他暗中用兵法来组织调度这些宾客和子弟，借此来了解他们的能力。秦始皇出游会稽，在渡钱塘江的时候，项梁和项羽都去观看。项羽说："他可以被我取代。"项梁捂住他的嘴，说："别胡说，要灭族的！"他也因此觉得项羽不同寻常。项羽身高八尺多，力能举鼎，才气过人，即便是吴中的豪门子弟也都很怕他。

秦二世元年七月[①],陈涉等起大泽中[②]。其九月,会稽守通谓梁曰[③]:“江西皆反,此亦天亡秦之时也。吾闻先即制人,后则为人所制[④]。吾欲发兵,使公及桓楚将[⑤]。”是时桓楚亡在泽中。梁曰:“桓楚亡,人莫知其处,独籍知之耳[⑥]。”梁乃出,诫籍持剑居外待。梁复入,与守坐,曰:“请召籍,使受命召桓楚。”守曰:“诺。”梁召籍入。须臾,梁眴籍曰[⑦]:“可行矣!”于是籍遂拔剑斩守头[⑧]。项梁持守头,佩其印绶。门下大惊,扰乱,籍所击杀数十百人。一府中皆慑伏,莫敢起[⑨]。梁乃召故所知豪吏,谕以所为起大事,遂举吴中兵。使人收下县,得精兵八千人[⑩]。梁部署吴中豪杰为校尉、候、司马[⑪]。有一人不得用,自言于梁。梁曰:“前时某丧使公主某事,不能办,以此不任用公。”众乃皆伏。于是梁为会稽守,籍为裨将[⑫],徇下县[⑬]。

【注释】

①秦二世元年:前209年。

②陈涉等起大泽中:此即大泽乡起义。大泽,乡名。当时属蕲县,在今安徽宿州东南大泽乡。

③会稽守通:《集解》引《楚汉春秋》曰:“会稽假守殷通。”假,代理。则殷通为代理郡守。

④“江西皆反”几句:泷川引俞樾曰:“据《汉书》,则‘江西皆反’数言皆项梁谓会稽守语也……与《史记》不同,班固必别有所据。”江西,长江在芜湖、南京间作西南、东北流向,习惯上称此以北、淮水以南地区为江西。亦延伸包括中原地区在内的长江以北地区为江西。

⑤桓楚：生平不详，全书只有项羽杀宋义后使其报怀王一事。

⑥“桓楚亡”几句：按，项梁以此为借口让项羽进内，以便杀郡守。可见其早有预谋。

⑦眴（shùn）：看，眨眼。此指使眼色。

⑧籍遂拔剑斩守头：史珥曰：“会稽守所谓明于见事而暗于见人者也。”

⑨一府中皆慑伏，莫敢起：慑伏，即慑服，因恐惧而屈服。慑，恐惧丧气的样子。陈子龙曰：“守欲反秦，何不与同起事？而项梁意气不能为人下也。”

⑩得精兵八千人：按，与后“以八千人渡江”，及乌江亭长言“江东子弟八千人”呼应，是文笔细密处。

⑪校尉、候：皆军官名。秦汉军制，《后汉书·百官志》：“大将军营五部，部校尉一人，比二千石；军司马一人，比千石。部下有曲，曲有军候一人，比六百石。”

⑫裨（pí）将：副将，偏将。裨，副贰，辅佐。

⑬徇下县：到辖下各县宣谕并安抚百姓。

【译文】

秦二世元年七月，陈涉等人在大泽乡起义。这年九月，会稽郡守殷通对项梁说：“现在长江以西都造反了，这是上天要灭掉秦的时候。我听说先发者制人，后发者就要被人所制。我也想起兵，请您和桓楚做将军。”当时桓楚逃亡到大泽之中。项梁说：“桓楚逃亡在外，没人知道他的下落，只有项羽知道。”说完就出来，让项羽提剑在外等候。项梁又进去陪着郡守坐了一会儿，说：“请您叫项羽来，让他接受命令去找桓楚。”郡守说：“好。”项梁于是就把项羽叫了进来。过了不一会儿，项梁给项羽使了个眼色，说：“可以行动了！”于是项羽拔出剑砍下了郡守的人头。项梁提着郡守的人头，佩上了郡守的印绶。郡守的手下惊慌失措，一片混乱，被项羽杀了百十来个。整个郡府中的人都吓得趴伏在地，不敢起来。项梁于是把他平日了解的那些豪强大吏们叫来，告诉他们要造反起义的事，于是就在吴中发兵起义。他派人到会稽郡下属各县去搜罗丁壮，得到了精兵八千人。项梁安排吴中豪杰做校尉、候、司马。有一人没得到任用，自己向项梁去申述。项梁说："以前某次丧事请您主办某事，您不能办，因此不任用您。"众人于是都心服口服。这样项梁就做了会稽郡守，项羽做裨将，派人到下属各县宣谕并安抚百姓。

广陵人召平于是为陈王徇广陵[①]，未能下。闻陈王败走[②]，秦兵又且至，乃渡江矫陈王命，拜梁为楚上柱国[③]。曰："江东已定，急引兵西击秦。"项梁乃以八千人渡江而西[④]。闻陈婴已下东阳[⑤]，使使欲与连和俱西。陈婴者，故东阳令史[⑥]，居县中，素信谨，称为长者。东阳少年杀其令，相聚数千人，欲置长，无适用，乃请陈婴。婴谢不能，遂强立婴为长，县中从者得二万人。少年欲立婴便为王，异军苍头特起[⑦]。陈婴母谓婴曰："自我为汝家妇，未尝闻汝先古之有贵者。今暴得大名，不祥。不如有所属，事成犹得封侯，事败易以亡，非世所指名也。"婴乃不敢为王。谓其军吏曰："项氏世世将家，有名于楚。今欲举大事，将非其人不可[⑧]。我倚名族，亡秦必矣。"于是众从其言，以兵属项梁。项梁渡淮，黥布、蒲将军亦以兵属焉[⑨]。凡六七万人，军下邳[⑩]。

【注释】

①广陵：秦县名。县治即今江苏扬州。召平：按，《吕太后本纪》中有举兵欲围齐王的齐相召平，《萧相国世家》中有种瓜城东的故东陵侯召平，及此处的召平，三人不是同一人。

②陈王败走:即秦二世二年(前208)十二月陈涉被秦将章邯打败被杀事。

③拜梁为楚上柱国:刘辰翁曰:“召平不自了事,乃能作此度外奇事,所以发亡秦之端在此。”楚上柱国,底本作“楚王上柱国”。泷川曰:“枫、三本无‘王’字。”李笠曰:“‘王’字衍。”今据削“王”字。上柱国,战国时楚国设,简称柱国,言其于国如室之有柱,为国家栋梁柱臣。原掌保卫国都,后为楚国最高武官,其地位仅次于令尹。按,陈涉已于上月战败,被叛徒所杀,召平矫陈王命拜项梁为楚上柱国在秦二世二年一月。

④项梁乃以八千人渡江而西:凌稚隆曰:“项羽始事,已定江东,渡江而西,故通篇以‘东’‘西’二字为眼目。”据《秦楚之际月表》,项梁引兵渡江在秦二世二年二月。

⑤东阳:秦县名。在今安徽天长西北。

⑥令史:县令手下的小吏。《集解》引《汉仪注》云:“令吏曰令史,丞吏曰丞史。”

⑦异军苍头特起:意谓要单独组成一支与众不同的精锐部队。苍头,战国时魏国的精锐部队。又,《集解》引应劭曰:“苍头,谓士卒皂巾,若赤眉、青领,以相别也。”特起,突起,崛起。

⑧将非其人不可:将,推测之辞,意同“恐怕”“大概”。师古曰:“言以不才之人为将,不可求胜也。”王先谦引刘敞曰:“言欲举大事,为将者非此人不可。”归有光曰:“中包陈婴小传。”锺惺曰:“婴母识力不在止其子上,在此语说得有权术,是世上第一占便宜人。”

⑨黥布:亦名“英布”。事迹见《黥布列传》。蒲将军:姓蒲,史失其名。

⑩下邳:秦县名。县治在今江苏睢宁西北。

【译文】

广陵人召平这时正为陈王招抚广陵,还没有拿下。他听说陈王兵败逃走，秦兵又快攻到了，就渡江假传陈王的命令，拜项梁为楚上柱国。他说："江东已经平定，赶快领兵西进攻秦。"项梁于是带领八千人渡江西进。他听说陈婴已经攻下了东阳，派使者联络陈婴想和他合兵一起西进。陈婴，原先是东阳令史，住在县里，一向诚信谨慎，被称为长者。东阳的年轻人响应起义杀了县令，聚集了数千人，想要立一位首领，没有合适的人，于是请陈婴来做。陈婴推辞说自己不行，人们则强行立他为首领，县里跟从他的有两万人。年轻人想索性立陈婴为王，自为精锐，异军突起。陈婴的母亲对陈婴说："自从我做了你家的媳妇，从没听说过你的祖先有富贵的。如今突然之间得到这样大的名头，不祥。不如从属于人，事情成功可以封侯，事情失败也好逃跑，不会被世人指名道姓的。"陈婴于是不敢称王。他对军官们说："项氏世代为将，在楚国最有名望。如今想要做大事，恐怕非他家不行。我们依附名家大族，一定可以灭亡秦。"于是众人听从他的意见，带兵归属了项梁。项梁渡过淮河，黥布、蒲将军也带兵归属了他们。项梁此时共有六七万人，驻扎在下邳。

当是时，秦嘉已立景驹为楚王[①]，军彭城东[②]，欲距项梁。项梁谓军吏曰："陈王先首事，战不利，未闻所在[③]。今秦嘉倍陈王而立景驹，逆无道。"乃进兵击秦嘉。秦嘉军败走，追之至胡陵[④]。嘉还战一日，嘉死，军降。景驹走死梁地[⑤]。项梁已并秦嘉军，军胡陵，将引军而西。章邯军至栗[⑥]，项梁使别将朱鸡石、馀樊君与战。馀樊君死。朱鸡石军败，亡走胡陵。项梁乃引兵入薛[⑦]，诛鸡石。项梁前使项羽别攻襄城[⑧]，襄城坚守不下。已拔，皆坑之[⑨]。还报项梁。项梁闻陈王定死，召诸别将会薛计事[⑩]。此时沛公亦起沛，往焉[⑪]。

【注释】

①秦嘉已立景驹为楚王：秦嘉听说陈涉兵败出逃，遂立六国时楚王后裔景驹为楚王。据《秦楚之际月表》，秦嘉之立景驹为王在秦二世二年一月。秦嘉，秦末起义军首领。陈涉起兵后，他也在东海郡郯地起兵反秦。陈涉欲收编他的军队，他不受命，自立为大司马。

②彭城：即今江苏徐州。

③未闻所在：陈涉实际已死，但外界尚传说不一，故项梁曰“未闻所在”。或者项梁明知陈涉已死，为了消灭秦嘉故意以此为口实。

④胡陵：秦县名。在今山东鱼台东南。

⑤走死梁地：据《秦楚之际月表》，项梁破杀秦嘉、景驹在秦二世二年四月。徐孚远曰：“景驹楚后，非不当立，项氏兵势已振，亦欲自立后，不肯受事于秦嘉，故以陈王为名而攻之。”梁地，指今河南东部一带地区。战国时这一带地区属于魏国，魏国因都于大梁又称梁国，魏地也称梁地。

⑥栗：秦县名。县治即今河南夏邑。

⑦薛：秦县名。在今山东滕州东南。

⑧襄城：秦县名。即今河南襄城。

⑨已拔，皆坑之：凌稚隆曰：“羽初出，即以所拔者坑，太史公首次此，见羽之不足为也。”坑，活埋。

⑩召诸别将会薛计事：此会在陈涉死后确立项梁为首领，对灭秦战争影响巨大。事在秦二世二年四月。

⑪沛公亦起沛，往焉：秦二世二年三月，刘邦的部将雍齿据丰邑叛刘归魏，刘邦数攻不下，遂如薛向项梁求援。详见《高祖本纪》。沛公，指刘邦。刘邦于秦二世元年九月起兵反秦，最先攻下沛县（今江苏沛县），被拥立为沛县县令，故刘邦被封“汉王”前习称“沛公”。钱大昕《十驾斋养新录》曰：“春秋之际，楚县令皆称

公。楚汉之际，官名多沿楚制，故汉王起沛称沛公，楚有萧公、薛公、郯公、留公、柘公，汉有滕公、戚公，皆县令之称。”

【译文】

这时候，秦嘉已立景驹为楚王，驻扎在彭城东，准备抵抗项梁。项梁对军官们说：“陈王首先起事，战斗失败，下落不明。现在秦嘉背叛陈王而立景驹为王，大逆不道。”于是进兵攻击秦嘉。秦嘉兵败逃跑，项梁追击到了胡陵。秦嘉回军又打了一天，秦嘉阵亡，军队投降。景驹逃走死在了梁地。项梁兼并了秦嘉的军队后，驻扎在胡陵，准备率军西进。章邯的部队到了栗县，项梁派别将朱鸡石、馀樊君和他交战。馀樊君战死。朱鸡石兵败，逃回了胡陵。项梁于是率军进入薛县，诛杀了朱鸡石。此前项梁派项羽另率一军攻打襄城，襄城坚守不降。等攻下襄城后，项羽把襄城军民全部活埋了。他回来向项梁报告。项梁听说陈王确实已经死了，就召集所有将领会合到薛县商议大事。这时沛公也在沛县起事，前往薛县。

居鄛人范增①，年七十，素居家，好奇计，往说项梁曰：“陈胜败固当。夫秦灭六国，楚最无罪。自怀王入秦不反②，楚人怜之至今，故楚南公曰‘楚虽三户，亡秦必楚’也③。今陈胜首事，不立楚后而自立，其势不长。今君起江东，楚蜂午之将皆争附君者④，以君世世楚将，为能复立楚之后也。”于是项梁然其言，乃求楚怀王孙心民间⑤，为人牧羊⑥，立以为楚怀王⑦，从民所望也⑧。陈婴为楚上柱国，封五县，与怀王都盱台⑨。项梁自号为武信君。

【注释】

①居鄛（cháo）：秦县名。县治在今安徽桐城南。

②怀王入秦不反:秦昭王请楚怀王赴秦却将他劫持,要求割地,楚怀王不允,遂被幽禁,终客死于秦。事见《楚世家》。怀王,名熊槐,战国后期的楚国国君,前328—前299年在位。

③南公:姓字不详。《集解》引文颖曰:“南方老人也。”《汉书·艺文志》有“《南公》十三篇”,属阴阳家。楚虽三户,亡秦必楚:《集解》引臣瓒曰:“楚人怨秦,虽三户犹足以亡秦也。”泷川曰:“三户者,言其少耳,乃虚设之辞。”

④蜂午:《汉书》作“蜂起”。《集解》引如淳曰:“蜂午,犹言‘蜂起’也。众蜂飞起,交横若午,言其多也。”午,纵横相交。《仪礼·大射》:“度尺而午。”郑玄注:“一纵一横曰午。”

⑤楚怀王孙心:楚怀王的孙子,名心。

⑥为人牧羊:按,此即所谓“夹注句”,后文写“鸿门宴”之座次有所谓“项王、项伯东向坐,亚父南向坐。亚父者,范增也。沛公北向坐,张良西向侍”云云,“亚父者,范增也”六字亦“夹注句”。

⑦立以为楚怀王:吴见思曰:“孙冒祖号,生袭死谥,写一时草草可笑。”

⑧从民所望也:王鸣盛曰:“六国之亡久矣,起兵诛暴秦不患无名,何必立楚后?制人者变为制于人,范增谬计,既误项氏,亦误怀王。”管同曰:“‘怀王入关不反,楚人怜之’,怜之者,特以愤秦之欺,而咎其君拒屈平之谠言,听子兰之佞说,轻其身以投虎口也;非有故主之思、遗民之痛,而增之劝立其后何哉?且夫楚固列国,非天下之共主,项氏欲亡秦而取其天下,则立楚王后仅以收其故族之心,鼓其遗民之痛,而所谓燕、韩、赵、宋、卫、中山之邦者于楚何怜?夫岂可得悉动耶?增之为谋于是乎悖矣。”凌稚隆曰:“范增劝项氏第一事为立楚怀王,不知项世楚将,怀王立,则项当终其身为驱驰,增谓羽能堪之乎?必不能堪,则置怀王于何地?卒之羽弑怀王,而汉之灭羽始终以怀王为说,是怀王之立反为汉地耳。盖怀王立则项羽不能不弑逆;羽弑逆则羽不容不灭。然则项之所以失

天下，非增之劝立怀王一事误之耶？”

⑨盱台（xū yí）：一作盱眙，秦县名。故治今江苏盱眙东北盱眙山侧。

【译文】

居鄛人范增，七十岁了，一向隐居在家，擅长奇策妙计，他前去游说项梁说：“陈胜的失败是必然的。秦灭六国，楚是最无辜的。自从楚怀王入秦后没能返回，楚人到现在还同情他，所以楚南公说‘楚国即使只剩三户人，灭亡秦国的也必定是楚国’。如今陈胜首先起事，不立楚王后代而自立为王，势必长久不了。如今您从江东起兵，楚国那些蜂拥而起的将领都争相依附您，是因为您家世代为楚将，能重新拥立楚王的后人啊。”于是项梁认为他说得对，就从民间寻找到楚怀王的孙子，他名叫心，给人家放羊，拥立他还称为楚怀王，来顺从人民的意愿。任陈婴为楚上柱国，封给他五个县，与怀王都住在国都盱眙。项梁自己号称武信君。

居数月，引兵攻亢父[①]，与齐田荣、司马龙且军救东阿[②]，大破秦军于东阿。田荣即引兵归，逐其王假[③]。假亡走楚。假相田角亡走赵。角弟田间故齐将，居赵不敢归[④]。田荣立田儋子市为齐王。项梁已破东阿下军，遂追秦军。数使使趣齐兵，欲与俱西。田荣曰：“楚杀田假，赵杀田角、田间，乃发兵。”项梁曰：“田假为与国之王，穷来从我，不忍杀之。”赵亦不杀田角、田间以市于齐。齐遂不肯发兵助楚。项梁使沛公及项羽别攻城阳[⑤]，屠之。西破秦军濮阳东[⑥]，秦兵收入濮阳。沛公、项羽乃攻定陶[⑦]。定陶未下，去，西略地至雍丘[⑧]，大破秦军，斩李由[⑨]。还攻外黄[⑩]，外黄未下。

【注释】

①亢（gāng）父：秦县名。在今山东济宁南。

②与齐田荣、司马龙且（jū）军救东阿：据《田儋列传》与《秦楚之际月表》，秦二世二年六月，齐王田儋救魏被章邯破杀于临济，田荣收揽齐国败兵向东退到东阿，章邯围东阿；七月，项羽与刘邦一同往救，项梁亦引兵救之，大破秦军，解东阿之围。与此文不同，似应从《田儋列传》与《秦楚之际月表》。田荣，齐王田儋的堂弟。与田儋一同在齐起兵反秦。司马龙且，龙且是楚怀王的将领，时官为司马。东阿，秦县名。县治即今山东阳谷东北之阿城镇。

③逐其王假：田儋被杀，田荣又败守东阿，齐人乃立战国时故齐王田建之弟田假为王，以田角为相，田间为将。田荣脱东阿之围后，回兵驱逐了田假，立田儋之子田市（fú）为齐王，自己为相，其弟田横为将军。

④田间故齐将，居赵不敢归：当时田间正为田假赴赵国求救，田假被逐，田间遂留赵不敢归。

⑤城阳：也作“成阳”，秦县名。县治在今山东鄄城东南。

⑥濮阳：秦县名。县治在今河南濮阳西南，其县也是当时东郡的郡治所在地。

⑦定陶：秦县名。县治在今山东菏泽定陶区西北。

⑧雍丘：秦县名。即今河南杞县。

⑨大破秦军，斩李由：据《秦楚之际月表》，刘邦、项羽大破秦军于雍丘、斩李由事，在秦二世二年八月。李由，秦丞相李斯之子，时为三川郡（郡治洛阳）的郡守。

⑩还攻外黄：外黄，秦县名。县治在今河南民权西北。外黄在雍丘东北，刘、项本西向攻雍丘，再回兵攻外黄，故称“还攻”。按，攻城阳、破邯郸、斩李由、攻外黄，这是刘邦、项羽仅有的共同作战。

【译文】

过了几个月，项梁率军攻打亢父，与齐国的田荣、司马龙且合兵救东阿，在东阿大败秦军。田荣随即领兵东归，驱逐了齐王田假。田假逃到了楚国。田假的相国田角逃到了赵国。田角的弟弟田间原本是齐将，现在留在赵国不敢回齐国。田荣立田儋之子田市为齐王。项梁则在攻破围困东阿的秦军后，乘胜追击秦军。他多次派使者到齐国催促齐国进兵，想和齐兵一起西进。田荣说："楚国杀掉田假，赵国杀掉田角、田间，我们就发兵。"项梁说："田假是盟国的国君，走投无路来投奔我，我不忍心杀他。"赵国也不肯杀田角、田间来与齐做交易。齐国于是也就不肯发兵帮助楚国了。项梁派沛公和项羽另率一支军队攻城阳，攻下后把城阳军民全部杀掉了。向西在濮阳东面打败秦军，秦军退入濮阳。沛公、项羽于是攻打定陶。定陶没攻下来，他们放弃定陶，向西开拓地盘到了雍丘，在雍丘大败秦军，斩了李斯之子李由。然后回军攻打外黄，外黄未能攻下。

项梁起东阿西，比至定陶，再破秦军，项羽等又斩李由，益轻秦，有骄色。宋义乃谏项梁曰①："战胜而将骄卒惰者败。今卒少惰矣②，秦兵日益，臣为君畏之。"项梁弗听。乃使宋义使于齐。道遇齐使者高陵君显③，曰："公将见武信君乎？"曰："然。"曰："臣论武信君军必败。公徐行即免死，疾行则及祸。"秦果悉起兵益章邯，击楚军，大破之定陶，项梁死④。沛公、项羽去外黄攻陈留⑤，陈留坚守，不能下。沛公、项羽相与谋曰："今项梁军破，士卒恐。"乃与吕臣俱引兵而东⑥。吕臣军彭城东，项羽军彭城西，沛公军砀⑦。

【注释】

①宋义：凌稚隆引《汉纪》云："宋义，故楚令尹。"

②今卒少惰矣：少，同"稍"。惰，松懈，涣散。吴见思曰："本言将骄，讳而言卒，辞令之妙。"

③高陵君显：高陵君，名显，姓氏不详，“高陵君”是其封号。

④大破之定陶，项梁死：据《秦楚之际月表》，项梁兵败被杀在秦二世二年九月。

⑤陈留：秦县名。县治在今河南开封东南陈留镇。

⑥乃与吕臣俱引兵而东：底本作“乃与吕臣军俱引兵而东”。句中“军”字涉下文而衍，今削。吕臣，初任陈胜起义军将军。陈胜被害，他组织苍头军，收复陈县（今河南周口淮阳区），镇压杀害陈胜的叛徒庄贾，重建张楚政权。不久，又与英布联合，再破秦军。后归项梁，与项羽同屯军彭城。事见《陈涉世家》。何焯曰：“一路向西北，乃‘引兵而东’，皙以兵败也。”

⑦砀：秦县名。县治在今河南夏邑东南，江苏徐州以西。

【译文】

项梁从东阿西出发，等到了定陶，又一次打败了秦军，而项羽等也斩了李由，就更加轻视秦军，显出骄傲的神色。宋义于是向项梁进谏说：“打了胜仗而将帅骄傲士卒怠惰的军队就要失败。如今士卒已经稍显怠惰了，秦兵却日渐增加，我为您担心啊。”项梁听不进去。于是派宋义出使齐国。宋义在路上遇到了齐国的使者高陵君显，说：“您准备去见武信君吗？”高陵君显说：“是的。”宋义说：“我推断武信君的军队一定会失败。您慢点走就可以免于一死，走快了就会遇到祸患送命。”秦果然征调全部军队增援章邯，进攻楚军，在定陶大败楚军，项梁战死。沛公、项羽离开外黄去攻打陈留，陈留坚守，打不下来。沛公、项羽一起商量说：“如今项梁的军队失败了，士卒恐惧不安。”于是他们和吕臣一起率军东撤。吕臣驻扎在彭城以东，项羽驻军在彭城以西，沛公驻扎在砀县。

章邯已破项梁军，则以为楚地兵不足忧，乃渡河击赵，大破之。当此时，赵歇为王，张耳为相，皆走入钜鹿城[①]。章邯令王离、涉间围钜鹿[②]，章邯军其南，筑甬道而输之粟[③]。

陈馀为将，将卒数万人而军钜鹿之北，此所谓河北之军也④。

【注释】

①赵歇为王，张耳为相，皆走入钜鹿城：陈涉起兵后，派部将武臣与魏名士张耳、陈馀率军北攻赵地。至邯郸（今河北邯郸），武臣自立为赵王，不久，被其部将李良所杀，张耳、陈馀遂立赵歇为赵王，都邯郸。事在秦二世二年一月。秦二世二年闰九月，赵歇等先在邯郸战败，东北逃入钜鹿城。赵歇，战国时赵王后裔。钜鹿，秦县名。亦为钜鹿郡的郡治。在今河北平乡西南。按，底本于“赵歇为王”下有“陈馀为将”四字，徐孚远曰：“陈馀将兵在外，未入钜鹿城，此语误。”梁玉绳曰：“‘陈馀为将’四字，因下文而衍。”今据删。

②王离：秦国名将王翦之孙。当时率秦兵在河北地区与起义军作战。王离在秦朝的地位甚高，见《白起王翦列传》，似乎不是章邯的部下，而是别率一军。涉间：秦将名。姓涉名间。

③甬道：两侧筑有夹墙的通道。《集解》引应劭曰：“恐敌抄辎重，故筑墙垣如街巷也。”

④此所谓河北之军也：泷川曰：“《高祖纪》亦有此语。冈白驹曰：‘当时有此成语。’”按，当时义军以楚、齐、赵三支为劲旅，亦为各地所盛传，今楚、齐皆破，独存赵军，故为敌我双方所瞩目。

【译文】

章邯打败项梁的军队后，认为楚地的义军用不着担心了，于是北渡黄河攻赵，大败赵国。这时候，赵歇是赵王，张耳是赵相，赵王歇和张耳都退进了钜鹿城内。章邯命令王离、涉间包围钜鹿，自己率大军驻扎在钜鹿的南面，修筑了一条甬道给王离、涉间输送粮草。陈馀是赵国的大将，他率领几万人驻扎在钜鹿之北，这就是当时所说的河北之军。

楚兵已破于定陶，怀王恐，从盱台之彭城[①]，并项羽、吕臣军自将之[②]。以吕臣为司徒，以其父吕青为令尹[③]。以沛公为砀郡长，封为武安侯，将砀郡兵[④]。

【注释】

①怀王恐，从盱台之彭城：按，彭城在定陶与盱眙中间，楚怀王向战场方向迁都，可以更方便地接收项氏军队，总揽兵权。可见怀王不想做项氏傀儡，而是想真正领导楚军与秦争天下。

②并项羽、吕臣军自将之：由此益见怀王非徒拥虚名之傀儡，而是确有相当的实力；亦可由此想象异日项羽杀害怀王的后果非同一般。项羽与怀王的怨隙自此夺军始。

③以吕臣为司徒，以其父吕青为令尹：司徒，官名。主掌民事、户口、官司籍田、征收财赋、教化等事。地位崇高，为古代的"三公"之一。令尹，战国时楚官名。位同丞相。《集解》引臣瓒曰："时立楚后，故置官司，皆如楚旧。"按，吕臣虽被收缴了军权，但任其为司徒，任其父为令尹，也进入了决策中心。

④"以沛公为砀郡长"几句：怀王不仅没有收编刘邦的军队，反而让他将砀郡兵，有扶植他为己所用的意思。按，怀王对项羽、吕臣、刘邦三人态度差别很大，意在分化项氏部队，从而削弱项羽的力量。砀郡长，即砀郡郡守。秦时的砀郡治睢阳，在今河南商丘城南。

【译文】

楚兵在定陶失败后，怀王恐惧，从盱眙到了彭城，把项羽、吕臣的军队收来并入麾下自己统领。他任命吕臣做司徒，任命吕臣的父亲吕青为令尹。任命沛公为砀郡长，封他为武安侯，统领砀郡军队。

初，宋义所遇齐使者高陵君显在楚军，见楚王曰："宋义论武信君之军必败，居数日，军果败。兵未战而先见败征，此可谓知兵矣。”王召宋义与计事而大说之，因置以为上将军[①]；项羽为鲁公，为次将；范增为末将[②]，救赵。诸别将皆属宋义，号为卿子冠军[③]。行至安阳[④]，留四十六日不进。项羽曰：“吾闻秦军围赵王钜鹿，疾引兵渡河，楚击其外，赵应其内，破秦军必矣。”宋义曰：“不然。夫搏牛之虻不可以破虮虱[⑤]。今秦攻赵，战胜则兵罢[⑥]，我承其敝；不胜，则我引兵鼓行而西[⑦]，必举秦矣。故不如先斗秦、赵[⑧]。夫被坚执锐[⑨]，义不如公；坐而运策，公不如义。”因下令军中曰：“猛如虎，很如羊[⑩]，贪如狼，强不可使者，皆斩之[⑪]。”乃遣其子宋襄相齐[⑫]，身送之至无盐[⑬]，饮酒高会。天寒大雨，士卒冻饥。项羽曰：“将戮力而攻秦[⑭]，久留不行。今岁饥民贫，士卒食芋菽[⑮]，军无见粮，乃饮酒高会，不引兵渡河因赵食，与赵并力攻秦，乃曰‘承其敝’。夫以秦之强，攻新造之赵[⑯]，其势必举赵。赵举而秦强，何敝之承！且国兵新破，王坐不安席，扫境内而专属于将军，国家安危，在此一举。今不恤士卒而徇其私，非社稷之臣[⑰]。”项羽晨朝上将军宋义[⑱]，即其帐中斩宋义头，出令军中曰：“宋义与齐谋反楚，楚王阴令羽诛之。”当是时，诸将皆慑服，莫敢枝梧[⑲]。皆曰：“首立楚者，将军家也。今将军诛乱[⑳]。”乃相与共立羽为假上将军[㉑]。使人追宋义子，及之齐，杀之。使桓楚报命于怀王。怀王因使项羽为上将军[㉒]，当阳君、蒲将军皆属项羽[㉓]。

【注释】

①上将军：指某一部军队的最高统帅，并非固定的官职名。春秋战

国时已有此称，如范蠡称上将军，魏太子申为上将军。

②项羽为鲁公，为次将；范增为末将：次将、末将并非固定职位，只表示其军中地位。鲁公，鲁县县令。鲁县即今山东曲阜。

③卿子冠军："卿子"是当时对男人的敬称，冠军犹言"最高统帅"。《集解》引文颖曰："'卿子'时人相尊之辞，犹言'公子'也。上将，故言'冠军'。"梁玉绳曰："《汉纪》云：'宋义，故楚令尹。'《大事纪》曰：'怀置义为元帅者，非特喜其知兵，亦以楚之耆旧大臣，故尊任亲倚之。'《史》《汉》不载义为令尹，荀氏所据必《楚汉春秋》也。"李光缙引穆文熙曰："楚王拜义为大将亦甚轻易，羽于此时必有不平之意，故于救赵时竟斩之也，岂独以其迟留哉？"

④安阳：古邑名。有说在今山东曹县东北者，杨宽以为当在东阿（今山东阳谷东北之阿城镇）西北之小湖阿泽西北，说见《战国史料编年辑证》，更觉可信。

⑤搏牛之虻不可以破虮虱：一曰搏，击，用手击牛背，可以杀死其上之牛虻，而不能伤害虮虱，喻现在主要是要灭秦，不能尽力与章邯战，免得白费力。一曰虻之意在搏牛，本不拟破其上之虮虱，也是喻志在大不在小。

⑥罢：同"疲"。

⑦鼓行：击鼓而行，言其公行无忌之状。

⑧先斗秦、赵：先让秦、赵两方彼此相斗。凌稚隆引董份曰："宋义之谋即亚夫委梁于吴、楚之说，然吴、楚骤合兵战梁地，势不可久，而梁力足与持，故亚夫策之而胜；今诸侯乌合，不可以当梁，而秦自战其地，久则兵益而势甚，故羽以为不如速攻。兵机得失，同事异形，决于毫发。"

⑨被坚执锐：指冲锋陷阵。被，同"披"。坚，坚固的铠甲。锐，锐利的兵器。

⑩很如羊：《说文解字》："很，不听从也。"徐锴《系传》："羊之性，愈

牵愈不进。”很，倔强执拗。又，张家英认为《史记》中未用“狠”字，盖史公用“很”如“狠”也。

⑪皆斩之：史珥曰：“此令明为项羽而设，杀义，势迫之也。”

⑫遣其子宋襄相齐：徐孚远曰：“田荣与项梁有隙，梁死楚弱，宋义欲结援于齐，以子相之。”此或为宋义本意，但正如凌稚隆引屠隆曰：“楚不杀田假，齐不发兵助楚，两国固有隙者，义何遣子相之？此羽斩义声其罪曰‘与齐谋反’者也。”

⑬无盐：秦县名。县治在今山东东平东南。

⑭戮力：勉力，并力。戮，通“勠”。

⑮士卒食芋菽：意即现有的粮食不够。《集解》引臣瓒曰：“士卒食蔬菜，以菽杂半之。”芋，芋头，此处代指蔬菜、野菜。菽，豆类。一说，“芋”一作“半”，半是量器名，容半升（一说容五升）。按，秦时之半升约合今之128克，二两多一点。

⑯新造之赵：据《秦楚之际月表》，赵歇在二世二年一月称王，杀宋义时为二世三年十一月（时以十月为岁首），前后不过一年。故曰“新造”。

⑰社稷之臣：与国家同生死、共忧戚的大臣。

⑱晨朝上将军宋义：朝，参见。赵翼曰：“古时凡诣人皆曰‘朝’，《吕览》‘尧朝许由于沛泽之中’是也；秦汉时僚属谒长官亦曰‘朝’，《史记》‘项羽晨朝上将军’是也。”

⑲枝梧：斜而相抵的支柱。引申为对抗、抵挡。

⑳今将军诛乱：此句语气未完，下面应有“固宜为上将军”云云，因与下面的叙述句重复，故而省略对话，单由叙述语补足。此种例子《史记》多有。

㉑乃相与共立羽为假上将军：假上将军，代理上将军。假，权摄，代理。师古曰：“未得怀王之命，故且为‘假’也。”郭嵩焘曰：“数语写得诸将气夺，项羽之为假上将军亦自为之名耳，诸将于是时仓

皇失措,相与推戴之而已。”

㉒怀王因使项羽为上将军:因使,因其请求而使为之。据《秦楚之际月表》,事在秦二世三年(前207)十一月(当时以十月为岁首)。按,此怀王无可奈何之举,其与项羽的矛盾又进一步发展。凌稚隆引卢舜治曰:“当是时梁已死,羽乃万人敌也。怀王以上将军将宋义,而以次将将羽,且以卿子冠军号义,而以救赵之别将皆属之于义。羽心之不平不特无义,且无怀王矣。‘即帐中斩其头’,使人于齐追杀其子,观史氏书法,其贬怀王之不善将将亦可概见云。”

㉓当阳君:黥布投奔项梁后封当阳君。

【译文】

当初宋义遇见的齐国使者高陵君显这时正在楚军中,他面见楚怀王说:“宋义预言过武信君之军必定失败,没过几天,武信君之军果然失败了。仗还没有打就能先看出失败的征兆,这可以说是懂得用兵之道了。”楚怀王召宋义和他谋划事情,很喜欢他,于是任命他为上将军;封项羽为鲁公,为次将;封范增为末将,派他们率兵救赵。其他的将领全都划归宋义统领,宋义号称卿子冠军。大军到了安阳,一直停了四十六天没有再前进。项羽对宋义说:“我听说秦军把赵王围困在钜鹿,我们现在赶紧率兵渡河,楚军从外向里攻,赵军从里向外接应,就一定可以打败秦军。”宋义说:“不对。牛虻是要蜇牛而不是为了对付那些虱子。现在秦军正在攻打赵国,打赢了他们自己也必然疲惫不堪,到那时我们再乘其疲敝攻击他们;如果打败了,那我们就可以大张旗鼓地长驱西进,一定能一举灭掉秦国。所以目前我们不如先让秦、赵两方互相争斗。冲锋陷阵,我比不上您;筹谋划策,您可比不上我。”说罢宋义就命令全军:“凡是像虎一样凶猛,像羊一样执拗,像狼一样贪婪,顽固而不听使唤的,一律斩首。”而后又派他的儿子宋襄到齐国去做国相,还亲自把他一直送到无盐县,并在那里大摆筵席。而当时天气苦寒,又下着大雨,士兵们都又冷又饿。

项羽对左右的人说:“现在应该集中一切力量进攻秦军,可是我们却长期在这里停留不前。现在年荒人穷,士兵们吃的都是野菜豆子,军中没有现时可用的粮食,可是上将军还在大摆筵席,不赶紧领兵渡河到赵国就地取粮,去和赵国合力攻秦,却说‘要等秦军疲惫不堪’。现在秦军如此强大,去攻打新建不久的赵国,那肯定会把赵国攻打下来。赵国被攻打下来,秦军就会变得更强大,还有什么疲惫不堪的机会等着我们!再说我们楚国的军队刚刚失败不久,怀王急得坐立不安,把全楚国的军队集中起来交给上将军一个人,我们整个国家的安危就决定于这次行动。可是上将军现在不体恤士卒只顾徇他的私情,他不是与国家同生死、共忧戚的大臣。”于是项羽就趁着清早参见宋义的机会,在大帐中斩杀了宋义,然后提着人头出来对全军说:“宋义勾结齐国企图谋反,怀王秘密命令我杀掉他。”这时所有的将领都吓得俯首帖耳,没有一个人敢违抗的。大家都说:“当初首先拥立怀王的,就是将军您项家。现在您又为楚国杀掉了乱臣。”于是大家一致推举项羽为代理上将军。项羽又派人追赶宋义的儿子宋襄,在齐国追上了他,把他杀掉了。然后,项羽派桓楚去向怀王报告。怀王只好顺水推舟地任命项羽做了上将军,让当阳君、蒲将军等各个将领都归项羽统辖。

项羽已杀卿子冠军,威震楚国,名闻诸侯。乃遣当阳君、蒲将军将卒二万渡河,救钜鹿。战少利[①],陈馀复请兵。项羽乃悉引兵渡河,皆沉船,破釜甑,烧庐舍[②],持三日粮,以示士卒必死,无一还心。于是至则围王离,与秦军遇,九战,绝其甬道,大破之[③],杀苏角,虏王离。涉间不降楚,自烧杀。当是时,楚兵冠诸侯。诸侯军救钜鹿者十余壁[④],莫敢纵兵。及楚击秦,诸侯将皆从壁上观[⑤]。楚战士无不一以当十,楚兵呼声动天,诸侯军无不人人惴恐[⑥]。于是已破秦军，项羽召见诸侯将，诸侯将入辕门[⑦]，无不膝行而前，莫敢仰视[⑧]。项羽由是始为诸侯上将军，诸侯皆属焉[⑨]。

【注释】

①少利：稍有胜利。少，稍，略。

②皆沉船，破釜甑（fǔ zèng），烧庐舍：《六韬·必出》云："先燔吾辎重，烧吾粮食。"《太平御览》引《六韬》云："武王伐殷，乘舟济河，兵车出，坏船于河中……所过津梁，皆悉烧之。"《孙子·九地》："帅与之期，如登高而去其梯……焚舟破釜，若驱群羊。"项羽所为，盖亦古兵法所示。釜，锅。甑，蒸饭的瓦罐之类。

③绝其甬道，大破之：按，所破之军乃章邯军。钜鹿之战中，王离围钜鹿，章邯护甬道以支持王离。《张耳陈馀列传》云："项羽悉引兵渡河，遂破章邯。章邯引兵解，诸侯军乃敢击围钜鹿秦军，遂虏王离。"而此文竟似项羽渡河即攻击王离，并未与章邯接战，显然有问题。据《秦楚之际月表》项羽破章邯绝甬道，在秦二世三年十二月，虏王离在三年一月（当时以十月为岁首）。

④诸侯军救钜鹿者十余壁：按，底本作"诸侯军救钜鹿下者十余壁"。泷川引中井曰："'下'字疑衍，《汉书》无。"今据削。壁，营垒。

⑤诸侯将：按，底本作"诸将"。王叔岷曰："《通鉴》作'诸侯将'，此脱'侯'字。"今据补。

⑥惴（zhuì）恐：惊恐。惴，恐惧。

⑦项羽召见诸侯将，诸侯将入辕门：按，底本作"项羽召见诸侯将，入辕门"。泷川曰："毛本重'诸侯将'三字。"按，武英殿本亦作"项羽召见诸侯将，诸侯将入辕门"，今据增"诸侯将"三字。按，如此方才气势完足。辕门，领兵将帅的营门。《集解》引张晏曰："军行以车为陈，辕相向为门，故曰辕门。"

⑧无不膝行而前，莫敢仰视：刘辰翁曰："叙钜鹿之战，踊跃振动，极

羽平生。”茅坤曰:“项羽最得意之战,太史公最得意之文。”陈仁锡曰:“叠用三‘无不’字,有精神。《汉书》去其二,遂乏气魄。”钱锺书曰:“数语有如火如荼之观。”凌约言曰:“羽杀会稽守,则‘一府慑伏,莫敢起’;羽杀宋义,‘诸将皆慑伏,莫敢枝梧’;羽救钜鹿,‘诸侯莫敢纵兵’;已破秦军,‘诸侯膝行而前,莫敢仰视’:势愈张而人愈惧,下四‘莫敢’字,而羽当时勇猛可想见也。”郑板桥《钜鹿之战》诗:“战酣气盛声喧呼,诸侯壁上惊魂逋。项王何必为天子,只此快战千载无。”

⑨诸侯将皆属焉:按,底本作“诸侯皆属焉”。梁玉绳曰:“‘诸侯’下疑缺‘将’字,《汉书》作‘兵皆属焉’。”王叔岷曰:“梁说是也,《秦楚之际月表》作‘诸侯将皆属项羽’,正有‘将’字。”今据补。按,钜鹿之战,是推翻秦统治的关键一战,也奠定了项羽诸侯盟主的地位。

【译文】

项羽杀了卿子冠军宋义以后,威震楚国,名闻诸侯。于是他就派当阳君黥布和蒲将军率领两万人渡河施救钜鹿。两人稍稍取得了一些胜利,陈馀继续向项羽求援。于是项羽率领全军渡河,过河后,凿沉全部船只,砸碎全部锅碗,烧掉全部帐篷,只带三天的粮食,以此向士兵们表示决一死战、绝不后退的决心。于是楚军一到钜鹿就立即包围了王离的部队,向秦军发起进攻,经过多次战斗,终于冲断了秦军的甬道,接着大败秦军,杀死了苏角,俘获了王离。涉间不肯投降,自焚而死。在两军交战时,楚兵的勇猛在诸侯中无人可比。当时来援救钜鹿的诸侯军队有十几座大营,但是没有一支军队敢出来与秦军作战。等到楚军攻击秦军时,各路援军的将领们都站在营垒上远远地观望。楚军战士无不以一当十,喊杀震天,其他各路援军见此吓得人人胆战心惊。楚军击败秦军后,项羽召见各路诸侯将领,他们进入辕门的时候,没有一个不是跪在地上,跪行进去的,谁也不敢抬头往上看。项羽从此便成了所有诸侯的上将军,各路诸侯都隶属于项羽。

章邯军棘原[①]，项羽军漳南[②]，相持未战。秦军数却，二世使人让章邯。章邯恐，使长史欣请事[③]。至咸阳，留司马门三日[④]，赵高不见，有不信之心。长史欣恐，还走其军，不敢出故道，赵高果使人追之，不及。欣至军，报曰："赵高用事于中，下无可为者。今战能胜，高必疾妒吾功；战不能胜，不免于死。愿将军孰计之[⑤]。"陈馀亦遗章邯书曰："白起为秦将，南征鄢、郢[⑥]，北坑马服[⑦]，攻城略地，不可胜计，而竟赐死[⑧]。蒙恬为秦将，北逐戎人，开榆中地数千里，竟斩阳周[⑨]。何者？功多，秦不能尽封，因以法诛之。今将军为秦将三岁矣，所亡失以十万数，而诸侯并起滋益多。彼赵高素谀日久，今事急，亦恐二世诛之，故欲以法诛将军以塞责，使人更代将军以脱其祸。夫将军居外久，多内郤，有功亦诛，无功亦诛。且天之亡秦，无愚智皆知之。今将军内不能直谏，外为亡国将，孤特独立而欲常存[⑩]，岂不哀哉！将军何不还兵与诸侯为从[⑪]，约共攻秦，分王其地，南面称孤；此孰与身伏铁质[⑫]，妻子为僇乎[⑬]？"章邯狐疑，阴使候始成使项羽[⑭]，欲约。约未成，项羽使蒲将军日夜引兵度三户[⑮]，军漳南[⑯]，与秦战，再破之。项羽悉引兵击秦军汙水上[⑰]，大破之[⑱]。

【注释】

①棘原：地名。在今河北平乡西南平乡县城南。

②漳南：漳水南岸。漳水在今河北、河南两省边境。分清漳、浊漳，都源出今山西东南部，两河在河北涉县合漳镇汇合称漳河，东流

至临漳，由临漳折而北流，经曲周、平乡、新河，又东流经景县以后入河。

③长史欣：即栎阳狱掾司马欣。

④留司马门：在司马门等候接见。司马门，皇宫外门。《集解》曰："凡言司马门者，宫垣之内，兵卫所在，四面皆有司马，主武事。总言之，外门为司马门也。"司马，武官名。

⑤孰：同"熟"。

⑥南征鄢、郢：据《秦本纪》，昭王二十八年（前279），白起攻拔楚国鄢邑（今湖北宜城东南）；二十九年（前278），拔楚郢都（今湖北荆州纪南城），楚国被迫东北迁于陈。

⑦北坑马服：指秦昭王四十七年（前260）的长平之战，白起大破赵括军，坑赵卒四十余万。事见《白起列传》《廉颇蔺相如列传》。马服，原指马服君赵奢，赵惠文王时的将领，这里是指赵奢的儿子赵括。

⑧而竟赐死：白起破赵有大功，遭秦相范雎嫉恨，又因不听秦昭王的指使，被赐剑自尽。

⑨"蒙恬为秦将"几句：蒙恬为秦朝名将，于灭齐中立有大功，后又北逐匈奴，开拓了今内蒙古河套一带地区。始皇死后，被秦二世杀害于阳周。事见《蒙恬列传》。榆中，古地区名。即今陕西东北部以及内蒙古河套一带地区。阳周，秦县名。县治在今陕西子长西北。

⑩孤特独立：孤立无援。孤，特，都是"单独"的意思。按，《史记》尽有多个同义词连叠使用者，王叔岷曰："《秦始皇本纪》'臣请诸有文学《诗》《书》百家语者，蠲除去之'，'蠲''除''去'三字叠义，与此同例。"

⑪还兵：倒戈，掉转矛头。

⑫身伏铁质：指被杀。铁质，古代斩人的刑具。铁，通"斧"。《汉

书》于此径作“斧”。质，垫在下面的砧板。

⑬妻子为僇：妻、子连带被杀，指灭族。僇，通“戮”，杀。

⑭候始成：军候名始成，史失其姓。军候，校尉属下的军官。

⑮三户：即三户津，漳水上的渡口，在今河北磁县西南。

⑯军漳南：前已称项羽“军漳南”，渡三户津后，应至漳北。则此“漳南”当作“漳北”。《汉书》亦作“漳南”，同误。今译文改之。

⑰汙水：古水名。在今河北南部。《水经·浊漳水注》：汙水出武安县山，东南流经汙城（今河北临漳西）北，东注于漳水。《项羽本纪》“项羽悉引兵击秦军汙水上”，即此。今已湮塞。

⑱大破之：徐孚远曰：“已约降而再击之，即邯无战心而破之易，其兵愈败，则反顾之念绝，所以促其降也。”武国卿、慕中岳曰：“钜鹿之战是秦楚双方带有战略决战性的重大战役，秦军失败的决定因素应是秦朝政治上的腐败没落，丧尽天下人心的必然结果。项羽破釜沉舟固然表现了楚军决一死战的坚强意志，但双方毕竟实力悬殊，章邯拥有三十万大军，而项羽只有不足十万之众。退一步说，就是章邯钜鹿战败，尚有二十万之众，总结教训，再次交战，并非注定就处于战败之地。而陈馀一封劝降书就起了那么大的瓦解章邯的作用，不是政治上的因素起了决定作用，无论如何是解释不通的。”按，据《秦楚之际月表》，章邯兵败投降项羽在秦二世三年七月。

【译文】

章邯此时驻军棘原，项羽驻军漳南，两军对峙，尚未开战。秦军多次退却，秦二世派人来责备章邯。章邯害怕了，派长史欣去说明情况。到了咸阳，长史欣在司马门等了三天，赵高不见他，表现出不相信他的意思。长史欣害怕，逃回了军中，回逃时甚至没敢走旧路，赵高果然派人追杀他，没追到。长史欣到了军中，报告说：“赵高在朝中掌握大权，我们下面这些人什么也做不成。如今如果仗能打胜，赵高一定会嫉妒我们的功劳；作战不能取胜，就免不了被处死。请将军仔细考虑。”陈馀也送信给章邯说：“白起作为秦国的将军，向南攻克了楚国的鄢、郢，向北坑杀了赵国马服君四十万军队，攻城略地，数不胜数，可是最终被赐死了。蒙恬作为秦国的将军，向北驱逐匈奴，开辟了榆中数千里土地，最终在阳周被斩首。为什么呢？因为他们功劳大，论功行赏的话秦做不到，因此就找借口杀了他们。如今将军为秦领兵作战三年了，所损失的士卒有几十万，可诸侯同时并起越来越多。那赵高一向谄谀，时日已久，现在事态紧急，也害怕二世诛杀他，所以想罗织罪名杀了将军推卸责任，派人代替将军来摆脱祸患。将军您长期在外，和朝内的人多有矛盾，有功会被杀，无功也会被杀。而且上天要灭亡秦，人们不论愚蠢还是聪明都看得明白。现在将军对内不能做刚直敢谏之臣，在外为败军亡国之将，孤身一人无所依傍而想长久保全，岂不是很可悲吗？将军为什么不倒戈与诸侯联合，约定共同攻秦，割地为王，称孤道寡；这和自己送死、全家被杀哪个好些呢？”章邯犹豫不决，私下里派军候始成去见项羽，想要谈判讲和。谈判没有成功，项羽派蒲将军日夜领兵渡过三户津，在漳北扎下军营，与秦军交战，再次打败秦军。于是项羽率领全军在汙水上对秦军发起总攻，把秦军打得大败。

章邯使人见项羽，欲约。项羽召军吏谋曰：“粮少，欲听其约。”军吏皆曰：“善。”项羽乃与期洹水南殷虚上①。已盟，章邯见项羽而流涕，为言赵高。项羽乃立章邯为雍王，置楚军中②。使长史欣为上将军，将秦军为前行③。

【注释】

①洹（huán）水：即今河南安阳北的安阳河。在河南北部。源出林州，流经安阳市至内黄县，入卫河。殷虚：殷朝故都的废墟，在今

安阳西小屯村。陈直曰:“举世瞩目之甲骨文,出于小屯村,称为‘殷虚贞卜文’,命名即本于《史记》。”

②立章邯为雍王,置楚军中:茅坤曰:“置邯楚军中,此羽之狐疑不足以定天下处。”

③使长史欣为上将军,将秦军为前行:司马欣与项氏有旧交,故立以为上将军。于此见项羽在用人上的感情用事。

【译文】

章邯又派人去见项羽,想要订立盟约。项羽召集他的部下商量说:“目前我们粮草太少,我想同意他们的请求。”部下都说:“好。”于是项羽约了个时间在洹水南岸的殷墟上与章邯见了面。双方结盟后,章邯流泪对项羽诉说了赵高的事。于是项羽就封章邯为雍王,留在楚军中。封章邯的长史司马欣为上将军,让他统领秦军为先行部队。

到新安①。诸侯吏卒异时故繇使屯戍过秦中,秦中吏卒遇之多无状,及秦军降诸侯,诸侯吏卒乘胜多奴虏使之,轻折辱秦吏卒。秦吏卒多窃言曰:“章将军等诈吾属降诸侯,今能入关破秦,大善;即不能,诸侯虏吾属而东,秦必尽诛吾父母妻子。”诸将微闻其计②,以告项羽。项羽乃召黥布、蒲将军计曰:“秦吏卒尚众,其心不服,至关中不听③,事必危,不如击杀之,而独与章邯、长史欣、都尉翳入秦④。”于是楚军夜击坑秦卒二十余万人新安城南⑤。

【注释】

①新安:秦县名。故城在今河南义马千秋乡之石河村。

②微闻:隐约听说。计:计议,议论。

③不听:不听指挥,意即叛变。

④都尉翳：即董翳，原在章邯部下任都尉。都尉，官名。为高级将领之下的中级武官，地位略低于校尉。

⑤夜击坑秦卒二十余万人新安城南：据《秦楚之际月表》，此事在汉元年（前206）十一月，刘邦已在一个月前进驻秦都咸阳。茅坤曰："秦吏卒之'窃言'者，特恐不能入关破秦耳，使羽能因其危惧，厚为金钱以与之，以非望之恩结其心；又以诸侯兵之力战所始破秦军于赵者以壮其气，则二十万众皆吾助也，何必坑哉?"胡寅曰："莫强于人心，而可以仁结，可以诚感，可以德化，可以义动也；莫柔于人心，而不可以威劫，不可以术诈，不可以法持，不可以力夺也。项籍生于战国，习见白起坑赵卒，效而为之，惟杀是务。二十万人不服，羽得而坑之；诸侯王不服，四面而起，羽且奈何哉！"史珥曰："羽之亡始于此，成于咸阳，盖不待义帝之死也。"按，在今河南义马千秋乡之二十里铺村西，即故新安县城南有所谓"楚坑"，面积约一点五万平方米，曾出土铜镞，发现一批人骨，即当年项羽坑秦卒之处。

【译文】

他们西进到了新安。诸侯义军中的官兵有些过去到秦地关中服徭役或兵役时，秦地的官兵曾歧视虐待过他们，现在秦兵投降了诸侯义军，于是诸侯义军的官兵们也以胜利者的姿态把他们当奴隶使唤，随意侮辱他们。于是很多秦军官兵悄悄议论说："章将军他们骗我们投降了东方诸侯，现在如果我们能打进关去灭了秦，那当然最好；如果不能，诸侯就会裹挟着我们一起回东方去，秦必然要杀光我们的父母妻儿。"诸侯义军将领隐约地听到这些议论，报告给了项羽。项羽就把黥布、蒲将军召来商量道："现在秦军的人数还很多，他们内心并不服我们，等到进关后他们如果不听指挥，事态就危险了，不如现在就把他们全杀掉，只带着章邯、长史司马欣和都尉董翳三个人进关。"于是命令楚军当夜在新安城南把二十几万秦的降兵全部活埋了。

行略定秦地[①]。函谷关有兵守关，不得入[②]。又闻沛公已破咸阳，项羽大怒，使当阳君等击关。项羽遂入，至于戏西[③]。沛公军霸上[④]，未得与项羽相见。沛公左司马曹无伤使人言于项羽曰[⑤]："沛公欲王关中，使子婴为相[⑥]，珍宝尽有之[⑦]。"项羽大怒，曰："旦日飨士卒[⑧]，为击破沛公军！"当是时，项羽兵四十万，在新丰鸿门[⑨]，沛公兵十万，在霸上。范增说项羽曰："沛公居山东时，贪于财货，好美姬。今入关，财物无所取，妇女无所幸，此其志不在小。吾令人望其气，皆为龙虎，成五采，此天子气也[⑩]。急击勿失。"

【注释】

①行：将要。

②函谷关有兵守关，不得入：泷川本依枫山、三条本作"至函谷关，有兵守关，不得入"，多一"至"字，为优，北京大学《两汉文学史参考资料》从之。函谷关，《汉书·高帝纪》颜师古注曰："今桃林县南有洪溜涧水，即古所谓函谷也。其水北流入河，夹河之岸尚有旧关余迹焉。"《索隐》曰："山形如函，故称函关。"按，函谷关遗址在今河南灵宝北之王垛村东，关城依山势而建，东、西、南三面的墙基尚好，墙宽十二米，残高一至三米。城内有"老子著经处"碑与"鸡鸣""望气"二台遗址。

③戏西：戏水之西。戏水，在今陕西西安临潼区东。源出骊山，北流经古戏亭东，又北入渭。秦二世元年（前209）九月，周文伐秦即至此地。

④霸上：地名。在今陕西西安东白鹿原北首，当时的咸阳城东南。为古代咸阳、长安附近军事要地。

⑤左司马：官名。主管军中法纪，当时设为左右二人。为中下级军官。

⑥使子婴为相：子婴，有说是二世之兄，有说是二世之侄，也有说是始皇之弟，二世之叔者，参见《秦始皇本纪》《高祖本纪》注。子婴为帝四十六日，刘邦入关，子婴遂降。按，刘邦“欲王关中，使子婴为相”，此事他处不见。子婴杀赵高，得到关中不少人的拥护，刘邦如真有此意，对于稳定关中局面更易着力。

⑦珍宝尽有之：梁玉绳曰：“范增曰‘沛公入关，财物无所取’；沛公谓项伯曰‘吾入关，秋毫不敢有所近，籍吏民，封府库而待将军’；樊哙谓项羽曰‘沛公入咸阳，毫毛不敢有所近，封闭宫室，还军霸上’；又《高纪》谓沛公‘封秦重宝财物府库’，是高祖之不取秦宝物，皆张良、樊哙一谏之力，而曹无伤‘珍宝尽有之’语，徒以媚羽求封耳。但《萧相国世家》云：‘沛公至咸阳，诸将皆争走金帛财物之府分之’，然则曹无伤之言未尽虚妄。谢项羽之玉璧、与亚父之玉斗，高祖何从得之？可知非毫无所取也。”

⑧飨（xiǎng）：犒劳。

⑨新丰：汉县名。秦时原名郦邑，刘邦称帝后为慰解其父的乡关之思，始改称“新丰”，在今西安临潼区东北。详见《高祖本纪》。鸿门：古地名。在今西安临潼区东五公里之鸿门堡村，其地东接戏水，南靠高原，北临渭河，是当时通往新丰的大道。由于雨水冲刷形似鸿沟，其北端出口形状似门，故称“鸿门”。

⑩“皆为龙虎”几句：王叔岷曰：“《御览》十五引《楚汉春秋》云：‘亚父谋曰：吾望沛公，其气冲天，五色相摎，或似龙，或似蛇，或似虎，或似云，或似人，此非人臣之气也。’……此司马迁所本。”

【译文】

项羽准备去平定秦国本土。到了函谷关，函谷关有兵把守，进不去。又听说沛公已经攻破了咸阳，项羽大怒，命令当阳君等攻下了函谷关。项羽进了关，长驱直入，直到戏水西岸。这时沛公率军驻扎在霸上，还没有和项羽相见。沛公的左司马曹无伤派人告诉项羽说：“沛公已经打算在关中称王，让秦降王子婴做宰相，把珍宝都私吞了。”项羽大怒，说：“明早让士兵们饱餐一顿，打垮沛公的军队！”这时候，项羽有四十万人，驻扎在新丰县的鸿门，沛公有十万人，驻扎在霸上。范增对项羽说：“沛公在山东的时候，贪图财物，喜欢美女。现在进了关，居然财物也不贪了，美女也不要了，可见他的野心不小。我让人观察他头顶上方的云气，都是龙虎的形象，五彩斑斓，这是天子气。必须赶紧把他灭掉，千万别错过了时机。”

楚左尹项伯者[①]，项羽季父也[②]，素善留侯张良。张良是时从沛公，项伯乃夜驰之沛公军，私见张良，具告以事，欲呼张良与俱去。曰：“毋从俱死也。”张良曰：“臣为韩王送沛公[③]，沛公今事有急，亡去不义，不可不语。”良乃入，具告沛公。沛公大惊，曰：“为之奈何？”张良曰：“谁为大王为此计者[④]？”曰：“鲰生说我曰‘距关，毋内诸侯，秦地可尽王也’。故听之。”[⑤]良曰：“料大王士卒足以当项王乎？”沛公默然，曰：“固不如也，且为之奈何？”[⑥]张良曰：“请往谓项伯，言沛公不敢背项王也。”沛公曰：“君安与项伯有故？”张良曰：“秦时与臣游，项伯杀人，臣活之。今事有急，故幸来告良。”沛公曰：“孰与君少长[⑦]？”良曰：“长于臣。”沛公曰：“君为我呼入，吾得兄事之。”张良出，要项伯。项伯即入见沛公。沛公奉卮酒为寿，约为婚姻[⑧]，曰：“吾入关，秋豪不敢有所近，籍吏民[⑨]，封府库，而待将军。所以遣将守关者，备他盗之出入与非常也[⑩]。日夜望将军至，岂敢反乎！愿伯具言臣之不敢倍德也。”项伯许诺。谓沛公曰：“旦日不可不蚤自来谢项王[⑪]。”沛公曰：“诺。”于是项伯复夜去，至军中,具以沛公言报项王[12]。因言曰:“沛公不先破关中,公岂敢入乎?今人有大功而击之,不义也。不如因善遇之。”项王许诺。

【注释】

①左尹:楚国官名。位在令尹之下,司马之上。职佐令尹统领军队,治理军政。项伯:名缠,字伯。

②项羽季父也:按,文章开头已曰“其季父项梁”,则此“项伯”最近亦只可能是项羽的堂叔。泷川引中井曰:“‘季’而字‘伯’,不知何缘故。”陈直曰:“在同父兄弟中为‘伯’,在共祖兄弟中为‘季’,故名‘季’字‘伯’,至今江南各地风气犹然。”

③为韩王送沛公:战国时张良父祖几代都为韩国重臣,反秦起义爆发后,张良等拥立韩国王族韩成为韩王,自己为韩国司徒。刘邦率军西下进攻关中,韩成留守阳翟(今河南禹州),张良随刘邦入关。送,这里是“跟从”的意思。

④谁为大王为此计者:凌稚隆引王维桢曰:“张良反问沛公,是其素所长。”茅坤曰:“沛公之闭关,岂其始不及与良本谋矣?”

⑤“鲰(zōu)生说我”几句:吴见思曰:“一边惊惶,一边埋怨,写得十分危急。”鲰生,骂人语,犹言“一个无知的小人”。鲰,杂小鱼,此以喻浅妄无知。《集解》引臣瓒曰:“鲰,姓也。”陈直曰:“《艺文类聚》引《楚汉春秋》作‘解生’,盖‘解’为‘鲰’字之误。”王叔岷以为其人原姓“解”,乃刘邦等骂之为“鲰生”也,“鲰”字非姓。距,通“拒”。内,同“纳”。

⑥“沛公默然”几句:锺惺曰:“此仓皇中倔强也。”姚苎田曰:“一笔夹写两人,一则窘迫绝人,一则从容自知,性情须眉,跃跃纸上。史公独绝之文,《左》《国》中无此文字。”凌稚隆引陈沂中曰:“三曰‘为之奈何’,见汉王之迫。”按,于此见刘邦内心明知不足以敌

项羽，而口中又不愿明显示弱的愠怒烦躁之情。《淮阴侯列传》："（韩信）曰：'大王自料勇悍仁强孰与项王？'汉王默然良久，曰：'不如也。'"情景与此相同。

⑦孰与君少长：紧急中忽出此语，见刘邦收买、利用项伯的一套计划已经全然想出。

⑧约为婚姻：约做儿女亲家。

⑨籍吏民：登记所有人口。籍，登记。

⑩非常：意外的变故。

⑪谢：谢罪，赔礼。

⑫以沛公言报项王：梁玉绳曰："项伯之招子房，非奉羽之命也，何以言报？且私良会沛，伯负漏师之重罪，尚敢告羽乎？使羽诘曰'公安与沛公语'，则伯将奚对？史果可尽信哉？"

【译文】

楚国的左尹项伯，是项羽的小叔父，一向和张良交好。张良这时正跟着沛公，项伯于是连夜偷偷地飞马疾驰到沛公的军营，私下去找张良，把情况告诉他，想叫上张良一起离开。他说："不要跟着沛公一道送死。"张良说："我是为着韩王跟随沛公的，沛公现在有难，我离开他逃跑太不仗义了，不能不告诉他。"张良进到里边，把一切都告诉了沛公。沛公大惊，说："这可怎么办呢？"张良说："这是谁为大王出的主意？"沛公说："有个无知小子对我说'守好函谷关，不让别的诸侯进来，您就可以占有秦国全部地盘称王'。所以我听了他的话。"张良说："大王自己估计，咱们的军队敌得过项王吗？"沛公沉默了一会儿才说："当然敌不过了，现在你就说咱们该怎么办吧！"张良说："请让我出去告诉项伯，说沛公您不敢背叛项王。"沛公问张良："你怎么认识项伯？"张良说："秦的时候，我和项伯是朋友，项伯杀了人，我救了他的命。现在有难，幸亏他来给我送信。"沛公问道："你和他谁大？"张良说："他比我大。"沛公说："你把他请进来，我要像对待兄长一样对待他。"于是张良出来请项伯进去。项伯就进来见沛公。沛公端起酒杯向他敬酒，并和他约定做了儿女亲家，说："我进关以来，没敢动关中的一草一木，登记好吏民的户口，封了仓库，而恭候着项将军的到来。我之所以派兵把守函谷关，是为了防备其他强盗以及意外的事故。我日夜盼望着项将军到来，怎么敢有反心呢？请您回去把我这不敢背信弃义的心意全都告诉给项王。"项伯答应了。他对沛公说："明天一早您要早点儿亲自去向项王赔罪。"沛公说："是。"于是项伯又连夜赶回军中，把沛公的话如实地报告给了项王。他顺势说："沛公如果没有先攻入关中，您今天能够这么容易地进来吗？现在人家有大功而我们还要去攻击人家，这是不合道义的。我们不如就此好好地对待他吧。"项王答应了。

沛公旦日从百余骑来见项王，至鸿门，谢曰："臣与将军戮力而攻秦，将军战河北，臣战河南，然不自意能先入关破秦[①]，得复见将军于此。今者有小人之言，令将军与臣有郤[②]。"项王曰："此沛公左司马曹无伤言之；不然，籍何以至此[③]。"项王即日因留沛公与饮。项王、项伯东向坐[④]，亚父南向坐[⑤]。亚父者，范增也。沛公北向坐，张良西向侍。范增数目项王，举所佩玉玦以示之者三[⑥]，项王默然不应。范增起，出召项庄[⑦]，谓曰："君王为人不忍[⑧]，若入前为寿，寿毕，请以剑舞，因击沛公于坐，杀之。不者，若属皆且为所虏。"庄则入为寿。寿毕，曰："君王与沛公饮，军中无以为乐，请以剑舞。"项王曰："诺。"项庄拔剑起舞，项伯亦拔剑起舞，常以身翼蔽沛公[⑨]，庄不得击。于是张良至军门，见樊哙[⑩]。樊哙曰："今日之事何如[⑪]？"良曰："甚急。今者项庄拔剑舞，其意常在沛公也。"哙曰："此迫矣，臣请入，与之同命[12]。”哙即带剑拥盾入军门[13]。交戟之卫士欲止不内[14]，樊哙侧其盾以撞，卫士仆地，哙遂入，披帷西向立[15]，瞋目视项王[16]，头发上指，目眦尽裂[17]。项王按剑而跽曰[18]：“客何为者？”张良曰：“沛公之参乘樊哙者也[19]。”项王曰：“壮士，赐之卮酒。”则与斗卮酒[20]。哙拜谢，起，立而饮之。项王曰：“赐之彘肩。”则与一生彘肩[21]。樊哙覆其盾于地，加彘肩上，拔剑切而啖之。项王曰：“壮士，能复饮乎？”樊哙曰：“臣死且不避，卮酒安足辞！夫秦王有虎狼之心，杀人如不能举[22]，刑人如恐不胜[23]，天下皆叛之。怀王与诸将约曰‘先破秦入咸阳者王之’。今沛公先破秦入咸阳，豪毛不敢有所近，封闭宫室，还军霸上，以待大王来。故遣将守关者，备他盗出入与非常也。劳苦而功高如此，未有封侯之赏，而听细说[24]，欲诛有功之人。此亡秦之续耳，窃为大王不取也[25]。”项王未有以应[26]，曰：“坐。”樊哙从良坐。坐须臾，沛公起如厕，因招樊哙出。

【注释】

①不自意：自己没有料想到。按，刘邦如此谦卑真乃绝无仅有。

②令将军与臣有郤：吴见思曰：“一件惊天动地事，数语说得雪淡，若无意于此者，故项羽死心塌地。辞令之妙！”杨慎曰：“将飞者翼伏，将奋者足局，将噬者爪缩，将文者且朴，夫惟鸿门之不争，故垓下莫能与之争。”史珥曰：“虽只是寒温语，而婉约凄咽，却有无限精神，项王一片雄心自涣然冰释矣。是谓天下之至柔，驰骋天下之至刚。”姚苎田曰：“此下一段，千古处危难现成榜样，未可以文字视之。”按，刘邦生性自大，好侮人，如今说得如此委屈谦恭，盖

一生中仅此一次。

③“此沛公左司马曹无伤言之”几句：项羽立即将底细全盘托出，正见其粗豪少谋，斗争经验不足。

④东向坐：泷川引中井曰：“堂上之位，对堂下者，南向为贵；不对堂下者，唯东向为尊。”按，其次为南向、为北向、为西向。

⑤亚父：谓仅次于父。此为项羽对范增的敬称。《集解》引如淳曰：“亚，次也，尊敬之次父。”

⑥举所佩玉玦以示之者三：胡三省曰：“玦如环而有缺，增举以示羽，盖欲其决意杀沛公也。”玦，有缺口的玉环。

⑦项庄：项羽的堂兄弟。

⑧君王为人不忍：《高祖本纪》中王陵、高起云“项羽仁而爱人”，《淮阴侯列传》中韩信云“项王见人恭敬慈爱，言语呕呕，人有疾病，涕泣分食饮”，皆可与此处相发明，可知项羽平日性格仁厚。

⑨翼蔽：障蔽，遮护。翼，形容遮护时像鸟张开双翅，极有画面感。

⑩樊哙：沛人，吕后的妹夫，刘邦的开国功臣，事迹见《樊郦滕灌列传》。

⑪今日之事何如：吴见思曰：“哙先问，妙，写得颙望急切。”

⑫与之同命：与刘邦同生死。同命，同生死，一同死。

⑬带剑：樊哙乃刘邦卫士，“带剑”是正常状态，所以交戟卫士没有全力阻拦，若如后文“持剑”，情况可能就不同了。两字用得极有分寸。拥盾：持盾护于身前。拥，前持。

⑭交戟之卫士：言卫士交戟阻其入。

⑮披帷：猛地拨开门帘。披，用手背猛地一拨。西向立：正与“东向坐”的项王相对。

⑯瞋（chēn）目：瞪大眼睛，怒目视人。

⑰目眦（zì）：眼角。

⑱按剑而跽（jì）：这是一种防范、警戒的姿势。跽，两膝着地，上身挺直。古人席地而坐，其姿势是两膝着地，臀部坐在小腿上。如

果臀部离开小腿，身子挺直，这就叫跽，也叫长跪。

⑲参乘：陪乘的人。古代乘车，尊者在左，御者在中，一人在右陪坐，称“参乘”或“车右”。

⑳斗卮：大酒杯。裘锡圭以为斗卮为容量一斗的大酒杯，当时的一斗约当现在的二升。马王堆一号墓、三号墓出土的《遣策》上都出现过“斗卮”一词。

㉑与一生彘（zhì）肩：彘肩，猪腿。王叔岷曰：“彘肩固不可生食，与之生彘肩，正欲其难食也。”按，先言“斗卮酒”，后云“生彘肩”，正史公为突出勇士性格所做增饰。张家英以为“生”字或疑作“全”，可备一解。

㉒举：克，尽。

㉓不胜：完不成任务。胜，胜任。

㉔细说：小人的谗言。

㉕窃为大王不取也：史珥曰：“发端之妙全在鲁莽，所谓先人有夺人之志也，然非子长笔力岂能写出！”锺惺曰：“樊哙所云‘臣请入，与之同命’一语，感动幽明，鬼神为泣，岂寻常武人可到？其‘拥盾带剑’，裂眦怒发，气固足以制人矣；饮酒啖肉之后徐折项王，节次之妙，莽莽中左师公缓步迂语气象。其一段正议，妙从樊哙吐之。尤妙在‘劳苦而功高如此，未有封侯之赏’二语，盖‘封侯之赏’四字明明以盟主推尊项王，项王得此意满而心解矣，其立言之妙如此。”姚苎田曰：“樊哙谏还军霸上，及定天下后排闼问疾数语，俱有大臣作用。此段忠诚勇决，亦岂等闲可同！”

㉖项王未有以应：郭嵩焘曰：“鸿门之宴写得子房如龙，樊哙如虎，是史公极得意文字。钜鹿之战写得精彩，鸿门之会却写得处处奇绝、陡绝，读之使人目眩心摇。”

【译文】

沛公第二天一早只带了一百来人骑马来见项王，到了鸿门，他向项王谢罪说："我和将军您齐心协力攻秦，将军攻取河北，我攻取河南，我自己并没想到能先入关灭秦，能够又在这里见到将军。现在居然有小人进谗言，让将军和我产生了矛盾。"项王说："这都是您的左司马曹无伤说的；不然，我怎么能怀疑您呢？"于是项王这天就把沛公留下来一起喝酒。项王和项伯朝东坐，亚父朝南坐。亚父就是范增。沛公朝北坐，张良朝西陪侍。酒宴开始后，范增好几次给项王使眼色，又多次举起所佩玉玦向项王示意，但项王总是默不作声不予理睬。范增于是站起来，出去叫来项庄，对他说："大王为人仁厚，你现在进去给他们敬酒，敬完酒，就请求给他们舞剑助兴，趁机把沛公杀死在他的座位上。不然，你们这些人日后都得变成他的俘虏。"项庄于是进帐敬酒。敬完酒后说："大王和沛公在这里饮酒，军营中也没什么可以取乐，请让我舞剑来给你们助兴吧。"项王说："好。"于是项庄就拔出宝剑舞了起来，项伯也站起来拔剑起舞，总是有意用自己的身体掩护着沛公，使得项庄没有办法下手。于是张良赶紧出帐到了军门，见到樊哙。樊哙说："现在事情怎么样了？"张良说："危险至极。现在项庄正在舞剑，他的心思全在杀死沛公上。"樊哙说："这就很紧急了，我要进去，要死也和沛公死在一起。"樊哙随即身佩宝剑，用盾牌护身往军门里闯。守门的卫士们交叉架起戟想拦住他不让他进去，樊哙侧过盾牌朝卫士们撞去，卫士们被撞倒在地，樊哙于是进了军门，来到帐前，猛然拨开帐帘，朝西正对着项王站立，瞪大眼怒视着他，头发上竖，眼角都快要裂开了。项王手按剑柄跪坐起来，问道："你是什么人？"张良说："他是沛公的参乘樊哙。"项王称赞说："壮士，赐他一杯酒。"旁边人就递给了他一大斗酒。樊哙俯身叩谢后，站起来，接过酒一饮而尽。项王又说："赐他块猪腿。"旁边的人给他了一块生猪腿。樊哙把盾牌扣在地上，把猪腿放在上面，拔出剑来一边切一边吃。项王说："壮士，还能再喝吗？"樊哙说："我连死都不怕，一杯酒难道还要推辞吗？秦王像虎狼一样，杀人就像怕杀不光，用刑就像怕不够狠，因此天下都造了反。怀王曾和各路诸侯约定'最先破秦入咸阳的就当关中王'。

现在沛公先破秦进了咸阳，一草一木都没敢动，封好宫室，退军驻扎到霸上，等候大王的到来。我们派人守住函谷关，是为了防备盗贼出入和意外的变故。沛公如此劳苦功高，您不仅没有对他封侯奖赏，反而听信小人的坏话，要杀害有功之臣。您这是延续了那个灭亡了的暴秦的老路，我个人认为您的做法是不可取的。”项王无言以对，只是说：“请坐。”于是樊哙就挨着张良坐下来。过了一会儿，沛公站起来去厕所，乘机把樊哙一起叫了出来。

沛公已出，项王使都尉陈平召沛公[①]。沛公曰：“今者出，未辞也，为之奈何？”樊哙曰：“大行不顾细谨，大礼不辞小让[②]。如今人方为刀俎[③]，我为鱼肉，何辞为？”于是遂去。乃令张良留谢。良问曰：“大王来何操？”曰：“我持白璧一双，欲献项王，玉斗一双，欲与亚父，会其怒，不敢献。公为我献之。”张良曰：“谨诺。”当是时，项王军在鸿门下，沛公军在霸上，相去四十里[④]。沛公则置车骑[⑤]，脱身独骑，与樊哙、夏侯婴、靳彊、纪信等四人持剑盾步走[⑥]，从郦山下[⑦]，道芷阳间行[⑧]。沛公谓张良曰：“从此道至吾军，不过二十里耳。度我至军中，公乃入。”沛公已去，间至军中[⑨]，张良入谢，曰：“沛公不胜杯杓[⑩]，不能辞。谨使臣良奉白璧一双，再拜献大王足下；玉斗一双，再拜奉大将军足下[⑪]。”项王曰：“沛公安在？”良曰：“闻大王有意督过之[⑫]，脱身独去，已至军矣。”项王则受璧，置之坐上。亚父受玉斗，置之地，拔剑撞而破之，曰：“唉！竖子不足与谋[⑬]。夺项王天下者，必沛公也，吾属今为之虏矣[⑭]。”沛公至军[⑮]，立诛杀曹无伤[⑯]。

【注释】

①都尉陈平：现时属项羽，后归刘邦，事迹详见《陈丞相世家》。《集解》引徐广曰："一本无'都'字。"梁玉绳据《陈丞相世家》考证，陈平在归汉后击降殷王拜都尉，此时仅为"尉"而已。

②大行不顾细谨，大礼不辞小让：《李斯列传》云"大行不小谨，盛德不辞让"，《郦生陆贾列传》云"举大事不细谨，盛德不辞让"，应是时人习语。细谨，小的谨慎。小让，小的指责。

③刀俎（zǔ）：刀和砧板。宰割的工具。

④相去四十里：郭嵩焘曰："前云'项羽兵四十万在新丰鸿门，沛公兵十万在霸上'，提记军数，以见强弱相逼之势；此提记里数，以见脱身急难匆遽之情，后世史家直不敢如此着笔。"

⑤置：抛弃，留下。

⑥夏侯婴：刘邦的部将，一直为刘邦驾车。事迹见《樊郦滕灌列传》。靳彊：刘邦的部将，事见《高祖功臣侯者年表》。纪信：刘邦的部将，事迹详见后文。

⑦郦山：在今西安临潼区南，地处当时的鸿门之西南，霸上之东北，西距西安二十五公里。海拔八百米，东西长约五公里，南北宽约三公里。

⑧芷阳：秦县名。在骊山西侧，当时的咸阳城东南，今西安东北。间行：抄小路走。间，空隙。

⑨间至军中：间，刘盼遂曰："犹言'估计'，《廉颇蔺相如列传》'间至赵矣'，与此同。"

⑩不胜杯杓：意即喝多了。杯、杓，都是酒器。

⑪大将军：指范增。范增为项羽之"大将军"，《史记》中仅此一见。《楚汉春秋》虽有"大将亚父"之语，而未明确曰"大将军"。

⑫督过：责罚。

⑬竖子不足与谋：泷川曰："竖子，斥项庄辈，而暗讥羽也，若以为直

斥项羽，则下文‘项王’二字不可解。”

⑭吾属今为之虏矣：吾属，我们这些人。今，将。项羽之不杀刘邦，亦时势使然。丘濬诗云：“公莫舞，公莫舞，不必区区听亚父。霸王百行扫地空，不杀一端差可取。天命由来归有德，不在沛公生与死。”郑板桥诗云：“新安何苦坑秦卒，霸上焉能杀汉王。”

⑮沛公至军：吴裕垂曰：“惟步行出鸿门，故羽不及觉。其疾行至军者，岂沛公来时，良于郦山道中预伏精兵良骏以为脱身之计欤？而沛公、良、哙三人甫出，羽固使陈平出召矣，而卒得脱归者，抑沛公此时已有私交于平欤？”

⑯立诛杀曹无伤：史珥曰：“无伤见诛，而羽不悟项伯之奸，亦楚、汉成败之机也。”按，鸿门之会破绽极多，《史记》各篇所载亦有出入，可作故事看，难当信史读。现代历史学家范文澜写《通史简编》竟只字不提鸿门宴事，盖皆窥破其好奇夸大之不足以信史取。若其文学之美，自不待言。

【译文】

沛公出去后，项王让都尉陈平去叫沛公。沛公说：“刚才我们出来，并没有向项王告辞，怎么办呢？”樊哙说：“要干大事就不要顾忌那些细枝末节，要行大礼就不要理会那些琐碎指责。如今人家是菜刀砧板，我们是待人宰割的鱼肉，还告什么辞？”于是沛公离开了。他让张良留下来辞谢。张良问道：“您来的时候带了什么礼物？”沛公说：“我带了一对白璧，想献给项王；一双玉斗，想送给亚父。刚才正赶上他们发脾气，没敢献给他们。你替我献给他们吧。”张良说：“遵命。”当时，项王的大营在鸿门，沛公的大营在霸上，中间相隔四十里。沛公抛下车马从人，独自骑着一匹马，让樊哙、夏侯婴、靳彊、纪信四人手持剑盾步行跟从，从骊山下，取道芷阳抄小路走。沛公对张良说：“从这条小道到我军大营，不过二十里路。你估计我已经到了驻地的时候，再进去。”沛公走后，估计已经到了霸上军营，张良进帐向项王道歉说：“刚才沛公不胜酒力喝醉了，不能亲自来向您告辞。谨使臣下张良我奉上白璧一双，敬献给大王您；玉斗一双，敬献给大将军。”项王问：“沛公现在哪里？”张良说：“他听说您想要责罚他，脱身独自回去了，估计现在已经回到军营了。”项王接过玉璧，放在座位上。范增接过玉斗，放在地上，拔出剑来把它砍得粉碎，说：“唉！这小子不足以共谋大事。将来夺走项王天下的，一定是沛公，我们这些人全都要成为他的俘虏了。”沛公一回到军营，立刻诛杀了曹无伤。

居数日，项羽引兵西屠咸阳，杀秦降王子婴，烧秦宫室，火三月不灭①；收其货宝妇女而东②。人或说项王曰③：“关中阻山河四塞，地肥饶，可都以霸④。”项王见秦宫室皆以烧残破，又心怀思欲东归，曰：“富贵不归故乡，如衣绣夜行，谁知之者⑤！”说者曰：“人言楚人沐猴而冠耳⑥，果然。”项王闻之，烹说者。

【注释】

①火三月不灭：史珥引黎祥仲《题项羽庙》云：“空费咸阳三月火，铸就金刀神器。”

②收其货宝妇女而东：史珥曰：“范增于沛公之‘财物无所取，妇女无所幸’决‘其志不在小’，则亦似知兴亡之规模，何不以此力匡项羽，乃坐视其‘收货宝美人妇女而东’耶？羽积数世之恨，而性本好杀，增又不劝以务德，徒拳拳杀刘邦，真所谓‘生平奇计无他事’矣。”泷川曰：“项羽楚人，既失其祖，又失其季父，怨秦入骨。其入咸阳，犹伍子胥入郢，杀王屠民烧宫殿以快其心者，谓之无深谋远虑可也，谓之残虐非道者，未解重瞳子心事。又，此时沛公年已五十，思虑既熟；项羽年二十加六，血气方刚。彼接物周匝缜

密，不敢妄动；此当事真挚勇决，任意径行，是二人成败之所以分也。”

③人或说项王曰：此人《集解》曰：“《楚汉春秋》、扬子《法言》云说者是‘蔡生’，《汉书》云是‘韩生’。”

④可都以霸：谓建都于此可以称霸于天下。泷川曰：“言关中可都者，不始于娄敬，盖当时定论。”按，《淮阴侯列传》韩信责项羽之失亦有所谓“不居关中而都彭城”之语。

⑤“富贵不归故乡”几句：泷川曰：“《高祖纪》云：‘高祖过沛，置酒起舞，慷慨伤怀，泣数行下，谓沛父兄曰：“游子悲故乡，吾虽都关中，万岁后吾魂魄犹乐思沛。”此与项羽心事全同，世与彼而不与是，何哉？’”按，人之常情皆然，能不以常情影响决定大事者，此刘邦、项羽之所由分。

⑥沐猴而冠：言猕猴即使戴上人的帽子，也终究成不了人。比喻成不了大事。沐猴，猕猴。叶玉麟引吴汝纶曰：“鸿门之失，就范增口中见之；背关怀楚之失，就说者口中见之；分王关中，就陈馀说齐见之，此史公常法。”

【译文】

又过了些天，项王带兵西进屠毁了咸阳城，杀掉已经投降的秦王子婴，烧毁了秦的宫殿，大火一直烧了三个月都没有熄灭；他又席卷了秦的所有财宝和妇女准备东归。当时有人曾劝他说：“关中地区四面有高山大河为屏障，土地肥沃丰饶，可以在此建都成就霸业。”项王看到秦的宫殿都已烧成了废墟，又思念故乡想要东归，就说：“富贵了如果不回故乡，那就好像穿着锦绣的衣裳在夜间走路，谁看得见呀！”那个劝项王的人离开后说：“人家都说楚国人就像是猕猴戴上帽子，终究成不了大事，果真是如此。”项王听说后，把他烹杀了。

项王使人致命怀王①。怀王曰：“如约②。”乃尊怀王为义帝[3]。项王欲自王，先王诸将相。谓曰："天下初发难时，假立诸侯后以伐秦。然身被坚执锐首事，暴露于野三年，灭秦定天下者，皆将相诸君与籍之力也。义帝虽无功，故当分其地而王之[4]。"诸将皆曰："善。"乃分天下，立诸将为侯王。项王、范增疑沛公之有天下，业已讲解，又恶负约，恐诸侯叛之，乃阴谋曰："巴、蜀道险[5]，秦之迁人皆居蜀。"乃曰："巴、蜀亦关中地也[6]。"故立沛公为汉王，王巴、蜀、汉中[7]，都南郑。而三分关中，王秦降将以距塞汉王。项王乃立章邯为雍王，王咸阳以西，都废丘[8]。长史欣者，故为栎阳狱掾，尝有德于项梁；都尉董翳者，本劝章邯降楚。故立司马欣为塞王，王咸阳以东至河，都栎阳[9]；立董翳为翟王，王上郡，都高奴[10]。徙魏王豹为西魏王，王河东，都平阳[11]。瑕丘申阳者[12]，张耳嬖臣也，先下河南[13]，迎楚河上[14]，故立申阳为河南王，都雒阳。韩王成因故都，都阳翟[15]。赵将司马卬定河内[16]，数有功，故立卬为殷王，王河内，都朝歌[17]。徙赵王歇为代王[18]。赵相张耳素贤，又从入关，故立耳为常山王，王赵地，都襄国[19]。当阳君黥布为楚将，常冠军，故立布为九江王，都六[20]。鄱君吴芮率百越佐诸侯[21]，又从入关[22]，故立芮为衡山王，都邾[23]。义帝柱国共敖将兵击南郡[24]，功多，因立敖为临江王[25]，都江陵。徙燕王韩广为辽东王[26]。燕将臧荼从楚救赵，因从入关，故立荼为燕王，都蓟[27]。徙齐王田市为胶东王[28]。齐将田都从共救赵，因从入关，故立都为齐王，都临菑[29]。故秦所灭齐王建孙田安[30]，项羽方渡河救赵，田安下济北数城[31]，引其兵降项羽，故立安为济北王，都博阳[32]。田荣者，数负项梁，又不肯将兵从楚击秦，以故不封[33]。成安君陈馀弃将印去，不从入关[34]，然素闻其贤，有功于赵，闻其在南皮[35]，故因环封三县[36]。番君将梅鋗功多[37]，故封十万户侯。项王自立为西楚霸王[38]，王九郡[39]，都彭城[40]。

【注释】

①致命：禀命，请示。

②如约：按照原来的约定办，即“先入关者王之”。赵翼曰：“（怀王）非碌碌不足数者，因项梁败于定陶，即并项羽、吕臣军自将之；因宋义预识项梁之将败，即拜为上将军；因项羽残暴，即令汉高扶义而西；及汉高先入关，羽以强兵继至，亦居灭秦之功，使人报心，心仍守‘先入关者王之’之旧约，而略不瞻徇，是其智略信义，亦有足称者。”

③义帝：王叔岷曰：“《御览》八十六‘楚义帝’下引《尚书中候》云：‘空受之帝位。’”

④故：同“固”，本来。

⑤巴、蜀：皆秦郡名。巴郡，郡治江州（故治在今重庆北嘉陵江北岸）。辖今重庆一带地区。蜀郡，郡治成都（今四川成都）。辖今四川西部地区。

⑥巴、蜀亦关中地：关中，常指陕西渭河流域一带，即《集解》引徐广所言“东函谷，南武关，西散关，北萧关”。而泛指则可指函谷关以西的战国末秦国故地，包括陕北、巴蜀、陇西等地。故项羽等可以强辞曰“巴、蜀亦关中地”。

⑦王巴、蜀、汉中：据《留侯世家》，项羽最初封给刘邦的只有巴、蜀，后刘邦贿赂项伯，项伯劝说项羽，才将汉中给了刘邦。汉中，秦郡名。郡治南郑，即今陕西汉中。辖今陕西秦岭以南地区。

⑧“立章邯为雍王”几句：周振鹤《西汉政区地理》曰：“章邯封地为秦内史西部与陇西、北地两郡。”因其地有秦国故都雍县，故称“雍王”。废丘，秦县名。县治在今陕西兴平东南。

⑨“立司马欣为塞王”几句：周振鹤曰：“塞国有秦内史东部地，于高帝末年为渭南、河上两郡，相当于《汉志》之京兆尹及左冯翊二郡。”颜师古曰：“取河华之固为厄塞耳。”栎阳，在今陕西西安临潼区东北。

⑩“立董翳为翟王”几句：翟国在关中北部地区，辖有上郡之地，相当于今陕西东北部和与之临近的内蒙古一带地区。因其所封为白翟故地，故称“翟王”。上郡，秦郡名。郡治肤施（今陕西榆林东南）。高奴，秦县名。在今陕西延安东北。

⑪“徙魏王豹为西魏王”几句：魏豹原本应都于大梁（今河南开封），因项羽欲有梁地，故而徙魏王豹于河东。事见《魏豹彭越列传》。周振鹤以为西魏的领地有河东、上党二郡。河东，秦郡名。郡治安邑（今山西夏县西北）。辖今山西西南部地区。平阳，秦县名。在今山西临汾西南。

⑫瑕丘申阳：《集解》引臣瓒曰：“瑕丘公申阳是。瑕丘，县名。”按，也有人认为“瑕丘”是姓，“申阳”是名。

⑬河南：河南郡，汉郡名。秦时称三川郡。郡治雒阳（今河南洛阳东北）。辖今河南西部的黄河以南地区。

⑭迎楚河上：按，据《秦楚之际月表》，申阳之迎项羽于河上在秦二世三年（前207）七月，时章邯已投降项羽。

⑮阳翟：今河南禹州。战国初期曾是韩国都城，故云“韩王成因故都”。

⑯赵将司马卬：赵王武臣的部将。河内：秦郡名。郡治怀县（今河南武陟西南），辖今河南黄河以北地区。

⑰朝歌：殷代故都，即今河南淇县。

⑱代王：封地在今山西北部和与之相邻的河北西北部，国都代县，即今河北蔚县东北之代王城。周振鹤曰："广义的代地包括云中、雁门、代郡、太原四郡，秦楚之际匈奴南侵，燕、代，云中、雁门、代郡地多没入匈奴，代地中心实移至太原。"

⑲"故立耳为常山王"几句：周振鹤以为常山国领有秦代的常山、钜鹿、邯郸三个郡，"相当于《汉志》之赵国、魏郡、常山、中山、真定、钜鹿、广平、清河、信都十郡国，及鄚县以南之涿郡、东平舒至大河之间的勃海郡地"。襄国，秦县名。即今河北邢台。

⑳故立布为九江王，都六：封地即秦九江郡，治寿春县（今安徽寿县）。辖境相当于今安徽、河南二省淮河以南、江西全省及湖北黄冈以东地。六，秦县名。在今安徽六安北。

㉑鄱君吴芮（ruì）：原秦鄱县（今江西鄱阳东）县令的吴芮。百越：杨宽曰："战国时已有'百越'之称，用以指东南沿海地区之原始部族，因其种类繁多，故统称之曰'百越'。闽越或称东越，分布于今福建北部与浙江南部；瓯越或称东瓯，分布于今浙江南部瓯江、灵江流域。闽越与瓯越乃百越中较进步之地区，其君长原为越王句践分封之封君。"

㉒又从入关：按，从项羽入关者乃吴芮所派的将领梅锠，并非吴芮本人。

㉓立芮为衡山王，都邾：封地即秦之衡山郡，约当今江西北部与湖北东南部一带地区。邾，在今湖北黄冈北，当时为衡山郡的郡治。

㉔义帝柱国共敖：战国时楚国贵族的后代。柱国，楚官名。楚国最高武官，其地位仅次于令尹。共敖，姓共名敖，楚国旧贵族的后裔。南郡：秦郡名。郡治江陵，今荆州江陵西北之纪南城。辖今湖北西部地区。

㉕临江王：封地即秦之南郡。周振鹤以为"实以秦之南郡、长沙、黔中三郡置"。约当今湖南全境及湖北江西西部、四川东南角及相

邻的贵州、广西一小部分。徐孚远曰:“项羽封三秦王,以拒汉也;封九江、衡山、临江三王,皆近楚以自蕃援也,又以内制义帝,其深心可见。”

㉖燕王韩广:韩广原是陈涉部将武臣的部下,率兵北定燕地,在燕地自称燕王。事见《陈涉世家》。辽东王:周振鹤以为韩广的辽东国实际领有辽东、辽西、右北平三个郡。《秦楚之际月表》称其“都无终”,无终即今天津蓟州区,当时为右北平郡的郡治所在地。

㉗立荼为燕王,都蓟:周振鹤以为臧荼的燕国领有秦代的广阳、上谷、渔阳三个郡。蓟,秦县名。县治在今北京之西南部(一说在北京房山东南琉璃河镇)。

㉘胶东王:封地即秦之胶东郡,今山东潍河以东地区,都即墨,在今山东平度东南。梁玉绳曰:“代王都代,辽东王都无终,胶东王都即墨,此纪于诸国俱言所都,而三国独否,盖缺也。”

㉙立都为齐王,都临菑:周振鹤以为田都的齐国领有秦末的临淄、琅邪两个郡。临菑,即临淄,即今山东淄博之临淄区。

㉚齐王建:战国时齐国的末代国君,前264—前221年在位。

㉛济北:秦郡名。辖境约有今山东高青、淄博、沂源以西,新泰、东平以北,东阿、德州以东,河北沧州以南地区。

㉜博阳:即今山东泰安东南的博县故城,当时为济北郡的郡治所在地。

㉝“田荣者”几句:泷川曰:“一田荣不封,竟败霸王大事。”

㉞成安君陈馀弃将印去,不从入关:赵歇、张耳被围困在钜鹿时,陈馀驻兵于钜鹿城北,因兵少力弱未答应张耳的求救。项羽解钜鹿之围后,张耳责备陈馀,陈馀怒弃将印而去。张耳随项羽西行入关,陈馀因恨张耳,且怨项羽偏袒,遂留在赵地,未从入关。详见《张耳陈馀列传》。

㉟南皮:秦县名。即今河北南皮。

㊱环封三县:洪亮吉曰:“张耳嬖臣申阳皆封王,而陈馀只侯,是馀尤

不平者。”

㊲番君:即前“鄱君”吴芮。

㊳西楚霸王:《正义》引孟康曰:“旧名江陵为南楚,吴为东楚,彭城为西楚。”项羽建都于彭城,故称“西楚霸王”。霸王,霸主,诸侯之长,诸侯盟主。

㊴王九郡:“九郡”的具体说法不一,大致相当于战国时梁国和楚国的部分地区,即今河南东部、山东西部、安徽北部、江苏西北部一带。全祖望以为是东海、泗水、会稽、东郡、砀郡、薛郡、楚郡、南阳、黔中,周振鹤以为应是东海、泗水、会稽、东郡、砀郡、薛郡、陈郡、南阳、鄣郡。其他说法不录。

㊵都彭城:恽敬曰:“自淮阴斥项王不居关中而都彭城,史家亦持此说,后之言地利者祖之,以为项王失计无有大于此者。余谓项王之失计在不救雍、塞、翟三王而东击齐也。项王都彭城盖以通三川之险也;通三川盖以救秦之祸也。以彭城控三川,即以三川控三秦。九郡者,项王所手定也,军于手定之地,不患其不安;民于手定之地,不患其不习;国于手定之地,则诸侯不得以地大而指为不均。关中者,固汉王所手定也,舍己所手定之九郡,而夺他人所手定之关中,天下之人安乎?不安乎?不意四月诸侯就封,五月而田荣反齐,是月而陈馀反赵,六月而彭越反梁,西楚之势不能即日西兵,而汉王乃于五月破章邯,八月降司马欣、董翳矣。盖项王止策汉王,而田荣、陈馀、彭越三人非其所忌,故有此意外之变,此则项王之失计也。”今徐州市内户部山上有戏马台,相传项羽当年曾在此观看戏马。山上有系马柱,相传为项羽系马之处。台上建有双层飞檐六角亭,两侧尚有许多其他明、清建筑与历代人士的题咏。

【译文】

项王派人去向楚怀王请示。楚怀王说:“按原来的约定办。”项王就把楚怀王尊为义帝。项王想自己称王，于是就先封各路将领们为王。他说："当初刚刚起事时，临时拥立了六国诸侯的后代来讨伐秦。但真正身披铠甲、手拿武器、冲锋陷阵，风餐露宿、野战三年，推翻秦安定天下的，是你们诸位和我项羽。义帝虽然没什么具体功劳，还是应该分他一块土地让他称王。"大家都说："对。"于是项王就分割天下，封立各路将领们为王。项王和范增担心将来沛公会拥有天下，但由于已经讲和了，不好反悔，怕由此引起其他诸侯的反叛，于是他们私下谋划说："巴、蜀地区山路险远，是过去秦流放罪人的地方。"于是说："巴、蜀也是关中管辖的地域。"所以封沛公为汉王，统管巴、蜀、汉中三个地区，都城设在南郑。而把真正的关中地区分为三部分，封秦的三个降将为王，让他们在关中堵住汉王的出路。项王于是立章邯为雍王，统管咸阳以西的地区，都城设在废丘。长史司马欣，原来是栎阳县主管监狱的官员，曾经有恩于项梁；都尉董翳，劝章邯降楚。因此立司马欣为塞王，统管咸阳以东直到黄河的地区，都城设在栎阳；立董翳为翟王，统管上郡地区，都城设在高奴。迁魏王豹为西魏王，统管河东地区，都城设在平阳。瑕丘申阳是张耳所宠爱的臣子，率先攻下河南地区，在黄河边迎接楚军，所以立申阳为河南王，都城设在洛阳。韩王成沿袭旧有封地，都城设在阳翟。赵将司马卬平定了河内地区，多次立功，所以立司马卬为殷王，统管河内地区，都城设在朝歌。迁赵王歇为代王。赵相张耳一向贤能，又跟随楚军入关，所以立张耳为常山王，统管原赵国地区，都城设在襄国。当阳君黥布作为楚将，常常勇冠三军，所以立黥布为九江王，都城设在六县。鄱君吴芮率领百越地区的军队配合义军反秦，又跟随入关，所以立吴芮为衡山王，都城设在邾县。义帝的柱国共敖领兵攻打南郡，功劳大，于是立共敖为临江王，都城设在江陵。迁燕王韩广为辽东王。燕将臧荼跟随楚军救赵，并一路跟随入关，所以立臧荼为燕王，都城设在蓟县。迁齐王田市为胶东王。齐将田都跟随楚军救赵，并一路跟随入关，所以立田都为齐王，都城设在临淄。原先被秦国灭亡的齐王田建的孙子田安，在项羽刚刚渡过黄河救赵时，攻下济北的几座城池，带领部队归降项羽，所以立田安为济北王，都城设在博阳。田荣屡次背叛项梁，又不肯领兵跟随楚军进攻秦，所以不予分封。成安君陈馀丢弃将印离去，没有跟随入关，但一向听说他的贤能，对赵国有功，听说他在南皮，所以就把环绕南皮的三个县封给他。番君的将领梅锠功劳大，所以封为享有十万户赋税的侯爵。项王自立为西楚霸王，统辖九郡，定都彭城。

汉之元年四月①，诸侯罢戏下②，各就国。项王出之国，使人徙义帝，曰："古之帝者地方千里，必居上游。"乃使使徙义帝长沙郴县③。趣义帝行，其群臣稍稍背叛之，乃阴令衡山、临江王击杀之江中④。韩王成无军功，项王不使之国，与俱至彭城，废以为侯，已又杀之⑤。臧荼之国，因逐韩广之辽东，广弗听，荼击杀广无终，并王其地⑥。

【注释】

①汉之元年：刘邦称汉王的第一年，前206年。

②戏下：戏水之滨。即项羽入关后最初驻军之地。

③长沙郴（chēn）县：即今湖南郴州，当时属长沙郡，处湘水上游。陈直曰："项羽置义帝于郴县，取义在楚地疆域之内。"

④乃阴令衡山、临江王击杀之江中：据此文击杀义帝者是衡山王吴芮与临江王共敖，然据《黥布列传》，则杀义帝者主要是黥布，而且是杀于郴县，非杀于"江中"。《集解》引文颖曰："郴县有义帝冢，岁时常祠不绝。"洪亮吉曰："义帝徙长沙，道盖出九江、衡山、临江，故羽阴令二王及九江王布杀之。《黥布传》遣将追杀之郴县。二王虽受羽命而不奉行，故布独遣将击杀耳。"梁玉绳曰："义帝之杀，此与《高纪》在汉元年四月；而《月表》在二年十

月;《黥布传》在元年八月,《汉书》从《月表》,然究未知的在何月……疑四月为是。"

⑤废以为侯,已又杀之:据《秦楚之际月表》,项羽杀韩成在汉元年七月。王叔岷曰:"《通鉴》作'废以为穰侯'。注:'班《志》,穰县,属南阳郡。'"已,后来。

⑥荼击杀广无终,并王其地:据《秦楚之际月表》,臧荼击杀韩广在汉元年八月。郭嵩焘曰:"韩王广徙王辽东,都无终,此云'逐广之辽东,广弗听',是广犹在蓟也;而云'荼击杀广无终',是固已之国矣。必荼与广争国,其中战事犹多,史公但以一二语总括之。"

【译文】

汉王元年四月,各路诸侯从戏水旁解散,各自去往自己的封地。项王离开关中到自己的封地去,先派人迁徙义帝,说:"古代的帝王拥有千里国土,一定要居住在江河的上游。"于是派人将义帝迁到长沙郡的郴县去。他们催促义帝启程,义帝的大臣们见此情景就渐渐地离开了他。项王于是暗中命令衡山王吴芮和临江王共敖在长江上杀死了义帝。韩王成没有军功,项王不让他到封地去,把他带到彭城,废了他的王位改为侯爵,不久又杀了他。臧荼到了封国,就要把韩广驱逐到辽东去,韩广不听命,臧荼就在无终攻杀了他,兼并了他的封地。

田荣闻项羽徙齐王市胶东,而立齐将田都为齐王,乃大怒,不肯遣齐王之胶东,因以齐反,迎击田都①。田都走楚。齐王市畏项王,乃亡之胶东就国。田荣怒,追击杀之即墨②。荣因自立为齐王,而西击杀济北王田安,并王三齐③。荣与彭越将军印,令反梁地④。陈馀阴使张同、夏说说齐王田荣曰⑤:"项羽为天下宰不平⑥。今尽王故王于丑地,而王其群臣诸将善地，逐其故主，赵王乃北居代，馀以为不可。闻大王起兵，且不听不义，愿大王资馀兵，请以击常山[⑦]，以复赵王，请以国为扞蔽[⑧]。”齐王许之，因遣兵之赵。陈馀悉发三县兵，与齐并力击常山，大破之。张耳走归汉[⑨]。陈馀迎故赵王歇于代，反之赵。赵王因立陈馀为代王。

【注释】

①因以齐反，迎击田都：据《秦楚之际月表》，田荣以齐反项羽在汉元年（前206）五月。

②追击杀之即墨：据《秦楚之际月表》，田荣杀田市在汉元年六月，同时自立为齐王。

③西击杀济北王田安，并王三齐：据《秦楚之际月表》，田荣击杀济北王田安在汉元年七月。梁玉绳曰：“纪、表、传皆言田荣杀田安，唯《汉书·高纪》《籍传》云彭越杀之，与《年表》《儋传》异。岂是时越受荣将军印而为之驱除耶？然《越传》何以不书？”三齐，在齐地的三个国家，即齐、胶东、济北。

④荣与彭越将军印，令反梁地：何焯曰：“田荣首难，且连彭越，横又继之，为高祖驱除，功莫先于齐也。”

⑤使张同、夏说说齐王田荣：梁玉绳曰：“《高纪》及《陈馀传》皆无张，恐非二人偕说也。”张同、夏说都是赵王歇的部将。

⑥为天下宰：指主持分封诸侯的事情。

⑦击常山：迎击常山王张耳，使其不能入赵地称王。

⑧以国为扞蔽：以我们赵国给齐国做屏障。扞蔽，屏障。

⑨张耳走归汉：事在汉二年（前205）十月，当时以十月为岁首。张耳的常山王本为项羽所封，兵败后初欲投项羽，在部下劝说下投奔了刘邦。

【译文】

田荣听说项羽迁齐王田市为胶东王，而立齐将田都为齐王，于是大怒，不肯送齐王田市去胶东，顺势凭借齐地造反，迎击田都。田都逃回了楚国。齐王田市害怕项王，于是逃往胶东封地去就任。田荣大怒，派人追击，在即墨把他杀死了。田荣于是自立为齐王，向西进攻杀死了济北王田安，兼并了三齐之地。田荣授予彭越将军印信，让他在梁地造反。陈馀暗地里派张同、夏说游说齐王田荣说："项羽分割天下不公平。如今把原来的诸侯王全封在不好的地区，而把好的地方封给了他的群臣将领，驱逐原来的诸侯王，赵王于是北迁到代地，我认为不应该。听说大王您起兵，而且不接受不正确的命令，希望大王资助给陈馀我一些兵马，让我率领进攻常山，让赵王回去复位，让赵国成为您的屏障。"齐王田荣答应了，于是派兵去赵国。陈馀也全部征发了自己所封三个县的兵丁，与齐共同攻击常山，将其打垮。张耳逃走归服了汉王。陈馀从代地迎回了故主赵王歇，返回了赵国。赵王歇于是立陈馀为代王。

是时，汉还定三秦①。项羽闻汉王皆已并关中，且东，齐、赵叛之，大怒。乃以故吴令郑昌为韩王②，以距汉。令萧公角等击彭越③。彭越败萧公角等。汉使张良徇韩④，乃遗项王书曰："汉王失职⑤，欲得关中，如约即止，不敢东。"又以齐、赵反书遗项王曰⑥："齐欲与赵并灭楚。"楚以此故无西意，而北击齐。征兵九江王布。布称疾不往，使将将数千人行。项王由此怨布也⑦。

【注释】

①汉还定三秦：事在汉元年八月，详见《高祖本纪》。三秦，即雍、塞、翟三个关中地区的国家。

②吴令郑昌：郑昌原为吴县（今江苏苏州）县令，项氏叔侄避居吴县时，与之有旧，见《韩信卢绾列传》。

③萧公角：萧县县令，其名为角，姓氏不详。

④汉使张良徇韩：因张良是韩国旧臣，在此地区有号召力。

⑤失职：没有得到应有的职位，即关中王。

⑥以齐、赵反书遗项王：底本作"以齐、梁反书遗项王"。泷川曰："'齐梁'当'齐赵'之误，下文'齐欲与赵并灭楚'可证，后人据《汉书》妄改。"按，泷川说是，今据改。又，张良遗项王书，又以齐、赵反书遗项羽，皆为刘邦东出争天下打掩护，以转移项羽之注意力。又，张良致书项羽的时间，此处谓在刘邦收复关中之际，而《留侯世家》则谓在刘邦收取关中之前，二者殊不统一。

⑦项王由此怨布也：黥布因此与项羽结怨事，详见《黥布列传》。史文著此，为黥布日后叛项投汉张本。

【译文】

这时，汉王回师平定了三秦。项羽听说汉王已经把关中地区全部兼并，正准备东进，齐国、赵国背叛了自己，大为震怒。于是让原来吴县县令郑昌为韩王，以抵挡汉王。命令萧公角等进攻彭越。彭越打败了萧公角等。汉派张良巡行招抚韩地，于是送信给项王说："汉王没有得到应该得的职位，只想得到关中地区，按照原来的约定做了关中王就会停止，不敢东进。"又把齐、赵的反书送给项王说："齐想与赵联合共同灭楚。"项王因此打消了向西进攻汉王的意图，转而向北进攻齐国。项王征调九江王黥布率军前来。黥布称病不去，只派将军率领了几千人前往。项王从此怨恨黥布。

汉之二年冬[①]，项羽遂北至城阳[②]，田荣亦将兵会战。田荣不胜，走至平原，平原民杀之[③]。遂北烧夷齐城郭室屋，皆坑田荣降卒，系虏其老弱妇女[④]。徇齐至北海[⑤]，多所残灭。齐人相聚而叛之。于是田荣弟田横收齐亡卒得数万人[6]，反城阳。项王因留，连战未能下。

【注释】

①汉之二年冬：当时以十月为岁首，即这一年的年初。陈仁锡曰："'汉之元年''汉之二年''汉之三年''汉之四年'，此子长以汉之年纪楚事例也，故加'之'字以别之。至五年楚亡，然后直书'汉五年'，示一统也。"

②城阳：也作"成阳"，秦县名。在今山东鄄城东南。

③走至平原，平原民杀之：据《秦楚之际月表》，田荣兵败被杀在汉二年十二月。平原，秦县名。县治在今山东平原西南。

④"遂北烧夷齐城郭室屋"几句：句首当添"项羽"二字读。按，此项羽于楚汉战争开始后的第一次残暴不仁，所谓为刘邦驱除者。

⑤北海：即渤海。这里是指北临渤海的今山东潍坊的潍城、昌乐、寿光、昌邑等一带地区，后来汉代设以为北海郡。

⑥田横：田儋的堂弟。

【译文】

汉王二年冬天，项羽北进到了城阳，田荣也率军会战。田荣不能取胜，逃到平原县，平原县的百姓杀死了他。项羽于是就烧毁了齐国的城郭房屋，把田荣部队投降的士卒全部活埋了，虏走了齐国的老弱妇女。攻占齐国土地直到北海边，所过之处大多成了一片废墟。齐国人民团结起来背叛了项羽。于是田荣的弟弟田横收聚起齐国逃散的士卒，得到了几万人，在城阳造反。项王于是被牵制在齐地，一连几次进攻城阳都没有攻下。

春，汉王部五诸侯兵[1]，凡五十六万人，东伐楚。项王闻之，即令诸将击齐，而自以精兵三万人南从鲁出胡陵[②]。四月，汉皆已入彭城[③]，收其货宝美人，日置酒高会[④]。项王乃西从萧晨击汉军而东[⑤]，至彭城，日中，大破汉军[⑥]。汉军皆走，相随入穀、泗水[⑦]，杀汉卒十余万人。汉卒皆南走山，楚又追击至灵壁东睢水上[⑧]。汉军却，为楚所挤，多杀，汉卒十余万人皆入睢水，睢水为之不流[⑨]。围汉王三匝[⑩]。于是大风从西北而起，折木发屋，扬沙石，窈冥昼晦[⑪]，逢迎楚军。楚军大乱，坏散，而汉王乃得与数十骑遁去[⑫]。欲过沛，收家室而西；楚亦使人追之沛，取汉王家；家皆亡[⑬]，不与汉王相见。汉王道逢得孝惠、鲁元[⑭]，乃载行。楚骑追汉王，汉王急，推堕孝惠、鲁元车下，滕公常下收载之[⑮]。如是者三。曰："虽急不可以驱，奈何弃之？"于是遂得脱。求太公、吕后不相遇。审食其从太公、吕后间行[⑯]，求汉王，反遇楚军。楚军遂与归，报项王，项王常置军中[⑰]。

【注释】

①部五诸侯兵：犹言"率天下之兵"。部，部署，统领。有曰"部应作劫"，劫，挟持。五诸侯，说法不一，其最可取者，谓以其地言，不以其王言，即比照战国七雄，汉据三秦，可当秦；项羽王楚，可当楚；其他韩、赵、魏、齐、燕为五诸侯。所谓"五诸侯兵"即天下之兵。

②南从鲁出胡陵：项羽从城阳东行至曲阜，再向西南到彭城西北的胡陵。鲁，秦县名。县治即今山东曲阜。出，经由。胡陵，也作"湖陵"，秦县名。县治在今山东鱼台东南。

③彭城：项羽的都城，今江苏徐州。

④收其货宝美人，日置酒高会：张文虎《舒艺室随笔》曰："沛公一入秦宫，即欲留居；今入彭城，又复如此，亦无异于淫昏之主，此范增所谓'贪财好美姬'者也，宜其为羽所败，几至灭亡哉！史公于此二事不著之《高纪》，而见之《羽纪》及《留侯世家》，此为高讳而仍不没其实。"高会，犹言"盛会"。

⑤西从萧晨击汉军而东：谓项羽由胡陵南至彭城西的萧县，阻断刘邦退路之后，才向东对刘邦发动攻击。萧，秦县名。在今安徽萧县西北，当时的彭城之西六十里。

⑥日中，大破汉军：《集解》引张晏曰："一日之中也。或曰旦击之，至日中，大破。"

⑦縠、泗水：二水名。泗水源于今山东泗水县东，流经曲阜、沛县，经徐州东，南流入淮水。縠水是泗水的支流，西从砀山、萧县流来，在徐州东北入泗水。

⑧灵壁：古邑名。在今安徽淮北市西，与今之灵璧县非一地。睢（suī）水：古代鸿沟的支派之一，自今河南开封东由鸿沟分出，东流经杞县、睢县、商丘、夏邑、永城，安徽濉溪、宿州、灵璧，又东经江苏睢宁等县地，于宿迁南注入古泗水。

⑨睢水为之不流：史珥曰："酷摹《左氏》'舟中之指可掬'，造语极奇。"姚苎田曰："汉兵五十六万，羽以三万人大破之，此段极写项王善战，为传末'天亡我'数语伏案。"

⑩三匝：三层。匝，周遭。

⑪窈冥昼晦：白天昏暗得有如黑夜。窈冥，幽黑的样子。

⑫而汉王乃得与数十骑遁去：按，此风亦或实有，刘邦借此侥幸逃出，而当时之人为神化刘邦为真命天子，附会其为天意，史公姑妄言之。武国卿、慕中岳曰："彭城大战是楚汉战争主战场项羽、刘邦亲自统率军队的第一次较量，这次战争项羽以三万精兵大败刘邦五十六万军队，主帅刘邦几乎被项羽生擒，构成了我国古代战

争史上以绝对劣势之军战胜强大之军的一大奇迹。项羽军在彭城之战的胜利对改变楚、汉两军的战略态势至关重要。楚军胜利最重要的因素可以归结为，一、战略指导上的雄才大略，英勇果敢；二、奇兵突袭，出敌意外；三、以精锐骑兵为主体，充分发挥骑兵快速突击的特长；四、楚国势力雄厚，且在楚国本土作战，占了人和、地利的优势。”

⑬家皆亡：家人逃亡，不知下落。乾隆曰：“彭城去沛不二百里，汉王既入，即当迎取太公，乃亟亟于货宝美人，置酒高会，此与项羽入秦何异？卒至家室俱亡，几陷其亲于鼎俎，而分羹之语虽出权变，实非君子所忍闻也。”

⑭孝惠：刘邦的嫡子，名盈，吕后所生，即日后的孝惠帝。鲁元：刘邦之女。孝惠之姊，后为鲁太后，谥曰“元”。这里是史官用后来的称号追述当时的事件。是时孝惠年六岁，鲁元年十四。

⑮滕公：即夏侯婴，因其曾为滕县令，故称“滕公”。夏侯婴是刘邦的太仆官，始终为刘邦驾车；刘邦死后又接着为吕后、文帝赶车。常下收载之：《樊郦滕灌列传》亦载此事，云：“汉王怒，行欲斩婴者十余。”写刘邦的无情似更突出。

⑯审食其（yì jī）：以舍人从刘邦起义于沛，留在沛县侍奉吕后、太公。此为初见。后为吕后幸臣。详见《吕太后本纪》。

⑰项王常置军中：太公、吕后从此遂一直在俘虏营中，直到两年后之鸿沟结盟始被放回。王叔岷曰：“《高祖本纪》作‘置之军中以为质’。《汉书·高祖纪》中亦有‘以为质’三字。”陈梧桐等曰：“彭城之战虽然楚胜汉败，但综观楚汉战争开始以来双方的得失，刘邦之得大于失，而项羽之失大于得。刘邦虽然在彭城惨败，损失严重，功败垂成，但他夺得了关中及关东部分极为重要的战略地区，人力、物力和领土都成倍地扩张，处于进可攻、退可守的有利地位，完全摆脱了在鸿门宴前后有可能随时被项羽消灭的危险境

地。项羽虽然取得彭城会战的巨大胜利，但他的所得仅仅是收复了自己失去的西楚领土，失去的则是关中和关东部分地区的大量与国；北方出现齐、赵等独立的割据势力；其最重要的盟友九江王英布已离心离德，居然在刘邦进占彭城时未能助项羽一臂之力；加上长期以来项羽缺少对汉作战的思想准备，兵力明显不足，彭城大捷后无力发展成全局性的胜利，不能越荥阳而西，更不能把战争引向关中和巴蜀。因此，项羽的战略优势，已较战争开始前大大减弱。”

【译文】

汉王二年春天，汉王统率反对项王的各路军队，一共有五十六万人，东进伐楚。项王听讯，就让诸将继续在齐国作战，自己率领精兵三万人向南经由鲁县穿过胡陵回救楚国。这一年的四月，汉军已经攻入彭城，占有了项王所有的珍宝美女，每天大摆酒宴大会宾客。项王绕到彭城西面的萧县，截断了汉王的归路，第二天一早，向东发起攻击，直逼彭城，到中午时，大败汉军。汉军溃逃，相继掉入穀水、泗水，仅在这里被杀的汉兵就有十多万人。其他的一些败军都向南逃进山里，楚军又乘胜追杀到了灵壁东面的睢水上。汉军再次溃退，被楚军逼挤，很多人被杀伤，十多万人纷纷跳进睢水，以至于睢水都被堵塞得流动不了。楚军里外三层紧紧包围了汉王。正在这时，一阵大风忽然从西北刮起，拔起了树木，掀飞了屋顶，飞沙走石，刮得天昏地暗，白天如同黑夜，迎面直向楚军吹去。楚军大乱，溃不成形。汉王这才乘机带着几十个随从骑马逃了出去。汉王想经由沛县，带上家眷一起西逃；而项王也派兵追到沛县，去捉拿汉王的家眷；汉王的家眷都逃跑了，没能与汉王见面。汉王在路上遇见了儿子和女儿，也就是日后的孝惠帝和鲁元公主，就用自己的车拉上他们一起走。楚国的骑兵追赶汉王，汉王急了，把儿子和女儿推下了车，滕公夏侯婴赶紧下去把他们抱了上来。就这样接连好几次。滕公说：“虽然情况紧急车子跑不快，又怎么能忍心把孩子扔下呢？”后来大家终于都脱了险。汉王一路上寻找太公和吕后,没有找到。审食其跟着太公和吕后抄小道逃亡,也在寻找汉王,不料反而遇上了楚军。楚军把他们捉了回去,禀报项王,项王就把他们当作人质扣留在军营里。

是时吕后兄周吕侯为汉将兵居下邑①,汉王间往从之,稍稍收其士卒②。至荥阳③,诸败军皆会④,萧何亦发关中老弱未傅悉诣荥阳⑤,复大振。楚起于彭城,常乘胜逐北,与汉战荥阳南京、索间⑥,汉败楚,楚以故不能过荥阳而西⑦。

【注释】

①周吕侯:吕后之长兄吕泽,后以军功被封为周吕侯,这里是用其后来的封爵称呼他。周吕,封地名。其食邑当在彭城吕县,治今江苏徐州铜山区东南旧黄河北岸吕梁集。下邑:秦县名。即今安徽砀山,在当时的彭城西北。

②稍稍收其士卒:刘邦败走荥阳,在汉二年(前205)五月。

③荥阳:秦县名。县治即今河南荥阳东北的古荥镇,其城垣遗址尚清晰可见。

④诸败军皆会:此彭城惨败之责任究应谁负,史无明文。以理推之,盖在刘邦本人。刘邦用韩信之谋,迅速收复三秦,于是便自谓天下可取,故冒进东下。至潮水般溃败至荥阳,亏得韩信、吕泽等在此预筑防线,始挡住项羽,形成两军对峙。

⑤发关中老弱未傅悉诣荥阳:傅,登记其名于册籍以备服役。《集解》引孟康曰:“古者二十而傅。”按,以此可见当时劳动人民蒙受战祸之惨烈。

⑥荥阳南京、索间:京,秦县名;索,古城名。两地都在今河南荥阳之东南,索城在京县北。旧时之城垣残基都有部分尚存。

⑦汉败楚，楚以故不能过荥阳而西：《淮阴侯列传》云："汉兵败散而归，信复收兵与汉王会荥阳，复击破楚京、索间，以故楚兵卒不能西。"可见此战为韩信主导。按，自此楚汉主战场在荥阳一带相持对峙直到汉四年（前203）九月。

【译文】

这时吕后的哥哥周吕侯吕泽带领一支汉军正屯驻在下邑，汉王从小路投奔他，慢慢聚集起打散的军队。到了荥阳，各路败军会合在一起，萧何也全部征发了关中没有登记在册的老人和少年送到荥阳，汉军声势重新振作起来。楚军从彭城出发，多次打败汉军，与汉军在荥阳南面的京县、索城一带交战，汉军打败了楚军，因此楚军不能越过荥阳西进。

项王之救彭城，追汉王至荥阳，田横亦得收齐，立田荣子广为齐王①。汉王之败彭城，诸侯皆复与楚而背汉②。汉军荥阳，筑甬道属之河，以取敖仓粟③。汉之三年④，项王数侵夺汉甬道，汉王食乏，恐，请和，割荥阳以西为汉。项王欲听之。历阳侯范增曰⑤："汉易与耳，今释弗取，后必悔之。"项王乃与范增急围荥阳。汉王患之，乃用陈平计间项王⑥。项王使者来，为太牢具⑦，举欲进之。见使者，详惊愕曰⑧："吾以为亚父使者，乃反项王使者。"更持去，以恶食食项王使者。使者归报项王，项王乃疑范增与汉有私，稍夺之权。范增大怒，曰："天下事大定矣，君王自为之。愿赐骸骨归卒伍⑨。"项王许之。行未至彭城，疽发背而死⑩。

【注释】

①立田荣子广为齐王：据《秦楚之际月表》，事在汉二年四月。详见《田儋列传》。

②与楚：归附投靠项羽。

③敖仓：《中国文物地图集》河南分册谓敖仓遗址在今荥阳北邙乡、高村乡之苏庄、马沟村一带，并说“近年考古调查曾发现多处圆形仓窖，部分仓窖中有碳化谷物遗留”。但荥阳文管所专家认为秦朝在荥阳城北敖山上修筑的大粮仓，东临汴水，北靠黄河。由于黄河水不断向南冲刷，当时的敖山已不存。

④汉之三年：前204年。

⑤历阳侯范增：范增封地历阳县，即今安徽马鞍山市和县。

⑥乃用陈平计：陈平原是项羽的将领，于汉之二年彭城之败前归投刘邦。事见《陈丞相世家》。

⑦太牢具：牛、羊、豕三牲皆备的筵席，待客的最高规格。具，饮食之器。引申为筵席、酒食。

⑧详：通“佯”，假装。

⑨愿赐骸骨归卒伍：让我这把老骨头回归故乡。意即退休回家。卒伍，古代基层编制是五家为一伍，三百家为一卒。同时也是军队编制，五人为伍，百人为卒。此处用前一义。

⑩疽（jū）：中医指局部皮肤肿胀坚硬的毒疮。《黄帝内经·灵枢·痈疽》：“热气淳盛，下陷肌肤，筋髓枯，内连五藏，血气竭，当其痈下，筋骨良肉皆无余，故命曰疽。”为古代急症重症，多有治疗不及时而死者。《集解》引《皇览》曰：“亚父冢在庐江居巢县郭东。居巢廷中有亚父井，吏民皆祭亚父于居巢廷上。长吏初视事，皆祭然后从政，后更造祠于郭东。”洪迈曰：“增始劝项氏立怀王，及羽夺怀王之地，已而杀之，增不能引君臣大谊争之以死；怀王与诸将约先入关者王之，沛公既先定关中则当如约，增乃劝羽杀之；羽之救赵，杀上将宋义，增为末将坐而视之；坑秦降卒、杀秦降王、烧秦宫室，增皆未尝为之开一言也。至于荥阳之役，身遭反间，然后发怒而去，呜乎疏矣哉，增盖战国纵横之余，见利而不知义者也。”

【译文】

在项王回救彭城，追击汉王到荥阳的这段时间，田横也收复了齐地，立田荣之子田广为齐王。汉王在彭城大败，各路诸侯又都归降楚国背叛了汉王。汉军驻扎在荥阳，修筑了甬道直到黄河边，来运送敖仓的粮食。汉王三年，项王屡次侵夺汉军甬道，汉王军粮匮乏，恐慌起来，请求和谈，划分荥阳以西的地区给汉王。项王想要答应这个条件。历阳侯范增说："汉军现在很容易对付，现在放了他们不消灭，以后一定会后悔的。"项王于是与范增加紧围攻荥阳。汉王对此十分忧虑，于是用陈平的计策离间项王与范增的关系。项王的使者到来，汉军准备了牛、羊、猪三牲最高规格的筵席，准备端上去。招待人员见到使者，假装惊愕地说："我以为是亚父的使者，没想到是项王的使者。"又把食物端回去了，拿低劣的食物给项王的使者吃。使者回去报告了项王，项王于是怀疑范增私下里与汉勾结，渐渐剥夺了他的权力。范增大怒，说："天下事大体已定，君王您自己干吧。请让我这把老骨头回归故乡吧。"项王答应了。范增还没走到彭城，背上长了毒疮死去了。

汉将纪信说汉王曰："事已急矣，请为王诳楚①，王可以间出②。"于是汉王夜出女子荥阳东门被甲二千人，楚兵四面击之。纪信乘黄屋车③，傅左纛④，曰："城中食尽，汉王降。"楚军皆呼万岁⑤。汉王亦与数十骑从城西门出，走成皋⑥。项王见纪信，问："汉王安在？"信曰："汉王已出矣。"项王烧杀纪信⑦。

【注释】

①请为王诳楚：底本作"请为王诳楚为王"。语词不顺，今削句末的"为王"二字。

②间出：乘隙而出。

③黄屋车：古代帝王专用的以黄缯为车盖的车。《正义》引李斐曰："天子车以黄缯为盖里。"

④傅左纛（dào）：车的左侧边马的头上插着牦牛尾的饰物。傅，安上，加上。纛，帝王车上用牦牛尾或雉尾制成的饰物，状如枪头上的缨子。《集解》引李斐曰："纛，毛羽幢也。"纪信用"黄屋左纛"车驾出城，装作汉王，诓骗楚军，楚军果然上当。

⑤楚军皆呼万岁：赵翼曰："'万岁'本古人庆贺之辞，后乃为至尊之专称。"

⑥成皋：古邑名。后人不加详辨，统称为虎牢关，在今河南荥阳西北之大伾山上。其旧时之北城墙已沦入黄河，其西城墙已沦入汜水，其南城墙尚残存数段，共长一千五百余米，巍然矗立。

⑦项王烧杀纪信：据《秦楚之际月表》，刘邦逃出荥阳，纪信被杀在汉三年七月。凌稚隆曰："信之忠诚一至是乎？信不烧则帝不脱，而汉之大事去矣，厥功岂不伟哉！"按，今荥阳北之纪公庙村有"纪信庙"，始建于汉代，今所存者乃唐代以后所修葺。庙后有纪信墓，墓前有唐代初期卢藏用撰写的"汉忠烈纪公碑"，近代又有抗日英雄吉鸿昌所题写的庙名。

【译文】

汉将纪信对汉王说："事态已经非常紧急了，请允许我假装成大王来诓骗楚人，大王您可以乘机逃出去。"于是汉王夜间让两千名穿着甲胄的妇女出荥阳东门，楚兵四面围攻她们。这时纪信乘坐着黄屋车，在左侧马的头上插上纛，军士大喊："城中粮食已尽，汉王出降。"楚军都大呼万岁。汉王也在这时带着几十个人骑马从城西门逃出，直奔成皋。项王见了纪信，问道："汉王在哪里？"纪信说："汉王已经离开荥阳了。"项王把纪信烧死了。

汉王使御史大夫周苛、枞公、魏豹守荥阳[①]。周苛、枞公谋曰:“反国之王[②],难与守城。”乃共杀魏豹。楚下荥阳城,生得周苛。项王谓周苛曰:“为我将,我以公为上将军,封三万户。”周苛骂曰:“若不趣降汉[③],汉今虏若,若非汉敌也。”项王怒,烹周苛,并杀枞公[④]。

【注释】

①御史大夫:位上卿,掌副丞相职。秦汉时为“三公”之一。枞(cōng)公:史失其名,枞是姓。或许曾为枞阳(在今安徽)县令,故以官职称之,亦如称夏侯婴为“滕公”也。魏豹:战国时魏国诸侯的后代,被封为西魏王,此时国破被俘,刘邦赦之,留之守荥阳。事迹详见《魏豹彭越列传》。

②反国之王:魏豹在刘邦东出攻三秦时降汉,刘邦败于彭城时反汉。汉二年九月,韩信破魏将其俘获。故周苛等如此称他。

③若:你。趣:赶快,从速。

④烹周苛,并杀枞公:据《秦楚之际月表》,周苛等被杀在汉四年三月。按,今荥阳北之纪公庙村有周苛、枞公的墓与庙,砖墓已遭破坏,祠庙有清代建筑之大殿三间,有清代碑刻三通。

【译文】

汉王让御史大夫周苛、枞公、魏王豹守荥阳。周苛、枞公商量说:“背叛之国的君王,难以和他共同守城。”于是他们就把魏王豹杀了。楚军攻下荥阳城,活捉了周苛。项王对周苛说:“你为我领兵作战,我让你做上将军,封给你食邑三万户。”周苛骂道:“你不赶紧降汉,汉王很快就要俘虏你,你不是汉王的对手。”项王大怒,烹杀了周苛,把枞公也一起杀了。

汉王之出荥阳,南走宛、叶[①],得九江王布[②],行收兵,复入保成皋。汉之四年[③]，项王进兵围成皋。汉王逃，独与滕公出成皋北门，渡河走脩武，从张耳、韩信军[④]。诸将稍稍得出成皋，从汉王。楚遂拔成皋，欲西。汉使兵距之巩[⑤]，令其不得西。

【注释】

①南走宛、叶：刘邦逃出荥阳入关重整军队，听从袁生计，南出武关，出军宛、叶间，使荥阳、成皋一线得以喘息。事详《高祖本纪》。宛、叶，皆秦县名。宛县县治即今河南南阳。叶县在今河南叶县南，南阳东北。两地相距不远。

②得九江王布：刘邦派说客随何往劝黥布反楚归汉，黥布几经动摇，至此乃单身来归。事在汉三年十二月，过程详见《黥布列传》。

③汉之四年：前203年。

④渡河走脩武，从张耳、韩信军：刘邦与夏侯婴假扮汉使潜行至脩武，袭夺张耳、韩信兵权，事详《淮阴侯列传》。脩武，秦县名。即今河南获嘉。从，投奔。

⑤巩：秦县名。县治在今河南巩义西南。

【译文】

汉王逃出荥阳后，向南逃到了宛城、叶县，九江王黥布前来归降，于是他们边走边聚拢军队，再次进入成皋固守。汉王四年，项王进兵包围了成皋。汉王逃出成皋，只身一人与滕公夏侯婴出了成皋北门，渡过黄河直奔脩武，去找张耳、韩信的部队。汉王的众位将领渐渐也逃出了成皋，追随汉王。楚军于是攻下了成皋，打算向西进军。汉派部队在巩县抵御，使得楚军无法西进。

是时，彭越渡河击楚东阿，杀楚将军薛公[①]。项王乃自东击彭越。汉王得淮阴侯兵，欲渡河南[②]。郑忠说汉王[③]，乃止壁河内[④]。使刘贾将兵佐彭越，烧楚积聚[⑤]。项王东击破之，走彭越[⑥]。汉王则引兵渡河，复取成皋[⑦]，军广武[⑧]，就敖仓食。项王已定东海来西[⑨]，与汉俱临广武而军[⑩]，相守数月。

【注释】

①“是时”几句：据《高祖本纪》与《汉书》纪传，事实经过是刘邦逃出荥阳，出兵宛、叶时，彭越渡睢水，与项声、薛公战下邳（今江苏徐州睢宁古邳镇东），杀薛公，威胁彭城，项羽东击彭越，刘邦则从宛、叶北军成皋。项羽击败彭越后回军攻下荥阳，杀周苛、枞公。此处叙事有误：项羽击彭越在拔荥阳、成皋前，而此书于拔荥阳、成皋后；彭越渡睢水击下邳，此误为渡河击东阿。东阿，秦县名。故治在今山东阳谷东北阿城镇。

②欲渡河南：准备回荥阳一带之主战场。

③郑忠说汉王：郑忠劝刘邦高垒深堑，不要急于与项羽交战。详见《高祖本纪》。郑忠，时任刘邦郎中，为侍从护卫之官。

④止壁：驻军。河内：河内郡。郡治怀县，今河南武陟西南。位于刘邦当时驻扎的小脩武西南。

⑤使刘贾将兵佐彭越，烧楚积聚：此即郑忠献策内容。事在汉三年八月。据《汉书·高帝纪》，与刘贾烧楚积聚的还有卢绾，同时，“复击破楚军燕郭西，攻下睢阳、外黄十七城”。刘贾，刘邦的堂兄弟。事迹详见《荆燕世家》。

⑥项王东击破之，走彭越：汉三年九月，项羽留曹咎守成皋，自己东击彭越。梁玉绳曰：“此即下文项王令曹咎守成皋，而引兵定梁地之事，《彭越传》所谓‘越北走穀城’者也。在此纪中，于事为重出，于文无所附，当衍之。”

⑦汉王则引兵渡河，复取成皋：汉四年冬十月，汉军击溃曹咎军，夺取成皋。

⑧广武：古城名。在今河南荥阳东北的广武山上。

⑨已定东海：即打败彭越事。东海，秦郡名。郡治郯县（在今山东郯城北）。按，据《高祖本纪》与《汉书·高帝纪》等，项羽并未完全击破彭越，只是屡败彭越，至汉四年冬十月，取梁十余城。

⑩与汉俱临广武而军：《正义》引《括地志》云："东广武、西广武在郑州荥阳县西二十里。戴延之《西征记》云三皇山上有二城，东曰东广武，西曰西广武，各在一山头，相去百步。汴水从广涧中东南流，今涸无水。城各有三面，在敖仓西。"时刘邦据西广武，项羽据东广武。今其地之形势尚依稀可见。

【译文】

这时，彭越渡过黄河攻击楚国的东阿，杀死了楚将军薛公。项王只得亲自领兵东归攻击彭越。汉王得到淮阴侯韩信的部队，想渡过黄河南下。郑忠劝说汉王，于是在河内驻扎下来。汉王派刘贾领兵协助彭越，烧掉了楚军积聚的物资。项王东归后击退了彭越的队伍。汉王于是领兵渡过黄河，再次攻取了成皋，驻军广武，取用敖仓的粮食。项王平定东海郡后回军向西，与汉军都面对广武涧扎营，对峙了几个月。

当此时，彭越数反梁地，绝楚粮食，项王患之。为高俎，置太公其上[①]，告汉王曰："今不急下，吾烹太公。"汉王曰："吾与项羽俱北面受命怀王，曰'约为兄弟'，吾翁即若翁，必欲烹而翁，则幸分我一杯羹[②]。"项王怒，欲杀之。项伯曰："天下事未可知，且为天下者不顾家，虽杀之无益，只益祸耳[③]。"项王从之。

【注释】

①为高俎(zǔ),置太公其上:颜师古曰:“俎者,所以荐肉,示欲烹之,故置俎上。”

②必欲烹而翁,则幸分我一杯羹:而翁,乃翁,你的父亲。吴见思曰:“兵钝粮绝,项王为此,乃急着也。已为汉王窥破,必不敢没太公,故为大言。”洪亮吉曰:“烹则烹矣,必高其俎而置之,无非欲愚弄汉王,冀得讲解耳。汉王深悉其计,矫情漫语,分羹一言,虽因料敌太清,然逞才太过,未免贻口实于来世。”凌稚隆引罗大经曰:“‘吾翁即若翁’,此语理意甚长。《左氏传》齐败于鞌,晋人欲以萧同叔子为质。齐人曰‘萧同叔子者非他,寡君之母也。若以匹敌,则亦晋君之母也’。高祖之语,与此暗合。”

③虽杀之无益,只益祸耳:王维桢曰:“项伯全沛公于鸿门,则以与张良善故;乃今复活太公,则以沛公‘约为婚姻’故。”徐孚远曰:“项王能杀子婴而不杀太公者,非仁也,欲生之以为质而讲解耳。”刘邦收买项伯,此又得其力。

【译文】

在这时候,彭越屡次在梁地袭击骚扰,断绝了楚军粮食,项王为此担忧。楚军搭起一座高台,上置砧板,把太公放在上面,威胁汉王说:“现在不赶紧投降,我就烹杀太公。”汉王说:“我和项羽你一起北面称臣,接受了怀王的命令,说‘结为兄弟’,我父亲就是你父亲,要是一定要烹煮你父亲,请分我一杯肉羹喝。”项王大怒,想杀了太公。项伯说:“天下大事还不能确定,况且打天下的人不会顾念家眷,即使我们杀了太公也没有益处,只会增加祸患罢了。”项王听从了他的意见。

楚汉久相持未决,丁壮苦军旅,老弱罢转漕[①]。项王谓汉王曰:“天下匈匈数岁者[②],徒以吾两人耳,愿与汉王挑战决雌雄[③],毋徒苦天下之民父子为也。”汉王笑谢曰:“吾宁斗智,不能斗力[④]。”项王令壮士出挑战。汉有善骑射者楼烦[⑤],楚挑战三合[⑥],楼烦辄射杀之。项王大怒,乃自被甲持戟挑战。楼烦欲射之,项王瞋目叱之,楼烦目不敢视,手不敢发,遂走还入壁,不敢复出[⑦]。汉王使人间问之,乃项王也。汉王大惊。于是项王乃即汉王相与临广武涧而语[⑧]。汉王数之[⑨],项王怒,欲一战[⑩]。汉王不听,项王伏弩射中汉王。汉王伤,走入成皋。

【注释】

①罢转漕:疲于运送粮饷。罢,通“疲”。

②匈匈:动乱,纷扰。

③挑战:《集解》引李奇曰:“挑身独战,不复须众也。”即一对一决斗。

④吾宁斗智,不能斗力:按,此写刘邦讥笑项羽有勇无谋,《高祖本纪》则详记刘邦历数项羽十大罪,并曰:“吾以义兵从诸侯诛残贼,使刑余罪人击杀项羽,何苦与乃公挑战!”显示王者的义正辞严,彼此异趣。

⑤楼烦:古代北方部族名。精于骑射。因以代指善射的将士。

⑥三合:指多次,多轮。

⑦遂走还入壁,不敢复出:凌稚隆曰:“连用三‘不敢’字,模写羽威猛如画。”

⑧即:凑近。临广武涧而语:隔着广武涧相互对话。底本作“临广武间而语”。张文虎、周寿昌等皆以为“间”字应作“涧”。今据改。按,今河南荥阳北之广武山上有东、西广武城,当地称“二王城”,即刘邦、项羽当年所对峙处。西城为刘邦所建,曰“汉王城”;东城为项羽所建,曰“霸王城”。中间隔大沟,即“广武涧”,也称“鸿沟”。今“二王城”的北部都已被黄河水刷掉,仅南部尚

存。汉王城东西长一千二百米，南北仅存三百米；霸王城东西长一千米，南北尚存四百米，城厚二十六米。

⑨汉王数之：按，汉王数项羽十大罪状，见《高祖本纪》。

⑩项王怒，欲一战：此即上文项羽“愿与汉王挑战决雌雄”事，记述重复似两事。

【译文】

楚汉两军相持了很长时间，双方的青壮年苦于当兵打仗，老弱者也都因运送粮草物资而疲惫不堪。因此项王对汉王说：“百姓一连几年纷扰不安，就是因为你我二人，我愿与汉王挑战决出胜负，别再让天下百姓为我们受苦了。”汉王笑着谢绝道：“我宁愿和你斗智，不和你比匹夫之勇。”项王派出壮士挑战。汉王部下有一个神箭手，楚军几次派出挑战的人，都被他射杀了。项王大怒，于是亲自披甲持戟出来挑战。神箭手搭箭正要射他，项王怒睁双眼向他大喝一声，神箭手被吓得眼不敢对视，手不敢发箭，逃回营内，再也不敢出来了。汉王派人出去打探，才知道出来挑战的是项王。汉王大吃一惊。于是项王约汉王隔着广武涧对话。汉王当面历数了项王的十大罪状，项王大怒，想和汉王决一死战。汉王不答应，项王预先埋伏的弓箭手射中了汉王。汉王被射伤，退进了成皋。

项王闻淮阴侯已举河北，破齐①，且欲击楚，乃使龙且往击之②。淮阴侯与战，骑将灌婴击之③，大破楚军，杀龙且④。韩信因自立为齐王⑤。项王闻龙且军破，则恐，使盱台人武涉往说淮阴侯。淮阴侯弗听。是时，彭越复反，下梁地，绝楚粮⑥。项王乃谓海春侯大司马曹咎等曰：“谨守成皋，则汉欲挑战，慎勿与战，毋令得东而已。我十五日必诛彭越，定梁地，复从将军。”⑦乃东，行击陈留、外黄⑧。外黄不下。数日，已降，项王怒，悉令男子年十五已上诣城东，欲坑之。外黄令舍人儿年十三[⑨]，往说项王曰："彭越强劫外黄，外黄恐，故且降，待大王。大王至，又皆坑之，百姓岂有归心？从此以东，梁地十余城皆恐，莫肯下矣。"项王然其言，乃赦外黄当坑者。东至睢阳[⑩]，闻之皆争下项王[⑪]。

【注释】

①淮阴侯已举河北，破齐：底本作"淮阴侯已举河北，破齐、赵"。梁玉绳曰："韩信破赵已逾年矣，非破齐一时事，此与《高纪》皆多一'赵'字，《汉书》无。"按，梁说是；破赵在汉三年（前204）十月。今据削"赵"字。韩信破齐历下军在汉四年（前203）十月。

②且欲击楚，乃使龙且往击之：据《淮阴侯列传》，齐历下军被击溃，齐王田广逃到高密，向楚求救，楚使龙且救齐；并未云"欲击楚"，也非项羽主动派龙且往击之。

③灌婴：刘邦的部将，勇猛善战，受命以中大夫组建骑兵，并率之屡败楚军，迁御史大夫。此时在韩信部下统领骑兵，于破齐前后功劳甚大。事迹详见《樊郦滕灌列传》。

④大破楚军，杀龙且：韩信大破齐、楚联军于潍水，杀龙且事，《秦楚之际月表》系之于汉四年十一月，《资治通鉴》系之于十月。详见《淮阴侯列传》。

⑤韩信因自立为齐王：据《淮阴侯列传》，仿佛是韩信向刘邦请求为假齐王，刘邦不得已而封之；据此纪，则是韩信先已"自立为齐王"。梁玉绳引《古今考》曰："信自立为王在十一月，其使人以书与汉王言'假王'者，乃擅自立为王之后始请之。"按，此纪及梁说盖为事实，《淮阴侯列传》则史公因同情韩信而故意含混其事。据《秦楚之际月表》，韩信为齐王在汉四年二月。

⑥彭越复反，下梁地，绝楚粮：凌稚隆引张之象曰："曰'烧楚积聚'，

曰‘绝楚粮食’,《高纪》称‘彭越反梁地,往来苦楚兵’者,此之谓也。篇中眼目,不可不玩。”吴见思曰:“凡三提彭越,以见楚项之病根。”

⑦“项王乃谓海春侯大司马曹咎等曰”几句:此为前文彭越杀薛公,项羽东击彭越时之事,在汉三年九月;此纪误以为是此时事。

⑧陈留:秦县名。县治即今河南开封祥符之陈留镇。外黄:秦县名。在陈留东。县治在今河南商丘民权西北。

⑨外黄令舍人儿:外黄县令舍人的孩子。舍人,王公贵人私门之官。

⑩睢阳:秦县名。县治在今河南商丘城南。

⑪皆争下项王:凌稚隆曰:“舍人儿年十三,尚能说羽赦外黄当坑者,亚父七十而顾不能谏羽,以致戮子婴、杀义帝、斩彭生、坑秦卒二十万众,智愚之相去何远哉?设羽以其任增者任舍人儿,楚之为楚未可知也。”

【译文】

项王听说淮阴侯已经攻占了河北,又攻破齐国,就要准备进攻楚国了,就派龙且前去迎击。淮阴侯与龙且军交战,骑将灌婴进攻,大败楚军,杀死了龙且。韩信于是自立为齐王。项王听说龙且军失败,恐慌起来,派盱眙人武涉前去游说韩信反汉。韩信不听。这时,彭越又起来反楚,攻下了梁地,断绝了楚军粮食。项王就对海春侯大司马曹咎等说:“小心守住成皋,汉军如果挑战,绝不要和他们交战,只要不让他们东进就行了。我十五天内一定能诛杀彭越,稳定梁地形势,再回来与将军会合。”于是项王东归,沿路攻打被彭越军队占领的陈留、外黄。外黄坚守攻不下来。几天后,外黄不敌投降,项王非常生气,命令十五岁以上的男子全部到城东去,准备把他们全部活埋。外黄县令一个门客的儿子只有十三岁,前去劝说项王说:“彭越强行威逼外黄,外黄人害怕,所以暂时投降了他,等着大王您。大王您来了,又都把他们活埋,百姓谁还愿意归降您呢?从此以东,梁地十余座城都会因此而恐惧,没有肯归顺您的了。”

项王认为他说得对，就赦免了那些要被活埋的外黄人。从此以东直到睢阳，听说这个消息后都争着投降了项王。

汉果数挑楚军战，楚军不出。使人辱之，五六日，大司马怒，渡兵汜水[1]。士卒半渡，汉击之，大破楚军，尽得楚国货赂。大司马咎、长史欣皆自刭汜水上[2]。大司马咎者，故蕲狱掾，长史欣亦故栎阳狱吏，两人尝有德于项梁，是以项王信任之[3]。当是时，项王在睢阳，闻海春侯军败，则引兵还。汉军方围锺离眜于荥阳东[4]，项王至，汉军畏楚，尽走险阻。

【注释】

①渡兵汜水：谓渡汜水而东，以击汉军。汜水，在今河南北部黄河南。发源于河南巩义东南，北流经荥阳汜水镇西，成皋城东，北注入黄河。

②大司马咎、长史欣皆自刭汜水上：底本作"大司马咎、长史翳、塞王欣皆自刭汜水上"。梁玉绳曰："《高纪》及《汉书》纪传皆无'翳塞王'三字，此后人妄增之。翳降汉后，虽与欣同叛归楚，而不复再见。盖欣与项王有旧恩，故得弃瑕而仍任用之，非翳可比矣……卢学士云：'翳塞王'三字必非《史记》本文，观下但举咎、欣两人可知。翳旧为都尉，不为长史。'"按，梁说是，今据削"翳、塞王"三字。

③两人尝有德于项梁，是以项王信任之：吴见思曰："狱掾凡两应，分封一点，见其私也；此处一点，见不用贤而任其私，项羽之所以败也。"郭嵩焘曰："两人者，项氏所以始终，其才则一狱吏耳，所以明项羽怙私恩而遗天下远略也。"又曰："项羽东击田荣而彭城失，此击彭越而成皋失。中间彭越数反，项羽数往击之，用此知高

祖任韩信为大将,关以东之事尽以委之,而用其全力以当项羽,允为经营天下之大略。”《中国历代战争史》曰:“观夫荥阳对峙之战,可得以下之结论:一,专求以力胜者,其力虽强,然遇智者之敌,终必挫折;二,以弱敌强,采取守势之作战,最后仍必须争取主动,陷敌于疲于奔命,方能转变原来之强弱形势;三,优势之取得,有赖于军队战斗力之坚强,及战略形势之优越;四,大军作战必须先求后方策源地之安全,后方安全,实为战略之重要条件。刘邦之敌项羽,为中国古代以弱敌强,最后转败为胜最典型之例证,洵足为后代作战之楷式焉。”

④锺离眜(mò):项羽心腹部将。事迹又见《淮阴侯列传》。

【译文】

汉军果然屡次挑战楚军,楚军不出战。汉军派人羞辱楚军,一连五六天,大司马曹咎大怒,率军渡汜水应战。士卒刚渡过一半,汉军发动了攻击,击溃了楚军,获得了楚国全部物资。大司马曹咎、长史司马欣都在汜水自刭而死。大司马曹咎原来是蕲县的典狱官,长史司马欣过去曾在栎阳管理过监狱,两人都曾对项梁有恩,所以项王特别信任他们。这时,项王在睢阳,听说海春侯曹咎兵败,就带领部队返回。汉军这时正把锺离眜围困在荥阳东边,项王到了,汉军畏惧楚军,全部跑到险要处躲了起来。

是时,汉兵盛食多,项王兵罢食绝[①]。汉遣陆贾说项王[②],请太公,项王弗听。汉王复使侯公往说项王,项王乃与汉约,中分天下,割鸿沟以西者为汉,鸿沟而东者为楚[③]。项王许之,即归汉王父母妻子[④]。军皆呼万岁。汉王乃封侯公为平国君[⑤]。匿弗肯复见[⑥]。曰:“此天下辩士,所居倾国,故号为平国君[⑦]。”项王已约,乃引兵解而东归[⑧]。

【注释】

①汉兵盛食多，项王兵罢食绝：凌稚隆曰："太史公叙汉，曰'取敖仓粟'，曰'就敖仓食'，曰'兵盛食多'；叙楚，曰'烧楚积聚'，曰'绝楚粮食'，曰'兵罢食尽'，皆纪中关键，当玩。"

②陆贾：刘邦的谋士、说客，事迹见《郦生陆贾列传》。

③割鸿沟以西者为汉，鸿沟而东者为楚：鸿沟，战国时魏国开凿的运河。故道自今河南荥阳北引黄河之水，东流至蒲田泽（今河南中牟西），又从蒲田泽东出至大梁（今开封）北，折而南流，至淮阳入颍水（淮水的支流）。鸿沟的开通连通了黄河与淮河。郭嵩焘曰："是时灌婴之军已至淮北，深入其根本之地，项羽腹背受敌，所以兵罢食绝者，彭城危急，而转输之路穷也。高祖此时之力足以制项羽，项羽即不解兵东归，韩、彭之军毕集，以殄灭项羽有余。高祖始遣陆贾，继遣侯公，必欲与项羽约中分天下者，为欲得太公、吕后耳。又按，是时彭城已失，梁、楚之地皆不能为羽有，所谓鸿沟为界者，将以何为界也？当时必约还给西楚地；项羽所以解而东归，亦自度其力足以收取彭城与汉相持也。"

④归汉王父母妻子：据赵翼推测，此时与刘太公、吕后同在楚营者，尚有刘邦的庶母（其子即后来的楚元王刘交）与儿子刘肥。

⑤乃封侯公为平国君：《正义》曰："说归太公、吕后，能和平邦国。"

⑥匿弗肯复见：从下文"所居倾国"来看，这里应是刘邦躲避不欲见侯公。郭嵩焘曰："侯公必多为长短之说以明得失之数，重之以盟誓要约，项羽为所诱惑，急归其父母妻子。高祖所以匿不肯见者，诚有所讳也。"

⑦"此天下辩士"几句：中井曰："取其反称也。"按，刘邦此举正所谓"得便宜卖乖"。

⑧项羽已约，乃引兵解而东归：按，项羽急着东归，因此时都城彭城已被韩信部将灌婴拿下。

【译文】

这时汉军人多粮足，而项王的军队则是兵疲粮尽。汉王派陆贾去游说项王，请他放回太公，项王不答应。汉王又派侯公去游说项王，项王才同意与汉王订立条约，平分天下，约定鸿沟以西的地区归汉，鸿沟以东的地区属楚。项王同意了，送回了汉王的父亲和妻子。汉军欢呼万岁。汉王于是封侯公为平国君。汉王躲着不肯再见平国君。他说："这是全天下最厉害的辩士，所到之处可以使国家倾覆，所以给他封号为平国君。"项王订立条约后，就解除军事对峙，带领军队返回东方领地。

汉欲西归，张良、陈平说曰："汉有天下太半，而诸侯皆附之。楚兵罢食尽，此天亡楚之时也，不如因其机而遂取之。今释弗击，此所谓'养虎自遗患'也[①]。"汉王听之。汉五年[②]，汉王乃追项王至阳夏南[③]，止军，与淮阴侯韩信、建成侯彭越期会而击楚军[④]。至固陵[⑤]，而信、越之兵不会。楚击汉军，大破之。汉王复入壁，深堑而自守。谓张子房曰："诸侯不从约，为之奈何？"对曰："楚兵且破，信、越未有分地[⑥]，其不至固宜。君王能与共分天下，今可立致也。即不能，事未可知也。君王能自陈以东傅海，尽与韩信[⑦]；睢阳以北至榖城，以与彭越[⑧]：使各自为战[⑨]，则楚易败也。"汉王曰："善。"于是乃发使者告韩信、彭越曰："并力击楚。楚破，自陈以东傅海与齐王，睢阳以北至榖城与彭相国[⑩]。"使者至，韩信、彭越皆报曰："请今进兵。"韩信乃从齐往，刘贾军从寿春并行[⑪]，屠城父[⑫]，至垓下[⑬]。大司马周殷叛楚[⑭]，以舒屠六[⑮]，举九江兵，随刘贾、彭越皆会垓下[⑯]，诣项王。

【注释】

①今释弗击,此所谓“养虎自遗患”也:茅坤曰:“此二语,遂定楚汉兴亡之路。”郭嵩焘曰:“是时天下已归汉,高祖所以与项王约中分天下,为欲得太公、吕后而已,岂能纵项羽东归,待张良、陈平之说而始追击之哉?此史家烘托之辞,非事实也。”按,张良、陈平此语即当年范增之对项羽所讲“今释弗取,后必悔之”意思相同,亦与句践败吴后范蠡之劝句践遂一举灭吴之语相同,参看《越王句践世家》。李光缙曰:“项羽之待汉王,犹夫差之待句践;夫差之仇怨也恕,句践之仇怨也酷;项羽之负约也小,汉王之负约也大。”

②汉五年:前202年。

③阳夏:秦县名。县治即今河南太康。

④建成侯彭越:梁玉绳曰:“越为魏相国,未闻封侯,盖所赐名号,曹参亦有‘建成侯’之称,本传不载。”

⑤固陵:秦县名。在今河南太康南。

⑥未有分地:《集解》引韦昭曰:“信等虽名为王,未有所画经界。”

⑦自陈以东傅海,尽与韩信:《正义》曰:“自陈著海,并齐旧地,尽与齐王韩信也。”大体包括今河南东部、山东南部、安徽和江苏北部。陈,陈郡,治陈县(今河南周口淮阳区)。傅海,直到海边。傅,贴近。

⑧睢阳以北至穀城,以与彭越:《正义》曰:“睢阳,宋州也。自宋州以北至济州穀城际黄河,尽与相国彭越。”大体包括今河南东北部和山东西部。睢阳,秦县名。治今河南商丘南。穀城,秦县名。在今山东平阴西南。

⑨使各自为战:锺惺曰:“刘邦一生学问只在用人。”凌稚隆引屠隆曰:“子房此语,亦是祸此二人之基。”张文虎曰:“此事不书于《高纪》,不书于《留侯世家》,信、越列传,而书之于《羽纪》者,明非

此不能破羽，然信、越死机已伏于此。”

⑩彭相国：汉二年春，彭越率三万余人投刘邦，占领魏地十余城，刘邦拜彭越为魏相国。见《彭越列传》。

⑪寿春：秦县名。县治即今安徽寿县。

⑫屠城父：城父，秦县名。县治在今安徽亳州东南城父集。按，此处交待不清。据《高祖本纪》，“行屠城父”者为周殷、黥布。垓下在寿春东北，刘贾不应绕道西北的城父再掉头往东南去垓下。

⑬垓（gāi）下：又名“垓下集”，在今安徽灵璧东南之沱河北岸。

⑭大司马周殷：项羽的将领，官为大司马。时刘邦派刘贾将其招降。

⑮舒、六：皆秦县名。舒县，在今安徽庐江西南。六县，在今安徽六安东北。

⑯举九江兵，随刘贾、彭越皆会垓下：梁玉绳曰：“此段颇有缺误，当云：‘韩信乃从齐往，彭越乃从魏往，刘贾军从寿春迎黥布，并行，屠城父。大司马周殷叛楚，以舒屠六，举九江兵随刘贾、黥布皆会垓下。’”

【译文】

汉王也准备撤军往西行进，这时张良、陈平说：“汉已经占据了大半个天下，诸侯大都已经归附。楚军兵疲粮尽，这是上天要灭亡楚国的时候了，我们不如乘机灭了他。如果现在放过不打，这就是俗话说的‘养虎遗患’啊。”汉王采纳了他们的意见。汉王五年，汉王追击项王到了阳夏南，驻扎下来，与淮阴侯韩信、建成侯彭越约定时间合兵进攻楚军。汉王率军按约定到了固陵，而韩信、彭越的军队并没有按期会合。楚军攻击汉军，将汉军打得大败。汉王只好再次退入营垒，深挖壕沟防守。汉王对张子房说：“诸侯不按约定行事，这可怎么办？”张良回答说：“楚兵眼看就要被打败了，韩信、彭越还没得到封地，他们不来那是必然的。君王您如能和他们共分天下，马上就可以把他们招来。如果不能，事情就不好预料了。您能把从陈地以东直到海边的地区全都给韩信，把睢阳以北到穀城的地区全都给彭越：让他们为了各自的利益去作战，那么楚军就容易打败了。”汉王说：“好。”于是派使者告诉韩信、彭越说：“咱们合力击楚。打败楚军后，从陈地以东直到海边的地区全都给齐王韩信，睢阳以北到穀城的地区全都给相国彭越。”使者一到，韩信、彭越都回报说：“我们马上进兵。”于是韩信从齐国赶来，刘贾所部从寿春同时进兵，屠灭了城父，到达垓下。楚国大司马周殷背叛了楚国，带领舒县的军队屠灭了六县，带领着九江王黥布的部队，跟随刘贾、彭越一起到垓下会师，与项王对峙。

项王军壁垓下，兵少食尽①，汉军及诸侯兵围之数重。夜闻汉军四面皆楚歌，项王乃大惊曰：“汉皆已得楚乎？是何楚人之多也！”项王则夜起，饮帐中。有美人名虞，常幸从；骏马名骓②，常骑之。于是项王乃悲歌忼慨，自为诗曰：“力拔山兮气盖世，时不利兮骓不逝。骓不逝兮可奈何，虞兮虞兮奈若何③！”歌数阕④，美人和之⑤。项王泣数行下，左右皆泣，莫能仰视。

【注释】

①项王军壁垓下，兵少食尽：按，楚军并非始至垓下就已是兵少食尽的状态。据《高祖本纪》，各路汉军集结在垓下之后，韩信指挥了一场楚汉大决战，项羽大败，方才“兵少食尽”，被围数重。

②骓（zhuī）：颜师古曰：“苍白杂毛曰骓，盖以其色名之。”

③“力拔山兮气盖世”几句：朱熹曰：“忼慨激烈，有千载不平之余愤。”李晚芳曰：“‘可奈何’‘奈若何’，若无意义，乃一腔怨愤，万种低徊，地厚天高，托身无所，写英雄失路之悲，至此极矣。”钱锺书引周亮工曰：“垓下是何等时？虞姬死而子弟散，匹马逃亡，身

迷大泽，亦何暇更作歌诗？即有作，亦谁闻之，而谁记之欤？吾谓此数语者，无论事之有无，应是太史公‘笔补造化’，代为传神。”

④歌数阕：唱了几遍。阕，段，遍。

⑤美人和之：《正义》引《楚汉春秋》所载虞姬和歌云：“汉军已略地，四方楚歌声。大王意气尽，贱妾何聊生。”殆出于后人依托。《正义》引《括地志》云：“虞姬墓在濠州定远县东六十里。”按，今安徽灵璧东十余里之宿泗公路旁有虞姬墓，墓前有一石碑，横额刻“巾帼千秋”。两旁对联为：“虞兮奈何，自古红颜多薄命；姬耶安在，独留青冢向黄昏。”

【译文】

项王军驻扎在垓下，兵力少，粮食也吃光了，汉军和各路诸侯军把他们重重围住。深夜里听到四面的汉军都唱着楚地的歌谣，项王大为吃惊，说：“汉军已经占有全部楚国了吗？要不他们军中怎么有这么多楚人呢？”于是他半夜起身，在帐中饮酒浇愁。有一个名叫虞的美人，深受宠爱，一直跟随在身边；还有一匹名叫骓的骏马，一直是他的坐骑。这时候项王感慨万分，自己作歌道：“力拔山兮气盖世，时不利兮骓不逝。骓不逝兮可奈何，虞兮虞兮奈若何！”他一连唱了好几遍，虞美人也作歌应和着他。项王泪流不止，左右将士也呜咽涕泣，悲伤得不能抬头仰视。

于是项王乃上马，麾下壮士骑从者八百余人，直夜溃围南出[①]，驰走。平明，汉军乃觉之，令骑将灌婴以五千骑追之。项王渡淮，骑能属者百余人耳[②]。项王至阴陵[③]，迷失道，问一田父，田父绐曰“左”[④]。左，乃陷大泽中。以故汉追及之。项王乃复引兵而东，至东城[⑤]，乃有二十八骑。汉骑追者数千人。项王自度不得脱。谓其骑曰：“吾起兵至今八岁矣，身七十余战[⑥]，所当者破，所击者服，未尝败北，遂霸有天下。然今卒困于此，此天之亡我，非战之罪也。今日固决死，愿为诸君快战，必三胜之⑦，为诸君溃围，斩将，刈旗⑧，令诸君知天亡我，非战之罪也⑨。”乃分其骑以为四队，四向⑩。汉军围之数重。项王谓其骑曰：“吾为公取彼一将。”令四面骑驰下，期山东为三处⑪。于是项王大呼驰下，汉军皆披靡⑫，遂斩汉一将。是时，赤泉侯为骑将⑬，追项王，项王瞋目而叱之，赤泉侯人马俱惊，辟易数里⑭。与其骑会为三处。汉军不知项王所在，乃分军为三，复围之。项王乃驰，复斩汉一都尉，杀数十百人，复聚其骑，亡其两骑耳。乃谓其骑曰：“何如？”骑皆伏曰：“如大王言。”⑮

【注释】

①直夜：中夜，半夜。

②属：跟随。颜师古曰：“属，联及也。”

③阴陵：秦县名。县治在今安徽定远西北。

④绐（dài）：欺骗。

⑤东城：秦县名。县治在今安徽定远东南。

⑥身七十余战：指亲自参加了很多场战斗。按，《史记》中好用“七十余”代表很多，如《曹相国世家》曹参得齐“七十余县”，《孙子吴起列传》坐射吴起而被杀的“七十余家”，《白起王翦列传》苏代说白起为秦战胜攻取者“七十余城”，《乐毅列传》乐毅下齐“七十余城”，《匈奴列传》霍去病获裨小王以下“七十余人”，《儒林列传》“太史公曰”中说孔子干“七十余君”无所遇，等等。

⑦三胜之：连续多次战胜他们。三，多次，再三。有说“三胜之”即指下述之“溃围、斩将、刈旗”者，非是。

⑧刈（yì）旗：砍倒大旗。刈，砍断。

⑨令诸君知天亡我,非战之罪也:钱锺书曰:“马迁行文,深得累叠之妙,如本篇末写项羽‘自度不能脱’,一则曰‘此天亡我,非战之罪也’;再则曰‘令诸君知天之亡我,非战之罪也’;三则曰‘天之亡我,我何渡为!’心已死而意犹未平,认输而不服气,故言之不足,再三言之也。”

⑩四向:《汉书》作“为圆陈(阵)外向”。颜师古曰:“圆陈,四周为之也。外向,谓兵刃皆在外也。”

⑪期山东为三处:《正义》曰:“分为三处,汉军不知项羽处。”期,约定。

⑫披靡:四散逃避的样子。

⑬赤泉侯:杨喜,刘邦的部将。后因抢得项羽部分遗体被封为赤泉侯。这是以他后来的封爵称呼他,《史记》多有此种情况。赤泉,在今河南淅川西。

⑭赤泉侯人马俱惊,辟易数里:辟易,退避。这里形象地写出了项羽的怒叱使杨喜的战马受惊,杨喜也被吓得心神大乱,完全控制不住坐骑而跑出了好几里的狼狈样子。凌约言曰:“羽叱楼烦,楼烦‘目不能视,手不能发’;羽叱杨喜,杨喜‘人马俱惊,辟易数里’,羽之威猛可想象于千百世之下。”按,《三国演义》“张翼德大闹长坂桥”有所谓“飞望见曹操后军阵脚移动,乃挺矛又喝曰:‘战又不战,退又不退,却是何故?’喊声未绝,曹操身边夏侯杰惊得肝胆碎裂,倒撞于马下”云云,当即受此文影响。

⑮骑皆伏曰:“如大王言”:伏,通“服”。郭嵩焘曰:“项王自叙七十余战,史公所记独钜鹿、垓下两战为详。钜鹿之战全用烘托法,不一及战事;而于垓下显出项羽兵法及其斩将搴旗之功。项羽英雄,史公自是心折,亦由其好奇,于势穷力尽处自显神通。钜鹿、鸿门、垓下三段,自是史公《项羽纪》中聚精会神、极得意文字。”

【译文】

于是项王上马突围,帐下跟随的骑兵还有八百多人,他们半夜时分冲出重围向南疾驰逃走。到天快亮的时候，汉军才发觉，汉王命令骑将灌婴率领五千骑兵追赶项王。项王渡过淮河，跟随他的骑兵就只剩下一百多人了。项王到了阴陵县时，迷了路，他向一个农民打听，这个农民骗他说“往左拐”。项王向左拐，结果陷在了沼泽里，因此才被汉军追上了。项王再领兵向东跑，到了东城，身边只剩下了二十八个人。汉军追兵有好几千人。项王自己估计着无法脱险了，就对随从们说：“我自从起兵到现在已经八年了，曾经历七十多场大战，抵挡我的都被我击破，我所攻击的都被降服，没有失败过一次，于是成了天下的霸主。想不到今天竟然被困在这里，这是上天要灭亡我，不是我打仗不行。今天肯定要一决生死，请让我为诸位再痛快漂亮地打一仗，一定要连续战胜他们，为你们突破重围，杀死敌将，砍倒敌旗，让你们明白这是上天要灭亡我，不是我打仗不行。”于是就把这二十八个人分成了四队，分别朝着四个方向。这时汉军已经把他们围了好几重。项王对他的骑兵们说：“让我为你们杀他一个将领。”他命令四个小队分别朝四个方向冲出，并约定好大家在山的东面分三处集合。然后项王大吼一声冲了下去，汉军吓得四散奔逃，项王于是斩杀了一名汉将。当时，赤泉侯杨喜是汉军骑将，追赶项王。项王瞪起眼睛大声呵叱，杨喜连人带马都吓坏了，狼狈退避了好几里。项王果真和他的部下们分三处会合。汉军弄不清项王在哪，于是把追兵分成三部分，再次将他们分别包围。项王又冲出来斩杀了汉军的一个都尉，杀死了近百名汉军士兵，而后再把自己的骑兵集合起来，发现只少了两个人。于是项王对他的部下说：“怎么样？”大家都敬佩地说：“果然像大王说的那样。”

于是项王乃欲东渡乌江[①]。乌江亭长檥船待[②]，谓项王曰：“江东虽小，地方千里，众数十万人，亦足王也。愿大王急渡。今独臣有船，汉军至，无以渡。”项王笑曰：“天之亡我，我何渡为！且籍与江东子弟八千人渡江而西，今无一人还，纵江东父兄怜而王我，我何面目见之？纵彼不言，籍独不愧于心乎[③]？”乃谓亭长曰：“吾知公长者。吾骑此马五岁，所当无敌，尝一日行千里，不忍杀之，以赐公。”乃令骑皆下马步行，持短兵接战。独籍所杀汉军数百人。项王身亦被十余创。顾见汉骑司马吕马童[④]，曰：“若非吾故人乎？”马童面之[⑤]，指王翳曰：“此项王也。”[⑥]项王乃曰：“吾闻汉购我头千金，邑万户[⑦]，吾为若德。”乃自刎而死[⑧]。王翳取其头，余骑相蹂践争项王，相杀者数十人。最其后[⑨]，郎中骑杨喜，骑司马吕马童，郎中吕胜、杨武各得其一体[⑩]。五人共会其体，皆是。故分其地为五[⑪]：封吕马童为中水侯[⑫]，封王翳为杜衍侯[⑬]，封杨喜为赤泉侯，封杨武为吴防侯[⑭]，封吕胜为涅阳侯[⑮]。

【注释】

①乌江：乌江浦，渡口名。在今安徽和县东北长江西岸。

②乌江亭长：乌江亭的亭长。亭，秦汉时乡以下、里以上的行政机构。檥（yǐ）船：把船停在岸边。檥，通“舣”。《集解》引如淳曰：“南方人谓整船向岸曰‘檥’。”

③纵彼不言，籍独不愧于心乎：凌稚隆曰：“项羽不听亭父言，所谓小不忍者。后人有诗曰：‘江东子弟多豪俊，卷土重来未可知。’可概见矣。”刘子翚曰：“羽所以去垓下者，犹冀得脱也，乃为田父所绐，陷于大泽；亭长之言甚甘，安知不出田父之计耶？羽意谓丈夫途穷宁战死，不忍为亭长所执，故托以江东父老所言为解耳。使羽果无东渡意，岂引兵至此哉！”姚苎田曰：“项王之意必不欲以

七尺躯随他手坑斩,观其溃围奔逐,岂不欲脱?追闻亭长言,而又不肯上其一叶之舟,既又赐以爱马而慰遣之,粗糙爽直,良可爱也。"

④骑司马:官名。骑兵中主管法纪的官。

⑤面之:王先谦引刘攽曰:"面之,直面向之。"即正面相对,仔细相认。

⑥指王翳曰"此项王也":指王翳,指项王以告王翳。王翳,初以郎中骑将随刘邦,后为韩信属下,当时为灌婴部下。泷川引洪颐煊曰:"审知为项王,因以指王翳。"按,颜师古以为"'面'谓'背之',不面向也",写其忸怩之状,恐非。

⑦邑万户:万户人家的封地。即为万户侯。

⑧乃自刎而死:据《秦楚之际月表》项羽在垓下之战中失败,自刎于乌江,在汉五年(前202)十二月。《集解》引徐广曰:"项王以始皇十五年已巳生,死时年三十一。"钱穆曰:"临终慷慨,此情此义亦可长留天地间,获后世之同情矣。此亦一成功,非失败。"又曰:"汉祖之得天下,一曰不杀人,又一曰善用人。而迁书之传项王,则有三大事,一曰钜鹿之战,一曰鸿门之宴,又一曰垓下之围以及乌江自刎。项王可爱处实多于沛公,此又见中国史取人之宏与其教人之深,而迁书此等处遂成千古妙文。"按,古人于项羽乌江自刎事多有题咏,如李清照有《项羽》诗:"生当作人杰,死亦为鬼雄。至今思项羽,不肯过江东。"又,今安徽和县乌江镇东南一公里的凤凰山上有项王祠与项王墓。项王祠建于唐代,其篆额"西楚霸王灵祠"六字,为唐代和州的地方长官李阳冰所题。原祠有正殿、青龙宫、行宫等,祠内奉有项羽、虞姬、范增等人的塑像。祠前有一联云:"司马迁乃汉臣,本纪一篇,不信史官无曲笔;杜师雄真豪士,灵祠大哭,至今草木有余悲。"孟郊、杜牧、苏舜钦、王安石、陆游等均有题咏。1986年重修庙宇,巍峨壮观。祠后有项羽的衣冠冢,明人题曰:"西楚霸王之墓。"

⑨最其后：事后汇总。最，会聚，合计。

⑩一体：一部分。

⑪分其地为五：因得到项羽遗体的有五个人，只好将原先悬赏的万户之邑分为五份，一人一份。泷川引中井曰："其地，谓万户邑也，原无定处，非指项王之地。"

⑫中水侯：封地中水县，今河北献县西北。地居易、滱二水之间，故名。

⑬杜衍侯：封地杜衍县，今河南南阳西南。

⑭吴防侯：封地吴防县，《高祖功臣侯者年表》《汉书·高惠高后文功臣表》均作"吴房"。今河南遂平。

⑮涅阳侯：封地涅阳，今河南南阳邓州东北。

【译文】

这时项王想要东渡乌江。乌江亭的亭长把船靠在岸边等待项王，对项王说："江东虽小，可也还有土地纵横上千里，民众几十万，也足可以称王了。请您赶紧上船过江。现在只有我有船，汉军追到这里，他们也无船渡江。"项王笑道："既然上天要灭亡我，我还渡江干什么呢！况且当初我和江东子弟八千人渡江西下，现在他们没有一人生还，即使江东父老怜悯我，还拥戴我为王，我又有什么脸面去见他们呢？就算他们不说什么，难道我自己就不于心有愧吗？"他又对亭长说："我知道您是忠厚长者。这匹马我已经骑了五年了，所向无敌，曾经一日奔驰千里，我不忍心杀它，就把它送给您吧。"然后命令所有骑兵都下马步行，手持短兵器与汉军接战。单是项王一个人就杀死了汉兵几百人，他自己身上也受了十多处伤。项王回头看见汉军的骑司马吕马童，就说："你不是我的老朋友吗？"吕马童仔细看看项王，指着他对王翳说："这就是项王。"项王说："我听说汉军悬赏千金买我的人头，还有万户的封地，我就送你们个人情吧。"说罢自刎而死。王翳割取了项王的人头，其余的骑兵争相去抢项王的尸体，拥挤践踏，互相残杀，死了几十个人。事后汇总，郎中骑杨喜，骑司马吕马童,郎中吕胜、杨武分别抢到项王的一部分。五个人把残肢合在一起,确定都是项王的。所以就把当初悬赏的万户封邑分成五份,封吕马童为中水侯,封王翳为杜衍侯,封杨喜为赤泉侯,封杨武为吴防侯,封吕胜为涅阳侯。

项王已死,楚地皆降汉,独鲁不下。汉乃引天下兵欲屠之,为其守礼义,为主死节①,乃持项王头视鲁②,鲁父兄乃降③。始,楚怀王初封项籍为鲁公,及其死,鲁最后下,故以鲁公礼葬项王穀城④。汉王为发哀,泣之而去⑤。诸项氏枝属,汉王皆不诛。乃封项伯为射阳侯⑥。桃侯、平皋侯、玄武侯皆项氏⑦,赐姓刘氏。

【注释】

①为其守礼义,为主死节:因当年项羽被封为“鲁公”,鲁人对故主忠心不渝,死守不降,是礼义之举。

②视鲁:展示给鲁县人看。视,通“示”。

③鲁父兄乃降:史珥曰:“鲁不急下,动汉王‘守礼义,为主死节’之褒,羽得此颇不寂寞。”

④穀城:古邑名。在今山东平阴西南。

⑤汉王为发哀,泣之而去:王鸣盛曰:“为义帝发丧,‘袒而大哭’,此犹自可;杀项羽,‘以鲁公礼葬,为发哀,泣之而去’,天下岂有我杀之即我哭之者?不知何处办此一副急泪!”又曰:“《郑当时传》‘诏项籍故臣皆名籍’,怨毒如许,哭之何为?”刘盼遂读《史记》批此曰:“此种心理,与十三妹闻年大将军死欲拔剑自杀同,老安猜透其理矣。”按,刘邦为项羽泣、为田横泣,与《三国演义》诸葛亮哭祭周瑜,虽属做作,亦有英雄之惺惺相惜在。

⑥封项伯为射阳侯：此刘邦报答项伯之举，亦借此显示其“仁厚”。射阳侯，封地射阳，在今江苏宝应东北的射阳镇，射水北岸。

⑦桃侯：名襄。封地桃县，在今河北衡水桃城区。《集解》引徐广曰：“其子舍，为丞相。”按，刘舍为相在景帝时，见《景帝本纪》与《汉兴以来将相名臣年表》。平皋侯：名佗。封地平皋，今河南焦作温县东。玄武侯：名字不详。《高祖功臣侯者年表》亦无“玄武侯”。

【译文】

项王死后，楚地都投降了汉王，只有鲁城不肯投降。汉王于是带领天下军队准备屠灭鲁城，因为鲁城守礼义，为故主以死守节，于是让人拿着项王的头给鲁城人看，鲁城父兄这才投降。当初，楚怀王一开始封项羽为鲁公，在他死后，鲁城又最后投降，所以就按照鲁公的礼仪将项王安葬在穀城。汉王为他举哀，哭祭后才离去。项氏各枝宗族，汉王都没有诛杀。封项伯为射阳侯。桃侯、平皋侯、玄武侯都是项氏族人，汉王都恩赐他们姓刘。

太史公曰：吾闻之周生曰“舜目盖重瞳子”[①]，又闻项羽亦重瞳子。羽岂其苗裔邪？何兴之暴也[②]！夫秦失其政，陈涉首难，豪杰蜂起，相与并争，不可胜数。然羽非有尺寸，乘埶起陇亩之中，三年，遂将五诸侯灭秦[③]，分裂天下，而封王侯，政由羽出，号为霸王，位虽不终，近古以来未尝有也[④]。及羽背关怀楚[⑤]，放逐义帝而自立，怨王侯叛己，难矣。自矜功伐[⑥]，奋其私智而不师古，谓霸王之业，欲以力征经营天下，五年卒亡其国，身死东城[⑦]，尚不觉寤而不自责，过矣。乃引“天亡我，非用兵之罪也”，岂不谬哉！

【注释】

①重瞳子：一只眼睛里有两个瞳孔。古代相术认为重瞳是一种异相、吉相。

②何兴之暴也：暴，突然。王若虚曰："陋哉此论，人之形貌容有偶相同者，羽出舜后千有余年，而独以此事遂疑其为苗裔，不亦迂乎？商均，舜之亲子，遗体在焉，然不闻其亦重瞳也，而千余年之远裔乃必重瞳耶？周生何人？所据何书而上知古帝王之形貌？正复有据，亦非学者之所宜讲也。"泷川曰："史公好以帝王将相为古圣贤苗裔，若以秦为伯翳后、以英布为皋陶后之类。"刘咸炘曰："史公于古今之变最致意，不然，楚本不出舜，重瞳岂必一家？史公何作此痴语邪？"

③五诸侯：《集解》曰："此时山东六国，而齐、赵、韩、魏、燕五国并起，从伐秦，故曰'五诸侯'。"

④"政由羽出"几句：泷川曰："数句可以见史公列项羽于本纪之意。"

⑤背关怀楚：顾炎武曰："谓舍关中形胜之地而都彭城也。"

⑥功伐：功劳，功勋。伐，泛指功勋，功业。

⑦身死东城：东城在垓下南，再向东南百余里是乌江浦。按，前文浓墨重笔地渲染了项羽自刎乌江，此处忽然说其"身死东城"，令人疑惑。实际上《史记》中只有本文说项羽死于乌江浦，而《高祖本纪》《灌婴列传》等都说项羽死于东城。有人说当时的乌江浦属于东城县，但项羽自垓下突围南出，一路经过阴陵、东城、乌江三地，且从《高祖本纪》《灌婴列传》等篇可以看出，在东城还发生了一场大战，楚军光被斩首者就多达八万，故不能将乌江等同于东城。至于项羽究竟死于何处，现今仍只能存疑。

【译文】

太史公说：我曾听周生说过"舜的眼睛有两个瞳孔"，又听说项羽也有两个瞳孔。项羽难道是舜的后代吗？不然怎么会兴起得这么突然呢！秦暴虐无道，陈涉首先起兵发难，各地豪杰们都蜂拥而起，你争我夺，不胜枚举。而项羽并没有尺寸的封地作为根基，而是以一介平民百姓的身份拔地而起，用了三年时间就率领东方的诸侯灭掉了秦，接着他切割土地，分封王侯，所有政令都由项羽一人发出，自称西楚霸王，他的事业虽然没有善始善终，但像他这样的近古以来也没有过。后来他放弃关中而眷念楚地，驱逐了义帝而以自己为尊，这时候他再埋怨王侯们背叛他，那就很难了。他矜夸自己的战功，只是一意孤行而不吸取历史经验，他只想成为一代霸主，想着凭武力征伐就可以经营天下，结果五年内国家被灭，自己死亡，可他到临死还不悔悟，不知道责备自己，这是错误的。他说"这是上天要灭亡我，不是我打仗不行"，这不就太荒谬了吗！

【集评】

张照曰："史法，天子则称'本纪'者，盖祖述史迁之文，马迁之前，固无所谓'本纪'也。马迁之意并非以'本纪'非天子不可用也，特以天下之权之所在，则其人系天下之本即谓之'本纪'。若《秦本纪》，言秦未得天下之先，天下之势已在秦地；《吕后本纪》，吕后固亦未若武氏之篡也，而天下之势固在吕后，则亦曰'本纪'也。后世史官以君为'本纪'，臣为'列传'，固亦无可非议者，但是宗马迁之史法而小变之，固不得转据后以议前也，《索隐》之说谬矣。"（《殿本史记考证》）

凌稚隆曰："项王非特暴虐不得人心，亦从来无统一天下之志，既灭咸阳，而都彭城；既复彭城，而割荥阳；既割鸿沟，而思东归，殊欲按兵休甲，宛然图伯筹画耳。岂如高祖规模宏远，天下不归于一不止哉？"（《史记评林》）

吴见思曰："项羽力拔山气盖世，何等英雄，何等力量！太史公亦以全神付之，成此英雄力量之文。如破秦军处，斩宋义处，谢鸿门处，分王诸侯处，会垓下处，精神笔力，直透纸背，静而听之，殷殷阗阗，如有百万

之军藏于俞縻汗青之中，令人神动。”（《史记论文》）

锺惺曰：“司马迁以项羽置本纪，为《史记》入汉第一篇文字，俨然列汉诸帝之前，而无所忌，盖深惜羽之不成也。不以成败论英雄，是其一生立言主意，所以掩其救李陵之失也。”（《史怀》）

【评论】

项羽是司马迁心目中最雄伟的悲剧英雄，《项羽本纪》也是司马迁倾注心力最多的篇章。司马迁冲荡了丑化项羽形象的宣传堤坝，塑造了一个有违官方叙述的反秦英雄形象。政治宣传是削弱敌人的无形而有力的武器，刘邦集团深谙此道。自从把项羽视为逐鹿中原的对手，他们就不曾停止过对项羽的攻击与诋毁；与此手段相辅相成的，还有他们不顾历史真相而往刘邦脸上贴金的作为。这一切化为迷雾，笼罩在楚汉相争的史实之上。关乎项羽、刘邦的历史地位与形象塑造，有两大疑团横亘于司马迁面前亟须澄清：一是灭秦首功的归属问题。西汉时人，无论皇室贵族，官僚士大夫和普通民众，均认为灭秦首功应属攻下了咸阳的刘邦。二是项羽有违“怀王之约”的性质问题。项羽没有执行“怀王之约”，是刘邦集团攻击项羽人品屡屡使用的杀手锏。秦亡不久刘邦便打出反叛项羽的大旗，并以“义愤填膺”的姿态列出了项羽的十大罪状，其中第一条便是：“始与项羽俱受命怀王，曰‘先入定关中者王之’，项羽负约，王我于蜀汉”（《史记·高祖本纪》）。郦食其劝齐王“归汉”，也说“项王有倍约之名，杀义帝之负”（《郦生陆贾列传》）。经刘邦集团的反复渲染，项羽“背约”之罪看似事实确凿，无可申辩。然而司马迁以无可辩驳的翔实记述粉碎了刘邦集团的歪曲与污蔑，证明了刘邦虽然也对推翻暴秦做出重大贡献，但做出最大贡献的却是项羽而不是刘邦；证明了楚怀王是趁项梁战死而夺了项羽兵权，项羽是在被抑制、被打击的背景下被迫接受所谓“怀王之约”的，日后在重新掌握楚军大权并成为天下诸侯的实际首领后自然无须遵守。司马迁以无限敬仰的笔调，大力歌颂了项羽在钜鹿之战力挽狂澜、力克强秦的英雄气概。在项羽领导下，曾经不可一世的大秦帝国很快土崩瓦解。司马迁突破了儒家“德”“力”对峙的僵硬教条，秉承史家“不虚美、不隐恶”的“实录”传统，淋漓尽致地揭示了项羽抗击暴秦的大无畏英雄气概，使项羽能以感人肺腑的反秦“战神”形象而傲然进入华夏民族的英雄谱系。可以想象，项羽名垂千古的历史功绩，若无《史记》的“实录”，或许早已遮掩于刘邦集团歪曲历史的官方叙述之中。司马迁将项羽列入“本纪”，在《秦楚之际月表》将这个时段称为“秦楚”，都显示了他难能可贵的“实录”精神。仅就这点而言，在《汉书》中把《史记》的《项羽本纪》改成《项籍传》的班固，是无法与之相比拟的。

在艺术上，《项羽本纪》是《史记》最精彩的篇章之一，司马迁擅长写人叙事的优长在该篇有淋漓尽致的呈现。尤其是对项羽形象的塑造，其成就堪称空前。司马迁既充分肯定了项羽的历史贡献和英雄气概，同时又不遮蔽他的政治思想落后、不擅长用人、残暴坑杀秦卒等诸多缺憾，显示了这个历史人物思想性格的复杂。在司马迁的笔下，项羽既是一个顶天立地的英雄，同时又是一个鼠目寸光的庸人；有时他真有龙飞凤翥的雄姿，有时又愚蠢昏聩得像一头驴子；有时他天真淳朴、宽厚慈和得令人喜爱，有时又暴虐凶残得令人发指。凡此种种，在《项羽本纪》中都得到了生动真切的表现。钱锺书在《管锥编》中对司马迁笔下的项羽形象有如下称赞：“《淮阴侯列传》韩信曰：‘请言项王之为人也。项王喑噁叱咤，千人皆废；然不能任属贤将，此特匹夫之勇耳。项王见人恭敬慈爱，言语呕呕，人有疾病，涕泣分食饮；至使人有功当封爵者，印刓敝，忍不能予，此所谓妇人之仁也。’《项羽本纪》记羽‘拔襄城皆坑之’‘坑秦卒二十余万人’‘引兵而屠咸阳’；《高祖本纪》‘怀王诸老将皆曰：项羽为人骠悍滑贼，诸所过无不残灭’。《高祖本纪》于刘邦隆准龙颜等形貌外，并言其心性：‘仁而爱人，喜施，意豁如也，常有大度。’《项羽本纪》仅曰：‘长八尺余，力能扛鼎，才气过人。’至其性情气质都未直叙，当从范增等语中得之。‘言语呕呕’与‘喑噁叱咤’，‘恭敬慈爱’与‘慓悍滑贼’，‘爱人礼士’与‘妒贤嫉能’，‘妇人之仁’与‘屠坑残灭’，‘分食推饮’与‘刓印不予’，皆若相反相违，而既具在羽一人之身，有似双手分书，一喉异曲，则又莫不同条共贯，科以心学性理，犁然有当。《史记》写人物性格，无复综如此者，谈士每以‘虞兮’之歌，谓羽风云之气而兼儿女之情，尚粗浅乎言之也。”

《项羽本纪》记述的“鸿门宴”故事，两千年来一直为读古史、讲古事者所津津乐道。鸿门宴上项羽没有杀刘邦，原因主要有四：一是项羽虽有四十万人，刘邦也有十万，还不到“十则围之”的程度；二是入关后刘邦废秦苛政，约法三章，得到民众拥护；三是项羽先杀了二十万关中子弟而后进入这个地区，已非但不可能获得此地民心，反而早已被这里的民众视为仇敌。四是刘邦答应让出关中，已做出俯首听令的姿态。在这种特定的历史情势下，项羽缺乏杀刘邦的主、客观条件。在对“鸿门宴”一千五六百字的描述中，司马迁凸显了项羽的忠厚诚实、胸无杀机，从而让读者对项羽未杀刘邦以致日后被刘邦所败的结局产生了更为深切的同情。

除了钜鹿之战，东城之战也是《项羽本纪》展示项羽作战神勇的段落。项羽在垓下兵败后，仅以二十八个人在东城大战灌婴所统率的五千骑兵，杀了汉军的一个将领、一个都尉、士兵数十百人。而项羽只损失了两个骑兵，成功突围逃走。司马迁在《项羽本纪》中叙述的东城之战规模不大，但他在《高祖本纪》中的说法却与此大异：该篇说项羽虽在垓下被韩信打得大败，但损失的人马却并不多。说灌婴追击项羽到东城，所斩楚军之首级多达八万，而且连项羽本人也是在东城之战中被灌婴的五个部下杀死并被分成五块的。项羽的楚兵被斩首八万，灌婴所率领的汉军至少不会少于二十万，可知楚、汉双方在东城之战的规模是相当大的。

《项羽本纪》写项羽最后自刎乌江，时间是公元前202年，地点在长江边的乌江浦。但整部《史记》说项羽死于乌江浦的只有《项羽本纪》

一篇，而说项羽是死于东城的，除《高祖本纪》外，连《项羽本纪》的“太史公曰”也说项羽是“身死东城，尚不觉悟”云云。《灌婴列传》也说“项籍败垓下去也，婴以御史大夫受诏将车骑别追项籍至东城，破之。所将卒五人共斩项籍，皆赐爵列侯”，而不再提及乌江浦。共同杀死项羽的吕马童、王翳、杨喜、杨武、吕胜五人在《高祖功臣侯者年表》中都写到了他们因杀项羽有功被封为列侯的事情，但没有写到他们究竟是在什么地方杀的项羽。冯其庸先生曾力主项羽是死在东城；袁传璋先生曾考证出当时的乌江浦是属于东城县，从而可以说死在乌江浦也就是死在东城。但项羽自垓下突围南出后，一路上经过阴陵、东城、乌江浦三地，三地各有各的故事。现在若将乌江浦与东城合成一个，在逻辑上似乎不太合理。

高祖本纪第八

【释名】

《高祖本纪》是《史记》中第一篇汉代帝王传记,主要写汉高祖刘邦从起义到推翻秦朝、击败项羽、建号称帝,以及诛杀功臣、稳定汉初局面的全过程。

本文以刘邦称帝为界,分为前后两部分。称帝前又可以分为灭秦与楚汉战争两部分。灭秦时期的主要事件有:斩蛇起义;投奔项梁;受楚怀王之命西行入关破秦,与关中百姓“约法三章”稳定关中;被项羽封为汉王,远赴汉中。楚汉战争时期的主要事件有:趁项羽东征田荣之机,一举收复关中,又乘胜攻入彭城,但很快被项羽打得大败;固守荥阳、城皋防线与项羽相持,联合彭越等反项力量,使项羽疲于奔命、越来越弱,双方定立鸿沟之盟;垓下之战彻底打败项羽,在定陶称帝。称帝之后的主要事件有:建都关中,初步建立汉代礼制;诛杀彭越、韩信、黥布,在征黥布回京时路过沛县,作《大风歌》;平韩王信、陈豨、卢绾在北方的叛乱;临终前向吕后交代萧何之后的丞相安排,崩于长乐宫。

《高祖本纪》与《项羽本纪》相辅相成,必须参照阅读才能大体看到秦末义军灭秦与楚汉战争的全貌。《高祖本纪》除了写战争,还兼带写了战争以外全国性的一些事情,在体例上更像是一篇“本纪”的格局。

高祖[①]，沛丰邑中阳里人[②]，姓刘氏[③]，字季[④]。父曰太公，母曰刘媪[⑤]。其先刘媪尝息大泽之陂，梦与神遇。是时雷电晦冥，太公往视，则见蛟龙于其上。已而有身，遂产高祖[⑥]。

高祖为人，隆准而龙颜[⑦]，美须髯[⑧]，左股有七十二黑子。仁而爱人，喜施，意豁如也[⑨]。常有大度，不事家人生产作业[⑩]。及壮，试为吏，为泗水亭长[⑪]，廷中吏无所不狎侮[⑫]。好酒及色。常从王媪、武负贳酒[⑬]，醉卧，武负、王媪见其上常有龙，怪之。高祖每酤留饮，酒雠数倍[⑭]。及见怪，岁竟[⑮]，此两家常折券弃责[⑯]。

高祖常繇咸阳，纵观，观秦皇帝[⑰]，喟然太息曰[⑱]："嗟乎，大丈夫当如此也[⑲]！"

【注释】

①高祖：《集解》引张晏曰："礼谥法无'高'，以为功最高而为汉帝之太祖，故特起名焉。"刘邦谥号为"高皇帝"。

②沛丰邑中阳里人：沛，秦县名。今江苏沛县。丰邑，秦邑名。今江苏丰县。时为沛县下辖乡邑，刘邦称帝后改为县。中阳里，丰邑的一个里。里，古代地方行政组织，由若干户组成。

③姓刘氏：汉朝人说刘邦是夏朝御龙氏刘累的后代，刘累是尧的后代，所以刘邦是尧的后裔。显然是为抬高刘邦身份的附会。

④字季：崔适曰："刘氏兄弟三人，但以长少而称'伯''仲''季'，非名也……'讳邦'者，后世史臣所拟耳。"

⑤父曰太公，母曰刘媪（ǎo）：媪，老妇人的通称。《索隐》曰："皇甫谧云：'名执嘉。'王符云：'太上皇名煓。'与湍同音。"按，"太公"为尊称，"刘媪"只是"刘老太"之意，为当时人对刘邦父母的称呼。大约人们并不知道他们的名字，所以《史记》《汉书》也没记

载。崔适曰:“侯景篡梁,其党为立七庙,请讳。景曰:‘惟记阿爷名标,余不知也。’其党遍为其祖造讳……汉高之家世,正如侯景。”

⑥“其先刘媪尝息大泽之陂(bēi)”几句:杨慎曰:“刘媪与神遇,犹薄姬梦黄龙据腹之类,理或有之;若太公往视,则怪甚矣。太公何名,刘媪何姓,迁皆不知,而独知其人所不能知者,甚矣迁之好怪也。”按,这种开国之君身世的神异和祥瑞,都为事后编造,以表明其天生不凡,其成功是天命所定,以增强其政权的合理性。本篇下文诸多神异故事亦应做如是观。陂,堤岸。遇,交合。晦冥,昏暗阴沉。

⑦隆准:高鼻梁。准,鼻梁。龙颜:额头丰满。颜,额头。

⑧须髯(rán):络腮胡子。下巴上的胡须叫“须”,两颊的叫“髯”。

⑨豁如:旷达、豪爽的样子。凌稚隆引董份曰:“‘意豁如也’四字,最善状高祖。”姚苎田曰:“一篇提纲语。”

⑩不事家人生产作业:家人,平民,平民之家。生产,生计。作业,工作,劳动。此语又见于《吕太后本纪》《儒林列传》《季布栾布列传》等篇。

⑪泗水亭长:泗水亭,一作“泗上亭”。在今江苏沛县东。亭长,秦汉时在乡村每十里设一亭,置亭长,掌治安,捕盗贼,理民事,兼管停留旅客。亭,秦汉时乡以下、里以上的行政机构。

⑫狎侮:轻慢戏弄。

⑬武负:姓武的老妇人。负,通“媍”,老妇人。贳(shì):赊欠。

⑭高祖每酤留饮,酒雠数倍:雠,售,卖出。赵翼《陔余丛考》曰:“武负、王媪皆酒家,每值高祖酤饮,则人竞买之,其获利较倍于常也。宣帝少时从民买饼,所从买家辄大雠,正与此相类。盖《高祖本纪》自泽陂遇神至芒砀云气,皆记高祖微时符瑞,而此特其一端耳。”郭嵩焘曰:“举此小节,以壮其喜施之概。两家折券弃负,亦

为其饮酒常雠数倍，所得固已多也。而高祖豁然都不一计较，自是英雄本色如此。”

⑮岁竟：年终。此谓年终结算。

⑯折券弃责：谓毁弃债券，不再索取。券，契据。古代常用竹木等刻成，分为两半，各执其一，合以征信。责，同“债”。

⑰纵观，观秦皇帝：泷川引杨慎曰：“当时车驾出，则禁观者，此时则纵民观。”纵观，许可百姓观看。

⑱喟（kuì）然：感慨的样子。太息：叹息。

⑲大丈夫当如此也：凌稚隆曰：“高祖观秦皇帝之言较之项羽，气象自是迥别。”王鸣盛曰：“项之言，悍而戾；刘之言，则津津不胜其歆羡矣。”

【译文】

汉高祖是沛县丰邑中阳里人，姓刘，字季。他的父亲是刘太公，母亲是刘老太。当年刘老太曾在大泽岸边休憩小睡，梦见与天神交合。其时电闪雷鸣，天昏地暗，刘太公前往探视，就见蛟龙盘伏在刘老太身上。不久她就有了身孕，于是就生了高祖。

高祖这人，鼻梁高挺，额头隆起，胡须很美，左腿上长有七十二颗黑痣。他生性仁厚，友爱他人，乐于施舍，心胸豁达。他素怀大志，气度宽宏，不愿像平民百姓那样耕种作业。等到壮年，被选用为吏，做了泗水亭长，衙里的诸吏无不被他轻慢戏弄。高祖好喝酒，爱女色。他常到王媪、武负的酒肆赊酒喝，醉了就睡，每每碰到高祖醉酒，武负、王媪就会看见他的头顶有龙影盘旋，觉得很奇怪。高祖每次留在酒肆喝酒，当天售出的酒总比平常多出数倍。见此等怪事后，到了年终，这两家常常撕毁欠据，放弃索债。

高祖曾在咸阳服徭役，遇上秦始皇出巡，百姓夹道观看，他看到秦始皇那种排场后，喟然长叹说：“哎呀，大丈夫就应当像这样啊！”

单父人吕公善沛令[1]，避仇从之客，因家沛焉。沛中豪桀吏闻令有重客[2]，皆往贺。萧何为主吏[3]，主进[4]，令诸大夫曰[5]："进不满千钱，坐之堂下。"高祖为亭长，素易诸吏[6]，乃绐为谒曰"贺钱万"[7]，实不持一钱。谒入，吕公大惊，起，迎之门。吕公者，好相人，见高祖状貌，因重敬之，引入坐[8]。萧何曰："刘季固多大言，少成事。"高祖因狎侮诸客，遂坐上坐，无所诎[9]。酒阑[10]，吕公因目固留高祖。高祖竟酒，后。吕公曰："臣少好相人[11]，相人多矣，无如季相，愿季自爱[12]。臣有息女[13]，愿为季箕帚妾[14]。"酒罢，吕媪怒吕公曰："公始常欲奇此女[15]，与贵人。沛令善公，求之不与，何自妄许与刘季？"吕公曰："此非儿女子所知也[16]。"卒与刘季。吕公女乃吕后也[17]，生孝惠帝、鲁元公主[18]。

【注释】

①单（shàn）父：秦县名。在今山东单县南。吕公：《索隐》引《汉旧仪》称其为"新蔡人"，又引《相经》称其"名文，字叔平"。

②豪桀：豪杰。社会上有地位有势力的人。

③主吏：即主吏掾，亦称功曹掾。洪颐煊《读书丛录·都吏》："汉制……内事考课迁除，皆功曹主之，故称主吏。"

④主进：《索隐》引郑氏曰："主赋敛礼钱也。"

⑤诸大夫：指来贺的客人。赵翼曰："秦制赐民爵，有大夫、官大夫、公大夫、五大夫、七大夫诸等称……度其时民之有此爵者，人即以其爵呼之，相沿日久，遂以为尊奉之呼。"

⑥易：轻视。

⑦绐：欺骗，诈说。谒：名帖。颜师古曰："自陈姓名，并列贺钱数耳。"

⑧引入坐：按，《汉书》于此作“引入，坐上坐”。

⑨无所诎：诎，通“屈”，卑屈。这里指谦让客气。吴见思曰：“极力写高祖气度，已有笼盖万夫气象。”史珥曰：“气概豪上，屡败不挫，卒以有成，于此可征。”

⑩酒阑：谓酒筵将尽。

⑪臣少好相人：《集解》引张晏曰：“古人相与语多自称臣，自卑下之道，若今人相与语皆自称仆。”泷川引顾炎武曰：“汉初人对人多称臣，乃战国之余习……天下已定，则稍在差等，而臣之称惟施之诸侯王……至文、景以后，则此风渐衰，而贾谊《新书》有尊天子，避嫌疑，不敢称臣之说。《王子侯表》有‘利侯钉坐遗淮南王书称臣，弃市’……自此以后廷臣之与诸侯王，遂不复称臣者耳。”

⑫自爱：自重，自勉。

⑬息女：亲生女。息，生。

⑭箕帚妾：持箕帚的奴婢，借作妻妾之谦称。

⑮奇此女：让女儿出人头地。奇，颜师古曰：“奇，异也。谓显而异之，而嫁于贵人。”按，《外戚世家》有所谓“臧儿卜筮之，曰两女皆当贵，因欲奇两女”云云，与此用字相同。

⑯此非儿女子所知也：儿女子，指没见识的人。吴见思曰：“吕公许女心事未曾说出，故借吕媪一跌。乃吕公终不说出，而意已明，甚妙。”

⑰吕后：名雉，刘邦的嫡妻。事迹详见《吕太后本纪》。

⑱孝惠帝：刘邦的嫡子，名盈。刘邦死后继位为帝，谥“惠”。事迹详见《吕太后本纪》。鲁元公主：刘邦的长女，其子张偃后被封为鲁王，故谓“鲁元”。《集解》引韦昭曰：“元，谥也。”《正义》曰：“汉制，帝女曰‘公主’，仪比诸侯；姊妹曰‘长公主’，仪比诸侯王；帝姑曰‘大长公主’，仪比诸侯王。”

【译文】

单父县人吕公，跟沛县县令相友善，为了躲避仇家，吕公就投奔沛令寓居,想趁便在沛县安家落户。县中的豪绅、县廷诸吏听说沛县县令有贵客上门,都前去道贺。当时萧何担任主吏掾,管接收礼品,他对来贺的宾客们说:“凡是贺礼不满千钱的,请坐在堂下。”高祖身为泗水亭长,向来瞧不上这帮属吏,于是递上名帖,谎称“贺钱一万”,实际上一文钱也没带。高祖的名帖递进去后,吕公大为吃惊,急忙起身,到门口迎接。吕公这人,喜欢给人看相,他一见高祖的相貌,便非常敬重,把他领到了堂上就座。萧何说:“刘季原本好说大话,很少能办成事。”高祖则趁机把满座的客人戏弄一番,而后坐了上座,一点儿也不谦让。酒宴快要结束时,吕公向高祖递眼色,执意要他留下。高祖喝完酒,留在后面。吕公说:“我从年轻时起,就喜欢给人看相,我相过的人多了,但都比不上你刘季的相貌,希望你刘季好自珍重。我有个女儿,希望能成为你刘季的箕帚之妾,为你操持家务。”酒宴散后,吕媪生气地对吕公说:“你起初总说这个女儿与众不同,要把她许配给贵人。沛令跟你关系这么好,请求娶她你都不答应,今天为什么竟把她随随便便地许给了刘季?”吕公说:“这不是你们女人所能理解的。”吕公终究还是把女儿嫁给了高祖。吕公的这个女儿就是后来的吕后,她生了孝惠皇帝和鲁元公主。

高祖为亭长时,常告归之田[①]。吕后与两子居田中耨[②],有一老父过请饮,吕后因餔之[③]。老父相吕后曰:“夫人天下贵人。”令相两子,见孝惠,曰:“夫人所以贵者,乃此男也。”相鲁元,亦皆贵。老父已去,高祖适从旁舍来,吕后具言客有过,相我子母皆大贵[④]。高祖问,曰:“未远。”乃追及,问老父。老父曰:“乡者夫人婴儿皆似君,君相贵不可言[⑤]。”高祖乃谢曰:“诚如父言,不敢忘德[⑥]。”及高祖贵,遂不知老父处[⑦]。

高祖为亭长,乃以竹皮为冠,令求盗之薛治之[⑧],时时冠之，及贵常冠，所谓“刘氏冠”乃是也[9]。

【注释】

①常：通“尝”，曾经。告归：官吏请假回家。

②耨（nòu）：除草。

③铺：给人东西吃。

④客有过，相我子母皆大贵：史珥曰：“十字中有惊喜，有迟疑，声容如此，妙笔传神。”

⑤君相贵不可言：吴见思曰：“先吕后，次两子，次鲁元，中作一扬，乃出高祖，逐段逼入。小小段落中，亦具如许文法。”

⑥诚如父言，不敢忘德：王若虚曰：“此但其术可贵耳，何德之有？”李笠曰：“老父以相法告人而不责报，所以为德。且人皆好誉，一言之褒，乐于华衮……今俗闻人誉己，每曰‘托福’……与此一揆。”诚，信，果真。德，恩情，好处。

⑦及高祖贵，遂不知老父处：姚苎田曰：“收得高。”王先谦曰：“遂，犹竟也。”按，此等说法皆后人所附会。

⑧求盗：古代亭长手下掌逐捕盗贼的亭卒。薛：秦县名。故城在今山东滕州城南。城东北角有两座高大的土冢，相传为田文与其父田婴之墓。治：做。

⑨所谓“刘氏冠”乃是也：词语繁费，《汉书》直作“所谓‘刘氏冠’也”。

【译文】

高祖做泗水亭长时，有次告假回家，去田里帮忙。当时吕后与两个孩子在田间除草，有个老伯路过，向他们讨水喝，吕后顺带给了老伯一些东西吃。老伯给吕后看了看相说：“夫人是天下的贵人。”吕后让他给两个孩子看相，老伯看了孝惠帝说：“夫人之所以能够显贵，就是因为有这个男孩。”老伯又看了鲁元公主，说也是贵人之相。老伯离开后，高祖正好从邻家来到田间，吕后便向他详细讲述了有客经过，给她们母子看相，说将来都是大贵人的事。高祖问老伯的去向，吕后说："还没走远。"于是高祖便追上老伯，向他询问。老伯说："刚才相过的夫人和孩子，都跟您相似，您的相貌，贵不可言。"高祖便道谢说："果真如老伯所说，决不会忘记您的恩德。"等到高祖显贵后，却再也找不到老伯的去处了。

高祖做亭长时，用竹皮编成头冠，这是他派手下到薛县定做的，时常戴着，直到日后显贵，依旧如此，这就是人们常说的"刘氏冠"。

高祖以亭长为县送徒郦山①，徒多道亡。自度比至皆亡之，到丰西泽中，止饮，夜乃解纵所送徒。曰："公等皆去，吾亦从此逝矣②！"徒中壮士愿从者十余人。高祖被酒③，夜径泽中④，令一人行前。行前者还报曰："前有大蛇当径，愿还。"高祖醉，曰："壮士行，何畏！"乃前，拔剑击斩蛇。蛇遂分为两，径开。行数里，醉，因卧⑤。后人来至蛇所，有一老妪夜哭。人问何哭，妪曰："人杀吾子，故哭之。"人曰："妪子何为见杀？"妪曰："吾子，白帝子也，化为蛇，当道，今为赤帝子斩之，故哭⑥。"人乃以妪为不诚，欲苦之⑦，妪因忽不见。后人至，高祖觉。后人告高祖，高祖乃心独喜，自负⑧。诸从者日益畏之。

【注释】

①徒：服徭役的犯人。郦山：此指秦始皇郦山陵墓工地。

②公等皆去，吾亦从此逝矣：逝，此指弃亭长不做而逃亡。吴见思曰："两句写得磊落豪迈，酷似高祖气度。"凌稚隆引王鏊曰："高祖一言足以感人，此其异日得天下张本。"

③被酒：醉酒，带着酒意。

④径：《集解》引《广雅》曰："斜过也。"即所谓"横穿"。

⑤醉，因卧：醉倒睡去。《汉书》于此作"醉困卧"。王先谦引周寿昌曰："始曰'被酒'，中曰'醉'，末曰'醉困卧'，情事明有次第，言醉后行数里而困，故卧也。"

⑥"吾子，白帝子"几句：白帝，古神话中五天帝之一，为主西方之神，五行属金。秦襄公初立为诸侯即祀白帝，将白帝作为主神。赤帝，神话中五天帝中主南方之神，五行属火，火克金。老妇称刘邦为赤帝子，暗喻秦当被刘邦所灭。凌稚隆引杨循吉曰："斩蛇事，沛公自托以神灵其身，因骇天下之愚夫妇耳。大虹大霓，苍龙赤龙，流火之乌，跃舟之鱼，皆所以兆帝王之兴起者，此斩蛇之计所由设也。"梁玉绳曰："芒、砀云气，亦此类。"按，今河南永城芒山镇之鲁庄西有"高祖斩蛇碑"，碑额篆"汉高断蛇之处"，左右正楷"日""月"二字。碑文五百多字，已漫灭不可读。

⑦欲苦之：底本作"欲告之"。《集解》引徐广曰："一作'苦'。"按，《汉书》作"苦"，意即要整治她，让她吃苦头。今据改。《索隐》曰："一本或作'笞'。《说文》云：'笞，击也。'"作"笞"也较底本的"告"字为优。

⑧自负：自许，自以为了不起。因自认为已得"天命"。

【译文】

高祖因亭长的职责，为县里押送役徒去郦山，而役徒们多在半路上逃走。高祖估计等到郦山时，这些役徒可能就跑光了，因此走到丰邑西边的沼泽时，他便停下来喝酒，入夜后，他解开役徒的绳索放他们走。说："各位都走吧，我也要从此远去了！"其中有十多个壮士愿意追随高祖，留了下来。高祖带着醉意，想趁着夜色抄小道穿过沼泽，让一个人到前面探路。那人回来报告说："前面有条大蛇挡住去路，我们想往回走。"高祖醉醺醺地说："壮士行走世间，何所畏惧！"于是前行，拔剑击蛇。蛇于是断成两截，道路遂通。高祖又前行数里，酒性发作，便躺下睡觉。后面走的人来到高祖斩蛇的地方，见到一个老婆婆在那里啼哭。问她因何而哭，老婆婆说："有人杀了我的儿子，所以啼哭。"又问她："你的儿子为何被人杀了？"老婆婆说："我的儿子是白帝子，化为大蛇，挡在道上，现在被赤帝子杀了，所以我啼哭。"后面走的人以为这个老婆婆不诚实，想给她点儿苦头吃，老婆婆就忽然不见了。当他们来到高祖睡觉的地方时，高祖已经酒醒。他们把刚才发生的事告诉高祖，高祖听后心中暗喜，自命不凡。那些跟随他的人对他也就日益敬畏了。

秦始皇帝常曰"东南有天子气[①]"，于是因东游以厌之[②]。高祖即自疑[③]，亡匿，隐于芒、砀山泽岩石之间[④]。吕后与人俱求，常得之。高祖怪问之。吕后曰："季所居上常有云气，故从往，常得季[⑤]。"高祖心喜。沛中子弟或闻之，多欲附者矣。

【注释】

①天子气：古人迷信，认为得到天命的帝王出现时，会有某种祥瑞相伴随。天子气即皇帝所在上空的特殊云气。

②东游：东巡。巡，指帝王巡狩。厌（yā）之：此指以迷信的方法，镇服可能出现的灾祸。

③即自疑：赵翼曰："高祖以匹夫而以天子自疑，正见其志不凡也，《汉书》删此三字便觉无意。"泷川曰："上云'心独喜，自负'，下云'心喜'，此亦不可无'即自疑'三字。"

④芒、砀：二山名。砀山在今河南永城东北，芒山在砀山北，两山相距八里。主峰高一百五十多米，纵长二十华里，宽约十华里。

⑤故从往，常得季：徐孚远曰："高祖隐处，岂不阴语吕后耶？隐而

求，求而怪，皆所以动众也。”按，不论是始皇东巡压“天子气”，还是吕后所见云气，都是后人编造，神化刘邦而已。

【译文】

秦始皇常说“东南方有天子气”，于是便借助东巡来压伏它。高祖就自疑是应兆之人，便逃离家门，隐匿躲藏到芒山与砀山一带的山泽岩石之间。吕后和人一起去寻他，常能找到。高祖感到奇怪，就问吕后。吕后说：“你刘季藏身的地方上面常有云气，向着有云气的地方去找，就能找到你。”高祖满心欢喜。沛县的年轻人听说这事后，多数都想投靠他。

秦二世元年秋①，陈胜等起蕲②，至陈而王③，号为“张楚”。诸郡县皆多杀其长吏以应陈涉。沛令恐，欲以沛应涉。掾、主吏萧何、曹参乃曰④：“君为秦吏，今欲背之，率沛子弟，恐不听。愿君召诸亡在外者⑤，可得数百人，因劫众⑥，众不敢不听。”乃令樊哙召刘季⑦。刘季之众已数十百人矣⑧。

【注释】

①秦二世元年：前209年。

②陈胜等起蕲：此即大泽乡起义。详见《陈涉世家》。蕲，秦县名。在今安徽宿州南。

③陈：秦县名。今河南周口淮阳区。当时是陈郡郡治。

④掾、主吏萧何、曹参：掾，官府中佐助官吏的通称。此指曹参，当时为沛县狱掾，掌管刑狱。主吏，指萧何。

⑤诸亡在外者：颜师古曰：“时苦秦虐政，赋役烦多，故有逃亡辟吏。”

⑥劫众：胁迫县里百姓。劫，威逼，胁迫。

⑦樊哙（kuài）：沛县人，以屠狗为业，头脑清楚，勇猛善战。事迹详

见《樊郦滕灌列传》。

⑧数十百人：几十近百人。

【译文】

秦二世元年秋，陈胜等人在蕲县起义，到达陈县后，自立为王，国号称“张楚”。各郡县的百姓都纷纷起来杀死各自的长官，来响应陈胜。沛令恐惧不安，想在沛县响应陈胜。主吏萧何、狱掾曹参说：“您是秦的官吏，今天想背叛秦，统领沛县子弟，恐怕他们不会听从。希望您能召集逃亡在外的人，这样可以得到数百人，然后凭借这些人去挟持民众，民众就不敢不听您的了。”县令于是便派樊哙去召唤刘季。这时刘季的队伍已经有将近百人了。

于是樊哙从刘季来[①]。沛令后悔，恐其有变，乃闭城城守，欲诛萧、曹。萧、曹恐，逾城保刘季[②]。刘季乃书帛射城上，谓沛父老曰：“天下苦秦久矣。今父老虽为沛令守，诸侯并起，今屠沛。沛今共诛令，择子弟可立者立之，以应诸侯，则家室完。不然，父子俱屠，无为也[③]。”父老乃率子弟共杀沛令[④]，开城门迎刘季，欲以为沛令。刘季曰：“天下方扰，诸侯并起，今置将不善，壹败涂地。吾非敢自爱，恐能薄，不能完父兄子弟。此大事，愿更相推择可者[⑤]。”萧、曹等皆文吏，自爱[⑥]，恐事不就，后秦种族其家，尽让刘季[⑦]。诸父老皆曰：“平生所闻刘季诸珍怪[⑧]，当贵，且卜筮之，莫如刘季最吉。”于是刘季数让。众莫敢为，乃立季为沛公[⑨]。祠黄帝、祭蚩尤于沛庭[⑩]，而衅鼓旗，帜皆赤[⑪]。由所杀蛇白帝子，杀者赤帝子，故上赤。于是少年豪吏如萧、曹、樊哙等皆为收沛子弟二三千人，攻胡陵、方与[⑫]，还守丰。

【注释】

①樊哙从刘季来:樊哙带着刘邦等一同回到沛县。从,使跟从,使跟随。谓带领。

②保刘季:投奔刘邦。保,归附。

③无为:不值得。

④父老乃率子弟共杀沛令:凌稚隆曰:“项籍杀会稽守,刘季杀沛令,皆各起兵之始。”锺惺曰:“沛公射书使父老杀沛令,较项羽手戮会稽守更有体面,矧会稽守无罪而沛令自取耶?”

⑤愿更相推择可者:泷川曰:“词婉礼恭,不似平生大言。”

⑥萧、曹等皆文吏,自爱:自爱,指爱惜自己身家性命。陈仁锡曰:“‘愿季自爱’,爱天下;‘文吏自爱’,爱一身。”

⑦尽让刘季:郭嵩焘曰:“此史公推萧、曹之意而为之辞,高祖当时气概,萧、曹等不能不为之下,又有徒众数百人,萧、曹等亦欲借以自保,无待于让也。”

⑧平生:平素,往常。珍怪:指发生在刘邦身上的怪异事。王若虚曰:“‘珍’字不安,《汉书》改为‘奇’,是矣。”

⑨立季为沛公:事在二世元年九月,陈胜起义后的第三个月。见《秦楚之际月表》。沛公,楚国旧制,称县令为“公”。沛公即沛县县令,并非公侯。

⑩祠黄帝、祭蚩尤:《集解》引应劭曰:“《左传》曰黄帝战于阪泉,以定天下。蚩尤好五兵,故祠祭之求福祥也。”一说,华夏族形成后,黄帝被公认为华夏始祖,祠黄帝是为求得始祖福佑。《正义》引《龙鱼河图》说蚩尤好杀,被黄帝制服后主管兵事,蚩尤死后,天下扰乱,黄帝画其像镇服天下,于是被后人当做战神,故刘邦祭以求福。

⑪衅鼓旗,帜皆赤:锺惺曰:“纯乎帝王,无一毫草泽气。”衅鼓旗,杀牲将其血涂在鼓上、旗上进行祭祀以求胜。此为战前例行仪式。

《索隐》引《司马法》曰："血于鼙鼓者，神戎器也。"《左传·定公四年》："君以军行，祓社衅鼓，祝奉以从。"杜预注："师出……于是杀牲以血涂鼓鼙为衅鼓。"

⑫胡陵、方与：皆秦县名。胡陵在今山东鱼台东南。方与在今鱼台西。皆在丰县北。

【译文】

于是樊哙跟着刘季返回沛县。这时沛令后悔了，担心其中有变，就关闭城门，据城而守，并想杀掉萧何、曹参。萧何、曹参害怕，越城而出，往依刘季。刘季用绢帛写了封信射到城上，对沛县的父老们说："天下人为秦所苦已经很久了。如今父老们虽然是替沛令守城，但各地诸侯都已起兵，马上就要屠灭沛县了。假使你们能一起起来杀掉县令，另择子弟中可以主事的立为首领，来响应各路诸侯，这样就能保全你们的家室。不然，父子老少都被杀了，那死得便毫无意义。"父老们就率领子弟共同杀了沛令，打开城门迎接刘季，想推选他做沛县县令。刘季说："方今天下大乱，诸侯并起，如果我们推选的将领不胜任，就会一败涂地。我不是顾惜自己，只怕才劣力薄，不能保全父兄子弟。这是一件大事，希望大家另外推选更合适的人。"萧何、曹参等都是文官，看重身家性命，怕事情不成，秦朝会诛灭他们全族，所以都推让刘季。诸父老都说："我们平时听到你刘季许多奇异的事情，看来你刘季是该显贵的，而且又进行了占卜，没有比你刘季更吉利的人了。"这时刘季仍再三推让，但大伙没有敢出头的，于是拥立刘季为沛公。并在县衙里祭祀黄帝、蚩尤，接着杀牲取血，涂抹了战鼓和军旗，军旗一律赤色。因为刘季所杀之蛇是白帝子，而杀蛇的刘季是赤帝子，所以崇尚赤色。于是沛县的年轻人和有权势的官吏如萧何、曹参、樊哙等人，共为沛公收揽县中子弟两三千人，沛公带领他们攻打胡陵、方与二县，而后回军驻守丰邑。

秦二世二年①，陈涉之将周章军西至戏而还②。燕、赵、齐、魏皆自立为王[③]。项氏起吴[④]。秦泗川监平将兵围丰[⑤]，二日，出与战，破之。命雍齿守丰，引兵之薛。泗川守壮败于薛[⑥]，走至戚[⑦]，沛公左司马得泗川守壮[⑧]，杀之。沛公还军亢父[⑨]，至方与，周市来攻方与，未战。陈王使魏人周市略地[⑩]。周市使人谓雍齿曰："丰，故梁徙也[⑪]。今魏地已定者数十城。齿今下魏[⑫]，魏以齿为侯守丰。不下，且屠丰。"雍齿雅不欲属沛公，及魏招之，即反为魏守丰。沛公引兵攻丰，不能取。沛公病，还之沛。沛公怨雍齿与丰子弟叛之，闻东阳甯君、秦嘉立景驹为假王[⑬]，在留[⑭]，乃往从之，欲请兵以攻丰。是时秦将章邯从陈，别将司马尼将兵北定楚地[⑮]，屠相，至砀[⑯]。东阳甯君、沛公引兵西，与战萧西[⑰]，不利。还收兵聚留，引兵攻砀，三日乃取砀。因收砀兵，得五六千人。攻下邑，拔之[⑱]。还军丰[⑲]。闻项梁在薛，从骑百余往见之。项梁益沛公卒五千人，五大夫将十人[⑳]。沛公还，引兵攻丰[㉑]。

【注释】

①秦二世二年：前208年。

②陈涉之将周章军西至戏而还：事见《陈涉世家》。周章，也称"周文"，陈人。戏，戏亭，在今陕西西安临潼区东北戏水西岸。

③燕、赵、齐、魏皆自立为王：据《秦楚之际月表》，秦二世元年八月，陈涉的将领武臣自立为赵王；同年九月，韩广自立为燕王；同月，田儋自立为齐王，魏咎被拥立为魏王。

④项氏起吴：事在二世元年九月。项氏，指项梁、项羽叔侄。吴，吴县，今江苏苏州。时为秦会稽郡郡治。

⑤泗川监平：泗水郡的监郡名平，史失其姓。泗川，当为“泗水”，秦郡名。郡治相县（今安徽濉溪西北）。监，秦朝的郡一般设守、尉、监三职，监即监郡御史，负责监察官吏，直属中央的御史大夫。将兵围丰：刘邦家丰邑属沛县，是泗水郡属县，故泗水监来围丰。

⑥泗川守壮：泗水郡的郡守名壮，史失其姓。

⑦戚：地名。方位不详，应离薛县不远。

⑧沛公左司马：《索隐》以为指曹无伤。王先谦引周寿昌说，以为刘邦之左司马尚有孔聚、陈贺、唐厉诸人，未必定是曹无伤。左司马，官名。主管军中法纪，当时设为左右二人。为中下级军官。

⑨亢父（gāng fù）：秦县名。在今山东济宁南。

⑩陈王使魏人周市略地：梁玉绳引赵太常云：“九字当移在‘周市来攻方与’之上，则文顺而明矣。”按，梁说可从。

⑪丰，故梁徙也：丰邑，是当年梁王曾经迁都过的地方。梁，即战国时的魏。《集解》引文颖曰魏王假被秦灭后徙于丰。然据《魏世家》，魏王假被灭未有徙丰之事。

⑫今：若。下魏：降魏。

⑬闻东阳甯君、秦嘉立景驹为假王：事在秦二世二年一月。时陈胜兵败被杀，故甯君、秦嘉立景驹为假王。东阳，秦县名。在今安徽天长西北。甯君，甯姓某人，史失其名。秦嘉，秦末起义军将领。秦二世元年（前209）陈胜起而反秦，他也起兵围攻秦东海郡守庆于郯（今山东郯城西南），自立为大司马。景驹，战国时楚国王室的后裔。假王，暂时代理之王。

⑭留：秦县名。在今江苏沛县东南。

⑮秦将章邯从陈，别将司马𡰖将兵北定楚地：旧注对此断句不一，解说亦异，今取其简明者。王先谦引刘攽曰：“言章邯从陈，而令别将定楚耳。”从陈，谓章邯继续在陈地追剿陈胜余部。颜师古曰：“从，谓追讨也。”别将司马𡰖，秦王朝的另一路将领，姓司马，

名尸。北定楚地，此“楚地”指今安徽、江苏之北部，古所谓“西楚”。

⑯砀：秦县名。县治在今河南夏邑东南。

⑰萧：秦县名。在今安徽萧县西北。

⑱攻下邑，拔之：事在秦二世二年三月。下邑，秦县名。即今安徽砀山县，在当时的砀县东北。

⑲还军丰：《汉书》作“还击丰，不下”。按，《汉书》叙述更符合事实。

⑳五大夫将：具有“五大夫”爵位的将领。五大夫，秦朝二十级爵位的第九级。

㉑沛公还，引兵攻丰：徐孚远曰：“汉祖起事，欲以沛、丰为根本，丰反复属魏，大势几失，故数借兵复之。”

【译文】

秦二世二年，陈胜的部将周章率军西进，至戏亭兵败而回。这时，燕地、赵地、齐地、魏地都已有人自立为王。项梁、项羽叔侄也在吴地起兵。秦的泗川郡监平率兵围攻丰邑，两日后，沛公出城交战，打败了泗川郡监。沛公让雍齿镇守丰邑，自己率兵去攻打薛县。泗川郡守壮在薛县被沛公打败，逃到戚县，沛公的左司马把他捉住杀了。沛公回军亢父，到达方与，遇到前来攻城的周市，双方没有交战。陈胜派魏人周市前来，是为了扩大地盘。周市派人对雍齿说：“丰邑，是过去魏国曾经迁都的地方。现在魏地的城池，平定的已经有数十座。你雍齿若能够降魏，魏王就封你为侯，让你镇守丰邑。你如不降，我们将会屠灭丰邑。”雍齿向来不愿意从属沛公，等到魏王这么一招降，他就立即背叛，为魏王镇守丰邑了。沛公率兵攻打丰邑，没能攻下。这时沛公生病，只好撤回沛县。沛公恼恨雍齿和丰邑子弟背叛自己，当听说东阳县的甯君和秦嘉已经拥立景驹临时为王，驻军留县，于是便去投奔景驹，想借兵攻打丰邑。这时秦的大将章邯正在陈地追讨陈胜的义军，他的偏将司马尸率兵北进，攻占楚地，已经屠灭了相城，到达了砀县。东阳甯君和沛公领兵西进，在萧县城西与司马尸交战,结果失利。他们收兵回师,屯聚留县,而后出兵攻打砀县,三天就攻占了砀县。沛公等收编砀县降军,得到五六千人。他们进攻下邑,攻了下来。随即回兵丰邑。沛公听说项梁已经到了薛县,就带着一百多个骑兵去拜见他。项梁给沛公增拨了五千名士兵和十名五大夫级将官。沛公带着他们回来,又领兵攻打丰邑。

从项梁月余,项羽已拔襄城还①。项梁尽召别将居薛②。闻陈王定死,因立楚后怀王孙心为楚王③,治盱台④。项梁号武信君。居数月⑤,北攻亢父,救东阿,破秦军⑥。齐军归,楚独追北,使沛公、项羽别攻城阳⑦,屠之。军濮阳之东⑧,与秦军战,破之。秦军复振,守濮阳,环水⑨。楚军去而攻定陶⑩,定陶未下。沛公与项羽西略地至雍丘之下⑪,与秦军战,大破之,斩李由⑫。还攻外黄,外黄未下⑬。

【注释】

①襄城:秦县名。今河南襄城。

②项梁尽召别将居薛:事在秦二世二年四月。按,这是陈涉死后,确立项梁为首领的关键之会。别将,指原属陈涉的各路起义军的将领。

③怀王孙心:战国时的楚怀王(前328—前299年在位)的孙子,名"心"。因楚怀王被秦骗死于秦国,楚人哀怜之,故仍称其为怀王,以唤起楚人反秦之心。

④盱台(xū yí):一作盱眙,秦县名。故治今江苏盱眙东北盱眙山侧。按,项梁等立熊心为楚王,在秦二世二年六月。

⑤居数月:梁玉绳曰:"案:《月表》及《汉纪》立怀王在六月,攻亢父在七月,中间只隔数十日,安得谓居数月乎?疑'月'当作

‘日’。”

⑥救东阿，破秦军：据《田儋列传》与《秦楚之际月表》，秦二世二年六月，齐王田儋救魏被章邯破杀于临济，田荣收揽齐国败兵向东退到东阿，章邯围东阿；七月，项羽与刘邦一同往救，项梁亦引兵救之，大破秦军，解东阿之围。

⑦城阳：秦县名。也作“成阳”，县治在今山东鄄城东南。

⑧濮阳：秦县名。县治在今河南濮阳西南，时亦为东郡郡治。

⑨守濮阳，环水：濮阳北临黄河，秦军环城挖沟，引黄河水做护城河。

⑩定陶：秦县名。在今山东菏泽定陶区西北。

⑪雍丘：秦县名。即今河南杞县。

⑫斩李由：事在秦二世二年八月。李由，三川郡（治雒阳）郡守，秦丞相李斯长子。

⑬外黄：秦县名。在今河南民权西北。

【译文】

沛公投奔项梁一个多月后，项羽已经攻下襄城返回。项梁把各地的将领都召集到薛县。他们闻悉楚王陈胜确实已死，于是便拥立楚国后代楚怀王的孙子熊心为楚王，建都盱眙。项梁自称武信君。停了几个月，他们向北进攻亢父，救援被围困在东阿的齐军，击败了秦军。齐军东归，楚军独自追击败逃的秦军。项梁派沛公、项羽另外率兵攻打城阳，城阳被屠灭。沛公、项羽驻军濮阳东面，与秦军交战，打败了秦军。秦军重整旗鼓，在濮阳坚守，引水绕城，以作屏障。楚军放弃濮阳，转攻定陶，定陶没能攻下。沛公与项羽向西攻城略地，到达雍丘城下，与秦军激战，大败秦军，杀了秦将李由。接着回军进攻外黄，外黄没有攻下。

项梁再破秦军，有骄色。宋义谏，不听。秦益章邯兵，夜衔枚击项梁[①]，大破之定陶，项梁死[②]。沛公与项羽方攻陈留[③]，闻项梁死，引兵与吕将军俱东[④]。吕臣军彭城东，项羽军彭城西，沛公军砀[⑤]。章邯已破项梁军，则以为楚地兵不足忧，乃渡河，北击赵[⑥]，大破之。当是之时，赵歇为王，秦将王离围之钜鹿城[⑦]，此所谓“河北之军”也。

【注释】

①枚：状如筷子，横衔口中，两头有绳，系于颈中。用于秘密行军时防止喧哗，以便突袭。

②项梁死：事在秦二世二年九月。

③陈留：秦县名。在今河南开封东南。

④吕将军：即吕臣，初任陈胜起义军将军。陈胜被害，他组织苍头军，收复陈县（今河南周口淮阳区），镇压杀害陈胜的叛徒庄贾，重建张楚政权。不久，又与英布联合，再破秦军。后归项梁。事迹参见《陈涉世家》。俱东：一同东撤。按，刘项军所攻陈留在定陶西南，项梁败于定陶，成孤军深入之势，故必须东撤。

⑤“吕臣军彭城东”几句：彭城，秦县名。今江苏徐州。按，三支队伍，吕臣军在最东边，项羽军在中间，刘邦军在最西边。

⑥乃渡河，北击赵：谓北渡黄河击赵。赵，赵歇在张耳、陈馀辅佐下建立的政权，都城即今河北邯郸。

⑦王离：秦国名将王翦之孙，当时率秦兵在河北地区与起义军作战。王离在秦朝的地位甚高，见《白起王翦列传》，似乎不是章邯的部下，而是别率一军。钜鹿：秦县名。在今河北平乡西南。

【译文】

项梁在东阿、雍丘两次击破秦军，便有了骄矜之意。宋义劝诫项梁，项梁不听。秦派兵增援章邯，章邯趁着夜色，率军衔枚袭击项梁，在定陶大败楚军，项梁战死。这时，沛公和项羽正在围攻陈留，听到项梁战死的消息，就带领军队与吕臣将军一道往东撤退。吕臣率军驻扎在彭城东面，项羽驻扎在彭城西面，沛公驻扎在砀县一带。章邯打败项梁的军队后，就认为楚地的义军不足为虑，于是便渡过黄河，北攻赵地，大败赵王的军队。这个时候，赵歇为赵王，被秦将王离围困在钜鹿城中，这就是所谓的“河北军”。

秦二世三年①，楚怀王见项梁军破，恐，徙盱台，都彭城②，并吕臣、项羽军自将之③。以沛公为砀郡长，封为武安侯，将砀郡兵④。封项羽为长安侯，号为鲁公⑤。吕臣为司徒⑥，其父吕青为令尹⑦。

【注释】

①秦二世三年：前207年。据《秦楚之际月表》，此段所述之事均在秦二世二年九月。至下段“楚军出击王离，大破之”方为二世三年事，故似应在下文“楚军出击王离，大破之”句上。

②徙盱台，都彭城：按，彭城在定陶与盱眙中间，楚怀王向战场方向迁都，可以更方便地收编项氏军队，总揽兵权。可见怀王不想做项氏傀儡，而是想真正领导楚军与秦争天下。

③并吕臣、项羽军自将之：凌稚隆引杨循吉曰：“怀王起田间，都未定即自将二雄……使非宋义疏庸、范增迂腐，天下事尚有足为者。”

④“以沛公为砀郡长”几句：砀郡长，砀郡郡守。砀郡，秦郡名。郡治睢阳，在今河南商丘南。按，楚怀王没有收编刘邦军队，反而让他将砀郡兵，有扶植他为自己所用的意思。

⑤号为鲁公：称项羽为鲁县县长。鲁县，即今山东曲阜。

⑥司徒：官名。主掌民事、户口、官司籍田、征收财赋、教化等事。地位崇高，是“三公”之一。

⑦其父吕青为令尹：令尹，战国时楚官名。位同丞相。《正义》引臣瓒曰：“诸侯之卿，唯楚称令尹，其余国不称。时立楚之后，故置官

司皆如楚旧也。”按，怀王对项羽、吕臣、刘邦三人态度差别很大。吕臣虽被收缴了军权，但任其为司徒，任其父为令尹，也进入了决策中心。只有项羽没有了军队，也被排斥，自此项羽与怀王的矛盾日益尖锐。

【译文】

秦二世三年，楚怀王熊心见项梁的军队被打垮，内心惶恐，就把都城从盱眙迁到了彭城，将吕臣和项羽的军队合并到一起，收归自己统领。任命沛公为砀郡长，封他为武安侯，统领砀郡的军队。封项羽为长安侯，号为鲁公。任命吕臣为司徒，吕臣的父亲吕青为令尹。

赵数请救，怀王乃以宋义为上将军，项羽为次将，范增为末将，北救赵。令沛公西略地入关。与诸将约，先入定关中者王之①。当是时，秦兵强，常乘胜逐北，诸将莫利先入关②。独项羽怨秦破项梁军，奋，愿与沛公西入关。怀王诸老将皆曰："项羽为人僄悍猾贼③。项羽尝攻襄城，襄城无遗类④，皆坑之，诸所过无不残灭。且楚数进取⑤，前陈王、项梁皆败。不如更遣长者扶义而西⑥，告谕秦父兄⑦。秦父兄苦其主久矣，今诚得长者往，毋侵暴，宜可下。今项羽僄悍，今不可遣。独沛公素宽大长者，可遣⑧。”卒不许项羽，而遣沛公西略地，收陈王、项梁散卒。乃道砀至成阳，与杠里秦军夹壁⑨。破秦二军。楚军出兵击王离，大破之⑩。

【注释】

①先入定关中者王之：凌稚隆引王九思曰："怀王遣入关，当时救赵难于入关，秦大军在赵既有当之者，则入关差易为力。”陈子龙曰："秦强兵皆在外而内怨复深，此不必全以兵力取，而可以虚声

下也,楚诸老将可谓知兵。"按,史公原文之意似与陈氏之说不同,见下文。

②莫利:颜师古曰:"不以入关为利,言畏秦也。"

③僄悍:敏捷勇猛。猾贼:狡猾暴虐。

④无遗类:犹言"绝种",一个不留。

⑤楚数进取:指包括陈涉部队在内,楚兵多次西进攻秦。颜师古曰:"楚者,总言楚兵,陈涉、项梁皆是。"

⑥长者:忠厚老诚之人。扶义:仗义。

⑦告谕秦父兄:对秦地父老晓之以理。

⑧独沛公素宽大长者,可遣:宽大长者,意谓刘邦宽厚大度。又,刘邦较项羽年长,也可称长者。泷川曰:"怀王之立也,楚亡臣来归者必众,所谓'诸老将'是也。使怀王并吕臣、项羽军,以宋义为上将军,遣沛公入关者,概此等老将所为。"锺惺曰:"'长者'字三言之,人心可卜矣。"

⑨杠里:一作"扛里",秦县名。在今山东菏泽东北,当时成阳之西。夹壁:谓对垒。壁,壁垒。

⑩楚军出兵击王离,大破之:此即钜鹿之战。项羽杀宋义,领楚军渡过黄河,破釜沉舟,先败章邯,再败王离。事在秦二世三年十二月。详见《项羽本纪》。

【译文】

被围的赵王屡屡向楚军求救,楚怀王于是就任命宋义为上将军,项羽为次将,范增为末将,北上救赵。同时命令沛公西进略地,攻入关中。楚怀王与各路将领相约,先占领关中者,封为关中王。这时,秦军强大,常常乘胜追击,各路将领没人认为先入关中有利。唯独项羽痛恨秦军打垮了项梁的军队,心中激愤,愿同沛公西进入关。楚怀王的老将们都说:"项羽为人,剽悍凶猛,残忍暴虐。他曾攻打襄城,没给襄城留下一个活口,全都活埋了,凡是他经过的地方,没有不被彻底毁灭的。况且楚军也曾多次西进攻秦而不胜，先前陈胜、项梁都失败了。这次不如改派一个宽厚长者，秉持正义西进，把道理向秦地的父老兄弟讲说清楚。秦地百姓被他们君主折磨很久了，如果真有个宽厚长者前去，不加欺凌暴虐，应该能够拿下关中。现在项羽凶悍残暴，不能派他去。只有沛公素来是个宽厚大度的长者，可以派他前去。”楚怀王终归没有答应项羽，而是派沛公率兵西进，攻取秦地，收编陈胜、项梁的溃散士兵。沛公取道砀县直达成阳，与驻扎杠里的秦军对阵。击破了两支秦军。这时楚军也已出击王离，把他的军队打得大败。

沛公引兵西，遇彭越昌邑①，因与俱攻秦军，战不利。还至栗②，遇刚武侯③，夺其军，可四千余人，并之。与魏将皇欣、魏申徒武蒲之军并攻昌邑④，昌邑未拔⑤。西过高阳⑥。郦食其为监门⑦，曰：“诸将过此者多，吾视沛公大人长者。”乃求见，说沛公。沛公方踞床，使两女子洗足⑧。郦生不拜，长揖⑨，曰：“足下必欲诛无道秦，不宜踞见长者⑩。”于是沛公起，摄衣谢之⑪，延上坐⑫。食其说沛公袭陈留，得秦积粟。乃以郦食其为广野君⑬，郦商为将⑭，将陈留兵，与偕攻开封，开封未拔。西与秦将杨熊战白马，又战曲遇东，大破之⑮。杨熊走之荥阳，二世使使者斩以徇。南攻颍阳⑯，屠之。因张良遂略韩地轘辕⑰。

【注释】

①彭越：字仲，昌邑人。秦末在钜野泽聚众千余人，响应陈胜、项梁起义，转战梁地。后为刘邦开国功臣。事迹详见《魏豹彭越列传》。昌邑：秦县名。在今山东巨野东南。

②栗：秦县名。今河南夏邑。

③刚武侯：《集解》引应劭曰："楚怀王将也。"颜师古曰："史失其名姓，唯识其爵号，不知谁也。"

④申徒：官名。即司徒。掌管国家土地和人民。魏国的申徒相当于丞相。

⑤昌邑未拔：按，据《秦楚之际月表》，秦二世三年十二月（当时以十月为岁首），刘邦至栗，得皇欣、武蒲军；两个月后，到二世三年二月，方才在昌邑得彭越军，而无遇刚武侯事。《汉书·高帝纪》叙事顺序与《月表》合，并记有并刚武侯军事。则此事经过当是：刘邦引兵至栗，遇刚武侯，并其军，与魏皇欣、武蒲军攻破秦军；两个月后，刘邦攻昌邑，遇彭越，二人合力，未能攻下昌邑。

⑥高阳：古邑名。在今河南杞县西南。

⑦郦食其（yì jī）为监门：监门，守门小吏。《郦生陆贾列传》谓郦食其"为里监门吏"，则其为主管高阳某里门开闭的小吏。

⑧沛公方踞床，使两女子洗足：踞，分腿而坐。床，古代坐具。《说文解字》："安身之几坐。"是一种小几，类似今之小凳。按，刘邦接见黥布时，亦令女子洗足，盖其轻慢人之常态。

⑨长揖：拱手高举，自上而下行礼。

⑩踞：通"倨"，倨傲。

⑪摄衣：整理衣裳。谢：道歉。

⑫延上坐：延，引，请。锺惺曰："沛公'踞洗'，为郦生者唯有'长揖不拜'而已；郦生'长揖不拜'，为沛公者唯有'摄衣起谢，延之上坐'而已，以英雄机锋相撩处，庸人不知。"凌稚隆引茅坤曰："郦生雄心，汉高大度。"

⑬广野君：《索隐》引韦昭曰："在山阳。"盖谓其封地在山阳郡。按，汉代的"山阳"郡治在今山东金乡西北，与"陈留"相隔较远，"广野君"恐仅是封号，未必实有封地。

⑭郦商：郦食其之弟。事迹见《樊郦滕灌列传》。

⑮西与秦将杨熊战白马，又战曲遇东，大破之：事在秦二世三年三月。白马，秦县名。在今河南滑县东。曲遇，古邑名。在今河南中牟东。

⑯颍阳：秦县名。在今河南许昌西南。

⑰因张良遂略韩地轘辕：张良当时在原韩国故地流动作战，遂与刘邦合军一处。详见《留侯世家》。《集解》引文颖曰："河南新郑，南至颍川南北，皆韩地也。以良累世相韩，故因之。"轘辕，山名。在今河南偃师东南，山上有轘辕关，地形险要，自古为军事要地。

【译文】

沛公率军西进，在昌邑遇到彭越，便和他一起进攻秦军，结果战事失利。沛公撤军回到栗县，遇上了刚武侯，就夺取了他的军队，大约四千余人，并入自己的部队。沛公与魏将皇欣、魏申徒武蒲的军队联合攻打昌邑，昌邑没有攻下。沛公转兵西进，途经高阳。郦食其在高阳为闾里监门，他说："路过这里的各路将领很多，我看只有沛公是个有长者风范、能成就大事的人物。"于是前去求见劝说沛公。当时沛公正伸着腿坐在床上，让两个女子给他洗脚。郦生见了，并不下拜，只是作了个长揖，说道："您要是真想诛灭无道的暴秦，就不应伸出两腿坐着，来接见长者。"于是沛公站起身来，整好衣服，向郦生道歉，请他坐到上首。郦食其劝沛公袭击陈留，夺取秦军储积在那里的粮食。沛公就封郦食其为广武君，其弟郦商为将军，率领陈留的军队，和他一道去攻打开封，开封没有打下来。沛公继续西进，在白马县与秦将杨熊打了一仗，接着又在曲遇的东面再次交战，大败秦军。杨熊逃往荥阳，秦二世派来使者，将杨熊斩首示众。沛公南下攻打颍阳，将颍阳屠灭。又凭借张良的引导，占领了韩地的轘辕险道。

当是时，赵别将司马卬方欲渡河入关[①]，沛公乃北攻平阴，绝河津[2]。南，战雒阳东，军不利，还至阳城[3]，收军中马骑[4]，与南阳守齮战犨东[5]，破之。略南阳郡，南阳守齮走保城守宛[6]。沛公引兵过而西[7]。张良谏曰："沛公虽欲急入关，秦兵尚众，距险。今不下宛，宛从后击，强秦在前，此危道也。"于是沛公乃夜引兵从他道还，更旗帜[8]，黎明[9]，围宛城三匝[10]。南阳守欲自刭。其舍人陈恢曰："死未晚也。"乃逾城见沛公，曰："臣闻足下约，先入咸阳者王之。今足下留守宛。宛，大郡之都也，连城数十，人民众，积蓄多，吏人自以为降必死，故皆坚守乘城[11]。今足下尽日止攻，士死伤者必多；引兵去宛，宛必随足下后：足下前则失咸阳之约，后又有强宛之患。为足下计，莫若约降，封其守，因使止守，引其甲卒与之西。诸城未下者，闻声争开门而待，足下通行无所累[12]。"沛公曰："善。"乃以宛守为殷侯[13]，封陈恢千户[14]。引兵西，无不下者。至丹水[15]，高武侯鳃、襄侯王陵降西陵[16]。还攻胡阳[17]，遇番君别将梅鋗[18]，与皆[19]，降析、郦[20]。遣魏人甯昌使秦，使者未来。是时章邯已以军降项羽于赵矣[21]。

【注释】

①司马卬：据《太史公自序》，赵蒯聩之以世代传剑论而闻名，司马卬是其玄孙。后被项羽封为殷王。

②沛公乃北攻平阴，绝河津：泷川引刘台拱曰："欲先定关中，距卬使不得渡。"平阴，秦县名。在今河南孟津东北。县内有平阴津，为黄河上的渡口。

③阳城：古邑名。即今河南登封东南之告城镇。

④收军中马骑：集中军中的骑兵。

⑤南阳守齮（yǐ）：南阳郡的郡守名齮。《汉纪》与《长短经》皆作“吕齮”。犨（chóu）：秦县名。在今河南鲁山东南。

⑥宛：秦县名。今河南南阳。当时为南阳郡的郡治。宛城遗址在今南阳老城东北之蔡庄。

⑦过而西：凌稚隆引倪思曰：“自项梁以来，攻定陶，未下；攻外黄，外黄未下，而兵行无忌，殆欲汲汲赴要害、捣虚邑耳，此最兵家要妙。”

⑧更旗帜：刘辰翁曰：“欲令见者惊，非昨比。”

⑨黎明：同“犁明”，等到天亮。按，《吕太后本纪》有所谓“犁明，孝惠还，赵王已死”，徐广曰：“犁，比也。”比，比及，等到。

⑩围宛城三匝：《索隐》引《楚汉春秋》曰：“上南攻宛，匿旌旗，人衔枚，马束舌，鸡未鸣，围宛城三匝也。”锺惺曰：“此留侯佐高祖初着，绝妙起手也。”

⑪乘城：登城。

⑫通行无所累：累，牵挂。锺惺曰：“陈恢此策与蒯通说武信君封范阳令下赵三十余城同意，沛公入关紧要着数也。”

⑬以宛守为殷侯：事在秦二世三年七月。殷侯，封地在殷，即故殷都朝歌一带。

⑭封陈恢千户：封以千户食邑，并以“千户”为号，在列侯以下。

⑮丹水：秦县名。在今河南淅川西南丹水之北。

⑮高武侯鳃：姓氏不详。襄侯王陵：王陵为刘邦同乡，刘邦兄事之。刘邦起兵后，王陵不肯相从，在南阳聚党数千人。此时归降，封襄侯。后成为刘邦开国功臣，封安国侯。西陵：《史记地名考》以为其地即《五帝本纪》“黄帝居轩辕之丘，而娶于西陵之女”之西陵古国，“西陵当近丹水，今淅川县境”。泷川引中井曰：“《汉书》无‘西陵’二字，此疑衍。”

⑰胡阳：也作“湖阳”，秦县名。县治在今河南唐河西南。

⑱番君：当时的番县（今江西波阳）县令吴芮。

⑲与皆：一起。皆，偕，一同。

⑳析、郦：皆秦县名。析，在今河南西峡。郦，在今河南南阳西北。

㉑章邯已以军降项羽于赵：事在秦二世三年七月。详情见《项羽本纪》。

【译文】

这时，赵王的偏将司马卬正要渡过黄河西入函谷关，沛公便北攻平阴，切断了黄河渡口。接着南下，在洛阳城东与秦军会战，结果大军失利，沛公退兵阳城，集中军中的骑兵，在犨县城东与南阳郡守吕齮交战，秦军大败。沛公攻占了南阳郡，南阳郡守吕齮败，退到宛城坚守。沛公率军绕过宛城，向西进发。张良劝谏说："您虽然想急切攻入关中，但目前秦兵人多势众，据守险要。如不拿下宛城，宛城的守军会从后面追击，强大的秦军又在前面阻挡，这是一条险路。"于是沛公便连夜领兵从另一条道上折回，变换旗帜，到黎明时分，把宛城围了三层。南阳太守想要自刎。他的门客陈恢说："还不到寻死的时候。"于是他翻城而出，求见沛公，说："我听说怀王与你们有约，先入咸阳者封关中王。现在您停下来围攻宛城。宛城是南阳大郡的首府，相连的城池有几十座，人口众多，积蓄充足，军民们自以为投降必死，所以都决心登城坚守。现在您整天停在这里攻城，将士伤亡必定很多；如果率军西进，宛城守军就会尾随追击：这样一来，您前进就会错失先入咸阳称王的约定，后退则有宛城强大军队袭击的隐患。替您着想，不如约请宛城投降，封赏南阳郡守，让他继续留守，您带着宛城的军队一道西进。那些还没有攻下的城邑，就会闻风而动，争着打开城门等候您，您的西进就会畅通无阻了。"沛公说："好。"于是沛公便封南阳太守为殷侯，封给陈恢一千户。从此沛公西进，所过城池，无不降服。到达丹水时，高武侯鳃、襄侯王陵也在西陵归降了。沛公回军进攻胡阳，遇到番君派来的部将梅鋗，便和他一道，降服了析县和郦县。沛公派魏人甯昌出使秦地与赵高勾结，甯昌还没有回来。

这时章邯已在赵地率领秦军投降项羽。

初，项羽与宋义北救赵，及项羽杀宋义，代为上将军，诸将黥布皆属，破秦将王离军，降章邯①，诸侯皆附。及赵高已杀二世②，使人来，欲约分王关中。沛公以为诈，乃用张良计，使郦生、陆贾往说秦将，啖以利，因袭攻武关，破之③。又与秦军战于蓝田南④，益张疑兵旗帜⑤，诸所过毋得掠卤⑥，秦人憙⑦，秦军解⑧，因大破之。又战其北，大破之。乘胜，遂破之⑨。

【注释】

①降章邯：项羽破王离军于钜鹿后，进兵攻章邯，章邯既被项羽所败，又被朝廷的赵高所疑，遂率部投降项羽。以上数句乃补叙前文"章邯已以军降项羽于赵矣"经过。

②赵高已杀二世：事在秦二世三年八月。详情见《秦始皇本纪》《李斯列传》。

③"乃用张良计"几句：梁玉绳曰："按《月表》《留侯世家》及《汉书》纪传，沛公以秦二世三年八月破武关，九月，秦遣将拒峣关，张良说沛公张旗帜，为疑兵，使郦生啖秦将以利。秦军懈，因引兵绕峣关，逾蒉山击破之蓝田南，叙次甚明。此《纪》不书武关及逾蒉山事，则'武关'乃'峣关'之误。"张良计，即"张旗帜，为疑兵"。武关，在今陕西商南东南丹江北岸。建筑在狭谷间一块较高的平地上，略呈方形，周遭约有三华里，东门外额题"武关"二字，东门内额题"古少习关"四字，西门额题"三秦要塞"四字。是河南南部进入陕西的交通要道。峣关，故址在今陕西商洛西北。关临峣山，故名。为关中平原通往南阳盆地之要隘。又，使

郦生、陆贾往说秦将，梁玉绳曰："'陆贾'二字似衍文，《留侯世家》《陆贾传》及《汉书》张、陆两传，荀悦《汉纪》皆无之。疑此与《汉书·高纪》并妄搀'陆贾'耳。"凌稚隆曰："纪中凡言'用计'者五，'从计'者二，皆以见高祖善用人也。"

④蓝田：秦县名。县治在今陕西蓝田西南。

⑤益张疑兵旗帜：此即前破峣关时事也，史公误作破蓝田时事。见《留侯世家》。

⑥掠卤：同"掠虏"，掳掠，抢劫。

⑦憙：通"喜"，欣喜。

⑧解：通"懈"，松懈。

⑨乘胜，遂破之：凌稚隆引刘辰翁曰："两言'大破之'，又言'遂破之'，文如破竹。"史珥曰："连用三'破之'不觉其复，愈觉精神迥出，笔法全从《左氏》吴楚柏举之战来。"

【译文】

当初，项羽和宋义北上救赵，等到项羽杀掉宋义，取代他做了上将军，黥布等各位将领便归属了项羽，等到项羽打败秦将王离的军队，招降章邯之后，各地诸侯都依附于项羽。等到赵高杀掉了秦二世，派人前来联络沛公，想约定瓜分关中称王。沛公怀疑其中有诈，于是采取张良的计策，派郦生前去游说秦将，用财利相诱惑，而后趁机袭取武关，击破了驻守的秦军。接着又在蓝田县南与秦军会战，沛公增布疑兵，多插旗帜，命令全军所到之处不准掳掠，这使得秦人欢喜，秦军松懈，于是大败秦军。随后在蓝田县北，再次大败秦军。沛公乘胜追击，于是击垮了秦军。

汉元年十月[①]，沛公兵遂先诸侯至霸上[②]。秦王子婴素车白马，系颈以组[③]，封皇帝玺、符、节[④]，降轵道旁[⑤]。诸将或言诛秦王。沛公曰："始怀王遣我，固以能宽容；且人已服降，又杀之，不祥。”乃以秦王属吏[6]，遂西入咸阳。欲止宫休舍[7]，樊哙、张良谏，乃封秦重宝财物府库，还军霸上[8]。召诸县父老豪桀曰：“父老苦秦苛法久矣，诽谤者族，偶语者弃市[9]。吾与诸侯约，先入关者王之，吾当王关中。与父老约法三章耳：杀人者死，伤人及盗抵罪[10]。余悉除去秦法[11]。诸吏人皆案堵如故[12]。凡吾所以来，为父老除害，非有所侵暴，无恐！且吾所以还军霸上，待诸侯至而定约束耳[13]。”乃使人与秦吏行县乡邑，告谕之。秦人大喜，争持牛羊酒食献飨军士[14]。沛公又让不受，曰：“仓粟多，非乏，不欲费人。”人又益喜，唯恐沛公不为秦王[15]。

【注释】

①汉元年十月：汉元年，前206年。因刘邦于此年被项羽封为“汉王”，故称“汉元年”。当时仍用秦历，故以十月为当年第一个月。

②霸上：地名。在今陕西西安东白鹿原北首，当时的咸阳城东南。为古代咸阳、长安附近军事要地。

③秦王子婴素车白马，系颈以组：这是表示自认死罪、服从投降的姿态。《秦始皇本纪》之《集解》引应劭曰：“系颈者，言欲自杀也；素车白马，丧人之服也。”组，丝带。秦王子婴，秦二世三年八月，赵高弑秦二世，改立子婴。子婴即位后，诛灭赵高，自降为“秦王”，不再称帝。在位仅四十六日，刘邦军乃至霸上。

④封皇帝玺、符、节：《索隐》引韦昭曰：“天子印称玺，又独以玉。符，发兵符也。节，使者所拥也。”引《说文解字》曰：“符，信也。汉制以竹，长六寸，分而相合。”引《释名》曰：“节为号令赏罚之节也。又节毛上下相重，取象竹节。”颜师古引应劭曰：“玺，信也，古者尊卑共之……秦汉尊者以为信，群下乃避之。”

⑤轵(zhǐ)道:亦作“枳道”,古亭名。在今陕西西安东北。

⑥乃以秦王属吏:属吏,谓交给执法官吏处理。属,交付,委托。凌稚隆曰:“沛公不杀子婴,与约法三章、义帝发丧三事,最系得天下根本,若项羽则一切反是矣。”

⑦休舍:二字皆住下之义,动词连用。

⑧“樊哙、张良谏”几句:樊哙、张良谏刘邦搬出秦宫事,见《留侯世家》。锺惺曰:“此一谏得力。有此一着,乃可为后日谢羽鸿门退步。”凌稚隆引刘辰翁曰:“还军霸上本非初意,然谋臣之谋是,基帝王之业、息奸雄之心者,独借此耳。”茅坤曰:“汉之收人心处。”

⑨偶语者弃市:偶语,聚语,相聚议论或窃窃私语。偶,相对,相聚。弃市,本指受刑罚的人皆在街头示众,民众共同鄙弃之,后以“弃市”专指死刑。颜师古曰:“取刑人于市,与众弃之。”按,据《秦始皇本纪》,有谓“偶语《诗》《书》者弃市”,可能后来越来越严厉,直至指一般百姓“偶语”亦“弃市”。

⑩伤人及盗抵罪:谓按伤人及偷盗情节的轻重相应判罪。抵,当,判处。《集解》引张晏曰:“秦法,一人犯罪,举家及邻伍坐之,今但当其身坐,合于《康诰》‘父子兄弟罪不相及’也。”刘辰翁曰:“高祖始终得关中之力,关中人心所以不忘者,约法三章之力也。”

⑪余悉除去秦法:梁玉绳曰:“《汉书·刑法志》曰:‘汉与约法三章,网漏吞舟之鱼,然其大辟尚有夷三族之令。’又考惠帝四年始除挟书律,吕后元年始除三族罪、妖言令,文帝元年始除收孥诸相坐律令,二年始除诽谤律;十三年除肉刑,然则秦法未尝悉除,三章徒为虚语,《续古今考》所谓‘一时姑为大言以慰民’也。盖三章不足以禁奸,萧何为相,采摭秦法作律九章,疑此等皆在九章之内,史公只载入关初约耳。”

⑫案堵:安居,安定有序。案,通“安”。颜师古曰:“言不迁动也。”

⑬所以还军霸上,待诸侯至而定约束耳:泷川曰:“《孟子》云:‘武王

之伐殷也，曰：无畏，宁尔也，非敌百姓也。’高祖词气与此相似。”凌稚隆引真德秀曰：“按告谕之语财百余言，而暴秦之弊为之一洗，此所谓‘时雨降，民大悦’者也。”

⑭献飨：犒劳。飨，泛指宴请，以酒食犒劳、招待。

⑮唯恐沛公不为秦王：凌稚隆曰：“不受牛酒虽小节耳，亦见沛公秋毫无犯处。然曰‘仓粟多，非乏’，则萧何转输之功亦因可见。”又引张之象曰：“先言‘秦人喜’，后言‘秦人大喜’，后又言‘人又益喜’，连用‘喜’字，斯可以观人心矣。”

【译文】

汉王元年十月，沛公的军队先于其他诸侯到达霸上。秦王子婴乘着白马素车，用丝绳系着脖颈，捧着封好的皇帝玉玺、符、节，在轵道旁向沛公投降。诸将中有人提议杀掉秦王子婴。沛公说：“当初怀王派我来，就是因为我待人宽厚；再说人家已经降服了，还要杀人家，这不吉利。”就把子婴交给专人看管，向西进入咸阳。沛公想留住在皇宫之中，樊哙、张良出面劝阻，沛公才封存了秦宫里的珍宝、财务和仓库，率军返回，驻扎霸上。沛公把关中各县的父老乡绅召集起来，对他们说：“你们苦于秦的严刑酷法已经很久了，诽谤朝政者灭族，聚议国事者街市处斩。我与诸侯相约，谁先入关中，谁就做关中王，我是应该称王关中的。我与父老们约定，今后的大法只有三条：杀人者偿命，伤人及盗窃者按情节定罪。其余的条令全部废除。各级官吏与各地百姓都各就各位，一切照旧。我到这里来，是为父老们除害的，不是来祸害父老们的，请不要害怕！况且我之所以还军霸上，就是为了等待其他诸侯到来而制定法令的。”于是派人和秦地官吏们奔走于各县乡邑，向民众说明情况。秦地的民众非常高兴，争相带着牛羊酒食，来慰劳沛公的军队。沛公又推让不肯接受，说：“仓库里的粮食很多，什么都不缺，不能让大家破费了。”秦地的民众更加欣喜，唯恐沛公不做关中王。

或说沛公曰："秦富十倍天下，地形强。今闻章邯降项羽，项羽乃号为雍王，王关中[①]。今则来，沛公恐不得有此。可急使兵守函谷关，无内诸侯军，稍征关中兵以自益，距之。"沛公然其计，从之。十一月中，项羽果率诸侯兵西，欲入关，关门闭。闻沛公已定关中，大怒，使黥布等攻破函谷关[②]。十二月中，遂至戏[③]。沛公左司马曹无伤闻项王怒，欲攻沛公，使人言项羽曰："沛公欲王关中，令子婴为相，珍宝尽有之。"欲以求封。亚父劝项羽击沛公。方飨士，旦日合战。是时项羽兵四十万，号百万。沛公兵十万，号二十万，力不敌。会项伯欲活张良[④]，夜往见良，因以文谕项羽[⑤]，项羽乃止。沛公从百余骑，驱之鸿门[⑥]，见谢项羽。项羽曰："此沛公左司马曹无伤言之。不然，籍何以至此[⑦]！"沛公以樊哙、张良故，得解归[⑧]。归，立诛曹无伤。

【注释】

①项羽乃号为雍王，王关中：章邯于秦二世三年七月降项羽，项羽遂划今陕西西部以封章邯为雍王，都废丘（今陕西兴平东南）。

②使黥布等攻破函谷关：《艺文类聚》引《楚汉春秋》曰："大将亚父至关，不得入，怒曰：'沛公欲反耶？'即令家发薪一束，欲烧关门，关门乃开。"按，据《秦楚之际月表》，攻破函谷关至关中在十二月。

③戏：戏亭，在今陕西西安临潼区东。

④项伯欲活张良：事详《项羽本纪》。项伯是项羽的族叔。颜师古曰："伯者，其字也，名缠。"

⑤因以文谕项羽：按，《项羽本纪》乃谓刘邦请项伯带话给项羽，未

说有书信。

⑥鸿门：地名。在今陕西西安临潼区东五公里之鸿门堡村。

⑦何以至此：底本作“何以生此”。王念孙曰：“‘生’当为‘至’，字之误也。”张家英曰：“《史记》武英殿本、《会注考证》本并作‘至’。今标点本《汉书》亦改‘生’为‘至’，而独标点本《史记》用‘生’不改，似为不妥。”今据改。

⑧沛公以樊哙、张良故，得解归：事见《项羽本纪》。方苞曰：“《项羽本纪》高祖留项伯相语凡数百言，而此以三语括之，盖其事与言不可没，而于帝纪则不详也。”凌稚隆引陆瑞家曰：“鸿门之会，减缩作数语，大意备矣，不厌其简。”吴见思曰：“鸿门事，高祖大受亏处，约略序去，止一句放倒项羽，不说坏高祖，是本纪体。”

【译文】

有人游说沛公，对他说：“秦地比天下富足十倍，地势也险要。如今听说章邯投降了项羽，项羽就扬言给他雍王的封号，让他称王关中。项羽若来，关中恐怕就没有您沛公什么事了。先赶紧派兵守住函谷关，别让诸侯军进来，再逐渐征集关中兵马加强实力，抵挡他们。”沛公认同他的计策，就采纳了。十一月中旬，项羽果然率领诸侯军西进，想要进入函谷关，关门却已关闭。闻听沛公已经平定关中，项羽大怒，让黥布等人攻破函谷关。十二月中旬，项羽到达戏水。沛公的左司马曹无伤听说项羽发怒，要攻打沛公，就派人对项羽说：“沛公想当关中王，让子婴当宰相，秦宫里的珍宝都归他所有。”想以此求得项羽的封赏。亚父范增也劝项羽进击沛公。项羽于是饱餐士兵，准备次日与沛公开战。这时项羽有兵四十万，号称百万。沛公有兵十万，号称二十万，兵力不敌项羽。恰好项伯要救张良，夜间前往沛公军营去见张良，项伯回来后，用大义劝谕项羽，项羽才取消了攻打沛公的计划。次日，沛公带着百十个随从，驰至鸿门，拜见项羽，当面谢罪。项羽说：“这都是你的左司马曹无伤说的。不然，我何至于此！”因为有樊哙、张良的协助，沛公得以脱身，返回霸上。

回来后，沛公立刻诛杀了曹无伤。

项羽遂西，屠烧咸阳秦宫室，所过无不残破[①]。秦人大失望，然恐，不敢不服耳。项羽使人还报怀王。怀王曰："如约[②]。"项羽怨怀王不肯令与沛公俱西入关，而北救赵，后天下约。乃曰："怀王者，吾家项梁所立耳，非有功伐[③]，何以得主约[④]！本定天下，诸将及籍也。"乃详尊怀王为义帝[⑤]，实不用其命。

【注释】

①所过无不残破：凌稚隆引凌约言曰："叙帝'所过毋得掠卤'，以起帝始；叙羽'所过无不残灭'，以该羽终。"刘咸炘曰："与上'秦人大喜，唯恐刘邦不为秦王'文相对，此乃史公用意处。"

②如约：即"先入关者王之"。

③功伐：功劳，功勋。

④主约：主盟，亦即主持分封之事。

⑤义帝：义，仁义。有井范平引金隐星曰："怀王只处非其位耳，措分刘、项到底不差，若以守成，亦铮铮者矣。羽虽甚怨而犹尊为'义帝'，岂非有不可遽除哉？"

【译文】

项羽于是挥师西进，屠杀咸阳居民，焚烧秦的宫室，所过之处，无不残缺破败。秦地民众大失所望，但出于恐惧，还不得不装作服从。项羽派人回去，向楚怀王报告关中情况。楚怀王说："按原来的约定办理。"项羽怨恨楚怀王不肯让他和沛公一起西进入关，而是让他北上救赵，致使他在天下诸侯争夺称王关中的约定中，落到了后面。项羽于是说："怀王这个人，是我家叔叔项梁所立，没有什么功劳，凭什么主持盟约呢！真正平定天下的人，是诸位将军和我项羽。”于是假意推尊楚怀王为义帝，实际上根本不听他的命令。

正月[①]，项羽自立为西楚霸王，王梁、楚地九郡[②]，都彭城。负约，更立沛公为汉王，王巴、蜀、汉中，都南郑[③]。三分关中，立秦三将：章邯为雍王，都废丘[④]；司马欣为塞王，都栎阳[⑤]；董翳为翟王，都高奴[⑥]。楚将瑕丘申阳为河南王，都洛阳。赵将司马卬为殷王，都朝歌[⑦]。赵王歇徙王代[⑧]。赵相张耳为常山王，都襄国[⑨]。当阳君黥布为九江王，都六[⑩]。怀王柱国共敖为临江王[⑪]，都江陵[⑫]。番君吴芮为衡山王，都邾[⑬]。燕将臧荼为燕王，都蓟[⑭]。故燕王韩广徙王辽东[⑮]。广不听，臧荼攻杀之无终。封成安君陈馀河间三县，居南皮[⑯]。封梅销十万户[⑰]。

【注释】

①正月：按，时为“汉元年”（前206）的第四个月。按，以下项羽分封诸侯详情见《项羽本纪》。

②梁、楚地九郡：大致相当于战国时梁国和楚国的部分地区，即今河南东部、山东西部、安徽北部、江苏西北部一带。

③王巴、蜀、汉中，都南郑：按，据《留侯世家》，项羽最初只将巴、蜀封与刘邦，后来刘邦通过贿赂项伯向项羽说情，项羽才将汉中也给了他。巴、蜀、汉中，皆秦郡名。巴郡，郡治江州（故治在今重庆北嘉陵江北岸）。辖今重庆一带地区；蜀郡，治成都（今四川成都）。辖今四川西部地区。汉中郡治南郑，今陕西汉中。辖今陕西秦岭以南地区。南郑，秦县名。即今汉中。

④废丘：秦县名。在今陕西兴平东南。

⑤栎阳:秦县名。在今陕西西安阎良区。

⑥高奴:秦县名。在今陕西延安东北。

⑦朝歌:秦县名。今河南淇县。

⑧赵王歇徙王代:都代县,即今河北蔚县东北代王城。

⑨襄国:秦县名。今河北邢台。

⑩六:秦县名。在今安徽六安东北。

⑪柱国:楚官名。楚国最高武官,其地位仅次于令尹。共敖:共姓,名敖,原楚国贵族后裔,曾领兵击南郡(今湖北江陵一带)。

⑫江陵:秦县名。今湖北荆州江陵区西北之纪南城。

⑬邾:秦县名。在今湖北黄冈北,亦为当时衡山郡郡治。

⑭蓟:秦县名。在今北京西南部。

⑮故燕王韩广徙王辽东:都无终,即今天津蓟州区。

⑯南皮:秦县名。在今河北南皮城北。

⑰封梅铕十万户:王叔岷以为"十万户"下应有"侯"字。吴见思曰:"分封事羽传亦如此写,然羽传是为项羽称快,此纪是为沛公声屈,字句如一,而看去神理自是不同。"

【译文】

正月,项羽自封为西楚霸王,拥有梁、楚九郡之地,建都彭城。他背弃旧约,改立沛公为汉王,拥有巴、蜀、汉中之地,建都南郑。将关中一分为三,立三位秦之降将为王:封章邯为雍王,建都废丘;封司马欣为塞王,建都栎阳;封董翳为翟王,建都高奴。封楚将瑕丘申阳为河南王,建都洛阳。封赵王部将司马卬为殷王,建都朝歌。徙封赵王歇为代王。封赵王丞相张耳为常山王,建都襄国。封当阳君黥布为九江王,建都六县。封楚怀王的柱国共敖为临江王,建都江陵。封番君吴芮为衡山王,建都邾县。封燕王部将臧荼为燕王,建都蓟县。徙封原燕王韩广为辽东王。韩广不接受,臧荼攻杀韩广于无终。封成安君陈馀河间三县,居于南皮。封给梅铕十万户。

四月，兵罢戏下[①]，诸侯各就国。汉王之国，项王使卒三万人从[②]，楚与诸侯之慕从者数万人，从杜南入蚀中[③]。去辄烧绝栈道[④]，以备诸侯盗兵袭之，亦示项羽无东意。至南郑，诸将及士卒多道亡归，士卒皆歌思东归。韩信说汉王曰[⑤]："项羽王诸将之有功者，而王独居南郑，是迁也。军吏士卒皆山东之人也，日夜跂而望归[⑥]，及其锋而用之，可以有大功。天下已定，人皆自宁，不可复用。不如决策东乡，争权天下[⑦]。"

【注释】

①戏下：戏水之滨。即项羽入关后最初驻军之地。

②项王使卒三万人从：按，刘邦居霸上时有卒十万，今"使卒三万人从"，项羽有意削弱其兵力。

③从杜南入蚀中：胡三省引程大昌曰："关中南面，背碍南山，其有微径可达汉中者，唯子午谷在长安正南；其次向西则骆谷，此'蚀中'若非骆谷，即是子午谷。"蚀中即子午谷，在今陕西秦岭山中，为川陕交通要道。北口在今陕西西安长安区子午镇，南口在今陕西安康境。杜，秦县名。今西安长安区。

④去辄烧绝栈道：栈道，在险绝处傍山架木而成的一种道路。按，此用张良计，目的是以此麻痹项羽，使其不再防备刘邦。详见《留侯世家》。凌稚隆引茅坤曰："沛公因张良说之烧绝栈道，以示项羽无东意，而项羽遂北击齐，且与彭越、陈馀等方争衡，沛公因得用韩信之计以定三秦，及其锋以东向，天下之势遂定矣。"

⑤韩信说汉王：刘邦部下有两个韩信，一为淮阴侯韩信，事迹见《淮阴侯列传》；一为战国时韩王后裔，为相区别而史称"韩王信"，事迹见《韩信卢绾列传》。两人本传中都记载其曾劝刘邦东向杀出

取关中。此“韩信”究竟指谁？有说是韩王信，以为当时韩信尚未知名；有说是韩信，因韩王信虽为骁将而谋略非其所长。史珥曰：“韩王信进计时，淮阴尚未归汉，东向之谋，则韩王信始之，淮阴成之也。故有‘用计’‘听计’之文也。”

⑥跂（qǐ）：踮起脚跟。

⑦不如决策东乡，争权天下：凌稚隆引吴宽曰：“向也张良有卓越之见，而始劝沛公之入；今也韩王信乘罅漏之余而径劝沛公之出，二人之智谋略同，故其蹙楚之效亦同。”又引倪思曰：“‘天下已定’数语，此最识时知势之论，虽萧何辈亦不曾念到此。”东乡，向东方杀出。乡，通“向”。

【译文】

四月，诸侯从戏下撤兵，各自返回封国。汉王就国时，项羽只让他带走三万人，楚王与其他诸侯的部下，因仰慕汉王而自相追随的还有几万人，从杜县城南进入蚀中山路。汉王通过途中的栈道后，便全都烧毁，这是为了防备诸侯或盗兵的袭击，同时也是向项羽表明再没有回师东归之意。到达南郑时，不少部将和士兵已经逃跑回家了，即便那些留下的士兵，也总唱着思乡欲归的歌曲。韩信劝说汉王道：“项羽分封有功的将领，而把您放到南郑来，这简直是一种发配。官兵们都是崤山以东的人，日夜企足盼着回家，如能趁着他们锋锐正盛的时候加以利用，可以成就大功。如等到天下太平，人人自求安宁，就不能再用了。不如现在决策，挥师东向，和项羽争夺天下之权。”

项羽出关，使人徙义帝。曰：“古之帝者地方千里，必居上游。”乃使使徙义帝长沙郴县①，趣义帝行，群臣稍倍叛之②，乃阴令衡山王、临江王击之，杀义帝江南③。项羽怨田荣④，立齐将田都为齐王⑤。田荣怒，因自立为齐王，杀田都而反楚[⑥]；予彭越将军印，令反梁地[⑦]。楚令萧公角击彭越，彭越大破之。陈馀怨项羽之弗王己也，令夏说说田荣[⑧]，请兵击张耳[⑨]。齐予陈馀兵，击破常山王张耳，张耳亡归汉[⑩]。迎赵王歇于代[⑪]，复立为赵王。赵王因立陈馀为代王。项羽大怒，北击齐。

【注释】

①长沙郴（chēn）县：郴县为沙郡属县，即今湖南郴州。长沙郡，治临湘，今湖南长沙。

②稍：渐。倍叛：即“背叛”。倍，通“背”。

③乃阴令衡山王、临江王击之，杀义帝江南：史珥曰：“‘汉王之国’，‘项羽出关’，刘、项兴亡之机判此。两提句，两两相照，两段文字俱水石相涵，极断续离合之致。”

④项羽怨田荣：项梁救田荣出东阿之围，田荣听说齐已立田假为王，遂领兵驱逐田假，立田市为齐王；田假逃奔项梁，田荣要求项梁杀田假，项梁不允，田荣遂拒绝出兵助楚攻秦，致使项梁兵败被杀。项羽因此深恨田荣。

⑤立齐将田都为齐王：田都随项羽救赵破秦，并随同入关，故项羽立之为齐王。

⑥“田荣怒”几句：据《秦楚之际月表》，汉元年五月，田荣打败田都，田都逃回项羽处；六月，田荣追杀偷偷跑去胶东赴任的田市，自立为齐王；七月，击杀项羽所封济北王田安，统一齐地。按，此处前后所述田荣诸事，皆见《田儋列传》。杀田都，按，田都并未被杀，而是逃归项羽。

⑦予彭越将军印，令反梁地：彭越从未依附过项氏，也未从入关，故未被封。田荣遂与之联合，最先反楚。

⑧夏说：赵歇部下。后陈馀为代王时，他任代相。说，读“悦”。

⑨请兵击张耳：迎击张耳，不使其进入赵地。

⑩张耳亡归汉：张耳的常山王本为项羽所封，被陈馀打败后，他本欲投项羽，由于部下劝说刘邦必胜，加上他与刘邦早有交往，遂投奔了刘邦。

⑪迎赵王歇于代：赵歇迁在代地，陈馀打败张耳，将他从代地迎回。

【译文】

项羽东出函谷关，派人让楚义帝迁都。他说：“古时称帝的人，拥有方圆千里之地，国都必居江河的上游。”于是他让使者把义帝迁徙到长沙郴县，催着义帝上路，随行的群臣渐渐滋生背叛之心，项羽于是暗中命令衡山王吴芮和临江王共敖袭击义帝，把义帝杀死在长江以南。项羽因为怨恨田荣，就立了齐将田都为齐王。田荣大怒，便自封为齐王，杀死了田都而反西楚；田荣赐给彭越将军印，让他在梁地起兵造反。项羽派萧公角率兵讨伐彭越，彭越大败萧公角军。陈馀怨恨项羽不封自己为王，于是派夏说游说田荣，请求兵力援助，以攻击张耳。田荣给予陈馀援兵，打败了常山王张耳，张耳逃走投奔了汉王。陈馀又把赵歇从代国迎回来，重新拥立他为赵王。赵王赵歇因此立陈馀为代王。项羽大怒，于是率兵北上，讨伐齐国。

八月，汉王用韩信之计，从故道还①，袭雍王章邯。邯迎击汉陈仓②，雍兵败，还走；止战好畤③，又复败，走废丘。汉王遂定雍地。东至咸阳，引兵围雍王废丘④，而遣诸将略定陇西、北地、上郡⑤。令将军薛欧、王吸出武关，因王陵兵南阳⑥，以迎太公、吕后于沛⑦。楚闻之，发兵距之阳夏⑧，不得前。令故吴令郑昌为韩王，距汉兵⑨。

【注释】

①八月，汉王用韩信之计，从故道还：汉元年四月，诸侯各自去往封地，刘邦经“蚀中”往南郑；至此八月，又杀回关中，往返总共四个月。梁玉绳以为此时间之记录准确无误，而《汉书·高纪》乃叙此于“五月”，事实上绝不可能。韩信之计，《淮阴侯列传》写韩信拜将后有大段分析形势与“今大王举而东，三秦可传檄而定也”之语；又有刘邦“遂听信计，部署诸将所击”之文。故道，即陈仓道，自汉中入褒谷，经凤县、散关，而北出陈仓（今陕西宝鸡东）。泷川引中井曰：“故道，元非地名，盖是处旧有秦、蜀相通之道，而栈道张良所烧者为今道。今道已烧残不通，故从故道而往也，后世因为县名耳。”

②陈仓：秦县名。在今陕西宝鸡东。

③好畤（zhì）：秦县名。在今陕西乾县东好畤村。

④引兵围雍王废丘：《索隐》曰：“按荀悦《汉纪》，令樊哙围之。”按，《樊郦滕灌列传》谓樊哙“灌废丘，最”。陈子龙曰：“秦民怨秦久矣，而使秦将王之，欲使其拒敌，此羽之拙也。故以邯之善战而辄败。”按，刘邦还定三秦，其主要战事不满一月，进展之神速、成果之巨大为战争史上所少见。汉军所以能取得这一胜利，主要原因有三：第一，士气高昂。善于掌握和利用士气，是韩信用兵的一大特点。第二，突然袭击。这是韩信用兵的又一鲜明特点。第三，假象惑敌。这一点张良起了重要作用，开始时他劝刘邦烧绝栈道，麻痹了项羽和章邯等人。汉军一入关中，他又即时写信给项羽说：“汉王失职，欲得关中，如约即止，不敢东。”同时还把田荣等人的“反书”寄给项羽，“项王以此无西忧汉心，而发兵北击齐”。以致章邯在废丘白白死守十个月，项羽竟未发一兵一卒去援救章邯。

⑤而遣诸将略定陇西、北地、上郡：陈子龙曰：“未出关争衡，而先收

边地、立根本,自固之策也。”陇西、北地、上郡,皆秦郡名。陇西,郡治狄道,在今甘肃临洮南。北地,郡治义渠,在今甘肃庆阳西南。上郡,郡治肤施,在今陕西榆林东南。

⑥因王陵兵南阳:王陵在南阳以西的丹水归附刘邦后,未随刘邦入武关,仍在当地据守,故此时就近调用这支军队。

⑦迎太公、吕后于沛:据此,知刘邦入汉中时尚未迎家属同往。

⑧阳夏:秦县名。今河南太康。

⑨令故吴令郑昌为韩王,距汉兵:项羽原封韩成为韩王,但因他曾为刘邦守阳翟,其部下张良跟随刘邦出谋划策,遂不让韩成到封地去,将他带回彭城,先降为侯,又杀了他。如今立原吴县县令郑昌为韩王以抵御刘邦出函谷关东进。

【译文】

八月,汉王采纳韩信的计策,从陈仓故道回师关中,袭击雍王章邯。章邯迎击汉王于陈仓,章邯兵败,撤退而走;停兵好畤,再战,又败,章邯退回废丘。汉王于是平定了雍地。汉王向东推进,抵达咸阳,率兵包围了废丘,又派遣各部将攻取了陇西、北地和上郡。汉王命将军薛欧、王吸南出武关,借助王陵驻扎在南阳的兵力,到沛县迎接父亲太公和妻子吕后。楚王项羽闻讯后,派兵到阳夏阻挡,薛欧、王陵的军队不能前进。楚王封原吴县县令郑昌为韩王,让他率兵到阳翟抵抗汉王的军队。

二年①,汉王东略地,塞王欣、翟王翳、河南王申阳皆降②。韩王昌不听,使韩信击破之③。于是置陇西、北地、上郡、渭南、河上、中地郡④;关外置河南郡⑤。更立韩太尉信为韩王⑥。诸将以万人若以一郡降者,封万户。缮治河上塞⑦。诸故秦苑囿园池,皆令人得田之⑧。正月,虏雍王弟章平⑨。大赦罪人。汉王之出关至陕,抚关外父老,还,张耳来见，汉王厚遇之⑩。

【注释】

①二年：刘邦为汉王的第二年，前205年。

②塞王欣、翟王翳、河南王申阳皆降：梁玉绳曰："塞、翟之降在元年八月，盖惕于雍王之败，望风而降也。此书于二年之首，殊非事实。"

③使韩信击破之：此韩信为韩王信。《韩信卢绾列传》云："汉王还定三秦，乃许信为韩王，先拜信为韩太尉，将兵略韩地。"

④置陇西、北地、上郡、渭南、河上、中地郡：渭南、河上、中地，三郡郡治皆在长安，合称"三辅"，谓辅卫京师。渭南，即后来的京兆尹；河上，即后来的左冯翊；中地郡，即后来的右扶风。

⑤关外置河南郡：河南郡，即秦之三川郡，郡治雒阳，在今洛阳东北。徐孚远曰："汉因秦旧，每下城邑必先立郡，所以拓地自强也。"

⑥更立韩太尉信为韩王：韩信击破郑昌，刘邦遵守约定，封其为韩王。都阳翟，即今河南禹州。太尉，官名。秦汉时代的"三公"之一，国家的最高军事长官。

⑦河上塞：即河上郡之北境与匈奴交界处的防御工事，约在今陕西中北部之黄陵、洛川、宜川一线。河上郡原为翟王董翳封地，董翳投降，汉遂加以修治。

⑧诸故秦苑囿园池，皆令人得田之：何焯曰："既反暴政，益足关中食。"王叔岷曰："天下未定，则令民得田故秦苑囿园池；天下已定，则禁民入田上林苑。刘季之心，可以知矣。"苑囿园池，指秦朝皇家的游猎之地。

⑨虏雍王弟章平：据《樊郦滕灌列传》，章平在好畤县被樊哙打败俘获。

⑩"汉王之出关至陕"几句：据《秦楚之际月表》，汉二年十月，刘邦至陕、张耳来降，十一月，刘邦回关中。都不在正月，且张耳来降

在前，回关中在后。陕，秦县名。今河南三门峡陕州区一带。

【译文】

汉王二年，汉王率军向东进攻，塞王司马欣、翟王董翳，以及河南王申阳都望风而降。韩王郑昌不肯归附，汉王便派韩信将其击败。于是汉王便在关内设置了陇西、北地、上郡、渭南、河上、中地五郡；在关外设置了河南郡。改立韩太尉韩信为韩王。诸将中，凡是率领万人或是一郡归降者封万户侯。派人整修河上要塞。并下令凡原来秦的猎场园池，都可以让百姓开垦耕种。正月，俘获了雍王章邯的弟弟章平。对有罪之人实行大赦。汉王东出函谷关，到达陕县，对关外的父老们进行抚慰，回到关内后，张耳前来投奔，汉王给予他优厚的待遇。

二月，令除秦社稷，更立汉社稷①。三月，汉王从临晋渡②，魏王豹将兵从③。下河内，虏殷王，置河内郡④。南渡平阴津⑤，至雒阳。新城三老董公遮说汉王以义帝死故⑥。汉王闻之，袒而大哭。遂为义帝发丧，临三日⑦。发使者告诸侯曰："天下共立义帝，北面事之。今项羽放杀义帝于江南⑧，大逆无道。寡人亲为发丧，诸侯皆缟素⑨。悉发关内兵，收三河士⑩，南浮江汉以下⑪，愿从诸侯王击楚之杀义帝者⑫。"

【注释】

①除秦社稷，更立汉社稷：表示新的汉王朝建立。梁玉绳引刘辰翁曰："《汉书》此处有复关中，除租税，置三老，举行能，赐酒肉等，正是兵间规模宏大收拾人心处，子长失之。"社稷，古代帝王、诸侯所祭的土神和谷神。社，土神；稷，谷神。古代新政权代替异姓旧政权时都要更易社稷。

②临晋：关名。又名蒲关、蒲津关、河关，在今陕西大荔东的黄河西岸，关下有黄河渡口，自古以来为秦晋间山河要隘。从这里渡河就可以进入今山西西南部了。

③魏王豹将兵从：魏王豹是魏王咎之弟，魏王咎被杀后，魏豹立为魏王。从项羽入关，被封为西魏王，都平阳（今山西临汾西南部）。刘邦入魏，魏豹投降，并引兵跟随刘邦进攻项羽。

④河内郡：汉郡名。郡治怀县，在今河南武陟西南。

⑤平阴津：黄河渡口名。在今河南孟津东北。

⑥新城三老董公遮说汉王以义帝死故：据《汉书·高帝纪》云："董公遮说汉王曰：'臣闻"顺德者昌，逆德者亡"，"兵出无名，事故不成"。故曰："明其为贼，敌乃可服。"项羽为无道，放杀其主，天下之贼也。夫仁不以勇，义不以力，三军之众为之素服，以告之诸侯，为此东伐，四海之内莫不仰德，此三王之举也。'汉王曰：'善，非夫子无所闻。'"新城，秦县名。县治在今河南伊川西南。三老董公，《正义》引《楚汉春秋》曰："董公八十二，遂封为成侯。"三老，古代掌教化之官。乡、县、郡均曾先后设置。遮说，拦路进言。

⑦"汉王闻之"几句：凌稚隆引邵经邦曰："有汉四百余年天下，其宏纲大义昭如日星者，端在此举。"凌稚隆曰："汉王袒而大哭，特借此以激怒天下，非真哀痛之也……要知项羽不杀义帝，汉王岂能出义帝下者？项羽特为汉驱除耳。"袒，这里指脱去衣袖，裸露左臂，为古代丧祀中的一种仪节。临，众人哭吊。

⑧放杀：此处意同"放弑"，指放逐并诛杀君主。

⑨诸侯皆缟（gǎo）素：按，《汉书》于此作"兵皆缟素"，意即全军为义帝戴孝，则刘邦只是作为汉军领导者；此作"诸侯皆缟素"，则刘邦已自认是诸侯盟主，可以对诸侯发号施令。缟素，白色丧服。缟，白色。

⑩三河士：指河东、河内、河南的三郡之众。当时此三郡已皆为刘邦

占领。

⑪南浮江汉以下：此处似有脱略，胡三省曰："此特言发三河士以攻其北，又南浮江汉，下兵以夹攻之也。"梁玉绳引全祖望曰："本纪不载南下之军，则竟失之也。《水经注》：'高祖二年置长沙郡，又置黔中郡。'盖南下之军自汉中出，先定二郡而有之。长沙乃义帝之都，而黔中则项王南境，乘虚取之，所谓南浮江汉也。"

⑫愿从诸侯王击楚之杀义帝者：真德秀曰："不曰'率诸侯王'，而曰'愿从诸侯王'；不曰'击项羽'，而曰'击楚之杀义帝者'，词不迫切而意已独至，犹有古词命气象。"凌稚隆引霍韬曰："汤武放伐，孔子存其誓为世训；汉祖告谕诸侯，虽仅存数语，犹宛有古风，史迁存之，著汉业所以兴也。"吴见思曰："词雄浑而不劲，刻入而不深，简净而不佻，字字精湛，是汉人第一篇文字。"

【译文】

二月，下令拆除秦社稷，改立汉社稷。三月，汉王从临晋关渡过黄河，魏王豹率兵相随。汉王攻下河内，俘获殷王司马卬，设置河内郡。接着从平阴津往南渡过黄河，到达洛阳。新城县的三老董公拦住汉王，告诉他楚义帝已被杀害的原委。汉王闻听，立刻露臂大哭。于是为义帝发丧，亲自祭吊了三天。而后派遣使者，通告各国诸侯说："义帝是天下人共同拥立的，我们对他北面称臣。如今项羽把义帝放逐、杀害于江南，实在大逆不道。我已亲自为义帝发丧设祭，诸侯都要穿上白色丧服。现在我要调发关内的全部兵力，再征集河南、河东、河内的士兵，沿着汉水、长江南下，愿意跟随各诸侯王，去讨伐楚国那个杀害义帝的罪人。"

是时项王北击齐，田荣与战城阳。田荣败，走平原①，平原民杀之。齐皆降楚。楚因焚烧其城郭，系虏其子女，齐人叛之。田荣弟横立荣子广为齐王，齐王反楚城阳。项羽虽闻汉东，既已连齐兵②，欲遂破之而击汉。汉王以故得劫五诸侯兵[3]，遂入彭城。项羽闻之，乃引兵去齐，从鲁出胡陵至萧[4]，与汉大战彭城灵壁东睢水上[5]，大破汉军，多杀士卒，睢水为之不流[6]。乃取汉王父母妻子于沛，置之军中以为质。当是时，诸侯见楚强汉败还，皆去汉复为楚。塞王欣亡入楚[7]。

【注释】

①平原：秦县名。在今山东平原西南。

②连齐兵：连兵，交兵，交战。

③劫五诸侯兵：率天下各路诸侯人马。劫，控制，统领。五诸侯，比照战国七雄，汉据三秦，可当秦；项羽王楚，可当楚；其他韩、赵、魏、齐、燕为五诸侯。

④从鲁出胡陵至萧：项羽从城阳东行至曲阜，再向西南到彭城西北的胡陵，再南行到彭城西的萧县，这样就截断了刘邦的退路。鲁，秦县名。今山东曲阜。出，经由。胡陵，也作“湖陵”，秦县名。在今山东鱼台东南。萧，秦县名。在今安徽萧县西北，当时的彭城之西六十里。

⑤与汉大战彭城灵壁东睢水上：据《项羽本纪》：“项王乃西从萧晨击汉军而东，至彭城，日中，大破汉军。汉军皆走，相随入穀、泗水，杀汉卒十余万人。汉卒皆南走山，楚又追击至灵壁东睢水上。”灵壁，古邑名。在今安徽淮北市西，与今之灵璧县非一地。睢水，古代鸿沟的支派之一，自今河南开封东由鸿沟分出，东流经杞县、睢县、商丘、夏邑、永城，安徽濉溪、宿州、灵璧，又东经江苏睢宁等县地，于宿迁南注入古泗水。

⑥睢水为之不流：茅坤曰：“是时楚兵愤，而汉兵新合，气不一，故败。”按，以上刘邦大败于彭城事，在汉二年（前205）四月。

⑦塞王欣亡入楚:他人皆回归各自封地,而司马欣之塞国已被刘邦占领,故只好单身投奔项羽。梁玉绳曰:"《汉纪》云:'塞王欣、翟王翳降楚,殷王卬死。'此缺不具。"陈梧桐等曰:"刘邦在这次会战中的失败,主要教训有三:一是对战争的本质——'保存自己,消灭敌人'的主要方面即消灭敌军的实力认识不足,把全部着眼点放在攻城夺地上,未能给楚军主力以削弱和打击,这是作战指导方针的错误;二是进占彭城后松懈麻痹,没有针对项羽的反击做出必要的军事部署,没有作战方案和计划,使几十万大军失去了应有的战斗力;三是缺少强大的骑兵,也没有强大的车兵,因而在楚军骑兵的猛烈冲击下迅速崩溃。"

【译文】

这时西楚霸王项羽正北进攻打齐国,齐王田荣和他战于城阳。田荣战败,逃到了平原县,为平原县百姓所杀。齐国全境都投降了楚军。但楚军却趁机焚烧齐人的城郭,掳掠他们的子女,逼得齐人又反叛了楚国。田荣的弟弟田横立田荣的儿子田广为齐王,在城阳举起了反楚的大旗。项羽虽然闻知汉兵东进,但既然已与齐国交战,就想先打垮齐军,再去迎击汉军。汉王刘邦因此得以劫持常山王张耳、河南王申阳、韩王郑昌、魏王魏豹、殷王司马卬五国诸侯的兵力,一举攻入彭城。项羽听闻彭城失守,就率兵离开齐国,由鲁地穿过胡陵,抵达萧县,与汉王大战于彭城灵壁之东的睢水上,汉军大败,死伤无数,睢水被尸体堵塞,不能畅流。项羽于是从沛县掳取了汉王的父母妻儿,放在军中做人质。这时候,诸侯看到楚军强盛,汉军败退,于是又都离开汉王,复归于楚。塞王司马欣也逃跑投奔了项羽。

吕后兄周吕侯为汉将兵①,居下邑②。汉王从之,稍收士卒,军砀③。汉王乃西过梁地,至虞④。使谒者随何之九江王布所⑤,曰:"公能令布举兵叛楚,项羽必留击之。得留数月，吾取天下必矣。”随何往说九江王布，布果背楚[⑥]。楚使龙且往击之[⑦]。

是时九江王布与龙且战，不胜，与随何间行归汉[⑧]。汉王稍收士卒，与诸将及关中卒益出，是以兵大振荥阳，破楚京、索间[⑨]。

【注释】

①周吕侯：名泽，后以佐助开国之功，被封为周吕侯。但此时尚未封。周吕，封号，意谓吕泽佐汉定天下犹周有吕尚。其食邑当在彭城吕县，治今江苏徐州铜山区东南旧黄河北岸吕梁集。

②下邑：秦县名。今安徽砀山县东。在彭城的正西偏北。

③砀：此指砀县，在今河南夏邑东南。即项梁战死，刘邦东撤驻军之处。

④虞：秦县名。县治在今河南虞城北。

⑤谒者：官名。掌宾赞受事及给事近署，执戟宿卫与奉诏外使。随何：与郦食其、陆贾等皆以辞令、口辩著称。

⑥随何往说九江王布，布果背楚：随何游说黥布事，详见《黥布列传》。陈子龙曰：“齐反楚而汉得彭城，九江反楚而汉得从容归关中，楚之自屈者在此。”

⑦龙且（jū）：项羽的部下猛将，后被韩信杀死于潍水。事见《淮阴侯列传》。

⑧与随何间行归汉：黥布是单身与随何微行归汉。锺惺曰：“此时只要九江王归汉，不问其与龙且战胜不胜也。”梁玉绳曰：“布之归汉在三年十二月，独此书于二年六月以后，误。”

⑨兵大振荥阳，破楚京、索间：梁玉绳曰：“破楚事，《汉纪》书于二年五月，在‘六月，立太子’前，与《羽纪》合，此误在后。”京，秦县名。索，古城名。两地都在今河南荥阳之东南，索城在京县北。

旧时之城垣残基都有部分尚存。陈梧桐等曰:“汉高祖二年五月,刘邦经下邑、虞县(今河南虞城北)沿路收集败散残兵,退至荥阳。刘邦一到荥阳,萧何立即‘发关中老弱未傅悉诣荥阳,复大振’;韩信也从关中驰赴荥阳,协助刘邦谋划军机。这时,楚军已追击到荥阳之东,不断向汉军进攻。韩信把汉军重新组织起来,击破楚军于‘京、索之间,以故楚兵卒不能西’,从而稳定了战局,使楚汉双方陷于僵持局面。这是韩信自袭取三秦以来,第二次对刘邦的巨大贡献。袭取三秦,给刘邦奠立了进行战争的巩固基础;破楚军于京、索之间,使刘邦在败逃之中得到立足之地和喘息之机。”

【译文】

吕后的兄长吕泽带领一支汉军,在下邑驻扎。汉王前去投奔他,逐渐聚拢离散的士兵,驻军砀县。接着汉王经由梁地西行,到了虞县。他派遣谒者随何到九江王英布那里去,说:“你要能说动英布举兵反楚,项羽必然会留下来攻打英布。只要能拖住他几个月,我就一定能夺得天下。”于是随何前去六县游说英布,英布果然背叛了项羽。项羽派龙且前往征讨。

这时,九江王英布与龙且会战,失败了,只好与随何一道潜行而来,归附汉王。汉王渐渐收拢士兵,跟各地将领及关中军队逐步出动,向荥阳靠拢,因此声威大振,在京、索之间大败楚军。

汉王之败彭城而西,行使人求家室,家室亦亡,不相得。败后乃独得孝惠,六月,立为太子,大赦罪人。令太子守栎阳①,诸侯子在关中者皆集栎阳为卫②。引水灌废丘,废丘降③,章邯自杀。更名废丘为槐里。于是令祠官祀天地、四方、上帝、山川,以时祀之。兴关内卒乘塞④。

【注释】

①令太子守栎阳：意即刘邦以栎阳为都城，令太子刘盈留守后方。按，时刘盈只有六岁，主持留守大事的主要是萧何。栎阳，今陕西西安临潼区东北。

②诸侯子在关中者皆集栎阳为卫：诸侯，此指刘邦部下将领。刘邦此举大约以诸侯子为质的用意远大于加强守卫都城的作用。

③引水灌废丘，废丘降：刘邦自元年八月围废丘，至二年六月攻克，前后共十个月。

④兴关内卒乘塞：乘塞，守卫边疆要塞。乘，登。凌稚隆引何孟春曰："汉王败彭城下，诸侯叛汉归楚，王至荥阳，楚攻之急，乃迁栎阳，立子盈为太子，以系人心，知有国之本矣。复如荥阳，命萧何侍太子守关中，立宗庙社稷，史称帝规模宏远，岂待定天下后而始见之？帝此举萃聚天下于涣散之时，使根深本固，可战可守，于取天下盖万全矣。彼喑哑扛鼎之徒，挟妻子欲与决一战之雌雄者，固非其对也。"泷川曰："兵败人背如此，在常人忧惧不知所措，而汉王修祭祀，定储贰，从容安详，绰有余裕，亦足以观其规模宏远矣。"

【译文】

汉王兵败彭城向西撤退的时候，曾派人去寻找家眷，但家眷也已逃亡，没有找到。败退途中，只找到了儿子刘盈，六月，立刘盈为太子，大赦罪犯。汉王命太子刘盈镇守栎阳，各诸侯之子凡在关中者都集中到栎阳来守卫。汉王引水灌淹废丘，废丘降汉，章邯自杀。将废丘改名为槐里。于是汉王命令掌管祭祀的祠官祭祀天地、四方、上帝、山川，要按时祭祀。征调关内士兵，守卫关中要塞。

三年[①]，魏王豹谒归视亲疾，至即绝河津，反为楚[②]。汉王使郦生说豹，豹不听。汉王遣将军韩信击，大破之，虏豹③。遂定魏地，置三郡，曰河东、太原、上党④。汉王乃令张耳与韩信遂东下井陉击赵，斩陈馀、赵王歇⑤。其明年，立张耳为赵王⑥。

【注释】

①三年：前204年。

②"魏王豹谒归视亲疾"几句：梁玉绳曰："豹之反在汉二年五月，《淮阴传》作'二年六月'已误，此纪及《曹相国世家》作'三年'，尤误。"河津，此指蒲津关的黄河渡口。

③"汉王遣将军韩信击"几句：韩信用木罂缶渡河袭安邑、虏魏豹事，在汉二年八月，详见《淮阴侯列传》。梁玉绳曰："汉使郦生说豹与遣韩信击豹，皆在二年八月，虏豹在二年九月，此纪并书于三年，亦误。"

④置三郡，曰河东、太原、上党：据《秦楚之际月表》，汉二年九月灭魏、闰九月灭代，设河东、上党两郡；太原郡则是汉三年十月灭赵后，十一月设置。河东，郡治安邑，在今山西夏县西北。太原，郡治晋阳，在今太原西南。上党，郡治长子，在今山西长子西南。

⑤汉王乃令张耳与韩信遂东下井陉（xíng）击赵，斩陈馀、赵王歇：事在汉三年十月（当时以十月为岁首），详见《淮阴侯列传》。井陉，关塞名。也称土门关，在今河北井陉北之井陉山上。为太行山区进入华北平原之要隘。按，太原郡之设是在此之后。

⑥其明年，立张耳为赵王：事在汉四年十一月。

【译文】

汉王三年，魏王豹拜见汉王，请求回到魏国，探视生病的父母，结果一到河东，就毁掉黄河渡口蒲津关，背叛汉王，归降于楚。汉王派郦食其前去劝说魏豹，魏豹不听。汉王派韩信率军征讨，大败魏兵，活捉魏豹，于是平定了魏地,设置了三郡,即河东郡、太原郡和上党郡。汉王随即命令张耳与韩信向东进军,攻下井陉,进击赵国,斩杀了赵将陈馀与赵王歇。第二年,封张耳为赵王。

汉王军荥阳南,筑甬道属之河,以取敖仓[①]。与项羽相距岁余[②]。项羽数侵夺汉甬道,汉军乏食,遂围汉王。汉王请和,割荥阳以西者为汉。项王不听。汉王患之,乃用陈平之计,予陈平金四万斤,以间疏楚君臣[③]。于是项羽乃疑亚父。亚父是时劝项羽遂下荥阳[④],及其见疑,乃怒,辞老[⑤],愿赐骸骨归卒伍[⑥],未至彭城而死[⑦]。

【注释】

①敖仓:秦朝在荥阳县西北敖山上所筑的大粮仓。据《郦生陆贾列传》,刘邦此举乃郦食其所建议。

②相距岁余:刘邦自二年五月彭城之败后退守荥阳一线,至此三年四月被项羽围困于荥阳,正好一年。相距,相持,相对峙。距,通"拒"。

③予陈平金四万斤,以间疏楚君臣:《陈丞相世家》云:"陈平曰:'彼项王骨鲠之臣亚父、锺离眛、龙且、周殷之属,不过数人耳。大王诚能出捐数万斤金,行反间,间其君臣,以疑其心,项王为人意忌信谗,必内相诛,汉因举兵而攻之,破楚必矣。'汉王以为然,乃出黄金四万斤,与陈平,恣所为,不问其出入。"按,《李斯列传》云:"秦王乃拜斯为长史,听其计,阴遣谋士赍持金玉以游说诸侯。诸侯名士可下以财者,厚遗结之;不肯者,利剑刺之。离其君臣之计,秦王乃使其良将随其后。"陈平与李斯的手段完全相同。陈平,初从项羽,后归刘邦,屡出奇计,以功封侯,吕后、文帝时位至

丞相。事迹详见《陈丞相世家》。

④遂下荥阳：意谓趁现在形势有利，一鼓作气攻下荥阳。遂，顺势。

⑤辞老：请求退休。老，也称“致仕”，即退休。

⑥愿赐骸骨归卒伍：让我这把老骨头回归故乡。意即退休回家。卒伍，古代基层编制是五家为一伍，三百家为一卒。

⑦未至彭城而死：据《项羽本纪》，范增死于背上长了毒疮。

【译文】

汉王驻军荥阳城南，修筑了甬道，来连通黄河，以便取用敖仓里的粮食。汉王与项羽两军对峙，相持了一年多。项羽多次侵扰汉军甬道，汉军粮草缺乏，项羽乘势包围了汉王。汉王请求讲和，要求荥阳以西划归于汉。项羽不答应。汉王忧虑不安，就采用了陈平的计策，给陈平金四万斤，用来离间项羽君臣。项羽于是对亚父范增起了疑心。这时亚父范增正劝项羽赶紧拿下荥阳，等到他发现已被项羽怀疑，极为愤怒，辞以年老，希望准许乞身告退，回乡为民，结果范增还没有走到彭城，就发病而死了。

汉军绝食，乃夜出女子东门二千余人，被甲①，楚因四面击之。将军纪信乃乘王驾，诈为汉王诳楚②，楚皆呼万岁，之城东观，以故汉王得与数十骑出西门遁。令御史大夫周苛、魏豹、枞公守荥阳③。诸将卒不能从者，尽在城中。周苛、枞公相谓曰：“反国之王，难与守城。”因杀魏豹④。

【注释】

①出女子东门二千余人，被甲：使女子装扮成士兵，吸引楚军进攻。据《陈丞相世家》，这是陈平之计。

②将军纪信乃乘王驾，诈为汉王诳（kuáng）楚：纪信自愿假扮刘邦

出东门投降，掩护刘邦从西门逃跑。详见《项羽本纪》。王驾，即《项羽本纪》中的“乘黄屋车，傅左纛”。

③御史大夫周苛：刘邦的同乡。刘邦为泗水亭长，他为泗水亭卒史。随刘邦起兵，后迁内史，从邦入关灭秦。拜为御史大夫。其弟即刘邦直臣周昌。御史大夫，位上卿，掌副丞相职。秦汉时为“三公”之一。

④因杀魏豹：据《秦楚之际月表》，刘邦逃出荥阳在汉三年七月，周苛等杀魏豹在汉三年八月。

【译文】

这时，汉军粮草已经断绝，于是夜间从东门放出两千多名女子，身披铠甲，楚兵一见，立即从四面围攻追杀。将军纪信坐着汉王的车子，假扮汉王出降，诳骗楚军，楚军都高呼万岁，拥到城东门观看，汉王因此才得以带着几十个骑兵出西门逃走。汉王命御史大夫周苛、魏豹和枞公留守荥阳。那些未能跟着汉王出城的将士，也都留在城中。周苛、枞公商量说：“魏豹是反叛过的诸侯王，难以和他一起守城。”于是杀了魏豹。

汉王之出荥阳，入关收兵，欲复东。袁生说汉王曰[①]：“汉与楚相距荥阳数岁[②]，汉常困。愿君王出武关[③]，项羽必引兵南走[④]，王深壁[⑤]，令荥阳、成皋间且得休[⑥]。使韩信等辑河北赵地，连燕、齐[⑦]，君王乃复走荥阳，未晚也。如此，则楚所备者多，力分，汉得休，复与之战，破楚必矣[⑧]。”汉王从其计，出军宛、叶间[⑨]，与黥布行收兵。

【注释】

①袁生：袁姓某人，史失其名。《汉书》作“辕生”。

②汉与楚相距荥阳数岁：梁玉绳曰：“连闰计之，首尾才十四月，何言

数岁乎？当作‘岁余’为是，上文固有‘相距岁余’之语也。”

③武关：在今陕西商南东南丹江北岸。

④项羽必引兵南走：意谓项羽将南下至南阳一带以截击之。走，趋向。

⑤深壁：挖深沟筑高垒。意即坚守不战。

⑥令荥阳、成皋间且得休：使荥阳、成皋一线得以喘息。成皋，古邑名。后人不加详辨，统称为虎牢关，在今河南荥阳西北之大伾山上。其位置处于东部平原与西部丘陵的连接点，控山带河，居高临下，易守难攻。如今南面、西面的城垣尚留存数段，巍然矗立。

⑦辑河北赵地，连燕、齐：辑，安定。按，此时韩信已稳定赵地，收服燕国，但尚未进军齐地。

⑧“则楚所备者多”几句：锺惺曰：“袁生此策亦汉得天下要着，楚虽胜汉，力疲而神乱矣。‘所备者多’一语尤为居要，可悟兵家分合劳逸之故。”凌稚隆曰：“备多力分之说，正胜楚之机要也，楚卒以此困，袁生其善谋哉！”史珥曰：“此即子胥‘三师肄楚’之谋。”按，“三师肄楚”见《左传·昭公三十年》。

⑨宛、叶：皆秦县名。宛县县治即今河南南阳。叶县在今河南叶县南，宛县西北。两地相距不远。叶县旧城在今河南叶县之旧县街西。城垣之西北角与西南角尚存，残高约三米多。

【译文】

汉王逃出荥阳，进入关中，收拢兵力，意欲再次东征。袁生游说汉王道：“汉与楚在荥阳对峙了好几年，汉军常常陷入困境。希望大王兵出武关，项羽必定领兵南下，那时大王深沟高垒，坚守不出，这样可以让荥阳、成皋一带的军队趁机得到休整。再派韩信等人去安抚河北赵地，与燕国、齐国连成一片，那时大王再出兵荥阳，也不算晚。这样一来，楚军就得多方守备，力量分散，而汉军经过休整，再与楚军会战，打败楚军就确定无疑了。”汉王听从了他的计策，出兵于宛县、叶县间，与黥布边行进边招集人马。

项羽闻汉王在宛，果引兵南。汉王坚壁不与战。是时彭越渡睢水[①]，与项声、薛公战下邳[②]，彭越大破楚军。项羽乃引兵东击彭越[③]。汉王亦引兵北军成皋。项羽已破走彭越，闻汉王复军成皋，乃复引兵西[④]，拔荥阳，诛周苛、枞公，而虏韩王信[⑤]，遂围成皋。

【注释】

①彭越渡睢水：谓渡睢水而东。睢水，即彭城之战中被十万汉军拥入而"为之不流"的睢水，在灵壁东。

②下邳：秦县名。县治在今江苏邳州西南。

③项羽乃引兵东击彭越：凌稚隆引苏洵曰："虎方捕鹿，罴据其穴捕其子，虎安得不置鹿而返：返则辟于罴明矣，军志所谓'攻其必救'也。"凌稚隆引董份曰："善战者致人，项羽每为汉致，其败也固宜。"

④乃复引兵西：史珥曰："连用三'引兵'字，写出项羽疲于奔命光景。"

⑤拔荥阳，诛周苛、枞公，而虏韩王信：据《秦楚之际月表》，周苛、枞公之被杀在汉四年之三、四月；《集解》引徐广曰："项羽杀纪信、周苛、枞公，皆是三年中。"按，应是三年事，《正义》亦谓《月表》误。据《项羽本纪》与《韩信卢绾列传》，韩王信与周苛、枞公共守荥阳，城破后，周苛、枞公皆死，韩王信降楚，后又逃归刘邦。

【译文】

项羽听说汉王到了宛城，果然引兵南下。汉王坚守壁垒，不与交战。这时彭越渡过睢水，与项声、薛公战于下邳，彭越大败楚军。项羽于是引兵东归讨伐彭越。汉王也率兵北上驻军成皋。等到项羽打跑了彭越，听说汉王又驻扎在了成皋，便又引兵向西，先攻克了荥阳，诛杀了周苛、枞公，俘虏了韩王信，接着包围了成皋。

汉王跳，独与滕公共车出成皋玉门，北渡河，驰宿脩武[①]。自称使者，晨驰入张耳、韩信壁，而夺之军[②]。乃使张耳北益收兵赵地，使韩信东击齐。汉王得韩信军，则复振。引兵临河，南飨军小脩武南[③]，欲复战。郎中郑忠乃说止汉王，使高垒深堑，勿与战[④]。汉王听其计，使卢绾、刘贾将卒二万人[⑤]，骑数百，渡白马津[⑥]，入楚地，与彭越复击破楚军燕郭西[⑦]，遂复下梁地十余城。

【注释】

①"汉王跳"几句：刘邦逃出成皋事，《秦楚之际月表》不载，《淮阴侯列传》说在"六月"，反在刘邦逃出荥阳之前，此甚不可解。《通鉴》系刘邦逃出成皋的时间为是年六月，而将逃出荥阳的时间提前到是年五月。《项羽本纪》作"汉之四年，项王进兵围成皋，汉王逃"云云，依此则似应在汉四年十月。跳，钱锺书曰："凡轻装减从而疾走，皆可曰'跳'。"滕公，即夏侯婴，刘邦的部将。始终为刘邦驾车，官任太仆。事迹详见《樊郦滕灌列传》。成皋玉门，即成皋北门。《项羽本纪》即作北门。脩武，秦县名。即今河南获嘉，韩信、张耳破赵后驻兵于此。

②驰入张耳、韩信壁，而夺之军：此事详见《淮阴侯列传》。壁，军营。

③飨：通"向"。小脩武：《集解》引晋灼曰："在大脩武城东。"

④"郎中郑忠乃说止汉王"几句：凌稚隆曰："郑忠之说，即袁生所谓备多力分也。"郎中，官名。帝王侍卫近臣。

⑤卢绾（wǎn）：刘邦少时的伙伴，深受刘邦器重，恩宠过于诸将。事迹详见《韩信卢绾列传》。刘贾：刘邦的堂兄弟。事迹详见《荆

燕世家》。

⑥白马津：古津渡名。在今河南滑县东北古黄河南岸。与当时黄河北岸的黎阳津隔河相对。

⑦与彭越复击破楚军燕郭西：燕郭西，燕县城西。燕，秦县名。县治在今河南延津东北。梁玉绳曰："此处似缺'烧楚积聚'四字。"《中国历代战争史》曰："刘邦在脩武高垒深堑以谋固守，一面使彭越袭击楚之后方，一面使将军刘贾、卢绾将二万人及灌婴骑兵数百渡白马津佐彭越，以烧楚之积聚及破坏楚军之补给，对楚后方大举展开机动之袭击战。"

【译文】

汉王逃脱，独自与滕公同车出成皋玉门，向北渡过黄河，驱马奔驰，直到夜间才在脩武住了下来。他自称使者，于次日早晨闯进了张耳、韩信的军营，夺取了他们的军队。汉王于是派张耳北上赵地，广招兵马，派韩信率兵东进，讨伐齐国。汉王夺取韩信的军队后，又重新振作起来。他率领军队到了黄河岸边，面向南方，在小脩武城南驻扎下来，准备与项羽再度开战。郎中郑忠劝阻汉王，让他高筑壁垒，深挖壕沟，勿与楚军交战。汉王听从了他的计策，派卢绾、刘贾率领步兵两万和骑兵数百，从白马津渡过黄河，进入楚地，与彭越联手，在燕县城西再次大败楚军，接着又夺取了梁地的十余座城池。

淮阴已受命东[①]，未渡平原[②]。汉王使郦生往说齐王田广，广叛楚，与汉和[③]，共击项羽。韩信用蒯通计，遂袭破齐[④]。齐王烹郦生[⑤]，东走高密[⑥]。项羽闻韩信已举河北兵破齐[⑦]，且欲击楚，则使龙且、周兰往击之。韩信与战，骑将灌婴击，大破楚军，杀龙且[⑧]。齐王广奔彭越[⑨]。当此时，彭越将兵居梁地，往来苦楚兵，绝其粮食[⑩]。

【注释】

①淮阴:指韩信。因其最后爵位是淮阴侯。

②平原:指黄河上的渡口平原津,在当时的平原县(今山东平原西南)城西。

③广叛楚,与汉和:齐王接受郦食其的劝说,解除战备,与汉联合。按,田广并无所谓"叛"楚,因齐与楚有仇,从未与联合或归附过楚。

④韩信用蒯通计,遂袭破齐:蒯通以刘邦没有命令韩信停止攻齐,及不可让郦食其独享下齐之功劝韩信攻齐。蒯通,秦汉之际纵横家。本名彻,司马迁避武帝讳改。范阳(今河北定兴南固城镇)人。武臣进攻赵地时,他劝说范阳令徐公归降,因得到武臣礼遇,使燕赵之地三十余城不战而降。又曾劝韩信脱离刘邦自立,未被采纳。曹参为齐相时,成为曹参的宾客。倪思曰:"以淮阴之勇略击齐,虽微蒯通,亦岂肯出食其下徒手而返哉?"

⑤齐王烹郦生:田广以为郦食其骗自己,遂将其烹杀。

⑥高密:秦县名。县治在今山东高密西南。按,以上韩信袭齐,齐杀郦生事,在汉四年(前203)十一月。

⑦已举河北兵破齐:按,底本原文于此作"已举河北兵破齐、赵"。破赵在汉三年(前204)十月,在一年前,辨见《项羽本纪》,今删"赵"字。

⑧"韩信与战"几句:此战韩信在上游截住潍水,诱龙且渡水追击汉军,于是放水淹楚军,杀龙且,田广逃走。灌婴,刘邦的部将,此时为韩信统领骑兵。此事《秦楚之际月表》系之于汉四年十一月,《资治通鉴》系之于十月。详见《淮阴侯列传》。

⑨齐王广奔彭越:按,《淮阴侯列传》云"齐王广亡去",未云去向;《田儋列传》云"韩信与曹参破杀龙且,虏齐王广……田横亡走梁,归彭越"。两处记载不同。徐孚远曰:"彭越为汉击楚,而田横失国往从之,横心未尝不附汉,特与淮阴有隙耳,故汉祖后召横

欲王之也。”

⑩“彭越将兵居梁地”几句：凌稚隆曰：“此彭越功最大。”郭嵩焘曰：“彭越逼近楚地，能患苦楚，是以高祖每资之兵以挠楚，项羽所以终不能振者，彭越之力也。”

【译文】

淮阴侯韩信奉命东进，尚未渡平原津。这时汉王派遣郦食其前去游说齐王田广，田广允诺背叛西楚，与汉和好，共同攻打项羽。韩信采纳蒯通之计，进兵袭击，大败齐军。齐王田广烹杀郦食其，往东逃奔高密。项羽听说韩信带领河北兵已经攻占了齐国，而且将要进击西楚，于是就派龙且、周兰前去攻打韩信。韩信与之交战，骑将灌婴出击，大败楚兵，杀了龙且。齐王田广投奔彭越。这时候，彭越率兵居于梁地，往来袭扰楚兵，断绝了楚军的粮道供给。

四年①，项羽乃谓海春侯大司马曹咎曰②：“谨守成皋。若汉挑战，慎勿与战，无令得东而已。我十五日必定梁地，复从将军③。”乃行击陈留、外黄、睢阳④，下之。汉果数挑楚军，楚军不出，使人辱之五六日，大司马怒，度兵汜水⑤。士卒半渡，汉击之，大破楚军，尽得楚国金玉货赂。大司马咎、长史欣皆自刭汜水上⑥。项羽至睢阳，闻海春侯破，乃引兵还。汉军方围锺离眛于荥阳东⑦，项羽至，尽走险阻⑧。

【注释】

①四年：按，前文自“淮阴已受命东”以下已是汉四年之事，此二字书此不合适，应移至“淮阴已受命东”句上。

②海春侯大司马曹咎：曹咎曾致书司马欣为项梁解脱官司，遂一直受项氏叔侄照顾倚重。此时官任大司马，封海春侯。大司马，官

名。周始置,掌邦政,春秋以后主管军政,为最高军事长官。凌稚隆曰:“咎与欣,二狱掾耳,成皋所系何如者,而可徒以旧恩任耶?”

③复从将军:此为前文彭越在下邳杀薛公、项羽东击彭越时之事,在汉三年九月。

④睢阳:秦县名。县治在今河南商丘城南,当时为砀郡郡治。

⑤汜(sì)水:源于嵩山北麓,流经当时的成皋城东、荥阳城西,北入黄河。

⑥大司马咎、长史欣皆自刭汜水上:《秦楚之际月表》不载此次楚军失败的时间,《汉书》与《通鉴》皆系之于汉四年十月。徐孚远曰:“塞王欣,楚之所立,汉兵至降汉,汉败又降楚,项王不之责也,故汜水之败自杀以谢楚。”长史欣,即司马欣,曾为秦将章邯长史,后被项羽封为塞王。泷川曰:“宜作‘塞王欣’。”

⑦锺离眛(mò):项羽部下勇将。

⑧尽走险阻:险阻,险要之地。按,可见汉军对项羽的惧怕已到“闻风丧胆”地步。

【译文】

汉王四年,项羽对海春侯大司马曹咎说:“你要小心守卫成皋。如果汉兵挑战,你千万不要和他们交战,只要不让他们东进就够了。我十五天必定平定梁地,会立刻再回到你这里来。”于是项羽率兵东进,一路上攻击陈留、外黄、睢阳,都攻了下来。汉军果然连连挑战楚军,楚军坚守不出,汉兵一连辱骂了五六天,大司马曹咎怒不可遏,兵渡汜水应战。士兵渡到一半,汉军就杀了过来,大败楚军,全部洗劫了楚军囤积在成皋的财宝。大司马曹咎和长史司马欣都在汜水自杀。项羽到了睢阳,听闻海春侯曹咎已兵败身死,于是就引兵西还。这时汉军正在荥阳城东围攻楚将锺离眛,见到项羽回来,就立刻撤兵,跑入险要地带。

韩信已破齐,使人言曰:“齐边楚,权轻,不为假王,恐不能安齐。”汉王欲攻之。留侯曰:“不如因而立之,使自为守。”乃遣张良操印绶立韩信为齐王[①]。项羽闻龙且军破,则恐,使盱台人武涉往说韩信,韩信不听[②]。

【注释】

①立韩信为齐王:据《秦楚之际月表》及《汉书》,事在汉四年二月。

②使盱台人武涉往说韩信,韩信不听:武涉劝韩信应与刘、项三分天下,韩信感刘邦知遇之恩,忠于刘邦,不为所动。详见《淮阴侯列传》。武涉,秦汉之际策士,项羽部下。项羽亡后,亡匿民间。

【译文】

韩信平定齐国后,派人对汉王说:“齐国邻近楚国,如果守将权力太轻,不任命他为临时齐王,恐怕不好稳定齐国的局势。”汉王一听就想出兵去征讨韩信。留侯张良说:“不如顺势立韩信为齐王,让他为自己守卫。”于是汉王派张良带着印绶,前去封韩信为齐王。项羽听说龙且的军队被韩信消灭,内心惶恐,便派盱眙人武涉前去游说韩信背叛汉王,韩信不同意。

楚、汉久相持未决[①],丁壮苦军旅,老弱罢转饷。汉王、项羽相与临广武涧而语[②]。项羽欲与汉王独身挑战。汉王数项羽曰:“始与项羽俱受命怀王,曰‘先入定关中者王之’,项羽负约,王我于蜀汉,罪一。项羽矫杀卿子冠军而自尊[③],罪二。项羽已救赵,当还报[④],而擅劫诸侯兵入关,罪三。怀王约入秦无暴掠,项羽烧秦宫室,掘始皇帝冢,私收其财物[⑤],罪四。又强杀秦降王子婴[⑥],罪五。诈坑秦子弟新安二十万,王其将[⑦],罪六。项羽皆王诸将善地[⑧],而徙逐故主[9]，令臣下争叛逆[10]，罪七。项羽出逐义帝彭城，自都之，夺韩王地[11]，并王梁、楚，多自予[12]，罪八。项羽使人阴弑义帝江南，罪九。夫为人臣而弑其主，杀已降，为政不平，主约不信[13]，天下所不容，大逆无道，罪十也[14]。吾以义兵从诸侯诛残贼[15]，使刑余罪人击杀项羽，何苦与乃公挑战[16]！”项羽大怒，伏弩射中汉王。汉王伤匈，乃扪足曰：“虏中吾指！”[17]汉王病创卧，张良强请汉王起行劳军[18]，以安士卒，毋令楚乘胜于汉。汉王出行军，病甚，因驰入成皋。病愈，西入关，至栎阳，存问父老，置酒[19]，枭故塞王欣头栎阳市[20]。留四日，复如军，军广武。关中兵益出。

【注释】

①楚、汉久相持：楚、汉自汉二年五月相持于荥阳一带，据《汉书》与《资治通鉴》刘、项在广武对峙在汉四年十月（当时以十月为岁首），共一年零五个月。

②广武涧：底本作“广武之间”。王叔岷曰：“《御览》三一一引此无之字，《项羽本纪》《汉书·项籍传》《汉纪》《通鉴》皆同。”按，“之间”即“涧”字之误，参见《项羽本纪》。按，今河南荥阳北之广武山上有东、西广武城，当地称“二王城”，即刘邦、项羽当年所对峙处。西城为刘邦所建，曰“汉王城”；东城为项羽所建，曰“霸王城”。中间隔大沟，即“广武涧”，也称“鸿沟”。

③矫杀：假托君命以杀人。卿子冠军：指宋义。《项羽本纪》之《集解》引文颖曰：“卿子，时人相褒尊之辞，犹言公子也。上将，故言冠军。”自尊：指项羽自立为大将。

④当还报：应该回去向怀王复命。王叔岷曰：“《汉纪》《通鉴》‘当’并作不。”

⑤掘始皇帝冢，私收其财物：据刘邦此语，则始皇陵当时已为项羽所发掘，而今之考古学者皆谓始皇陵未经发掘，项氏所掘者或仅为陪葬坑。

⑥强杀秦降王子婴：据《项羽本纪》，鸿门宴后数日，项羽遂“西屠咸阳，杀秦降王子婴，烧秦宫室，火三月不灭”。

⑦诈坑秦子弟新安二十万，王其将：章邯、司马欣、董翳率部投降，并随项羽一同入关。在新安城南，项羽担心秦兵入秦后不服生乱，遂将二十万秦降卒全部坑杀，只留下章邯等三名秦将。后分别封之为雍王、翟王、塞王。事见《项羽本纪》。

⑧项羽皆王诸将善地：王先谦引王先慎曰：“诸侯，谓燕将臧荼、齐将田都、赵相张耳之属。”

⑨徙逐故主：项羽徙原齐王田市为胶东王而封田都为齐王、徙原赵王歇为代王而封张耳为常山王居赵地、徙原燕王韩广为辽东王而封臧荼为燕王。

⑩令臣下争叛逆：如齐田荣逐田都、杀田市、田安（项羽所立济北王）自立为齐王，臧荼杀韩广将其地并入燕国。

⑪夺韩王地：韩王成因张良之故被项羽扣住不让他去韩国赴任，后降为侯，最后将其杀掉，改封部下郑昌为韩王。

⑫并王梁、楚，多自予：言项羽自己占据旧时梁、楚两国之地，多达九郡。

⑬主约不信：意即主持分封不公平。

⑭罪十也：泷川引中井曰：“羽唯九罪矣，夫为人臣一条，是总计之语，其事皆在前条，难别为一罪，窃疑‘罪十也’三字为衍文。”按，此说虽有理，然从一到十方才气势完足。

⑮从诸侯诛残贼：不曰“率诸侯”而曰“从诸侯”，与前文之“愿从诸侯王击楚之杀义帝者”相呼应，词气相同，在委婉谦和的同时见所为乃民心所向。

⑯何苦与乃公挑战：底本作“何苦乃与公挑战”。乃与公，应作“与乃公”。乃公，犹言“你老子”，正刘邦常用的骂人话。若作“乃与公”，则“公”字指称项羽，话虽可通，但与上文历数罪状词气不接，更不如“与乃公”之神气毕现。今改。

⑰汉王伤匈，乃扪足曰“虏中吾指”：《正义》曰：“恐士卒坏散，故言中吾足指。”刘辰翁曰：“伤胸要害，仓卒扪足，极未易矫，毋令楚乘胜于汉，语极有力。”泷川曰：“变起仓促，而举止泰然如此，汉皇非徒木强人也。”匈，同“胸”。指，脚趾。

⑱行劳军：视察慰劳军队。行，巡视。

⑲“至栎阳”几句：刘辰翁曰：“汲汲入关，置酒留饮四日，父老安心，盖惧传闻之讹也。”存问，慰问。

⑳枭故塞王欣头栎阳市：按，因栎阳曾是司马欣的旧都，故将其首悬在市场高竿上示众。司马欣初为栎阳狱掾，后为塞王都栎阳，死又枭首于此。枭，斩首悬以示众。《索隐》曰：“枭，悬首于木也。”

【译文】

楚汉两军长时间相持对立，胜负未决，年轻力壮的兵士厌倦了交战厮杀，年迈体弱的兵士疲惫于运送粮饷。汉王和项羽一起来到广武涧，隔涧而语。项羽要跟汉王单挑决战。汉王数落项羽说：“当初我和你项羽一同受怀王之命，说定了‘先入关中者在关中为王’，你项羽违背了约定，让我在蜀汉为王，这是你的第一条罪状。你项羽假托怀王之命，杀了卿子冠军宋义，而自任上将军，这是你的第二条罪状。你项羽奉命援救了赵国，本当回报怀王，而你却擅自劫持诸侯的军队入关，这是你的第三条罪状。怀王当初约定入关后不准烧杀掳掠，你项羽却焚毁秦的宫室，挖了始皇帝坟墓，私自收取秦地的财物，这是你的第四条罪状。你项羽硬是杀掉已经投降的秦王子婴，这是你的第五条罪状。你项羽采用欺诈手段在新安活埋了二十万秦兵，却封赏他们的降将，这是你的第六条罪状。你项羽把各诸侯的将领都封在好地方，却迁移赶走原来的诸侯王田市、赵歇、韩广等，使得他们的臣下为争王位而反叛，这是你的第七条罪状。你项羽把义帝赶出彭城，自己却在那里建都，又侵夺韩王的地盘，把梁、楚之地并在一起据为己有，这是你的第八条罪状。你项羽派人在江南秘密杀了义帝，这是你的第九条罪状。你项羽为人臣子却谋杀君主，杀害已经投降之人，你为政不公，不守信约，不容于天下，大逆不道，这是你的第十条罪状。如今我率领义兵和诸侯来讨伐你这个残害人的罪人，只让那些受过刑的罪犯就可以杀掉你项羽，你何苦要跟你老子挑战！”项羽大怒，让预先埋伏的弓弩手开弓，射中了汉王。汉王伤的是胸部，却按着脚说：“这个奴才射中了我的脚趾！”汉王因受箭伤而病倒了，张良请他勉强起来，出去慰劳部队，以便稳定军心，免得楚军趁机进攻，战胜汉军。汉王出去巡视军营，病情加重，立即赶回了成皋。汉王伤好后，西行入关，到了栎阳，慰问当地父老，摆设酒宴，将原塞王司马欣的人头悬挂在栎阳集市上示众。汉王停留了四日，又回到军中，驻扎在广武。这时，来自关中的增援部队已经越来越多了。

当此时，彭越将兵居梁地，往来苦楚兵，绝其粮食。田横往从之[①]。项羽数击彭越等，齐王信又进击楚。项羽恐，乃与汉王约，中分天下，割鸿沟而西者为汉，鸿沟而东者为楚[②]。项王归汉王父母妻子，军中皆呼万岁，乃归而别去[③]。

【注释】

①“彭越将兵居梁地”几句：崔适曰：“‘彭越将兵’至‘田横往从之’，三句重文也，宜删。”按，崔说极是。然中间潍水之战、广武对峙及刘邦受伤事，再复述当前大势，亦未为不可，只语句重复，似不妥。

②割鸿沟而西者为汉，鸿沟而东者为楚：鸿沟，战国时魏国开凿的运

河，沟通黄河与淮水，北起荥阳，东经中牟、开封，南流至淮阳汇入淮水的支流颍水。

③乃归而别去：按，刘、项订鸿沟之约，《汉书》《资治通鉴》皆系于汉四年八月；楚归汉王父母妻子，《秦楚之际月表》与《汉书》皆系之于汉四年九月。

【译文】

这时候，彭越率领军队驻扎在梁地，往来袭击骚扰楚军，断绝楚军的粮食供给。田横前往梁地投靠他。项羽多次袭击攻打彭越等人，齐王韩信又进兵攻打楚军。项羽害怕了，于是就跟汉王约定，平分天下，鸿沟以西的地方划归汉，鸿沟以东的地方划归楚。项羽送回了汉王的父母妻儿，汉军官兵都高呼万岁，于是楚、汉双方分别撤军而去。

项羽解而东归。汉王欲引而西归，用留侯、陈平计①，乃进兵追项羽，至阳夏南止军②，与齐王信、建成侯彭越期会而击楚军。至固陵③，不会。楚击汉军，大破之④。汉王复入壁，深堑而守之。用张良计，于是韩信、彭越皆往⑤。及刘贾入楚地，围寿春⑥，汉王乃使使者召大司马周殷举九江兵而迎武王⑦，行屠城父⑧，随刘贾、齐梁诸侯皆大会垓下⑨。立武王布为淮南王⑩。

【注释】

①用留侯、陈平计：据《项羽本纪》，张良、陈平分析当前汉强楚弱形势，劝刘邦一鼓作气消灭项羽，“今释弗击，此所谓‘养虎自遗患’也”。郭嵩焘曰：“灌婴已尽收淮南、北地，东入彭城，项羽之势已穷；高祖之与项羽约者，欲因项羽解兵而东，击其惰耳。史公于此及《项羽纪》并云汉王亦欲引而西归，张良、陈平谏，乃使进兵追

项羽；史公文专以顿跌取势，于此亦但自取其文势跌宕耳。”

②阳夏：秦县名。县治在今河南太康。

③固陵：秦县名。在当时的阳夏县南。按，项羽自荥阳撤兵回彭城本来不需经过固陵，但因为彭越已占领梁地，故项羽不得不绕道而行。

④楚击汉军，大破之：据《项羽本纪》，刘邦这次又败得很惨。

⑤用张良计，于是韩信、彭越皆往：张良劝刘邦许诺与韩信、彭越“共分天下”，并预许封地，“使各自为战”，于是韩信、彭越等皆应命而至。详见《项羽本纪》。

⑥寿春：秦县名。县治在今安徽寿县，当时为九江郡郡治。

⑦汉王乃使使者召大司马周殷举九江兵而迎武王：底本作“汉王败固陵，乃使使者召大司马周殷举九江兵而迎武王”。梁玉绳以为“败固陵”三字衍文。按，梁说是，此时刘邦尚未“败固陵”，今据削“败固陵”三字。周殷，原为项羽部将，官任大司马，刘贾将其围困于寿春，刘邦派人将其招降。迎武王，即迎回黥布。徐孚远曰：“黥布称为武王，当是叛楚以后，未归汉以前假为此号。”按，黥布未归汉前原为九江王，现周殷在九江地区叛楚归汉，为便于号召旧部，故迎回已经归汉的黥布以为帅。《荆燕世家》叙此事曰：“汉五年，汉王追项籍至固陵，使刘贾南渡淮围寿春。还至，使人间招大司马周殷。周殷反楚，佐刘贾举九江，迎武王黥布兵。”较此明晰。

⑧城父：秦县名。县治在今安徽亳州东南城父集。

⑨会垓（gāi）下：按，韩信、彭越、刘贾、黥布诸军之会垓下，为汉五年十月、十一月事。垓下，又名“垓下集”，在今安徽灵璧东南之沱河北岸。

⑩立武王布为淮南王：据《秦楚之际月表》，刘邦封黥布为淮南王在汉四年七月，“归太公、吕后”前。

【译文】

项羽于是撤兵东归。汉王想引兵西归，采纳张良、陈平的计策，于是进兵追击项羽，一直追到阳夏县南，才让军队停了下来，汉王和齐王韩信、建成侯彭越等约定时间会师，进击楚军。汉王到达固陵，韩信、彭越没来相会。项羽迎击汉军，汉军大败。汉王躲进营垒，深挖壕沟，坚守不出。汉王采用张良计，为韩信、彭越筹划地盘，令其各为己战，于是韩信、彭越都到了。等刘贾攻入楚地，包围寿春，汉王于是派使者去招降项羽的大司马周殷，让他率领九江兵马去迎接武王英布，中途屠灭了城父县，而后跟着刘贾和齐、梁二地的诸侯会师于垓下。封武王英布为淮南王。

五年①，高祖与诸侯兵共击楚军，与项羽决胜垓下。淮阴侯将三十万自当之，孔将军居左②，费将军居右③，皇帝在后④，绛侯、柴将军在皇帝后⑤。项羽之卒可十万。淮阴先合，不利，却⑥。孔将军、费将军纵⑦，楚兵不利，淮阴侯复乘之⑧，大败垓下⑨。项羽夜闻汉军之楚歌⑩，以为汉尽得楚地，项羽乃败而走，是以兵大败。使骑将灌婴追杀项羽东城，斩首八万⑪，遂略定楚地。鲁为楚坚守不下⑫。汉王引诸侯兵北，示鲁父老项羽头，鲁乃降。遂以鲁公号葬项羽穀城⑬。还至定陶，驰入齐王壁，夺其军⑭。

【注释】

①五年：前202年。

②孔将军：孔藂。韩信的部将，后封蓼侯。

③费将军：陈贺。韩信的部将，后封费侯。

④皇帝：刘邦。按，此时刘邦未称帝，不应书“皇帝”。

⑤绛侯：周勃。从刘邦起兵，战功卓著，为刘邦开国功臣。封绛侯。事迹见《绛侯周勃世家》。柴将军：柴武。后封棘蒲侯。

⑥淮阴先合，不利，却：韩信首先率中军出击，佯败，诱楚军进攻。

⑦孔将军、费将军纵：左右两翼出击包抄。纵，出击。董份曰："一'却'一'纵'，每用一字，而进退迭用之势宛然在目。"

⑧楚兵不利，淮阴侯复乘之：楚军受左右两翼冲击不敌，韩信复率中军回军掩杀。乘，王骏图曰："乘，加也，陵也。"

⑨大败垓下：凌稚隆引杨慎曰："叙高祖与羽决胜垓下，仅六十字，而阵法、战法之奇皆具……曰'不利'，用奇也，既却而左右兵纵，因其不利而乘之，此战法奇正相生也。"陈仁锡曰："淮阴侯极得意之阵，太史公极用意之文。曰'孔将军居左，费将军居右'，张左右翼也；'淮阴侯小却'，诱兵也；'复乘之'，合战也。所谓'以正合，以奇胜，奇正还相生'也。"郭嵩焘曰："韩信与项羽始终未一交战，独垓下一战，收楚、汉兴亡之全局。"按，此刘邦、项羽间的最后关键一战，《史记》中仅叙于此，《项羽本纪》《淮阴侯列传》皆不载。而《汉书》《资治通鉴》竟都漏掉了这段文字，殊觉可怪。

⑩项羽夜闻汉军之楚歌：底本作"项羽卒闻汉军之楚歌"。张文虎曰："卒，应作'夜'，《项羽本纪》作'夜'。"今据改。按，《汉书》改之为"羽夜闻汉军四面皆楚歌"，较此为顺。

⑪追杀项羽东城，斩首八万：《秦楚之际月表》与《汉书·高祖纪》皆系此战于汉五年十二月。东城，秦县名。在今安徽定远东南。斩首八万，郭嵩焘曰："此统合垓下之战言之。"陈梧桐等《西汉战争史》曰："楚汉战争是我国历史上第二次大规模的统一战争。它与秦始皇的统一战争具有显著不同的特点：前者是在一百多年的长期准备、艰苦奋斗、奠定了坚实基础上进行的，是'奋六世之余烈，振长策而御宇内'，以强灭弱，水到渠成；后者则完全不

同,项羽占有极大的优势,刘邦的势力非常弱小,战争全过程基本上都是以弱胜强,历经艰难曲折的道路,屡战屡败而最后取得胜利。优势的项羽所以失败,劣势的刘邦所以胜利,归根到底是双方对决定战争胜负的诸因素认识不同,对战争全局的指导艺术不同,进而导致优劣易势,成败异变。主要表现有以下七点:第一,项羽忽视政治对战争的影响和作用,刘邦则完全相反,他处处注意争取人心,采取了一系列积极的措施;第二,项羽忽视军事地理对战争的影响和作用,刘邦则与项羽相反,他把军事地理看做是影响战争胜负的重大因素;第三,项羽忽视战争初期的作战对战争全过程的作用和影响,刘邦则把战争初期的作战视为极端重要的问题;第四,项羽忽视外交对战争的作用和影响,刘邦则相反,他把争取盟友看做是制服项羽的一个根本条件;第五,项羽忽视后方建设对战争的作用和影响,刘邦则从战争一开始,就从政治、经济、军事等各方面加强后方根据地的建设。第六,项羽忽视侧面战场同正面战场的配合,刘邦则在楚汉战争中首次创立了多战场互相配合的指导艺术。正是通过这多种战场、多种手段、多种力量的配合,才取得了战争全局上的优势和胜利。这一战争指导艺术,实为我国战争史上的空前创举,也是人类战争史上的空前创举。第七,项羽忽视人才对战争的作用和影响,而刘邦则极为重视人才。楚汉战争的全过程,实际上也是人才流动和转移的过程,充分反映了人心向背和人存事兴、人亡事废的道理。"

⑫鲁为楚坚守不下:项羽曾被楚怀王封为鲁公,故鲁人对故主忠心不渝,死守不降。鲁,秦县名。今山东曲阜。

⑬榖城:古邑名。在今山东平阴西南。

⑭驰入齐王壁,夺其军:齐王,指韩信。时为齐王。凌稚隆曰:"项羽方灭,即驰夺信军,功臣自危始此。"又曰:"纪中凡夺军者三,帝未尝一日忘信也。"

【译文】

汉王五年，高祖与各路诸侯大军共同进攻楚军，在垓下与项羽一决胜负。淮阴侯韩信率三十万大军亲自独当正面，孔将军孔藂在左，费将军陈贺在右，汉王在韩信的后面，绛侯周勃、柴将军柴武跟在汉王后面。项羽的军队大约有十万。韩信率先对项羽开战，假装不敌，向后撤退。孔将军、费将军由两翼向前进击，楚军形势不妙，韩信又转身从正面压了上来，大败楚军于垓下。到了夜间，项羽听到汉军四面唱起了楚歌，以为汉军完全占领了楚地，于是溃败逃走，因此楚军全线崩溃。汉王派骑将灌婴追杀项羽于东城，斩首八万，楚地遂告平定。鲁城曲阜为项羽坚守不降。汉王率领诸侯大军北上，向鲁城父老出示项羽的人头，鲁人方才投降。因为项羽曾被怀王封为鲁公，所以汉王就以鲁公的名号把项羽葬在了穀城。汉王回师行至定陶，驱马驰入齐王韩信的兵营，夺了他的兵权。

正月，诸侯及将相相与共请尊汉王为皇帝。汉王曰："吾闻帝贤者有也①，空言虚语，非所守也②，吾不敢当帝位③。"群臣皆曰："大王起微细，诛暴逆，平定四海，有功者辄裂地而封为王侯。大王不尊号，皆疑不信。臣等以死守之④。"汉王三让，不得已，曰："诸君必以为便，便国家。"二月甲午⑤，乃即皇帝位汜水之阳⑥。

【注释】

①帝贤者有也：颜师古曰："言贤德之人乃可有帝号。"

②空言虚语，非所守也：《汉书》于此作"虚言亡实之名，非所取也"，意思更明确。守，保有，据有。

③吾不敢当帝位：按，虚意推辞，乃故有程序，后文帝也是这样。

④以死守之：按，群臣也要表示态度坚决。实为表忠心的一种形式。

⑤二月甲午：汉五年（前202）的阴历二月初三。底本无“二月”二字。梁玉绳曰：“《汉书》是‘二月甲午’，此缺‘二月’两字。”按，“二月”二字不能没有，今据补。

⑥即皇帝位氾（fán）水之阳：这里是指定陶县（今山东菏泽定陶区西北）城北的氾水北岸。氾水，在今山东西南部。故道自今山东曹县北从古济水分出，东北流，至定陶北注入古菏泽。梁玉绳引《汉书评林》曰：“高祖初上尊号以开四百年丕基，自宜郑重其事，以故《班书》载诸侯王两疏，及高祖两让之词，盖帝王之规模如是哉，《史记》失之略矣。”按，司马迁、班固二人性情思想差异巨大，梁玉绳此论颇迂腐。

【译文】

正月，各诸侯与将相们一同尊请汉王为皇帝。汉王说：“我听说帝的尊号，只有贤者才能拥有，徒有虚名的人是不能享用的，我担当不起帝的位置。”群臣们都说：“大王出身平民，诛伐暴逆，平定四海，有功者就划割土地封为王侯。大王不称皇帝尊号，人心都疑虑不安。臣等愿意以死相请。”汉王辞让再三，实在推辞不过了，才说：“既然你们认为我做皇帝对国家有好处，那我也就从有利于国事上来考虑吧。”二月甲午，汉王就在氾水北岸即皇帝位。

皇帝曰：“义帝无后，齐王韩信习楚风俗，徙为楚王[①]。”都下邳[②]。立建成侯彭越为梁王，都定陶[③]。故韩王信为韩王，都阳翟[④]。徙衡山王吴芮为长沙王，都临湘[⑤]。番君之将梅鋗有功，从入武关，故德番君。淮南王布、燕王臧荼、赵王敖皆如故[⑥]。

【注释】

①齐王韩信习楚风俗，徙为楚王：时韩信为齐王已一年，刘邦忌惮韩

信能力，不愿其据有强齐，故找借口将其调离，防其坐大威胁自己。

②下邳：秦县名。县治在今江苏邳县西南。周振鹤曰："韩信之国以秦郡数自西至东当有陈郡、薛郡、泗水、东海、会稽等郡，皆旧六国楚地之属。"

③立建成侯彭越为梁王，都定陶：据《汉书·高帝纪》，刘邦徙韩信为楚王与封彭越为梁王皆在是年正月，刘邦为皇帝之前。定陶，秦县名。县治在今山东菏泽定陶区北。按，彭越之梁国领有砀郡。

④阳翟：秦县名。即今河南禹州。按，韩国的封地即颍川郡。

⑤临湘：秦县名。县治即今湖南长沙。周振鹤以为吴芮的长沙国实际领有长沙、武陵二郡，见《西汉政区地理》。

⑥淮南王布、燕王臧荼、赵王敖皆如故：吴见思曰："前写项羽分封一段，此又写汉王分封一段，两处照耀，不见重沓。"赵王敖，张敖，张耳之子。娶刘邦之女鲁元公主。张耳于汉四年（前203）十一月被刘邦封为赵王，五年七月卒，张敖继其父位为赵王。

【译文】

高祖说："义帝没有后代，齐王韩信熟悉楚地风俗，改封韩信为楚王。"建都下邳。封建成侯彭越为梁王，建都定陶。封原韩王信为韩王，建都阳翟。徙封衡山王吴芮为长沙王，建都临湘。番君吴芮的部将梅鋗有功，跟从高祖攻进武关，所以施德于番君吴芮。淮南王英布、燕王臧荼、赵王张敖都是王号依旧。

天下大定。高祖都雒阳①，诸侯皆臣属。故临江王驩为项羽叛汉②，令卢绾、刘贾围之，不下。数月而降，杀之雒阳③。五月，兵皆罢归家。诸侯子在关中者复之十二岁④，其归者复之六岁，食之一岁⑤。

【注释】

①雒阳:同“洛阳”。汉代之雒阳城在今洛阳东十二公里处,东起寺里碑,西到白马寺,南起大郊村,北至邙山,洛河从中穿过。南城墙已被洛水冲毁,其他三面的残垣尚存。登高鸟瞰,古洛阳之轮廓尚依稀可辨。

②故临江王驩为项羽叛汉:泷川曰:“项王败死,而鲁人守节不辄下,临江王、燕王、利幾相踵叛汉,皆其遗臣。高祖使诸项氏臣名籍,郑君独不奉诏,亦其旧将。亦足以见项王仁而爱人也。”临江王,姓共名驩,也作“共尉”,项羽所封的临江王共敖之子。其父前死,共驩继其父位为临江王。

③杀之雒阳:《秦楚之际月表》与《荆燕世家》皆系灭共尉于汉五年十二月,刘邦之灭项羽后,未为皇帝前。此书于称帝之后,盖误。

④诸侯子在关中者:汉二年,刘邦曾下令诸将之子在关中者皆赴栎阳护卫太子刘盈并守城,此即上述诸人。复:免除赋税、徭役。

⑤食之一岁:梁玉绳曰:“《汉书》详述此诏,无‘食之一岁’语。”

【译文】

天下已经基本平定。高祖建都洛阳,诸侯都向他称臣。原临江王共驩仍忠于项羽,反对汉朝,高祖命卢绾、刘贾率兵围攻,未能攻下。数月之后,共驩投降,被杀于洛阳。五月,高祖让各路兵马解散回家。各路诸侯的儿子凡在关中一直护卫太子的,一律免除赋税十二年,中途离开回到父兄旧部者免除赋税六年,此外朝廷再供应他们一年的吃喝。

高祖置酒雒阳南宫[①]。高祖曰:“列侯诸将无敢隐朕,皆言其情。吾所以有天下者何?项氏之所以失天下者何?”高起、王陵对曰:“陛下慢而侮人,项羽仁而爱人。然陛下使人攻城略地,所降下者因以予之,与天下同利也。项羽妒贤嫉能，有功者害之[②]，贤者疑之，战胜而不予人功，得地而不予人利，此所以失天下也[③]。”高祖曰：“公知其一，未知其二。夫运筹策帷帐之中[④]，决胜于千里之外，吾不如子房[⑤]。镇国家，抚百姓，给馈饷[⑥]，不绝粮道，吾不如萧何。连百万之军，战必胜，攻必取，吾不如韩信。此三者，皆人杰也，吾能用之，此吾所以取天下也。项羽有一范增而不能用，此其所以为我擒也[⑦]。”

【注释】

①雒阳南宫：《正义》引《括地志》曰：“南宫在洛州洛阳县东北二十六里洛阳故城中。”又引《舆地志》曰：“秦时已有南北宫。”王先谦引沈钦韩曰：“盖秦时虽都关中，犹仿周东都之制。”

②害：妒忌。

③此所以失天下也：按，高起、王陵所说与《淮阴侯列传》韩信对刘邦曰：“项王见人恭敬慈爱，言语呕呕，人有疾病，涕泣分饮食，至使人有功当封爵者，印刓敝，忍不能予，此所谓妇人之仁也。”意思一致。

④运筹策：出谋划策。筹策，竹码子。古时计算用具。后用为“谋划、揣度料量”之意。

⑤吾不如子房：有井范平引金隐星曰：“‘吾不如’三字，项羽便宁死不出口矣，况既为天子之日哉？”锺惺曰：“此自负驾御豪杰之语，非谦逊语。”

⑥给馈饷：供应运送粮饷。

⑦此其所以为我擒也：锺惺曰：“二语殊占地步，非谦逊归功臣下之言，正自明其能驱策，智勇出三人上耳。”吴见思曰：“楚汉两争一篇大文至此已毕，不可寂然便住，故即高祖一问，先高起、王陵提

论一番，后即高祖自己提论一番，两两相比，一篇文字至此收尽。”凌稚隆引黄省曾曰：“自古辉赫于云台之上，超冠于勋蝉之表，所以盟河山而垂万世者，孰非当世摈弃之匹夫哉？是故伊尹夏之才也，摈于耕亩，遗之成汤而启商；吕望商之才也，摈于鼓刀，遗之武王以兴周；三杰秦之才也，摈于困饿，遗之沛公以立汉，故曰有国家者贤材不可摈也。”

【译文】

高祖在洛阳南宫摆设酒宴。高祖说：“各位王侯将领不要对我隐瞒，都要说实情。我能取得天下的原因是什么？项羽失去天下的原因又是什么？”高起、王陵回答说：“陛下傲慢而侮辱人，项羽仁厚而爱护人。可是陛下派人攻城略地，所降服攻克的就分封给他们，能与天下人同享利益。项羽妒贤嫉能，有功的就嫉恨人家，有才的就怀疑人家，打了胜仗却不给人家授功，夺了土地却不给人家财利，这就是他失去天下的原因。”高祖说：“你们只知其一，不知其二。在帷幄之中决策定计，在千里之外决定胜负，我比不上张子房。镇守国家，安抚百姓，运输粮饷，不使粮道断绝，我比不上萧何。统率百万大军，战就一定胜利，攻就一定攻取，我比不上韩信。这三人，都是人中的俊杰，我能够用他们，这是我能够得天下的缘故。而项羽有一位范增却不用，这就是他被我擒获的原因。”

高祖欲长都雒阳，齐人刘敬说①，及留侯劝上入都关中，高祖是日驾，入都关中②。六月，大赦天下。

七月，燕王臧荼反③，攻下代地④。高祖自将击之，得燕王臧荼⑤。即立太尉卢绾为燕王⑥。使丞相哙将兵攻代⑦。其秋，利幾反⑧，高祖自将兵击之，利幾走。利幾者，项氏之将。项氏败，利幾为陈公，不随项羽，亡降高祖，高祖侯之颍川⑨。高祖至雒阳，举通侯籍召之⑩，而利幾恐，故反。

【注释】

①刘敬:本姓“娄”,以戍卒身份求见刘邦,建议西都关中,意见被采纳,赐姓刘。事迹见《刘敬叔孙通列传》。

②高祖是日驾,入都关中:《秦楚之际月表》系刘邦入都关中于汉五年六月。凌稚隆引凌约言曰:“曰‘是日’,从善之决也。”按,刘邦迁其政权机构于关中后,开始都于栎阳(今西安之阎良区),长乐宫建成后始迁入长安。

③七月,燕王臧荼反:王先谦引何焯曰:“荼,项氏所立,又负杀故主之罪,故惧诛最先反。”按,七月,底本作“十月”。梁玉绳曰:“‘十月’乃‘七月’之误。”《韩信卢绾列传》《汉书》《资治通鉴》皆作“七月”,若“十月”则进入下一年矣。今据改。

④代地:指代郡。代郡为燕国西邻,故臧荼攻代。

⑤得燕王臧荼:事在同年之九月。

⑥立太尉卢绾为燕王:卢绾为刘邦自幼好友,深受器重,恩宠过于诸将。刘邦东伐项羽,封卢绾为太尉、长安侯。刘邦一直封卢绾为王,此时遂立其为燕王。事在同年闰九月。详见《韩信卢绾列传》。周振鹤以为当时的燕国领有上谷、渔阳、右北平、辽西、辽东、广阳六个郡。太尉,秦始设,汉沿置,位列“三公”,职掌全国武事。但卢绾军事才能并不见记载,此特以优宠见封。郭嵩焘曰:“似此时太尉不专兵,高帝因秦制而为之名,非汉制也。”

⑦丞相哙:即樊哙。王先谦引周寿昌曰:“汉初有丞相虚封,犹后世加衔。左右丞相之设在孝惠、吕后时,相国之号在高帝十一年,而哙先称之,皆虚封也。”

⑧其秋,利幾反:利幾之反与臧荼之反大致同时。

⑨侯之颍川:即封以为颍川侯。颍川,汉郡名。郡治阳翟,今河南禹州。

⑩举通侯籍召之:举,全部。通侯,也称“列侯”,本称“彻侯”。秦统一后所建立的二十级军功爵中的最高级。汉初因袭之,多授予

有功的异姓大臣，受爵者还能以县立国。后避武帝讳，改称“通侯”。盖以其有功勋通于王室，故以此称之。

【译文】

高祖打算永久建都洛阳，齐人刘敬劝阻，留侯张良也劝说他入都关中，于是高祖当天起驾，进入关中建都去了。六月，大赦天下。

七月，燕王臧荼谋反，攻占了代地。高祖亲自率兵征讨，俘获了燕王臧荼。随即立太尉卢绾为燕王。派樊哙统兵去进剿代地的叛军。这年秋天，利幾谋反，高祖亲自率军征讨，利幾望风而逃。利幾原是项羽的部将。项羽兵败时，利幾在陈县当县令，他没有跟从项羽，而是逃来投降高祖，高祖封他为颍川侯。高祖回到洛阳后，召集所有在册的列侯，利幾心中惶恐，所以谋反。

六年[①]，高祖五日一朝太公，如家人父子礼[②]。太公家令说太公曰[③]：“天无二日，土无二王。今高祖虽子，人主也[④]；太公虽父，人臣也。奈何令人主拜人臣！如此，则威重不行[⑤]。”后高祖朝，太公拥篲，迎门却行[⑥]。高祖大惊，下扶太公。太公曰：“帝，人主也，奈何以我乱天下法！”于是高祖乃尊太公为太上皇[⑦]。心善家令言[⑧]，赐金五百斤[⑨]。

【注释】

①六年：前201年。

②家人：平民，平民之家。

③家令：官名。汉代皇家的属官，主管家事，诸侯国亦设此职。

④今高祖虽子，人主也：梁玉绳曰：“‘高祖’当依《汉书》作‘皇帝’。”

⑤威重不行：凌稚隆引凌约言曰：“古之道，子尊不加于父母，家令之

言过矣。”

⑥太公拥篲（huì），迎门却行：按，《魏公子列传》赵王“扫除却行”以迎魏公子，《刺客列传》太子丹“却行为导”以迎田光，可知此礼为尊迎来客之礼。钱锺书曰：“却行者，虽引进而不敢为先，故倒退以行，仍面向贵者而不背向之，所以示逢迎之至敬也。”然此太公所为应是家令所教，纯乎是家令揣摩出刘邦不愿行“家人父子之礼”的心思，特意在向刘邦献媚。拥篲，抱着扫帚，意将为之清扫道路，表示对来人的尊敬。

⑦太上皇：《索隐》曰：“秦始皇追尊庄襄王为太上皇，已有故事矣。盖太上者，无上也。皇者德大于帝，欲尊其父，故号曰太上皇也。”

⑧心善家令言：史珥曰：“‘心’字下得微，盖善其能使太公尊己，亦示讥之意。注以为善发悟已心，因得崇父号，则龙门之心事赘设矣。”李笠曰：“群臣不忘封号，父之尊号何遽忘之？盖私喜其推尊己，所谓‘威重不行’耳。”

⑨赐金五百斤：汉代称黄金一斤曰“一金”，“一金”约值铜钱一万。

【译文】

汉高祖六年，高祖每隔五天去拜见刘太公一次，像平民百姓那样向父亲行礼。太公家令劝太公说：“天无二日，地无二王。现今高皇帝他虽然是儿子，但他是君主；太公您虽然是父亲，但您是臣子。怎么能让君主给臣子行礼呢！这样下去，他的威严就无法行于天下。”等到高祖再来拜见时，太公抱着扫帚，迎候于门，接着倒退而行。高祖大吃一惊，赶紧下车扶着太公。太公说：“皇上呀，您是君主，怎么能因为我就乱了天下的大法！”于是高祖就尊崇刘太公为太上皇。对家令所言，高祖心里欢喜，就赏赐给他金五百斤。

十二月，人有上变事告楚王信谋反①，上问左右，左右争欲击之②。用陈平计，乃伪游云梦③，会诸侯于陈，楚王信迎，即因执之[④]。是日，大赦天下[⑤]。田肯贺[⑥]，因说高祖曰："陛下得韩信，又治秦中[⑦]。秦，形胜之国[⑧]，带河山之险[⑨]，县隔千里[⑩]，持戟百万，秦得百二焉[⑪]。地势便利，其以下兵于诸侯，譬犹居高屋之上建瓴水也[⑫]。夫齐，东有琅邪、即墨之饶[⑬]，南有泰山之固[⑭]，西有浊河之限[⑮]，北有勃海之利[⑯]。地方二千里，持戟百万，县隔千里之外，齐得十二焉。故此东、西秦也[⑰]。非亲子弟，莫可使王齐矣[⑱]。"高祖曰："善。"赐黄金五百斤。

【注释】

①十二月，人有上变事告楚王信谋反：梁玉绳曰："《汉纪》告反在六年十月，此在十二月者，因会陈执信在十二月，遂并叙之，其实是十月也。"变事，也单称"变"，谋反叛变之事。此指告发谋反的奏章。

②左右争欲击之：据《陈丞相世家》："人有上书告楚王韩信反。高帝问诸将，诸将曰：'亟发兵坑竖子耳。'"

③云梦：古著名的大薮泽名。在楚国境内。为春秋战国时楚王游猎区。

④楚王信迎，即因执之：陈平为刘邦设谋以袭捕韩信事，见《陈丞相世家》《淮阴侯列传》。凌稚隆引高参曰："韩信未有逆节……（汉祖）卒用陈平计一朝袭信，而生诸侯之疑，一二年间，韩王信反马邑，赵相贯高谋柏人，陈豨反代地，黥布、卢绾之徒悉以叛涣，岂非伪云梦之名致之与？"又引吕祖谦曰："天下既定，本是饥渴易为饮食之时，只因伪游一事，叛者九起。"

⑤是日，大赦天下：陈子龙曰："信罪未见而执之，恐天下不服，故下赦令以安诸侯之心。"

⑥田肯：《汉书》作"田肎"。其人之身世、事迹不详，仅此一见。

⑦治秦中：即建都关中。治，指建立治所。此指建都。秦中，《集解》引如淳曰："时山东人谓关中为秦中。"

⑧形胜：谓地理位置优越，地势险要。

⑨带河山之险：有险要的黄河、崤山为边界。带，环绕。此指边界。

⑩县隔千里：县隔，同"悬隔"，相隔很远，相差很大。至其具体含义则诸说不一。一谓秦国形势险要，于东方诸侯如在千里之外，难以攻取，如颜师古引应劭曰："言河山之险，与诸侯相悬隔，绝千里也。"又引李斐曰："河山之险，由地势高，顺流而下易，故天下于秦悬隔千里也。"一谓关中的地域辽阔，疆土广大，如王先谦曰："言河山之阻，千里而遥，犹张良云'关中沃野千里'耳。"

⑪秦得百二焉：关于"百二"以及下文之"十二"，亦众说纷纭。《索隐》引虞喜曰："故云得百二焉，言倍之也，盖言秦兵当二百万也。"顾炎武曰："古人谓倍为二，秦得百二，言百倍也；齐得十二，谓十倍也。"此外还有他说，不录。

⑫居高屋之上建瓴（líng）水：《集解》引如淳曰："瓴，盛水瓶也。居高屋之上而幡瓴水，言其向下之势易也。"陈直曰："旧注皆训瓴为盛水瓶，对于高屋上置水瓶，颇难理解。西安灞桥地区曾出'霸陵过氏瓴'一具……器形中空，一头大，一头小，为檐角滴水之用，故云高屋建瓴。"

⑬琅邪：汉县名，也是汉郡名。县治、郡治在今山东胶南西南。即墨：汉县名。县治在今山东平度东南，为战国以来的齐地名城。

⑭泰山之固：泰山是齐国的南界，上有齐国古长城。

⑮浊河：指黄河。齐国的西北部边界为黄河。限：阻隔。

⑯勃海之利：指海边鱼盐的出产。

⑰此东、西秦也：泷川引胡三省曰："言齐地形胜与秦抗衡也。"

⑱非亲子弟，莫可使王齐：泷川曰："信以兵取齐，虽移其国，守令多其故将，余威尚在，所以有田肯之贺。"按，胡三省、全祖望皆有所

谓韩信移楚后仍兼领齐地之说，与《秦楚之际月表》《曹相国世家》等不合，似不可信。

【译文】

十二月，有人上书报告说楚王韩信准备造反，高祖向大臣们询问对策，大臣们争着想出兵征讨。高祖还是采纳了陈平的计策，于是伪装出游云梦泽，要在陈郡会见诸侯，楚王韩信前来迎接，高祖就趁势将他拘捕。同日，大赦天下。田肯上前祝贺，劝高祖说："陛下擒拿了韩信，又在关中建都。秦地，是个形势优越的国度，四周有高山大河的险固，地形险要难以攻取，持戟之士百万，秦的实力是其他诸侯国的一百倍。它的地势如此便利，如果出兵东下，就会像从高屋之上倾泻瓴水一样，势必难以阻挡。至于齐国，东有琅邪、即墨的富饶，南有泰山的坚固，西有黄河的险阻，北有渤海的渔利。方圆两千里，持戟上百万，地形险要难攻，齐的实力是其他诸侯国的十倍。所以说，齐地和秦地有着东秦与西秦之称。不是陛下的嫡亲子弟，不可以派去做齐王。"高祖说："好。"于是赏赐田肯金五百斤。

后十余日，封韩信为淮阴侯①，分其地为二国②。高祖曰："将军刘贾数有功。"以为荆王，王淮东③。弟交为楚王④，王淮西⑤。子肥为齐王⑥，王七十余城，民能齐言者皆属齐⑦。乃论功，与诸列侯剖符行封⑧。徙韩王信太原⑨。

【注释】

①封韩信为淮阴侯：按，此明韩信并未谋反，实属刘邦疑忌而强加罪名。以韩信之才能，刘邦之性格，若韩信真谋反，岂可留他性命，遑论封侯。淮阴，汉县名。县治即今江苏淮安之淮阴区。

②分其地为二国：即下述之"淮东"的荆国与"淮西"的楚国。

③王淮东：约当今江苏之淮河东南以及长江以南地区，都吴县，即今苏州。《索隐》引虞喜曰："总言吴，别言荆者，以山命国也。今西南有荆山，在阳羡界。贾封吴地而号荆王，指取此义。"据《汉书·高帝纪》，刘贾的领地有东阳、鄣郡、吴郡三个郡共五十三个县。

④弟交为楚王：事在高祖六年正月。刘交为刘邦异母幼弟。事迹见《楚元王世家》。

⑤王淮西：约当今之江苏北部和与之临近的安徽北部地区，都彭城，即今徐州。据《汉书·楚元王传》，刘交的领地有薛郡、东海郡、彭城郡共三个郡三十六个县。

⑥子肥为齐王：事在高祖六年正月，与刘交同时受封。刘肥，刘邦的私生子，是刘邦最大的儿子。事迹见《齐悼惠王世家》。

⑦民能齐言者皆属齐：《正义》曰："近齐城邑，能齐言者咸割属齐。"王骏图曰："近齐城邑，凡语言与齐一类者，皆割属齐王，言其疆域之大。"按，周振鹤以为刘肥的封地有胶东、胶西、临淄、济北、城阳、博阳、琅邪七个郡，共七十三个县。

⑧剖符：古代帝王分封诸侯、功臣时，以竹符为信证，剖分为二，君臣各执其一。行封：谓封之为列侯。

⑨徙韩王信太原：事在高祖六年春。刘邦认为韩王信英武有才干，封地"北近巩、洛，南迫宛、叶，东有淮阳，皆天下劲兵处，乃诏徙韩王信王太原以北，备御胡，都晋阳"。而韩王信则干脆请求北都马邑。事见《韩信卢绾列传》。

【译文】

十多天后，封韩信为淮阴侯，把他的原封地分为两个侯国。高祖说："将军刘贾，屡有战功。"封他为荆王，领地淮水以东。封弟弟刘交为楚王，领地淮水以西。封儿子刘肥为齐王，领地有七十余城，凡是会说齐地方言的百姓都隶归齐国。高祖于是论功行赏，剖符分封诸列侯。将韩王信的封地由阳翟迁至太原。

七年[①]，匈奴攻韩王信马邑，信因与谋反太原[②]。白土曼丘臣、王黄立故赵将赵利为王以反[③]，高祖自往击之。会天寒，士卒堕指者什二三，遂至平城[④]。匈奴围我平城，七日而后罢去[⑤]。令樊哙止定代地。立兄刘仲为代王[⑥]。二月，高祖自平城过赵、雒阳，至长安。长乐宫成[⑦]，丞相已下徙治长安[⑧]。八年[⑨]，高祖东击韩王信余反寇于东垣[⑩]。

【注释】

①七年：前200年。

②匈奴攻韩王信马邑，信因与谋反太原：韩王信迁都马邑后，被匈奴冒顿单于包围。他遣使欲与冒顿求和解，刘邦疑其有二心，遗书责备，他得书后惶恐不已，遂降匈奴，并引匈奴攻太原郡。梁玉绳曰："韩王之反，此在七年，表在五年，并误也，当依信本传作六年为是，《汉》纪、表亦云六年九月。"马邑，韩王信的都城，即今山西朔州。《正义》引《搜神记》云："昔秦人筑城于武周塞以备胡，城将成而崩者数矣。有马驰走，周旋反覆，父老异之，因依以筑城，乃不崩，遂名马邑。"

③白土曼丘臣、王黄立故赵将赵利为王以反：《汉书》云："上自将击韩王信于铜鞮，斩其将。信亡走匈奴，其将曼丘臣、王黄共立赵后赵利为王。"较此明晰。白土曼丘臣、王黄，白土县的曼丘臣与王黄。白土，汉县名。县治在今陕西神木西。曼丘臣，颜师古曰："姓曼丘，名臣也。"立故赵将赵利为王，梁玉绳曰："信本传云'立赵苗裔'，《汉纪》云'赵后'，则'将'乃'后'之误。其后为陈豨将守东垣也。"

④平城：汉县名。县治在今山西大同东北。

⑤匈奴围我平城，七日而后罢去：刘邦被围于平城东北的白登山，用

陈平之计,贿赂单于之妻,方得解围。详见《陈丞相世家》。

⑥立兄刘仲为代王:据《汉书·高帝纪》,刘喜代国的领地有云中、雁门、代郡三个郡,共五十三个县。刘仲,刘邦的二哥,名喜。其子即发动七国之乱的吴王刘濞。

⑦长乐宫:汉宫名。在今陕西西安西北汉长安城东南隅,即今之阁老门村。因在未央宫之东,亦称东宫。汉初皇帝视朝于此。惠帝后朝会移未央宫,长乐宫改为太后居地。近年经考古勘探,长乐宫围墙全长约一万米,合汉制二十余里。全部面积约六平方公里,占长安城总面积约六分之一。

⑧丞相已下徙治长安:谓整个中央机构从栎阳迁入长安。按,秦之咸阳,在今咸阳东北,汉改称之曰"渭城"。汉之长安,在今西安之西北部,当时咸阳城的正南偏东。咸阳(渭城)在渭水之北,长安在渭水之南。

⑨八年:前199年。

⑩东垣:汉县名。后改称真定,在今河北石家庄正定南。

【译文】

汉高祖七年,匈奴进攻韩王信的都城马邑,韩王信于是与匈奴勾结,在太原谋反。白土县人曼丘臣和王黄拥立战国时赵王后裔赵利为王,反叛朝廷,高祖亲自率军前往讨伐。适值天气严寒,士兵们被冻掉了手指的就有十分之二三,于是到了平城。匈奴人包围平城,一直围了七天才撤走。高祖命樊哙留在代地平叛。封二哥刘仲为代王。二月,高祖从平城动身,经过邯郸、洛阳,回到长安。这时长乐宫已经建成,丞相萧何以下的官员都搬到长安办公。汉高祖八年,高祖率兵东进,到东垣讨伐韩王信的余党。

萧丞相营作未央宫[1],立东阙、北阙、前殿、武库、太仓[2]。高祖还,见宫阙壮甚,怒,谓萧何曰:"天下匈匈苦战数岁，成败未可知，是何治宫室过度也？”萧何曰：“天下方未定，故可因遂就宫室③。且夫天子以四海为家，非壮丽无以重威，且无令后世有以加也④。”高祖乃说。

【注释】

①未央宫：汉宫名。遗址在龙首山北麓，今西安未央区未央宫街道，当时长安城内的西南部，为长安城内地势最高的地方。东西墙长二千一百五十米，南北墙长二千二百五十米。墙基宽二十米，面积约五平方公里，占城内总面积的七分之一。

②东阙、北阙：未央宫的东门、北门立有双阙。《索隐》曰：“东阙名苍龙，北阙名玄武，无西、南二阙者，盖萧何以厌胜之法故不立也。”阙，宫门、城门两侧的高台，中间有道路，台上起楼观。今北京故宫午门左右之五凤楼，即依其制。前殿：居宫内正中，为朝会之所。今马家寨村北突兀高起的土丘为未央宫前殿遗址，南北长二百米，东西宽约一百米，北端最高处达十余米。可见当初规模之巨大。武库：国家的兵器仓库。在当时的未央宫之东，长乐宫之西。太仓：京师储谷的大仓。

③因遂就：趁机一次性迅速完成。

④无令后世有以加也：凌稚隆引凌约言曰：“天下方未定，为之者拊循煦妪之不暇，又安可重为烦费以壮宫室哉？……创业垂统之君致其恭俭以训子孙，犹淫靡而不可禁，况示之以骄侈乎？孝武卒以宫室靡敝天下，恶在其无以加也？”茅坤曰：“治未央壮丽，为坚高帝都秦。”徐孚远曰：“文终（即萧何）治宫室过壮，为定都计也。又以留守关中，政自己出，若作宫朴陋，疑于奉上不足，非自固之道。”按，北魏雄主拓跋焘亦驳斥之，见《萧相国世家》引。

【译文】

丞相萧何主持营建未央宫，建东阙、北阙、前殿、武库、太仓。高祖回到长安后，看到宫阙异常壮丽，大为生气，对萧何说："天下纷纷攘攘，我们苦苦征战多年，是成是败未可得知，为什么要把宫殿修建得如此壮丽呢？"萧何说："正因为天下尚未安定，所以才可以趁机把宫殿建成。再说天子以四海为家，宫殿不壮丽就无法加重威严，而且也不想让后世有所超越。"高祖这才高兴起来。

高祖之东垣，过柏人[①]，赵相贯高等谋弑高祖[②]，高祖心动，因不留[③]。代王刘仲弃国亡[④]，自归雒阳，废以为合阳侯[⑤]。九年[⑥]，赵相贯高等事发觉，夷三族[⑦]。废赵王敖为宣平侯。是岁，徙贵族楚昭、屈、景、怀、齐田氏关中[⑧]。

【注释】

①柏人：汉县名。在今河北隆尧西。

②赵相贯高等谋弑高祖：汉七年，刘邦从平城返京途中经过赵都邯郸，对赵王张敖无礼，贯高怒，即密谋杀刘邦，故此次欲在柏人刺杀刘邦。贯高，原魏国名士，后为张耳宾客，张敖之相。详见《张耳陈馀列传》。

③高祖心动，因不留：《张耳陈馀列传》云："上过欲宿，心动，问曰：'县名为何？'曰：'柏人。''柏人者，迫于人也。'不宿而去。"显然为后来附会之辞。

④代王刘仲弃国亡：当时匈奴进攻代北，刘仲不能守，弃国逃回雒阳。

⑤合阳侯：梁玉绳曰："'合阳'，应作'郃阳'。"汉县名。在今陕西合阳东南。

⑥九年：前198年。

⑦夷三族：梁玉绳曰："贯高等三族虽论死，然其白王不反之后，高祖方赦其罪，则所谓夷三族者，疑是论其罪如此，而未尝实夷其族

也。不然，当是独赦贯高一家耳。”

⑧徙贵族楚昭、屈、景、怀、齐田氏关中：此刘敬所谓“强本弱末”之计。刘敬认为关中人口少，又近匈奴，而原六国各大宗族在当地势力大，是不稳定因素，建议将楚国的昭、屈、景、怀几族与齐国田氏迁入关中，“无事，可以备胡；诸侯有变，亦足率以东伐”。刘邦从其计。其说见《刘敬叔孙通列传》。

【译文】

高祖从东垣回京途中，经过柏人县，赵国相国贯高等人图谋弑杀高祖，高祖心有所动，所以未作停留。代王刘仲弃国逃跑，独自回到洛阳，被废除王位，降为合阳侯。汉高祖九年，赵相国贯高等人的阴谋败露，被诛灭三族。废掉赵王张敖的王位，改封为宣平侯。这一年，将楚国贵族昭、屈、景、怀四姓和齐国贵族田氏迁徙到了关中。

未央宫成。高祖大朝诸侯群臣，置酒未央前殿。高祖奉玉卮①，起为太上皇寿②，曰：“始大人常以臣无赖③，不能治产业，不如仲力。今某之业所就孰与仲多④？”殿上群臣皆呼万岁，大笑为乐。

【注释】

①玉卮（zhī）：玉制的酒杯。

②寿：颜师古曰：“进酒而献寿也。”即今之敬酒为人祝福。

③无赖：没有才干，不中用。

④今某之业所就孰与仲多：吴见思曰：“高祖微时一段未有照应，故借此数语以结之。写英雄得志，可浮大白。”

【译文】

未央宫建成。高祖大会诸侯群臣，在未央前殿摆设酒宴。高祖捧着玉杯，起身为太上皇敬酒祝福，说：“当初您总认为我不中用，不能治办产业，不如二哥能干。现今我治的这份产业和二哥相比，谁的多呢？”殿上的群臣都高呼万岁，大笑为乐。

十年十月[①]，淮南王黥布、梁王彭越、燕王卢绾、荆王刘贾、楚王刘交、齐王刘肥、长沙王吴芮皆来朝长乐宫。春夏无事。七月，太上皇崩栎阳宫[②]。楚王、梁王皆来送葬。赦栎阳囚。更命郦邑曰新丰[③]。

【注释】

①十年：前197年。

②栎阳宫：《正义》曰：“《括地志》云：‘秦栎阳故宫在雍州栎阳县北三十五里，秦献公所造。’《三辅黄图》云：‘高祖都长安，未有宫室，居栎阳宫也。’”颜师古引《三辅黄图》曰：“高祖初居栎阳，故太上皇因在栎阳。十年，太上皇崩，葬其北原，起万年邑，置长、丞也。”意即分栎阳县地以立“万年邑”，与栎阳同城而治。太上皇墓在今陕西富平之姚村，当时称“万年陵”，墓前有清代毕沅所书的墓碑一通。

③更命郦邑曰新丰：《正义》引《括地志》曰：“太上皇时凄怆不乐，高祖窃因左右问故，答以平生所好皆屠贩少年，酤酒卖饼，斗鸡蹴鞠，以此为欢，今皆无此，故不乐。高祖乃作新丰，徙诸故人实之，太上皇乃悦。”《正义》曰：“前未改其名，太上皇崩后，命曰新丰。”《西京杂记》云：“高祖乃作新丰，移诸故人实之，太上皇乃悦……并移旧社，衢巷栋宇，物色唯旧。士女老幼，相携路首，各知其室。放犬羊鸡鸭于通涂，亦竞识其家。其匠人胡宽所营也。”按，因刘邦老家叫“丰”，故此曰“新丰”。

【译文】

汉高祖十年十月，淮南王英布、梁王彭越、燕王卢绾、荆王刘贾、楚王刘交、齐王刘肥、长沙王吴芮都到长乐宫朝觐高祖。春夏都无事可记。七月，太上皇驾崩于栎阳宫。楚王刘交、梁王彭越都来送葬。赦免栎阳监狱的囚犯。把郦邑改名为新丰。

八月，代相国陈豨反代地[①]。上曰："豨尝为吾使，甚有信。代地吾所急也，故封豨为列侯[②]，以相国守代，今乃与王黄等劫掠代地！代地吏民非有罪也，其赦代吏民[③]。"九月，上自东往击之。至邯郸，上喜曰："豨不南据邯郸而阻漳水[④]，吾知其无能为也。"闻豨将皆故贾人也，上曰："吾知所以与之[⑤]。"乃多以金啖豨将，豨将多降者。

【注释】

①代相国陈豨反代地：底本作"赵相国陈豨反代地"。赵，当作"代"。《汉书·高帝纪》作"代相国"，本篇下文亦云"以相国守代"，盖陈豨当时乃以"代相"监代、赵边兵。今据改。梁玉绳曰："豨反在十年九月，此与《功臣表》作八月，《郦商传》作七月，《傅宽传》作四月并误，本传及《汉书》可证。至淮阴侯及卢绾传以为十一年反，尤误也。"

②封豨为列侯：汉六年陈豨以游击将军别定代，已破臧荼，封为阳夏侯。

③其赦代吏民：陈子龙曰："凡有反者，先下赦令，可为法。"

④阻：依靠，靠近。漳水：源于山西，流经今河北、河南两省交界，由临漳折而北流，经曲周、平乡、新河，又东流经景县以后入黄河。邯郸在漳水北侧，相距不远。

⑤吾知所以与之：与，对付。凌稚隆引凌约言曰："'兵阻漳水'则曰'吾知其无能为'，为识地利；'将用贾人'则曰'吾知所以与之'，

为知人情。”

【译文】

八月,代国的相国陈豨在代地造反。高祖说:“陈豨曾经为我的使者,很讲信义。代国是我看重的地方,所以才封陈豨为夏阳侯,让他以相国的身份监守代国,如今他居然和王黄等人劫掠代地!代地的吏民是没有罪的,要赦免代地的吏民。”九月,高祖亲自率军,东出讨伐陈豨。抵达邯郸后,高祖高兴地说:“陈豨不南下依托漳水据守邯郸,我断定他什么也干不成。”当高祖听说陈豨的将领都是商人出身时,说:“我知道该怎么对付他们。”于是便拿出了大量黄金去收买陈豨的将领,陈豨的将领大都投降了。

十一年[①],高祖在邯郸诛豨等未毕,豨将侯敞将万余人游行[②],王黄军曲逆[③],张春渡河击聊城[④]。汉使将军郭蒙与齐将击,大破之。太尉周勃道太原入,定代地。至马邑,马邑不下,即攻残之。豨将赵利守东垣[⑤],高祖攻之,不下。月余,卒骂高祖[⑥],高祖怒。城降,令出骂者斩之,不骂者原之。于是乃分赵山北,立子恒以为代王[⑦],都晋阳[⑧]。

【注释】

①十一年:前196年。

②侯敞:陈豨的丞相。游行:游击,游动作战。

③曲逆:汉县名。县治在今河北顺平东南。

④张春:陈豨的部将。聊城:汉县名。县治在今山东聊城西北,当时属刘肥之齐国。

⑤豨将赵利:赵利原被曼丘臣、王黄拥立为王,为乱于代地,被打败,今归陈豨为将。

⑥卒骂高祖：一直谩骂刘邦。卒，始终，一直。

⑦于是乃分赵山北，立子恒以为代王：山，恒山，在今河北曲阳西北。汉人为避文帝讳改称“常山”。《汉书·高帝纪》：“代地居常山之北，与夷狄边，赵乃从山南有之，远，数有胡寇，难以为国。颇取山南太原之地益属代。”王先谦曰：“前如意为代王，张敖为赵王，各自为国。敖废后，徙如意王赵，遂兼有代地，而令陈豨以代相监赵、代边。及豨反，常山亡二十城，赵不能兼顾，故仍赵、代为二国也。”又，“韩王信反破后，太原已复为郡，今颇取以益代”。周振鹤曰：“刘恒之代国实有定襄、雁门、太原、代郡四郡之地。”子恒，刘邦的儿子刘恒，即日后的汉文帝。

⑧都晋阳：刘恒为代王时，实际是都于中都（今山西平遥古城），非晋阳。梁玉绳曰：“代王之立在十一年正月，《表》作三月，是误在后，而此书于冬，又误在前也。”

【译文】

汉高祖十一年，刘邦在邯郸讨伐陈豨等人还未结束，陈豨的部将侯敞率领一万多人四处游击，王黄驻军曲逆，张春渡过黄河攻打聊城。高祖派将军郭蒙与齐国将领出击张春，张春大败。太尉周勃经由太原攻入代国，平定了代地。周勃进至马邑，马邑坚守不降，周勃遂攻破城池，屠杀守军。陈豨部将赵利固守东垣，高祖率兵围攻，没能攻克。在被围的一个多月里，城里的守兵一直辱骂高祖，高祖大怒。等到东垣守军投降后，高祖下令交出辱骂过自己的斩首，没有骂过的赦免。于是把赵国恒山以北的地区划归代国，立儿子刘恒为代王，建都晋阳。

春，淮阴侯韩信谋反关中，夷三族①。夏，梁王彭越谋反，废迁蜀②；复欲反，遂夷三族③。立子恢为梁王④，子友为淮阳王⑤。秋七月，淮南王黥布反⑥，东并荆王刘贾地，北渡淮，楚王交走入薛[⑦]。高祖自往击之。立子长为淮南王[⑧]。十二年十月[⑨]，高祖已击布军会甀[⑩]，布走，令别将追之[⑪]。

【注释】

①淮阴侯韩信谋反关中，夷三族：韩信自汉六年被废为淮阴侯闲处长安，至此五年，最终还是被吕后诬以谋反杀害。详见《淮阴侯列传》。

②夏，梁王彭越谋反，废迁蜀：刘邦征陈豨时，征调彭越同去，彭越称病不去，刘邦怒。其将扈辄劝其反，彭越不听。其太仆向汉告发，刘邦袭捕彭越，废为庶人，流放蜀郡。

③复欲反，遂夷三族：彭越流放行至郑（今陕西渭南华州区），遇吕后，吕后将他带至雒阳，与刘邦合谋，诬其复反，将其杀害。详见《魏豹彭越列传》。按，据《汉兴以来诸侯王年表》，刘恢被封为梁王在汉十一年二月（一说在三月），则杀彭越当在此前，此言"夏，梁王彭越谋反"，应属有误。《汉兴以来诸侯王年表》记彭越谋反被诛在十年，亦与此不同。按，彭越为梁王共六年。

④子恢为梁王：刘恢的梁国都定陶（今山东菏泽定陶区西北），领有东郡、砀郡两个郡。

⑤子友为淮阳王：刘友的淮阳国都淮阳（今河南周口淮阳区），领有陈郡、颍川两个郡。

⑥淮南王黥布反：刘邦杀韩信、杀彭越，还将彭越剁为肉酱，分送诸侯，黥布疑惧，遂举兵反。详见《黥布列传》。

⑦走入薛：从彭城逃到薛县。薛，今山东滕州东南。

⑧立子长为淮南王：刘长的淮南国都寿春（今安徽寿县）。封地为黥布原来的九江、庐江、衡山、豫章四个郡。

⑨十二年：前195年。

⑩会甀（kuài zhuì）：乡邑名。在今安徽宿州东南。

⑪令别将追之：据《樊郦滕灌列传》，此“别将”应指灌婴。

【译文】

春天，淮阴侯韩信在关中谋反，被夷灭三族。夏天，梁王彭越谋反，被废去爵位，发配蜀郡；途中复欲造反，于是被夷灭三族。高祖立儿子刘恢为梁王，刘友为淮阳王。秋七月，淮南王英布造反，他向东吞并了荆王刘贾的领地，向北渡过淮河攻打楚国，楚王刘交逃到了薛县。高祖亲自率军前去征讨。立儿子刘长为淮南王。汉高祖十二年十月，高祖在会甀击败英布的军队后，英布南逃，高祖派别将领追击。

高祖还归，过沛，留。置酒沛宫①，悉召故人父老子弟纵酒，发沛中儿得百二十人，教之歌。酒酣，高祖击筑②，自为歌诗曰：“大风起兮云飞扬，威加海内兮归故乡，安得猛士兮守四方③！”令儿皆和习之。高祖乃起舞，慷慨伤怀，泣数行下。谓沛父兄曰：“游子悲故乡④。吾虽都关中，万岁后吾魂魄犹乐思沛。且朕自沛公以诛暴逆，遂有天下，其以沛为朕汤沐邑⑤，复其民，世世无有所与。”沛父兄诸母故人日乐饮极欢，道旧故为笑乐。十余日，高祖欲去，沛父兄固请留高祖。高祖曰：“吾人众多，父兄不能给。”乃去。沛中空县皆之邑西献。高祖复留止，张饮三日⑥。沛父兄皆顿首曰：“沛幸得复，丰未复⑦，唯陛下哀怜之。”高祖曰：“丰吾所生长，极不忘耳，吾特为其以雍齿故反我为魏⑧。”沛父兄固请，乃并复丰，比沛。于是拜沛侯刘濞为吴王⑨。

【注释】

①沛宫：在沛县为刘邦建造的行宫。《正义》引《括地志》曰：“沛宫

故地，在徐州沛县东南二十里一步。”

②筑（zhú）：古弦乐器名。有五弦、十三弦、二十一弦三种说法。其形似筝，颈细而肩圆，弦下设柱。演奏时，左手按弦的一端，右手执竹尺击弦发音。

③“大风起兮云飞扬”几句：泷川引李善曰：“风起云飞，以喻群凶竞逐而天下乱也。威加四海，言已静也。夫安不忘危，故思猛士以镇之。”又引朱熹曰：“自千载以来，人主之词，未有若是壮丽而奇伟者也。”凌稚隆引王世贞曰：“‘大风’三言，气笼宇宙，张千古帝王赤帜。”又引刘辰翁曰：“‘安得猛士兮守四方’，古人以为伯心之存，恐非也。自汉灭楚后，信、越、布及同时诸将诛死殆尽，于是四顾寂寥，有伤心者矣。语虽壮而意悲……或者其悔心之萌乎！”按，自汉代以来，在沛县城东南有“歌风台”，此台历尽沧桑，屡毁屡建。今天的“歌风台”是1996年重建，是“沛故城”建筑群的制高点。

④游子悲故乡：泷川曰：“盖古辞。《文选·古诗》：‘浮云蔽白日，游子不顾反。’李陵诗：‘携手上河梁，游子暮何之。’”颜师古曰：“游子，行客也。悲，顾念也。”

⑤汤沐邑：指国君、皇后、公主等收取赋税的私邑。

⑥张饮：搭设帐篷，相聚而饮。张，通“帐”。《集解》引张晏曰：“帷帐。”凌稚隆引刘辰翁曰：“后之为史者但曰‘还沛置酒，召故人乐饮极欢’足矣，看他发沛中儿教歌，至酒酣击筑歌呼起舞，展转泣下，缕缕不绝，俯仰具至；直到空县出献，已去复留，诸母故人道旧又佳，对父老说丰恨事又佳，古今文字淋漓尽兴，言笑有情，少可及此。”郭嵩焘曰：“高祖留沛饮，极人世悲欢之感，史公穷形极态摄而取之，满纸欢笑、悲感之声，水涌云腾，细缊四溢。”有井范平引邓以瓒曰：“亦常情常事，而写得详至，点注有神，披读之下，不啻如戏剧观。”

⑦沛幸得复，丰未复：秦时的“丰邑”是沛县下辖的乡邑，至刘邦建汉，将“丰邑”上升为县，故此处遂与“沛”对称。

⑧吾特为其以雍齿故反我为魏：雍齿原是刘邦的部将，刘邦留其守丰，雍齿不欲为刘邦手下，降魏，并据丰以反，事见前文。泷川引中井曰：“前年营新丰，诸故人皆徙焉，故此行过沛而不入于丰，赐复之不急，或以是也。而不出于口者，避少恩之嫌耳。”

⑨于是拜沛侯刘濞（bì）为吴王：徐孚远曰：“沛既已复，不宜置侯国，故徙封。”吴地原为荆王刘贾所有，黥布杀刘贾并其国，遂有吴地。今已打败黥布，遂以刘贾故地封刘濞为吴王。刘濞之吴国都广陵（今江苏扬州）。沛侯刘濞是刘邦二哥刘仲之子。主要事迹见《吴王濞列传》。

【译文】

高祖还师北归，路过沛县，停了下来。他在沛宫摆设酒宴，把亲朋故旧和父老子弟全部召集过来，纵情畅饮，又挑选沛中儿童，得到了一百二十人，教他们唱歌。等大家喝到酣畅淋漓时，高祖一边击筑，一边作歌，唱道：“大风起兮云飞扬，威加海内兮归故乡，安得猛士兮守四方！”并让儿童们都应和、练唱。接着高祖起身跳舞，感慨伤怀，泪下数行。他对沛县的父老兄弟们说：“游子思故乡。我虽然建都关中，但千秋万岁后，我的魂魄还是乐于思念沛县的。况且我是从做沛公起家，讨伐暴逆，最终打下江山的，我要把沛县作为我的汤沐邑，免除全县百姓赋税，世世代代都不缴纳。”沛县的父老兄弟、长辈妇女、旧朋故友，天天开怀畅饮，极为欢欣，说旧道故，取笑作乐。过了十多天，高祖准备离去，沛县父老兄弟执意挽留。高祖说：“我随从人员众多，父兄们供养不起。”于是起驾上路。沛县百姓全城出动，都到城西贡献肉酒。高祖见此情景，又停留下来，搭设帷帐，饮宴三日。沛县父兄们都叩头请求说：“沛县有幸得以免除赋税，丰邑还没有豁免，请陛下哀怜丰邑。”高祖说：“丰邑是我生长的地方，绝不会忘记，我之所以未予免除，就是因为当年他们居然跟着雍齿投靠魏人而背叛我。”沛县的父老兄弟们再三请求，高祖这才一并免除了丰邑的赋税，和沛县享受一样的待遇。于是封沛侯刘濞为吴王。

汉将别击布军洮水南北[①]，皆大破之，追得斩布鄱阳[②]。樊哙别将兵定代，斩陈豨当城[③]。十一月，高祖自布军至长安。十二月，高祖曰：“秦始皇帝、楚隐王陈涉、魏安釐王、齐缗王、赵悼襄王皆绝无后[④]，予守冢各十家[⑤]，秦皇帝二十家，魏公子无忌五家[⑥]。”赦代地吏民，为陈豨、赵利所劫掠者皆赦之[⑦]。陈豨降将言豨反时，燕王卢绾使人之豨所，与阴谋[⑧]。上使辟阳侯迎绾[⑨]，绾称病[⑩]。辟阳侯归，具言绾反有端矣[⑪]。二月，使樊哙、周勃将兵击燕王绾。赦燕吏民与反者[⑫]。立皇子建为燕王。

【注释】

①洮水：《集解》引徐广曰：“洮音道，在江淮间。”张文虎曰：“九江左右无‘洮水’，盖‘沘水’也。”按，沘水后作“淠水”，即今安徽中西部的淠河。源于大别山北麓。流经霍山、岳西、寿县，于寿县正阳关入淮河。

②斩布鄱阳：据《黥布列传》，黥布战败后逃走江南，被长沙王吴臣诱杀。按，黥布为刘邦之淮南王共六年。

③斩陈豨当城：梁玉绳曰：“豨传亦言樊哙斩之，而哙传不及，则非哙明甚。盖周勃斩之也，《绛侯世家》及《汉书》可证。又，世家、功臣表及豨传皆云‘斩豨灵丘’，此言‘当城’，亦小异。”当城，古邑名。在今河北蔚县东北。

④楚隐王陈涉：“隐”为陈涉之谥。《谥法解》：“不显尸国曰隐。”《正义》曰：“以间主国。”魏安釐王：名遬，前276—前243年在位。齐

缗王：名地，前300—前284年在位。“缗”字也作“湣”。赵悼襄王：名偃，前244—前236年在位。

⑤予守冢各十家：史珥曰：“用意厚，第差择其人未当。”泷川曰：“《陈涉世家》云‘为陈涉置守冢三十家’，与此异。”

⑥魏公子无忌：即信陵君，事迹见《魏公子列传》。

⑦赦代地吏民，为陈豨、赵利所劫掠者皆赦之：词语不顺，句首“赦”字或句尾“皆赦之”三字，二者当删其一。然此种病句《史记》多有。

⑧“陈豨降将言豨反时”几句：陈豨反时，卢绾配合刘邦击其东北，派人往匈奴，让匈奴不要支援陈豨。使者被逃到匈奴的臧荼之子臧衍说服，请卢绾拖延攻陈豨而联合匈奴，以此可久保燕王之位。卢绾听其计，暗中派人与陈豨联络。

⑨辟阳侯：审食其（yì jī），吕后的幸臣，后官至左丞相。后被淮南王刘长所杀。事见《吕太后本纪》。

⑩绾称病：《韩信卢绾列传》云：“绾愈恐，闭匿，谓其幸臣曰：‘非刘氏而王，独我与长沙耳。往年春，汉族淮阴，夏，诛彭越，皆吕后计。今上病，属任吕后。吕后妇人，专欲以事诛异姓王者及大功臣。’乃遂称病不行。”

⑪辟阳侯归，具言绾反有端矣：有端，有迹象。按，史文著此，以明佞幸之奸言害事。

⑫赦燕吏民与反者：《汉书》载刘邦诏曰：“燕吏民非有罪也，赐其吏六百石以上爵各一级。与绾居，去来归者，赦之。”

【译文】

汉军将领兵分两路攻打英布，在洮水南北两岸，都大败英布军，追至鄱阳，抓获并斩杀了英布。樊哙另带一支军队平定了代地，在当城斩杀了陈豨。十一月，高祖从讨伐英布的前方阵地回到长安。十二月，高祖说：“秦始皇帝嬴政、楚隐王陈胜、魏安釐王魏遬、齐缗王田地、赵悼襄王赵偃都是绝嗣无后，分别给予十户人家看守坟墓，秦始皇帝二十家，魏公子无忌五家。”大赦代地的官吏和百姓，那些被陈豨、赵利所胁迫而参与造反的人，全部得以赦免。来自陈豨军中的降将说陈豨造反时，燕王卢绾曾派人前去陈豨那里，和他暗中密谋之事。高祖便派辟阳侯审食其去接卢绾进京，卢绾称病不来。辟阳侯回京后，详细说明了卢绾反叛已有的迹象。二月，高祖派樊哙、周勃率兵出击燕王卢绾。赦免参与卢绾谋反的燕国吏民。立儿子刘建为燕王。

高祖击布时，为流矢所中，行道病。病甚，吕后迎良医。医入见，高祖问医。医曰：“病可治[①]。”于是高祖嫚骂之曰[②]：“吾以布衣提三尺剑取天下，此非天命乎？命乃在天，虽扁鹊何益[③]！”遂不使治病，赐金五十斤罢之。已而吕后问：“陛下百岁后，萧相国即死，令谁代之？”上曰：“曹参可。”问其次，上曰：“王陵可。然陵少戆[④]，陈平可以助之。陈平智有余，然难以独任[⑤]。周勃重厚少文[⑥]，然安刘氏者必勃也，可令为太尉。”吕后复问其次，上曰：“此后亦非而所知也[⑦]。”

【注释】

①病可治：钱锺书曰：“不医之症而婉言‘可治’也。《汉书·高纪》云：‘上问，医曰疾可治。不医曰可治。’五字乃班固穿插申意，明医之畏谄至尊，不敢质（实）言，又于世态洞悉曲传矣。”

②嫚（màn）骂：态度高傲地骂。嫚，傲慢。

③命乃在天，虽扁鹊何益：有井范平引金隐星曰：“伤胸扪足，知不为害；此时之病，高祖自知之矣。”李笠曰：“此语与项羽‘此天亡我，非战之罪’云云何异？然羽以豪迈之气出之，刘季以漫骂之辞出

之。”扁鹊，传说中的上古名医。一说指战国时名医秦越人。事迹见《扁鹊仓公列传》。

④陵少戆(zhuàng)：戆，刚直不知变通。林伯桐《史记蠡测》曰："王陵不肯立诸吕为王，则有守；一见张苍知为美士，则有识；与雍齿交，不因高祖怒雍齿而改其交，则有信；三者皆难能而可贵，宜乎高祖微时而兄事之，及吕后问可相者而以为王陵可代曹参也。"王陵事迹见《陈丞相世家》《吕太后本纪》。

⑤陈平智有余，然难以独任：陈平不讲原则、见风使舵的情形见《陈丞相世家》《吕太后本纪》。

⑥重厚少文：持重敦厚，缺少文才。

⑦此后亦非而所知也：而，尔，你。泷川引中井曰："是数语恐有后人所附益也。"

【译文】

高祖讨伐淮南王英布时，被流矢射中，回师途中得了病。此时病情加重，吕后请来名医为他治疗。医生入见高祖，高祖询问医生自己的病情。医生说："病可以治好。"于是高祖谩骂医生说："我以一介布衣的身份，手提三尺剑取得了天下，这不是天命吗？我命由天定，即使扁鹊出手，又有什么用！"于是不让医生治疗，赏赐金五十斤，叫他离去。事后，吕后问高祖："陛下百年以后，萧相国如果去世，让谁接替他？"高祖说："曹参可以。"吕后又问其次，高祖说："王陵可以。但王陵稍嫌憨直，陈平可以辅助他。陈平智谋有余，但难以独当大任。周勃虽缺少文才，但持重敦厚，安定刘氏天下的一定是周勃，可以让他做太尉。"吕后还要再问以后的事情，高祖说："再往后的事，就不是你能知道的了。"

卢绾与数千骑居塞下候伺[①]，幸上病愈自入谢[②]。四月甲辰，高祖崩长乐宫[③]。四日不发丧。吕后与审食其谋曰："诸将与帝为编户民[④]，今北面为臣，此常怏怏[⑤]，今乃事少主，非尽族是，天下不安[⑥]。”人或闻之，语郦将军[⑦]。郦将军往见审食其，曰：“吾闻帝已崩，四日不发丧，欲诛诸将。诚如此，天下危矣。陈平、灌婴将十万守荥阳，樊哙、周勃将二十万定燕、代[⑧]，此闻帝崩，诸将皆诛，必连兵还乡以攻关中。大臣内叛，诸侯外反，亡可翘足而待也[⑨]。”审食其入言之，乃以丁未发丧[⑩]，大赦天下[⑪]。卢绾闻高祖崩，遂亡入匈奴[⑫]。

【注释】

①塞下：边塞附近。候伺：窥探，打听消息。

②幸上病愈自入谢：按，此照应上文，明卢绾本不欲“反”。

③四月甲辰，高祖崩长乐宫：《集解》引皇甫谧曰：“高祖以秦昭王五十一年生，至汉十二年，年六十二。”杭世骏曰：“高祖生年乙巳，至是年丙午，当是六十二。四月甲辰，阴历四月二十五。”

④编户民：编入户籍的普通百姓。

⑤快快：不服气或不满足的神情。

⑥非尽族是，天下不安：司马光《通鉴考异》曰：“吕后虽暴，亦安敢一日尽诛大臣？此说恐妄。”

⑦郦将军：郦商，刘邦的开国功臣，郦食其之弟。多有战功，封曲周侯。曾为卫尉，护卫太上皇。事迹见《樊郦滕灌列传》。

⑧陈平、灌婴将十万守荥阳，樊哙、周勃将二十万定燕、代：泷川引姚范曰：“按陈平传，平受诏诛樊哙于燕，闻帝崩驰还，道逢使者，诏平与灌婴屯荥阳，此盖高帝诏也。平虽受诏诛樊哙于燕，后乃至宫请宿卫，而郦商所据，则屯荥阳之诏，未知平之即入也。”

⑨翘足而待：一举足的时间内即可等到。言极短之时。翘足，举足。

⑩丁未：阴历四月二十八。

⑪大赦天下：凌稚隆引卢璘曰：“吕后之族韩、彭也，其意岂在安刘

哉？观其慝高帝丧，与审食其谋欲尽族诸将，弱惠自帝，因以帝吕，虽以郦商危言而止，亦岂能释然于心？唐武氏易为周，盖祖于吕雉云。”

⑫卢绾闻高祖崩，遂亡入匈奴：史珥曰：“委曲细写，俱是怜绾之词。”按，《韩信卢绾列传》写韩王信给柴武的书信称：“今仆亡匿山谷间，旦暮乞贷蛮夷，仆之思归，如痿人不忘起，盲者不忘视也，势不可耳。”写尽当时被迫投降匈奴者之心情。

【译文】

卢绾与数千骑兵居于塞下，打探京城消息，希望皇上病愈，自己好进京请罪。四月甲辰，高祖驾崩于长乐宫。过了四日，仍不发丧。吕后和审食其密谋说：“诸将领和皇上一样，当初都是编户平民，后来北面称臣，已经郁郁不乐，现在再让他们侍奉少主，恐怕更不乐意，不把他们全部族灭，天下就不会安宁。”有人听到这些话，就告诉了将军郦商。郦将军去见审食其，说：“我听说皇上已经驾崩了，四天你们仍不发丧，说是要诛杀诸将领。如果真是这样，天下就危险了。陈平、灌婴统领十万人马驻守荥阳，樊哙、周勃带领二十万将士平定燕、代，如果让他们听到皇上已经驾崩，在朝诸将全都被杀，必定联合起来，杀向关中。那时，大臣叛乱于内，诸侯造反于外，天下覆灭可以翘足而待了。”审食其进宫，把这些话告诉吕后，于是吕后便在丁未发丧，大赦天下。卢绾听说高祖驾崩，就逃入了匈奴。

丙寅，葬①。己巳②，皇太子至太上皇庙③。群臣皆曰：“高祖起微细④，拨乱世反之正，平定天下，为汉太祖，功最高。”上尊号为高皇帝⑤。太子袭号为皇帝，孝惠帝也。令郡国诸侯各立高祖庙，以岁时祠⑥。及孝惠五年⑦，思高祖之悲乐沛⑧，以沛宫为高祖原庙⑨。高祖所教歌儿百二十人，皆令为吹乐[⑩]，后有缺，辄补之。

【注释】

①丙寅，葬：依梁玉绳说，后文“太史公曰”中之“葬长陵”三字应移至此。梁氏又曰：“‘丙寅’上缺‘五月’二字。”五月丙寅，即阴历五月十七。

②己巳：阴历五月二十。

③皇太子至太上皇庙：底本作“立太子，至太上皇庙”。梁玉绳曰：“二年六月‘立孝惠为太子’，何待是时始立?《正义》以‘立太子为帝’解之，则与下文‘太子袭号为皇帝’复矣。《汉书》作‘……皇太子、群臣皆反至太上皇庙’……王孝廉曰：‘立太子当是皇太子之讹。’”按，“立太子”应依《汉书》作“皇太子”，与下句连读。今据改。

④起微细：谓出身平民。微细，卑下，低贱。

⑤上尊号为高皇帝：泷川引俞樾曰：“谓之尊号，而不曰谥，盖亦避秦人臣子议君父之嫌也。”

⑥以岁时祠：每年、每个季节按时祭祀。时，四时，四季。祠，祭祀。

⑦孝惠五年：前190年。

⑧悲乐沛：在沛时悲喜交加，恋念不已。

⑨原庙：在正庙以外另立的宗庙。《集解》曰：“‘原’者，再也。先既已立庙，今又再立，故谓之原庙。”

⑩皆令为吹乐：《正义佚存》曰：“以前但有歌儿，今加吹乐。”《汉书·礼乐志》：“以沛宫为原庙，皆令歌儿习吹以相和。”

【译文】

丙寅，高祖安葬。己巳，立太子刘盈为帝，至太上皇庙祭告。大臣们都说：“先帝出身平民，拨乱反正，平定天下，是汉朝的太祖，功劳最高。”于是上尊号为“高皇帝”。太子刘盈袭号为皇帝，这就是孝惠帝。孝惠帝下令各郡郡守与各国诸侯，各立高祖庙，按岁时节气进行祭祀。到了孝惠帝五年，皇上想到高祖生前对沛县的眷恋和喜欢，就把沛宫立为高祖的原庙。高祖所教唱歌的儿童一百二十人，都让他们学会吹奏与歌唱相伴和，并规定日后一有缺额，就立即补上。

高帝八男：长庶齐悼惠王肥[①]；次孝惠，吕后子；次戚夫人子赵隐王如意[②]；次代王恒，已立为孝文帝[③]，薄太后子[④]；次梁王恢，吕太后时徙为赵共王[⑤]；次淮阳王友，吕太后时徙为赵幽王[⑥]；次淮南厉王长[⑦]；次燕王建[⑧]。

【注释】

①长庶齐悼惠王肥：事迹见《齐悼惠王世家》。刘肥是刘邦最年长的儿子，因为是与人私通所生，所以是庶子。被封为齐王，谥“悼惠”，《谥法解》：“柔质慈民曰惠”，“爱民好与曰惠”。

②戚夫人：刘邦的宠妃，刘邦死后，被吕后所杀。赵隐王如意：刘如意初封代王，后封赵王。甚受刘邦喜爱，曾欲废刘盈而立他为太子。刘邦死后即被吕后所杀，谥曰“隐”。戚夫人与刘如意被杀事详见《吕太后本纪》。

③代王恒，已立为孝文帝：王叔岷曰：“‘已’犹‘已而’。”按，刘恒为代王与其被立为皇帝的过程，详见《吕太后本纪》与《文帝本纪》。

④薄太后：又称“薄姬”“薄夫人”。本为魏王豹之姬。汉灭魏，她被俘入织室，高祖纳之入宫，生子刘恒。刘恒封为代王，高祖卒，她出从子至代，为代太后。文帝即位，尊为皇太后。景帝二年卒。事见《外戚世家》。

⑤梁王恢，吕太后时徙为赵共王：刘恢在彭越被杀后立为梁王。在

梁十五年。吕后杀赵王刘友,徙刘恢为赵王。在赵仅数月,被吕后所逼自杀。谥曰“共”。共,通“恭”。《谥法解》:“执事坚固曰恭”,“尊贤贵义曰恭”。

⑥淮阳王友,吕太后时徙为赵幽王:刘友被立为淮阳王与刘恢被立为梁王同时。在淮阳二年。赵王刘如意被杀,刘友被吕后徙为赵王。在赵十四年。妻吕氏无宠,向吕后进谗,被吕后幽禁饿死。谥曰“幽”。《谥法解》:“壅遏不通曰幽”,“早孤铺位曰幽”。以上刘恢、刘友被杀事,详见《吕太后本纪》。

⑦淮南厉王长:事迹见《淮南衡山列传》。黥布谋反被灭后,刘长被封为淮南王。在淮南二十三年,因谋反被文帝流放蜀郡,途中绝食自杀。谥曰“厉”。《谥法解》:“杀戮无辜曰厉。”

⑧燕王建:卢绾谋反被诛后,刘建被封为燕王。在燕十五年。刘建死,其子被吕后所杀。事见《吕太后本纪》。

【译文】

高祖有八子:长子为庶出齐悼惠王刘肥;次子为孝惠皇帝刘盈,吕后所生;三子是戚夫人所生的赵隐王刘如意;四子是代王刘恒,已经立为孝文皇帝,薄太后所生;五子是梁王刘恢,吕太后当政时徙封为赵共王;六子是淮阳王刘友,吕太后当政时徙封为赵幽王;七子是淮南厉王刘长;八子是燕王刘建。

太史公曰:夏之政忠[①],忠之敝[②],小人以野[③],故殷人承之以敬[④]。敬之敝,小人以鬼[⑤],故周人承之以文[⑥]。文之敝,小人以僿[⑦],故救僿莫若以忠。三王之道若循环,终而复始[⑧]。周、秦之间,可谓文敝矣。秦政不改,反酷刑法,岂不缪乎?故汉兴,承敝易变[⑨],使人不倦,得天统矣[⑩]。朝以十月[⑪]。车服黄屋左纛[⑫]。葬长陵[⑬]。

【注释】

①夏之政忠：夏朝的政治教化以质朴忠厚为本。政，政治教化。忠，厚道。

②忠之敝：质朴忠厚到了衰败的时候。敝，衰败。

③小人：平民百姓。野：不合礼仪，无礼节。《集解》引郑玄曰："忠，质厚也。野，少礼节也。"

④敬：指敬天地、敬祖先之类。

⑤小人以鬼：百姓就变得迷信鬼神。

⑥文：指礼乐制度、礼仪形式等。

⑦僿（sài）：浇薄，不诚实。《集解》引郑玄曰："文，尊卑之差也。薄，苟习文法，不悃诚也。"

⑧三王之道若循环，终而复始：凌稚隆引《白虎通·三教》篇云："三王之有失，故立三教以相指受。夏人之王教以忠，其失野，救野之失莫如敬。殷人之王教以敬，其失鬼，救鬼之失莫如文。周人之王教以文，其失薄，救薄之失莫如忠……三者如顺连环，周则复始，穷则反本。"盖依史公此文为说。按，这是司马迁的历史观。他这种"以忠救僿"的理论，既针对秦朝的严刑酷法，也针对武帝时的以儒学为缘饰的专制政治，有其进步性。

⑨承敝易变：承受弊端而加以改变。指废秦苛法、与民休息等政策。

⑩天统：天之统绪，天之正统。统，统绪，顺序。凌稚隆引王维桢曰："此论只言沛公能变秦苛法，得天之统，故有天下，此本论也。"

⑪朝以十月：汉初沿用秦朝历法，以十月为一年的开始，故每年十月诸侯王入京朝见。

⑫车服黄屋左纛（dào）：此句文义不清，显有脱误。泷川引中井曰："'车服'下宜有'尚赤'等语。"黄屋，黄缯车盖的车驾。左纛，车的左侧边马的头上插着牦牛尾的饰物。纛，帝王车上用牦牛尾或雉尾制成的饰物，状如枪头上的缨子。《后汉书·舆服志》云："左

纛以牦牛尾为之,在左骓马轭上,大如斗,是为德车。”李贤注引蔡邕曰:“在最后左骓马头上。”按,今西安兵马俑陈列馆有出土之秦始皇铜车马,其所谓“纛”者,在右马头上,盖汉高故意与秦示别;然亦未见其“大如斗”,乃仅一撮而已,或汉代亦与秦代不同?汉陵尚未出土此物,容待后考。

⑬葬长陵:梁玉绳曰:“此是错简,当在‘丙寅’句下。”长陵,刘邦的陵墓,在今咸阳东二十公里处的窑店乡,由陵园、陵邑、陪葬区三部分组成。刘邦墓在陵园西侧,吕后墓在陵园的东南侧,四周夯筑的土城与四面阙门的痕迹,尚依稀可辨。洪亮吉曰:“高祖所以得天下者有五,而三杰不与焉。扶义而西,无所侵暴,告谕父老,约法三章,不违怀王命,一也。封秦府库,还军霸上,以待怀王约,二也。项羽逆命主封,高祖还定三秦,不替怀王命,三也。闻羽弑帝,袒而大哭,亲为发丧,缟素兴师,四也。项羽既诛,义帝无后,始即帝位而封功臣,五也。五者之中,惟发丧讨贼为最大,而高祖能行之,此汉之所以得天下也。”

【译文】

太史公说:夏朝的政治质朴忠厚,质朴忠厚衰败变坏就使黎民百姓缺少礼节,所以殷朝人代之以恭敬。恭敬衰败变坏就使黎民百姓相信鬼神,所以周朝人代之以礼仪。礼仪衰败变坏就使黎民百姓不诚恳,所以要救治不诚恳的弊端,就没有什么比得上忠厚。由此看来,夏禹、商汤、周文王的治国之道有如围着圆环转,终而复始。周、秦之际,讲究礼仪的弊端可谓充分显露。秦的政治不但没有革除这种弊端,反而使刑法更加严酷,这难道不是太荒谬了吗?所以汉的兴起,虽然承继了前朝的弊端却有所改变,使黎民百姓不至于倦怠,这是符合循环终始的天道了。规定每年十月,诸侯进京朝觐。皇帝车舆,以黄缯为顶,以左纛为幢。高祖葬在长陵。

【集评】

班固曰："高祖不修文学，而性明达，好谋，能听，自监门戍卒，见之如旧。初顺民心作三章之约。天下既定，命萧何次律令，韩信申军法，张苍定章程，叔孙通制礼仪，陆贾造《新语》。又与功臣剖符作誓，丹书铁契，金匮石室，藏之宗庙。虽日不暇给，规摹宏远矣。"（《汉书·高帝纪》）

王鸣盛曰："沛公始终藉项之力以成事，而反噬项者也……若使夫子评之，必曰'谲而不正'。"（《十七史商榷》）

茅坤曰："读《高祖纪》，须参《项羽纪》，两相得失处，一一入手。"（《史记钞》）

有井范平曰："《项羽纪》奔腾澎湃；《高祖纪》汪洋广阔，笔仗不同，各肖其人，可谓文章有神矣。"（《补标史记评林》）

【评论】

《高祖本纪》是《史记》中记述史实最重要、文字也最生动的篇章之一。司马迁在《史记》中既写出了汉高祖刘邦作为汉代开国之主的雄才大略，又写出了他作为一个常人的人之大欲，使他成为《史记》中极其生动的具有独特性格魅力的人物。

刘邦是一位有智谋、有担当，才略过人的雄主。首先，刘邦从一开始就有很明确的目标，就是代秦而立，建立自己的帝国。史家称其"规模宏远"。他见到秦始皇的威仪，感叹道："大丈夫当如此也！"可见他在羡慕之余更有着不凡的志向。这与项羽的"彼可取而代也"的豪横不同，是一种内敛的不甘寂寞。彭城惨败人心飘摇之际，"乃独得孝惠，六月，立为太子，大赦罪人。令太子守栎阳，诸侯子在关中者皆集栎阳为卫……于是令祠官祀天地四方上帝山川，以时祀之"。明代何孟春说："帝此举萃聚天下于涣散之时，使根深本固，可战可守，于取天下盖万全矣。"（《史记评钞》）刘邦的才略过人还表现为善于用人，善于驾驭人。刘邦称帝后自己总结成功的经验，也特别强调了这一点，他说："夫运筹策帷帐之中,决胜于千里之外,吾不如子房。镇国家,抚百姓,给馈饷,不绝粮道,吾不如萧何。连百万之军,战必胜,攻必取,吾不如韩信。此三者,皆人杰也,吾能用之,此吾所以取天下也。”韩信的所谓“陛下不善将兵,而善将将”,也是指此而言。刘邦随机应变的本事达到了出神入化的境界。项羽明明射中了他的胸口,他偏可以反本能地不用手抚胸而是弯腰抚足,口中还骂道:“虏中吾指!”韩信灭齐后请求为假王,他正怒不可遏,可张良、陈平一踩他的脚,他立刻改口骂道:“大丈夫定诸侯即为真王耳,何以假为?”说刘邦的机变就像条件反射,不带任何痕迹,一点也不夸张。刘邦能屈能伸,化解危机的能力超群。鸿门宴上,一贯傲气的刘邦称项羽为“将军”,自称为“臣”,说自己的先入关破秦是“不自意”,根本没有想到,表现得非常之谦逊诚恳。这些以退为进让刘邦成功度过了几次大危机,一步步由弱变强,终于取得了全面胜利。由此可见,刘邦虽然出身民间,但可以说是个天才的政治家,这是项羽无法和他相比的。

刘邦身上也有着流氓无赖的一面,他并不是道德无瑕的“仁君圣主”。他一生好吹牛、好骂人、好虚荣,一身痞气。刘邦贪财好色,进咸阳,见宫中“宫室帷帐狗马重宝妇女以千数”,就住在里头不想出来了;打进彭城,又是“收其货宝美人,日置酒高会”,所以清代张文虎说他“亦无异于淫昏之主”(《舒艺室随笔》)。刘邦又卑怯自私,遇到紧急情况时只顾自己。当他被项羽打散、路上遇到自己的儿女时,因怕被追上,几次把孩子从车上踢下去。刘邦只求利己,毫无信义可言。他与敌人订立盟约,都是订完即毁,乘对方不备,发动突然袭击,以求胜利。最让人痛恨的是他在胜利后残杀功臣。他杀韩信、彭越,逼反黥布,韩王信、陈豨、卢绾因遭怀疑而北投匈奴,张良借学仙明哲保身,萧何为保命不得不自污其行,可以说功劳越大,受猜忌越大,受打击越重。如果说项羽在政治素养上不能望刘邦项背,在个人品德上,刘邦也不能与项羽相提并论。

司马迁没有像其他朝代的史官那样把开国皇帝写成神明,他如实记录刘邦的才略和伟大,但也让人看到了他不堪的一面,把刘邦写成了一个活生生的人。甚至就艺术成就而言,可以说刘邦的形象比项羽的形象写得还要好,是《史记》中最生动的历史人物。司马迁能把刘邦写得这样好,除了他的历史天才、文学天才外,更重要的还有他的忠于历史、忠于事实的良心和他大无畏的勇气,这就是章学诚所说的“史德”。

司马迁虽然在感情上不喜欢刘邦,但是他对刘邦的雄才大略也真心佩服,而且忠实地加以表现。其中刘邦接受秦王子婴投降,稳定关中秩序一段,司马迁细致记述了刘邦的措施,这些措施及时地满足了秦地百姓的愿望,让秦地百姓感觉到刘邦的军队是“仁义之师”,从百姓到官吏都不会受迫害,自己被从秦朝的苛政下“解放”了,所以从此全心全意地拥护刘邦。宋代刘辰翁说:“高祖始终得关中之力,关中人心所以不忘者,秋毫无犯,约法三章之力也。”(《班马异同》)全部《史记》中,司马迁对刘邦倾心赞美、歌颂的文字,再没有超过这一段的了。

刘邦能打败项羽不是偶然的,更不是什么“天授”,而是他的战略思想从一开始就比项羽要高明。如上文所说,刘邦要做统一天下的“天子”,而项羽的意识仍只停留在做“霸主”的层面。最能看出刘邦这种“天下”思想的,是他在彭城大败、荥阳相持时的谋略:他率领人马在荥阳、成皋主战场采取死死顶住、不让项羽再向西方跨进一步,派部将联络河南东部的彭越,在项羽的后方开展游击战、运动战,让项羽不得不在几个战场间疲于奔命;派韩信扫荡项羽北侧的西魏、代、赵、燕、齐等诸侯,逐渐对项羽形成战略包围,并将项羽本人的西楚地盘占领几尽;派陆贾策反九江王黥布,开辟了南部战线,从而对项羽构成战略上的四面包围;命陈平进行间谍工作,对项羽部将进行分化瓦解,收买利诱,不行就刺杀;命萧何侍太子在栎阳建立后方统帅部,总理后方,支援前方。而反观项羽,他被刘邦牵着鼻子到处忙着“救火”,虽然打了一个又一个胜仗,威名让汉军闻风丧胆,却没有任何全局性的规划,力量越打越弱,地盘越打越小。刘邦凭借“天下”战略,在楚汉战争中创造了由弱到强、实现“反杀”的经典战例。

清代郭嵩焘说:“韩信与项羽始终未一交战,独垓下一战收楚汉兴亡之全局。”那么刘、项决战的“垓下之战”究竟是什么样子?《高祖本纪》中给予了正面的叙述:“淮阴侯将三十万自当之,孔将军居左,费将军居右,皇帝在后,绛侯、柴将军在皇帝后。项羽之卒可十万。淮阴先合,不利,却;孔将军、费将军纵,楚兵不利。淮阴侯复乘之,大败垓下。”这才是真正的“垓下之战”。明代杨慎说这段文字:“叙高祖与项羽决胜垓下,仅六十字,而阵法、战法之奇皆具。曰‘不利’,用奇也,既却而左右兵纵,因其不利而乘之,此战法奇正相生也。”《项羽本纪》中的“霸王别姬”是垓下之战之后的事,但由于这段如此重要的记录《史记》中仅此一见,后来的《汉书》《资治通鉴》都未加记载,好像垓下之战就是“霸王别姬”之后的突围,引起了不少误解。

刘邦如愿建号称帝,应该是志得意满了吧?可是看看他讨伐黥布得胜回到老家沛县置酒高会时,随口唱出的《大风歌》:“大风起兮云飞扬,威加海内兮归故乡,安得猛士兮守四方!”甚至“慷慨伤怀,泣数行下”,完全没有统一四海的得意,而是“语虽壮而意悲”,充满了不可化解的忧患无奈。如果再结合《留侯世家》《外戚世家》等篇章,称帝后的刘邦无时无刻不在为着江山的稳定和传承而担惊受怕、纠结焦虑。他是一个掩盖在成功者光环之下的悲剧人物。

最后,要说一说楚怀王心,即后来的义帝。在项梁时期,他被当作傀儡,但在项梁兵败身死、全国反秦形势急剧下落的紧要关头,他没有后退、逃跑,而是由后方的盱眙前进到了反秦前线的彭城。接着,他对军队进行了整编,进行了自己的安排部署,起到了稳定军心、提振士气的作用。此后,他并不是安于自保,而是继续进攻,做出了救河北、同时也西进破秦的战略安排,表现出大勇气、大眼光、大作为。不可否认,此时楚怀王已代替项梁,真正以反秦领袖的姿态由后台走到了前台。怀王确实偏向刘邦、打压项羽,但是说他让刘邦西进关中,并与诸将约定“先入关者王之”,就一定是想让刘邦做关中王,这是不对的。当时,章邯、王离等名将率领秦军主力包围了河北钜鹿，但西进路上秦朝仍有重兵把守，从刘邦西进过程中所进行的战斗，也可见这一路并不轻松。怀王之所以要派刘邦西进攻秦，是因为“秦父兄苦其主久矣，今诚得长者往，毋侵暴，宜可下。今项羽僄悍，今不可遣。独沛公素宽大长者，可遣”，事实证明关中百姓心服的是安抚百姓、让关中父老感恩戴德的刘邦，而不是未入关就坑杀了二十万秦卒、成了全关中父老仇敌的项羽。所以指派刘邦为西征军的统帅，是楚怀王量才使用，是吸取了此前西征军失败教训的结果。怀王的失策是他对项羽打压太过，而项羽的战斗力太强，宋义压不住他，秦军打不过他，他凭着不世军功迅速成了诸侯领袖；怀王不但不能控制项羽，反而被项羽所控制，最终落得被杀身亡的结局。